司法解释理解与适用丛书

最高人民法院
民法典担保制度司法解释
理解与适用

最高人民法院民事审判第二庭 著

人 民 法 院 出 版 社
PEOPLE'S COURT PRESS

图书在版编目（CIP）数据

最高人民法院民法典担保制度司法解释理解与适用 / 最高人民法院民事审判第二庭著. -- 北京：人民法院出版社，2021.5

ISBN 978-7-5109-3146-8

Ⅰ. ①最… Ⅱ. ①最… Ⅲ. ①担保法－法律解释－中国②担保法－法律适用－中国 Ⅳ. ①D923.25

中国版本图书馆CIP数据核字(2021)第076765号

最高人民法院民法典担保制度司法解释理解与适用

最高人民法院民事审判第二庭　著

策划编辑　陈建德　兰丽专
责任编辑　张　奎　丁丽娜　路建华　丁塞峨
执行编辑　杨晓燕　郭　粹　杨　洁
出版发行　人民法院出版社
地　　址　北京市东城区东交民巷27号（100745）
电　　话　（010）67550673（责任编辑）　67550558（发行部查询）
　　　　　　65223677（读者服务部）
客 服 QQ　2092078039
网　　址　http：//www. courtbook. com. cn
E－mail　courtpress@ sohu. com
印　　刷　保定市中画美凯印刷有限公司
经　　销　新华书店

开　　本　787毫米×1092毫米　1/16
字　　数　632千字
印　　张　45.25
版　　次　2021年5月第1版　2025年2月第9次印刷
书　　号　ISBN 978-7-5109-3146-8
定　　价　148.00元

最高人民法院民法典担保制度司法解释理解与适用

编辑委员会

凡 例

1. 本书中法律、行政法规名称中的“中华人民共和国”省略，其余一般不省略，例如《中华人民共和国民法典》简称《民法典》。

2. 本书中下列司法解释及司法指导性文件使用简称：

文件名称	发文字号	简称
《最高人民法院关于适用〈中华人民共和国民法典〉有关担保制度的解释》	法释〔2020〕28号	《民法典担保制度解释》
《最高人民法院关于适用〈中华人民共和国民法典〉担保部分的解释（征求意见稿）》		《民法典担保制度解释（征求意见稿）》
《最高人民法院关于适用〈中华人民共和国民法典〉物权编的解释（一）》	法释〔2020〕24号	《民法典物权编解释（一）》
《最高人民法院关于人民法院办理执行异议和复议案件若干问题的规定》	法释〔2015〕10号，法释〔2020〕21号修正	《执行异议和复议规定》
《最高人民法院关于适用〈中华人民共和国民事诉讼法〉的解释》	法释〔2015〕5号，法释〔2020〕20号修正	《民事诉讼法解释》
《最高人民法院关于适用〈中华人民共和国企业破产法〉若干问题的规定（三）》	法释〔2019〕3号，法释〔2020〕18号修正	《企业破产法规定（三）》
《最高人民法院关于审理独立保函纠纷案件若干问题的规定》	法释〔2016〕24号，法释〔2020〕18号修正	《独立保函规定》
《最高人民法院关于审理票据纠纷案件若干问题的规定》	法释〔2000〕30号，法释〔2020〕18号修正	《票据纠纷规定》

续表

文件名称	发文字号	简称
《最高人民法院关于审理民间借贷案件适用法律若干问题的规定》	法释〔2015〕18号，法释〔2020〕6号第一次修正，法释〔2020〕17号第二次修正	《民间借贷规定》
《最高人民法院关于审理融资租赁合同纠纷案件适用法律问题的解释》	法释〔2014〕3号，法释〔2020〕17号修正	《融资租赁解释》
《最高人民法院关于适用《中华人民共和国公司法》若干问题的规定（三）》	法释〔2011〕3号，法释〔2014〕2号第一次修正，法释〔2020〕18号第二次修正	《公司法解释（三）》
《最高人民法院关于审理城镇房屋租赁合同纠纷案件具体应用法律若干问题的解释》	法释〔2009〕11号，法释〔2020〕17号修正	《城镇房屋租赁解释》
《最高人民法院关于审理民事案件适用诉讼时效制度若干问题的规定》	法释〔2008〕11号，法释〔2020〕17号修正	《民事案件诉讼时效规定》
《最高人民法院关于审理商品房买卖合同纠纷案件适用法律若干问题的解释》	法释〔2003〕7号，法释〔2020〕17号修正	《商品房买卖合同解释》
《最高人民法院关于适用〈中华人民共和国民法典〉时间效力的若干规定》	法释〔2020〕15号	《民法典时间效力规定》
《最高人民法院关于适用〈中华人民共和国合同法〉若干问题的解释（二）》	法释〔2009〕5号，法释〔2020〕16号废止	《合同法解释（二）》
《最高人民法院关于建设工程价款优先受偿权问题的批复》	法释〔2002〕16号，法释〔2020〕16号废止	《工程款优先受偿批复》
《最高人民法院关于适用〈中华人民共和国担保法〉若干问题的解释》	法释〔2000〕44号，法释〔2020〕16号废止	《担保法解释》

续表

文件名称	发文字号	简称
《最高人民法院关于贯彻执行〈中华人民共和国民法通则〉若干问题的意见（试行）》	法（办）发〔1988〕6号，法释〔2020〕16号废止	《民通意见》
《最高人民法院关于印发〈全国法院民商事审判工作会议纪要〉的通知》	法〔2019〕254号	《民商事审判会议纪要》

3.《民法典》自2021年1月1日起施行，《婚姻法》《继承法》《民法通则》《收养法》《担保法》《合同法》《物权法》《侵权责任法》《民法总则》同时废止。

目 录

CONTENTS

第一部分 条文全本

第二部分 答记者问

第三部分 重点条文解读

第四部分　司法解释理解与适用

一、关于一般规定

二、关于保证合同

（二）不动产抵押

（三）动产与权利担保

第一部分　条文全本

中华人民共和国
最高人民法院公告

《最高人民法院关于适用〈中华人民共和国民法典〉有关担保制度的解释》已于2020年12月25日由最高人民法院审判委员会第1824次会议通过，现予公布，自2021年1月1日起施行。

最高人民法院

2020年12月31日

最高人民法院
关于适用《中华人民共和国民法典》
有关担保制度的解释

法释〔2020〕28号

（2020年12月25日最高人民法院审判委员会第1824次会议通过
自2021年1月1日起施行）

为正确适用《中华人民共和国民法典》有关担保制度的规定，结合民事审判实践，制定本解释。

一、关于一般规定

第一条 因抵押、质押、留置、保证等担保发生的纠纷，适用本解释。所有权保留买卖、融资租赁、保理等涉及担保功能发生的纠纷，适用本解释的有关规定。

第二条 当事人在担保合同中约定担保合同的效力独立于主合同，或者约定担保人对主合同无效的法律后果承担担保责任，该有关担保独立性的约定无效。主合同有效的，有关担保独立性的约定无效不影响担保合同的效力；主合同无效的，人民法院应当认定担保合同无效，但是法律另有规定的除外。

因金融机构开立的独立保函发生的纠纷，适用《最高人民法院关于审理独立保函纠纷案件若干问题的规定》。

第三条 当事人对担保责任的承担约定专门的违约责任，或者约定的担保责任范围超出债务人应当承担的责任范围，担保人主张仅在债务人应当承担的责任范围内承担责任的，人民法院应予支持。

担保人承担的责任超出债务人应当承担的责任范围，担保人向债务人追偿，债务人主张仅在其应当承担的责任范围内承担责任的，人民法院应予支持；担保人请求债权人返还超出部分的，人民法院依法予以支持。

第四条 有下列情形之一，当事人将担保物权登记在他人名下，债务人不履行到期债务或者发生当事人约定的实现担保物权的情形，债权人或者其受托人主张就该财产优先受偿的，人民法院依法予以支持：

（一）为债券持有人提供的担保物权登记在债券受托管理人名下；

（二）为委托贷款人提供的担保物权登记在受托人名下；

（三）担保人知道债权人与他人之间存在委托关系的其他情形。

第五条 机关法人提供担保的，人民法院应当认定担保合同无效，但是经国务院批准为使用外国政府或者国际经济组织贷款进行转贷的除外。

居民委员会、村民委员会提供担保的，人民法院应当认定担保合同无效，但是依法代行村集体经济组织职能的村民委员会，依照村民委员会组织法规定的讨论决定程序对外提供担保的除外。

第六条 以公益为目的的非营利性学校、幼儿园、医疗机构、养老机构等提供担保的，人民法院应当认定担保合同无效，但是有下列情形之一的除外：

（一）在购入或者以融资租赁方式承租教育设施、医疗卫生设施、养老服务设施和其他公益设施时，出卖人、出租人为担保价款或者租金实现而在该公益设施上保留所有权；

（二）以教育设施、医疗卫生设施、养老服务设施和其他公益设施以外的不动产、动产或者财产权利设立担保物权。

登记为营利法人的学校、幼儿园、医疗机构、养老机构等提供担保，当事人以其不具有担保资格为由主张担保合同无效的，人民法院不予支持。

第七条 公司的法定代表人违反公司法关于公司对外担保决议程序的规定，超越权限代表公司与相对人订立担保合同，人民法院应当依照民法典第六十一条和第五百零四条等规定处理：

（一）相对人善意的，担保合同对公司发生效力；相对人请求公司承担担保责任的，人民法院应予支持。

（二）相对人非善意的，担保合同对公司不发生效力；相对人请求公司承担赔偿责任的，参照适用本解释第十七条的有关规定。

法定代表人超越权限提供担保造成公司损失，公司请求法定代表人承担赔偿责任的，人民法院应予支持。

第一款所称善意，是指相对人在订立担保合同时不知道且不应当知道法定代表人超越权限。相对人有证据证明已对公司决议进行了合理审查，人民法院应当认定其构成善意，但是公司有证据证明相对人知道或者应当知道决议系伪造、变造的除外。

第八条 有下列情形之一，公司以其未依照公司法关于公司对外担保的规定作出决议为由主张不承担担保责任的，人民法院不予支持：

（一）金融机构开立保函或者担保公司提供担保；

（二）公司为其全资子公司开展经营活动提供担保；

（三）担保合同系由单独或者共同持有公司三分之二以上对担保

事项有表决权的股东签字同意。

上市公司对外提供担保，不适用前款第二项、第三项的规定。

第九条　相对人根据上市公司公开披露的关于担保事项已经董事会或者股东大会决议通过的信息，与上市公司订立担保合同，相对人主张担保合同对上市公司发生效力，并由上市公司承担担保责任的，人民法院应予支持。

相对人未根据上市公司公开披露的关于担保事项已经董事会或者股东大会决议通过的信息，与上市公司订立担保合同，上市公司主张担保合同对其不发生效力，且不承担担保责任或者赔偿责任的，人民法院应予支持。

相对人与上市公司已公开披露的控股子公司订立的担保合同，或者相对人与股票在国务院批准的其他全国性证券交易场所交易的公司订立的担保合同，适用前两款规定。

第十条　一人有限责任公司为其股东提供担保，公司以违反公司法关于公司对外担保决议程序的规定为由主张不承担担保责任的，人民法院不予支持。公司因承担担保责任导致无法清偿其他债务，提供担保时的股东不能证明公司财产独立于自己的财产，其他债权人请求该股东承担连带责任的，人民法院应予支持。

第十一条　公司的分支机构未经公司股东（大）会或者董事会决议以自己的名义对外提供担保，相对人请求公司或者其分支机构承担担保责任的，人民法院不予支持，但是相对人不知道且不应当知道分支机构对外提供担保未经公司决议程序的除外。

金融机构的分支机构在其营业执照记载的经营范围内开立保函，或者经有权从事担保业务的上级机构授权开立保函，金融机构或者其分支机构以违反公司法关于公司对外担保决议程序的规定为由主张不承担担保责任的，人民法院不予支持。金融机构的分支机构未经金融机构授权提供保函之外的担保，金融机构或者其分支机构主张不承担担保责任的，人民法院应予支持，但是相对人不知道且不应当知道分支机构对外提供担保未经金融机构授权的除外。

担保公司的分支机构未经担保公司授权对外提供担保，担保公司或者其分支机构主张不承担担保责任的，人民法院应予支持，但是相对人不知道且不应当知道分支机构对外提供担保未经担保公司授权的除外。

公司的分支机构对外提供担保，相对人非善意，请求公司承担赔偿责任的，参照本解释第十七条的有关规定处理。

第十二条　法定代表人依照民法典第五百五十二条的规定以公司名义加入债务的，人民法院在认定该行为的效力时，可以参照本解释关于公司为他人提供担保的有关规则处理。

第十三条　同一债务有两个以上第三人提供担保，担保人之间约定相互追偿及分担份额，承担了担保责任的担保人请求其他担保人按照约定分担份额的，人民法院应予支持；担保人之间约定承担连带共同担保，或者约定相互追偿但是未约定分担份额的，各担保人按照比例分担向债务人不能追偿的部分。

同一债务有两个以上第三人提供担保，担保人之间未对相互追偿作出约定且未约定承担连带共同担保，但是各担保人在同一份合同书上签字、盖章或者按指印，承担了担保责任的担保人请求其他担保人按照比例分担向债务人不能追偿部分的，人民法院应予支持。

除前两款规定的情形外，承担了担保责任的担保人请求其他担保人分担向债务人不能追偿部分的，人民法院不予支持。

第十四条　同一债务有两个以上第三人提供担保，担保人受让债权的，人民法院应当认定该行为系承担担保责任。受让债权的担保人作为债权人请求其他担保人承担担保责任的，人民法院不予支持；该担保人请求其他担保人分担相应份额的，依照本解释第十三条的规定处理。

第十五条　最高额担保中的最高债权额，是指包括主债权及其利息、违约金、损害赔偿金、保管担保财产的费用、实现债权或者实现担保物权的费用等在内的全部债权，但是当事人另有约定的除外。

登记的最高债权额与当事人约定的最高债权额不一致的，人民法院应当依据登记的最高债权额确定债权人优先受偿的范围。

第十六条 主合同当事人协议以新贷偿还旧贷，债权人请求旧贷的担保人承担担保责任的，人民法院不予支持；债权人请求新贷的担保人承担担保责任的，按照下列情形处理：

（一）新贷与旧贷的担保人相同的，人民法院应予支持；

（二）新贷与旧贷的担保人不同，或者旧贷无担保新贷有担保的，人民法院不予支持，但是债权人有证据证明新贷的担保人提供担保时对以新贷偿还旧贷的事实知道或者应当知道的除外。

主合同当事人协议以新贷偿还旧贷，旧贷的物的担保人在登记尚未注销的情形下同意继续为新贷提供担保，在订立新的贷款合同前又以该担保财产为其他债权人设立担保物权，其他债权人主张其担保物权顺位优先于新贷债权人的，人民法院不予支持。

第十七条 主合同有效而第三人提供的担保合同无效，人民法院应当区分不同情形确定担保人的赔偿责任：

（一）债权人与担保人均有过错的，担保人承担的赔偿责任不应超过债务人不能清偿部分的二分之一；

（二）担保人有过错而债权人无过错的，担保人对债务人不能清偿的部分承担赔偿责任；

（三）债权人有过错而担保人无过错的，担保人不承担赔偿责任。

主合同无效导致第三人提供的担保合同无效，担保人无过错的，不承担赔偿责任；担保人有过错的，其承担的赔偿责任不应超过债务人不能清偿部分的三分之一。

第十八条 承担了担保责任或者赔偿责任的担保人，在其承担责任的范围内向债务人追偿的，人民法院应予支持。

同一债权既有债务人自己提供的物的担保，又有第三人提供的担保，承担了担保责任或者赔偿责任的第三人，主张行使债权人对债务人享有的担保物权的，人民法院应予支持。

第十九条 担保合同无效，承担了赔偿责任的担保人按照反担保合同的约定，在其承担赔偿责任的范围内请求反担保人承担担保责任的，人民法院应予支持。

反担保合同无效的，依照本解释第十七条的有关规定处理。当事人仅以担保合同无效为由主张反担保合同无效的，人民法院不予支持。

第二十条 人民法院在审理第三人提供的物的担保纠纷案件时，可以适用民法典第六百九十五条第一款、第六百九十六条第一款、第六百九十七条第二款、第六百九十九条、第七百条、第七百零一条、第七百零二条等关于保证合同的规定。

第二十一条 主合同或者担保合同约定了仲裁条款的，人民法院对约定仲裁条款的合同当事人之间的纠纷无管辖权。

债权人一并起诉债务人和担保人的，应当根据主合同确定管辖法院。

债权人依法可以单独起诉担保人且仅起诉担保人的，应当根据担保合同确定管辖法院。

第二十二条 人民法院受理债务人破产案件后，债权人请求担保人承担担保责任，担保人主张担保债务自人民法院受理破产申请之日起停止计息的，人民法院对担保人的主张应予支持。

第二十三条 人民法院受理债务人破产案件，债权人在破产程序中申报债权后又向人民法院提起诉讼，请求担保人承担担保责任的，人民法院依法予以支持。

担保人清偿债权人的全部债权后，可以代替债权人在破产程序中受偿；在债权人的债权未获全部清偿前，担保人不得代替债权人在破产程序中受偿，但是有权就债权人通过破产分配和实现担保债权等方式获得清偿总额中超出债权的部分，在其承担担保责任的范围内请求债权人返还。

债权人在债务人破产程序中未获全部清偿，请求担保人继续承担担保责任的，人民法院应予支持；担保人承担担保责任后，向和解协议或者重整计划执行完毕后的债务人追偿的，人民法院不予支持。

第二十四条 债权人知道或者应当知道债务人破产，既未申报债权也未通知担保人，致使担保人不能预先行使追偿权的，担保人就该债权在破产程序中可能受偿的范围内免除担保责任，但是担保人因自身过错未行使追偿权的除外。

二、关于保证合同

第二十五条 当事人在保证合同中约定了保证人在债务人不能履行债务或者无力偿还债务时才承担保证责任等类似内容，具有债务人应当先承担责任的意思表示的，人民法院应当将其认定为一般保证。

当事人在保证合同中约定了保证人在债务人不履行债务或者未偿还债务时即承担保证责任、无条件承担保证责任等类似内容，不具有债务人应当先承担责任的意思表示的，人民法院应当将其认定为连带责任保证。

第二十六条 一般保证中，债权人以债务人为被告提起诉讼的，人民法院应予受理。债权人未就主合同纠纷提起诉讼或者申请仲裁，仅起诉一般保证人的，人民法院应当驳回起诉。

一般保证中，债权人一并起诉债务人和保证人的，人民法院可以受理，但是在作出判决时，除有民法典第六百八十七条第二款但书规定的情形外，应当在判决书主文中明确，保证人仅对债务人财产依法强制执行后仍不能履行的部分承担保证责任。

债权人未对债务人的财产申请保全，或者保全的债务人的财产足以清偿债务，债权人申请对一般保证人的财产进行保全的，人民法院不予准许。

第二十七条 一般保证的债权人取得对债务人赋予强制执行效力的公证债权文书后，在保证期间内向人民法院申请强制执行，保证人以债权人未在保证期间内对债务人提起诉讼或者申请仲裁为由主张不承担保证责任的，人民法院不予支持。

第二十八条 一般保证中，债权人依据生效法律文书对债务人的财产依法申请强制执行，保证债务诉讼时效的起算时间按照下列规则确定：

（一）人民法院作出终结本次执行程序裁定，或者依照民事诉讼法第二百五十七条第三项、第五项的规定作出终结执行裁定的，自裁定送达债权人之日起开始计算；

（二）人民法院自收到申请执行书之日起一年内未作出前项裁定的，自人民法院收到申请执行书满一年之日起开始计算，但是保证人有证据证明债务人仍有财产可供执行的除外。

一般保证的债权人在保证期间届满前对债务人提起诉讼或者申请仲裁，债权人举证证明存在民法典第六百八十七条第二款但书规定情形的，保证债务的诉讼时效自债权人知道或者应当知道该情形之日起开始计算。

第二十九条　同一债务有两个以上保证人，债权人以其已经在保证期间内依法向部分保证人行使权利为由，主张已经在保证期间内向其他保证人行使权利的，人民法院不予支持。

同一债务有两个以上保证人，保证人之间相互有追偿权，债权人未在保证期间内依法向部分保证人行使权利，导致其他保证人在承担保证责任后丧失追偿权，其他保证人主张在其不能追偿的范围内免除保证责任的，人民法院应予支持。

第三十条　最高额保证合同对保证期间的计算方式、起算时间等有约定的，按照其约定。

最高额保证合同对保证期间的计算方式、起算时间等没有约定或者约定不明，被担保债权的履行期限均已届满的，保证期间自债权确定之日起开始计算；被担保债权的履行期限尚未届满的，保证期间自最后到期债权的履行期限届满之日起开始计算。

前款所称债权确定之日，依照民法典第四百二十三条的规定认定。

第三十一条　一般保证的债权人在保证期间内对债务人提起诉讼或者申请仲裁后，又撤回起诉或者仲裁申请，债权人在保证期间届满前未再行提起诉讼或者申请仲裁，保证人主张不再承担保证责任的，人民法院应予支持。

连带责任保证的债权人在保证期间内对保证人提起诉讼或者申请仲裁后，又撤回起诉或者仲裁申请，起诉状副本或者仲裁申请书副本已经送达保证人的，人民法院应当认定债权人已经在保证期间内向保证人行使了权利。

第三十二条 保证合同约定保证人承担保证责任直至主债务本息还清时为止等类似内容的，视为约定不明，保证期间为主债务履行期限届满之日起六个月。

第三十三条 保证合同无效，债权人未在约定或者法定的保证期间内依法行使权利，保证人主张不承担赔偿责任的，人民法院应予支持。

第三十四条 人民法院在审理保证合同纠纷案件时，应当将保证期间是否届满、债权人是否在保证期间内依法行使权利等事实作为案件基本事实予以查明。

债权人在保证期间内未依法行使权利的，保证责任消灭。保证责任消灭后，债权人书面通知保证人要求承担保证责任，保证人在通知书上签字、盖章或者按指印，债权人请求保证人继续承担保证责任的，人民法院不予支持，但是债权人有证据证明成立了新的保证合同的除外。

第三十五条 保证人知道或者应当知道主债权诉讼时效期间届满仍然提供保证或者承担保证责任，又以诉讼时效期间届满为由拒绝承担保证责任或者请求返还财产的，人民法院不予支持；保证人承担保证责任后向债务人追偿的，人民法院不予支持，但是债务人放弃诉讼时效抗辩的除外。

第三十六条 第三人向债权人提供差额补足、流动性支持等类似承诺文件作为增信措施，具有提供担保的意思表示，债权人请求第三人承担保证责任的，人民法院应当依照保证的有关规定处理。

第三人向债权人提供的承诺文件，具有加入债务或者与债务人共同承担债务等意思表示的，人民法院应当认定为民法典第五百五十二条规定的债务加入。

前两款中第三人提供的承诺文件难以确定是保证还是债务加入的，人民法院应当将其认定为保证。

第三人向债权人提供的承诺文件不符合前三款规定的情形，债权人请求第三人承担保证责任或者连带责任的，人民法院不予支持，但是不影响其依据承诺文件请求第三人履行约定的义务或者承担相应的民事责任。

三、关于担保物权

（一）担保合同与担保物权的效力

第三十七条 当事人以所有权、使用权不明或者有争议的财产抵押，经审查构成无权处分的，人民法院应当依照民法典第三百一十一条的规定处理。

当事人以依法被查封或者扣押的财产抵押，抵押权人请求行使抵押权，经审查查封或者扣押措施已经解除的，人民法院应予支持。抵押人以抵押权设立时财产被查封或者扣押为由主张抵押合同无效的，人民法院不予支持。

以依法被监管的财产抵押的，适用前款规定。

第三十八条 主债权未受全部清偿，担保物权人主张就担保财产的全部行使担保物权的，人民法院应予支持，但是留置权人行使留置权的，应当依照民法典第四百五十条的规定处理。

担保财产被分割或者部分转让，担保物权人主张就分割或者转让后的担保财产行使担保物权的，人民法院应予支持，但是法律或者司法解释另有规定的除外。

第三十九条 主债权被分割或者部分转让，各债权人主张就其享有的债权份额行使担保物权的，人民法院应予支持，但是法律另有规定或者当事人另有约定的除外。

主债务被分割或者部分转移，债务人自己提供物的担保，债权人请求以该担保财产担保全部债务履行的，人民法院应予支持；第三人提供物的担保，主张对未经其书面同意转移的债务不再承担担保责任的，人民法院应予支持。

第四十条 从物产生于抵押权依法设立前，抵押权人主张抵押权的效力及于从物的，人民法院应予支持，但是当事人另有约定的除外。

从物产生于抵押权依法设立后，抵押权人主张抵押权的效力及于从物的，人民法院不予支持，但是在抵押权实现时可以一并处分。

第四十一条 抵押权依法设立后，抵押财产被添附，添附物归第三人所有，抵押权人主张抵押权效力及于补偿金的，人民法院应予支持。

抵押权依法设立后，抵押财产被添附，抵押人对添附物享有所有权，抵押权人主张抵押权的效力及于添附物的，人民法院应予支持，但是添附导致抵押财产价值增加的，抵押权的效力不及于增加的价值部分。

抵押权依法设立后，抵押人与第三人因添附成为添附物的共有人，抵押权人主张抵押权的效力及于抵押人对共有物享有的份额的，人民法院应予支持。

本条所称添附，包括附合、混合与加工。

第四十二条 抵押权依法设立后，抵押财产毁损、灭失或者被征收等，抵押权人请求按照原抵押权的顺位就保险金、赔偿金或者补偿金等优先受偿的，人民法院应予支持。

给付义务人已经向抵押人给付了保险金、赔偿金或者补偿金，抵押权人请求给付义务人向其给付保险金、赔偿金或者补偿金的，人民法院不予支持，但是给付义务人接到抵押权人要求向其给付的通知后仍然向抵押人给付的除外。

抵押权人请求给付义务人向其给付保险金、赔偿金或者补偿金的，人民法院可以通知抵押人作为第三人参加诉讼。

第四十三条 当事人约定禁止或者限制转让抵押财产但是未将约定登记，抵押人违反约定转让抵押财产，抵押权人请求确认转让合同无效的，人民法院不予支持；抵押财产已经交付或者登记，抵押权人请求确认转让不发生物权效力的，人民法院不予支持，但是抵押权人有证据证明受让人知道的除外；抵押权人请求抵押人承担违约责任的，人民法院依法予以支持。

当事人约定禁止或者限制转让抵押财产且已经将约定登记，抵押人违反约定转让抵押财产，抵押权人请求确认转让合同无效的，人民法院不予支持；抵押财产已经交付或者登记，抵押权人主张转让不发生物权效力的，人民法院应予支持，但是因受让人代替债务人清偿债务导致抵押权消灭的除外。

第四十四条　主债权诉讼时效期间届满后，抵押权人主张行使抵押权的，人民法院不予支持；抵押人以主债权诉讼时效期间届满为由，主张不承担担保责任的，人民法院应予支持。主债权诉讼时效期间届满前，债权人仅对债务人提起诉讼，经人民法院判决或者调解后未在民事诉讼法规定的申请执行时效期间内对债务人申请强制执行，其向抵押人主张行使抵押权的，人民法院不予支持。

主债权诉讼时效期间届满后，财产被留置的债务人或者对留置财产享有所有权的第三人请求债权人返还留置财产的，人民法院不予支持；债务人或者第三人请求拍卖、变卖留置财产并以所得价款清偿债务的，人民法院应予支持。

主债权诉讼时效期间届满的法律后果，以登记作为公示方式的权利质权，参照适用第一款的规定；动产质权、以交付权利凭证作为公示方式的权利质权，参照适用第二款的规定。

第四十五条　当事人约定当债务人不履行到期债务或者发生当事人约定的实现担保物权的情形，担保物权人有权将担保财产自行拍卖、变卖并就所得的价款优先受偿的，该约定有效。因担保人的原因导致担保物权人无法自行对担保财产进行拍卖、变卖，担保物权人请求担保人承担因此增加的费用的，人民法院应予支持。

当事人依照民事诉讼法有关“实现担保物权案件”的规定，申请拍卖、变卖担保财产，被申请人以担保合同约定仲裁条款为由主张驳回申请的，人民法院经审查后，应当按照以下情形分别处理：

（一）当事人对担保物权无实质性争议且实现担保物权条件已经成就的，应当裁定准许拍卖、变卖担保财产；

（二）当事人对实现担保物权有部分实质性争议的，可以就无争议的部分裁定准许拍卖、变卖担保财产，并告知可以就有争议的部分申请仲裁；

（三）当事人对实现担保物权有实质性争议的，裁定驳回申请，并告知可以向仲裁机构申请仲裁。

债权人以诉讼方式行使担保物权的，应当以债务人和担保人作为共同被告。

（二）不动产抵押

第四十六条 不动产抵押合同生效后未办理抵押登记手续，债权人请求抵押人办理抵押登记手续的，人民法院应予支持。

抵押财产因不可归责于抵押人自身的原因灭失或者被征收等导致不能办理抵押登记，债权人请求抵押人在约定的担保范围内承担责任的，人民法院不予支持；但是抵押人已经获得保险金、赔偿金或者补偿金等，债权人请求抵押人在其所获金额范围内承担赔偿责任的，人民法院依法予以支持。

因抵押人转让抵押财产或者其他可归责于抵押人自身的原因导致不能办理抵押登记，债权人请求抵押人在约定的担保范围内承担责任的，人民法院依法予以支持，但是不得超过抵押权能够设立时抵押人应当承担的责任范围。

第四十七条 不动产登记簿就抵押财产、被担保的债权范围等所作的记载与抵押合同约定不一致的，人民法院应当根据登记簿的记载确定抵押财产、被担保的债权范围等事项。

第四十八条 当事人申请办理抵押登记手续时，因登记机构的过错致使其不能办理抵押登记，当事人请求登记机构承担赔偿责任的，人民法院依法予以支持。

第四十九条 以违法的建筑物抵押的，抵押合同无效，但是一审法庭辩论终结前已经办理合法手续的除外。抵押合同无效的法律后果，依照本解释第十七条的有关规定处理。

当事人以建设用地使用权依法设立抵押，抵押人以土地上存在违法的建筑物为由主张抵押合同无效的，人民法院不予支持。

第五十条 抵押人以划拨建设用地上的建筑物抵押，当事人以该建设用地使用权不能抵押或者未办理批准手续为由主张抵押合同无效或者不生效的，人民法院不予支持。抵押权依法实现时，拍卖、变卖建筑物所得的价款，应当优先用于补缴建设用地使用权出让金。

当事人以划拨方式取得的建设用地使用权抵押，抵押人以未办理批准手续为由主张抵押合同无效或者不生效的，人民法院不予支持。已经依法办理抵押登记，抵押权人主张行使抵押权的，人民法院应予支持。抵押权依法实现时所得的价款，参照前款有关规定处理。

第五十一条 当事人仅以建设用地使用权抵押，债权人主张抵押权的效力及于土地上已有的建筑物以及正在建造的建筑物已完成部分的，人民法院应予支持。债权人主张抵押权的效力及于正在建造的建筑物的续建部分以及新增建筑物的，人民法院不予支持。

当事人以正在建造的建筑物抵押，抵押权的效力范围限于已办理抵押登记的部分。当事人按照担保合同的约定，主张抵押权的效力及于续建部分、新增建筑物以及规划中尚未建造的建筑物的，人民法院不予支持。

抵押人将建设用地使用权、土地上的建筑物或者正在建造的建筑物分别抵押给不同债权人的，人民法院应当根据抵押登记的时间先后确定清偿顺序。

第五十二条 当事人办理抵押预告登记后，预告登记权利人请求就抵押财产优先受偿，经审查存在尚未办理建筑物所有权首次登记、预告登记的财产与办理建筑物所有权首次登记时的财产不一致、抵押预告登记已经失效等情形，导致不具备办理抵押登记条件的，人民法院不予支持；经审查已经办理建筑物所有权首次登记，且不存在预告登记失效等情形的，人民法院应予支持，并应当认定抵押权自预告登记之日起设立。

当事人办理了抵押预告登记，抵押人破产，经审查抵押财产属于破产财产，预告登记权利人主张就抵押财产优先受偿的，人民法院应当在受理破产申请时抵押财产的价值范围内予以支持，但是在人民法院受理破产申请前一年内，债务人对没有财产担保的债务设立抵押预告登记的除外。

（三）动产与权利担保

第五十三条 当事人在动产和权利担保合同中对担保财产进行概括描述，该描述能够合理识别担保财产的，人民法院应当认定担保成立。

第五十四条 动产抵押合同订立后未办理抵押登记，动产抵押权的效力按照下列情形分别处理：

（一）抵押人转让抵押财产，受让人占有抵押财产后，抵押权人向受让人请求行使抵押权的，人民法院不予支持，但是抵押权人能够举证证明受让人知道或者应当知道已经订立抵押合同的除外；

（二）抵押人将抵押财产出租给他人并移转占有，抵押权人行使抵押权的，租赁关系不受影响，但是抵押权人能够举证证明承租人知道或者应当知道已经订立抵押合同的除外；

（三）抵押人的其他债权人向人民法院申请保全或者执行抵押财产，人民法院已经作出财产保全裁定或者采取执行措施，抵押权人主张对抵押财产优先受偿的，人民法院不予支持；

（四）抵押人破产，抵押权人主张对抵押财产优先受偿的，人民法院不予支持。

第五十五条 债权人、出质人与监管人订立三方协议，出质人以通过一定数量、品种等概括描述能够确定范围的货物为债务的履行提供担保，当事人有证据证明监管人系受债权人的委托监管并实际控制该货物的，人民法院应当认定质权于监管人实际控制货物之日起设立。监管人违反约定向出质人或者其他人放货、因保管不善导致货物毁损灭失，债权人请求监管人承担违约责任的，人民法院依法予以支持。

在前款规定情形下，当事人有证据证明监管人系受出质人委托监管该货物，或者虽然受债权人委托但是未实际履行监管职责，导致货物仍由出质人实际控制的，人民法院应当认定质权未设立。债权人可以基于质押合同的约定请求出质人承担违约责任，但是不得超过质权有效设立时出质人应当承担的责任范围。监管人未履行监管职责，债权人请求监管人承担责任的，人民法院依法予以支持。

第五十六条 买受人在出卖人正常经营活动中通过支付合理对价取得已被设立担保物权的动产，担保物权人请求就该动产优先受偿的，人民法院不予支持，但是有下列情形之一的除外：

（一）购买商品的数量明显超过一般买受人；

（二）购买出卖人的生产设备；

（三）订立买卖合同的目的在于担保出卖人或者第三人履行债务；

（四）买受人与出卖人存在直接或者间接的控制关系；

（五）买受人应当查询抵押登记而未查询的其他情形。

前款所称出卖人正常经营活动，是指出卖人的经营活动属于其营业执照明确记载的经营范围，且出卖人持续销售同类商品。前款所称担保物权人，是指已经办理登记的抵押权人、所有权保留买卖的出卖人、融资租赁合同的出租人。

第五十七条 担保人在设立动产浮动抵押并办理抵押登记后又购入或者以融资租赁方式承租新的动产，下列权利人为担保价款债权或者租金的实现而订立担保合同，并在该动产交付后十日内办理登记，主张其权利优先于在先设立的浮动抵押权的，人民法院应予支持：

（一）在该动产上设立抵押权或者保留所有权的出卖人；

（二）为价款支付提供融资而在该动产上设立抵押权的债权人；

（三）以融资租赁方式出租该动产的出租人。

买受人取得动产但未付清价款或者承租人以融资租赁方式占有租赁物但是未付清全部租金，又以标的物为他人设立担保物权，前款所列权利人为担保价款债权或者租金的实现而订立担保合同，并在该动产交付后十日内办理登记，主张其权利优先于买受人为他人设立的担保物权的，人民法院应予支持。

同一动产上存在多个价款优先权的，人民法院应当按照登记的时间先后确定清偿顺序。

第五十八条 以汇票出质，当事人以背书记载“质押”字样并在汇票上签章，汇票已经交付质权人的，人民法院应当认定质权自汇票交付质权人时设立。

第五十九条 存货人或者仓单持有人在仓单上以背书记载“质押”字样，并经保管人签章，仓单已经交付质权人的，人民法院应当认定质权自仓单交付质权人时设立。没有权利凭证的仓单，依法可以办理出质登记的，仓单质权自办理出质登记时设立。

出质人既以仓单出质，又以仓储物设立担保，按照公示的先后确定清偿顺序；难以确定先后的，按照债权比例清偿。

保管人为同一货物签发多份仓单，出质人在多份仓单上设立多个质权，按照公示的先后确定清偿顺序；难以确定先后的，按照债权比例受偿。

存在第二款、第三款规定的情形，债权人举证证明其损失系由出质人与保管人的共同行为所致，请求出质人与保管人承担连带赔偿责任的，人民法院应予支持。

第六十条 在跟单信用证交易中，开证行与开证申请人之间约定以提单作为担保的，人民法院应当依照民法典关于质权的有关规定处理。

在跟单信用证交易中，开证行依据其与开证申请人之间的约定或者跟单信用证的惯例持有提单，开证申请人未按照约定付款赎单，开证行主张对提单项下货物优先受偿的，人民法院应予支持；开证行主张对提单项下货物享有所有权的，人民法院不予支持。

在跟单信用证交易中，开证行依据其与开证申请人之间的约定或者跟单信用证的惯例，通过转让提单或者提单项下货物取得价款，开证申请人请求返还超出债权部分的，人民法院应予支持。

前三款规定不影响合法持有提单的开证行以提单持有人身份主张

运输合同项下的权利。

第六十一条　以现有的应收账款出质，应收账款债务人向质权人确认应收账款的真实性后，又以应收账款不存在或者已经消灭为由主张不承担责任的，人民法院不予支持。

以现有的应收账款出质，应收账款债务人未确认应收账款的真实性，质权人以应收账款债务人为被告，请求就应收账款优先受偿，能够举证证明办理出质登记时应收账款真实存在的，人民法院应予支持；质权人不能举证证明办理出质登记时应收账款真实存在，仅以已经办理出质登记为由，请求就应收账款优先受偿的，人民法院不予支持。

以现有的应收账款出质，应收账款债务人已经向应收账款债权人履行了债务，质权人请求应收账款债务人履行债务的，人民法院不予支持，但是应收账款债务人接到质权人要求向其履行的通知后，仍然向应收账款债权人履行的除外。

以基础设施和公用事业项目收益权、提供服务或者劳务产生的债权以及其他将有的应收账款出质，当事人为应收账款设立特定账户，发生法定或者约定的质权实现事由时，质权人请求就该特定账户内的款项优先受偿的，人民法院应予支持；特定账户内的款项不足以清偿债务或者未设立特定账户，质权人请求折价或者拍卖、变卖项目收益权等将有的应收账款，并以所得的价款优先受偿的，人民法院依法予以支持。

第六十二条　债务人不履行到期债务，债权人因同一法律关系留置合法占有的第三人的动产，并主张就该留置财产优先受偿的，人民法院应予支持。第三人以该留置财产并非债务人的财产为由请求返还的，人民法院不予支持。

企业之间留置的动产与债权并非同一法律关系，债务人以该债权不属于企业持续经营中发生的债权为由请求债权人返还留置财产的，人民法院应予支持。

企业之间留置的动产与债权并非同一法律关系，债权人留置第三人的财产，第三人请求债权人返还留置财产的，人民法院应予支持。

四、关于非典型担保

第六十三条 债权人与担保人订立担保合同，约定以法律、行政法规尚未规定可以担保的财产权利设立担保，当事人主张合同无效的，人民法院不予支持。当事人未在法定的登记机构依法进行登记，主张该担保具有物权效力的，人民法院不予支持。

第六十四条 在所有权保留买卖中，出卖人依法有权取回标的物，但是与买受人协商不成，当事人请求参照民事诉讼法“实现担保物权案件”的有关规定，拍卖、变卖标的物的，人民法院应予准许。

出卖人请求取回标的物，符合民法典第六百四十二条规定的，人民法院应予支持；买受人以抗辩或者反诉的方式主张拍卖、变卖标的物，并在扣除买受人未支付的价款以及必要费用后返还剩余款项的，人民法院应当一并处理。

第六十五条 在融资租赁合同中，承租人未按照约定支付租金，经催告后在合理期限内仍不支付，出租人请求承租人支付全部剩余租金，并以拍卖、变卖租赁物所得的价款受偿的，人民法院应予支持；当事人请求参照民事诉讼法“实现担保物权案件”的有关规定，以拍卖、变卖租赁物所得价款支付租金的，人民法院应予准许。

出租人请求解除融资租赁合同并收回租赁物，承租人以抗辩或者反诉的方式主张返还租赁物价值超过欠付租金以及其他费用的，人民法院应当一并处理。当事人对租赁物的价值有争议的，应当按照下列规则确定租赁物的价值：

（一）融资租赁合同有约定的，按照其约定；

（二）融资租赁合同未约定或者约定不明的，根据约定的租赁物折旧以及合同到期后租赁物的残值来确定；

（三）根据前两项规定的方法仍然难以确定，或者当事人认为根据前两项规定的方法确定的价值严重偏离租赁物实际价值的，根据当事人的申请委托有资质的机构评估。

第六十六条 同一应收账款同时存在保理、应收账款质押和债权转让，当事人主张参照民法典第七百六十八条的规定确定优先顺序的，人民法院应予支持。

在有追索权的保理中，保理人以应收账款债权人或者应收账款债务人为被告提起诉讼，人民法院应予受理；保理人一并起诉应收账款债权人和应收账款债务人的，人民法院可以受理。

应收账款债权人向保理人返还保理融资款本息或者回购应收账款债权后，请求应收账款债务人向其履行应收账款债务的，人民法院应予支持。

第六十七条 在所有权保留买卖、融资租赁等合同中，出卖人、出租人的所有权未经登记不得对抗的“善意第三人”的范围及其效力，参照本解释第五十四条的规定处理。

第六十八条 债务人或者第三人与债权人约定将财产形式上转移至债权人名下，债务人不履行到期债务，债权人有权对财产折价或者以拍卖、变卖该财产所得价款偿还债务的，人民法院应当认定该约定有效。当事人已经完成财产权利变动的公示，债务人不履行到期债务，债权人请求参照民法典关于担保物权的有关规定就该财产优先受偿的，人民法院应予支持。

债务人或者第三人与债权人约定将财产形式上转移至债权人名下，债务人不履行到期债务，财产归债权人所有的，人民法院应当认定该约定无效，但是不影响当事人有关提供担保的意思表示的效力。当事人已经完成财产权利变动的公示，债务人不履行到期债务，债权人请求对该财产享有所有权的，人民法院不予支持；债权人请求参照民法典关于担保物权的规定对财产折价或者以拍卖、变卖该财产所得的价款优先受偿的，人民法院应予支持；债务人履行债务后请求返还财产，或者请求对财产折价或者以拍卖、变卖所得的价款清偿债务的，人民法院应予支持。

债务人与债权人约定将财产转移至债权人名下，在一定期间后再由债务人或者其指定的第三人以交易本金加上溢价款回购，债务人到期不履行回购义务，财产归债权人所有的，人民法院应当参照第二款规定处理。回购对象自始不存在的，人民法院应当依照民法典第一百四十六条第二款的规定，按照其实际构成的法律关系处理。

第六十九条 股东以将其股权转移至债权人名下的方式为债务履行提供担保，公司或者公司的债权人以股东未履行或者未全面履行出资义务、抽逃出资等为由，请求作为名义股东的债权人与股东承担连带责任的，人民法院不予支持。

第七十条 债务人或者第三人为担保债务的履行，设立专门的保证金账户并由债权人实际控制，或者将其资金存入债权人设立的保证金账户，债权人主张就账户内的款项优先受偿的，人民法院应予支持。当事人以保证金账户内的款项浮动为由，主张实际控制该账户的债权人对账户内的款项不享有优先受偿权的，人民法院不予支持。

在银行账户下设立的保证金分户，参照前款规定处理。

当事人约定的保证金并非为担保债务的履行设立，或者不符合前两款规定的情形，债权人主张就保证金优先受偿的，人民法院不予支持，但是不影响当事人依照法律的规定或者按照当事人的约定主张权利。

五、附　则

第七十一条 本解释自 2021 年 1 月 1 日起施行。

第二部分　答记者问

最高人民法院院领导答记者问（节选）

2020年12月30日，最高人民法院举行贯彻实施《民法典》全面完成司法解释清理和首批司法解释新闻发布会，最高人民法院分管日常工作的副院长贺荣，最高人民法院副院长杨万明、贺小荣，最高人民法院审委会副部级专职委员刘贵祥出席发布会并介绍相关情况，最高人民法院新闻发言人李广宇主持发布会。现将部分内容节选如下：

贺荣就最高人民法院如何进一步贯彻实施《民法典》回答记者提问

总台央视记者：刚才在贺荣副院长发布信息的时候介绍到最高人民法院在《民法典》颁布后做了大量准备工作，取得了丰硕的成果。我们想了解，在《民法典》实施后，最高人民法院还将采取哪些措施进一步贯彻实施《民法典》？谢谢。

贺荣：谢谢这位记者的提问。最高人民法院将继续全局谋划，整体推进，持之以恒抓好《民法典》贯彻落实各项工作。重点抓好以下几方面工作：

一是加强重点领域审判指导和监督。在审判执行工作中严格贯彻落实《民法典》的规定和精神，坚持平等、依法、全面保护原则。加强对涉及财产权保护、人格权保护、知识产权保护、生态环境保护等重点领域的民事审判和监督指导，加强产权保护力度，坚决防止以刑事案件名义插手民事纠纷、经济纠纷。

二是切实加强调查研究。对于《民法典》新增制度和重大修改的调研指导工作将是下一步的重点。除这次发布的司法解释有关内容外，对于《民法典》的部分新增制度如性骚扰、自然人声音、自然人的隐私权和个人信息保护等涉及人格权的司法保护，还有待继续立足审判实践、不断总结经验。我们将对这些新规定、新情况深入调查研究，适时出台相关司法解释，以回应新时代人民群众对新类型权益保护的迫切需求。

三是完善法律统一适用。最高人民法院将通过发布指导性案例、强化类案强制检索机制等方式加强对下指导。各级法院要注重发挥审判委员会在统一裁判尺度方面的作用。

四是加强培训和宣传。最高人民法院将在全国法院深入开展学习培训，对《民法典》中的新增和重大修改制度、新司法解释以及新旧制度衔接进行重点培训，帮助广大法官不断提高司法裁判能力和水平。

另外，还要建立动态监测报告机制。最高人民法院将对《民法典》施行后的立案、审判、执行工作通过信息化等方式进行全方位动态监测，及时研究解决司法实践中遇到的新情况、新问题。我们以这些工作确保《民法典》统一正确适用。

刘贵祥就《民法典担保制度解释》回答记者提问

总台央广记者：在世界银行营商环境评估中，担保制度是“获得信贷”指标的重要内容，请问《民法典担保制度解释》在优化营商环境方面有哪些重要规定？谢谢。

刘贵祥：谢谢您的提问。担保制度是《民法典》的重要内容，对于巩固和完善社会主义基本经济制度、推动经济高质量发展，具有极其重要的作用。考虑到《民法典》对担保制度作出了重大完善和发展，最高人民法院在清理以往与担保有关的司法解释的基础上，根据《民法典》关于担保制度的新规定，制定了《民法典担保制度解释》，共有71个条款，其中有10多条与营商环境有密切关系，特别是世界银行在获得信贷指标上所涉及的四个方面问题，《民法典担保制度解释》依据《民法典》都作了具体规定。主要内容包括：

一是着力破解中小微企业融资难、融资贵。中小微企业往往缺乏不动产，而都有一定的动产。过去由于没有统一的动产登记制度，动产担保的安全性不可靠，银行等债权人一般不愿接受动产担保。《民法典》为动产统一登记留下制度空间，国务院依据《民法典》发布了动产和权利担保统一登记制度，《民法典担保制度解释》根据立法的重大变化，对人民法院认定动产担保效力、权利顺位问题以及司法救济问题作了具体规定，使动产担保与不动产担保在保障债权实现方面发挥同样的功能和可靠性，解除债权人的后顾之忧，进而提高动产资源的利用效率，为中小微企业以动产融资疏通道路，解决堵点难点，更好地将《民法典》的有关精神落到实处。

二是着力拓宽企业融资渠道。保证、抵押、质押等传统的典型担保不能完全适应经济社会发展的需要，《民法典》扩大了担保合同的范围，增加规定了所有权保留、融资租赁、保理等具有担保功能的合同。《民法典担保制度解释》对这些非典型担保在司法实践中可能出现的问题一一明确了相应的解决方案，与《民法典》拓宽企业融资渠道、提高企业融资能力的立法目的高度契合。比如，《民法典》第 401 条、第 428 条对《物权法》《担保法》关于流押、流质的规定作了重大修改，《民法典担保制度解释》依据这一修改，明确了以财产让与形式进行担保的优先受偿效力；再比如，依据《民法典》关于将有的应收账款可以质押的规定，明确了公路、桥梁、公园等收费权质押的物权效力及实现方式。

三是着力平衡担保关系各方当事人的合法权益。《民法典》针对过去存在的过度保护债权人问题，隐形担保影响交易安全问题，以及实践中存在的过度担保等问题，设计了许多新的担保制度。《民法典担保制度解释》根据立法的重大变化，致力于平衡各方当事人的利益，消除隐形担保、消除过度担保。比如，弱化未进行登记的动产抵押的物权效力，动产抵押未经登记，在破产程序中不享有优先权；又如，认可抵押预告登记在一定条件下具有顺位上的优先性；再如，明确规定在诉讼中对一般保证人先诉抗辩权的保障程序；等等。

澎湃新闻记者：据了解，《公司法》规定公司对外担保需要公司董事会或股东会决议，公司违反《公司法》这一规定，担保是否有效，实践中争议很大，这次《民法典担保制度解释》是否解决了这一问题？另外，实践中一些上市公司的法定代表人越权代表公司提供担保，导致上市公司资产被掏空，严重损害广大中小投资者利益的情形时有发生，请问《民法典担保制度解释》对此有何对策？

刘贵祥：谢谢您的提问。您刚才实际是提了两个问题，但这两个问题有密切关联，提的都很好。我先回答第一个问题。这次《民法典担保制度解释》解决了这一问题。《民法典担保制度解释》根据《民法典》第61条、第504条的规定，明确了几点：

第一，公司法定代表人违反《公司法》第16条规定，未经股东会或董事会决议对外担保，构成越权代表。第二，越权代表情况下签订的担保合同，对公司是否发生效力，取决于相对人是否善意。相对人善意的，对公司发生效力，公司承担担保责任；相对人非善意的，担保合同对公司不发生效力，公司不承担担保责任，但是，公司不承担担保责任，并不意味着不承担任何民事责任，它还需要承担一定的赔偿责任。第三，这里所说的善意，是指相对人不知道或不应当知道法定代表人越权签订合同。具体判断时，就是看相对人在签订担保合同时，对公司决议是否进行了合理审查。审查了，一般可认定构成善意；反之，则不构成善意。

刚才，您所提到关于企业之间相互提供担保的问题，以往的司法实践倾向于认为，既然是相互担保，是互惠互利的，担保不经决议程序，也应有效。但《民法典担保制度解释》没有采用原来的裁判思路，而是规定，即便是相互担保，也必须进行公司决议程序，否则，构成越权代表，可能影响担保合同的效力。这样规定，在于防止法定代表人规避《公司法》的规定，也是为了遏制相互担保现象，防止相互担保导致债务危机连锁反应，防范金融风险。

至于您提到的第二个问题，与前一个问题密切相关。上市公司属于公众公司，涉及众多中小投资者利益。法律为保护投资者的利益，明确规定上市公司有信息披露的义务，其中担保事项也是必须披露的内容。为全面落实法律关于上市公司信息披露的规定，《民法典担保制度解释》对于上市公司对外提供担保进行了特别规定：

上市公司对外担保，不仅需依据《公司法》第16条由董事会或股东大会决议，而且还要对决议公开披露，如果债权人是根据披露的信息与上市公司签订担保合同的，担保有效，上市公司承担担保责任。但是，如果债权人不是根据上市公司公开披露的对外担保的信息签订担保合同的，担保合同对上市公司不发生效力，公司既不承担担保责任，也不承担其他赔偿责任。由此，可以看出，上市公司对外担保，在效力认定上比一般封闭性公司要严格得多。比如，一般公司在担保合同对公司不发生效力情况下，虽不承担担保责任，但要承担一定的赔偿责任。而上市公司在担保合同对其不发生效力的情况下，不承担任何责任。

最高人民法院民二庭负责人就《民法典担保制度解释》答记者问

《民法典担保制度解释》于2020年12月25日最高人民法院审判委员会第1824次会议通过，2020年12月31日公告公布，自2021年1月1日起施行。《民法典担保制度解释》公布后，社会反响热烈，社会各界亟待听到对该解释的权威解读。为此，记者采访了最高人民法院民二庭负责人。

问：能否请您简要介绍一下《民法典担保制度解释》的起草背景和过程？

答：此次《民法典担保制度解释》的起草工作是在《民法典》颁布实施的大背景下开展和进行的。习近平总书记在中央政治局第二十次集体学习时强调，《民法典》在中国特色社会主义法律体系中具有重要的地位，是一部固根本、稳预期、利长远的基础性法律，对发展社会主义市场经济、保障人民权益实现、巩固社会主义基本经济制度，都具有重大意义。为贯彻落实习近平总书记在中央政治局第二十次集体学习时重要讲话精神，最高人民法院及时开展司法解释全面清理工作，把高质量完成司法解释全面清理工作作为提高政治能力的重要方面，确保《民法典》统一正确实施，依法保障人民群众权益。这次对新中国成立以来现行有效的591个司法解释和相关规范性文件进行了全面清理，其中和《民法典》规定一致的364件，未作修改、继续适用；需要对于名称和部分条款进行修改的共计111件，决定废止的共计116件。根据最高人民法院“统一规划、分批制定、急用先行、重点推进”的原则，制定了与《民法典》配套的第一期共计7个司法解释，并于2021年1月1日起施行。

本次起草的《民法典担保制度解释》就是与《民法典》配套的第一期制定的7个司法解释中的一部，制定过程中秉承了传承与发展相统一的基本理念。一方面，通过对包括《担保法解释》等在内的与担保有关的10个司法解释的梳理，对与《民法典》不一致的规定予以清理，将其中与《民法典》规定相一致的部分予以吸收，并在对条款内容进一步改造完善的前提下，纳入《民法典担保制度解释》中，保持了法律的延续性和稳定性，更加适应新形势下经济社会发展的需求。另一方面，我们充分考虑《民法典》对于担保制度进行的修改和增加的规定，为防止《民法典》实施以后该部分规定在司法实践中认识不一致、裁判尺度不统一，避免先乱后治，力争防患于未然，《民法典担保制度解释》对于该部分内容进一步明确法律适用的具体规则，保持了法律适用的统一性和严肃性。如《民法典》修改了《担保法》关于保证方式推定的规则，在当事人对于保证责任的方式没有约定或者约定不明时，推定为一般保证。实践中，可能会存在将推定规则与解释规则混为一谈的现象，即认为只要当事人没有明确约定连带责任保证，就应认定为一般保证。我们认为，推定规则只有在难以确定保证人真实意思表示的情况下才能适用。反之，如果可以通过意思表示解释规则，确定当事人承担的是连带责任保证的，就不能简单地根据推定规则将其认定为一般保证。再如，价款优先权问题，该制度系《民法典》增加规定的内容，鉴于这是一项全新的制度，不少人反映理解起来非常困难，为此，我们通过研究相关案例，以类型化方式描述该制度的交易结构，将该制度区分为两种情形：一是债务人在设定动产浮动抵押后又购入或者承租新的动产时，为担保价款或者租金债权的实现，有关权利人在该动产上依法设定抵押权等担保物权；二是在动产买卖中，买受人通过赊销、融资租赁等方式取得动产后，又以该动产为他人设定担保物权，为担保价款或者租金债权实现，有关权利人在该动产上依法设定担保物权。两种情形中，享有价款优先权的人都包括在动产上设立抵押权或者保留所有权的出卖人、为价款支付提供融资而在该动产上设立抵押权的债权人、以融资租赁方式出租该动产的出租人等情形。所不同的是，前一情形下的价款优先权，主要适用于浮动抵押场合，解决的是已经设定浮动抵押的中小企业的再融资问题，对抗的是在先设立的浮动抵押权；而后一情形下的价款优先权，适用于动产抵押，是为了解决买受人在该动产上为第三人设定抵押权时如何保护出卖人、出租人等权利人权益的问题，对抗的则是为取得优先权进行抢先登记的权利人。

为确保《民法典担保制度解释》能够准确聚焦《民法典》担保制度的适用，我们坚持问题导向和实际需求，努力构建清晰、简明、针对性强的担保制度解释体系。2019年我们制定《民商事审判会议纪要》时，已经着手准备有关担保制度司法解释的梳理工作。《民商事审判会议纪要》制定过程中，我们参照了《民法典（草案）》有关担保制度的规定，将“关于担保纠纷案件的审理”作为《民商事审判会议纪要》的重要内容予以规定，在后续的实施过程中取得了很好的社会效果和法律效果。《民法典担保制度解释》吸纳改进了《民商事审判会议纪要》规定的实践中证明行之有效的部分内容。此外，为确保《民法典担保制度解释》更加务实管用、更具理论品味、更具国际视野，2020年初我们组成了专门的研究团队，对担保领域的相关理论和实务问题进行了深入的专题研究，于2020年6月初形成初稿。此后，先后在长沙、重庆召开15家地方高级人民法院有关同志参加的研讨会；利用学员到法官学院培训机会，听取部分参训学员意见；就仓单质押、应收账款质押等问题征求央行、证监会、银保监会以及包括银行业协会在内的8家行业协会意见，就不动产登记事宜拜访了自然资源部自然资源确权登记局并听取其意见，就金融、房地产等相关实务问题听取了全国律师协会、北京律师协会等以及房地产协会意见；委托中国人民大学法学院等高等院校，多次召开研讨会，听取专家学者意见。我们还书面征求了全国各高级人民法院以及最高人民法院相关部门的意见，并就相关条文专门征求相关庭室意见；公开征求了包括中国人民大学法学院等在内的9家法学科研院校意见；面向社会公开征求意见，共收到有效意见约260件。同时，召开最高人民法院民二庭主审法官会议，对《民法典担保制度解释（征求意见稿）》进行逐条研究，并将公开征求意见稿以及征求全国人大常委会法工委意见稿发全庭法官征求意见；最高人民法院审判委员会专职委员刘贵祥大法官二十余次带领起草组成员进行逐条研究。除此之外，我们还组织了专门力量，逐条附上典型案例、相关规范以及比较法资料，并对实践中争议比较大的23个条文进行了类案检索。可以说，《民法典担保制度解释》是社会各界认真研究、共同努力的结果。

问：能否请您谈谈此次贯穿于《民法典担保制度解释》的指导思想是什么？

答：法者，天下之程式，万事之仪表。当前中国进入新发展阶段，贯彻新发展理念和构建新发展格局，主动应对国内外各种挑战，比任何时候都需要发挥法治的引领和保障作用。担保作为一项重要民事法律制度，涉及民事法律体系的各个方面，担保制度的完善对于促进经济发展起着至关重要的作用。在《民法典担保制度解释》起草过程中，我们深入学习贯彻习近平法治思想，坚决贯彻习近平总书记系列重要讲话精神，坚持以人民为中心的发展思想，以平等保护当事人合法权益为出发点和落脚点，通过切实规范担保交易秩序，保障债权实现，缓解中小企业融资难融资贵等问题，发挥法治对于经济发展的保障作用，不断增强市场活力和人民群众获得感。

一是尊重立法原意。如对于共同保证，担保人之间是否具有追偿权，不论是《民法典》编纂过程中还是出台后，都存在争议。在此情况下，我们秉持尊重立法原意原则，明确担保人之间原则上不能相互追偿，但是担保人之间约定相互追偿、约定承担连带共同担保，或者虽未作出这样的约定，但各担保人在同一份合同书上签字、盖章或者按指印或者担保人之间因共同关系而形成连带债务关系的除外，解决了审判实践中的绝大多数问题。对于未办理登记的动产抵押合同的效力、抵押财产转让的法律后果，我们在尊重立法原意基础上，结合可能产生的实践问题进行了规范。

二是坚持问题导向。一方面，《民法典担保制度解释》规定的担保问题，如公司对外担保、分支机构对外担保、学校医院对外担保、混合担保中担保人有无追偿权、债务人破产时保证债务应否停止计息、如何认识先诉抗辩权、保证合同无效时能否适用保证期间、预告登记的效力、流动质押、仓单质押等问题，几乎全部是长期困扰司法实践的疑难问题。另一方面，对于《担保法解释》规定的很多制度，尽管从法理上说仍然具有正确性，但考虑到目前已经基本没有异议，秉持问题导向，所以未简单地予以沿袭。

三是合理引导预期。针对经济金融领域存在的一些不规范现象，《民法典担保制度解释》着眼于规范交易行为，对相关问题进行了规范，合理引导社会预期。如针对金融机构分支机构负责人越权提供担保的情形，规定未经金融机构授权，金融机构分支机构对外提供的保函以外的担保无效；针对上市公司违规担保这一资本市场的“顽疾”和“毒瘤”，规定相对人未根据上市公司公开披露的信息与上市公司及其控股子公司签订担保合同的，上市公司不承担任何民事责任。这一规定有利于维护广大股民的合法权利，对于促进股票市场健康发展、增强交易所和上市公司的国际竞争力，意义重大；针对“一单多质”等仓单领域的乱象，规定仓单既可以背书方式进行质押，也可以依法进行登记，并明确保管人的责任。

四是保持司法政策延续性。如关于担保从属性、公司对外担保、共同担保、借新还旧中的担保责任、“房地一体”抵押等所涉及的具体规则，主要来自《民商事审判会议纪要》的相关规定，目的就在于保持司法政策的连续性，稳定社会预期。

五是优化营商环境。世界银行营商环境评估中的“获得信贷”指标，对应的很多内容涉及担保制度。其中，关于担保财产的概括描述、抵押权及于从物与添附物、担保物权的实现程序等规定，与《民法典》规定不相冲突，故《民法典担保制度解释》予以了规定。

问:《民法典担保制度解释》内容非常丰富，能否请您简要介绍一下各部分的重点内容?

答:《民法典担保制度解释》共计71个条文，主要包括一般规定、保证、担保物权和非典型性担保四个部分，每一部分都各具亮点，每一条都很重要，下面就各部分的重中之重予以简要说明：

关于一般规定，该部分共有24个条文，分别就适用范围、担保从属性、担保资格、公司对外担保、共同担保、担保无效的法律后果、担保与破产的衔接以及其他问题作出规定。其中，在适用范围上明确了典型担保应适用《民法典担保制度解释》的规定，非典型性担保中有些合同本身并非担保合同，故此类合同一般不适用《民法典担保制度解释》，而只有在涉及担保功能发生纠纷时才适用《民法典担保制度解释》的规定。在担保的从属性上，坚持问题导向，仅对效力、内容上的从属性作出规定。关于公司对外担保的问题，《民法典担保制度解释》在《民商事审判会议纪要》确定的裁判尺度基础上明确，公司的法定代表人违反《公司法》关于公司对外担保决议程序的规定，超越权限代表公司与相对人订立担保合同，人民法院应当依照《民法典》第61条和第504条等规定视相对人是善意还是非善意处理。对相对人与上市公司签订担保合同的效力和后果进行了特别规定。在共同担保的问题上，秉承了担保人原则上不享有相互追偿权的原则，对于当事人明确约定或者推定当事人具有互相追偿意思表示的情形，本着尊重当事人意思自治的原则，赋予当事人之间相互追偿的权利。

关于保证，该部分共有12个条文，分别就保证类型的识别、一般保证的诉讼当事人、赋予强制执行效力的公证债权文书的效力、依法强制执行仍不能履行债务的标准、共同保证中债权人行使权利的相对效力、最高额保证的保证期间、撤诉是否影响保证期间、保证合同无效时保证期间的效力、与保证期间有关事实的审查、对超过诉讼时效的债务提供保证、增信措施的性质方面作出规定，几乎每一条规定都带有强烈的问题意识，多数规定都是《民法典担保制度解释》的亮点。其中，在保证类型的识别问题上，区分了推定规则与解释规则，并对非典型保证作出具体规定。对于一般保证的保证期间和诉讼时效如何适用及衔接问题予以明确，并规定人民法院应将保证期间是否经过作为案件基本事实予以查明。对于实践中争议较大的最高额保证的保证期间如何计算问题，结合审判实践经验作出了统一规定。

关于担保物权，该部分共有26个条文，是内容最多的部分，亮点纷呈。其中，以权属不明或者有争议的财产抵押，构成无权处分的，按善意取得处理。关于抵押财产转让问题，对于《民法典》第406条“当事人另有约定，按照其约定”的法律后果予以明确，并规定了上述约定在登记的情况下才具有对抗效力。在抵押预告登记的效力问题上，明确了不具备办理抵押登记条件的，不享有优先受偿的效力。在权利质押部分，着力解决仓单质押中的“仓单乱象”和应收账款不存在或者虚构应收账款时该如何分配举证责任问题，有利于促进权利质押的规范操作。

关于非典型性担保，该部分共有8个条文，除了对《民法典》规定的所有权保留、融资租赁、保理作出规定外，还规定了让与担保以及保证金。其中，明确了《民法典担保制度解释》仅适用于有追索权的保理，为尊重司法实践，规定了人民法院对于保理人一并起诉应收账款债权人和应收账款债务人的可以受理。对于让与担保的识别问题，《民法典担保制度解释》作出了详细的规定，旨在明确让与担保合同的识别标准，有利于在司法实践中准确把握。

问:《民法典担保制度解释》对于优化营商环境有哪些具体的举措和体现?

答:《民法典担保制度解释》在优化营商环境问题上有两个方面体现，一是对标世界银行营商环境指标，二是优化国内营商环境。

一般认为，现代动产担保制度的基本规则包括以下几个方面：一是将不转移占有的动产担保形式作为最基本和最主要的担保形式；二是除典型担保外，担保方式还应包括所有具有担保功能的非典型担保，如让与担保、所有权保留、融资租赁、保理等；三是担保范围应当包括所有的动产和权利；四是担保权通过担保协议设立，允许企业为任何类型的债务设定担保，允许对担保物和担保债务进行概括描述；五是担保资产上的担保权延及可识别的收益、产品和替代品；六是建立统一的公示对抗效力规则，并明确登记是担保权取得对抗第三人效力的主要公示方法；七是建立全国集中统一的登记机构和登记系统，提供电子化的登记公示服务；八是建立统一清晰、可预测的优先权规则；九是建立高效的担保权执行程序，支持庭外执行。世界银行“获得信贷”指标基本采纳了前述观点，将其作为评估动产担保制度的主要依据。

因应世界银行优化营商环境要求，着力构建现代动产担保制度，是《民法典》的重要内容。《民法典担保制度解释》的很多条文都体现了优化营商环境的要求，如第 38 条至第 42 条有担保物权的不可分性、抵押权及于从物、抵押权及于添附物、抵押权的物上代位效力的规定，体现的就是担保资产上的担保权延及可识别的收益、产品和替代品这一要求；第 45 条有关担保物权实现程序的规定，体现的是建立高效的担保权执行程序，支持庭外执行这一要求；第 53 条允许对抵押财产进行概括描述，体现了允许对担保物和担保债务进行概括描述的要求；第 54 条关于未办理登记的动产抵押权的效力的规定，体现了建立统一清晰、可预测的优先权规则的要求；有关所有权保留、融资租赁、保理、让与担保等条文的规定，体现了功能主义担保的要求。可以说，优化营商环境是《民法典担保制度解释》的重要着力点。

着力缓解中小微企业融资难、融资贵问题，切实规范担保交易秩序，更好发挥物的流转效用，是优化营商环境的重要内容。因缺乏银行可接受的有效担保，是造成中小微企业融资难的重要成因之一。如何寻求新的有效担保方式，规范担保交易秩序，已经成为经济发展中的重要环节。除《民法典》第 399 条规定的财产不得抵押和第 426 条规定的法律、行政法规禁止转让的动产不得出质外，《民法典担保制度解释》第 63 条允许以法律、行政法规尚未规定可以担保的财产权利设立担保，并确认了该类合同的效力，以及可以请求按照担保合同的约定折价、变价受偿，丰富了当事人担保的方式和类型；第 55 条明确了质权设立的条件，明确了监管人的责任，有利于规范质押担保时的交易秩序。在非典型担保部分，《民法典担保制度解释》明确了融资租赁、保理、让与担保等非典型性担保合同的性质，并规定了债权人实现担保物权的方式，丰富了担保交易的类型，拓宽了获得信贷的途径。类似的规定还有很多。作出此类规定的本意也是从服务实体经济的角度出发，预防化解金融交易风险点，促进市场主体规范经营，繁荣社会主义市场经济。

问：最后，请您谈谈《民法典担保制度解释》的适用范围和新旧法衔接问题？

答：《民法典担保制度解释》的适用范围及新旧法衔接问题主要从两个方面考虑。一是适用对象上，因典型担保发生的纠纷属于《民法典担保制度解释》主要解决的内容，故典型担保纠纷应适用《民法典担保制度解释》。非典型性担保中，部分合同本身并非担保合同，且融资租赁、保理等合同类型在《民法典》合同编典型合同中已有专门的规定，且类似无追索权保理合同等并不具有担保功能，故《民法典担保制度解释》明确非典型性担保只有涉及担保功能发生的纠纷时，才应适用《民法典担保制度解释》的有关规定。二是新旧法衔接适用上，因为最高人民法院已在《民法典时间效力规定》中既对《民法典》的施行问题作出了一般规定，又对“民法典施行前成立的保证合同”当事人对保证期间约定不明确或者对保证期间没有约定如何处理等作出具体规定，故《民法典担保制度解释》不再规定新旧法的适用问题。

第三部分　重点条文解读

“关于一般规定”部分重点条文解读

《民法典担保制度解释》共计71个条文，主要包括一般规定、保证合同、担保物权和非典型担保四个方面。下面就“关于一般规定”部分应当重点关注的内容解读如下。

一、关于《民法典担保制度解释》的适用范围

《民法典担保制度解释》主要适用于典型担保和非典型担保。典型担保是指《民法典》规定的保证和担保物权。因保证发生的纠纷主要是保证合同纠纷，因担保物权发生的纠纷则既包括抵押合同、质押合同等合同纠纷，也包括抵押权、质权、留置权等物权纠纷。在所有权保留买卖、融资租赁中，出卖人或者出租人享有的所有权具有担保功能；此外，有追索权的保理亦具有担保功能。这些合同在涉及担保功能发生纠纷时也应适用《民法典担保制度解释》的相关规定，主要包括：一是有关登记对抗的规则；二是有关担保物权的顺位规则；三是有关担保物权的实现规则；四是关于价款优先权等有关担保制度。需要特别说明的是，尽管《民法典》第586条规定定金也是债权的担保方式，但鉴于其和违约责任联系更密切，《民法典担保制度解释》未对其作出规定，留待《民法典》合同编相关司法解释统一处理。有关行业协会建议《民法典担保制度解释》对典当中的“死当”“绝当”等作出规定，考虑到《民法典》对此并未作出规定，我们对这些问题的认识也还不成熟，故《民法典担保制度解释》亦未对典当作相应的规定。

二、关于担保的从属性

考虑到《民法典》已对担保在变更、转让以及消灭上的从属性等作出规定,《民法典担保制度解释》坚持问题导向,仅对效力、范围上的从属性作出规定,具体包括以下两方面的内容。

一是关于效力上的从属性。实践中,当事人往往会在担保合同中约定:即便主合同无效,担保人也应承担相当于担保合同有效的责任,或者即便担保合同无效,担保人也应对合同无效的后果提供担保。《民法典担保制度解释》规定,此类有关排除担保从属性的约定无效,但其无效并不当然导致整个担保合同无效。担保合同的效力还要看主合同是否有效:主合同有效,则有关担保独立性的约定无效不影响担保合同的效力;主合同无效,则当然导致担保合同无效,担保人依法承担缔约过失责任。

二是关于担保范围的从属性。担保责任本质上系担保人替债务人承担责任,担保人承担担保责任后可以向债务人追偿。如果担保人承担的责任范围大于债务人所应承担责任的范围,或者针对担保责任约定专门的违约责任,那么担保人承担责任后,超出部分将无法向债务人追偿,从而违反担保的从属性。有鉴于此,《民法典担保制度解释》规定,担保责任超出主债务范围的,担保人对超出部分不承担责任。

三、关于担保的资格

总体而言,只有市场化的主体才具有担保资格,才能成为保证人。根据《民法典》第683条的规定,机关法人原则上不得为保证人,以公益为目的的非营利法人、非法人组织,亦不能为保证人,但是《民法典》并未对不具有保证资格的主体能否提供物保作出规定。我们认为,此类主体之所以不具有保证资格,是因为其只能从事与法定职责相关的活动,不得从事民商事经营活动,因而不能为他人债务提供担保,当然也包括不能为他人债务提供物保,故《民法典担保制度解释》规定不具有保证资格的主体也不能提供物保。此外,《民法典》也没有对其他非营利法人或者特别法人能否提供保证作出规定。考虑到实践中常常就村民委员会、居民委员会等民事主体是否具有担保资格发生争议，《民法典担保制度解释》规定村民委员会、居民委员会不具有担保资格，但是依法代行村集体经济组织职能的村民委员会，依照《村民委员会组织法》规定的讨论决定程序对外提供担保的除外。之所以如此规定，是因为村民委员会、居民委员会作为基层群众自治组织，只有办公经费而无收入来源，应参照同样作为特别法人的机关法人处理，但村集体经济组织有自己的财产，也有提供担保的现实需求，应有担保资格，因此代行村集体组织职能的村民委员会亦应作相同处理。需要注意的是，《村民委员会组织法》对村民委员会处分集体所有财产的民主决策程序作了明确规定，村民委员会代行村集体经济组织职能对外提供担保属于对集体所有财产的重大处分行为，应严格依照该法规定的讨论决定程序进行民主决策。

关于学校、幼儿园、医疗机构、养老机构等提供担保的效力问题一致是争议较大的问题。实践中，此类机构既有公办的，也有民办的。即便是民办机构，多数也是以公益为目的的非营利法人、非法人组织，故原则上不具有担保资格，不能对外提供担保，但登记为营利法人的民办学校、幼儿园、医疗机构、养老机构等，性质上就是企业法人，当然具有担保资格，其提供的担保应当认定有效。需要注意的是，《民法典》第 399 条第 3 项规定学校、幼儿园、医疗机构等为公益目的成立的非营利法人的教育设施、医疗卫生设施和其他公益设施不能设定抵押，这意味着上述机构的公益设施也不能用于为自身债务提供担保。考虑到此类主体也有融资需求，《民法典担保制度解释》规定了两种例外情形：一是在购入或者以融资租赁方式承租教育设施、医疗卫生设施、养老服务设施和其他公益设施时，出卖人、出租人为担保价款或者租金实现而在该公益设施上保留所有权；二是以教育设施、医疗卫生设施、养老设施和其他公益设施以外的不动产、动产或者财产权利设定的担保物权。

四、关于公司对外担保

最高人民法院于2019年11月发布的《民商事审判会议纪要》就长期以来困扰审判实践的公司对外担保问题作了全面规定。在《民商事审判会议纪要》确定的裁判思路基础上,《民法典担保制度解释》进一步完善了相关规定,主要体现在以下四点。

一是关于越权担保的效力与责任。法定代表人未经法律规定的决议程序,超越代表权限以公司名义提供担保,要根据《民法典》第61条、第504条等规定确定越权担保的效力与责任:相对人善意的,构成表见代表,担保合同对公司发生效力,公司承担担保责任;相对人非善意的,不构成表见代表,担保合同对公司不发生效力,公司不承担担保责任。问题是,在相对人非善意时,公司是否仍须对相对人的损失承担缔约过失责任,实践中存在较大争议。一种观点认为,法定代表人越权代表的后果亦应参照《民法典》关于无权代理的规定处理,在不构成表见代表的情形下,法定代表人的代表行为虽然对公司不发生效力,但对法定代表人发生效力,应由法定代表人对相对人的损失承担相应的责任。我们认为,《民法典》关于越权代表和表见代表的规定不同于《民法典》关于无权代理和表见代理的规定,参照《民法典》关于无权代理的规定认定公司不承担责任,仅由法定代表人承担责任的依据不足;考虑到公司也存在过错,此时公司对合同无效给相对人造成的损失也应当承担一定的赔偿责任。当然,在法定代表人越权担保的情形下,无论是公司因承担担保责任还是赔偿责任而受到损失,都有权向有过错的法定代表人追偿。

二是关于无须决议的例外情形。在我国现阶段,基于公司治理的现状,法定代表人未经公司决议径行对外提供担保的情况仍普遍存在。为避免裁判思路的变化给社会经济生活产生过大的冲击,《民商事审判会议纪要》第19条规定:"存在下列情形的,即便债权人知道或者应当知道没有公司机关决议,也应当认定担保合同符合公司的真实意思表示,合同有效:(1)公司是以为他人提供担保为主营业务的担保公司，或者是开展保函业务的银行或者非银行金融机构；（2）公司为其直接或者间接控制的公司开展经营活动向债权人提供担保；（3）公司与主债务人之间存在相互担保等商业合作关系；（4）担保合同系由单独或者共同持有公司三分之二以上有表决权的股东签字同意。”经过一年多的实践，我们认为，《民商事审判会议纪要》关于无须公司决议的规定确有必要，但也存在因范围过大而影响到公司的运营安全，实践中甚至出现一些公司尤其是上市公司的法定代表人利用公司对外提供担保输送利益的现象。为此，《民法典担保制度解释》修改了上述《民商事审判会议纪要》关于无须公司决议的规定，主要表现在以下三个方面：一是删除了《民商事审判会议纪要》第19条第3项有关“公司与主债务人之间存在互联互保等商业合作关系”的规定；二是将该条第2项“公司为其直接或者间接控制的公司开展经营活动向债权人提供担保”修改为“公司为其全资子公司开展经营活动向债权人提供担保”；三是明确规定上市公司对外提供担保，不适用《民法典担保制度解释》关于“公司为其全资子公司开展经营活动向债权人提供担保”和“担保合同系由单独或者共同持有公司三分之二以上对担保事项有表决权的股东签字同意”均无须公司决议的规定。

三是关于上市公司对外提供担保。上市公司属于公众公司，涉及众多中小投资者利益。法律为保护投资者的利益，明确规定上市公司有信息披露的义务，其中担保事项也是必须披露的内容。为全面落实法律关于上市公司信息披露的规定，《民法典担保制度解释》对于上市公司对外提供担保进行了特别规定：一方面，上市公司对外担保，不仅须依据《公司法》第16条由董事会或股东大会决议，而且还要对决议公开披露，但如果债权人仅仅是根据披露的信息与上市公司签订担保合同，人民法院也认定担保有效，上市公司应承担担保责任；另一方面，即使上市公司已根据《公司法》第16条由董事会或股东大会对担保事项进行决议，但如果债权人不是根据上市公司公开披露的对外担保的信息签订担保合同，人民法院也应认为担保合同对上市公司不发生效力，此时公司既不承担担保责任，也不承担其他赔偿责任。由此，可以看出，上市公司对外担保，不仅在效力认定上比一般封闭性公司要严格得多，在责任承担方面也有所不同：一般公司在担保合同对公司不发生效力情况下，虽不承担担保责任，但要承担一定的赔偿责任；而上市公司在担保合同对其不发生效力的情况下，不承担任何责任。

需要指出的是，《民商事审判会议纪要》第22条规定："债权人根据上市公司公开披露的关于担保事项已经董事会或者股东大会决议通过的信息订立的担保合同，人民法院应当认定有效。"根据反面解释规则，债权人没有根据上市公司公开披露的信息与上市公司订立的担保合同，应当认定无效。在无效的后果上，上市公司与一般公司承担的责任没有区别。在起草《民法典担保制度解释》过程中，经过反复研究，我们更进一步地认识到，上市公司的所有担保事项都必须披露，如果相对人没有根据上市公司公开披露的信息与上市公司订立担保合同，就会损害证券市场上广大股民的权利，该合同应当认定对上市公司不发生效力，上市公司不应承担任何民事责任。《民法典担保制度解释》的这一规定，与《民商事审判会议纪要》第22条规定的无效后果不同，根据《民法典时间效力规定》第2条的规定，这一规定不具有溯及力。换言之，《民法典》施行之前债权人与上市公司订立的担保合同被认定无效的，上市公司应当视情况承担不超过二分之一或者三分之一的民事责任。《民法典》施行之后债权人与上市公司订立的担保合同被认定对上市公司不发生效力的，上市公司不承担任何民事责任。

四是关于公司的分支机构提供担保。公司的分支机构虽然不是独立的民事主体，但可以自己的名义从事民事活动，后果则由公司承担。我们认为，除金融机构开立保函以及担保公司提供担保外，既然公司对外提供担保原则上须有公司决议，那么公司的分支机构对外提供担保自然更是如此。由于金融机构对外提供担保无须公司决议，因此，金融机构的分支机构对外提供担保自然也无须公司决议，但考虑到担保行为的高风险性，从防范化解金融风险的角度出发，仍有必要规定金融机构的分支机构在提供担保时须取得金融机构的授权。为此，《民法典担保制度解释》区分开立保函与提供保函之外的担保规定如下：对于标准化的保函业务，金融机构的分支机构既可以在其营业执照记载的经营范围内根据金融机构的概括授权开展，也可以经有权从事担保业务的上级机构个别授权开展；但是，提供保函之外的个别担保，则应取得金融机构（如商业银行总行）授权。至于担保公司的分支机构对外提供担保，虽然类似于金融机构的分支机构开立保函，但金融机构分支机构的营业执照可以不记载保函业务，而担保公司分支机构的营业执照则必然都会记载担保业务，因此，不能简单将担保公司分支机构营业执照记载的经营范围理解为担保公司对其分支机构的概括授权。为了便于担保公司加强风险控制，防止其设立的分支机构在未经公司授权时擅自对外提供担保，《民法典担保制度解释》规定担保公司的分支机构以自己的名义对外提供担保，仍须获得公司的个别授权。

五、关于共同担保

同一债务存在两个以上第三人提供的担保时，尽管《民法典》并未明确规定担保人之间不能相互追偿，但通过与《担保法》和《担保法解释》进行比较，不难看出《民法典》删除担保人之间相互追偿的规定，立法机构不允许担保人之间相互追偿的用意却不言自明。不过，担保人之间相互追偿问题属于私法自治的范围，即使《民法典》未规定担保人之间相互追偿，如果担保人之间约定可以相互追偿，自应基于尊重当事人的意思，允许已经承担担保责任的担保人依据其与其他担保人之间的约定进行追偿。此外，即使担保人没有明确约定可以相互追偿，但如果各担保人在提供担保时约定相互之间构成连带共同担保，则已经承担担保责任的担保人也有权根据《民法典》第519条的规定，向其他担保人请求分担其应当承担的份额。

值得注意的是，实践中数个担保人为同一债务提供担保有两种情形：一是同时提供担保，即数个担保人在同一份合同书上签字、盖章或者按指印；二是分别提供担保，即数个担保人分别在不同的合同书上签字、盖章或者按指印。我们认为，如果数个担保人在同一份合同书上签字、盖章或者按指印，亦应构成连带共同担保，已经承担担保责任的担保人可根据《民法典》第519条的规定，向其他担保人请求分担其应当承担的份额。

值得探讨的是，在担保人之间可以相互追偿的情形下，已承担担保责任的担保人是否应先向主债务人追偿，再就债务人不能清偿的部分请求其他担保人分担其应当承担的份额，实践中存在不同观点。我们认为，如果当事人对追偿问题有明确约定的，按照其约定处理；未约定或者约定不明的，已经承担担保责任的担保人应当先向主债务人追偿，只有主债务人不能清偿的部分才能在担保人之间进行分担。此种做法有利于避免循环追偿，同时，也便于人民法院在担保纠纷案件的判决主文中就担保人之间的追偿问题直接作出裁判，从而减少诉累。

此外，在数个担保人为同一债务提供担保的情况下，如果担保人之间不能相互追偿，就可能会出现某一担保人通过与债权人签订债权转让协议的方式取得被担保的债权，再以债权人的身份向其他担保人主张担保权利，从而达到自己不再承担担保责任的目的。我们认为，与一般情形下的债权转让不同，担保人本身对债权人负有担保债务，担保人受让债权的行为，其性质属于承担担保责任的行为。因此，如果受让的债权未超过其应当承担的担保责任，则受让债权的担保人作为债权人请求其他担保人承担担保责任的，人民法院不予支持；该担保人请求其他担保人分担相应份额的，则取决于担保人之间是否有相互追偿的权利，故依照前述思路处理。

六、关于担保合同无效的法律后果

首先，根据《担保法解释》第7条的规定，如果主合同有效而担保合同无效，则推定担保人有过错，因而仅须根据债权人有无过错来确定担保人的责任：债权人无过错的，担保人与债务人对主合同债权人的经济损失承担连带赔偿责任；债权人有过错的，担保人承担的责任不超过债务人不能清偿部分的二分之一。我们认为，《担保法解释》第 7 条的规定存在以下不妥之处：一是在过错形态上，《担保法解释》推定担保人必定有过错与实际情况不符，如在债权人与债务人恶意串通骗取担保人提供担保的场合，就存在仅债权人一方有过错而担保人无过错的情形。二是在债权人无过错而担保人有过错的情况下，让担保人与债务人对主合同债权人的经济损失承担连带赔偿责任，缺乏理论和法律依据。因为在担保合同有效的情形下，担保人可能仅对债务人不能清偿的部分承担担保责任（如一般保证），而在担保合同无效的情形下，却要与债务人承担连带赔偿责任，从而可能导致轻重失衡，且在法律没有明确规定情况下，让担保人承担连带责任也缺乏依据。基于以上考虑，《民法典担保制度解释》在《担保法解释》的基础上作了如下修改：一是增加规定了债权人有过错担保人无过错时，担保人不承担责任的规定；二是担保人有过错而债权人无过错时，担保人对债务人不能清偿的部分承担赔偿责任，其性质属于补充责任而非《担保法解释》规定的连带赔偿责任。同时，为了保持既有裁判规则的连续性，同时限制法官的自由裁量权，《民法典担保制度解释》沿袭了《担保法解释》对赔偿责任的上限进行控制的做法，规定了担保人承担的责任不超过债务人不能清偿部分的二分之一或者三分之一。

其次，关于担保人承担赔偿责任后对债务人的追偿问题。担保人在承担责任后向债务人的追偿，主要包括两种情形：一是承担了担保责任后的追偿，《民法典》第 700 条已经作出了明确规定；二是承担了赔偿责任后的追偿，《民法典》并无明确规定，但《担保法解释》第 9 条对此有规定，《民法典担保制度解释》沿袭了该规定。

最后，关于担保合同无效时反担保人的责任。在担保合同无效的情况下，反担保人应否以及如何承担责任？一种观点认为，担保合同是反担保合同的主合同，担保合同无效，反担保合同随之无效，反担保人应根据其过错承担相应的赔偿责任。我们认为，反担保合同担保的是担保人对主债务人的追偿权，并非担保合同的从合同，因此，即便担保合同无效，担保人在承担赔偿责任的范围内也享有对债务人的追偿权，因而反担保合同并不因担保合同的无效而无效，反担保人仍应对担保人的损失承担全部担保责任。当然，反担保合同虽然不因担保合同无效而无效，但也可能因其他理由被认定无效，在反担保合同因自身原因被认定无效时，则应依据《民法典担保制度解释》关于主合同有效而担保合同无效时法律后果的规定来确定反担保人的赔偿责任。

“关于保证合同”部分重点条文解读

一、关于保证类型的识别

考虑到《民法典》对于当事人没有约定或者约定不明时的保证类型从《担保法》原来规定的推定为连带责任保证修改为推定为一般保证，实践中可能会存在将推定规则与解释规则混为一谈的问题，即认为只要当事人在保证合同没有写明“连带责任保证”字样，就应认定为一般保证，我们认为，《民法典》规定的推定规则只有在难以确定保证人真实意思表示的情况下才能适用。反之，如果可以通过意思表示解释规则，确定当事人承担的是连带责任保证的，就不能简单地根据推定规则将其认定为一般保证。在对保证人的意思表示进行解释时，要坚持以下规则：一是保证合同含有债务人应当先承担责任的意思表示的，人民法院应当将其解释为一般保证，如约定保证人在债务人不能履行债务或者无力偿还债务时才承担保证责任等类似内容；二是保证合同含有债权人可以选择债务人或者保证人承担责任的意思表示的，应当将其解释为连带责任保证，如约定保证人在债务人不履行债务或者未偿还债务时即承担保证责任、无条件承担责任等类似内容。

此外，《民法典担保制度解释》还对实践中较为常见的各种增信措施的法律性质认定问题进行了回应。实践中，一些民事主体为规避法律关于提供担保须经公司决议等限制，采取向债权人提供差额补足、流动性支持等类似承诺文件作为增信措施。对于这些承诺文件的法律性质，实践中存在不同观点。我们认为，第三人提供的上述承诺文件在法律性质上应根据其内容进行解释，可区分为三种情形。

其一，如果承诺文件具有提供担保的意思表示，债权人请求该第三人承担保证责任的，人民法院应当依照保证的有关规定处理。此时，第三人究竟是承担一般保证的保证责任还是承担连带责任保证的保证责任，须根据前述解释规则进行认定，在无法依解释规则得出结论时，应推定为一般保证。

其二，第三人在承诺文件中具有加入债务或者具有与债务人共同承担债务等意思表示的，人民法院应当认定为《民法典》第552条规定的债务加入。第三人的意思难以解释为是债务加入还是保证时，从《民法典》平衡保护债权人与担保人的立场出发，应当推定为是保证。至于是一般保证还是连带责任保证，亦应先通过解释当事人的意思表示来确定，只有在无法通过解释规则确定时，才能适用推定规则。

其三，如果第三人提供的承诺文件既无提供担保的意思表示，也没有加入债务的意思表示，但承诺文件约定了第三人的义务或者责任，则债权人请求第三人依据承诺文件的内容履行义务或者承担相应责任的，人民法院应予支持。

二、关于一般保证

一般保证与连带责任保证最大的区别在于保证人是否享有先诉抗辩权，先诉抗辩权在实践中如何准确理解和适用，也是《民法典担保制度解释》要解决的重点和难点问题，主要涉及以下几个方面：

一是对一般保证的诉讼当事人作出规定。一般保证中，债权人只能先起诉债务人再起诉保证人，还是可以将债务人和保证人作为共同被告一并提起诉讼，存在不同理解：一种观点认为，因保证人享有先诉抗辩权，债权人必须要先起诉债务人，直接起诉一般保证人的，应当驳回其起诉；另一种观点则认为，应继续沿用《担保法解释》第125条的规定，债权人可以将债务人和保证人作为共同被告提起诉讼，但须在判决书主文明确保证人仅对债务人财产依法强制执行后仍不能履行的部分承担保证责任。经研究，我们认为，先诉抗辩权的意义主要体现在以下三个方面：一是在诉讼阶段，债权人不能单独对保证人提起诉讼，因此，债权人未就主合同纠纷提起诉讼或者申请仲裁，仅起诉一般保证人的，人民法院应当向债权人释明将债务人一并提起诉讼，否则人民法院应当驳回起诉；二是在执行阶段，保证人仅对债务人不能清偿部分承担保证责任，因此，在债权人一并起诉债务人和保证人的情形下，虽然人民法院可以受理，但是在作出判决时，除有《民法典》第 687 条第 2 款但书规定的情形外，应当在判决书主文中明确，保证人仅对债务人财产依法强制执行后仍不能履行的部分承担保证责任；三是在财产保全中，如果债权人未对债务人的财产申请保全，或者保全的债务人的财产足以清偿债务，债权人申请对一般保证人的财产进行保全的，人民法院不予准许。

二是增加规定了当事人实现先诉抗辩权的一种特殊情形。从《民法典》第 687 条的规定看，在一般保证中，债权人必须在保证期间内向债务人提起诉讼或者申请仲裁，并就债务人财产依法强制执行仍不能履行债务的，才能向保证人主张保证责任。显然，债权人提起诉讼或者申请仲裁的目的是得到生效法律文书，并以此为依据执行债务人的财产。但实践中，还存在无须经过诉讼或者仲裁，债权人就能直接取得执行依据的特殊情形，即债权人取得赋予强制执行效力的公证债权文书。根据目的解释规则，债权人在取得此类文书后，依法就债务人财产申请强制执行仍不能履行的，债权人亦有权要求保证人承担保证责任。

三是关于一般保证的诉讼时效。《民法典》第 694 条第 1 款规定："一般保证的债权人在保证期间届满前对债务人提起诉讼或者申请仲裁的，从保证人拒绝承担保证责任的权利消灭之日起，开始计算保证债务的诉讼时效。"所谓"保证人拒绝承担保证责任的权利消灭之日"，即先诉抗辩权消灭之日，具体包括两种情形：一是债权人已就债务人的财产依法强制执行仍不能清偿债务，具体表现为人民法院因无财产可供执行而作出终结本次执行裁定，或者依照《民事诉讼法》第 257 条第 3 项、第 5 项的规定作出终结执行裁定，此时一般保证的诉讼时效应自前述裁定送达债权人之日起开始计算。当然，由于实践中情况较为复杂，有些法院在法律或者司法解释规定的期限内未作出前述裁定，如果放任不管，可能会影响到债权人向一般保证人主张权利，因此，《民法典担保制度解释》规定人民法院自收到申请执行书之日起一年内未作出前述裁定的，保证债务的诉讼时效自人民法院收到申请执行书满一年之日起计算。之所以规定一年，是因为根据《民事诉讼法》第226条的规定，通常情形下的执行期限是从收到申请执行书之日起六个月，但考虑到在强制执行过程中需要对标的物进行评估、拍卖，特殊情形下人民法院可能无法在六个月内完成全部执行行为。此外，《民法典担保制度解释》规定一年的目的，只是推定债务人没有可供执行的财产，如果保证人有证据证明债务人仍有可供执行财产，自然不受此限。二是存在《民法典》第687条第2款但书规定的四种情形时，保证人的先诉抗辩权即已经消灭。从文义上看，似乎只要出现这四种情形之一，就应当开始计算诉讼时效。问题是，债权人对这四种情形的发生可能并不知情，客观计算既不利于保护债权人权益，也不符合诉讼时效从知道或者应当知道权利被侵害之日起计算的法理。为此，《民法典担保制度解释》根据诉讼时效的一般法理，采主观说，规定存在《民法典》第687条第2款但书规定情形的，一般保证债务的诉讼时效"自债权人知道或者应当知道"该情形之日起开始计算。

三、关于共同保证的保证期间

如前所述，在同一债务上有数个担保的情况下，担保人之间既可能存在连带债务关系（相互之间有追偿权），也可能不发生连带债务关系（相互之间没有追偿权）。在各保证人之间不存在连带债务关系的情形下，债权人对部分保证人行使权利的行为，其效力自然不及于其他担保人。如甲对乙享有200万元的债权，A、B为保证人，保证期间分别为主债权履行期限届满后六个月、一年，在保证人之间未形成连带债务关系的情况下，甲在六个月内向A主张了权利，但未向B主张权利，主债权履行期限满一年后，甲以其曾经向A主张权利为由，主张其也已经依法向B行使权利的，人民法院不予支持。相应地，B以甲未在保证期间内行使权利为由主张不承担担保责任的，人民法院应予支持。

问题是，在各保证人之间形成连带债务关系的情形下，债权人对部分保证人依法行使权利的行为，其效力是否及于其他保证人？根据《民法典》第520条的规定，在连带债务中，只有履行、抵销、提存、免除、混同、给付受领迟延六种行为而导致债务消灭才对其他债务人发生效力。依反面解释，在共同保证中，债权人向其中部分保证人依法主张权利的行为，其效果亦不及于其他保证人。

值得注意的是，在各保证人之间构成连带债务关系的情况下，债权人未在保证期间内依法向部分保证人行使权利，而其他保证人在承担保证责任后向依法不再承担保证责任的保证人追偿时，依据《民法典》第519条第2款之规定，该保证人对债权人的抗辩，自可向行使追偿权的保证人主张，这将导致已经承担了保证责任的保证人的追偿权不能得到实现。还以前举案件为例，假设A、B相互之间具有追偿权，甲在主债权届满后九个月内向B主张权利时，甲未在保证期间内向A主张权利，导致B在承担担保责任后不能再向A追偿。考虑到该后果系因债权人的行为所致，且债权人在保证期间内未向部分保证人主张权利导致其担保责任被免除的行为，本质上属于免除该保证人责任的行为，根据《民法典》第520条第2款的规定，在债权人免除该保证人债务的范围内，应当免除其他保证人的责任。

四、与保证期间有关的事实查明

保证期间是确定保证人承担保证责任的期间，债权人只有在保证期间内依法向保证人主张了权利，才能要求保证人承担保证责任，否则保证人的保证责任消灭。我们认为，保证期间可以由当事人约定，且无中止、中断和延长的情形，故不同于诉讼时效；除斥期间作为法定期间，不允许当事人约定，且除斥期间届满后消灭的是形成权，故除斥期间和保证期间亦存在本质区别。考虑到保证期间届满消灭的是实体权利，对当事人权利义务的影响很大，人民法院对与保证期间有关的事实进行审理时不宜采取类似诉讼时效那样的当事人抗辩主义，而应当在向当事人释明的基础上查明与保证期间有关的基本事实。在具体案件的审理中，应重点查明保证期间是否已经届满、债权人是否在保证期间内依法行使权利等具体内容。

此外，债权人在保证期间内未依法行使权利，保证责任本已消灭，但实践中有的债权人又书面通知保证人要求其承担保证责任，而保证人也在通知书上进行了签字、盖章或者按指印，此时债权人是否能够请求保证人继续承担保证责任，存在较大争议。我们认为，保证期间不同于诉讼时效，诉讼时效届满产生的仅仅是债务人的抗辩权，因此，债务人在催款通知书上签字、盖章或者按指印，可以理解为其对抗辩权的放弃，但保证期间届满产生的是实体权利的消灭，保证人仅仅在催款通知书上签字、盖章或者按指印，不足以认定保证人有重新为债务提供担保的意思表示。因此，《民法典担保制度解释》规定在上述情形下，债权人向保证人请求继续承担保证责任的，人民法院不予支持，但是债权人有证据证明成立了新的保证合同的除外。

五、关于最高额保证的保证期间

从司法实践的情况看，多数情况下，当事人对于最高额保证的保证期间都有约定，根据意思自治原则，当事人对计算方式与起算点等有约定的，从其约定。问题是，在没有约定或者约定不明确时，究竟是根据被担保的债权逐笔单独计算保证期间，还是统一计算保证期间，存在不同的观点。我们认为，由于最高额担保系对一定时期连续发生的债权提供担保，逐笔单独计算保证期间，无法体现最高额担保的特点，但是，如果采取统一计算的方式，也可能存在起算点难以确定的问题，因为当事人约定的期间届满时，有些被担保债权的履行期限尚未届满，自无起算保证期间的可能。经反复研究，《民法典担保制度解释》对于最高额保证的保证期间采统一计算的方式，但对于保证期间的起算点，则应视债权确定时被担保债权的履行期限是否已经届满来确定：债权确定时，对于被担保的履行期限已届满的债权，保证期间自债权确定之日起开始计算；对于被担保的履行期限还有未届满的债权，保证期间则自最后到期债权的履行期限届满之日起开始计算。这里所说债权确定之日，根据《民法典》第690条第2款的规定，应参照《民法典》第423条进行认定。

六、关于撤诉是否影响保证期间

债权人提起诉讼或者申请仲裁后又撤回起诉或者仲裁申请，能否视为债权人依法向保证人主张过权利，实践中存在较大争议。我们认为，对于此种情形，应当区别一般保证和连带责任保证规定不同的法律后果。

其一，在一般保证中，债权人向债务人提起诉讼或者申请仲裁并就债务人财产依法强制执行仍未履行债务的，才能向保证人主张实体权利。换言之，债权人必须让债务人先承担责任。当事人撤诉或者撤回仲裁申请本质上意味着其并无让债务人先承担责任的意思表示，因此，只要债权人在保证期间内没有再次对债务人提起诉讼或者申请仲裁，保证人就不应再承担保证责任。

其二，在连带责任保证中，在债权人撤诉或者撤回仲裁申请时，能否认定债权人向保证人主张过权利？对此，存在不同观点。我们认为，与诉讼时效只需要债权人主张过权利不同，保证期间的意义在于使处于或然状态的保证责任成为确定的保证债务，因而不仅需要债权人主张权利，而且还要让保证人知道债权人在主张权利。因此，仅人民法院受理了案件或者仲裁机构受理了仲裁申请仍不足以构成依法行使权利，只有在起诉状副本或者仲裁申请书副本送达保证人后才意味着依法行使了权利。

七、关于保证合同无效时的保证期间

保证合同无效或者被撤销时能否适用保证期间制度，是司法实践中争议较大的一个问题。我们认为，债权人通常不会主观上认为保证合同无效或者可被撤销，否则就不会订立保证合同。因此，在债权人不知道保证合同无效或者可撤销时，如果其认为保证人应当承担保证责任，自应在保证期间内向保证人主张保证责任。相应地，债权人未在保证期间内依法向保证人主张保证责任，通常可以解释为债权人不再要求保证人承担保证责任，当然也就无意要求保证人承担赔偿责任。更为重要的是，如果保证合同无效或者被撤销，保证人不能受到保证期间的保护，就可能导致保证人在保证合同无效或者被撤销时的责任较之保证合同有效时更重：保证合同有效时，保证人因债权人未在保证期间内行使权利而无须承担任何责任，但在保证合同无效或者被撤销时，保证人反倒可能要承担赔偿责任，这显然不公平。有鉴于此，《民法典担保制度解释》第33条规定保证合同无效或者被撤销时，债权人仍然要在保证期间内主张权利。

"关于担保物权"部分重点条文解读

一、关于抵押合同及抵押权的效力

《民法典》第399条规定所有权、使用权不明或者有争议的财产以及依法被查封、扣押、监管的财产"不得"抵押。我们认为，当事人以上述财产设定担保的，如不存在其他无效情形，一般应当认定担保合同有效，因为这些财产只要不是违法财产，就不存在因标的违法而无效的问题，且根据区分原则，《民法典》第399条规定"不得"抵押的情形，即使构成无权处分，也不应影响抵押合同的效力。值得注意的是，当事人以权属不明或者有争议的财产设立抵押，经人民法院审查后可能有两种结果：一是抵押人有处分权的；二是抵押人无权处分。在抵押人有权处分的场合，不仅抵押合同效力不受影响，抵押权的设立也应认定有效。在抵押人无权处分的场合，虽然抵押合同不因抵押人无权处分而受影响，但抵押权的设立则取决于债权人是否满足善意取得的条件：构成善意取得的，债权人可主张行使抵押权；不符合善意取得条件的，债权人无权主张行使抵押权，真正权利人可以请求注销抵押登记。至于当事人以被查封、扣押、监管的财产设定抵押，债权人请求行使抵押权时，如果查封、扣押或者监管措施已经解除，人民法院应予支持；抵押人以抵押权设立时财产被查封或者扣押为由主张抵押合同无效的，人民法院不予支持。

此外，《民法典担保制度解释》沿袭《民商事审判会议纪要》的相关规定，明确在不动产抵押中，如果当事人签订抵押合同但未办理抵押登记，仅仅抵押权没有设立，抵押合同的效力不受影响，债权人可以请求抵押人继续办理抵押登记。在不能继续办理抵押登记的情况下，我们认为应区分是否因可归责于抵押人的原因进行不同的处理：一是不可归责于抵押人的原因导致不能办理抵押登记，如自然灾害导致标的物灭失的，除抵押人因此取得抵押财产的代位物而须在代位物的价值范围内依其过错程度承担违约损害赔偿责任外，其他情形下抵押人不应承担赔偿责任；二是可归责于抵押人的原因导致不能办理抵押登记，如抵押人将抵押财产转让他人，此时抵押人应在约定的担保范围内承担违约损害赔偿责任，但是不得超过抵押权能够设立时抵押人应当承担的责任范围。

二、关于抵押财产转让

一是明确禁止或者限制转让的约定不影响转让合同的效力。《民法典》第406条在允许抵押人自由转让抵押财产的同时，规定“当事人另有约定，按照其约定”。根据区分原则，无论当事人关于限制或者禁止抵押物转让的约定是否登记，都不应影响抵押财产转让合同的效力。

二是明确禁止或者限制转让的约定经登记的，具有对抗效力。在限制或者禁止抵押物转让的约定已经登记的情形下，如果抵押人将抵押财产转让给他人且已经办理了过户登记，抵押权人主张抵押物所有权变动无效的，人民法院应予支持。之所以作此种规定，是因为在我国当前，抵押权的追及力实际上受到很多限制，如买受人在受让已经设立抵押的房屋后，若该房屋是买受人及其所扶养家属生活所必需的居住房屋，人民法院就不得拍卖、变卖，这就损害了抵押权人的利益。为落实《民法典》有关保护抵押权人利益的精神，有必要赋予经登记的限制或者禁止转让约定以类似于预告登记的效力，从而有条件地否定转让行为的物权效力。这样规定的另一个理由是，《民法典》第406条规定的情形发生纠纷的多是不动产交易。不动产买受人购买不动产时应当查询不动产是否已经抵押登记。如限制或者禁止转让的约定已经依法登记，其查询时自然也应知道。最后一个理由是，在与自然资源部自然资源确权登记局进行沟通的过程中，我们获知在《民法典》施行后，“是否存在禁止或限制转让不动产的约定”将是不动产登记簿上可以登记的事项，因而具有可操作性。

需要注意的是，对消费者进行特殊保护是长期以来坚持的一项司法政策，在作为消费者的购房人从房地产开发商处购买商品房的情况下，关于抵押权人能否向购房人主张权利，以及购房人能否排除抵押权人申请的强制执行等问题，根据最高人民法院制定司法解释的分工，将由其他司法解释进行规定，《民法典担保制度解释》未予涉及。

三、关于主债权诉讼时效期间届满的法律后果

《民法典》仅规定抵押权在主债权诉讼时效期间未行使的，人民法院不再予以保护。由于担保物权从属于主债权，因此，在主债权因诉讼时效届满而成为自然债务后，抵押权也无法通过人民法院予以保护。问题是，在抵押权不再受人民法院保护的情形下，抵押人能否提起诉讼，请求抵押权人协助办理注销抵押登记？我们认为，既然抵押权已经不再受到人民法院的保护，与其让抵押登记的存在影响抵押人处分抵押物，不如明确抵押人有权请求抵押权人协助办理注销抵押登记，以充分发挥物的效用，这也是物尽其用原则的基本要求。但考虑到《民法典》并无主债权诉讼时效届满导致担保物权消灭的规定，而《民商事审判会议纪要》对此问题已经作出规定，为稳妥起见，《民法典担保制度解释》未就抵押权登记的注销问题作出规定。

另外，实践中较有争议的是，质权和留置权是否也会因主债权诉讼时效届满而不再受人民法院的保护？对此，有两种意见：一种意见认为，《民法典》第 419 条明确规定抵押权人未在主债权诉讼时效期间行使抵押权的，人民法院不予保护；而关于留置权，《民法典》第 454 条则规定债务人可以请求留置权人在债务履行期限届满后行使留置权。从《民法典》的上述规定可以看出，主债权诉讼时效期间届满对于权利人行使权利的影响并不相同，即明确了人民法院对于抵押权不予保护，但对于留置权的保护问题并未予以规定。考虑到《民法典》第 419 条规定的抵押权一般以登记为生效要件，而留置权以债权

人占有标的物为前提，因此，对于权利人保护方式和处理结果上应有所区别，留置权不因主债权已过诉讼时效而不受人民法院的保护，在主债权诉讼时效期间届满后，债务人或者留置财产的所有权人虽然不能要求返还留置财产，但可以请求拍卖、变卖留置财产以清偿债务。另一种意见认为，留置权人留置债务人的财产，应视为主张权利的方式，因此无主债权诉讼时效已过的问题。经研究，《民法典担保制度解释》采纳了第一种观点。此外，对于质权而言，以登记作为生效要件的权利质权与抵押权相似，可能发生因主债权已过诉讼时效而不再受人民法院保护的问题，应参照适用《民法典担保制度解释》第 44 条第 1 款的处理规则；动产质权、交付权利凭证为生效要件的权利质权，因质押财产及权利凭证由质权人占有，则应参照适用《民法典担保制度解释》第 44 条第 2 款的处理规则。

四、关于抵押预告登记

由于《民法典》对于抵押预告登记的效力未作明确规定，因此，实践中对于当事人在签订抵押合同后未办理抵押登记但已办理预告登记，预告登记权利人能否主张行使抵押权的问题一直存在争议。我们认为，预告登记是在本登记暂时无法办理时当事人为确保将来取得物权而办理的一种特殊登记。由于抵押权本身无法阻止抵押人转让抵押物或者在抵押物上为他人再次设定抵押权，因此，债权人办理抵押预告登记后，亦无法阻止抵押人转让标的物或者再次以标的物设定担保物权。就此而言，当事人办理抵押预告登记的目的在于当能够办理抵押登记时，其能获得较之其他担保物权人更加优先的顺位，而不在于防止抵押人再次处分标的物，因此并无《民法典》第 221 条关于“预告登记后，未经预告登记的权利人同意，处分该不动产的，不发生物权效力”之规定适用的余地。

此外，为避免诉累，虽然当事人办理的只是抵押预告登记而非抵押登记，但在诉讼过程中经人民法院审查具备办理抵押登记的条件，预告登记权利人即可主张已经取得抵押权，而无须判决认定预告登记权利人只有在办理抵押登记后才能主张抵押权。至于办理抵押登记的条件，经与自然资源部自然资源确权登记局沟通，是指建筑物已经办理首次登记。也就是说，只要在预告登记的有效期内建筑物已经办理了首次登记，人民法院就认定预告登记权利人可直接主张行使抵押权。当然，如果当事人不具备办理抵押登记条件，预告登记权利人请求行使抵押权的，人民法院自不应予以支持，但不影响其在具备抵押登记条件时再行使抵押权。

值得注意的是，在抵押人破产的情况下，考虑到抵押预告登记权利人无法等到办理抵押登记的条件具备时再主张优先受偿权，《民法典担保制度解释》参照《企业破产法》关于破产程序中债权加速到期的相关规定，赋予抵押预告登记具有抵押登记的效力，抵押预告登记权利人可以就抵押财产优先受偿。但是，为了不妨碍和解协议和重整程序的顺利进行，我们认为，预告登记权利人的优先受偿范围应以受理破产申请时抵押财产的价值为限。另外，《企业破产法》第 31 条第 3 项规定，在人民法院受理破产申请前一年内，债务人对没有财产担保的债务提供财产担保的，管理人有权请求人民法院予以撤销。据此，债务人在人民法院受理破产申请前一年内办理的，且系为没有财产担保的债务设立的抵押预告登记，不享有破产保护效力。

五、未办理登记的动产抵押权的效力

《民法典》第 403 条规定："以动产抵押的……非经登记，不得对抗善意第三人。"如何界定善意第三人的范围，存在不同理解。我们认为，准确理解善意第三人的范围，应把握以下几点：一是这里的第三人不包括抵押权人、质权人、留置权人等担保物权人，因为担保物权人之间的顺位，根据《民法典》第 414 条、第 415 条确立的规则确定即可，无须考虑彼此之间是否为善意，否则有悖于建立统一的可预测的优先顺位规则的目的。二是这里的善意第三人主要是指已经取得对标的物占有的买受人或者承租人，因为在第三人是普通债权人的情形下，基于物权优先于债权的民法理论，无论第三人为善意还是恶意，抵押权人都是可以对抗的，而已经取得占有的买受人或者承租人要么已经取得物权，要么取得了具有一定物权效力的债权，因此，只有在第三人为恶意的情形下，抵押权人才能对其主张权利。三是有必要进一步区分第三人是买受人还是承租人：在第三人为买受人时，涉及抵押权是否对买受人有追及效力，即抵押权人能否向买受人主张抵押权的问题；在第三人为承租人时，涉及租赁合同是否因标的物已经抵押而受到影响，即抵押权实现时是否须“带租”拍卖的问题。

值得注意的是，为落实《民法典》消除隐形担保的目的，我们认为，如果抵押人的其他债权人已经申请人民法院对标的物采取了查封、扣押措施，也应认为未经登记的抵押权人不能向其主张优先受偿。此外，在抵押人进入破产程序后，由于抵押人的其他债权人既有可能是善意的，也有可能是恶意的，认定未经登记的抵押权具有对抗效力将可能带来不公平的结果，也与破产程序追求债权人公平受偿的理念相冲突，因此，未办理抵押登记的抵押权人主张优先受偿的，人民法院亦不应予以支持。

六、关于正常经营活动中的买受人

动产抵押以登记作为公示方法，但动产类型众多、数量很大，且有些动产价值较低，采用登记作为公示方法无疑将会大幅增加当事人的查询成本。为了避免动产抵押给人们的正常生活造成干扰，同时防止加重当事人的交易成本，《民法典》第404条规定：“以动产抵押的，不得对抗正常经营活动中已经支付合理价款并取得抵押财产的买受人。”我们认为，该条规定的“正常经营活动”，从文义上看固然针对的是出卖人，即其在营业执照明确记载的经营范围从事经营活动且持续经营同类商品的销售，但考虑到设立上述规则的主要目的在于明确哪些情况下可以豁免买受人的查询义务，因而还有必要考察买受人的有关情况。如果买受人知道或者应当知道标的物已被设定担保物权，此时其就不能援引该项规则阻却抵押权的追及效力。为了便于法官判断买受人何时可以无须查询抵押登记，《民法典担保制度解释》参考域外经验，将下列情形的买受人排除在正常经营活动之外：（1）购买商品的数量明显超过一般买受人；（2）购买出卖人的生产设备；（3）订立买卖合同的目的在于担保出卖人或者第三人履行债务；（4）买受人与出卖人存在直接或者间接的控制关系；（5）买受人应当查询抵押登记而未查询的其他情形。此外，考虑到《民法典》已将所有权保留买卖和融资租赁中的所有权规定为非典型担保物权，《民法典担保制度解释》将正常经营买受人规则的适用范围扩及已经办理登记的所有权保留、融资租赁。

七、关于价款优先权

《民法典》第416条规定："动产抵押担保的主债权是抵押物的价款，标的物交付后十日内办理抵押登记的，该抵押权人优先于抵押物买受人的其他担保物权人受偿，但是留置权人除外。"这一规定在学理上被称为价款优先权或者价款超级优先权。通过考察价款超级优先权在域外的发展过程以及立法机构对这一制度的说明，我们将这一规定在实践中的运用区分为两种情形：一是债务人在设定动产浮动抵押后又购入新的动产时，为担保价款的支付而在该动产上为出卖人设定抵押权；二是在动产买卖中，买受人通过赊销取得动产后立即为他人设定担保物权，出卖人为担保价款支付而在该动产上设定抵押权。

需要说明的是，前一种情形主要是为了解决中小企业在将现有的和将有的动产设定浮动抵押后的再融资能力问题，因为如果动产浮动抵押设定在前且已经办理登记，则抵押人新购入的动产也将自动成为浮动抵押权的客体，即使买受人在新购入的动产上为担保价款债权实现而为出卖人设定了抵押权，由于该抵押权登记在后，根据《民法典》第414条关于担保物权清偿顺序的规定，出卖人的交易安全也无法获得有效保障，从而影响到出卖人与抵押人进行交易的积极性。价款"超级优先权"旨在打破《民法典》第414条的清偿顺序，赋予后设立的抵押权优先于先设立的浮动抵押权的效力，从而增强了抵押人的再融资能力，具有正当性。

不过，后一种情形下价款优先权的正当性则遭到部分学者的质疑，因为该种情形针对的仅仅是买受人尚未将以赊购方式买入的动产“捂热”，即又在该动产上为第三人设定担保物权，从而导致出卖人的价款可能无法实现，这虽然有利于保障出卖人的交易安全，但却可能威胁到已经在标的物上设定担保物权的第三人的交易安全。从文义上看，《民法典》第416条应包括此种情形，因此《民法典担保制度解释》从尽量尊重立法原意的角度，对此种情形下的价款优先权亦予以承认，至于由此带来的第三人交易安全的问题，则可由第三人通过尽职调查等方式予以克服。

此外，考虑到实践中对价款支付进行担保的手段除了以标的物设定抵押权外，还存在所有权保留、融资租赁等方式，因此，《民法典担保制度解释》将上述两种情形下可以主张价款优先权的主体规定为如下三类当事人：一是在该动产上设立抵押权或者保留所有权的出卖人；二是为价款支付提供融资而在该动产上设立抵押权的债权人；三是以融资租赁方式出租该动产的出租人。

八、关于仓单质押

实践中，存在所谓“仓单乱象”，即保管人就同一批货物开出数份仓单，导致存货人以仓单多次质押或者转让，或者保管人在开出仓单后，仍然允许存货人无单取货或者以货物再次进行质押、抵押等情况。为了明确仓单作为货权凭证的法律地位，并通过司法裁判引导和规范仓单质押的实践，《民法典担保制度解释》首先明确了仓单质押的成立要件，即仓单质押并非仅仅是交付仓单即可，而是应当进行质押背书并由保管人签名或者盖章。此外，考虑到《国务院关于实施动产和权利担保统一登记的决定》规定仓单可以进行质押登记，因而《民法典担保制度解释》规定：没有权利凭证的仓单，依法可以办理出质登记的，仓单质权自办理出质登记时设立。其次，根据《民法典》第414条、第415条的规定，我们认为，在出质人既以仓单出质，又以仓储物设立担保的情况下，应按照公示的先后确定清偿顺序；难以确定先后顺序的，按照债权比例清偿。在保管人为同一货物签发多份仓单，而出质人又以多份仓单设立多个质权的情况下，应按照公示的先后确定清偿顺序；难以确定先后顺序的，按照债权比例受偿。最后，考虑到实践中上述问题的出现，往往是存货人与保管人共同侵权的结果，因此，有过错的保管人应与存货人对因此受到损失的债权人承担连带赔偿责任。

九、关于应收账款质押

中国人民银行发布的《应收账款质押登记办法》第 4 条规定，应收账款是指权利人因提供一定的货物、服务或者设施而获得要求义务人付款的权利以及依法享有的其他付款请求权，包括现有的将有的金钱债权，但不包括因票据或其他有价证券而产生的付款请求权，以及法律、行政法规禁止转让的付款请求权。现有的应收账款即未来的金钱债权，主要是指出质时应收账款债务人、质押标的都能够确定或者特定的金钱债权；将有的应收账款即未来的金钱债权，是指出质时应收账款债务人或者质押标的尚未确定或者特定的金钱债权，主要包括不动产收费权、依法可以出质的其他收费权以及其他将有的应收账款出质。

关于以现有的应收账款出质，实践中主要的问题是应收账款不存在或者虚构应收账款时该如何分配举证责任以及确定责任。为此，《民法典担保制度解释》规定：一是应收账款债务人向质权人确认应收账款的真实性后，又以应收账款不存在或者已经消灭为由主张不承担责任的，人民法院不予支持。二是应收账款债务人未确认应收账款的真实性，质权人以应收账款债务人为被告，请求就应收账款优先受偿，能够举证证明办理出质登记时应收账款真实存在的，人民法院应予支持；质权人不能举证证明办理出质登记时应收账款真实存在，仅以已经办理出质登记为由，请求就应收账款优先受偿的，人民法院不予支持。

现有的应收账款出质后，应收账款债务人应当向谁履行是另一大问题。鉴于应收账款质押与债权转让有很大程度的相似性，《民法典担保制度解释》第61条参照《民法典》关于债权转让经通知债务人后对其具有约束力的规定，规定应收账款债务人接到质权人要求向其履行的通知前，可以向应收账款债权人履行；接到通知后，只能向应收账款质权人履行。现有的应收账款，质权人可以直接请求应收账款债务人向自己履行。

将有的应收账款质押，实践中主要表现为各种收费权，其区别于现有应收账款的一大显著特征是，出质以及实现时应收账款债务人均难以确定，为此，质权人不能直接向应收账款债务人主张权利，故其权利实现方式主要是由质权人直接请求应收账款债权人履行，实践中又要区分是否已经设定特定账户等情形：一是当事人为应收账款设定特定账户，质权人可以请求就该特定账户内的款项优先受偿；二是特定账户内的款项不足以清偿债务或者未设定特定账户，质权人可以请求折价或者拍卖、变卖收费权并就所得的价款优先受偿。

“关于非典型担保”及“附则”部分重点条文解读

一、关于所有权保留

在分期付款买卖中，当事人约定在标的物交付买受人后由出卖人继续保留所有权的情况在实践中较为常见。出卖人保留所有权的目的，显然是担保价款债权的实现，因此出卖人保留的所有权被认为是一种非典型担保物权。关于所有权保留买卖，《合同法》即已有明确规定，但由于《合同法》没有规定公示方式，因此第三人无法从外观上识别出卖人所保留的所有权，从而对第三人的交易安全构成了一定的威胁。《民法典》为消除此种隐形担保，明确规定出卖人保留的所有权非经登记，不得对抗善意第三人（《民法典》第641条第2款）。不仅如此，在同一标的物上存在数个担保物权时，即使其中有出卖人保留的所有权，也应根据《民法典》第414条第2款的规定处理数个担保物权之间的清偿顺序。

值得注意的是，为了确保出卖人保留的所有权发挥其担保价款债权实现的功能，《民法典》第642条第1款不仅规定了出卖人可以取回标的物的几种情形，而且于该条第2款规定在发生出卖人可以取回标的物的情形下，出卖人可以与买受人协商取回标的物；协商不成的，可以参照适用担保物权的实现程序。对此，有意见认为，在当事人就出卖人取回标的物协商不成的情形下，出卖人只能请求参照担保物权的实现程序，申请人民法院拍卖、变卖标的物并就所得价款受偿。我们认为，《民法典》第642条第2款规定的“可以”不能理解为“只能”，因此，在当事人不能协商取回标的物时，《民法典》实际上一方面允许当事人通过非讼程序的方式实现担保物权，另一方面也允许出卖人通过诉讼取回标的物。

问题在于，如果出卖人不通过非讼程序实现担保物权，而是径行通过诉讼请求取回标的物，是否存在损害买受人利益的可能？从实践的情况看，出卖人不能通过协商一致取回标的物，往往是因为买受人已经支付了大部分价款，且标的物的价值又超过买受人欠付的价款及其他费用，买受人担心出卖人取回标的物后自己无力依据《民法典》第643条的规定进行回赎，而出卖人又不以合理价格转卖标的物并将超过欠付价款及其他费用的部分返还自己，将导致买受人的利益受到损害。为了避免上述情形的发生，我们认为，如果出卖人不通过非讼程序请求人民法院拍卖、变卖标的物并以所得价款受偿，而是以诉讼的方式请求取回标的物，则应根据买受人是否提出抗辩或者反诉来审理案件：如果出卖人虽然有权取回标的物，但买受人反诉请求出卖人将标的物价值超过欠付价款及其他费用的部分予以返还，或者出卖人虽然有权取回标的物，但买受人抗辩标的物的价值大于欠付价款及其他费用，请求人民法院拍卖、变卖标的物，则人民法院对于买受人的主张应一并予以处理。

当然，无论是出卖人通过协商还是诉讼取回标的物，根据《民法典》第643条的规定，买受人既有权在合理期间回赎标的物，也有权在放弃回赎后请求出卖人以合理价格转卖标的物并将超过买受人欠付价款及其他费用的部分予以返还。如果出卖人不以合理价格转卖标的物并将超过买受人欠付价款及其他费用的部分返还给买受人，买受人也仍然有权请求参照担保物权的实现程序，申请人民法院拍卖、变卖标的物。

二、关于融资租赁

在融资租赁中，出租人对租赁物享有的所有权亦具有担保功能。与对待所有权保留一样，为消除隐形担保，《民法典》第745条规定："出租人对租赁物享有的所有权，未经登记，不得对抗善意第三人。"此外，《民法典》第752条规定，如果承租人经催告后在合理期限内仍不支付租金，出租人既可选择请求支付全部租金，也可以选择解除合同，收回租赁物。值得注意的是，与《民法典》关于所有权保留的规定有所不同，《民法典》在这里不仅明确了收回租赁物的前提是解除合同，也没有规定如果当事人就租赁物的取回协商不一致，可以请求参照适用担保物权的实现程序。可见，《民法典》对于融资租赁出租人所享有的所有权，在其担保功能的实现上采取了不同于所有权保留的思路。据此，如果承租人欠付租金导致出租人有权解除合同并收回租赁物，而双方无法就合同解除和租赁物的收回达成一致，出租人自可起诉到人民法院，请求解除合同并收回租赁物。

不过，如果当事人约定租赁期限届满租赁物归承租人所有，且承租人已经支付大部分租金，只是无力支付剩余租金，此时出租人享有的所有权就与出卖人保留的所有权极为类似，都可能涉及承租人的利益保护问题。也正因为如此，《民法典》第 758 条规定，出租人因此解除合同收回租赁物，收回的租赁物的价值超过承租人欠付的租金以及其他费用的，承租人可以请求相应返还。问题是，如果当事人就租赁物的价值发生争议，如何确定租赁物的价值？显然，由于融资租赁出租人的目的是解除合同收回租赁物，因此承租人不能主张参照适用担保物权的实现程序由人民法院通过拍卖、变卖来确定租赁物的价值，也不能在诉讼程序中请求人民法院对租赁物进行拍卖、变卖来确定租赁物的价值。关于租赁物的价值，我们的意见是，融资租赁合同有约定的，按照其约定；融资租赁合同未约定或者约定不明的，可以根据约定的租赁物折旧以及合同到期后租赁物的残值来确定；如果根据前述方法仍难以确定，或者当事人认为依照前述方法确定的价值严重偏离租赁物实际价值的，可以请求人民法院委托有资质的机构评估。

三、关于保理

根据《民法典》第 761 条的规定，保理合同是应收账款债权人将现有的或者将有的应收账款转让给保理人，保理人提供资金融通、应收账款管理或者催收、应收账款债务人付款担保等服务的合同。需要说明的是，该条所谓保理人提供的“应收账款债务人付款担保”服务，系指保理人就应收账款债务人的付款义务向债权人提供担保，它是保理服务的常见内容之一，但这并非保理合同本身的担保功能。保理合同的担保功能仅仅存在于有追索权的保理，因为无追索权保理仅仅是保理人为赚取应收账款与保理融资款之间的差价而受让应收账款。根据《民法典》第766条的规定，在有追索权的保理中，保理人可以向应收账款债权人主张返还保理融资款本息或者回购应收账款债权，也可以向应收账款债务人主张应收账款债权；保理人向应收账款债务人主张应收账款债权，在扣除保理融资款本息和相关费用后有剩余的，剩余部分应当返还给应收账款债权人。可见，在有追索权的保理中，应收账款虽然名义上已经转让给保理人，但其目的在于担保保理人对应收账款债权人所享有的保理融资款本息。就此而言，有追索权的保理与应收账款质押一样，其功能都是为了担保债权的实现。也正因如此，与同一应收账款可能发生多次质押或者多次转让一样，同一应收账款也可能发生多重保理。对此，《民法典》第768条规定：“应收账款债权人就同一应收账款订立多个保理合同，致使多个保理人主张权利的，已经登记的先于未登记的取得应收账款；均已经登记的，按照登记时间的先后顺序取得应收账款；均未登记的，由最先到达应收账款债务人的转让通知中载明的保理人取得应收账款；既未登记也未通知的，按照保理融资款或者服务报酬的比例取得应收账款。”尽管该条针对的是就同一应收账款订立多个保理合同的情形，但考虑到实践中也可能发生就同一应收账款同时存在保理、应收账款质押或者债权转让的情形，故上述规则应类推于就同一应收账款同时存在保理、应收账款质押或者债权让与的场合。

此外，需要说明的是，《民法典》第766条规定当事人约定有追索权保理的，保理人可以向应收账款债权人主张返还保理融资款本息或者回购应收账款债权，也可以向应收账款债务人主张应收账款债权。据此，保理人分别以应收账款债权人和债务人为被告提起诉讼，人民法院应予受理。问题是，如果保理人对应收账款债权人或者应收账款债务人一并提起诉讼，人民法院是否应予受理，存在争议。我们认为，有追索权的保理实质上是应收账款债权人为保理人从应收账款债务人处收回约定的债权而提供的担保，这也是有追索权的保理被视为“其他具有担保功能的合同”的原因。既然是担保，自应适用担保的一般规则，即保理人应有权同时起诉应收账款债务人和债权人。从类案检索的情况看，有追索权的保理合同纠纷中，保理人一般都会将应收账款的债权人和债务人作为共同被告一并提起诉讼。故《民法典担保制度解释》第66条规定，保理人一并起诉应收账款债权人和应收账款债务人的，人民法院可以受理。

四、关于让与担保

让与担保有广义和狭义之分。广义让与担保，包括买卖式担保和让与式担保。所谓买卖式担保，又称卖与担保、卖渡的担保等，是指以买卖方式移转标的物的所有权，而以价金名义通融金钱，并约定日后将该标的物买回的制度。狭义让与担保，仅指让与式担保，又称为信托让与担保，是指债务（或第三人）为担保债务清偿，将担保标的物之所有权移转给债权人：在债务清偿后，标的物之所有权回归于担保人；在债务届时未能得到清偿时，债权人有就担保物优先受偿的权利。其要点是：第一，在设定这一担保时，担保人需将标的物所有权暂时转让给债权人，债权人成为形式上的所有人。第二，为使担保人保持对担保标的物的使用效益，债权人往往与担保人签订标的物的借用或租赁合同，由担保人使用担保标的物。第三，债务人履行债务后，债权人应返回标的物所有权。第四，在债务人未偿还债务时，债权人并不是当然地取得担保标的物所有权，而是进行清算。清算分为两种：一是归属清算型，对标的物进行评估，超出债务价值部分由债权人偿还给担保人，债权人取得所有权；二是处分清算型，由债权人将标的物予以变卖，将价款用于清偿债权，多余部分归属于担保人。《民法典》虽未明确规定让与担保，但通过第401条、第428条对流押、流质条款的修改，足以产生让与担保的制度效果。在我国司法实务中，不应简单地认定该担保形式无效，尤其不应依据有关流押或流质之禁止规定认定担保合同无效。即使合同未约定债务不能清偿时具体的清算办法，法院亦可基于《民法典》第401条、第428条的规定，认定债权人对相应标的物的优先受偿权。基于这一理解，《民法典担保制度解释》分三种情形对让与担保作出规定。

其一，让与担保在实践中的典型表现形式为，债务人或者第三人与债权人约定将财产形式上转移至债权人名下，债务人不履行到期债务，债权人有权对财产折价或者以拍卖、变卖该财产所得价款偿还债务。此时，人民法院应当认定该约定有效，且如果当事人已经完成财产权利变动的公示，债务人不履行到期债务，债权人请求参照《民法典》关于担保物权的有关规定就该财产优先受偿的，人民法院应予支持。

其二，债务人或者第三人与债权人约定将财产形式上转移至债权人名下，债务人不履行到期债务，财产归债权人所有的，人民法院应当认定该约定无效，但是不影响当事人有关提供担保的意思表示的效力。如果当事人已经完成财产权利变动的公示，债务人不履行到期债务，债权人请求对该财产享有所有权的，人民法院不予支持；但是，债权人请求参照《民法典》关于担保物权的规定对财产折价或者以拍卖、变卖该财产所得的价款优先受偿的，人民法院应予支持。此外，债务人履行债务后请求返还财产，或者请求对财产折价或者以拍卖、变卖所得的价款清偿债务的，人民法院应予支持。

其三，实践中当事人经常约定将财产转移至债权人名下，一定期间后再由债务人或者第三人溢价回购，如果债务人未履行回购义务，财产归债权人所有。我们认为此种约定符合让与担保的特征，应当参照《民法典担保制度解释》关于让与担保的规定处理。但是，如果经审查当事人约定的回购标的自始不存在，由于缺乏担保财产，应当依照《民法典》第146条第2款的规定，按照实际构成的法律关系处理。

此外，考虑到股权让与担保中，当事人常常就被登记为名义股东的债权人是否须对原股东出资不足或者抽逃出资的行为承担连带责任发生争议,《民法典担保制度解释》还对股权让与担保作了特别规定。我们认为，在构成股权让与担保的情形下，债权人虽名义上被登记为股东，但其目的在于担保债权的实现，故即使原股东存在出资不足或者抽逃出资的情况，债权人也不应对此承担连带责任。

五、关于保证金质押

实践中，存在当事人通过交付保证金或者将保证金存入特定账户来提供担保的情形。归结起来，大体有三种情形：一是债务人或者第三人设立专门的保证金账户并由债权人实际控制；二是债务人或者第三人将其资金存入债权人设立的保证金账户；三是在银行账户下设立的保证金分户。我们认为，只要是设立了专门的保证金账户，并且债权人实际控制该账户，债权人就对账户内的资金享有优先受偿权。当事人以保证金账户内的资金浮动为由，主张实际控制该账户的债权人对账户内的资金不享有优先受偿权的，人民法院不予支持。

此外，如果不满足上述条件，债权人主张就保证金优先受偿的，人民法院不应予以支持，但当事人请求行使合同约定的或者法律规定的权利，人民法院应予支持。

六、关于时间效力问题

《民法典担保制度解释》是根据《民法典》制定的，尽管《民法典担保制度解释》自 2021 年 1 月 1 日起施行，但根据《民法典时间效力规定》，如果《民法典》的规定具有溯及力，则针对该规定的司法解释也应被赋予溯及既往的效力。编纂《民法典》并非制定一部新的法律,《民法典》的大部分内容来自九部被废止的法律。对于《民法典》完全继受九部法律的情形，如果待决案件应当适用九部法律，《民法典担保制度解释》的有关规定也应可以在裁判说理时作为依据加以援引，但应区分是狭义的法律解释还是广义的法律解释：狭义的法律解释是针对法律有规定但理解有分歧而作的解释；广义的法律解释则不仅包括狭义的法律解释，也包括制定法漏洞的填补。在司法解释旨在填补制定法漏洞的情形下，因带有规则创制的性质，为保护当事人的合理预期，不宜将此类解释溯及至对原法律的理解。以上市公司对外提供担保为例，虽然《民法典担保制度解释》第9条制定的依据是《公司法》第16条，且《公司法》并未修改或者废止，但由于《公司法》第16条并无关于上市公司提供担保的特别规定，因此，《民法典担保制度解释》关于上市公司对外提供担保的规定属广义的法律解释，如果适用于《民法典担保制度解释》施行之前的担保行为，将背离当事人合理预期，故不应赋予其溯及既往的效力。也就是说，《民法典担保制度解释》第9条仅适用于2021年1月1日后发生的担保行为。

第四部分　司法解释理解与适用

一、关于一般规定

第一条 **因抵押、质押、留置、保证等担保发生的纠纷，适用本解释。所有权保留买卖、融资租赁、保理等涉及担保功能发生的纠纷，适用本解释的有关规定。**

【条文主旨】

本条是关于《民法典担保制度解释》适用范围的规定。

【条文概览】

《民法典担保制度解释》主要适用于因典型担保发生的纠纷，包括保证合同、抵押合同、质押合同等合同纠纷，以及抵押权、质权、留置权等担保物权纠纷。所有权保留买卖、融资租赁、保理等合同，并非一概适用《民法典担保制度解释》的所有规定，只有在因涉及担保功能发生纠纷时，才适用《民法典担保制度解释》的有关规定。

【争议观点】

所有权保留买卖、融资租赁、保理等非典型担保能否一概适用《民法典担保制度解释》有关担保的规定？一种观点认为，非典型担保也是担保，可以适用《民法典担保制度解释》的所有规定。另一种观点认为，非典型担保本身不是担保，只有在涉及担保功能时才能适用《民法典担保制度解释》的有关规定，如允许其一概适用《民法典担保制度解释》的所有规定，可能会破坏担保的体系。

【理解与适用】

一、典型担保

（一）案由

《民法典担保制度解释》主要适用于典型担保。典型担保指的是《民法典》所规定的担保，包括保证（人保）和担保物权（物保）。因保证发生的纠纷主要是保证合同纠纷。因担保物权发生的纠纷主要是担保物权纠纷，包括担保物权确认纠纷以及抵押权、质权、留置权纠纷，前者属于确认之诉，后者多数情况下属于给付之诉。广义的担保物权纠纷还包括作为非诉案件的“实现担保物权案件”。抵押权、质权是意定物权，须以当事人间订立抵押合同、质押合同作为其设立前提。在登记生效主义的物权变动模式下，如果当事人仅订立不动产抵押合同或者质押合同，但并未完成物权公示的（未办理不动产抵押或者权利质押登记，或者未交付质物），此时担保物权尚未设立，但担保合同对双方当事人之间仍有约束力，因此产生的纠纷尽管属于担保纠纷，但并不属于担保物权纠纷，而是合同纠纷。正因为考虑到抵押、质押纠纷不限于抵押权、质权纠纷，还包括抵押合同、质押合同纠纷，所以本条笼统地写成因“抵押、质押”发生的纠纷，而没有写成因“抵押权、质权”发生的纠纷。留置权作为法定的担保物权，不存在留置合同纠纷，但为了在表述上体现前后一致性，也写成因“留置”发生的纠纷。

需要指出的是，担保的从属性决定了担保合同除了具有自身特有的合同无效事由如保证人不具有担保资格、担保财产违法、公司对外担保未经决议程序外，其效力还取决于主合同的效力。同时，实践中一个债权上存在多个担保的情形并不鲜见，而选择起诉某一个担保人可能会使债权人面临丧失担保的风险（见《民法典担保制度解释》第29条）。因此，实践中债权人在起诉债务人的同时往往会一并起诉所有担保人，导致纯粹的担保纠纷反而并不常见。事实上，综观整个民商事纠纷案件，大量的经济纠纷案件中都夹杂着担保纠纷，这也是《民法典》尽管摒弃了《担保法》将担保制度专门立法的模式，但实质意义上的担保制度仍然备受关注的原因之所在。

（二）人保和物保的关系

人保与物保既有联系，也有区别。二者最密切的联系在于，作为担保方式，二者均具有从属性。考虑到担保物权部分对物上担保人予以保护的有关规定不如保证合同对保证人进行保护的规定具体全面，因而《民法典担保制度解释》在第20条规定，物上担保人可以参照适用《民法典》有关对保证人进行保护的规定，进一步突出了人保和物保的共通性，为构建实质意义上的担保制度奠定了坚实的基础。事实上，《民法典担保制度解释》"关于一般规定"部分，就是从问题出发，对人保与物保的共通性所作的规定。而这一共通性，主要就是建立在担保的从属性基础上的。但也要看到，二者仍有不少区别，如何认识二者的联系与区别，对于正确处理下列问题具有重要意义。

一是关于能否用保证的有关理论来解释物保的问题。人保有连带保证和一般保证之别，而物保并无此种区分。但实践中，用保证的有关理论来解读物保的情形仍然存在。如在未办理抵押登记的不动产抵押合同中，抵押人在一定情况下应当承担赔偿责任（《民法典担保制度解释》第37条），但该条并未规定抵押人与主债务人之间是承担连带责任还是补充责任。有一种观点就认为，在抵押权有效设立的情况下，只要出现法定或者约定的实现抵押权的情形，抵押人就应当承担抵押责任，这意味着抵押人有承担连带责任的意思表示，因而在抵押权未有效设立的情况下，抵押人也应当对债务人的债务承担连带责任。我们认为，此种观点的不妥之处就在于，其牵强地用保证的有关理论来解释担保物权。事实上，《民法典》第518条第2款规定："连带债权或者连带债务，由法律规定或者当事人约定。”在前述情形中，法律对抵押人应否承担连带责任未作规定，在当事人亦未约定承担连带责任的情况下，认定抵押人承担连带责任缺乏法律依据。另一方面，即便按照保证的有关理论去解释，根据《民法典》第 686 条之规定，在当事人对保证方式约定不明的情况下，也应当推定抵押人承担的是一般保证而非连带责任保证，故其承担的仍然是补充责任而非连带责任。

二是关于担保期间问题。人保有保证期间的规定，而物保并无担保期间的规定。在担保物权有无担保期间的问题上，相关法律、司法解释经历了一个从有到无的过程。《担保法解释》第 12 条第 2 款规定：“担保物权所担保的债权的诉讼时效结束后，担保权人在诉讼时效结束后的二年内行使担保物权的，人民法院应当予以支持。”从该款规定看，与保证一样，担保物权也是有其相对独立的行使期间的，即主债权诉讼时效届满后二年。但问题是，如果允许承担了担保责任的抵押人向主债务人追偿，则《民法典》有关诉讼时效的规定将丧失其意义。反之，如果不允许抵押人追偿，则意味着担保人承担的责任大于债务人，有违担保的从属性。可见，规定独立的担保物权行使期间，不论抵押人能否向债务人追偿，都将陷入前述的两难境地，此即所谓的“追偿困境”。有鉴于此，《物权法》第 202 条规定，抵押权应当在主债权诉讼时效期间内行使；未行使的，人民法院不予保护。在《民法典》编纂过程中，不少学者呼吁对何为“人民法院不予保护”的内涵予以明确，并建议采纳除斥期间说，认为抵押权人未在法定期间内行使抵押权将导致抵押权灭失。但立法者并未采纳前述意见，而是在《民法典》第 419 条继续沿袭《物权法》第 202 条的规定。此外，《民法典》第 419 条仅规定抵押权人应当在主债权诉讼时效内行使抵押权，对质权、留置权未作出规定，这就有了质权、留置权能否参照适用《民法典》第 419 条规定的问题。《民法典担保制度解释》第 44 条针对这些问题作出了明确规定。

三是关于担保资格问题。有观点认为，保证人以其全部财产作为责任财产承担责任，而在担保物权中，担保人仅以担保财产的价值为限承担担保责任，因而保证人有保证资格的问题；而担保物权并无担保资格的规定，仅有对担保财产是否违法或者适格的规定。我们认为，机关法人以及以公益为目的的非营利法人、非法人组织之所以不得作为保证人，不仅仅是因为其没有独立的承担责任的财产，更重要的是其也只能从事与其法定职责相关的民商事活动或者公益性活动，不能从事其他民商事交易活动，因而当然也不能提供物保，故《民法典担保制度解释》第5条将《民法典》有关保证资格的规定扩及担保资格。

二、非典型担保

（一）非典型担保的概念和类型

传统民法区分物权和债权，在物权中进一步区分所有权和限制物权，后者又包括用益物权和担保物权。在此种体系中，所有权只能是完全物权，不存在具有担保功能的所有权，因而让与担保在法典化体系下并无存身之所。买卖合同中尽管有所有权保留的规定，但受制于前述体系化的区分，保留的所有权只能是完全所有权，而不可能将其作为具有担保功能的非典型担保来对待。可以说，如果完全坚持大陆法系“物权—债权”二分模式，就没有非典型担保物权的存在余地。

但大陆法系严格的形式主义思维并不能阻挡让与担保通过判例蓬勃发展起来；将买卖合同中所有权的保留视为完全物权，对所有权保留人给予过度保护的同时，也导致了对买受人的不公，这就有必要将所有权保留作为担保方式加以规制。正是考虑到上述情况，《民法典》第388条规定“担保合同包括抵押合同、质押合同和其他具有担保功能的合同”，将具有担保功能的合同纳入担保合同，进而通过构建统一的动产和权利登记制度，在大陆法系形式主义的框架下，吸收了英美法系功能主义的担保理念，实现了两大法系担保法制的有机统一。在《民法典》已经融合了两大法系担保制度的情况下，一般将担保物权分编规定的担保物权即抵押权、质权、留置权作为典型担保，而将规定在《民法典》其他部分（主要是合同编）甚至未规定在《民法典》中但具有担保功能的交易形态作为非典型担保。可见，非典型担保主要包括两种情形：一是虽为《民法典》所规定，但并未规定在担保物权部分的所有权保留买卖、融资租赁、有追索权的保理；二是未为《民法典》所明确规定但具有担保物权功能的担保，如让与担保。

广义的非典型担保还包括非典型人保，如债务加入、差额补足、流动性支持等（《民法典担保制度解释》第36条），以及兼具人保与物保特征的以物的价值为限的担保，如《民法典担保制度解释》第46条规定的未办理抵押登记的不动产抵押合同，即具有此种效力。考虑到《民法典担保制度解释》第四部分专门对非典型担保作出规定，而该部分所谓的非典型担保，主要是指非典型物保，故本书将非典型担保限于非典型物保，而不包括广义的非典型人保。

应予说明的是，《民法典担保制度解释》之所以将保证金质押放在非典型担保中予以规定，主要是考虑到保证金质押的客体是兼具债权与动产属性的账户内的金钱，且允许其具有浮动性，与《民法典》所规定的动产质权有着较大区别。为突出其特点，将其放在非典型担保中加以规定。

（二）非典型担保的法律适用

《民法典担保制度解释》主要适用于典型担保，对于非典型担保如何适用《民法典担保制度解释》，从本条的措辞看，存在双重的限制适用条件：一方面，仅在涉及因担保功能发生的纠纷时才能适用《民法典担保制度解释》；另一方面，适用的也是《民法典担保制度解释》的"有关规定"而非全部规定。

一是仅在涉及因担保功能发生的纠纷时才能适用《民法典担保制度解释》。并非所有被称为非典型担保的交易形态都具有担保功能，所有权保留买卖、融资租赁中，出卖人、出租人享有的所有权具有担保功能；让与担保中，债务人或者第三人转让的所有权也具有担保功能。但《民法典》规定的保理中，有追索权的保理具有担保功能，能够适用《民法典担保制度解释》的有关规定；无追索权的保理不具有担保功能。非典型担保涉及的担保功能，主要涉及以下几方面的规则：有关登记对抗的规则；有关担保物权的顺位规则；有关担保物权的实现规则；有关价款优先权等担保规则。当非典型担保因能否以及如何适用前述规则发生纠纷时，可以适用《民法典担保制度解释》的相关规定。

二是非典型担保只能适用《民法典担保制度解释》的“有关规定”而非全部规定。本条所谓的“有关规定”，主要是指《民法典担保制度解释》第四部分“关于非典型担保”的规定，而这些规定多数都是前述的涉及担保规则的规定。另一方面，“有关规定”还包括《民法典担保制度解释》其他部分直接涉及非典型担保的规定，如第6条关于以公益为目的的非营利性学校、幼儿园、医疗机构、养老机构等主体在购入或者以融资租赁方式承租相关公益设施时，出卖人、出租人为担保价款或者租金实现，以所有权保留、融资租赁方式在该公益设施上保留所有权；再如，《民法典担保制度解释》第56条、第57条，将正常经营买受人规则、价款优先权规则扩及所有权保留、融资租赁。除《民法典担保制度解释》明确规定可以适用于非典型担保的条文外，其他条文原则上不适用于非典型担保。如当事人主张某一条文可以适用于非典型担保的，应当详细说明能够适用的理由，法院也应当在判决中对应否适用进行详细说理，避免因非典型担保的泛化适用而冲击担保制度体系。

三、其他担保形态

一是关于定金。《民法典》第586条第1款规定：“当事人可以约定一方向对方给付定金作为债权的担保。定金合同自实际交付定金时成立。”据此，定金毫无疑义是一种债权的担保方式，《民法典担保制度解释》起草过程中，也曾经考虑过对定金作出过规定。但鉴于其和违约责任的联系更密切，且定金的主要问题主要集中在各种定金形态能否以及如何适用定金罚则这一问题，相对比较简单，故《民法典担保制度解释》最终未对其作出规定。

二是关于典当。在征求意见过程中，有关行业协会建议《民法典担保制度解释》对典当中的“死当”“绝当”等作出规定，考虑到《民法典》并未对典当作出规定，加之对典当的认识还不太成熟，故《民法典担保制度解释》亦未对典当作相应的规定。

第二条　当事人在担保合同中约定担保合同的效力独立于主合同，或者约定担保人对主合同无效的法律后果承担担保责任，该有关担保独立性的约定无效。主合同有效的，有关担保独立性的约定无效不影响担保合同的效力；主合同无效的，人民法院应当认定担保合同无效，但是法律另有规定的除外。

因金融机构开立的独立保函发生的纠纷，适用《最高人民法院关于审理独立保函纠纷案件若干问题的规定》。

【条文主旨】

本条是关于担保合同效力从属性的规定。

【条文概览】

本条分两款。第1款是关于担保合同效力从属性的规定，包括两层含义：一是有关担保独立性的约定无效；二是有关担保独立性的约定无效，不影响担保合同的效力，人民法院仍应根据主合同是否有效来认定担保合同的效力。第2款则强调因金融机构开立的独立保函发生的纠纷，适用《独立保函规定》。

【争议观点】

当事人能否在担保合同中约定担保人对主合同无效的后果承担担保责任？一种观点认为，此种约定不损害社会公共利益，应当允许当事人作出此种约定。另一种观点认为，从《民法典》第388条以及第682条的规定看，只有法律的例外规定才能排除担保的从属性，这意味着当事人不能通过约定排除担保从属性。

【理解与适用】

一、担保的从属性

从比较法上看，从属性并非担保的固有属性，而是立法者基于优先保护担保人这一政策考量所作的逻辑安排。从《民法典》的规定看，除第388条以及第682条明文规定担保合同效力的从属性外，还用多个条文规定了其他方面的从属性。

一是关于发生上的从属性。既然担保以保障债权的实现为目的，则原则上担保设立时主债权须已存在并且特定为前提。只有在最高额担保中，发生上的从属性才被放宽到实现担保时主债权特定即可。但不论如何，担保须以主债权能够特定且存在为前提，如果主债权不存在，如网络平台要求入驻商户交纳的“诚信保证金”，因其并非为担保某一特定债务而设立，就不是通常所谓的担保，根据《民法典担保制度解释》第70条第3款之规定，就不能适用该条前两款规定的保证金制度。

二是关于变更上的从属性。《民法典》第695条第1款是关于债权人和债务人未经保证人书面同意擅自协商变更主债权债务合同内容的处理规定，其基本规则是：主合同变更，加重担保责任，如提高利率标准、延长担保期限的，担保人对加重部分不承担担保责任；减轻担保责任的，担保人对减轻后的债务承担担保责任。鉴于担保物权部分并无对应的规定，《民法典担保制度解释》第20条规定，《民法典》第695条第1款同样适用于物上保证人。

三是关于处分上的从属性。对担保来说，债务人的信用至关重要，至于债权人是谁则一般不影响担保责任的承担，故债权转让原则上不影响担保合同的效力（《民法典》第407条、第696条），但债务转移除非经担保人同意，否则对担保人不产生效力（《民法典》第697条、《民法典担保制度解释》第20条）。

四是关于消灭上的从属性。主债权因清偿、提存、免除、混同、抵销等原因消灭时，抵押权原则上也跟之消灭。《民法典》第566条第3款规定："主合同解除后，担保人对债务人应当承担的民事责任仍应当承担担保责任，但是担保合同另有约定的除外。"可见，主合同被解除时，抵押权仍然继续存在。因为合同解除制度往往是非违约方针对违约方的违约行为所采取的一种救济手段，非违约方在解除合同的同时，还可以主张相应的违约金、损害赔偿等违约责任。此种违约责任性质上属于债权，是由原合同约定的债务转化而来的，二者具有同一性。因而，担保原债权关系的抵押权，同样要担保转化后的违约责任。

需要说明的是，担保的从属性并非必定如此，其本身是优先保护担保人这一政策判断的产物。如在国际贸易中普遍适用的独立保函，本身就不具有从属性。德国法上的土地债务根本没有从属性，是具有独立性的物的担保；流通抵押权虽有从属性，但为了保护因信赖债权存在而受让的人时，从属性会被击破。《民法典》较之于《担保法》，在价值判断上的最大变化就是改变了原来优先保护债权人利益的理念，改采优先保护担保人利益的理念。在《民法典》框架下，担保的从属性进一步被强化，因而不能用老观点、老尺度来衡量新制度。《民法典担保制度解释》在《民法典》的基础上，进一步强化了担保的从属性，包括：一是从问题意识出发，本条进一步强调担保合同效力上的从属性；二是第3条明确规定范围及强度上的从属性，丰富了从属性的内容。

二、担保合同效力的从属性

《民法典》第388条以及第682条均规定，担保合同、保证合同是主合同的从合同，主合同无效的，担保合同、保证合同无效，但是法律另有规定的除外。从前述规定看，只有法律的例外规定才能排除担保的从属性，这意味着当事人不能通过约定排除担保从属性，否则，该排除从属性的约定就是无效的。从司法实践看，排除从属性的约定主要有两种形式：一是约定担保合同的效力独立于主合同，其不因主合同无效而无效。换言之，即便主合同无效，担保人也应承担相当于担保合同有效的责任。二是即便约定担保合同无效，担保人也应对合同无效的后果如不当得利之债、损害赔偿之债提供担保。

在《民法典担保制度解释》起草过程中，对当事人能否在担保合同中约定担保人对主合同无效的后果承担担保责任，存在较大争议。肯定说认为，此种约定并不违反社会公共利益，应交由当事人通过意思自治来解决；况且主合同被宣告无效后，仍然可能产生不当得利之债或者损害赔偿之债，该法定之债可以作为被担保的债权存在。我们不赞同前述观点，因为从《民法典》第388条以及第682条的规定看，只有法律的例外规定才能排除担保的从属性，这意味着当事人不能通过约定排除担保从属性。《民法典》之所以作此种规定，就是基于优先保护担保人利益的价值考量，认定此种约定优先不利于保护担保人利益。另一方面，当事人在担保合同中预先约定担保人对主合同无效的后果承担担保责任，该条款本质上属于结算和清理条款。《民法典》第567条规定，合同权利义务关系终止不影响合同中有关争议解决方法的条款的效力，并未规定合同无效是否影响此种条款的效力。而《民法典》第507条规定的不受合同不生效、无效、被撤销或者终止影响的条款，仅指争议解决条款，不包括结算和清理条款。反面解释就是，结算和清理条款因合同的无效而无效。应予强调的是，当事人不能在担保合同中预先约定担保人对主合同无效的后果承担担保责任，指的是同一个担保，既担保有效的主合同债务，又担保主合同无效时债务人所应承担的法律后果。如果当事人针对主合同无效，另行设定一个新的有别于主合同有效时的担保，此种约定则是有效的。反之，当事人在担保合同订立后，又以原担保为主合同无效的后果设立担保，此时根据《民法典担保制度解释》第2条的规定，该约定同样是无效的。

应予注意的是，排除担保从属性的约定无效，仅是该约定条款的部分无效，不影响整个担保合同的效力。人民法院在认定担保合同的效力时，要结合主合同的效力来认定：主合同有效的，担保合同中有关排除担保从属性的条款无效不影响担保合同的效力。这里所谓的“不影响”，是指不能仅以该条款无效为由认定担保合同无效，但如果担保合同存在其他无效事由，当然应当以该事由认定担保合同无效。反之，如果主合同无效的，则根据“从随主”规则，担保合同随之无效。该条所谓的主合同无效应当作广义理解，即结果意义上的合同无效，不仅包括合同因违法或者背俗而无效，还包括因被撤销而无效、效力待定合同因未被追认而无效、未生效合同因未获批准而确定不生效，等等。

三、独立保函

（一）独立保函的性质与识别

所谓独立保函，是指开立人以书面形式向受益人出具的，同意在受益人请求付款并提交符合保函要求的单据时，向其支付特定款项或在保函最高金额内付款的承诺。独立保函具有如下特点：一是具有独立性。所谓独立性，指的是独立保函不依赖于基础合同等任何其他法律关系或事实。独立性主要是相对于基础合同而言的，即独立保函的效力、变动、管辖、准据法等均不受基础合同的约束。独立性还包括保函管辖独立于申请人和保证人之间的关系，以及独立于保证人与受益人之间的其他关系。独立性在效力上主要表现为抗辩权的切断，即保函当事人不能基于基础交易、保函申请关系以及其他法律关系提出拒绝付款的抗辩。当然，独立性也不是绝对的，在受益人欺诈或滥用权利时，为平衡各方当事人的利益，例外地允许保证人援引基础合同关系提出抗辩，此即独立性的例外。二是具有单据性。单据性是独立性的必然要求。既然独立保函独立于基础合同，则保证人在面对付款要求时，就无须审查基础合同，而仅须审查相关单据即可。独立保函要求提供的单据一般只是由受益人出具的关于申请人违约的声明，该文件往往是由受益人自己提供的，仅须“单证相符”即可。

鉴于独立保函的本质属性体现为独立性以及与其密切相连的单据性，因此，在识别某一保函是否为独立保函时，也要从这两个方面着眼：一是看保函是否有表征“独立性”的语句。载有“见索即付”“无条件与/或不可撤销”“本保函独立于基础交易”等语句的保函，大多属于独立保函。二是看是否约定了单据化的付款条件。如果保函约定只要受益人出具简单索赔请求书、违约声明，或者第三方（如鉴定人或工程师）出具的书面文件，或者仲裁庭、法院所作的裁决等单据或文件，担保人就要付款的，此种保函往往是独立保函。鉴于独立保函是相对于从属性保证来说的，在二者的关系问题上，应坚持以从属性保证为原则、独立保函为例外的适用原则。因此，如约定不明或约定有矛盾的，应认为是从属性保证。

（二）独立保函的法律依据

就担保合同效力的从属性而言，经历了一个从约定除外到法定除外的发展过程。《担保法》第5条第1款规定：“担保合同是主合同的从合同，主合同无效，担保合同无效。担保合同另有约定的，按照约定。”此处所谓的“担保合同另有约定”，既包括排除从属性的约定，也包括独立保函。《独立保函规定》的主要法律依据就是《担保法》第5条。

但根据《民法典》第388条以及《民法典》第682条之规定，主债权债务合同无效的，担保合同无效，除非法律另有规定，这就排除了当事人通过约定设立独立保函的可能。而我国当前并无关于独立保函的立法，只有《独立保函规定》。在《民法典》背景下，该《独立保函规定》应否予以清理？独立保函的合法性依据又是什么？一种观点认为，独立保函性质上属于信用证，不受《民法典》的规制，因而《独立保函规定》继续有效。我们认为，此种观点不符合实际，因为不论是《最高人民法院关于审理信用证纠纷案件若干问题的规定》还是《独立保函规定》，其主要的法律依据就是《担保法》第5条。《民法典》施行后，这两个司法解释都作了相应的修改，将其法律依据从《担保法》改为《民法典》，表明其不能脱离《民法典》规定的担保制度而独立存在。在《民法典》框架下，独立保函就属于从属性的例外情形。在当前并无专门立法的情况下，不妨将《独立保函规定》理解为《民法典》规定的广义的“法律”，从而使其具有了正当性。《民法典担保制度解释》之所以要在本条中规定因金融机构开立的独立保函发生的纠纷适用《独立保函规定》，一方面，是为了强调《民法典担保制度解释》仅适用于从属性担保，而不适用于独立保函；另一方面，也是更重要的考虑，是为了打消社会各界对《民法典》背景下独立保函是否仍具合法性的疑虑，重申既有司法政策的延续性。

（三）独立保函的适用范围

尽管国内商事交易中广泛存在各种形式的独立保函类型，如投标保函、履约保函、预付款保函、预留金保函、质量保函、关税保函、付款保函、增信保函、再保险保函、分包合同保函等，但在很长的一段时期内，商事审判的主流观点是，独立保函主要适用于国际贸易领域，而不适用于国内商事交易。如在最高人民法院（1998）经终字第184号湖南机械进出口公司、海南国际租赁公司与宁波东方投资公司代理进口合同纠纷案中，最高人民法院认为：“担保合同中虽然有本担保函不因委托人的原因导致代理进口协议书无效而失去担保责任的约定，但在国内民事活动中不应采取此种独立保函方式，因此该约定无效。”在其后的“湖南洞庭水殖股份有限公司诉中国光大银行长沙华顺支行、湖南嘉瑞新材料集团股份有限公司、长沙新振升集团有限公司借款担保合同纠纷案”中，最高人民法院再次确认前述立场，指出：“本院的审判实务已明确表明：考虑到独立担保责任的异常严厉性，以及使用该制度可能产生欺诈和滥用权利的弊端，尤其是为了避免严重影响或者动摇我国担保法律制度体系的基础，独立担保只能在国际商事交易中使用，不能在国内市场交易中运用。”

在《独立保函规定》制定过程中，考虑到国内商事交易中银行等金融机构大量使用独立保函的事实，如果不对其合法性进行确认，不仅使商事交易面临巨大法律风险，也不符合客观实际。为此，《民法典担保制度解释》采取折中的做法，一方面，将独立保函的开立主体严格限定在银行和非银行金融机构，除此之外任何主体开立的独立保函都不具有合法性；另一方面，又明确规定当事人在国内交易中使用独立保函，一方当事人以独立保函不具有涉外因素为由主张独立保函无效的，人民法院不予支持。这一规定部分改变了此前商事审判坚持的国内商事交易不适用独立保函的做法，要特别予以注意。

（四）金融机构的范围

《独立保函规定》将独立保函的开立主体严格限定在银行和非银行金融机构。但如何界定银行和非银行金融机构的范围，在我国对金融业实行分业监管原则下，银保监会认定的金融机构与央行编制的《金融机构编码规范》在范围上本来就不尽一致。加之随着《最高人民法院关于新民间借贷司法解释适用范围的批复》（法释〔2020〕27号，以下简称“27号批复”）将七类此前一般认为不属于金融机构的地方金融组织认定为金融机构，不适用《民间借贷规定》的规定，更是在业界形成了巨大争论。与《民法典担保制度解释》相关的是，哪些金融机构开具的独立保函属于《独立保函规定》规定的独立保函？被认定为金融机构的七类地方金融组织开立的保函是属于《独立保函规定》的调整范围，还是由《民法典担保制度解释》来调整？在分析之前，有必要厘清“金融机构”的一般含义。

如前所述，我国对金融业实行分业监管原则，由银保监会对银行、保险以及其他非银行金融机构进行监管，由证监会对证券业金融机构进行监管。尽管银保监会认定的金融机构与央行编制的《金融机构编码规范》在范围上不尽一致，但二者总体上是一致的，即都认为金融机构包括以下机构：

一是受银保监会监管的银行业金融机构。主要包括政策性银行、开发性银行、住房储蓄银行、商业银行、农村金融机构五大类。据银保监会统计，截至2019年年底，政策性银行仅中国进出口银行、中国农业发展银行2家，开发性银行仅国家开发银行1家，住房储蓄银行仅中德住房储蓄银行1家，这三类银行加在一起才4家。而商业银行是银行业金融机构的主体，包括六小类共1689家，分别是：6家国有大型商业银行（工、农、中、建、交以及中国邮政储蓄银行）、12家股份制商业银行、134家城市商业银行、1478家农村商业银行、

18家民营银行以及41家外资法人银行。农村金融机构包括四小类共2424家，分别是：1630家村镇银行、44家农村资金互助社、722家农村信用社、28家农村合作银行。五大类银行业金融机构加在一起共计4117家，而受银保监会监管的全部银行业金融机构才4607家，约占全部银行业金融机构的90%。可见，银行是银行业金融机构的主体，其中涉及农业的银行业金融机构在数量上又占据绝对优势。

二是受银保监会监管的其他银行业金融机构。指的是受银保监会监管的除银行之外的其他银行业金融机构，根据前述统计，共计十大类490家，分别是：68家信托公司、4家金融资产管理公司、258家企业集团财务公司、70家金融租赁公司、25家汽车金融公司、5家货币经纪公司、24家消费金融公司、13家贷款公司以及23家其他金融机构。

三是受银保监会监管的保险类机构，具体又包括财产险公司、人身险公司、养老险公司、再保险公司、保险资产管理公司、保险集团和保险控股公司。

四是受证监会监管的证券期货类机构，包括证券、基金、期货三类，如证券交易所、证券公司，基金管理公司，期货交易所、期货公司。

我们认为，前述金融机构开立的符合《独立保函规定》要求的独立保函，都适用《独立保函规定》，而不适用《民法典担保制度解释》的规定。

【实务问题】

一、地方金融组织能否开立保函

地方金融组织指的是由地方金融监管部门监管的金融组织，又被称为类金融机构，往往由地方政府审批或者管理，由央行、银保监会等金融监管部门制定规则，仅在一定区域范围内活动的组织。“27号批复”第1条规定：“……由地方金融监管部门监管的小额贷款公司、融资担保公司、区域性股权市场、典当行、融资租赁公司、商业保理公司、地方资产管理公司等七类地方金融组织，属于经金融监管部门批准设立的金融机构，其因从事相关金融业务引发的纠纷，不适用新民间借贷规定。”问题是，该批复施行后，是否意味着这七类组织因其属于金融机构，故其开具的独立保函能够适用《独立保函规定》的规定？对此，存在不同观点。我们认为，“27号批复”主要解决的是这七类地方金融组织在从事金融业务时，其利息计算不受《民间借贷规定》确定的“一年期LPR利率上限的4倍”这一限制，而非一般性地认定此类组织属于金融机构。另一方面，至少在《独立保函规定》制定时，其所谓的金融机构是不包括此类地方金融组织的。再考虑到“金融机构”概念本身存在较大分歧，且一旦认定将会牵一发而动全身，从维护司法政策的延续性、稳定性出发，不宜将“27号批复”轻易地适用于《独立保函规定》以及其他司法解释。

二、非金融机构开立的独立保函的效力

银行和非银行金融机构之外的其他主体出具的独立保函，因其不符合独立保函的法定要求，不具有独立保函的效力。但根据“无效法律行为的转换”原理，在否定其独立担保效力的同时，应当将其认定为是从属性担保，并根据主合同的效力来认定其效力。如果主合同有效的，该从属性担保也有效；主合同无效的，该所谓的独立担保也随之无效。

在根据“无效法律行为的转换”原理将无效的独立保函认定为从属性担保时，有观点认为，当事人约定独立保函的行为本身表明其具有承担连带责任的意思表示，因而将此种无效的独立保函解释为连带责任保证。我们认为，在独立保函无效的情况下，只要将其解释为从属性保证就可以了。至于是一般保证还是连带责任保证，先要根据《民法典担保制度解释》第25条的规定来进行解释；难以解释的，再根据《民法典》第686条的规定推定其为一般保证。

【案例】

中国交通建设股份有限公司与西霞口集团有限公司保证合同纠纷案【北京市高级人民法院（2017）京民终542号】

虽然西霞口集团公司在《担保函》中明确其提供的是“独立性担保”，但西霞口集团公司并不属于《独立保函规定》第1条规定的可以开立独立保函的“银行或非银行金融机构”的主体范围。故一审判决作出的不应按照“见索即付”的独立保函要求担保人径行赔付的认定正确，本院予以确认。

……

西霞口集团公司向中国交通建设公司出具的《担保函》是其真实意思表示，其在函中“愿意就中国交通建设公司与西霞口船业公司的执行协议一事做担保人，提供独立性担保，并承担一切连带保证责任”的表述清楚、合法有效。依照《担保法》第6条“本法所称保证，是指保证人和债权人约定，当债务人不履行债务时，保证人按照约定履行债务或者承担责任的行为”的规定，在银行保函受益人德国船东向中国交通建设公司提出索赔，且中国交通建设公司亦已向德国船东实际退还预付款及支付利息后，中国交通建设公司有权依照《担保函》的约定，要求保证人西霞口集团公司承担连带保证责任。

第三条 当事人对担保责任的承担约定专门的违约责任，或者约定的担保责任范围超出债务人应当承担的责任范围，担保人主张仅在债务人应当承担的责任范围内承担责任的，人民法院应予支持。

担保人承担的责任超出债务人应当承担的责任范围，担保人向债务人追偿，债务人主张仅在其应当承担的责任范围内承担责任的，人民法院应予支持；担保人请求债权人返还超出部分的，人民法院依法予以支持。

【条文主旨】

本条是关于担保范围从属性的规定。

【条文概览】

关于担保范围的从属性，包括两个层次的内容：

一是担保人承担的担保责任范围不得超过债务人所应承担的责任范围。如果约定的担保责任范围大于债务人所应承担的责任范围，或者针对担保责任约定专门的违约责任，那么担保人承担责任后，超出部分将无法向债务人追偿，有违担保的从属性。因而本条第 1 款规定，担保人主张仅在债务人应当承担的责任范围内承担责任的，人民法院应予支持。

二是担保人实际承担的担保责任超出债务人应当承担的责任范围的，可以基于不当得利请求债权人返还超出部分，但原则上不能向债务人追偿，否则债务人将承担超出其应承担的责任范围。

【争议观点】

当事人能否对担保责任的承担约定专门的违约责任？一种观点认为，基于意思自治原则，应当允许当事人作出此种约定。另一种观点认为，如果允许当事人作此种约定，那么担保人承担责任后，超出部分将无法向债务人追偿，有违担保的从属性。

【理解与适用】

一、担保范围从属性的内涵

担保责任是担保人在一定条件下替债务人履行债务或者承担责任，故担保责任的范围原则上就是债务人在主债权关系中的责任范围，除非当事人另有约定。从《民法典》第389条、第691条的规定看，法定的担保责任范围既包括狭义的主债权（在金钱之债中往往指本金债权），也包括利息、违约金等全部附属债权。当事人在法定的担保责任范围内另行约定一个等于或者小于法定担保责任的责任，其合法性是没有异议的。问题是，当约定的担保责任大于法定的担保责任时，该约定是否仍属合法有效？对此存在不同观点。第一种观点认为，《民法典》第389条、第691条有关担保责任范围的规定属于任意性规定，且担保人如果自愿承担超出主债权范围的责任，既不违反法律、行政法规的禁止性规定，也不违背公序良俗，没必要否定其效力。但鉴于担保人可以援引债务人的抗辩，对于超出主债权范围的部分，担保人可以主张不承担责任。第二种观点认为，该条款有效，但如果约定的担保责任过高的话，可以适用违约金酌减的规则。第三种观点认为，担保责任的范围不得超过主债权的范围，是担保从属性的必然要求，也是公序良俗的重要内容，约定的担保责任超过债务人应当承担的责任范围的，超过部分无效。

以上各说都有一定道理，也都有一定缺陷。第一种观点面临的问题是，除非存在意思表示瑕疵等情形，否则担保人在明确约定了超过主债权范围的担保责任的情况下，事后又援引债务人的抗辩，主张在债务人应当承担责任的范围内承担责任，似有违反“禁反言”原则的嫌疑。此外，此种观点一方面认定有关超出法定担保责任范围的约定有效，另一方面又认为一旦担保人提出主张，又不具有可执行性，本质上是将超出部分的债务解释为自然债务，法理依据似不充分。

第二种观点用违约金酌减制度来解释担保范围的从属性。考察担保范围的从属性，是将担保责任与主债务相比是否过高，而违约金是否过高则是相对于损失来说，二者不能等同视之。在当事人针对担保责任的承担约定专门违约责任的情况下，根据担保从属性理论，则专门针对担保责任的承担约定的违约责任无效；而如果采违约金酌减的解释路径，实践中往往以年利率24%甚至30%作为违约金是否过高的标准，担保人除了要替债务人承担责任外，还要自己承担部分责任，结果往往对担保人不利。同时，在某些场合，如担保责任的履行期限较主债务的履行期限更长等场合，采违约金酌减制度，则难以实现将担保责任的履行期限缩减至主债务的履行期限的目的。

根据第三种观点，人民法院应当依职权认定超出部分无效，但担保人对无效部分的返还请求权属于其依法可以自由处分的事项，在其未提出主张的情况下，人民法院自无强行判令债权人返还的必要。如此一来，在担保人未提出主张的情况下，将使人民法院面临两难困境：如果不支持债权人的诉讼请求，既与担保人所享有的处分权不符，也与人民法院居中裁判的理念不符；支持债权人的诉讼请求，一方面与超出部分无效不符，另一方面也存在着逻辑上的障碍，因为担保人未提出主张不一定就意味着放弃了返还超出部分的请求权，而可能仅仅是因为不知法。且在担保人未到庭参加诉讼的情况下，更是不能作此种拟制。如果再考虑到一审没有提出而二审提出、法院应否释明等问题，该理论在实务操作中将面临更大的困境。

考虑到前述各种理论均存在着这样或那样的不足，《民法典担保制度解释》在写法上回避了超出部分的效力问题，仅是笼统地写“担保人主张仅在债务人应当承担的责任范围内承担责任的，人民法院应予支持”。从该表述看，一是必须要担保人提出主张，担保人未提出主张的，人民法院不得依职权认定超出部分无效；二是担保人承担的责任范围以债务人所应承担的范围为限，不能超出债务人所应承担的范围。从解释论的角度看，似乎更近于第一种观点。

最后，要注意担保从属性的体系效应，关键是要准确认定担保责任的性质。如果认为担保责任的本质是担保人替债务人承担责任，则不能针对担保合同约定独立的违约责任。在同一债务上有数个担保场合，某一担保人承担担保责任后，会产生如下法律效果：一是导致主债务及担保责任同归于消灭，并使担保人依法享有对主债务人的追偿权，该追偿权重新开始计算诉讼时效；二是同时还导致该债务上的其他担保也归于消灭，且担保人之间原则上没有追偿权，除非其内部有能够相互追偿的约定。反之，如果认为担保责任是担保人替自己的行为承担责任，则当然允许针对担保合同约定独立的违约责任。在同一债务上有数个担保场合，某一担保人承担担保责任后，也仅导致自身的担保责任消灭，对主债务以及其他担保人无影响，因而：其一，该承担了担保责任的担保人可以代替债权人的地位向债务人的追偿，诉讼时效继续计算；其二，该担保人同时也可以基于代位权向其他担保人追偿。除本条外，《民法典担保制度解释》的很多条文，如第13条、第14条、第18条、第22条乃至第46条等条文均是根据《民法典》关于担保范围的从属性规定作出的解释。只有掌握了担保责任属于替代责任这一关键，才能准确理解相关条文的含义。

二、违反担保从属性的两种情形

从司法实践看，担保人所应承担的责任超出债务人的责任范围的，主要包括以下两种情形：一是针对担保责任的承担约定专门的违约责任条款，二是约定的担保责任范围大于债务人所应承担的责任范围。

（一）约定专门的违约责任条款的效力

司法实践中，在担保合同中针对担保责任的承担约定专门的违约责任条款并不鲜见，如约定担保人不履行担保责任的，要承担日利率万分之五的违约责任。在此类交易中，主合同往往还会约定，债务人违约，要承担日利率万分之五的违约责任，担保人为债务人的债务提供连带担保。此时，一旦债务人违约而担保人也未履行担保责任，则担保人除了要承担债务人的日利率万分之五的违约责任外，还要自行承担日利率万分之五的责任，其结果是债务人只需承担日利率万分之五的责任，而担保人反而要承担日利率万分之十的责任，其责任范围超过了债务人的部分，对于超出的部分，只能由担保人自行承担，其无法向债务人追偿，从而违反了担保的从属性。因此，担保人可以通过主张专门约定的违约责任无效，主张仅在债务人应当承担的责任范围内承担责任。

问题是，在同一债务上有两个以上担保人，且担保人均约定担保份额时，如甲对乙享有100万元的债权，丙、丁提供担保，但约定各自仅承担50万元的担保责任。此时，如果就丙、丁履行担保责任分别约定相应的违约责任，则此种约定是否有效？一种观点认为，只要专门针对担保责任的履行约定的违约责任与约定的担保责任（50万元）的总和不超过债务人的责任范围（100万元），此种约定就是有效的。另一种观点则认为，既然担保人明确约定仅在50万元范围内承担责任，则超出该范围的约定就是无效的。我们认为，从本条的文义看，似乎倾向于第一种观点。但本条的实质是，担保人可以援引主债务人的抗辩，从而使其担保责任缩减至与债务人相同的范围内。在担保人明确约定了承担按份担保责任的情况下，担保人代替债务人承担的责任范围就是50万元而非100万元，超出50万元的部分其同样不能向债务人追偿，从而违反担保的从属性。就此而言，应当对本条进行目的性限缩，将其适用于担保人承担全部责任而非按份责任的情形。

（二）约定的担保责任范围大于主债务人所应当承担的责任范围

根据《民法典》关于担保从属性的规定，该约定无效。实践中还有一种情形是，约定担保责任的保证期间早于主债务履行期届满。一般而言，保证期间自主债务履行期届满时起计算。当事人约定的保证期间早于主债务履行期，亦即主债务履行期尚未届至，保证期间即已经过，此时，主债务人尚无义务履行债务，作为从属的保证债务自无发生的可能。在此情况下，保证期间的约定没有意义，视为此当事人未约定保证期间，直接适用法定保证期间，即自主债务履行期届满之日起六个月。

三、担保人超额承担担保责任的救济

担保人承担担保责任后，有权向债务人追偿。实践中，债务人不履行到期债务，债权人往往会请求担保人承担担保责任。在担保人是担保公司的情况下，基于维护自身信誉等考虑，其往往会根据债权人的要求承担责任，等到再向债务人追偿时，可能会发现承担了其本不应承担的部分。此时，对于担保人多承担的部分，如果允许其向债务人追偿，则债务人将承担超出其应当承担的部分。另一方面，如果允许其向债务人追偿，则债务人在承担责任后还要请求债权人返还超出部分，不符合效率原则。就鉴于此，本条第 2 款规定：一是对于超出部分，不能向债务人追偿；二是担保人可以依据不当得利规则请求债权人返还超出部分。

【案例】

巴彦淖尔金天阳纺织科技有限公司与包商银行股份有限公司巴彦淖尔分行、内蒙古双河羊绒集团有限公司等金融借款合同纠纷案【内蒙古自治区高级人民法院（2019）内民终 313 号】

关于包商银行巴市分行要求双河羊绒公司、海天房地产公司、杨某光、温某梅、杨某亮、代某英分别支付保证担保违约金 230 万元的

问题。对此，后者抗辩主张不应该承担包商银行巴市分行请求的违约金。双河羊绒公司和杨某亮、代某英及杨某光、温某梅分别与包商银行巴市分行签订的《最高额保证合同》中，均约定担保方式为连带责任保证，担保范围包括主合同项下借款本金、利息、复利及罚息、违约金、损害赔偿金和实现债权的费用，在违约责任中也均约定保证人不履行或不完全履行合同约定义务的，应向债权人支付主合同项下本金的10%违约金，并赔偿由此给债权人造成的全部损失。如前所述，借款人金天阳公司未按《流动资金借款合同》约定如期偿还包商银行巴市分行借款本金及利息，已构成违约，金天阳公司应按合同约定承担罚息、复利及违约金，双河羊绒公司、海天房地产公司、杨某光、温某梅、杨某亮、代某英作为抵押人或保证人，应当在其抵押、担保范围内对案涉借款承担保证责任，且《最高额抵押合同》《最高额保证合同》为从合同，其约定的抵押人、保证人承担的责任不应超过主债务人，因此，对于包商银行巴市分行要求双河羊绒公司、海天房地产公司作为抵押人分别承担230万元违约金及双河羊绒公司、杨某光、温某梅、杨某亮、代某英作为保证人各承担230万元违约金的诉讼请求，法院不予支持。

第四条　有下列情形之一，当事人将担保物权登记在他人名下，债务人不履行到期债务或者发生当事人约定的实现担保物权的情形，债权人或者其受托人主张就该财产优先受偿的，人民法院依法予以支持：

（一）为债券持有人提供的担保物权登记在债券受托管理人名下；

（二）为委托贷款人提供的担保物权登记在受托人名下；

（三）担保人知道债权人与他人之间存在委托关系的其他情形。

【条文主旨】

本条是关于因债权人与他人之间存在委托关系，导致登记的担保物权人与实际的担保物权人不一致时，如何确定担保物权的归属并由谁来行使权利的规定。

【条文概览】

本条适用于以登记作为公示方法的担保物权，因债权人与他人之间存在委托关系，导致登记的担保物权人与实际的担保物权人不一致的情形。本条列举了两种最为典型、常见的适用情形，然后用兜底条款进行概括，目的在于避免为流通式甚至证券化抵押权的广泛运用开启方便之门。在权利归属问题上，本条根据当事人间的实际权利义务关系，确定债权人而非登记的名义权利人为真正的担保物权人，并规定原则上只能由债权人来行使权利。但考虑到实践中可能存在众多债权人从而难以由个别债权人一一行使权利的情形，本条例外规定受托人也可以行使担保物权，但其是否行使以及行使的后果应当归于授权其行使的全体债权人。

【争议观点】

登记的担保物权人与实际的担保物权人不一致时，谁是真正的担保物权人？一种观点认为，登记的担保物权人是担保物权人，因为在登记生效主义中，登记是物权的设立要件，只有登记簿记载的权利人才是实际权利人。况且登记的权利人与实际权利人不一致往往因委托关系所致，而委托关系属于债的关系，委托人只能请求显名，不能请求确权。另一种观点则认为，应当根据当事人间实际权利义务关系，确定委托人为实际权利人。因为委托关系并非物权变动的原因，委托人与受托人之间是权利归属问题，而非物权变动问题。

【理解与适用】

一、能够适用本条的担保物权类型

本条仅适用于以登记作为公示方法的担保物权，因而自然不能适用于动产质权、留置权等以交付作为公示方法的担保物权。以登记作为公示方法的担保物权包括：

一是将登记作为设立要件的担保物权，包括不动产抵押权和权利质权。从实践情况看，本条适用于不动产抵押权自无疑问，事实上不动产抵押权也是本条适用的主要情形。权利质权的情形较为复杂，具体又分为三种情形：一是仅以登记作为公示方法的权利质权，如以应收账款、基金份额、股权、知识产权等权利质押；二是仅以交付作为公示方法的权利质押，如票据（包括汇票、本票、支票）质押；三是既可以交付作为公示方法，也可以登记作为公示方法的权利质押，如以债券、存款单、仓单、提单等质押。本条同样适用于以登记作为公示方法的权利质押，而不适用于以交付作为公示方法的权利质押。

二是登记仅作为对抗要件的担保物权，如动产抵押权也适用于本条。值得探讨的是，本条能否适用于以登记作为对抗要件的非典型担保，如所有权保留、融资租赁、保理、让与担保。从理论上说，既然非典型担保可以进行登记，似乎也有适用的余地。但从实践情况看，非典型担保往往依托于真实的交易关系，出现名实不一的情形并不多见。

二、本条的适用情形

本条采取“列举＋概括”式，明确列举了两种典型情形，并以兜底条款进行概括：

一是为债券持有人提供的担保物权登记在债券受托管理人名下。基于公司债券持有人具有分散性、群体性、不易保护自身权利的特点，在债券发行过程中，通常由受托管理人代表所有的债券持有人与担保人签订担保合同，并将担保物权登记在受托管理人名下。

二是为委托贷款人提供的担保物权登记在受托人名下。委托借贷合同由委托人（实际出资方）、受托人（主要是银行）以及借款人（用资方）三方当事人签署，其中委托人将资金交给受托人，由受托人以自己的名义发放给借款人，借款人或者第三人提供担保物，担保物权登记在受托人名下。委托借贷合同本质上是合同的联立，委托人与受托人之间系委托关系，受托人与借款人之间系隐名代理关系，只不过与一般隐名代理相对人不知道被代理人不同，在委托借贷关系中，借款人是知道委托人的。

三是担保人知道债权人与他人之间存在委托关系的其他情形。关于如何概括兜底条款，在《民法典担保制度解释》起草过程中，争议还是比较大的。主要的担心是，一旦放得过宽，将会使名义抵押权人与实际抵押权人的分离成为常态，不仅损害登记制度的公信力，而且还可能为流通式甚至证券化抵押权的广泛运用开启方便之门，从而背离担保物权的从属性。考虑到实践中之所以出现名实不一的情形，往往是名义权利人与实际权利人之间存在委托关系，且第三人对此知情的情形，故兜底条款将其限定在担保人知道债权人与他人之间存在委托关系的其他情形。在此双重限定下，一般不存在滥用权利或者走向流通性甚至证券化抵押权的可能，也化解了学界的担忧。

此外，从实践情况看，还需要注意以下情形：

一是银团贷款、组合贷款中，将担保物权登记在受托行名下。银团贷款，指的是多家银行作为一个整体向某一家企业放贷，为方便起见，将担保物权登记在某一家银行名下。组合贷款，最常见的形态是按揭贷款中，买受人在公积金贷款不足以支付房款的情况下，又向商业银行申请贷款，在公积金中心和商业银行存在合作关系的情况下，将担保物权登记在商业银行名下的情形。银团贷款和组合贷款本质上是相同的，即对外是一个整体、对内又按照各自的份额享有权利。与前述情形名义权利人与实际权利人构成委托关系不同，在银团贷款和组合贷款中，名义权利人与实际权利人往往构成合作关系；另一方面，名义权利人与实际权利人之间是按份额享有权利，而非完全替他人代持，这也是《民法典担保制度解释》未将此种情形列明的原因。但我们认为，在登记问题上，此种情形同样存在委托关系，且担保人往往也是明知名义权利人是替银团或者其他机构代持的，因而也可以适用本条规定。

二是信托贷款中，将担保物权登记在信托公司名下。信托公司用募集的资金设立一个信托计划，将钱借给借款人，借款人将其提供的担保物权登记在该信托公司名下。此种情形基本类似于委托贷款，只不过采取了信托的方式，故也可以适用本条规定。

三是网络借贷中，将担保物权登记在平台公司名下。在网络借贷中，出借人、借款人均具有分散性、群体性等特点。尤其是随着现代网络技术的充分运用，一对多（一笔款项借给多个借款人）、多对一（多笔款项借给同一个借款人）乃至多对多（多笔款项借给多个借款人）成为常态，传统民间借贷中出借人与借款人的一一对应关系被打破，出借人很难知道自己的钱借给了谁，同样，借款人也很难知道自己是向谁借的钱，因而其提供的担保只能登记在平台公司名下，由平台公司代替出借人持有。网络借贷的特点决定了本来应当充当借款信息中介的平台公司的地位和作用日渐突出，结果是往往使其成为资金池，并从事非法放贷或借贷活动，因此导致多数平台公司被清理。考虑到多数的平台公司已经因为违法行为被清理乃至取缔，而此种清理往往是通过行政手段实现的，导致实践中曾经广泛存在的此种情形如今不太可能在司法实践中出现。尤其在此种情形中，借款人尽管知道平台公司不是真正的债权人，而是替他人代持，但其不知道真正的债权人是谁，这与其他情形有所区别，故《民法典担保制度解释》最终未规定此种情形。

三、如何确定担保物权的归属

为论证的简便起见，此处主要针对委托贷款中，将抵押权登记在受托人名下这一情形来论述担保物权的归属。在登记的抵押权与真正债权人相分离时，抵押权究竟属于登记的权利人还是真正的债权人？有一种观点认为，前述情形中，登记的抵押权人与真正债权人之间往往存在委托关系，此种关系性质上属于债的关系。因而，当抵押权登记在受托人名下时，委托人只能请求受托人办理转移登记，而不能直接请求确认其享有抵押权。我们认为，前述观点并不妥当，应当根据当事人之间的实际权利义务关系确定抵押权的归属，认定委托人为实际抵押权人，主要理由为：

一是借款人不能以抵押权人是受托银行为由对抗委托人。在委托贷款合同中，借款人在订立合同时明知委托企业与受托银行之间属于代理关系，根据《民法典》第925条有关“受托人以自己的名义，在委托人的授权范围内与第三人订立的合同，第三人在订立合同时知道受托人与委托人之间的代理关系的，该合同直接约束委托人和第三人”之规定，该合同直接约束委托人与借款人，借款人不能以委托人并非登记的抵押权人进行抗辩。

二是受托人不能以其是登记的抵押权人为由对抗委托人。就委托人与受托人的关系来说，根据《民法典》第927条有关“受托人处理委托事务取得的财产，应当转交给委托人”之规定，受托人因委托合同所取得的财产包括抵押权转交委托人所有，受托人不能以其是登记的抵押权人为由来对抗委托人。

三是委托合同不是导致物权变动的合同，故不适用物权变动规则。前述观点的核心理由在于，基于法律行为的物权变动尤其是不动产物权变动要采登记生效主义，委托人因为没有登记为抵押权人，故不是真正的抵押权人。我们认为，这是错误地理解了物权变动的概念。所谓基于法律行为的物权变动，主要是指该法律行为是导致物权变动的原因，如因买卖合同而导致所有权的取得或丧失，因抵押合同而设立抵押权。所以，在买卖合同中，买受人在未办理不动产的变更登记的情况下，仅享有请求出卖人交付不动产的债权请求权，而不能直接请求确认享有所有权；抵押合同中，如果未办理抵押登记，债权人也只能基于抵押合同主张相应的权利，不能请求确认享有抵押权。但委托合同是委托人和受托人约定，由受托人处理委托人事务的合同，本身不以导致物权变动为目的，因而不是物权变动的原因，当然不适用物权变动规则。换言之，在受托人基于委托人的授权对外从事法律行为，并且因之导致物权变动的情况下，就委托人与受托银行之间的关系而言，本质上是如何确定权利归属即该权利归谁所有的问题，而非物权变动的问题。此时，不论是基于权利义务相一致原则，还是基于受托人应当将取得的财产转交委托人的规则，抑或基于诚信原则，都应当认定委托人是实际权利人。

四、由谁来行使担保物权

如前所述，在登记的名义权利人与实际权利人不一致时，多数情况下实际权利人往往是特定的主体，由其来行使权利自无疑问。但在某些场合下，如本条第1项规定的登记在债券受托管理人名下的担保物权，作为委托人的债券持有人是不特定多数人，如任由某一债券持有人随便行使权利的话，会扰乱交易秩序；如不允许其行使，又不符合保护其权利的宗旨。为此，《全国法院审理债券纠纷案件座谈会纪要》第18条指出："登记在受托管理人名下的担保物权行使。根据《最高人民法院关于〈国土资源部办公厅关于征求为公司债券持有人办理国有土地使用权抵押登记意见函〉的答复》精神，为债券设定的担保物权可登记在受托管理人名下，受托管理人根据民事诉讼法第一百九十六条、第一百九十七条的规定或者通过普通程序主张担保物权的，人民法院应当予以支持，但应在裁判文书主文中明确由此所得权益归属于全体债券持有人。受托管理人仅代表部分债券持有人提起诉讼的，人民法院还应当根据其所代表的债券持有人份额占当期发行债券的比例明确其相应的份额。"据此，本条规定，除债权人能够行使权利外，受托人在一定情况下也有权行使担保物权。需要注意以下几点：一是要严格限制受托人的范围，将其限制在因委托人众多而不便由某一委托人行使权利的情形。二是相比于债权人行使权利，受托人行使权利属于例外情形。三是受托人在权利行使以及权利归属问题上，都要尊重委托人意见，主要通过决议方式来授权。四是一定要为特定情况下个别委托人行使权利留下空间，否则，一概由受托人行使权利，可能使受托人背离受人之托的本意，最终损害委托人的权利。

【实务问题】

担保物权受托持有的情形，在司法实践中较为常见。通过检索已经生效的多份民事判决书发现，在该问题上，司法呈现以下特点：

第一，债券发行中担保物权受托持有的情况较为普遍，受托管理人常以个人名义与发行人签订担保合同，办理登记手续。在出现违约情形时，债券持有人提起诉讼要求实现担保物权，人民法院一般支持原告的诉讼请求，但是在判决、裁定的主文存在未按照《全国法院审理债券纠纷案件座谈会纪要》的规定，明确此权益归全体债券持有人所有的问题。

第二，部分案件中存在主合同涉嫌刑事犯罪的情形，此时法院会裁定驳回原告要求实现担保物权的起诉。

第三，在委托贷款合同纠纷中，将担保物权登记在受托银行的名下，在债务人存在违约的情况下，债权人一般会起诉要求债务人还款并要求实现担保物权。在法院认定债权人可以对登记在受托银行名下的抵押物优先受偿时，重点提到了债务人对于委托贷款关系的明知，作为支持债权人诉讼请求的重要理由。

第四，在检索的案件中还存在借款合同案由项下的担保物权持有问题。例如，某案中由于政府部门登记管理问题而出现债权人与抵押权人相分离的情况，此种情况下债权人能否依据各方的交易安排享有抵押权，存在不同观点。一种观点认为，根据物权法定原则，债权人应为抵押权人，如果出现本案中债权人与抵押权人相分离的情况，则债权人不能享有抵押权；另一种观点认为，根据各方的交易安排，债权人为实质的抵押权人，各方在借贷合同、抵押合同中均有明确约定，因此，虽然债权人、抵押权人形式上分离，但债权人仍为实质的抵押权人，不违反物权法关于抵押权的一般规定。

第五条　机关法人提供担保的，人民法院应当认定担保合同无效，但是经国务院批准为使用外国政府或者国际经济组织贷款进行转贷的除外。

居民委员会、村民委员会提供担保的，人民法院应当认定担保合同无效，但是依法代行村集体经济组织职能的村民委员会，依照村民委员会组织法规定的讨论决定程序对外提供担保的除外。

【条文主旨】

本条是关于机关法人以及居民委员会、村民委员会等特别法人的担保资格的规定。

【条文概览】

本条分两款。第1款规定，机关法人原则上不仅不能提供保证，而且也不能提供物保，其所提供的担保因不具有担保资格而无效，除非经国务院批准为使用外国政府或者国际经济组织贷款进行转贷。第2款则是关于居民委员会、村民委员会提供担保的规定。其中，居民委员会因并无独立的责任财产，因而其对外提供的担保无效；村民委员会对外提供的担保原则上无效，但是依法代行村集体经济组织职能的村民委员会，依照《村民委员会组织法》规定的讨论决定程序对外提供担保的除外。

【争议观点】

不具有保证资格的民事主体，是否也不能提供物保？一种观点认为，物保是以物的价值为限的担保，考察物保是否有效，主要考察担保财产是否具有可担保性，至于主体是否具有担保资格，则在所不问；另一种观点认为，机关法人、居民委员会、村民委员会等特别法人，之所以不具有保证资格，是因为其只能从事与其法定职责相关的民商事活动或者公益性活动，不能从事其他民商事交易活动，因而也不能提供物保。

【理解与适用】

一、担保资格

《民法典》第683条仅笼统地规定，机关法人原则上不得为保证人，以公益为目的的非营利法人、非法人组织不得为保证人，并未对不具有保证资格的主体能否提供物保作出规定。我们认为，前述主体之所以不具有保证资格，固然是因为其没有独立承担责任的财产，但更为重要的是，其只能从事与其法定职责相关的民商事活动或者公益性活动，不能从事其他民商事交易活动，因而当然也不能提供物保。故不具有保证资格的主体，也不具有担保资格。就此而言，本条实际上是将《民法典》有关保证资格的规定扩张到了担保资格。

二、机关法人提供担保

从《民法典》第97条的规定看，机关法人包括两种类型：一是有独立经费的依照法律和行政命令组建的履行公共管理职能的各级国家机关，包括各级权力机关、行政机关、审判机关、检察机关、军事机关。二是承担行政职能的法定机构，主要指承担行政职能的部分社会团体法人、事业单位法人，前者如妇联，后者如证监会、银保监会。机关法人的主要职责是依法履行管理社会的公共职能，进行日常的公务活动，且机关法人的财产和经费由国家财政和地方财政划拨，用以维持国家机关的公务活动和日常的开支，保障国家机关正常履行职责。因此，机关法人不能直接参与经济活动，不得为他人的债务提供担保。否则，如允许机关法人充当担保人，当债务人不履行债务或发生当事人约定的情形时，机关法人就应承担担保责任，以机关法人的财产和经费承担担保责任。这不仅与其活动宗旨不符，也会影响其职能的正常发挥。因此，机关法人原则上不具有担保人资格，不得为自身债务或者他人债务提供担保。机关法人违反规定提供担保的，担保合同无效。

不过，机关法人不能提供担保也有例外。根据《民法典》第683条第1款之规定，机关法人可以为经国务院批准为使用外国政府或者国际经济组织贷款进行的转贷提供担保。根据财政部发布的《国际金融组织和外国政府贷款赠款管理办法》的规定，项目实施单位依法直接向国际金融组织和外国政府举债，并经国务院批准的贷款，可以由财政部代表中央政府为其提供担保；政府负有担保责任的贷款，财政部门应当向上一级财政部门提供担保。由此可见，依法定程序经国务院批准后，机关法人可以为此类贷款的转贷活动提供担保，相应的担保合同有效。

三、居民委员会提供担保

《城市居民委员会组织法》第2条第1款规定："居民委员会是居民自我管理、自我教育、自我服务的基层群众性自治组织。"居民委员会的任务包括：宣传宪法、法律、法规和国家的政策，维护居民的合法权益，教育居民履行依法应尽的义务，爱护公共财产，开展多种形式的社会主义精神文明建设活动；办理本居住地区居民的公共事务和公益事业；调解民间纠纷；协助维护社会治安；协助人民政府或者其派出机关作好与居民利益有关的公共卫生、计划生育、优抚救济、青少年教育等项工作；向人民政府或者它的派出机关反映居民的意见、要求和提出建议。该法第16条规定："居民委员会办理本居住地区公益事业所需的费用，经居民会议讨论决定，可以根据自愿原则向居民筹集，也可以向本居住地区的受益单位筹集，但是必须经受益单位同意；收支帐目应当及时公布，接受居民监督。”该法第 17 条规定：“居民委员会的工作经费和来源，居民委员会成员的生活补贴费的范围、标准和来源，由不设区的市、市辖区的人民政府或者上级人民政府规定并拨付；经居民会议同意，可以从居民委员会的经济收入中给予适当补助。居民委员会的办公用房，由当地人民政府统筹解决。”由此可见，居民委员会虽然管理相应的财产和费用，但是系为本居住地区公益事业服务，不得以此从事经济活动，不得进行营利活动。如允许其从事担保活动，社区居民的社会利益难以获得保护。因此，本条明确规定，居民委员会不具有担保资格，其提供的担保无效。

四、村民委员会提供担保

与居民委员会一样，村民委员会也是村民自主管理、自我教育、自我服务的基层群众性自治组织，实行民主选举、民主决策、民主管理、民主监督。村民委员会办理本村的公共事务和公益事业，调解民间纠纷，协助维护社会治安，向人民政府反映村民的意见、要求和提出建议。因此，村委会的性质、职能决定了其是办理本村公共事务和公益事业的自治性群众组织，主要从事公益事业和提供公共服务，不具有独立的责任财产，原则上不具有担保资格。

但与居民委员会不同，依法代行集体经济组织职能的村民委员会具有担保资格。之所以需要村民委员会代行村民集体组织的职能，是因为在我国有的地方特别是中西部农村，由于集体经济不发达，尚未形成独立的农村集体经济组织；有的地方尽管存在事实上的农村集体经济组织，但因为缺乏具体形式和法人地位，仍未依法取得法人资格。在农村集体经济组织未依法取得法人地位的情况下，往往需要由村民委员会代行农村集体经济组织的职能。正是考虑到现状，《民法典》规定农村集体经济组织要依法取得法人地位（《民法典》第 99 条第 1 款）。从目前情况看，农村集体经济组织依法取得法人地位主要有三种形态：一是以享有集体土地所有权为基础的传统型农村集体经济组织（主要是村、村民小组），如浙江、北京、广东，以颁发组织证明书的形式赋予集体经济组织以法律地位；二是以经营性集体资产为基础的企业化的现代型农村集体经济组织，其中，北京、山东、河北，侧重于特定人的合作，将其登记为农民专业合作社；三是同样以经营性集体资产为基础，青岛、厦门、长沙等一些经济发达地区的城中村、城郊村和经济发达村，参照《公司法》的规定，将其登记为企业法人。

当然，多数情形下，农村集体经济组织并未取得法人地位，但其也有从事民事活动的需要，因而《民法典》第101条第2款规定："未设立集体经济组织的，村民委员会可以依法代行集体经济组织的职能。"需要看到，由村民委员会代行农村集体经济组织职能，容易形成政经不分的"村社合一"局面，尤其是村民委员会由村主任等村干部组成，不一定能代表村民集体的利益，因此，要严格限制其对外提供担保。为此，本条第2款规定，代行村集体经济组织职能的村民委员会，未经村民会议讨论决定，或者虽经村民代表会议讨论决定但未经村民会议授权提供担保的，人民法院应当认定担保合同无效。此处的法律规定，主要是《村民委员会组织法》有关村民会议、村民代表会议的召开程序、决议事项以及表决权要求等规定。

《村民委员会组织法》第24条第1款第8项规定，"以借贷、租赁或者其他方式处分村集体财产"，既可由村民会议讨论决定，也可由村民会议授权村民代表会议讨论决定。村民会议由本村十八周岁以上的村民组成。村民会议由村民委员会召集。有十分之一以上的村民或者三分之一以上的村民代表提议，应当召集村民会议。召集村民会议，应当提前十天通知村民。召开村民会议，应当由本村十八周岁以上村民的过半数或者本村三分之二以上的户的代表参加，村民会议所作决定应当经到会人员的过半数通过。召开村民会议，根据需要可以邀请驻本村的企业、事业单位和群众组织派代表列席。

人数较多或者居住分散的村，可以设立村民代表会议，讨论决定村民会议授权的事项。村民代表会议由村民委员会成员和村民代表组成，村民代表应当占村民代表会议组成人员的五分之四以上，妇女村民代表应当占村民代表会议组成人员的三分之一以上。村民代表由村民按每五户至十五户推选一人，或者由各村民小组推选若干人。村民代表的任期与村民委员会的任期相同。村民代表可以连选连任。村民代表会议由村民委员会召集。村民代表会议每季度召开一次。有五分之一以上的村民代表提议，应当召集村民代表会议。村民代表会议有三分之二以上的组成人员参加方可召开，所作决定应当经到会人员的过半数同意。实践中，代行村集体经济组织职能的村民委员会对外担保，虽然经过村民代表会议讨论决定，但是如果未经过村民会议授权，仍然应当认定担保合同无效。

五、担保合同无效的法律后果

在担保合同无效的后果上，本条尽管未作特别规定，但从体系解释的角度看，应当适用《民法典担保制度解释》第 17 条关于担保合同无效的一般规定。在《民法典担保制度解释》起草过程中，有一种观点认为，应当对机关法人对外担保无效的法律后果作特别规定。一方面，因为法律与司法解释明确规定机关法人不得提供担保，相对人对此是明知的，在此情况下其仍然与此类主体签订担保合同，理应承担因此导致的所有风险。另一方面，机关法人的财产和经费由国家财政和地方财政划拨，用以维持国家机关的公务活动和日常的开支，保障国家机关正常履行其职责。机关法人对外提供的担保被认定无效后，如仍让其与其他民事主体一样承担损害赔偿责任，则会影响其职能的正常发挥。因此，机关法人提供的担保被认定无效后，其不应承担任何民事责任。《民法典担保制度解释》最终没有采纳此种观点，因为此种观点既不符合民事主体的平等性，也不利于促进诚信政府建设，而且对相对人的保护也不周全。当然，鉴于此类主体并无独立的责任财产，在判令其承担责任后，如何执行是个长期以来困扰实践的问题。但我们不能因为可能面临的“执行难”问题，就否定其承担损害赔偿责任的必要性。

【实务问题】

根据《民法典》的规定，居民委员会、村民委员会具有基层群众性自治组织法人资格，可以从事为履行职能所需要的民事活动。未设立村集体经济组织的，村民委员会可以依法代行村集体经济组织的职能。实践中，居民委员会、村民委员会提供担保的情形屡见不鲜。通过检索已经生效的多份民事判决书，总结出以下两方面的情况：

第一，多数法院的判决均认定，村民委员会是村民自我管理、自我教育、自我服务的基层群众性自治组织，主要办理本村的公共事务和公益事业等，村民委员会对外提供担保涉及村民利益，依法需经村民会议讨论决定方可办理。未经村民会议讨论决定提供担保无效，村委会应承担相应过错责任。

第二，在认定过错方面，法院认为债权人为专业金融机构时应该主动要求村民委员会提供经过讨论的决议文件，其未尽到该项义务时，应属存在过错。而对于村民委员会而言，其自身未经集体讨论擅自对外提供担保，可以认定存在过错。实践中，判令村民委员会在不能清偿范围内承担不超过二分之一的赔偿责任，较为常见；亦有判决认定以不超过十分之一承担赔偿责任；也有部分案件中认为担保合同无效，居民委员会无须承担责任。

第六条 以公益为目的的非营利性学校、幼儿园、医疗机构、养老机构等提供担保的，人民法院应当认定担保合同无效，但是有下列情形之一的除外：

（一）在购入或者以融资租赁方式承租教育设施、医疗卫生设施、养老服务设施和其他公益设施时，出卖人、出租人为担保价款或者租金实现而在该公益设施上保留所有权；

（二）以教育设施、医疗卫生设施、养老服务设施和其他公益设施以外的不动产、动产或者财产权利设立担保物权。

登记为营利法人的学校、幼儿园、医疗机构、养老机构等提供担保，当事人以其不具有担保资格为由主张担保合同无效的，人民法院不予支持。

【条文主旨】

本条是关于学校、幼儿园、医疗机构、养老机构等以公益为目的的非营利法人或者非法人组织提供担保的规定。

【条文概览】

对于以公益为目的的非营利性学校、幼儿园、医疗机构、养老机构等法人，原则上不能提供担保，但有两个例外：一是在购入或者以融资租赁方式承租公益设施时，为担保价款或者租金的实现，可以在该公益设施上保留所有权；二是可以前述公益设施以外的其他财产设定抵押等担保物权。对于登记为营利法人的学校、幼儿园、医疗机构、养老机构等提供担保，本条将其与一般的企业法人等同视之，一般性地认可其具有担保资格。

【争议观点】

一种观点认为，既然学校、幼儿园、医疗机构、养老机构等以公益为目的的非营利法人或者非法人组织依法不得为保证人，则其提供的担保均应认定无效，不应有所例外；另一种观点认为，《民法典》第 399 条仅规定公益设施不得抵押，这意味着除公益设施以外的其他财产是可以抵押的。并且，从实践的情况看，以公益设施为标的设定所有权保留、融资租赁等非典型担保也有其必要性。

【理解与适用】

一、非营利法人及其登记制度

《民法典》将法人分为营利法人、非营利法人和特别法人（见图 1）。《民法典担保制度解释》第 5 条从问题出发，对特别法人中的机关法人以及居民委员会、村民委员会提供担保的效力作出了规定。本条则对既可能是非营利法人也可能是营利法人的民办学校、幼儿园、医疗机构、养老机构等提供担保的效力作出规定，并且侧重于规定当其是非营利法人时的担保资格问题。而《民法典担保制度解释》第 7 条至第 11 条则侧重于对营利法人中的公司对外担保作出规定，从而形成了不同主体提供担保的效力体系。

准确认定民办学校、幼儿园、医疗机构、养老机构等法人的性质究竟是非营利法人还是营利法人，在很大程度上取决于登记：在民政部门等部门登记的，往往是非营利法人；而在市场监管部门登记的，则一般是营利法人。《民法典》将非营利法人分为事业单位法人、社会团体以及捐助法人三大类，其中捐助法人又进一步分为基金会、社会服务机构、宗教活动场所。不同的非营利法人，往往在不同的登记机关登记，有必要进行详细介绍：

关于事业单位。事业单位原则上在各级人民政府机构编制管理机

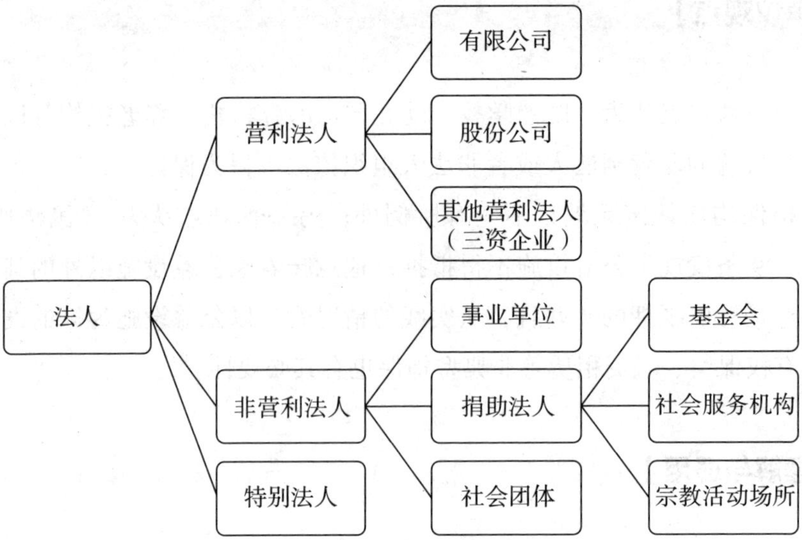

图 1　法人的类别

关所属的事业单位管理机构登记（《事业单位登记管理暂行条例》第5条），但是以下两种情形无须登记，只需向事业单位管理机构备案即可：一是法律规定具备法人条件、自批准设立之日起即取得法人资格的事业单位；二是法律、其他行政法规规定具备法人条件、经有关主管部门依法审核或者登记，已经取得相应的执业许可证书的事业单位。

关于社会团体。成立社会团体，应当经其业务主管单位审查同意，并依照《社会团体登记管理条例》的规定在民政部门办理登记，但是下列团体无须根据前述规定办理登记（《社会团体登记管理条例》第3条、第6条）：一是参加政协的人民团体，包括中华全国总工会、共青团、妇联、科协、侨联、中华全国台湾同胞联谊会、青联、工商联；二是由国务院编办核定，并经国务院批准可以免予登记的社会团体，如文联、作协、中华全国新闻工作者协会、中国人民对外友好协会、中国人民外交学会、贸促会、残联、宋庆龄基金会、中国法学会、中国红十字总会、中国职工思想政治工作研究会、欧美同学会、黄埔军校同学会、中华职业教育社；三是机关、团体、企事业单位内部经本单位批准设立、在本单位内部活动的团体。

关于基金会。基金会包括面向公众募集的基金会和不得面向公众募集的基金会，但不论哪种基金会，都需要在民政部门登记（《基金会管理条例》第6条）。

关于宗教活动场所。成立宗教团体，应当依照国家社会团体管理的有关规定办理登记（《宗教事务条例》第7条），故其登记事项适用《社会团体登记管理条例》的有关规定。宗教活动场所符合法人条件的，经所在地宗教团体同意，并报县级人民政府宗教事务部门审查同意后，可以到民政部门办理法人登记。

关于社会服务机构。《慈善法》第8条规定："慈善组织可以采取基金会、社会团体、社会服务机构等组织形式。"该法首次用"社会服务机构"代替了《民办非企业单位登记管理暂行条例》所谓的"民办非企业单位"概念。《民法典》尽管沿袭了"社会服务机构"的概念，但在一体适用于各类社会组织的《社会团体登记管理条例》出台前，各类在民政部门登记的不同类型的主体均依照相应的法律法规进行登记，与"社会服务机构"对应的仍然是《民办非企业单位登记管理暂行条例》规定的"民办非企业单位"，而民办非企业单位仅是从反面界定其不是企业，但究竟属于以公益为目的的非营利法人还是其他以非营利目的成立的非营利法人（《民法典》第87条第1款），则不能确定。具体到担保制度，其能否提供担保，也存在很大程度的不确定性，而这恰是司法实践对民办学校、幼儿园、医疗机构、养老机构等提供担保的效力难以认定的根本原因。

二、学校、幼儿园、医疗机构、养老机构等的法人性质及其担保资格

（一）公立的学校、幼儿园、医疗机构、养老机构

通常所谓的公立的学校、幼儿园、医疗机构、养老机构等法人，都属于事业单位，因而不具有担保资格。所谓事业单位，是指国家为了公益目的，由国家机关举办或者其他组织利用国有资产举办的从事

教育、科技、文化、卫生等活动的社会服务组织（《事业单位登记管理暂行条例》第2条）。根据《中共中央、国务院关于分类推进事业单位改革的指导意见》的要求，要在清理规范基础上，按照社会功能将现有的事业单位划分为承担行政职能、从事生产经营活动和从事公益服务三类：对承担行政职能的，逐步将其行政职能划归行政机构或者转为行政机构；对从事生产经营活动的，逐步将其转为企业；对从事公益服务的，继续将其保留在事业单位序列、强化其公益属性。今后，不再批准设立承担行政职能的事业单位和从事生产经营活动的事业单位。对于从事公益服务的事业单位，根据职责任务、服务对象和资源配置方式等情况，进一步将其细分为两类：承担义务教育、基础性科研、公共文化、公共卫生及基层的基本医疗服务等基本公益服务，不能或者不宜由市场资源配置的，划入公益一类；承担高等教育、非营利医疗等公益服务，可部分由市场资源配置的，划入公益二类。

（二）民办的学校、幼儿园、医疗机构、养老机构

民办的学校、幼儿园、医疗机构、养老机构等既可能是非营利法人，也可能是营利法人。营利法人具有担保资格，自无疑问。至于非营利法人，又可进一步分为以公益为目的的非营利法人（可能是事业单位，也可能是社会服务机构）和其他非营利法人，是否具有担保资格，需要具体分析：

关于民办学校。民办教育包括学历教育、学前教育、自学考试助学以及其他文化教育，职业资格教育、职业技能教育。民办学校可以从事义务教育，但不得设立实施义务教育的营利性民办学校。民办学校包括非营利性和营利性两类，根据《民办学校分类登记实施细则》之规定，非营利性民办学校，符合《民办非企业单位登记管理暂行条例》规定的，应当到民政部门登记为民办非企业单位；符合《事业单位登记管理暂行条例》规定的，应当到事业单位登记管理机关登记为事业单位。至于营利性民办学校，则由原工商行政管理部门（现市场监管部门）办理登记。（见图2）

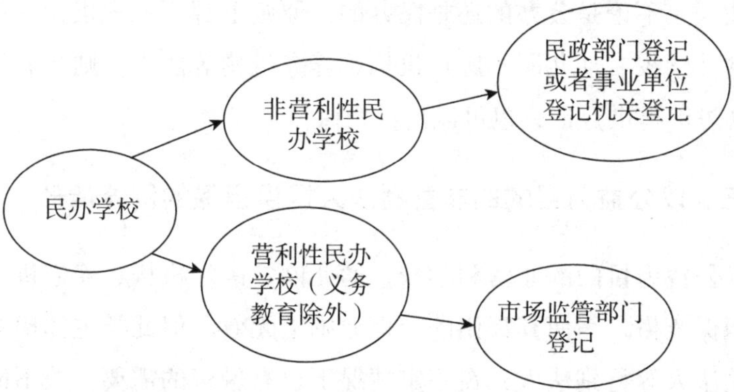

图2　民办学校的类别

关于民办幼儿园。学校包括幼儿园，故《民办教育促进法》也适用于民办幼儿园，前文关于学校的分类也适用于幼儿园。但鉴于1989年我国颁布了《幼儿园管理条例》，且在管理上对幼儿园也有特别要求，而《民法典》也将幼儿园和民办学校并列，所以《民法典担保制度解释》也将其与"学校"并列。

关于民办医疗机构。根据《医疗机构管理条例》第2条的规定，从事医疗疾病诊断、治疗活动的医院、卫生院、疗养院、门诊部、诊所、卫生所（室）以及急救站等属于医疗机构。非营利性的民办医疗机构，要根据《民办非企业单位登记管理暂行条例》的规定，在民政部门登记为民办非企业单位；至于营利性的医疗机构如何登记，不像民办学校有具体的规定，但理论上来说应当在市场监管部门登记。

关于民办养老机构。《民法典》并未规定养老机构，但在征求意见过程中，部分国家机关建议对养老机构能否提供担保问题作出规定。根据《老年人权益保障法》的规定，养老机构可以由政府投资兴办（《老年人权益保障法》第41条），也可以民间投资兴办。民办养老机构既包括公益性养老机构，也包括经营性养老机构；前者在民政部门办理登记，后者在市场监管部门办理登记（《老年人权益保障法》第43条）。就此而言，其性质与登记办法与学校均极为相似。

总之，以公益为目的的非营利学校、幼儿园、医疗机构、养老机构等法人，不论是公办的还是民办的，原则上都不能提供担保；民办的营利性学校、幼儿园、医疗机构、养老机构等法人，则具有担保资格，既可以提供保证，也可以提供物保。

三、以公益为目的的非营利法人提供担保的例外情形

以公益为目的的非营利学校、幼儿园、医疗机构、养老机构等不具有担保资格，因而其提供的担保原则上无效。但此类主体毕竟不同于机关法人等特别法人，在一定情况下也有融资的需要，故不能完全断绝其融资渠道。为此，本条第1款对其可以提供担保的例外情形作出规定。准确理解该例外规定，需要把握两个方面。

（一）担保主体

本条第1款规定的例外情形，适用于以公益为目的的非营利的学校、幼儿园、医疗机构、养老机构等法人。如前所述，就其性质来说，学校、幼儿园、医疗机构、养老机构等既可能登记为事业单位，也可能登记为民办非企业单位，能否适用本条第1款规定的例外情形，仍需具体考量。

一是关于事业单位。公办的学校、幼儿园、医疗机构、养老机构等多数都是事业单位。民办的学校、幼儿园、医疗机构、养老机构等只有当其以公益为目的设立时，才属于事业单位。从司法实践看，判断是否以公益为目的而设立，往往缺乏一个具体明确的标准，因而只能依登记来判断：但凡在事业单位管理机构登记的，就是事业单位。但如前所述，事业单位还有公益一类和公益二类之分，其中公益一类不能或者不宜由市场资源配置，原则上不能提供任何担保，因而即便是本条第1款规定的例外规定，也不能适用。只有划入公益二类的学校、幼儿园、医疗机构、养老机构，因其可部分由市场资源配置，方有本条第1款例外规定的适用。

二是关于民办非企业单位。鉴于对应于“社会服务机构”的法人登记制度尚未建立起来，而《民办非企业单位登记管理暂行条例》规定的“民办非企业单位”尽管多数情况下属于“社会服务机构”，但

也有可能属于仅以服务特定成员为目的的社会团体，如仅服务于特定成员的村办学校、公司或企业的子弟学校。对于仅服务于特定成员，而不属于以公益为目的的非营利的学校、幼儿园、医疗机构、养老机构，其是否具有担保能力目前缺乏明确规定，理论上说应当具有担保资格，因而不属于本条第1款例外规定的适用范围。

综合前述分析，不论是事业单位还是民办非企业单位，能否一概适用于本条第1款规定的例外情形，都需要具体问题具体分析，不可一概而论。

（二）担保方式

鉴于《民法典》第399条第3项明确规定，学校、幼儿园、医疗机构等为公益目的成立的非营利法人的教育设施、医疗卫生设施和其他公益设施不得抵押，因而本条明确排除了以公益设施设定抵押的可能，仅规定了其他担保方式：

一是关于融资租赁交易或者保留所有权。对此，应予明确的是，融资租赁交易或者保留所有权系针对教育设施、医疗卫生设施、养老服务设施和其他公益设施所设立，而这些设施依法是不允许设定抵押的，本条允许其设立融资租赁或者所有权保留，因而属于例外规定。

二是以公益设施以外的不动产、动产设立担保物权。至于如何区分某一设施究竟是公益设施还是非公益设施，一般应当以相关设施的用途来区分：如果某一设施是学校、幼儿园、医疗机构等从事公益活动所必需的，则可以认定属于公益设施。应予注意的是，以公益设施以外的不动产或者动产设定担保物权，是仅限为担保人自身债务提供担保，还是可以扩及所有的担保债务？在《民法典担保制度解释》起草过程中，对此存在争议。一种观点认为，《担保法解释》第53条规定："学校、幼儿园、医院等以公益为目的的事业单位、社会团体，以其教育设施、医疗卫生设施和其他社会公益设施以外的财产为自身债务设定抵押的，人民法院可以认定抵押有效。"该规定严格限制学校、幼儿园、医院、养老机构等的担保范围，有利于减轻此类组织对外负债的风险。另一种观点认为，此类主体也有融资难、融资贵的问题，且从实践情况看，在合作办学中就有为合作方提供担保的必要，因而没有必要对其进行限制。《民法典担保制度解释》采纳了第二种意见。

三是以公益设施以外的财产权利设立权利质押。如以公寓收费权、医院收费权等各种收费权质押，其性质属于应收账款质押。

四、登记为营利法人的学校等提供担保

登记为营利法人的学校、幼儿园、医院、养老机构等，在担保资格问题上同于一般的公司，可以提供任何担保。但有一种观点认为，以学校为例，营利性学校虽然以营利为目的且要将其取得的利润分给开办人，但就学校本身而言，其从事的仍然是公益事业，故即便营利性民办学校也不具有担保资格。我们认为，判断法人是否具有担保资格，关键看其有无责任财产：公益法人非以营利为目的，其财产主要来自捐助或拨款，故不具有担保资格；营利法人以营利为目的，取得的利润既然能分给股东，当然也可以作为责任财产，故具有保证资格。当然，因营利性民办学校确实具有一定程度的公益属性，在执行时可以考虑尽量不改变其用途。

【案例】

马鞍山中加双语学校与新时代信托股份有限公司、马鞍山中加投资有限公司、安徽省阳光半岛文化发展有限公司、翟某圣、陶某珠金融借款合同纠案【最高人民法院（2017）最高法民终297号】

判断中加双语学校是否具备保证人的主体资格，应以其是否以公益为目的为要件，对此应综合审查其登记情况和实际运行情况。中加双语学校从事办学活动，依法有权向接受教育者收取费用，收取费用是其维持教育教学活动的经济基础，并不能因收取费用而认定其从事营利活动。营利性法人区别于非营利性法人的重要特征，不是“取得利润”而是“利润分配给出资人”。中加双语学校章程明确了出资人

暂不收取回报，新时代信托公司也未举证证明中加双语学校通过修改章程，报审批机关批准后收取回报。新时代信托公司以民办学校收取费用和合理回报为由认为中加双语学校具有营利性，最高人民法院不予支持，改判中加双语学校就不能清偿部分承担二分之一的赔偿责任。

第七条 公司的法定代表人违反公司法关于公司对外担保决议程序的规定，超越权限代表公司与相对人订立担保合同，人民法院应当依照民法典第六十一条和第五百零四条等规定处理：

（一）相对人善意的，担保合同对公司发生效力；相对人请求公司承担担保责任的，人民法院应予支持。

（二）相对人非善意的，担保合同对公司不发生效力；相对人请求公司承担赔偿责任的，参照适用本解释第十七条的有关规定。

法定代表人超越权限提供担保造成公司损失，公司请求法定代表人承担赔偿责任的，人民法院应予支持。

第一款所称善意，是指相对人在订立担保合同时不知道且不应当知道法定代表人超越权限。相对人有证据证明已对公司决议进行了合理审查，人民法院应当认定其构成善意，但是公司有证据证明相对人知道或者应当知道决议系伪造、变造的除外。

【条文主旨】

本条是关于公司的法定代表人超越权限为他人提供担保的效力的规定。

【条文概览】

关于法定代表人越权提供担保的效力，要视相对人是否为善意来确定：相对人善意的，构成表见代表，效果等同于有效担保；相对人非善意的，担保行为不对公司发生效力，公司不承担基于有效担保产生的担保责任，但要承担缔约过失责任。所谓善意，是指相对人在订立担保合同时不知道且不应当知道法定代表人超越权限。相对人有证据证明已对公司决议进行了合理审查，人民法院应当认定其构成善意，但是公司有证据证明相对人知道或者应当知道决议系伪造、变造的除外。公司承担责任后，有权向法定代表人追偿。

【争议观点】

关于公司的法定代表人超越权限提供担保的法律后果，在认定相对人是否为善意时，是采取形式审查还是合理审查标准?《民法典担保制度解释》尽管基本沿袭了《民商事审判会议纪要》关于公司对外担保制度的相关规定，但在善意认定标准上，则并未简单沿袭，而是进一步强化相对人的审查义务，规定其要尽合理审查义务。

相对人非善意时公司应否承担责任，一直也有争议。一种观点认为，应当参照适用《民法典》第 171 条第 4 款关于“相对人知道或者应当知道行为人无权代理的，相对人和行为人按照各自的过错承担责任”的规定，公司不是合同当事人，故不承担任何责任，而应由作为行为人的法定代表人承担责任。另一种观点则认为，法定代表人的越权代表行为，仍然是公司的行为，在担保合同无效情况下，公司有过错的，仍应承担损害赔偿责任，其性质属于缔约过失责任。

【理解与适用】

一、概述

关于“公司”的范围。《公司法》第 2 条规定：“本法所称公司是指依照本法在中国境内设立的有限责任公司和股份有限公司。”《公司法》第 217 条规定：“外商投资的有限责任公司和股份有限公司适用本法；有关外商投资的法律另有规定的，适用其规定。”《外商投资法》第 31 条规定：“外商投资企业的组织形式、组织机构及其活动准则，适用《中华人民共和国公司法》、《中华人民共和国合伙企业法》

等法律的规定。”可见，就其组织形式看，外商投资企业也包括公司、合伙企业和个人独资企业等形态，其中的公司制外商投资企业仍然要适用《公司法》的规定。至于合伙企业和个人独资企业，因其不是公司，故不能适用公司对外担保的规定。

关于本条的解释对象。关于越权担保的效力，既要根据《公司法》的相关规定判断是否构成越权，也要根据《民法典》的相关规定来认定合同效力及法律后果，因此，本条解释的对象包括三个。一是《公司法》第16条。根据《公司法》第16条的规定，不论是关联担保还是非关联担保，都需要经过公司决议程序来决定。因此，法定代表人未经公司决议程序擅自对外提供担保的，构成越权代表。另外，为公司股东或者实际控制人提供的关联担保，必须要经股东会或者股东大会决议；为其他人提供担保的，要看章程如何约定。二是《民法典》第504条。据此，对于越权担保行为，要区分缔约时相对人是否为善意来认定越权代表行为的效力。缔约时相对人是善意的，构成表见代表，由公司承担担保责任。三是《民法典》第62条。在法定代表人越权提供担保而相对人系恶意时，公司尽管不承担担保责任，但并不意味着公司不承担任何责任，而是要为其过错承担损害赔偿责任，其性质属于缔约过失责任。

关于公司对外担保案件的基本裁判思路。准确理解本条，需要明确公司对外担保案件的基本裁判思路。为此，我们将其归纳为以下几个步骤：一是先看有无决议。无决议的，表明法定代表人未经公司决议程序对外提供担保，原则上构成越权代表。但考虑到当前我国公司治理的现状，《民法典担保制度解释》第8条规定了三种例外情形。属于该例外情形的，即便未经公司决议程序，公司也应承担担保责任。二是有决议的，要看是否为适格决议来确定是否构成越权代表。公司为其股东或者实际控制人提供担保的，必须由股东会或股东大会决议；为其他人提供的非关联担保则看章程如何约定。法定代表人提供的决议符合法律规定或者章程约定的，担保行为对公司发生效力；反之，构成越权担保。三是对于越权担保，要看相对人是否为善意来确定担保行为的效力。相对人善意的，构成表见代表，担保行为对公司发生效力；相对人非善意的，担保行为对公司不发生效力。四是要根据担保行为的效力确定公司的责任：构成表见代表，对公司发生效力的，公司承担担保责任；反之，担保行为尽管对公司不发生效力，公司不承担基于有效担保而产生的担保责任，但仍要承担缔约过失责任。

二、善意的认定

此处所谓善意，指的是相对人对法定代表人超越代表权限这一事实不知情。反之，如果其对该事实知情，则构成恶意。应当明确的是，如果法定代表人没有超越代表权限，则其代表行为自然是有效的，并无区分善意与恶意的必要。另一方面，法定代表人未经公司决议程序擅自对外提供担保，此时，除非出现《民法典担保制度解释》第 8 条规定的例外情形，否则相对人因未审查公司决议构成恶意，也谈不上区分善意与否的问题。可见，区分善意与恶意，只有在法定代表人越权代表而又有可能构成表见代表的情形才有意义，实践中主要包括两种情形：一是有决议但不是适格决议；二是形式上有决议，但该决议是伪造或者变造的。

所谓适格决议的形式，指的是什么情况下需要由股东会或者股东大会决议，什么情况下仅需由董事会决议，而这需要区别关联担保和非关联担保来具体认定。所谓关联担保，指的是公司为其股东或者实际控制人提供担保。根据《公司法》第 16 条第 2 款的规定，此时必须要经股东会或者股东大会决议。法定代表人未经股东会或者股东大会决议，或仅经董事会决议的，其对外签署的担保合同均构成越权代表。在法律规定如此明确的情况下，未审查股东会或者股东大会决议就签订担保合同的相对人恒为恶意相对人，不存在适用表见代表的可能。

所谓非关联担保，指的是公司为股东或者实际控制人以外的人提供担保。根据《公司法》第 16 条第 1 款的规定，此时由公司章程规定是由股东会（或股东大会）决议还是董事会决议。章程未规定的，董事会决议或者股东会（或股东大会）决议都是适格决议；公司章程规定由董事会决议的，根据“举轻以明重”的解释规则，股东会决议当然也是适格决议。值得探讨的是，章程规定由股东会（或股东大会）决议，实际上出具董事会决议的，如何认定相对人构成善意？有一种观点认为，相对人仅负形式审查义务，不负有审查章程的义务，且根据《民法典》第 61 条第 3 款有关“法人章程或者法人权力机构对法定代表人代表权的限制，不得对抗善意相对人”的规定，章程约定不得对抗善意相对人，因而不妨碍认定相对人为善意。另一种观点认为，相对人负有合理审查义务，其中当然就包括了审查章程的义务，在章程明确规定对外担保需由股东会或股东大会决议的情况下，法定代表人仅提交董事会决议，相对人接受的，不能认定其为善意相对人。在该问题上，《民法典担保制度解释》未简单沿袭《民商事审判会议纪要》关于相对人仅负形式审查义务的规定，而是规定了其负有合理审查义务，显然采取的是第二种观点。形式审查与合理审查标准的区别，在很大程度上就在于应否审查章程，此点应予特别注意。

当然，就适格决议本身的审查而言，合理审查仍然也只能是形式审查，难以要求相对人进行实质审查，毕竟相对人并非公司的内部人，难以了解公司决议的具体情况。因此，其对公司决议的审查只能是形式审查，基本要求包括：一是审查股东或者董事的身份是否属实；二是在关联担保情况下，应当回避表决的股东是否参与了表决。至于公司以机关决议系法定代表人伪造或者变造、决议程序违法、签章（名）不实、担保金额超过法定限额等事由抗辩债权人非善意的，人民法院一般不予支持，除非公司有证据证明债权人明知决议系伪造或者变造。

三、越权担保的责任

关于越权担保的责任，有观点认为，应当参照适用《民法典》第 171 条第 4 款关于“相对人知道或者应当知道行为人无权代理的，相对人和行为人按照各自的过错承担责任”的规定，公司不是合同当事人，故不承担任何责任，而应由作为行为人的法定代表人承担责任。此种观点将《民法典》有关无权代理的规则适用于越权代表。但从《民法典》的相关表述看，越权代表与无权代理尽管存在诸多相似之处，但二者仍然是存在区别的，因而不能完全以无权代理制度来解释越权代表行为。具体来说：

一是从相关权限的表述看。《民法典》将无权代理概括为没有代理权、超越代理权以及代理权终止以后三种情形，而《民法典》第504条仅有“超越权限”的表述，并无“没有代表权”或者“代表权终止”的表述。

二是从相对人善意的表述看。关于越权代表，《民法典》第504条仅区分善意与恶意两种情形：善意的，合同有效；恶意的，合同对公司不发生效力，与无效结果上并无区别，并未考虑相对人的过失问题。但从《民法典》第171条、第172条关于无权代理、表见代理的规定看，实际上是将无权代理区别为三种情形：相对人善意的无权代理（第171条第3款）、相对人恶意的无权代理（第171条第4款）、相对人善意且无过失的表见代理（第172条）。可见，越权代表与无权代理的规则并不完全一致。

三是从权限来源的角度看。根据《民法典》第61条第2款有关“法定代表人以法人名义从事的民事活动，其法律后果由法人承受”的规定，法定代表人无须另行授权，就可以一般性地代表公司从事民事活动。即便超越权限对外从事行为，也仅是越权代表，并非无权代表。而除法定代理人外，委托代理一般是一事一授权，代理人变动性很大。在无权代理的情况下，代理人根本就没有代理权，其与所谓的被代理人间并无任何联系。正因如此，《民法典》第504条仅有越权代表的规定，而无无权代表的规定。

四是从是否为职务行为的角度看。法定代表人是公司的法定机关，其代表权限来源于法律的明确规定。法定代表人对外从事的行为，即便是越权行为，也是公司对外从事的行为，本质上属于履职行为，即便越权行为不对公司发生效力，但由法定代表人个人承担责任也缺乏依据。而委托代理情况下，代理人的权限来自被代理人的授权，未经被代理人授权的，其行为与被代理人无关，自然不对被代理人发生效力，而应由代理人自身承担责任。

正因为注意到越权代表和无权代理的前述区别，本条才规定即便构成越权担保，公司也要承担损害赔偿责任，该责任性质上属于缔约过失责任，规范依据则是《民法典》第62条以及《民法典担保制度解释》第17条。公司承担责任的前提是其具有过错，问题是，此种过错究竟是法定代表人的过错还是公司自身的过错？一种观点认为，此种过错是法定代表人的过错，法定代表人越权代表本身表明其具有过错。另一种观点则认为，此种过错是公司自身的过错，主要表现为对法定代表人的选任监督过错，以及公章管理等方面的过错。我们认为，《民法典》对法人采实在说而非拟制说，将法定代表人作为法人的机关而非代理人，故此种过错应该是公司自身的过错而非法定代表人的过错。

根据《民商事审判会议纪要》第20条第2句的规定，公司只要举证证明债权人明知法定代表人超越权限或者机关决议系伪造或者变造的，就无须承担责任。我们认为，只要法定代表人不能提供适格决议，相对人就应该明知其超越权限提供担保，但这仅表明相对人是恶意的，并不能进一步推导出公司自身无过错。而只要公司自身存在过错，其就应承担责任，故公司不能仅以相对人明知超越权限为由主张免责。值得探讨的是，相对人明知决议是伪造或者变造仍然接受担保，公司能否免责？对此存在不同观点。有观点认为，公司仍然不能免责，因为没有决议公司都要承担责任，伪造或者变造决议相当于没有决议；且伪造、变造决议表明法定代表人或者公司仍然具有过错，故不能免责。我们认为，相对人明知决议是伪造或者变造仍然接受担保，往往可以认定法定代表人与相对人恶意串通损害公司利益，公司可以据此免责。

四、公司向法定代表人的追偿

《民法典》第62条规定："法人承担民事责任后，依照法律或者法人章程的规定，可以向有过错的法定代表人追偿。"根据《公司法》有关股东代表诉讼的规定，法人拒不提起的，其他股东可以依照该规定提起股东代表诉讼。公司没有清偿能力导致债权人无法获得赔偿的，债权人能否针对法定代表人提起代位权诉讼？在《民法典担保制度解释》起草过程中，曾经有观点主张债权人可以针对法定代表人提起代位权诉讼，《民法典担保制度解释》最终没有采纳此种观点。因为代位权指的是在债务人怠于履行对次债务人的债权时，债权人以自己的名义代位行使对次债务人的债权。代位权行使的前提是，债务人对次债务人的债权必须是现实存在且已经到期。而在越权担保中，公司只有在对外向相对人承担责任后，才能向法定代表人追偿。也就是说，在相对人向公司求偿时，公司对法定代表人的求偿权尚未实际存在，故不存在代位权问题。

【实务问题】

一、在审理公司为他人提供担保类案件时，人民法院是否应当主动审查公司的法定代表人是否构成越权担保

这个问题很棘手，问题的实质是，在债权人要求公司承担担保责任的时候，人民法院是否应当依职权审查债权人是否善意？这分两种情形：（1）在担保人未出庭参加庭审的情况下，是否应当主动审查债权人在与担保人签订担保合同时是否善意？（2）在担保人出庭的情况下，担保人没有抗辩其法定代表人越权担保，人民法院是否依职权审查？

我们倾向认为，在第一种情形下，即使被告担保人没有到庭，人民法院也应当将原告债权人在签订担保合同时是否善意作为一个基本

事实予以查明，因为查明案件的基本事实是人民法院的职责。

在第二种情形下，如果被告没有抗辩其法定代表人越权担保，那么人民法院是否依职权查明呢？我们倾向认为，就案件的基本事实，人民法院负有查明的义务。这一基本事实应当结合债权人是否善意，一并查明。

二、仅有执行董事的公司，是否仍然需要董事会决议

《公司法》第50条规定："股东人数较少或者规模较小的有限责任公司，可以设一名执行董事，不设董事会。执行董事可以兼任总经理。执行董事的职权由公司章程规定。"可见，股东人数较少的或者规模较小的公司可以不设董事会，自然谈不上董事会决议的问题。此时，鉴于执行董事的职权由公司章程规定，如公司章程规定执行董事享有相当于董事会职权的，执行董事当然有权决定是否提供非关联担保；如章程对此并无规定，或者规定其并无相当于董事会职权的，根据章程规定不能对抗善意相对人的法理，该执行董事签字仍然具有相当于董事会决议的效力。问题是，在执行董事本身就是法定代表人的情况下，仅有其作为法定代表人的签字，而无作为执行董事身份的签字，此时能否认定其行使了相当于董事会的职权？对此存在不同理解。从尊重公司治理结构，维护公司担保制度出发，我们倾向认为，其仍然需要以执行董事身份另行签字，否则不能认为具有相当于董事会决议的效果。

第八条 有下列情形之一，公司以其未依照公司法关于公司对外担保的规定作出决议为由主张不承担担保责任的，人民法院不予支持：

（一）金融机构开立保函或者担保公司提供担保；

（二）公司为其全资子公司开展经营活动提供担保；

（三）担保合同系由单独或者共同持有公司三分之二以上对担保事项有表决权的股东签字同意。

上市公司对外提供担保，不适用前款第二项、第三项的规定。

【条文主旨】

本条是关于公司对外担保时，无须机关决议的例外情形的规定。

【条文概览】

本条在沿袭《民商事审判会议纪要》第19条规定的基础上，略有删改，主要体现在以下几个方面：一是删掉了《民商事审判会议纪要》第19条第3项有关互联互保无须决议的规定；二是将《民商事审判会议纪要》第19条第2项的“公司为其直接或者间接控制的公司开展经营活动向债权人提供担保”改成“公司为其全资子公司开展经营活动提供担保”；三是明确上市公司对外提供担保不适用本条第1款第2项、第3项之规定；四是与《民商事审判会议纪要》第19条第1项相比，本条第1款第1项尽管在表述上略有变化，但实质内容不变。

【争议观点】

上市公司对外提供担保能否适用本条规定，是司法实践中争议比较大的问题。关于国有独资公司对外提供担保是否适用本条规定，也存在较大争议。

【理解与适用】

一、本条的基本考虑

《公司法》第16条关于公司为他人提供担保公司决议前置的规定，是专门针对公司法定代表人提供担保的权限进行限制的强制规定，以公司财产为他人提供担保的行为不是法定代表人及其他公司人员所能单独决定的事项，而必须经过公司股东会或者股东大会、董事会等公司机关决议。我们认为，《公司法》如此规定，实际上是以公司意思作为代表权的基础和来源，相对人在接受担保的时候，依法应当负有甄别法定代表人实施的担保行为是否符合公司真实意思的注意义务。也就是说，债权人只要有证据证明法定代表人以公司名义签订担保合同符合公司真实意思，该担保行为就符合民事法律行为有效要件。在判断担保合同的效力时，公司决议的存在当然是证明公司就对外担保行为作出了真实意思表示的最直接书面证据。也正因为此，按照公司治理现代化的要求，立法和司法均选择从公司作出决议作为切入点来规制公司对外担保行为，以确保公司担保符合公司真实意思，防止法定代表人慷他人之慨而损害公司其他股东和债权人的合法利益。

与此同时，也要看到，在我国现阶段，正确处理好公司治理现代化目标与当前我国公司治理水平整体较低的矛盾关系，协调好公司内部与外部关系，对平等保护公司股东和债权人合法权益具有特别重要的意义。在公司审判实务中，由于立法规定不明确、司法裁判规则不统一，我国公司在为他人提供担保方面，没有经公司决议而径行对外担保的情况普遍存在。在没有公司决议的情况下，根据目前公司治理不规范的现实情况，对公司法定代表人所提供的担保，如果案件事实表明该担保是为了公司的利益，就可以认定公司具有对外提供担保的真实意思表示。如果司法仅因公司没有作出决议就认定公司不承担担保责任，不仅会扰乱已安定的公司交易秩序，也容易滋长公司恶意逃避担保责任的道德风险。基于以上考虑，对于公司为其全资子公司开展经营活动向债权人提供担保、担保合同系由单独或者共同持有公司三分之二以上有表决权的股东签字同意等情形，本条明确属于公司决议的例外情形。之所以对以为他人提供担保为主营业务的担保公司以及开展保函业务的银行或者非银行金融机构规定决议豁免，原因是以担保为业的公司不属于《公司法》第 16 条的调整范围。需要重点说明的是，除本条规定的三种公司决议例外情形，在公司为他人提供担保领域，不存在其他任何公司决议例外事由，须从严把握。

二、与《民商事审判会议纪要》相比，本条规定的变化

本条并未简单沿袭《民商事审判会议纪要》第 19 条有关例外情形的规定，而是在其基础上有所变化，主要的趋势是进一步从严限制例外情形：一是互联互保极容易造成一家企业出事全体参保企业跟着遭殃的不良社会后果，且也容易给人两个违法行为反而导致合法效果的感觉，因而《民法典担保制度解释》删掉了有关互联互保无须决议的规定。二是将《民商事审判会议纪要》第 19 条第 2 项的“公司为其直接或者间接控制的公司开展经营活动向债权人提供担保”改成“公司为其全资子公司开展经营活动提供担保”，进一步限制例外情形的适用。

司法实践中，就上市公司能否适用本条规定已经产生了大量案例，裁判尺度并不统一，故本条第 2 款明确规定上市公司对外提供担保不适用第 1 款第 2 项、第 3 项之规定。

三、《民法典担保制度解释》第8条第1款第3项规定单独或者共同持有公司三分之二以上对担保事项有表决权的股东签字同意，“有表决权的股东”如何理解

《民法典担保制度解释》第8条第1款第3项规定，在“担保合同系由单独或者共同持有公司三分之二以上对担保事项有表决权的股东签字同意”的情形下，公司以其未依照《公司法》关于公司对外担保的规定作出决议为由主张不承担担保责任的，人民法院不予支持。我们认为，该规定不仅适用于公司为他人提供的担保（非关联担保），也适用于公司为其股东或者实际控制人提供的担保（关联担保）。在关联担保的情形下，根据《公司法》第16条第3款的规定，被担保的股东或者受被担保的实际控制人支配的股东，不得对担保事项进行表决。实践中，受被担保的实际控制人支配的股东，既可能是名义股东，也可能是基于协议控制而被实际控制人支配的股东。如果公司不是为股东或者实际控制人提供担保，而是为股东或者实际控制人所控制的公司提供担保，根据《公司法》第16条的立法目的，应理解为关联担保为宜，否则就无法避免大股东或者实际控制人通过公司担保损害中小股东的利益。

在非关联担保的情形下，即使公司章程规定的是董事会决议而非股东（大）会决议，也不影响上述规定的适用，因为在非关联担保的情形下，单独或者共同持有公司三分之二以上对担保事项有表决权的股东可通过股东会议修改公司章程，将对外提供担保的决议机关改为股东（大）会。

【实务问题】

本条能否适用于国有独资公司？在起草《民法典担保制度解释》过程中，我们曾经考虑规定对国有独资公司也不适用本条第1款第2项、第3项之规定，但基于此种规定似乎不合于《民法典》规定的平

等保护原则，最终未作规定。应当看到，《企业国有资产法》对国有企业对外提供大额担保有明确规定，根据该法第 30 条、第 32 条之规定，提供大额担保，国有独资企业由负责人集体讨论决定，国有独资公司由董事会决定，不存在适用本条规定的问题。当然，除大额担保以外的其他担保，法律没有明确规定，可以适用《民法典担保制度解释》的有关规定。可见，就该问题的处理，不可一概而论。

【案例】

中新房南方集团有限公司与中国工商银行股份有限公司鹰潭分行委托贷款合同纠纷案【最高人民法院（2017）最高法民终 369 号】

法院认为，《公司法》第 16 条规定的决议前置程序旨在确保公司为他人提供担保系公司的真实意思表示。本案中，中新房南方公司为其控股子公司履行合同项下的义务提供担保，其担保行为不损害中新房南方公司的自身利益，应认定为中新房南方公司的真实意思表示。据此，中新房南方公司虽未提供其公司董事会决议，但根据本案相关证据可以认定案涉《担保函》的出具系其真实意思表示，中新房南方公司关于案涉《担保函》无效的上诉理由，明显违反诚信原则，依法不能成立。

第九条 相对人根据上市公司公开披露的关于担保事项已经董事会或者股东大会决议通过的信息，与上市公司订立担保合同，相对人主张担保合同对上市公司发生效力，并由上市公司承担担保责任的，人民法院应予支持。

相对人未根据上市公司公开披露的关于担保事项已经董事会或者股东大会决议通过的信息，与上市公司订立担保合同，上市公司主张担保合同对其不发生效力，且不承担担保责任或者赔偿责任的，人民法院应予支持。

相对人与上市公司已公开披露的控股子公司订立的担保合同，或者相对人与股票在国务院批准的其他全国性证券交易场所交易的公司订立的担保合同，适用前两款规定。

【条文主旨】

本条是关于境内上市公司对外提供担保的规定。

【条文概览】

境内上市公司属于公众公司，涉及众多中小投资者利益。我国法律为保护广大中小投资者的利益，明确规定境内上市公司有信息披露的义务，其中担保事项也是必须披露的内容。为全面落实法律关于境内上市公司信息披露的规定，《民法典担保制度解释》对境内上市公司对外提供担保进行了特别规定：一方面，境内上市公司对外担保，不仅须依据《公司法》第16条由董事会或股东大会决议，而且还要对决议公开披露，但如果债权人仅仅是根据披露的信息与境内上市公司签订担保合同，人民法院也认定担保有效，境内上市公司应承担担保责任；另一方面，即使境内上市公司已根据《公司法》第16条由董事会或股东大会对担保事项进行决议，但如果债权人不是根据境内上市公司公开披露的对外担保的信息签订担保合同，人民法院也应认为担保合同对境内上市公司不发生效力，此时公司既不承担担保责任，也不承担其他赔偿责任。由此，可以看出，境内上市公司对外担保，不仅在效力认定上比一般封闭性公司要严格得多，在责任承担方面也有所不同：一般公司在担保合同对公司不发生效力的情况下，虽不承担担保责任，但要承担一定的赔偿责任；而境内上市公司在担保合同对其不发生效力的情况下，不承担任何责任。

【争议观点】

相对人未根据上市公司公开披露的关于担保事项已经董事会或者股东大会决议通过的信息，与上市公司订立担保合同，上市公司主张该担保合同对其不发生效力，且不承担担保责任或者赔偿责任的，是否应予支持，存在着以下不同观点：

第一种观点认为，不管担保事项是否已经董事会或者股东大会决议通过，只要上市公司有权代表人签字，且加盖了公司公章，担保合同就有效，上市公司就应该承担担保责任。[①]

第二种观点认为，如果担保事项已经董事会或者股东大会决议通过，即使上市公司没有公开披露，也应认定担保合同有效，上市公司应该承担担保责任。

第三种观点认为，在相对人与上市公司订立的担保合同被认定为对上市公司不发生效力的情况下，上市公司也应根据过错承担相应的民事责任。在这点上，上市公司与封闭性公司不应区别对待。就《公司法》第 16 条规定的担保而言，没有区分上市公司和非上市公司，所有公司统一适用，因而对上市公司不应该有特殊的规则。

第四种观点认为，相对人未根据上市公司公开披露的关于担保事

① 此观点与《民商事审判会议纪要》相悖，《民法典担保制度解释》也没有采纳此观点，故后文对该观点不再进行评论。

项已经董事会或者股东大会决议通过的信息，与上市公司订立担保合同，上市公司主张担保合同对其不发生效力，且不承担担保责任或者赔偿责任的，人民法院应予支持。

【理解与适用】

一、境内上市公司所有担保事项都必须进行公告

根据法律、监管规定要求，“发生可能对上市公司股票交易价格产生较大影响的重大事件”“发生可能对上市公司证券及其衍生品种交易价格产生较大影响的重大事件”，上市公司应当将重大事项公开披露。例如，《证券法》第 80 条第 1 款规定：“发生可能对上市公司、股票在国务院批准的其他全国性证券交易场所交易的股票交易价格产生较大影响的重大事件，投资者尚未得知时，公司应当立即将有关该重大事件的情况向国务院证券监督管理机构和证券交易所报送临时报告，并予公告，说明事件的起因、目前的状态和可能产生的法律后果。”该款所称的重大事件在该条第 2 款列明，其中包括“公司订立重要合同、提供重大担保或者从事关联交易，可能对公司的资产、负债、权益和经营成果产生重要影响”。2021 年 5 月 1 日起施行的《上市公司信息披露管理办法》第 22 条第 1 款规定：“发生可能对上市公司证券及其衍生品种交易价格产生较大影响的重大事件，投资者尚未得知时，上市公司应当立即披露，说明事件的起因、目前的状态和可能产生的影响。”该款所称的重大事件在该条第 2 款列明，其中包括上述《证券法》第 80 条第 2 款规定的重大事件。

根据《上海证券交易所股票上市规则》[①] 第 9.11 的规定，上市公司发生“提供担保”交易事项，应当提交董事会或者股东大会进行审

① 《深圳证券交易所股票上市规则（2020 年修订）》与此相同。

议并及时披露。根据上述规则，上市公司的所有“担保事项”均应当公开披露，而不仅仅限于“重大事件”。该规则还规定：“下述担保事项应当在董事会审议通过后提交股东大会审议：（一）单笔担保额超过公司最近一期经审计净资产 10% 的担保；（二）公司及其控股子公司的对外担保总额，超过公司最近一期经审计净资产 50% 以后提供的任何担保；（三）为资产负债率超过 70% 的担保对象提供的担保；（四）按照担保金额连续 12 个月内累计计算原则，超过公司最近一期经审计总资产 30% 的担保；（五）按照担保金额连续 12 个月内累计计算原则，超过公司最近一期经审计净资产的 50%，且绝对金额超过 5000 万元以上；（六）本所或者公司章程规定的其他担保。对于董事会权限范围内的担保事项，除应当经全体董事的过半数通过外，还应当经出席董事会会议的三分之二以上董事同意；前款第（四）项担保，应当经出席会议的股东所持表决权的三分之二以上通过。”

经过股东大会讨论通过的决议，上市公司一定会公告。这不因为担保事项将由股东大会决议一事，在召开股东大会之前上市公司就会作出公告，否则无法召开股东大会。《上市公司股东大会规则》第 5 条明确规定：“公司召开股东大会，应当聘请律师对以下问题出具法律意见并公告：（一）会议的召集、召开程序是否符合法律、行政法规、本规则和公司章程的规定；（二）出席会议人员的资格、召集人资格是否合法有效；（三）会议的表决程序、表决结果是否合法有效；（四）应公司要求对其他有关问题出具的法律意见。”股东大会召开后，凡参加了股东大会的投资者都知道担保事项是否已经股东大会决议通过。此外，理论上说，如果上市公司不公告，交易所也会下达监管函，督促其公告。也就是说，如果是股东大会通过了决议，仅仅是理论上存在上市公司不公告的可能，实践中不可能存在这种情况。不过，经过董事会讨论通过的担保决议，上市公司有可能不公告，只是不公告的概率极小。

从上可知，上市公司只要进行合规担保，都会进行公告。因此，本条第 1 款与《民商事审判会议纪要》第 22 条的精神保持一致。这样规定，就会形成一个规则，即为了保证相对人与上市公司订立的担保合同对上市公司发生效力，相对人只要审查上市公司公开披露的信息即可。如果上市公司公开披露了与相对人拟订立的担保合同的主要内容，如为谁担保，担保金额多少，那么，担保合同对上市公司就会发生效力，相对人的权利就能够得到法律的保护。上市公司公开披露的担保，对证券市场不会产生不利影响，不会影响证券市场的健康发展。至于对上市公司自身的影响，由投资者自行判断。

二、上市公司为他人提供担保，债权人需要审查上市公司的公告，这里的上市公司不是指所有的上市公司

（一）接受境内注册、在境内证券交易所上市的股份有限公司提供的担保，应适用《民法典担保制度解释》第9条的规定

《民法典担保制度解释》第9条是对《公司法》第16条的解释，而《公司法》第2条的调整范围为依照《公司法》在中国境内设立的有限责任公司和股份有限公司，因此，《民法典担保制度解释》第9条规定的上市公司是指在境内注册、在境内证券交易所上市交易的股份有限公司。从体系解释看，《民法典担保制度解释》第9条第3款规定，相对人与上市公司已公开披露的控股子公司订立的担保合同，或者相对人与股票在国务院批准的其他全国性证券交易场所交易的公司订立的担保合同，适用第1款和第2款规定。从该款规定可以看出，《民法典担保制度解释》第9条规定的上市公司指的是股票在“国务院批准的全国性证券交易场所”交易的公司。

（二）接受境内注册、仅在境外上市的公司提供的担保，是否适用《民法典担保制度解释》第9条的规定

如前所述，《民法典担保制度解释》第9条中规定的“上市公司”，仅指在境内注册、境内上市的公司，故接受境内注册、仅在境外上市的公司提供的担保，是否适用《民法典担保制度解释》第9条的规定，需要解释。由于《民法典担保制度解释》对此没有明文规定，我们的意见是，对此问题还需要研究，再通过正式的途径表明最

高人民法院的观点。

（三）接受境内注册、同时在境内境外上市的公司提供的担保，是否适用《民法典担保制度解释》第9条的规定

虽然这类公司在境内注册、在境内上市，但是该公司同时在境外上市，对这类公司是否适用《民法典担保制度解释》第9条的规定，也需要解释。我们的意见是，对此问题还需要研究，再通过正式的途径表明最高人民法院的观点。

（四）接受境外注册、境外上市的公司提供的担保，不适用《民法典担保制度解释》第9条的规定

《公司法》第2条已经明确其调整的范围为中国境内设立的公司，境外注册的公司不属于《公司法》的调整范围，应不适用《公司法》第16条的规定。并且，《涉外民事关系法律适用法》第14条规定："法人及其分支机构的民事权利能力、民事行为能力、组织机构、股东权利义务等事项，适用登记地法律。法人的主营业地与登记地不一致的，可以适用主营业地法律。法人的经常居所地，为其主营业地。"据此，公司对外担保是关于法人行为能力的事项，根据《涉外民事关系法律适用法》第14条的规定，应适用登记地法律。

三、如果担保事项已经境内上市公司董事会决议通过，但是境内上市公司没有公开披露，那么相对人与境内上市公司订立的担保合同，对境内上市公司不发生效力

这里首先要看上市公司为他人提供担保与封闭性公司为他人提供担保有无实质性区别。我们认为，有实质性区别，主要体现在以下两点：一是在担保合同是否需要公开披露方面不同。根据深圳证券交易所和上海证券交易所的上市规则，上市公司所有为他人提供担保的事项，因影响到广大中小投资者的利益和整个证券市场的健康发展，所以都必须公开披露。而封闭性公司则因为合同的相对性的原因，为他人提供担保不影响合同所涉当事人之外的其他人的利益，所以不要求公开。不仅如此，还因涉及商业秘密，所以合同各方都不希望公开。

二是在违规订立担保合同的社会影响方面不一样。上市公司违规担保问题是资本市场的“顽疾”和“毒瘤”，多年来屡禁不止，严重影响我国证券市场的健康发展。而封闭性公司法定代表人未经授权订立的担保合同，损害的主要还是担保公司自身的利益，不会对整个社会造成影响。正是基于以上实质性区别，我们认为，对与上市公司订立担保合同的相对人的善意标准要求应当更高。这个标准应当是，以上市公司公开披露的担保信息为准。相对人根据公开披露的担保信息订立的担保合同，对公司发生效力。相对人没有根据公开披露的担保信息订立的担保合同，对公司不发生效力。理由如下：

第一，凡是上市境内公司的对外担保，都必须公开披露，拟与境内上市公司订立担保合同的相对人对此都知道或者应当知道。并且，境内上市公司公开披露的担保事项很容易查询，不会增加相对人的负担。

第二，在相对人与境内上市公司订立担保合同，相对人的善意标准上，应当贯彻保护广大中小投资者合法权益和促进证券市场健康发展的理念，因为广大中小投资者的权益属于公共秩序的范畴。境内上市公司为他人提供担保，肯定会影响到广大中小投资者的合法权益。不仅持有该上市公司股票的投资者的利益要受到影响，潜在的投资者也很可能会受到影响。

第三，该标准不会损害相对人的利益。我们的考虑是，《民法典》施行后发生的境内上市公司为他人提供担保的行为才适用这个标准，即《民法典》施行后，相对人没有依照境内上市公司的相关担保公告与该上市公司签订担保合同，上市公司不承担任何民事责任。但该行为发生在《民法典》施行前的，虽然担保合同无效，但上市公司要承担相应的过错责任。这样处理，就不会损害到《民法典》施行后与上市公司订立担保合同的相对人的利益。根据该标准，相对人在看到境内上市公司的相关担保公告后，才与该上市公司签订担保合同，该合同对上市公司就一定发生效力，上市公司就要承担合同有效情况下的担保责任，相对人的利益就会得到保护。相反，如果上市公司没有披露相关担保事项，那么相对人就不应与上市公司订立担保合同。如果此时相对人仍与上市公司订立担保合同，责任就应当由相对人完全自负。

第四，就境内上市公司公告的时间来看，一般是当天决议，当天公告，最迟第二天公告，所以该标准也不会因公告而影响交易效率。

第五，该标准有利于根治境内上市公司违规违法担保。境内上市公司违规违法担保问题是资本市场的“顽疾”和“毒瘤”，多年来屡禁不止，严重影响境内上市公司的质量、我国证券市场的健康发展以及我国交易所的国际竞争力。采取该标准，能够根治境内上市公司违规违法担保。这是因为，凡是违规违法担保，境内上市公司都不敢公告，不敢披露。

第六，该标准能够和国务院的规定形成合力，根治违规违法担保。为了提高境内上市公司质量，国务院2020年10月专门发布了《国务院关于进一步提高上市公司质量的意见》，从提高上市公司治理水平、推动上市公司做优做强、健全上市公司退出机制、解决上市公司突出问题、提高上市公司及相关主体违法违规成本、形成提高上市公司质量的工作合力等方面制定了强有力的举措，其中第十部分特别强调，严肃处置资金占用、违规担保问题，“依法依规认定上市公司对违规担保合同不承担担保责任”。我们认为，司法应该与行政形成合力，共同根治境内上市公司违规违法担保。只有以境内上市公司公开披露的有关担保事项为标准确定担保合同的效力，才能达到目的。

可见，即使担保事项已经境内上市公司董事会决议通过，如果境内上市公司没有公开披露，那么相对人与境内上市公司订立的担保合同，对境内上市公司也不发生效力。根据“举重以明轻”的原理，无论担保事项是否已经境内上市公司董事会决议通过，只要境内上市公司没有披露，相对人与境内上市公司订立的担保合同对境内上市公司都不发生法律效力。

四、境内上市公司对外担保，虽然其进行了公告，但是公告中没有表明经股东大会或董事会决议通过的内容，该担保对境内上市公司不发生效力

本条第1款规定“相对人根据上市公司公开披露的关于担保事项已经董事会或者股东大会决议通过的信息，与上市公司订立担保合同”，担保合同有效，上市公司应当承担担保责任。该款和第2款已明确要求公开披露的信息需包括“关于担保事项已经董事会或者股东大会决议通过的”内容。因此，如果事实上担保事项未经上市公司董事会或股东大会决议通过，并且公告信息中亦不包括该担保已经前述决议通过的内容，而仅有该上市公司同意为某债务人的多少债务担保的公告，则虽然有公告，但是该担保对上市公司不发生效力。

应当指出的是，在前述情形中，如果担保事项事实上未经决议通过，但是上市公司在公告信息中虚假陈述其已经董事会或股东大会决议通过，该担保对上市公司发生效力。

五、境内上市公司已公开披露的控股子公司及其具体范围

关于上市公司控股子公司的标准，《上海证券交易所股票上市规则（2020年12月修订）》第17章“释义”第17.1条规定：“本规则下列用语含义如下：……（九）上市公司控股子公司：指上市公司持有其50%以上的股份，或者能够决定其董事会半数以上成员的当选，或者通过协议或其他安排能够实际控制的公司。……”《上海证券交易所科创板股票上市规则（2020年12月修订）》第15章“释义”第15.1条规定：“本规则下列用语含义如下：……（十三）上市公司控股子公司，指上市公司持有其50%以上的股份，或者能够决定其董事会半数以上成员的当选，或者通过协议或其他安排能够实际控制的公司。……”《深圳证券交易所股票上市规则（2020年修订）》第17章“释义”第17.1条规定：“本规则下列用语具有如下含义：……（九）上市公司控股子公司：指上市公司持有其50%以上的股份，或

者能够决定其董事会半数以上成员的当选，或者通过协议或其他安排能够实际控制的公司。……”《深圳证券交易所创业板股票上市规则（2020年修订）》第13章“释义”第13.1条规定：“本规则下列用语具有以下含义：……（八）上市公司控股子公司：指上市公司持有其50%以上股份，或者能够决定其董事会半数以上成员组成，或者通过协议或者其他安排能够实际控制的公司。……”

上述上市规则对上市公司控股子公司的定义是一致的，包括直接或间接控制的子公司，审判实践中应据此把握上市公司控股子公司的标准。

同时，根据本条第3款的规定，担保人还应属于“上市公司已公开披露的控股子公司”，相对人在接受担保时才应审查公告。关于“公开披露”的问题，上市公司通常会在年度报告中披露其子公司的范围，此后可能通过临时公告的形式披露通过并购、新设方式新增的子公司，但并非不论投资金额大小全都会披露，相对人可以通过检索上市公司的公告确认担保人是否属于上市公司公开披露的控股子公司。

六、股票在国务院批准的其他全国性证券交易场所交易的公司

根据本条第3款的规定，接受股票在国务院批准的其他全国性证券交易场所交易的公司提供的担保，债权人也应当审查其公告。目前，国务院批准的其他全国性证券交易场所仅有全国中小企业股份转让系统，俗称新三板。

七、相对人与境内上市公司已公开披露的控股子公司订立担保合同，或者相对人与股票在国务院批准的其他全国性证券交易场所交易的公司订立担保合同，相对人也应审查境内上市公司公开披露的担保信息

在《民法典担保制度解释（征求意见稿）》公开征求意见的过程

中，有全国人大代表来函建议，与上市公司合并财务报表的公司，相对人与之订立担保合同的，也应以上市公司公开披露的信息为标准确定担保合同的效力。经调查研究了解到，一般情况下，上市公司的资产绝大多数在其控股子公司，上市公司本身的资产并不多，如果与控股子公司订立的担保合同不纳入本条的调整范围，则本条的作用会大打折扣。更为重要的是，根据有关规定，上市公司的控股子公司的担保事项，上市公司也必须公开披露。此外，股票在国务院批准的其他全国性证券交易场所交易的公司，其对外担保，也必须公开披露。有鉴于此，本条规定了第 3 款。

八、境内上市公司为自身债务提供担保不适用《民法典担保制度解释》第 9 条的规定

《民法典担保制度解释》第 9 条的初衷是通过规则防止境内上市公司违规担保，损害广大中小投资者利益，由于境内上市公司为自身债务担保并不是违规担保，所以该条的适用范围是境内上市公司为他人提供担保，境内上市公司对自身债务提供担保，不适用《民法典担保制度解释》第 9 条的规定。

九、在担保合同对境内上市公司不发生效力的情况下，境内上市公司既不承担担保责任，也不承担赔偿责任

问题的实质是，上市公司是否应当与封闭性公司区别对待？我们认为，应当区别对待。换言之，在《民法典》施行后相对人与境内上市公司订立的担保合同，如果该合同对上市公司不发生效力，那么上市公司既不应承担担保责任，也不应承担任何赔偿责任。理由如前所述，否则，如果像封闭公司那样担保人还要根据具体情况承担不超过债务人不能清偿部分的二分之一或者三分之一的赔偿责任，那么根本不可能根治境内上市公司违规违法担保。

需要指出的是，《民商事审判会议纪要》第 22 条规定："债权人根据上市公司公开披露的关于担保事项已经董事会或者股东大会决议

通过的信息订立的担保合同，人民法院应当认定有效。”根据反面解释规则，债权人没有根据上市公司公开披露的信息与上市公司订立的担保合同，应当认定无效。在无效的后果上，上市公司与封闭性公司承担的责任没有区别。在起草《民法典担保制度解释》过程中，经过反复研究，我们更进一步地认识到，境内上市公司的所有担保事项都必须披露，如果相对人没有根据上市公司公开披露的信息与上市公司订立担保合同，就会损害证券市场上广大中小投资者的权利，该合同应当认定对上市公司不发生效力，上市公司不应承担任何民事责任。《民法典担保制度解释》的这一规定，与《民商事审判会议纪要》第22条规定的无效后果不同，根据《民法典时间效力规定》第2条的规定，这一规定不具有溯及力。换言之，《民法典》施行之前相对人与境内上市公司订立的担保合同被认定无效的，上市公司应当视情况承担不超过主债务人不能履行部分的二分之一或者三分之一的民事赔偿责任。《民法典》施行之后相对人与境内上市公司订立的担保合同被认定对境内上市公司不发生效力的，境内上市公司不承担任何民事责任。

【实务问题】

一、债权人审查境内上市公司担保公告的标准

（一）境内上市公司担保事项公告的形式

境内上市公司对外担保公告有两种常见的形式：

1. 单项担保公告。即针对每笔担保事项进行公告，可能在一个公告中披露一起或几起担保事项。通常会披露担保的简要情况（如交易情况、债权人）、担保事项履行的内部决策程序、被担保人（即主债务人）、担保的主要内容（如担保方式、担保期限、担保额度）等。

2. 集中担保公告。常以年度担保额度公告及股东大会决议（决议通过担保额度议案）的形式出现，主要是境内上市公司对子公司的担

保集中授权，通常会披露被担保人、拟提供担保的额度，部分公告还会披露债权人名称。

（二）债权人对境内上市公司担保公告审查的具体标准

我们认为，无论是单项担保公告，还是集中担保公告，债权人要审查的最重要内容有：（1）该担保事项是否已经董事会或者股东大会决议通过的信息；（2）被担保人也就是主债务人是谁；（3）为主债务人担保的金额是多少。

需要探讨的是，在担保公告中已有该担保事项已经董事会或者股东大会通过的内容的情况下，债权人是否还应当审查上市公司章程。对此，有两种观点。一种观点为肯定说，理由是：从意思表示生效的法律逻辑上看，公告只是上市公司意思表示的传达方式，仅依公告不能当然得出其意思表示真实的结论；《民法典担保制度解释》第9条沿袭《民商事审判会议纪要》的精神，而根据该精神，担保债权人需要审查上市公司章程。另一种观点为否定说，理由是：担保债权人对公告的信赖利益应当受到保护；如果在上市公司公告之外，还要求担保债权人审查公司章程，将使《民法典担保制度解释》第9条第1款形同具文，不符合法律解释的逻辑；参考物权法中的“公示公信”原理，担保债权人有理由相信，只要是经过公告的公司决议，就应当是符合监管规则和公司章程的。我们倾向于后一种观点。

二、境内上市公司控股子公司为他人提供担保时，境内上市公司公告的内容

（一）由境内上市公司进行公告的依据

上市公司控股子公司为他人提供担保，首先是上市公司控股子公司对外担保的问题，对于这一问题最早见于《中国证券监督管理委员会、中国银行业监督管理委员会关于规范上市公司对外担保行为的通知》（证监发〔2005〕120号，以下简称120号文）。120号文第1条第7项规定：“上市公司控股子公司的对外担保，比照上述规定执行。上市公司控股子公司应在其董事会或股东大会做出决议后及时通知上

市公司履行有关信息披露义务。”

在120号文之后，证监会、交易所在多个文件中就这一问题有过解答。最新的规定是深圳证券交易所2020年发布的《深圳证券交易所上市公司规范运作指引（2020年修订）》。该指引第6.3.12条明确规定：“上市公司控股子公司为上市公司合并报表范围内的法人或者其他组织提供担保的，上市公司应当在控股子公司履行审议程序后及时披露。上市公司控股子公司为前款规定主体以外的其他主体提供担保的，视同上市公司提供担保，应当遵守本节相关规定。”据此，我们认为，上市公司控股子公司为他人提供担保，其虽然不是上市公司，但其担保事项仍然需要公告。

（二）境内上市公司控股子公司为他人提供担保的决议程序及公告主体

境内上市公司控股子公司为他人提供担保，当然应当由控股子公司自己依法依章程决议。但控股子公司作出决议后，需要由境内上市公司对此进行公告，那么公告前，是否还需要境内上市公司对此再进行决议呢？我们认为，不需要。对此，应尊重监管机关及交易所的规定。

三、《民法典》施行前，相对人与境内上市公司订立的担保合同被认定无效的，境内上市公司是否承担缔约过失责任

我们认为，根据法不溯及既往的原理，在无效的后果上，上市公司与一般公司承担的责任没有区别。换言之，《民法典》施行之前相对人与境内上市公司订立的担保合同被认定无效的，境内上市公司应当视情况承担不超过主债务人不能履行部分的二分之一或者三分之一的民事责任。

这实际上涉及《民法典》的溯及力问题。尽管《民法典担保制度解释》自2021年1月1日施行，但根据《民法典时间效力规定》的规定，如果《民法典》的规定具有溯及力，则针对该规定的司法解释也应被赋予溯及既往的效力。此外，编纂《民法典》并非制定一部新

的法律，且《民法典》的大部分内容来自九部被废止的法律。对于《民法典》完全继受九部法律的情形，如果待决案件应当适用九部法律，《民法典担保制度解释》的有关规定也应可以在裁判说理时作为依据加以援引，但应区分是广义的法律解释还是狭义的法律解释：狭义的法律解释是针对法律有规定但理解有分歧而作的解释；广义的法律解释则不仅包括狭义的法律解释，也包括制定法漏洞的填补。在司法解释旨在填补制定法漏洞的情形下，因带有规则创制的性质，为保护当事人的合理预期，不宜将此类解释溯及至对原法律的理解。以境内上市公司对外提供担保为例，虽然《民法典担保制度解释》第9条制定的依据是《公司法》第16条，且《公司法》并未修改或者废止，但由于《公司法》第16条并无关于上市公司提供担保的特别规定，因此，《民法典担保制度解释》关于上市公司对外提供担保的规定属广义的法律解释，不应赋予其溯及既往的效力。也就是说，《民法典担保制度解释》第9条仅适用于2021年1月1日后发生的担保行为。

第十条 **一人有限责任公司为其股东提供担保，公司以违反公司法关于公司对外担保决议程序的规定为由主张不承担担保责任的，人民法院不予支持。公司因承担担保责任导致无法清偿其他债务，提供担保时的股东不能证明公司财产独立于自己的财产，其他债权人请求该股东承担连带责任的，人民法院应予支持。**

【条文主旨】

本条是关于一人公司为其股东提供担保的效力及后果的规定。

【条文概览】

在一人公司为其股东提供担保的情形下，公司财产与股东财产将发生高度混同而导致公司人格丧失独立性，依据《公司法》第63条的规定，如果股东不能证明公司财产独立于自己的财产，则在公司因承担担保责任而无法清偿其他债务时，其他债权人可请求提供担保时的股东承担连带责任。

【争议观点】

关于一人公司为其股东提供担保的效力，理论界与实务界存在较大的争议。一种意见认为，根据《公司法》第16条第2款、第3款的规定，公司为其股东提供担保，必须经股东会或者股东大会决议，且被担保的股东不得参加表决，表决由出席会议的其他股东所持表决权的过半数通过，而在一人公司为股东提供担保的情形下，不仅无法形成有效的股东会决议，甚至无法召开股东会，因此，一人公司为股东提供担保所订立的合同应当被认定无效。另一种意见认为，根据《公司法》第63条的规定，一人公司的人格与股东的人格被推定是混同的，因此，一人公司为股东提供担保，应理解为公司为自己提供担保，即使公司无法就此形成有效决议，也不影响担保的效力。

【理解与适用】

一、一人公司为股东提供担保的效力

由于一人公司欠缺社团性，因此关于《公司法》是否应当承认一人公司，在《公司法》修订过程中曾存在较大的争议。2005年修订后的《公司法》采取的是折中路线，即在承认一人公司的同时，采取举证责任倒置的方式，规定在股东无法举证证明公司财产独立于股东自己财产的情形下，股东须对公司债务承担连带责任。对此，《公司法》第63条规定："一人有限责任公司的股东不能证明公司财产独立于股东自己的财产的，应当对公司债务承担连带责任。"至于一人公司的股东如何才能证明公司财产独立于股东自己的财产，首先取决于公司是否有健全的财务会计制度。如果股东拿出证据证明公司有健全的财务会计制度，公司的财产完全独立于股东自己的财产，则公司具有独立人格。相反，如果股东的财务会计制度不健全，就无法证明公司的财产独立于股东自己的财产，公司就不具有独立人格，股东须对公司债务承担连带责任。

当然，实际中也存在主观证明责任的移转问题，例如，股东虽然举证证明公司存在健全的财务会计制度，法官也据此形成公司具有独立人格的临时心证，但公司债权人举反证推翻了股东提出的本证，从而推翻了法官形成的临时心证，则法官仍将认定公司不具有独立人格，股东须对公司债务承担连带责任。

在一人公司为股东提供担保的情形下，担保合同是否因没有股东会决议而被认定无效，是实践中较有争议的问题。我们认为，由于一

人公司虽然形式上具有独立人格，但在股东未举证证明公司财产独立于股东财产的情形下，公司的人格将被推定与股东的人格发生混同，因此，我们可将一人公司为股东提供担保理解为公司为自己的债务提供担保，自然无须公司决议。也就是说，一人公司在为股东提供担保后，又以没有股东会决议为由请求人民法院认定担保合同无效的，人民法院不应予以支持。

二、一人公司为股东提供担保的后果

尽管一人公司为其股东提供担保并不因违反《公司法》第 16 条而应认定无效，但一人公司在承担担保责任后，就可能因财产状况恶化导致其他债权人的债权无法得到实现。这也是部分学者担心允许一人公司为股东提供担保可能会损害公司债权人利益的重要原因。[①] 我们认为，如果认可一人公司为股东提供担保，则意味着股东和公司的财产是混同的，公司为股东提供担保，就是为自己提供担保。就此而言，如果公司因承担担保责任而无法清偿对其他债权人的债务，则其他债权人可以请求股东承担连带责任。

我们认为，只要一人公司为股东的债务提供担保，就应作为否定公司人格的重要证据。也就是说，即使股东拿出证据证明公司存在健全的财务会计制度，从而请求人民法院认定公司具有独立人格，但如果公司为股东提供了担保，且公司因承担担保责任导致无法清偿对其他债权人的债务，则人民法院仍应根据前述主观证明责任移转的理论，认定该公司不具有独立人格，股东仍需对公司的其他债权人承担连带责任。

需要指出的是，一人公司为股东提供担保导致无法清偿其他债务这一事实本身即是公司人格与股东人格混同的重要证据，在此情形下，股东自无法再举证证明公司财产独立于股东个人的财产。也就是说，本条第 2 句“公司因承担担保责任导致无法清偿其他债务，提供

① 李志刚等：《一人公司能否为股东提供担保：法理基础与制度设计》，载《人民司法》2019 年第 1 期。

担保时的股东不能证明公司财产独立于自己的财产”表达的是一个因果关系，即因“公司因承担担保责任导致无法清偿其他债务”导致“提供担保时的股东不能证明公司财产独立于自己的财产”，进而公司的其他债权人可主张股东承担连带责任，而不是表达其他债权人请求股东承担连带责任必须同时满足“公司因承担担保责任导致无法清偿其他债务”和“提供担保时的股东不能证明公司财产独立于自己的财产”两个条件。此外，这里将承担连带责任的股东限制在“提供担保时”的股东，主要是为了防止股东通过一人公司为自己提供担保后，又将股权转让给他人，从而规避承担连带责任的风险。

【实务问题】

实践中，不仅存在着形式的一人公司，也存在着实质的一人公司。在持股比例过于悬殊的情形下，当公司为大股东提供担保时，判断公司是否为实质的一人公司，显得尤其重要。例如，司法实践中常有人提出如下问题：甲持有 A 公司 99% 的股权，乙持有 A 公司 1% 的股权，A 公司为甲个人的债务提供担保，是否因没有股东会决议而应认定担保合同无效？我们认为，如果 A 公司是一个实质的一人公司，就应适用《民法典担保制度解释》第 10 条的规定，在认定担保合同有效的同时，为保护公司债权人的利益，明确当公司因承担担保责任而无法清偿公司债务时，公司债权人可请求甲承担连带责任。如此，可保护公司债权人的合法利益。至于乙，因 A 公司为实质的一人公司，乙只是“挂名”股东，自然无须对乙的利益进行保护。但是，如果 A 公司并非一个实质上的一人公司，则即使乙的持股比例较低，也应保护乙的交易安全。此时，就不能适用《民法典担保制度解释》第 10 条的规定，而应适用《公司法》第 16 条第 2 款的规定。当然，此时只有乙有表决权，似无法形成股东会决议，但结合《民法典担保制度解释》第 8 条第 1 款第 3 项的规定，亦不难得出：如果乙签字同意 A 公司为甲的债务提供担保，则该担保合同有效；如果乙不同意 A

公司为甲的债务提供担保，则该担保合同无效。

可见，判断 A 公司是否为实质的一人公司，既关系到甲的债权人的保护，也关系到 A 公司债权人和股东利益的保护。我们认为，如果公司的股东持股比例过于悬殊，不仅存在一个对公司处于绝对控股地位的股东，且股东之间存在近亲属关系，除控股股东外，被担保的债权人有证据证明其他股东从未参与过公司的经营和管理，则可以推定公司构成实质的一人公司，再将举证责任分配给一人公司，由该公司承担举证证明其不是实质一人公司的责任。

第十一条 公司的分支机构未经公司股东（大）会或者董事会决议以自己的名义对外提供担保，相对人请求公司或者其分支机构承担担保责任的，人民法院不予支持，但是相对人不知道且不应当知道分支机构对外提供担保未经公司决议程序的除外。

金融机构的分支机构在其营业执照记载的经营范围内开立保函，或者经有权从事担保业务的上级机构授权开立保函，金融机构或者其分支机构以违反公司法关于公司对外担保决议程序的规定为由主张不承担担保责任的，人民法院不予支持。金融机构的分支机构未经金融机构授权提供保函之外的担保，金融机构或者其分支机构主张不承担担保责任的，人民法院应予支持，但是相对人不知道且不应当知道分支机构对外提供担保未经金融机构授权的除外。

担保公司的分支机构未经担保公司授权对外提供担保，担保公司或者其分支机构主张不承担担保责任的，人民法院应予支持，但是相对人不知道且不应当知道分支机构对外提供担保未经担保公司授权的除外。

公司的分支机构对外提供担保，相对人非善意，请求公司承担赔偿责任的，参照本解释第十七条的有关规定处理。

【条文主旨】

本条是关于公司的分支机构对外提供担保之效力的规定。

【条文概览】

公司的分支机构在性质上属于公司的意定代表机构，其代表权来自公司的授权。在公司的分支机构代表公司对外担保问题上，因公司的法定代表人并无公司对外提供担保的代表权，故亦无权代表公司授权公司分支机构对外提供担保。根据《公司法》第16条的规定，公司的分支机构代表公司对外提供担保，亦应取得公司股东（大）会或者董事会以公司决议形式的授权。未经公司股东（大）会决议或者董事会决议，公司的分支机构代表公司对外提供担保将构成越权代表，仅在构成表见代表的情形下，相对人才能主张由公司或者公司的分支机构承担担保责任。

在金融机构的分支机构代表金融机构提供担保时，如果从事的是开立保函等标准化业务，根据《民法典担保制度解释》第8条的规定，因金融机构本身开立保函无须获得公司决议的授权，故可将分支机构的营业执照是否记载担保或者保函业务作为判断公司是否对分支机构进行概括授权的依据。也就是说，金融机构的分支机构有权在其营业执照记载的经营范围内开立保函，或者经有权从事担保业务的上级机构授权开立保函。但是，如果金融机构的分支机构对外提供的是保函之外的担保，则不能将营业执照记载的担保或者保函业务理解为金融机构对该分支机构的概括授权，分支机构对外代表金融机构提供担保须取得金融机构的个别授权，以防止金融机构的分支机构随意代表金融机构对外提供担保给金融机构带来风险。

因担保公司分支机构的营业执照必然记载担保业务，故不能将其理解为担保公司对分支机构的概括授权。考虑到担保公司本身对外提供担保无须公司决议，担保公司分支机构代表担保公司对外提供担保亦无须公司决议，但须取得担保公司的授权。

与法定代表人越权代表公司提供担保一样，在公司分支机构代表公司对外提供担保的场合，如果相对人为非善意，自然无法请求公司或者其分支机构承担担保责任，而只能依据《民法典担保制度解释》第17条的规定，请求公司或者其分支机构承担缔约过失责任。

【争议观点】

关于公司分支机构以自己名义对外提供担保的效力，实践中有不同的观点。一种观点认为，《民法典》第74条第2款规定“分支机构以自己的名义从事民事活动，产生的民事责任由法人承担；也可以先以该分支机构管理的财产承担，不足以承担的，由法人承担”，因此，公司的分支机构以自己的名义提供的担保有效，公司或者其分支机构应承担担保责任。另一种观点认为，尽管《民法典》规定公司的分支机构可以自己的名义从事民事活动，但担保行为因属异常交易行为而受到《公司法》的特别规制，公司法定代表人代表公司对外提供担保尚且需要公司以决议的形式授权，公司的分支机构对外提供担保就更需要公司以决议的形式授权。

当然，金融机构开立保函或者担保公司提供担保均属于公司的正常经营活动，其分支机构对外提供担保也应区别于其他公司分支机构对外提供担保。对此，一种意见认为，应将金融机构分支机构与担保公司分支机构作相同处理，并将分支机构营业执照记载的经营范围作为公司概括授权的依据，只要分支机构在营业执照记载的经营范围内提供担保，则应当认定该担保行为有效。另一种意见则认为，金融机构分支机构的营业执照可以记载的经营范围较大，既可能记载担保业务，也可能不记载担保业务，但担保公司分支机构的营业执照必然都会记载担保业务，因此，金融机构分支机构的营业执照记载的担保业务，可以看作金融机构对其分支机构的概括授权，而担保公司分支机构的营业执照记载的担保业务，则不能看作担保公司对其分支机构的概括授权，担保公司分支机构对外提供担保仍须取得担保公司的个别授权。

【理解与适用】

一、法人分支机构的法律地位

根据《民法典》第74条第2款的规定，法人的分支机构可以自己的名义从事民事活动，其后果则由法人承担。问题是，法人分支机构到底具有何种法律地位呢？我们认为，法人的分支机构不是独立的民事主体，而是有权代表法人从事民事活动的机关，因此，法人的分支机构以自己的名义从事民事活动，实际上是法人在从事民事活动，其后果自然应由法人承担。当然，法人的分支机构作为法人的代表机关从事民事活动，与法人的法定代表人代表法人从事民事活动存在一定的区别：首先，法定代表人的代表权是法定的，即法人一旦选任法定代表人，则该代表人即有权在法律规定的范围内代表法人从事民事活动，而法人的分支机构代表法人从事民事活动，则应当取得法人的书面授权，因而属于意定的代表机构；其次，法定代表人代表法人从事民事活动必须以法人的名义进行，而法人分支机构代表法人从事民事活动则可以自己的名义进行；最后，二者在范围上存在差异，法定代表人的代表权原则上仅受法律的限制，即使法人章程或者法人的权力机构对法定代表人的代表权进行限制，该限制也不能对抗善意相对人，而分支机构作为意定的代表机构，其有权代表法人从事民事活动的范围必须根据法人的授权确定。

尽管法人的分支机构作为法人的代表机关与法人的法定代表人存在差异，但二者也存在联系：由于法人的分支机构代表法人从事民事活动必须获得法人的授权，因此，通常情形下，该授权是由法人的法定代表人代表法人实施的。当然，法人对分支机构的授权既可能体现在其为分支机构办理的营业执照，也可能是个别性的授权。也就是说，法人分支机构的营业执照所记载的经营范围，可以理解为法人的法定代表人代表法人对该分支机构的概括性授权。

二、公司的分支机构对外提供担保的效力

关于公司分支机构对外提供担保的效力认定，《民通意见》第107条规定："不具有法人资格的企业法人的分支机构，以自己的名义对外签订的保证合同，一般应当认定无效。但因此产生的财产责任，分支机构如有偿付能力的，应当自行承担；如无偿付能力的，应由企业法人承担。"可见，尽管企业法人的分支机构有权以自己的名义在授权范围内代表企业法人签订一般的民事合同，但对于企业法人的分支机构以自己的名义对外签订保证合同，司法政策给予了否定性的评价，认为"一般应当认定无效"。至于担保合同无效的后果，如分支机构无力自行承担，则由企业法人承担。

不过，后来的《担保法》则并未一概规定企业法人的分支机构代表法人签订担保合同都无效，而是于该法第29条规定："企业法人的分支机构未经法人书面授权或者超出授权范围与债权人订立保证合同的，该合同无效或者超出授权范围的部分无效，债权人和企业法人有过错的，应当根据其过错各自承担相应的民事责任；债权人无过错的，由企业法人承担民事责任。"可见，《担保法》区分法人的分支机构是否获得法人的书面授权来判断法人分支机构代表法人所订担保合同的效力。也就是说，从《担保法》的规定看，企业法人的分支机构对外提供担保须经法人的书面授权，且该授权必须是个别授权，不能通过营业执照进行概括授权。这一思路亦被《担保法解释》坚持。例如，《担保法解释》第17条规定："企业法人的分支机构未经法人书面授权提供保证的，保证合同无效。因此给债权人造成损失的，应当根据担保法第五条第二款的规定处理。企业法人的分支机构经法人书面授权提供保证的，如果法人的书面授权范围不明，法人的分支机构应当对保证合同约定的全部债务承担保证责任。企业法人的分支机构经营管理的财产不足以承担保证责任的，由企业法人承担民事责任。企业法人的分支机构提供的保证无效后应当承担赔偿责任的，由分支机构经营管理的财产承担。企业法人有过错的，按照担保法第二十九

条的规定处理。”

总之，《担保法》及《担保法解释》虽然区分企业法人的分支机构是否获得法人的书面授权而分别规定分支机构对外担保的效力，并对相应的法律责任承担问题进行了明确规定，但是，这些理解是建立在当时的《公司法》没有就公司对外担保问题进行明确规定的基础上的。在2005年《公司法》修订前，我国《公司法》仅于第60条第3款规定：“董事、经理不得以公司资产为本公司的股东或者其他个人债务提供担保。”关于该款规定究竟是规制董事、经理个人的行为，还是也规制公司对外担保的行为，理论界与实务界均存在较大的争议，且即使将其理解为同时规制公司对外提供担保的行为，也无法从文义上得出公司对外提供担保须经董事会或者股东（大）会决议。在此背景下，《担保法》及其《担保法解释》仅要求企业法人分支机构对外担保须经企业法人的书面授权，也就不难理解了。

但是，2005年修订后的《公司法》不仅明确了公司对外提供担保应受到法律规制，而且明确了法定代表人代表公司对外提供担保须经董事会或者股东（大）会授权。既然法定代表人代表公司对外提供担保须经董事会或者股东（大）会授权，在未经董事会或者股东（大）会以决议形式进行授权的情形下，法定代表人自然也无法代表公司授权公司分支机构对外提供担保。我们认为，在《公司法》修订后，公司分支机构对外代表公司提供担保不仅要获得公司的个别授权，而且该授权本身也须经董事会或者股东（大）会决议。

三、金融机构分支机构与担保公司分支机构的特殊性

需要说明的是，《民法典担保制度解释》第8条第1款第1项规定金融机构开立保函无须公司决议，是由于保函业务属于金融机构的标准化业务，是金融机构从事的日常经营活动，如果金融机构的分支机构的营业执照记载有保函业务，则应视为金融机构对该分支机构进行了概括授权，其开立保函的行为无须经公司决议授权；如果金融机构的营业执照没有记载保函业务，但经有权从事担保业务的上级机构

授权开立保函，也应理解为已经获得金融机构的授权，其开立保函的行为亦无须经公司决议授权。不过，对于非标准化的担保行为，如签订个别化的保证合同或者在金融机构的分支机构管理的财产上设定担保物权，则仍应遵循公司的分支机构以自己名义对外提供担保的一般规则。鉴于金融机构对外提供担保本身无须决议，因而此处所谓的一般规则，并非需要金融机构通过董事会或者股东（大）会以公司决议的形式授权，而是可由法定代表人代表公司进行授权。之所以作这样的规定，主要是考虑到非标准化的担保行为并非金融机构的日常经营活动，金融机构对此种行为亦难以实施全面监管，如果允许分支机构在未经金融机构个别授权的情况下从事个别担保，将可能导致金融机构遭受重大损失，严重的甚至可能引发区域性金融风险。

此外，为确保担保的便捷性，《民法典担保制度解释》第8条第1款第1项同时还规定，以担保为主营业务的担保公司对外提供担保时也无须公司进行决议。但考虑到担保公司从事的大多是非标准化的担保行为，为了便于担保公司加强风险控制，防止其设立的分支机构在未经总公司授权时擅自对外提供担保，《民法典担保制度解释》规定担保公司的分支机构以自己的名义对外提供担保，仍须获得总公司的授权。值得注意的是，与金融机构的分支机构可在营业执照记载较大的经营范围不同，担保公司分支机构的营业执照大多只能记载从事担保业务，所以即使担保公司分支机构的营业执照记载了担保业务，亦不能视为担保公司已就其分支机构对外提供担保进行了概括授权。

【实务问题】

实践中应严格区分法人的分支机构与法人的职能部门。一般来说，除法人的法定代表人外，法人的职能部门并无代表法人从事民事活动的资格，因此，《担保法解释》第18条规定："企业法人的职能部门提供保证的，保证合同无效。债权人知道或者应当知道保证人为企业法人的职能部门的，因此造成的损失由债权人自行承担。债权人不知保证人为企业法人的职能部门，因此造成的损失，可以参照担保法第五条第二款的规定和第二十九条的规定处理。”尽管该条未保留到《民法典担保制度解释》中，但这并不意味着该条与《民法典》的规定存在冲突或者矛盾，而是因为对于法人职能部门不能代表法人对外提供担保，理论界与实务界已经取得广泛的共识，为突出《民法典担保制度解释》的“问题导向”，我们认为无须再在司法解释中予以明确规定。

通常情形下，法人的分支机构与法人的职能部门之间的区分是明确的，前者往往进行了工商登记，领取了营业执照，并有权以自己的名义对外从事民事活动，而后者则属于法人的内设部门，无权以自己的名义或者法人的名义对外从事民事活动。但是，在特殊情形下，公司设立的某些机构如项目部，究竟是分支机构还是职能部门也会存在争议。我们认为，对于公司设立的项目部应进行类型化分析：有的项目部进行了工商登记、领取了营业执照，应属于法人的分支机构；有的项目部则未进行工商登记，也不会领取营业执照，应属于法人的职能部门。在项目部性质上属于法人职能部门的场合，对于项目部负责人或者工作人员以法人或者项目部的名义从事的民事法律行为，应依据《民法典》关于代理制度的规定认定其效力。在经法人授权从事民事活动或者依据《民法典》第170条的规定构成职务代理的场合，项目部负责人或者工作人员以法人或者项目部名义所实施的行为后果应由法人承担。在未取得法人的授权，也不构成职务代理的场合，项目部负责人或者工作人员以法人或者项目部名义实施的行为构成无权代理，仅在构成表见代理的情形下，行为的后果才归属于法人。需要注意的是，因公司对外提供担保具有特殊性，公司法定代表人在代表公司对外提供担保时的代表权尚且受到限制，项目部负责人或者工作人员未经公司授权自然更无权以公司或者项目部名义对外提供担保。也就是说，在对外提供担保问题上，无论是项目部负责人还是其工作人员，都不构成职务代理。此外，在项目部负责人或者工作人员以公司或者项目部的名义对外提供担保时，因公司的授权本身须经董事会或者股东（大）会决议，相对人也只有在对公司决议进行合理审查后，才能依据表见代理制度主张担保合同直接约束公司。

第十二条 法定代表人依照民法典第五百五十二条的规定以公司名义加入债务的，人民法院在认定该行为的效力时，可以参照本解释关于公司为他人提供担保的有关规则处理。

【条文主旨】

本条是关于债务加入可以参照适用《民法典担保制度解释》关于公司为他人提供担保的有关规则处理的规定。

【条文概览】

法定代表人依照《民法典》第552条的规定以公司名义加入债务的，债务加入人承担的责任重于连带责任保证。例如，债务加入与原债务不是主从关系，债务加入合同不具有从属性、不是原合同的从合同，因此，在原合同无效的情况下，债务加入合同如果没有其他无效事由，债务加入合同有效；举例来说：原债权债务合同约定的债务为1亿元，第三人加入该债务，即使原债权债务合同无效，如果债务加入合同没有其他无效事由，那么债务加入合同有效，债务加入人承担债务的范围为1亿元。但是，如果是担保合同，在主合同无效的情况下，担保人是否承担责任，要看担保人是否有过错。担保人无过错的，担保人不承担任何赔偿责任。担保人有过错的，其承担责任的范围不应超过主债务人不能清偿部分的三分之一，即不超过3333.33万元。这样一比较，显然债务加入人承担责任要重得多。又如，债务加入没有保证期间的保护，而保证合同则有保证期间的保护。仍以上例为例，如果第三人是债务加入人，那么只要没过诉讼时效，债务人就应当承担1亿元的责任。相反，如果第三人是保证人，如果债权人在合同约定或者法定的保证期间内没有向第三人依法行使权利，那么第三人不承担任何责任。可见，债务加入人承担的责任远远重于保证人承担的责任。根据举轻以明重的原理，既然为他人提供担保都要按照《公司法》第 16 条的规定经过公司有权机关决议通过，那么债务加入人如果是公司，其加入债务，当然也应当遵守《公司法》第 16 条的规定。因此，人民法院在认定该行为的效力时，可以参照《民法典担保制度解释》关于公司为他人提供担保的有关规则处理。

【争议观点】

关于债务加入的效力，有两种观点：

第一种观点认为，法定代表人依照《民法典》第 552 条的规定以公司名义加入债务的效力，可以参照公司为他人提供担保的有关规则处理。理由在于，既然公司为他人提供保证都需要按照《公司法》第 16 条的规定，由公司股东会或者董事会依照章程的有关规定作出同意的决议，否则法定代表人就无权代表公司对外担保，而债务加入人承担的责任与公司作为保证人承担的责任相比，债务加入人承担的责任比保证更重，那么，为了保护公司的利益，以公司名义加入债务的效力，可以参照公司为他人提供担保的有关规则处理。

第二种观点认为，《公司法》第 16 条规范的是公司对外担保行为，而公司加入债务本身并非《公司法》第 16 条规定的担保，所以债务加入行为的效力，不应参照公司为他人提供担保的有关规则处理，而应该根据债务加入合同本身进行判断。

【理解与适用】

一、债务加入的基本原理

《民法典》第 552 条规定："第三人与债务人约定加入债务并通知债权人，或者第三人向债权人表示愿意加入债务，债权人未在合理期限内明确拒绝的，债权人可以请求第三人在其愿意承担的债务范围内和债务人承担连带债务。”据此，债务加入是指第三人加入到债务中，作为新债务人与原债务人一起向债权人承担连带债务。有学者考证，债务加入在《民法典》之前并无规定，规范性文件最早出现在《江苏省高级人民法院关于适用〈中华人民共和国合同法〉若干问题的讨论纪要（一）》第17条。该条规定：“债务加入是指第三人与债权人、债务人达成三方协议或第三人与债权人达成双方协议或第三人向债权人单方承诺由第三人履行债务人的债务，但同时不免除债务人履行义务的债务承担方式。”[①]

与债务加入制度类似的制度还有债务转移、连带责任保证。债务加入人与债务转移的受让人、连带责任保证人都以自己的全部财产对债权人的债权负责，这是三者的共同之处。就不同之处而言，债务加入与债务转移之间的区别在于，在债务加入中，第三人和原债务人一起对债权人负责，因此债务加入也被称为并存的债务转移。而在债务转移中，原则上原债务人不再作为债务人，而由第三人作为新的债务人，因此，债务转移又被称为免责的债务转移。与债务转移相比，显然债务加入对债权人的保护更充分。

与债务加入最相类似的制度是保证中的连带责任保证，其共同之处在于，债务加入人与连带责任保证人对债务人的债务都具有担保功能，都对债务负有履行义务，都要承担有关债务，都对债权人享有原债务人的抗辩权、抵销权等权利，但二者存在如下根本区别：

第一，保证债务是债务人不履行债务或者发生约定的情形时，保证人承担责任的债务，该债务具有从属性。换言之，该债务原本是债务人的债务，保证人承担的是原债务人的债务，是债务，而不是其本身的债务。而债务加入中的加入人加入债务，不存在从属性的问题。债务加入后，加入人承担的债务与原债务没有主从关系。据此，债务加入合同的效力不受原合同效力的影响，其效力是独立存在的。原合同无效，债务加入合同不受原合同无效的影响。换言之，如果债务加

① 高圣平：《担保法前沿问题与判解研究》（第五卷），人民法院出版社2021年版，第119页。

入合同本身没有无效的因素，则债务加入合同本身是有效的。而保证合同的效力则要受主合同效力的影响，主合同无效的，保证合同无效，除非法律另有规定。

第二，保证人享有保证期间和诉讼时效制度的双重保护，其中的保证期间制度是保证人专门享有的，而第三人加入债务后，其不能享受保证期间制度保护的红利，只能受到诉讼时效制度的保护。

关于第三人加入债务后，是否享有对原债务人的追偿权，一种观点认为，这取决于债务加入人与原债务人之间的约定。[①]另一种观点则认为，由于债务加入中的第三人与债务人居于连带债务关系，则第三人清偿债务后，有权要求原债务人偿付其应当承担的份额。[②]我们认为，根据《民法典》第552条的规定，一旦债务加入成立，债务加入人与原债务人之间成立连带债务关系，而根据《民法典》第519条的规定，连带债务人之间是相互有追偿权的。故我们倾向于后一种观点。

二、债务加入可以参照适用担保规定的原理

法定代表人依照《民法典》第552条的规定以公司名义加入债务的，其行为效力可以参照担保的有关规则处理，其原理在于，债务加入人承担的责任比担保人承担的责任重。根据举轻以明重的原理，既然为他人提供担保都有按照《公司法》第16条的规定经过公司有权机关决议通过，那么债务加入人如果是公司，其加入债务，当然也应当遵守《公司法》第16条的规定。

三、本条对债务加入进行规定的缘由

本条之所以对债务加入的效力作出规定，是因为实践中有的公司法定代表人为了自己的私人利益，规避《公司法》第16条规定的公司对外担保决议程序，采取债务加入、股权回购、向债权人提供差额补

---

① 黄薇主编：《中华人民共和国民法典合同编释义》，法律出版社2020年版，第203页。

② 参见韩世远：《合同法总论》，法律出版社2018年版，第636页。

足、流动性支持等形式，回避“担保”二字。为了依法保护公司的利益，解决审判实践中的法律适用难题，《民法典担保制度解释》不仅看文字上是否有担保的表述，而且也看实质上是不是在为他人提供担保，故在本条对债务加入的效力进行规范，在第68条对股权回购进行规范，在第36条对提供差额补足、流动性支持等增信措施进行规范。

四、债务加入的构成要件及法律效果

要构成债务加入，必须具备以下要件：

第一，存在债务。也就是说，原债务人与债权人之间实际上存在民事上的债务，双方之间存在债务债权关系。如果原债务人与债权人之间根本上不存在债务，那么债务加入也就无从谈起。

第二，第三人有加入债务的意思表示。该意思表示既可以向债权人表示，也可以向债务人表示，还可以同时向债务人和债权人表示。其表示形式，既可以是与债权人表示愿意加入债务，也可以是与债务人约定加入债务，还可以与债务人、债权人签订三方协议，表明愿意加入债务。

第三，债权人没有明确拒绝。与一般订立合同需要双方作出积极的意思表示不同，由于债务加入对债权人只有好处没有坏处，所以《民法典》第552条规定，债权人未在合理期限内明确拒绝的，债务加入就成立。

第四，第三人加入债务的意思表示应当到达债务人。既然第三人的意思表示是加入债务，那么当然应当让债务人知晓。在第三人向债权人表示愿意加入债务，或者债权人和当事人之间签订债务加入合同，与债务转移合同中的情形相同，该类债务加入至少应当通知债务人，债务人应当能够拒绝债权人和当事人之间签订的债务转移合同对其发生效力，这类似于《民法典》第522条第2款规定的真正的利益当事人合同的构建方案。[①]

① 黄薇主编:《中华人民共和国民法典合同编释义》，法律出版社2020年版，第203页。

构成债务加入后，根据《民法典》第552的规定，债权人可以请求第三人在其愿意承担债务范围内和债务人承担连带债务，因此，原债务人的债务并没有免除。《民法典》关于连带债务的规定当然在债务加入中应当适用。

【实务问题】

一、注意区分债务加入与连带责任保证

这是一个难点问题，可以考虑从如下几方面判断：

第一，看文件中的文字表述。看有无明确的加入债务或者与债务人共同承担债务的文字表述，即看第三人与债务人的约定、通知债权人的通知、第三人向债权人的书面表示中是否有这样的文字表述。相反，如果文字表述中明确写明了保证字样，那就应当肯定不是债务加入。

第二，看文件中有无保证期间的约定。保证期间是保证特有的制度，其他制度包括抵押制度都没有。如果有保证期间的约定，肯定不是债务加入，而是保证；如果没有保证期间的约定，才有可能构成债务加入。

第三，看文件中有无主债务人应当先承担责任的意思表示。如果有该意思表示，肯定不是债务加入，而是一般保证。如果没有该意思表示，才有可能构成债务加入。

第四，看文件中是否有承担责任后有权向债务人追偿的明确约定。保证人承担保证责任后，可以向债务人追偿，而第三人加入债务作为连带债务人履行债务后，其对债务人的追偿权是法定的，而不是约定的，也不用约定。

第五，看文件中有无从属性的约定。如果有从属性的约定，符合《民法典》第681条的规定，那么应当认定为保证。相反，如果承诺文件中没有从属性的约定，则宜考虑是否符合债务加入的要件。

第六，按照文件所使用的词句，结合相关条款、行为的性质和目的、习惯以及诚信原则，确定文件的性质。

二、担保人的责任是否因为第三人加入债务而受到影响

第三人加入债务后，原债务人并未因此被取代而从债务的法锁中解脱，其仍然为债务人，仍然要对债务负责。换言之，如果，主债务仍然存在，那么，为主债务提供的担保并不因第三人加入债务而影响其担保人的地位。当然，该担保仍然对债务人发生效力，而对加入债务的第三人不发生担保的效力。实际上，《民法典》第 697 条第 2 款就明确规定，第三人加入债务的，保证人的保证责任不受影响。这里的“不受影响”，是指如果加入债务的第三人仅仅是加入债务，还没有履行义务的情形。如果第三人履行了部分义务，债务人的债务因此就相应减少，基于保证合同是主合同的从合同的原理，保证的范围也具有从属性，保证责任也应相应减少。如果第三人履行了全部义务，主债务消灭，那么担保责任也就随之消灭。也就是说，题述问题不能一概而论，要看加入债务的第三人是否实际履行了部分或者全部债务。

三、如何区分债务转移与债务加入

我们认为，在合同文本中对债务转移与债务加入约定不明确时，应当通过法律解释方法来确定其性质。如果通过解释方法仍然不能确定是债务转移还是债务加入，考虑到债权人对债务人资力和履行能力的信赖，基于保护债权人利益的价值，债务人不应轻易地从债务中摆脱，应当推定为债务加入。

四、第三人加入债务，约定其先承担责任的法律适用

实践中，如果第三人约定，其加入债务，债权人应当先对其请求，但是如果其不履行或者不完全履行债务的，原债务人的债务不消灭，债权人仍有权请求原债务人履行，即将原债务人作为次级债务

人，原债务人此时更类似于保证人的地位，虽然仍然存在是否受到保证期间限制等一些不同之处。[①]我们认为，此时应当尊重当事人的约定。关于原债务人在这种情况下是否就是保证人，是否享有保证期间的红利的问题，我们的倾向性意见是，此时原债务人并不能享受保证期间的红利，因为原债权债务合同中没有这样的约定，我们应当尊重当事人的约定，更何况原债务人也不会自己就变成了保证人，即便有这样的效果。

① 黄薇主编:《中华人民共和国民法典合同编释义》，法律出版社2020年版，第204页。

第十三条 同一债务有两个以上第三人提供担保，担保人之间约定相互追偿及分担份额，承担了担保责任的担保人请求其他担保人按照约定分担份额的，人民法院应予支持；担保人之间约定承担连带共同担保，或者约定相互追偿但是未约定分担份额的，各担保人按照比例分担向债务人不能追偿的部分。

同一债务有两个以上第三人提供担保，担保人之间未对相互追偿作出约定且未约定承担连带共同担保，但是各担保人在同一份合同书上签字、盖章或者按指印，承担了担保责任的担保人请求其他担保人按照比例分担向债务人不能追偿部分的，人民法院应予支持。

除前两款规定的情形外，承担了担保责任的担保人请求其他担保人分担向债务人不能追偿部分的，人民法院不予支持。

【条文主旨】

本条是关于共同担保情形下，承担了担保责任的担保人能否要求其他担保人分担的规定。

【条文概览】

本条明确了共同担保情形下，担保人之间原则上并不能相互追偿，但考虑到担保人之间相互分担责任的问题属于私法自治的范畴，对于担保人之间就担保责任分担及其份额作出明确约定的，或者约定承担连带共同担保的，已经承担担保责任的担保人依据当事人之间的约定要求其他担保人承担相应份额的，人民法院应予支持。此外，虽然担保人并未就相互分担问题作出明确约定，但其在同一份合同书上签字、盖章或者按指印，从平衡当事人利益角度出发，应推定担保人之间具有相互分担责任的意思表示。关于已经承担担保责任的担保人是否应先向主债务人追偿的问题，如果当事人对于追偿问题有明确约定，按照其约定处理；未约定的，应当先向主债务人追偿，只有主债务人不能清偿的部分才能在担保人之间分担。

【争议观点】

关于两个以上担保人为同一债务提供担保，承担了担保责任的担保人能否向其他担保人追偿的问题，理论和实践中争议较大。一种观点认为，担保人为债务人提供担保，应共同承担债务人不能清偿债务的风险和责任，担保人之间可以相互追偿。另一种观点认为，担保人系为债务人提供担保而非为担保人提供担保，故相互之间并无追偿权。另外，还有观点认为，担保人之间原则上无相互追偿权，但担保人之间存在相互追偿的约定或者能够推定具有相互追偿意思表示时，应尊重当事人的约定。

【理解与适用】

两个以上第三人为同一债务向债权人提供的担保，为共同担保。共同担保是相对于一人提供担保而言的，其主要特点是担保人为数人，数个担保人为同一债务提供担保，而非仅为同一债务人提供担保。根据共同担保类型的不同，实践中主要有共同保证、共同物保、混合共同担保，在担保人之间是否有相互追偿权的问题上，应就上述不同担保类型作一体化解释。

一、混合共同担保人之间的相互追偿权

混合共同担保是指被担保的债权既有保证又有第三人提供的物的担保，实践中，对于混合共同担保中承担了担保责任的担保人能否追偿的问题，争议较大。《民法典》第392条延续了《物权法》第176

条的规定，明确被担保的债权既有物的担保又有人的担保的，债务人不履行到期债务或者发生当事人约定的实现担保物权的情形，债权人应当按照约定实现债权；没有约定或者约定不明确，债务人自己提供物的担保的，债权人应当先就该物的担保实现债权；第三人提供物的担保的，债权人可以就物的担保实现债权，也可以请求保证人承担保证责任。提供担保的第三人承担担保责任后，有权向债务人追偿。上述规定与《担保法解释》第38条相比，未规定“承担了担保责任的担保人，也可以要求其他担保人清偿其应当分担的份额”，造成在理解上产生了分歧。一种观点认为，《物权法》第176条关于担保人之间追偿问题的规定属于法律漏洞，其并未否定担保人之间存在相互追偿权；因而《担保法解释》第38条仍可适用，用以填补法律漏洞。另一种观点认为，《物权法》对于担保人追偿的对象和范围已经作出了明确的规定，即承担了担保责任的担保人有权向债务人追偿，但不能请求其他担保人分担。

全国人大常委会法工委在《中华人民共和国民法典释义》和《中华人民共和国物权法释义》两书中均明确，担保人之间不能相互追偿，主要考虑的因素为：第一，理论上讲不通。除非当事人之间另有约定，各担保人提供的担保具有独立性，担保人之间相互没有意思联络，因此没有法律关系的存在，要求各担保人之间相互追偿，实质是法律强行在各担保人之间设定相互担保。第二，从程序上讲费时费力、烦琐。存在多个担保人时，在债务人是最终责任人，担保人在承担担保责任后，应当向债务人追偿，如果可以向其他担保人追偿，意味着其他担保人承担责任后，仍需向债务人追偿，程序上不经济。第三，履行担保责任的担保人不能向其他担保人追偿体现了公平原则。除非当事人之间另有约定，担保人在设定担保时，对于其面临的风险是明知的，必须由自己承担。第四，可操作性差。担保人追偿的过程中面临份额确定和计算问题，该问题实践中难以准确界定。

因上述观点反映了立法机关在该问题上的一贯做法，《民法典担保制度解释》坚持尊重立法原意的原则，就担保人之间相互追偿的问题，明确了担保人之间原则上不能相互追偿，除非担保人之间存在相互分担担保责任的明确约定，或者通过其行为能够推定具有相互分担的意思联络。

二、共同保证情况下的保证人追偿权

《民法典》第699条规定："同一债务有两个以上保证人的，保证人应当按照保证合同约定的保证份额，承担保证责任；没有约定保证份额的，债权人可以请求任何一个保证人在其保证范围内承担保证责任。"该条款基本延续了《担保法》第12条的原则，将共同保证分为按份共同保证和连带共同保证。此处共同保证的规定和一般保证、连带责任保证是不同的概念。就共同保证而言，是指多个保证人之间的相互关系，即保证人之间是按份关系还是连带关系；而一般保证、连带责任保证是指保证人与主债务人之间的关系，是以保证人是否享有先诉抗辩权予以区分的。

（一）按份共同保证

按份共同保证可以分为按份共同连带保证和按份共同一般保证，债务履行期限届满，债务人未履行债务或者债务人财产执行不能时，保证人应当按照约定的份额承担保证责任，在保证人承担保证责任后，其只能依份额向债务人追偿，故保证人之间并不存在相互追偿的问题。

（二）连带共同保证

连带共同保证中，根据保证人之间是否有相互追偿权，可以分为真正连带和不真正连带的情形。从法律规定的变化来看，根据《担保法》第12条的规定，已经承担保证责任的保证人，有权向债务人追偿，或者要求承担连带责任的其他保证人清偿其应当承担的份额。《民法典》第700条规定，保证人承担保证责任后，除当事人另有约定外，有权在其承担保证责任的范围内向债务人追偿。此外，《民法典》在混合共同担保的追偿权问题上，亦明确了担保人之间原则上没有相互追偿权。因此，多个保证人之间有无相互追偿权应当与混合共同担保作体系化解释，认定共同保证人之间原则上无相互追偿权。

三、担保人相互追偿的适用

在连带共同保证中，《民法典》第700条的规定允许当事人进行特别约定，在理解特别约定时应参考《民法典》第519条有关多数人之债的规定，该条第1款和第2款规定："连带债务人之间的份额难以确定的，视为份额相同。实际承担债务超过自己份额的连带债务人，有权就超出部分在其他连带债务人未履行的份额范围内向其追偿，并相应地享有债权人的权利，但是不得损害债权人的利益。其他连带债务人对债权人的抗辩，可以向该债务人主张。"根据该规定，多个保证人之间明确约定为连带共同保证的时候，可以参照该规定认定保证人相互之间有追偿权，否则其只能在承担保证责任的范围内向债务人追偿。根据体系解释的规则，该例外追偿的情形同样适用于混合共同担保项下担保人能否相互追偿的认定。

在共同担保情形下，无论是混合共同担保还是共同保证，担保人原则上均不能相互追偿，但并不排除担保人之间通过约定追偿的方式或者以其行为表明具有相互追偿意思表示的，认定担保人之间能够相互追偿。担保人之间可以相互追偿的情形主要包括以下三种：一是担保人在合同中明确约定可以相互追偿的，该约定应当认定为有效，其中一个担保人所承担的责任超出其应承担的份额，可以依据合同约定向其他担保人追偿；二是合同中明确约定系连带共同担保的，此时可以参照《民法典》第519条的规定向其他担保人追偿；三是担保人虽然并未在合同中明确可以相互追偿，但是担保人在同一份合同书中签字、盖章或者按指印，此时可以理解为担保人之间存在连带共同担保的意思联络，从而认定为连带共同担保，担保人之间可以相互追偿。在同一份合同书中后来签字、盖章或者按指印的担保人，也有理论解释为其为债务加入。

此外，在担保人之间可以相互追偿的场合，担保人承担担保责任后，其向其他担保人追偿的范围是否限于向主债务人不能清偿的部分，对此，《民法典担保制度解释》认为应该区分当事人对于追偿问题的不同约定，如果担保人之间约定相互追偿及分担份额，承担了担保责任的担保人可以请求其他担保人按照约定分担份额；如果当事人仅约定承担连带共同担保，或者约定相互追偿但是未约定分担份额，或者通过各担保人在同一份合同书上签字、盖章或者按指印推定存在连带共同担保意思联络时，为了避免向债务人追偿、向其他担保人追偿的不确定性及循环追偿的问题，应该先向主债务人追偿，对于主债务人不能追偿的部分，再向其他担保人追偿。

四、担保人分担份额比例的确定

担保人之间相互追偿权仅限于担保人之间存在明确约定，或者通过在同一份合同书上签字、盖章或者按指印的方式推定存在相互追偿的意思联络。对于担保人追偿权的份额，应当尊重当事人的约定并兼顾公平的原则，即担保人之间能够达成一致的情况下，依照当事人之间的约定；在当事人之间未明确约定且不能达成一致的情况下，该事项属于担保人之间内部分担责任和风险的问题，应考虑担保人具体应承担的担保责任，按照比例公平分配。

第一，担保人均为保证人时，如果保证人均对于主债权及其利息、违约金、损害赔偿金和实现债权的费用提供担保，则保证人之间的分担比例为平均分担，承担了保证责任的保证人，就向债务人不能追偿的部分，可以要求其他保证人均分。如果部分保证人对于其承担保证责任的数额进行限制且低于主债权及相关费用时，则应按照保证人承担的保证债务数额为基础依比例分担制计算。

第二，混合担保的情况下，即存在保证人和物上保证人时，考虑到物的担保系仅就担保财产本身或一定的主债务限额提供担保，属于物的有限责任，保证人与物上保证人责任的分担，应以各担保人承担的具体担保责任为基础比例计算，同时考虑担保财产的价值与担保债权额的关系不同而有所区别。当担保财产的价值小于担保债权额时，应该按照保证债权额和担保财产价值的比例确定各自的份额；当担保财产的价值大于或者等于担保债权额时，应该以保证债权额和担保债权额的比例确定各自的份额。此外，需要注意的是，如果担保人均为物上保证人时，物上保证人的责任受到担保物价值和担保债权额的双重限制，同样需要考虑物的价值和担保债权额之间的关系。如果物上保证人的担保财产价值均小于担保债权额时，根据各自担保财产的价值比例确定各自的份额；如果物上保证人的担保财产价值均大于担保债权额时，应当根据各自担保债权额的比例确定分担的份额；如果部分物上保证人的担保财产价值小于担保债权额时，则应当根据该担保人的担保财产价值和其他担保人担保债权额之间的比例确定各自分担的份额。

【实务问题】

关于承担担保责任的担保人行使追偿权的性质及范围问题，需要明确：担保人承担担保责任后，原债权债务关系消灭，其有权向债务人追偿，但此时担保人享有的追偿权和代位求偿权并不相同，担保人并不能代替原债权人享有原债权债务中原债权人的权利，其只能在承担担保责任的范围内向债务人追偿。此外，同一债权人有债务人自己提供的物的担保，承担了担保责任的担保人在其承担责任的范围内主张行使债权人享有的担保物权的，人民法院应予支持。同理，在担保人可以追偿的情况下，承担了担保责任的担保人也可以行使债权人对于其他担保人的担保物权。

【案例】

赵某等与华商智汇传媒股份有限公司追偿权纠纷案件【北京市第三中级人民法院（2020）京03民终1038号】

根据新法优于旧法的原则，《担保法》及其司法解释中有关担保人之间可以相互追偿的规定，因与《物权法》产生冲突，不再适用，各方当事人之间另有约定的除外。因此，担保人在承担担保责任后，仅能向债务人追偿，而无权向其他担保人追偿。

第十四条 同一债务有两个以上第三人提供担保，担保人受让债权的，人民法院应当认定该行为系承担担保责任。受让债权的担保人作为债权人请求其他担保人承担担保责任的，人民法院不予支持；该担保人请求其他担保人分担相应份额的，依照本解释第十三条的规定处理。

【条文主旨】

本条是关于担保人受让债权的性质和法律后果的规定。

【条文概览】

就同一债务存在多个担保人时，担保人之间原则上并没有相互追偿权，部分担保人为了达到担保人之间相互分担甚至全额追偿的目的，通过与债权人签订债权转让合同的方式，在受让债权后以债权人的身份向债务人以及其他担保人追偿，该行为规避了《民法典》有关担保人之间追偿原则的规定。就该行为的本质而言，担保人虽然与债权人签订了债权转让合同，但考虑到担保人本身对于债权人负有债务，根据《民法典》第557条第1款第5项的规定，债权债务同归一人时债权债务终止，担保人受让债权的行为仅发生担保责任消灭或者部分消灭的效果，其行为本质上属于向债权人承担担保责任，担保人无权以债权人的身份请求其他担保人向其承担担保责任，担保人请求其他担保人分担份额的，应区分担保人之间是否存在相互追偿权，按照《民法典担保制度解释》第13条的规定处理。

【争议观点】

关于同一债务有两个以上的第三人提供的担保，担保人与债权人签订债权转让合同受让债权，其性质如何认定，存在不同观点。一种观点认为，担保人与债权人签订的合同性质为债权转让合同，在合同不存在无效事由的情况下，债权转让的通知到达其他担保人时，对于其他担保人发生法律效力，此时担保人作为受让人取得了与债权有关的主权利和从权利，其可以债权人的身份要求其他担保人承担担保责任。另一种观点认为，与其他当事人受让债权不同，担保人本身对债权人负有债务，担保人受让债权的行为导致债权债务归于一人，产生担保责任消灭或者部分消灭的法律效果，其不能以债权人的身份要求其他担保人承担担保责任。

【理解与适用】

一、担保人受让债权的性质分析

《民法典》第545条第1款规定："债权人可以将债权的全部或者部分转让给第三人，但是有下列情形之一的除外：（一）根据债权性质不得转让；（二）按照当事人约定不得转让；（三）依照法律规定不得转让。"第547条第1款规定："债权人转让债权的，受让人取得与债权有关的从权利，但是该从权利专属于债权人自身的除外。"从《民法典》的上述规定可以看出，债权原则上具有可转让性，法律允许债权人将其债权转让给第三人，无论该债权是现有的还是将有的债权，只要债权可以被特定化，且不存在法律规定的限制转让的情形。在债权转让的过程中，因从权利从属于主权利，担保权利作为从权利也具有转让的从属性，债权转让对担保人发生效力后，受让人有权向担保人主张权利。

与第三人通过债权转让的方式受让债权不同，在多个担保人为同一债务提供担保，其中一个担保人受让债权时，虽然亦采取签订债权转让合同的方式进行，但两者在性质的认定上存在本质的区别：一是担保人对于债权人负有担保债务，担保人通过签订债权转让合同的方式受让债权后，担保人的担保债务与债权人的担保债权同归于担保人，发生混同，根据《民法典》第557条第1款第5项的规定，当债权债务同归一人时债权债务终止，此时受让人的担保责任归于消灭或者部分消灭；二是担保具有从属性，债务履行期限届满后，债务人不履行或者不能履行债务，担保人才会承担担保责任，尤其是在一般保证情形下，保证人享有先诉抗辩权。担保人受让债权系消灭自身担保责任，同时为了达到担保人之间相互分担担保责任甚至全额追偿的目的，该行为显然与《民法典》原则上不允许担保人之间相互追偿相悖，造成了新的不公。因此，《民法典担保制度解释》认为，担保人受让债权的行为本质上属于担保债务的履行，其无权要求其他担保人承担担保责任，而其要求其他担保人分担担保份额的，应当区分担保人之间是否可以相互追偿。

二、担保人受让债权的效力和法律后果

因担保人之间存在不同类型的担保关系，应根据不同的情形分别确定担保人受让债权的效力和法律后果。

（一）按份共同担保

在按份共同担保情况下，同一债务有两个以上担保人，担保人在担保合同中对于各自应当承担的担保份额进行了明确约定，各个担保人之间原则上并没有牵连关系，其所承担的担保责任范围依据自己的承诺而产生，其履行担保责任后只能向债务人追偿；其中一个担保人受让债权后，担保人的担保责任在其受让债权的范围内消灭，其他担保人对于债权人的责任不受影响。例如，债权人甲对债务人乙享有300万元债权，保证人A、B、C与债权人甲签订保证合同，约定各自承担100万元的保证责任。债务履行期限届满后，债务人乙无

力清偿债务，保证人A与债权人甲签订债权转让合同受让100万元债权，此时债权人甲对保证人A享有的100万元债权与保证人A对债权人甲所负100万元担保债务同归于保证人A，则保证人A的担保责任消灭，其无权基于债权转让合同要求其他保证人承担保证责任，且保证人B和C仍然需要向债权人甲承担约定的保证责任。此外，如果保证人A以300万元受让债权人甲的全部债权，则保证人A应承担的100万元担保责任因混同而消灭，对于超出其应承担的担保责任的部分，因其担保责任已经消灭，其受让债权的行为即构成债权转让，可以就该部分债权享有债权人甲对保证人B和C的权利，而保证人B和C承担的责任不受影响，性质上仍属于按份责任。

（二）连带共同担保

在连带共同担保中，根据担保人之间是否存在相互追偿权，可以区分为真正的连带共同担保和不真正的连带共同担保。在真正的连带共同担保中，根据《民法典》第699条之规定进行一体化解释，可以看出同一债务有两个以上担保人，多个担保人在担保合同中没有约定担保份额的，各担保人均对债权人承担连带责任，债权人也可以要求任何一个担保人承担全部担保责任。以上述情形为例，如果保证人A、B、C在与债权人甲签订保证合同时，并未对于各自承担的担保份额进行明确约定，则债权人甲有权要求任何一个保证人承担全部300万元的债务。当债务人乙未履行还款责任的情况下，保证人A以300万元受让了债权人甲的全部债权，此时产生的法律后果是保证人所担保的债务人乙的债务消灭，而保证人A对外负有300万元的连带保证债务亦随之消灭，保证人A不能基于债权转让的事实要求其他担保人承担保证责任。根据《民法典》第520条第3款有关“部分连带债务人的债务与债权人的债权同归一人的，在扣除该债务人应当承担的份额后，债权人对其他债务人的债权继续存在”之规定，保证人A、B、C之间未对各自承担的担保份额进行约定，应视为份额相同，即三个保证人各自应承担的份额为100万元，保证人A所负的100万元债务因混同而消灭，考虑到保证人 A 实际承担的债务为 300 万元超出了自己应付的份额，对于超出的 200 万元部分有权向其他保证人追偿，并享有债权人甲的权利。此时，保证人 A 可以按照《民法典担保制度解释》第 13 条的规定，就向债务人乙不能追偿的部分，要求保证人 B、C 分担超出的 200 万元债务。

与此相对应的是，担保人之间构成不真正的连带共同担保，即担保人之间并未明确约定可以相互追偿，也未约定承担连带共同担保，亦未在同一份合同书上签字、盖章或者按指印，此时各担保人在对外关系上仍承担连带责任，但是在对内关系上不能相互求偿。在前述情形下，如果保证人 A 以 300 万元受让了债权人甲的全部债权，则其担保责任和受让债权因混同而消灭，所担保的主债务也随之消灭，其他保证人无须承担担保责任。故保证人在其担保范围内受让的债权行为属于承担担保责任，导致债务消灭，亦不能要求其他担保人承担担保责任和分担担保份额。

由此可以看出，在担保人对外承担担保责任的范围内，其受让债权的行为产生的法律后果为：一是其自身担保责任的消灭；二是其所担保的主债务在债权受让的范围内消灭；三是根据担保人之间是否存在追偿权，决定受让债权的担保人是否有权在其受让债权的范围内要求其他担保人分担相应的份额。无论是何种担保类型，担保人受让债权的行为与担保人承担担保责任均无不同，故《民法典担保制度解释》将担保人受让债权的行为解释为承担担保责任。这样解释，亦能有效避免担保人借此行为规避《民法典》有关担保人原则上无追偿权的规定。

【实务问题】

担保人受让债权后，其性质为承担担保责任，那么担保人此时享有向主债务人请求偿还的权利，即担保人的追偿权。担保人承担担保责任，对于债权人和担保人之间的关系而言，属于清偿担保人自己的债务，但是对于主债务人和担保人的关系而言，实质上是清偿主债务人的债务，根据《民法典》第700条的规定，担保人承担担保责任后，除当事人另有约定外，有权在其承担担保责任的范围内向债务人追偿。

第十五条 最高额担保中的最高债权额，是指包括主债权及其利息、违约金、损害赔偿金、保管担保财产的费用、实现债权或者实现担保物权的费用等在内的全部债权，但是当事人另有约定的除外。

登记的最高债权额与当事人约定的最高债权额不一致的，人民法院应当依据登记的最高债权额确定债权人优先受偿的范围。

【条文主旨】

本条是关于最高额担保中如何确定最高债权额限度的规定。

【条文概览】

为担保债务的履行，担保人可以对一定期间内将要连续发生的债权在最高债权额限度内提供担保。就最高债权额限度而言，本条规定明确了原则上应该包括主债权及其利息、违约金、损害赔偿金、保管担保财产和实现债权或者实现担保物权的费用等在内的全部债权，基于意思自治的原则，当事人也可以约定最高债权额限度为本金最高限额。最高额担保包括最高额抵押、最高额质押和最高额保证，其中最高额抵押和最高额质押因涉及登记公示，当事人之间就最高债权额限度的约定仅具有相对效力，应以登记的最高债权额确定债权人优先受偿的范围；最高额保证中因不存在公示问题，应当依照最高额保证合同的约定认定最高债权额限度，当事人未作约定的，视为债权总额最高限额。

【争议观点】

在学理上和审判实践中，对最高额担保合同中的最高债权额限度存在较大争议。一种观点认为，最高债权额限度仅为本金最高限额；另一种观点认为，最高债权额限度为债权总额最高限额。

【理解与适用】

一、确定最高债权额范围的原则

（一）最高额担保的特征

根据《民法典》第420条、第439条、第690条关于最高额抵押、最高额质押和最高额保证的规定，我国法律允许对将有的债权提供担保，被担保的主债权并非在担保设立时已经现实存在，同时为了防止过度担保的问题，《民法典》对最高额担保就一定范围内不确定债权提供担保进行了必要的限制，即应该是在一定期间、连续发生的债权，并受到最高债权额限度的约束。上述三个限定条件体现了最高额担保的本质特征：其一，一定期间是被担保债权的确定期间，超过该期间而发生的主债权不能纳入担保的范围，而在起算点之前已经存在的债务则可以依当事人的约定纳入最高额担保的债权范围，可见最高额担保的本质不在于担保的债权为将来的债权，而在于所担保的债权为不特定债权，并受最高债权额限度的限制；其二，就债权连续发生而言，仅要求在确定期限内发生的债权次数不确定且连续，并不以交易类型和交易对象同一为要件，因为有最高额债权额限度的限制，其他债权人可以据此评判担保人的负债能力，不宜再以债权发生的原因进行限制；其三，最高债权额限度是指可行使担保权利的最高债权金额，也是最高额担保的核心内容，关系最高债权额的存在，也是其有别于一般担保的显著内容。

由此可见，最高额担保中最高债权额的确定问题，对债权人的债权实现、担保人担保责任的范围以及其他债权人确定担保人的资信能力均具有重大影响，也是《民法典担保制度解释》重点解决的争议问题。

（二）最高债权额范围争议的本质

本金最高限额和债权总额最高限额之间的本质区别在于，当约定的最高限额不足以清偿全部债权之时担保人责任的范围应当如何确定。如果当事人约定的最高限额高于债权余额且足以清偿全部债权时，无论采取本金最高限额还是债权总额最高限额，对担保人的责任均没有实质影响，因为担保人均应在约定的最高限额内承担担保责任。而如果当事人约定的最高限额不足以清偿全部债权时，则会对担保人的责任产生较大影响：依照债权总额最高限额标准，超出限额的债权不属于担保责任的范围；依照本金最高限额的标准，债权本金余额小于最高限额，所对应的从债权也属于担保责任的范围。

因此，从担保人最终承担责任的范围角度而言，本金最高限额说更加有利于债权人利益的保护，债权总额最高限额说则更加有利于担保人利益的保护。结合《民法典》第 389 条的规定，除当事人另有约定的外，担保物权的担保范围包括主债权及其利息、违约金、损害赔偿金、保管担保财产和实现担保物权的费用。本着尊重担保人真实意思的角度以及优先保护担保人的原则，《民法典担保制度解释》认为，除当事人另有约定，原则上应当按照债权总额最高限额的标准认定最高额担保中的最高债权额。

二、意思自治原则的适用

基于担保的从属性，担保合同为主合同的从合同，由此决定了担保人承担担保责任的范围不得超过主债务，而担保责任的范围是在主债务不履行或者发生当事人约定的实现担保物权的其他情形时，担保人向债权人承担责任的限度。《民法典》第 389 条规定：“担保物权的担保范围包括主债权及其利息、违约金、损害赔偿金、保管担保财产和实现担保物权的费用。当事人另有约定的，按照其约定。”第 691

条规定："保证的范围包括主债权及其利息、违约金、损害赔偿金和实现债权的费用。当事人另有约定的，按照其约定。"由此可见，担保范围属于当事人可以自行约定的任意性规范，相较于法定担保范围而言，应当优先尊重当事人的选择，只有在当事人未明确约定担保范围的情况下，才能适用法定的担保范围。

就最高额担保中的最高债权额的范围而言，应当采取当事人约定优先的原则。在当事人订立最高额担保合同过程中，允许担保人对最高债权额的范围作出选择，案件审理中对最高债权额范围的确定亦应当首先审查当事人是否对此作出了明确约定。如果当事人在担保合同中明确约定了最高债权限额仅为本金最高限额，那么主债权产生的利息、违约金、损害赔偿金、保管担保财产和实现债权或者实现担保物权的费用则不能计入最高债权限额之中；如果上述从债权未依约排除在担保责任范围之外，则担保人仍应就上述从债权承担担保责任。如果当事人明确约定最高债权限额为债权总额最高限额，或者未在担保合同中明确约定最高债权限额的范围时，则应当认定主债权及其从债权均应纳入最高债权限额中一并计算。

三、债权人优先受偿范围的确定

最高额担保中，涉及最高额抵押或者最高额权利质押时，登记的最高债权额与当事人约定的最高债权额不一致，应当如何准确界定债权的优先受偿权？根据《民法典》第216条第1款"不动产登记簿是物权归属和内容的根据"的规定，登记作为一种公示方式，不论是作为不动产担保物权变动的成立要件，还是作为动产担保物权变动的对抗要件，均具有对抗当事人约定的效力。而担保物权的公示具有权利正确性推定、保护善意取得担保物权、交易风险警示的效力。因此，在当事人的约定和登记簿记载不一致的情况下，从优先保护相对人的合理信赖出发，应当以登记簿的记载内容为准，人民法院应当依据登记的最高债权额确定债权人优先受偿范围。

【实务问题】

《民商事审判会议纪要》第 58 条对担保债权的范围作出规定，原则上以登记的担保范围为准，但同时要求根据目前不动产担保物权登记的现实情况，作出符合实际的判断。该规定主要是考虑到约定的担保范围与登记的担保范围不一致，系因为登记部门或者登记系统造成的情况，基于现实公平的角度出发，最终作出了例外的规定。《民法典担保制度解释》并未对此种例外情形作出规定，主要是因为目前随着不动产登记设计的完善，主管部门也已对不动产登记簿样式进行了修改，给予当事人选择登记最高债权额的权利，从而避免了因客观因素导致约定范围与登记范围不一致的情形。因此，在审判实践中，应严格掌握《民法典担保制度解释》的适用条件，对于 2021 年 1 月 1 日以后登记簿的记载，不能以《民商事审判会议纪要》作出的例外规定否定登记簿记载的最高债权额的效力。

《民法典担保制度解释》第 15 条第 2 款规定登记的最高债权额以登记簿记载的最高额确定优先受偿范围。那么，在一般抵押情况下，登记与合同约定不一致的，应根据什么标准确定优先受偿的范围？根据《民法典》第 216 条的规定，在确定优先受偿的范围时，一般抵押与最高额抵押应当坚持一样的处理规则，即以登记为准。需要注意的是：第一，该规定无溯及力，不能适用《民法典》生效前的抵押，生效前的抵押应适用《民商事审判会议纪要》第 58 条的规定；第二，《民法典担保制度解释》第 15 条的规定与《民商事审判会议纪要》第 58 条的规定不同，原因是现在的不动产登记表已增加“担保范围”栏目，详细情况可查阅《自然资源部关于做好不动产抵押权登记工作的通知》（自然资发〔2021〕54 号）。

【案例】

海口明光大酒店有限公司等与海口明光酒店管理有限公司等金融借款纠纷上诉案【最高人民法院（2017）最高法民终230号】

诚信奖励金、贡献奖励金是贷款人给予借款人的附条件奖励，系当事人真实意思表示，并未违反法律、行政法规的强制性规定，合法有效。最高额担保中的最高债权额可由当事人约定，包括主债权及其利息、违约金、损害赔偿金、保管担保财产和实现债权或者担保物权的费用等在内。但实际发生的债权余额高于最高限额的，以最高限额为限，超过部分不具有优先受偿的效力。

第十六条 主合同当事人协议以新贷偿还旧贷，债权人请求旧贷的担保人承担担保责任的，人民法院不予支持；债权人请求新贷的担保人承担担保责任的，按照下列情形处理：

（一）新贷与旧贷的担保人相同的，人民法院应予支持；

（二）新贷与旧贷的担保人不同，或者旧贷无担保新贷有担保的，人民法院不予支持，但是债权人有证据证明新贷的担保人提供担保时对以新贷偿还旧贷的事实知道或者应当知道的除外。

主合同当事人协议以新贷偿还旧贷，旧贷的物的担保人在登记尚未注销的情形下同意继续为新贷提供担保，在订立新的贷款合同前又以该担保财产为其他债权人设立担保物权，其他债权人主张其担保物权顺位优先于新贷债权人的，人民法院不予支持。

【条文主旨】

本条是关于借新还旧情况下担保人如何承担责任的规定。

【条文概览】

主合同当事人协议以新贷偿还旧贷，其性质属于债务更新，当事人通过设立新债的方式消灭旧贷，旧贷上的担保也随之消灭，债权人请求旧贷的担保人承担担保责任的，人民法院不予支持。但是新贷的担保人是否应当承担责任，应当区分新贷担保人和旧贷担保人是否相同分别处理：如果新贷和旧贷上的担保人相同，则新贷担保人仍应当承担担保责任；如果新贷担保人与旧贷担保人不同，或者旧贷无担保而新贷有担保的，应当根据新贷担保人对于借新还旧的事实是否知情进行判断，新贷担保人知道或者应当知道借新还旧的，应当承担担保责任，否则新贷担保人不应承担担保责任。实践中存在的另一个问题是，当事人约定借新贷偿还旧贷，但在新贷合同尚未订立且旧贷上担保物权尚未进行涂销登记的情况下，物上担保人为他人提供担保并办理登记手续，新贷债权人的担保物权应优先于其他债权人。

【争议观点】

借新还旧的情况下，旧贷的物上担保人虽然同意为新贷继续提供担保，但在新贷合同尚未订立且旧贷上担保物权尚未进行涂销登记的情况下，物上担保人为他人提供担保并办理登记手续，其他债权人与新贷债权人就担保物权的顺位如何确定，存在不同观点。一种观点认为，根据顺位升进原则，当主合同当事人约定以新贷偿还旧贷时，旧贷上的担保物权因旧贷的消灭而消灭，应当支持后续债权人的顺位递进。另一种观点认为，因为旧贷上的登记并未涂销，其仍然产生优先于后顺位债权人的效力。

【理解与适用】

一、借新还旧的性质

借新还旧并非真正的金融专业术语和法律概念，其基本内涵是指债权人与债务人在旧的贷款尚未清偿的情况下，再次签订贷款合同，以新贷出的款项清偿部分或者全部旧的贷款。这种操作模式被我国金融机构普遍采用，作为保全资产和化解不良贷款的重要方式。究其原因，一是部分借款人为了达到短期借款长期使用的目的，人为地对到期贷款不办理延期手续而采取借新还旧的方式，从而降低财务成本；二是部分金融机构基于考核和监管压力，采取借新还旧的方式消灭逾期贷款，降低不良贷款率，使得账面上符合监管要求。

关于借新还旧，其性质属于债务更新，即通过设立新债的方式消灭旧债，虽然新贷债务人并未实际收到债权人发放的贷款，从而有别于普通的借款合同，但考虑到该情形被金融机构普遍采用，借新还旧仍属于当事人真实意思表示，且对于债务人而言，通过借新贷的方式偿还了旧贷，其仅需要对于新贷承担还款责任。而对于债权人而言，其债权并未因此而受损，故从法律上仍应当认可新贷合同的效力。但是当事人采取此种方式对于担保人而言存在较大影响，甚至直接导致担保人担保责任的消灭，故《民法典担保制度解释》重点从借新还旧对担保责任的影响进行规制。

二、担保人责任的承担

担保合同是主合同的从合同，在借新还旧场合，旧贷因清偿而消灭，基于担保的从属性，旧贷上的担保也随之消灭，故债权人请求旧贷的担保人承担责任的，人民法院不予支持。因此，在借新还旧场合，主要考察新贷的担保人应否承担责任。对此，《担保法解释》第39条对新贷偿还旧贷时保证人责任的承担问题作出规定，《民法典担保制度解释》沿袭了该规定的基本精神，将前述规则扩展至所有的担保形式包括担保物权，并根据新贷与旧贷是否有担保以及担保人是否为同一人确定新贷上担保的效力，具体体现为以下情形：

一是旧贷无担保而新贷有担保，或者新贷担保人和旧贷担保人不同。此种情形下，新贷担保人原则上不承担担保责任，除非债权人能够提供证据证明新贷担保人对于以新贷偿还旧贷的事实知道或者应当知道。与一般借款合同中借款人实际取得款项用于生产生活、担保人是否承担担保责任具有或然性不同，在借新还旧的场合下，借款人并未实际取得贷款，其仅仅通过借新还旧的方式来清偿此前尚未偿还的借款，使得旧贷消灭而产生新贷。并且，当事人采取借新还旧的方式主要基于旧贷债务人不能按时清偿债务，对于债权人而言，增加了贷款偿还的担保方式，而对于担保人而言，对于新贷提供担保的风险远大于一般借款。因此，对债权人应课以告知义务，即告知担保人借新还旧的事实，保证担保人能够全面衡量债务人履行能力从而决定是否提供担保，否则担保人根据《民法典》第695条的规定主张不承担担保责任的，人民法院应予支持。

二是新贷和旧贷均有担保且担保人为同一人。此种情形下，虽然担保人往往抗辩因主合同当事人没有经过担保人同意，改变贷款合同约定的用途，从而主张不承担担保责任，但是在新贷和旧贷担保人相同的情况下，通过借新还旧的方式使得旧贷清偿完毕，从而消灭了担保人的担保责任，而如果债务人不通过借新还旧的方式偿还旧贷，担保人仍不能免除担保责任，故在新贷系用于偿还旧贷的情况下，由担保人对于新贷承担担保责任，并未加重其风险责任。因此，不论担保人是否知情，其均应承担担保责任。

三、旧贷担保物权的顺位确定

当事人约定物的担保人继续为新贷提供担保，但是在订立新的贷款合同前又为其他债权人设定担保物权，其顺位应该如何确定，司法实践中争议较大。《民商事审判会议纪要》第57条规定："贷款到期后，借款人与贷款人订立新的借款合同，将新贷用于归还旧贷，旧贷因清偿而消灭，为旧贷设立的担保物权也随之消灭。贷款人以旧贷上的担保物权尚未进行涂销登记为由，主张对新贷行使担保物权的，人民法院不予支持，但当事人约定继续为新贷提供担保的除外。"但该条对顺位问题未予明确。借新还旧与借款人用自有资金归还贷款从而消灭原债权债务关系存在本质区别，虽然新贷代替旧贷，但借贷双方之间的债权债务关系仍未消灭，客观上只是以新贷的形式延长了旧贷的还款期限，本质上是旧贷的特殊形式的展期。因此，新债和旧债为同一法律关系，旧贷上的担保物继续为新贷提供担保，债权人对于担保物仍享有顺位利益，只要旧贷担保人同意继续为新贷提供担保且登记仍未涂销，债权人的担保顺位应予确认，且有利于维护现行金融秩序。

【实务问题】

虽然借新还旧本质上属于一种特殊的贷款展期，性质上属于债务更新，但是其与一般的贷款展期存在实质区别。前者是通过借新还旧的方式实现贷款展期，而后者属于履行期限的变更。考虑到履行期限的延长对担保人可能产生不利影响，根据《民法典》第695条第2款的规定，债权人和债务人变更主债权债务合同的履行期限，未经保证人同意的，保证期间不受影响。在审判实践中，应当对于两者加以区分，从而适用不同的规则处理。

【案例】

中国东方资产管理公司武汉办事处与平安信托投资有限责任公司、中国平安人寿保险股份有限公司、武汉农村商业银行股份有限公司、北京王府井百货商业物业管理有限公司和陆氏实业（武汉）有限公司借款担保合同纠纷案【最高人民法院（2011）民二终字第28号】

在主合同中双方当事人约定借新还旧，即终止旧的借款合同关系而产生新的借款合同关系，且用新贷偿还旧贷，此时债权人不得以旧贷上的担保物权尚未进行涂销登记为由主张对新贷继续行使担保物权，但如果债权人与担保人约定担保人继续为新贷提供担保的，担保合同有效，债权人可以行使担保物权。

第十七条 主合同有效而第三人提供的担保合同无效，人民法院应当区分不同情形确定担保人的赔偿责任：

（一）债权人与担保人均有过错的，担保人承担的赔偿责任不应超过债务人不能清偿部分的二分之一；

（二）担保人有过错而债权人无过错的，担保人对债务人不能清偿的部分承担赔偿责任；

（三）债权人有过错而担保人无过错的，担保人不承担赔偿责任。

主合同无效导致第三人提供的担保合同无效，担保人无过错的，不承担赔偿责任；担保人有过错的，其承担的赔偿责任不应超过债务人不能清偿部分的三分之一。

【条文主旨】

本条是关于担保合同无效的情形下担保人承担责任的规定。

【条文概览】

担保合同被认定无效的原因有多种，可能是因为主合同无效导致担保合同无效，也可能是因为担保合同自身欠缺合同有效的要件导致合同无效，应当区分上述不同情形认定担保人应否承担责任以及承担责任的限度。在主合同有效而担保合同无效时，担保人承担的为缔约过失责任，应当根据其是否有过错承担责任，并根据过错的大小适当调整其赔偿责任，具体可以分为：担保人和债权人均有过错的，担保人承担的赔偿责任不应超过债务人不能清偿部分的二分之一；担保人有过错而债权人无过错的，担保人对债务人不能清偿的部分承担赔偿责任；债权人有过错而担保人无过错的，担保人不承担赔偿责任。主合同无效导致第三人提供的担保合同无效时，担保人承担的仍为缔约过失责任：担保人无过错的，不承担赔偿责任；担保人有过错的，其承担赔偿责任的限额不能超过债务人不能清偿部分的三分之一。

【争议观点】

主合同有效而担保合同无效的情形下，担保人是否必然承担民事责任，实践中存在不同观点。一种观点认为，在主合同有效而担保合同无效时，担保人的责任很大，担保人的地位与债务人相同，均为债权人的连带债务人，应承担一定的民事责任。另一种观点认为，应当区分担保人对于担保合同无效是否存在过错，认定担保人应否承担民事责任，如果担保人对于担保合同无效并无过错，不应由其承担民事责任。

【理解与适用】

《民法典》第682条第2款规定："保证合同被确认无效后，债务人、保证人、债权人有过错的，应当根据其过错各自承担相应的民事责任。"根据该款规定，保证合同被确认无效后，各方当事人的责任承担应根据其是否存在过错以及过错的程度，对于债权人的经济损失承担相应的民事责任。对于担保人而言，因担保合同无效，其承担的是缔约过失责任，性质上属于补充责任，责任范围一般小于违约责任，故《民法典担保制度解释》将担保人承担责任的范围统一限定为债务人不能清偿的部分。

一、主合同有效而担保合同无效，民事责任如何分配

担保合同是主合同的从合同，主合同无效，担保合同也无效。但是实践中担保合同因为自身原因无效的情形也十分常见，主要是指担保合同因欠缺有效要件而归于无效，此时与主合同的效力无关。《担

保法解释》第7条规定："主合同有效而担保合同无效，债权人无过错的，担保人与债务人对主合同债权人的经济损失，承担连带赔偿责任；债权人、担保人有过错的，担保人承担民事责任的部分，不应超过债务人不能清偿部分的二分之一。"我们认为该规定存在以下不妥之处：一是推定担保人有过错与实际情况不符；二是担保人有过错而债权人无过错时，要求担保人与债务人承担连带赔偿责任，缺乏法律依据。为此，我们对《担保法解释》进行了梳理，并在结合审判实践的基础上，就该情形下担保人承担民事责任的问题进行了完善。

（一）担保人对于担保合同无效有过错

主合同有效而担保合同无效时，因担保人存在过错，其应当承担民事责任，同时根据债权人是否存在过错确定担保人承担的是全部责任还是部分责任。

一种情形是在债权人没有过错而担保人有过错的情况下，担保人应当承担缔约过失责任，其应对确信担保合同能够有效成立的债权人造成的损失承担赔偿责任，即对于债务人不能清偿的部分承担全部赔偿责任。

另一种情形是债权人和担保人均存在过错，此时应当按照各自过错程度分担相应的法律责任，《民法典担保制度解释》延续了《担保法解释》的精神，债权人和担保人作为两方，按照均分计算，担保人承担的责任份额的上限为二分之一，故担保人承担的赔偿责任不应超过债务人不能清偿部分的二分之一。例如，《公司法》第16条第1款与第2款规定："公司向其他企业投资或者为他人提供担保，依照公司章程的规定，由董事会或者股东会、股东大会决议；公司章程对投资或者担保的总额及单项投资或者担保的数额有限额规定的，不得超过规定的限额。公司为公司股东或者实际控制人提供担保的，必须经股东会或者股东大会决议。"法定代表人越权代表对外提供担保，债权人在与担保人订立担保合同时，应根据上述规定对于公司决议进行合理审查，如果债权人没有进行合理审查则构成非善意，此时担保合同应认定无效，担保人和债权人对此均存在过错，担保人应在债务人不能清偿部分的二分之一范围内承担赔偿责任。关于债务人不能清偿的部分，主要是指债务人在债务到期后清偿债权的剩余部分，与债务人是否仍有清偿能力有关，如果债务人仍有清偿能力，则应当先执行债务人的责任财产。

（二）债权人有过错而担保人无过错

主合同有效而担保合同无效时，如果债权人有过错而担保人无过错，《担保法解释》对此并未明确规定，此种情形在实践中经常发生。因为担保人对于担保合同无效并无过错，债权人无权要求担保人承担任何民事责任。例如，在债权人与债务人恶意串通骗取担保的场合，以及债权人未告知担保人借新还旧事实导致担保人提供担保的场合，就存在仅债权人一方有过错而担保人无过错的情形。

二、主合同无效导致担保合同无效，担保人的民事责任

根据担保的从属性，主合同无效导致担保合同无效，《担保法解释》第 8 条规定："主合同无效而导致担保合同无效，担保人无过错的，担保人不承担民事责任；担保人有过错的，担保人承担民事责任的部分，不应超过债务人不能清偿部分的三分之一。"《民法典担保制度解释》沿袭了上述规定，明确了担保人承担责任的条件和限额。

一是担保人无过错不承担民事责任。担保人无过错是指担保人对于主合同无效不知道或者不应当知道，或者未促成主合同的成立。需要注意的是，此时担保人的过错和主合同有效而担保合同无效时担保人的过错存在本质区别，担保人的过错并非对于主合同无效上的过错，因为主合同的当事人是债权人和债务人，担保人并非合同的主体。具体而言，担保人明知主合同无效仍为之提供担保，或者担保人明知主合同无效仍作为中介促成合同的订立等情形，均属于担保人应当承担民事责任的事由。例如，甲公司与乙公司签订一份买卖合同，约定甲公司向乙公司购买字画，甲公司将款项支付乙公司后，为担保乙公司依约履行交付义务，甲公司与丙公司签订担保合同，由丙公司承担担保责任。后乙公司未能按期交付字画，甲公司起诉乙公司承担

违约责任，丙公司承担担保责任。经审查，甲公司与乙公司之间买卖的标的为珍贵文物，由于买卖合同的标的违法，违反了法律的强制性规定，应认定买卖合同无效。此时，应当根据丙公司对于合同标的违法的事实是否知晓，认定丙公司是否应当承担民事责任。

二是担保人存在过错的情况下其责任限额问题。由于担保合同无效是因为主合同无效导致，在担保人存在过错的情况下，主合同当事人原则上也有过错，对于债权人的损失，应当以债权人、债务人、担保人三方均分计算为标准，担保人对于债权人的损失赔偿责任应限定在债务人不能清偿部分的三分之一。

【实务问题】

担保合同无效而担保人存在过错的情况下，担保人承担的民事赔偿责任根据担保合同无效的原因，限定在不超过主债务人不能清偿部分的二分之一或者三分之一。就担保人承担责任的部分，上述标准均是担保人承担责任的上限，并非所有的案件只能按照债务人不能清偿部分的二分之一或者三分之一裁判。在具体案件审理中，应当首先对担保合同无效的原因予以审查，并结合债权人、债务人和担保人是否存在过错以及过错程度，合理确定担保人应当承担的具体份额，在裁判文书主文中予以明确。在分析当事人过错程度时，应重点对当事人存在过错的原因、内容、程度等具体问题进行分析，加强裁判文书的说理。

【案例】

农银财务有限公司与广东三星企业（集团）公司车桥股份有限公司担保合同纠纷案【最高人民法院（2004）民四终字第23号】

主合同有效而担保合同无效时，当事人之间责任的承担应当根据其过错程度来确认，如果债权人与担保人均有过错，担保人承担的赔偿责任不应超过债务人不能清偿部分的二分之一。

第十八条 承担了担保责任或者赔偿责任的担保人，在其承担责任的范围内向债务人追偿的，人民法院应予支持。

同一债权既有债务人自己提供的物的担保，又有第三人提供的担保，承担了担保责任或者赔偿责任的第三人，主张行使债权人对债务人享有的担保物权的，人民法院应予支持。

【条文主旨】

本条是关于承担担保责任或者赔偿责任的担保人向债务人追偿的规定。

【条文概览】

担保人承担担保责任，实质上属于清偿主债务人的债务，担保人承担担保责任的行为导致主债务人的债务部分或者全部消灭，有权在承担担保责任的范围内向债务人追偿。在担保合同无效时，虽然担保人承担的是缔约过失项下的民事赔偿责任，且承担责任的前提是担保人存在过错，但是担保人承担的责任仍然是原债务人的责任，债务人为最终的责任人，故担保人有权在承担赔偿责任的范围内向债务人追偿。同一债权既有债务人自己提供的物的担保，又有第三人提供的担保，第三人承担担保责任或者赔偿责任后有权向债务人追偿，享有债权人对债务人的权利，其中包括对债务人财产的抵押权等担保物权，故第三人主张行使债权人对债务人享有的担保物权的，人民法院应予支持。

【争议观点】

担保合同无效时，担保人承担的是过错责任，即因担保人存在过错应承担的民事赔偿责任，担保人承担赔偿责任后是否有权向债务人追偿，实践中存在争议。一种观点认为，过错责任是当事人因其自身原因而承担的责任，责任应当由其本人承担，无权向他人追偿，承认过错责任可以追偿不符合过错责任的法理。另一种观点认为，基于担保的从属性，担保人承担的责任是原属于债务人的责任，债务人是最终的责任人，即使在担保合同无效的情况下，仍应当允许担保人在承担民事责任后向债务人追偿。

【理解与适用】

担保人的追偿权，是指担保人承担民事责任后，可向主债务人请求返还的权利。由于债务人是责任的最终义务人，在担保人为债务人代为履行责任或者承担赔偿责任后，其对债务人通常只有权利主张而无义务负担，所有追偿原则上是无条件的。

一、担保人行使追偿权的要件及范围

担保人对债务人享有的追偿权在《民法典》保证合同和担保物权部分均有明确规定。《民法典》第700条规定："保证人承担保证责任后，除当事人另有约定外，有权在其承担保证责任的范围内向债务人追偿，享有债权人对债务人的权利，但是不得损害债权人的利益。"保证人与债务人之间可能构成委托合同关系，此时保证人承担保证责任而向债权人支付的债务本金、利息和其他必要费用，均属于处理委托事务的范畴，可向债务人追偿，但不能要求债务人预付承担保证责任的必要费用，否则与保证合同的目的不符。保证人与债务人之间也可能构成无因管理，保证人就此支付的上述费用也可以向债务人追偿。《民法典》第392条规定了混合担保情形下，提供担保的第三人

承担担保责任后，有权向债务人追偿，其原因也是担保人承担担保责任实质上是为主债务人履行债务，而非履行自身债务，自得向因其清偿而得利的主债务人追偿。就担保人行使追偿权，应把握其要件和范围：

一是担保人行使追偿权的要件。首先，担保人应向债权人承担了担保责任，承担担保责任的方式可以是代债务人向债权人为主债权债务关系中的给付义务清偿，或者是向债权人以物抵债、抵销或者提存，无论何种履行方式均要求担保人因给付行为致使有偿地消灭或者部分消灭债务人对债权人的责任。若担保人并未实际给付，而是说服债权人免除债务人的债务，则担保人不能在债权人免除债务人责任的范围内向债务人追偿。其次，担保人承担担保责任与债务人责任的消灭之间具有因果关系，担保人承担担保责任的前提是主债权的存在，且担保人因为承担担保责任导致主债务消灭或减少，此时担保人才能向债务人追偿。如果债务人自行清偿或者在债务消灭后仍向债权人履行，则债权人可能构成不当得利，债务人有权向债权人主张返还。最后，担保人并无赠与的意思。作为担保人行使追偿权的消极要件，除非担保人与债务人约定担保人承担担保责任系对于债务人的赠与，否则担保人在承担担保责任后有权向债务人行使追偿权。主张存在赠与事实的举证责任应归属于债务人，债务人应提供证据证明双方对此存在明确约定，否则应推定担保人承担担保责任并不具有赠与的意思表示。

二是担保人行使追偿权的范围。基于担保上的从属性，担保债务的范围不能超过主债务的范围，故担保人行使追偿权的范围应该限定在主债务数额范围内实际承担的担保责任。如果担保人给付额高于债务人的负债额时，其对于超出部分不得追偿，而应向债权人主张权利。关于担保人可以追偿的具体范围，因追偿权是对于担保人承担担保责任的补偿，所以应该包括承担担保责任支付的成本、承担担保责任之日起的利息以及为承担担保责任而支付的其他必要费用。

三是担保合同无效时的处理。《担保法解释》第9条规定，担保人因无效担保合同向债权人承担赔偿责任后，可以向债务人追偿。《民法典担保制度解释》沿袭了上述规定，主要考虑的因素是虽然因担保合同无效担保人基于过错承担民事赔偿责任，但该责任的承担仍是基于担保关系而产生，担保人承担的责任仍是代偿责任的性质。因此，无论是担保合同有效时担保人承担的担保责任，还是担保合同无效时担保人承担的民事赔偿责任，其均有权在其承担责任的范围内向债务人追偿。

二、担保人享有债权人对债务人的权利

根据《民法典》第700条的规定，保证人承担保证责任后，享有债权人对债务人的权利，但是不得损害债权人的利益。其中保证人享有的债权人对债务人的权利范围，应当包括对债务人财产的抵押权等担保物权，承担了担保责任或者赔偿责任的第三人，主张行使债权人对债务人享有的担保物权的，人民法院应予支持。此外，考虑到担保人原则上不得请求其他担保人承担担保责任，本条明确规定承担担保责任的第三人仅有权对债务人自己提供的担保物权主张权利。

第十九条 担保合同无效，承担了赔偿责任的担保人按照反担保合同的约定，在其承担赔偿责任的范围内请求反担保人承担担保责任的，人民法院应予支持。

反担保合同无效的，依照本解释第十七条的有关规定处理。当事人仅以担保合同无效为由主张反担保合同无效的，人民法院不予支持。

【条文主旨】

本条是关于担保合同无效情况下，反担保合同的效力认定以及反担保人责任承担的规定。

【条文概览】

担保合同因主合同无效或者自身欠缺合同有效要件而被认定无效时，担保人应当根据自身过错承担赔偿责任，根据《民法典担保制度解释》第18条的规定，承担了赔偿责任的担保人可以在其承担责任的范围内向债务人追偿。反担保是为保障担保人将来可能发生的追偿权的实现而采取的措施，其担保的对象是担保人向债务人的追偿权。因此，担保合同并非反担保合同的主合同，担保合同无效不必然导致反担保合同无效。担保合同无效担保人承担赔偿责任后，应当根据反担保合同的效力确定反担保人承担责任的类型和范围：如果反担保合同有效则反担保人应当按照反担保合同的约定承担担保责任；如果反担保合同无效，反担保人无过错的不承担赔偿责任，反担保人有过错的，则应当根据担保人和反担保人的过错确定反担保人赔偿责任的范围。

【争议观点】

担保合同无效时反担保合同是否有效，反担保人此时承担的责任是担保责任还是赔偿责任，实践中存在不同观点。一种观点认为，反担保合同是担保合同的从合同，担保合同无效时反担保合同应认定无效，应当根据反担保人是否存在过错确定其责任的承担。另一种观点认为，反担保合同担保的是担保人对于债务人的追偿权，其与担保合同之间并非主合同和从合同的关系，担保合同无效不影响反担保合同的效力，反担保人应当按照反担保合同的约定在担保人实际承担责任的范围内承担担保责任。

【理解与适用】

《担保法解释》第 9 条规定："担保人因无效担保合同向债权人承担赔偿责任后，可以向债务人追偿，或者在承担赔偿责任的范围内，要求有过错的反担保人承担赔偿责任。担保人可以根据承担赔偿责任的事实对债务人或者反担保人另行提起诉讼。"根据该条规定，担保人承担的责任是缔约过失责任，反担保人的责任也只能是缔约过失责任，反担保人也只能在过错时才承担责任，如果反担保人没有过错，即便担保人有过错，反担保人也不应该承担责任。此规定的立论基础为反担保合同是担保合同的从合同，担保合同无效则反担保合同亦无效。《民法典担保制度解释》对于上述规定进行矫正后明确规定："当事人仅以担保合同无效为由主张反担保合同无效的，人民法院不予支持。"该问题的实质在于对反担保合同性质认识的分歧，并由此产生了反担保人承担责任的差异。

一、反担保合同的性质及担保责任

担保人在为债务人承担担保责任时，无论其提供的是保证还是物上担保，若债务人不履行到期债务，担保人须依据合同约定或者法律规定承担担保责任，以自己的财产代债务人清偿。在代偿债务后，担保人即成为债务人的新的债权人，享有对债务人的追偿权。担保人为保证自身追偿权能够得到实现，要求债务人为自己的追偿权的实现提供担保，以避免或者减少其追偿权实现的风险。《民法典》第 689 条规定："保证人可以要求债务人提供反担保。"第 387 条第 2 款规定："第三人为债务人向债权人提供担保的，可以要求债务人提供反担保。反担保适用本法和其他法律的规定。"因此，对于反担保合同的性质及担保责任，应结合其与担保合同之间的联系和区别来分析。

（一）反担保合同与担保合同之间的联系

反担保合同与担保合同之间的联系主要表现在，反担保关系相对于担保关系而言，均是一般意义上的担保，反担保权仍然具有价值权、变价权的特征，也完全符合一般担保所具有之不可分性和物上代位性的性质。故反担保与担保并没有质的差异，只是当担保人为债务人提供担保时，为保证其追偿权的实现，要求债务人为其提供反担保，从这个意义上来说，担保合同是反担保合同产生的原因和条件。

（二）反担保合同与担保合同之间的区别

第一，反担保合同与担保合同担保的对象不同。在担保合同中，担保的对象是债权人对债务人享有的债权，即担保债务人对债权人债务的履行和债权人债权的实现。而在反担保合同中，反担保人担保的对象是担保人承担民事责任后对债务人享有的追偿权，该追偿权在担保合同成立时设定并在担保人实际承担责任后产生。担保对象的不同是反担保区别于担保合同的本质特征，也决定了担保合同是主债权债务合同的从合同，而反担保合同并非担保合同的从合同。

第二，反担保合同与担保合同的当事人不同。担保合同中，如果是债务人自己提供的物的担保，则债务人与担保人同为一人。而在担保人为第三人提供保证或者担保物权的情况下，存在着债权人和债务人之间主合同关系，债权人与担保人之间的担保合同关系，担保人与债务人之间的委托合同或者无因管理等关系，此时担保合同是主合同的从合同，并担保主合同的履行。在反担保合同中同样存在债权人、债务人和担保人，只是合同的当事人和担保合同不相同。如果是债务人自己提供的物的担保，则债务人和反担保人同为一人。而在反担保为第三人提供的保证或者担保物权时，担保人和债务人之间的委托关系或者无因管理等关系为基础合同关系，提供反担保的第三人和担保人之间的关系为担保合同关系，反担保人和债务人之间构成委托合同或者无因管理关系。此时，反担保合同担保的是担保人因委托关系或者无因管理而产生的追偿权，担保人是否具有清偿能力，担保合同是否有效对反担保合同亦不产生影响，反担保人仅在担保人实际承担担保责任或者赔偿责任范围内承担责任。

二、担保合同无效时反担保人的民事责任

担保合同无效的原因可能是主合同无效或者担保合同自身缺乏合同有效的要件，但是无论何种原因导致担保合同无效，根据前述分析均不能影响反担保合同的效力，此时担保人因担保合同无效仅在其过错的范围内承担缔约过失的民事赔偿责任，在其实际承担赔偿责任后要求反担保人承担责任时，应当根据反担保合同的效力确定反担保人是否承担民事责任及责任的范围。

一是反担保合同有效，反担保人应当按照其与担保人之间订立的反担保合同，在债务人不履行或者不能履行清偿义务时，向担保人承担担保责任。

二是反担保合同无效，则应当区分反担保合同无效的原因确定反担保人的赔偿责任。《民法典担保制度解释》第17条规定："主合同有效而第三人提供的担保合同无效，人民法院应当区分不同情形确定担保人的赔偿责任：（一）债权人与担保人均有过错的，担保人承担的赔偿责任不应超过债务人不能清偿部分的二分之一；（二）担保人有过错而债权人无过错的，担保人对债务人不能清偿的部分承担赔偿责任；（三）债权人有过错而担保人无过错的，担保人不承担赔偿责任。主合同无效导致第三人提供的担保合同无效，担保人无过错的，不承担赔偿责任；担保人有过错的，其承担的赔偿责任不应超过债务

人不能清偿部分的三分之一。”据此，如果反担保合同因自身欠缺合同有效要件而无效，担保人和反担保人均有过错的，反担保人承担的赔偿责任不应超过债务人不能清偿部分的二分之一；反担保人有过错而担保人无过错的，反担保人应对于债务人不能清偿部分承担赔偿责任；担保人有过错而反担保人无过错的，反担保人不承担赔偿责任。

三、如何计算反担保的保证期间

我们认为，反担保的主债权是担保人对主债权的追偿权。这一追偿权只有在担保人实际承担担保责任后才发生。如果反担保合同没有特别约定，那么这一追偿权的履行期限就属于“没有约定或者约定不明确”的情形，应当适用《民法典》第 692 条第 3 款的规定，从担保人实际承担了担保责任再向主债务人追偿且从“宽限期”届满之日后开始起算六个月。

【实务问题】

在反担保中，并非所有的担保方式均可以作为反担保的方式，其中留置权因属于法定担保物权，不能适用于因约定而产生的反担保。

第二十条　人民法院在审理第三人提供的物的担保纠纷案件时，可以适用民法典第六百九十五条第一款、第六百九十六条第一款、第六百九十七条第二款、第六百九十九条、第七百条、第七百零一条、第七百零二条等关于保证合同的规定。

【条文主旨】

本条是关于第三人提供物的担保纠纷案件可以适用《民法典》保证合同一章有关条款的规定。

【条文概览】

本条是《民法典担保制度解释》中新增加的条款。根据本条规定，人民法院在审理第三人提供的物的担保纠纷案件时，可以适用《民法典》中有关保证合同部分条款的规定。可以适用的条款为：（1）主合同内容变更未经保证人书面同意，保证人对加重部分不承担责任；（2）债权转让未通知保证人，该转让对保证人不发生效力；（3）第三人加入债务的，保证人的担保责任不受影响；（4）同一债务有两个以上第三人提供保证的，保证人应当按照合同约定份额承担担保责任，没有约定担保份额的，债权人可以请求任何一个保证人在其担保范围内承担担保责任；（5）保证人承担保证责任后，在其承担担保责任的范围内可以向债务人追偿，享有债权人对债务人的权利，但是不得损害债权人的利益；（6）保证人可以主张债务人对债权人的抗辩，即使债务人放弃抗辩的，保证人仍有权向债权人主张抗辩；（7）债务人对债权人享有抵销权或者撤销权的，保证人可以在相应范围内拒绝承担保证责任；等等。

【理解与适用】

担保物权的设定，既可以由债务人提供担保财产予以设定，也可以由第三人提供财产进行设定。在第三人以特定财产为债权提供担保的场合，该第三人在法理上亦被称为物上保证人。本条补充了《民法典》相关规定，明确了人民法院在审理第三人提供的物的担保案件时，可以适用关于保证合同的相关条款。

一、相关规定及裁判观点

在理论研究及司法实践中，就债权实现而言，人的担保与物的担保并无本质区别，尤其是第三人提供的物的担保法律关系在主体、内容、目的、效果等方面与保证本质相同，特征相似，因此多数观点认为保证人的权利保护规则与提供物的担保的第三人的权利保护规则应当是共通的，可以一体适用。因保证合同相关条款规定较为详细，对保证人的权利保护较为充分，司法实践中裁判通例认为，对第三人提供的物的担保纠纷案件，审理时可以适用保证合同的相关规定。在中国工商银行上海市虹桥开发区支行诉上海国货房地产开发有限公司金融借款合同纠纷案中，最高人民法院裁判认为在法律法规及司法解释对第三人因受欺诈提供抵押担保的效力如何认定没有规定的情况下，对担保人可以参照适用《担保法》中有关保证人免责的规定，从而免除其担保责任。而在另一起案件中，最高人民法院同样认为，借贷双方借新还旧未告知抵押人的，可以参照适用《担保法解释》第 39 条关于保证人部分的规定，抵押人免除担保责任。

物的担保与人的保证相关权利保护规则可以一体适用的观点，在《民法典》中也有所体现。《民法典》第 690 条第 2 款规定了最高额保证参照适用最高额抵押权的有关规定，在一定程度上允许保证类推适用物的担保规则。本条在总结审判实践经验的基础上，明确了第三人提供物的担保的，可以适用《民法典》保证合同一章的相关规定，完善了担保制度体系。

二、相互准用的原因

第三人提供的物的担保案件之所以可以适用《民法典》保证合同一章的相关条款，其根本原因在于物上保证人与保证人法律地位本质相同。首先，从主体来看，物上保证人与保证人均是独立于债务人之外的第三人，这就与债务人自己提供担保的情形区别开来。其次，从法律关系的内容来看，两者均是债务人之外的第三人以自己的财产来为债务人的债务提供担保，从而保障债权实现。无论是人的担保还是第三人提供的物的担保，均涉及三类法律关系：其一，债务人与债权人之间的主合同关系；其二，担保人与债权人之间的担保关系；其三，担保人与债务人之间的法律关系，该法律关系属于担保关系的原因关系，通常包括委托合同关系、无因管理关系以及赠与关系。最后，从设立法律关系的目的来看，都是保障债权的实现。

由于保证与第三人提供的物的担保规则多有重合，为避免条文的矛盾与重复，相互准用是较好的解决方式。从目前情况来看，《民法典》保证合同一章中对于保证人的权利保护规定得较为充分，而对于物上保证人的权利保护则并未作出非常周全的规定。因此，本条规定对于加强对物上保证人的权益保护具有重要的意义。

三、准用的具体内容

本条采用了列举加兜底方式明确了提供物的担保的第三人对保证人权利保护规则的准用，具体内容有以下几项。

（一）主债权债务合同内容变更对担保责任的影响

《民法典》第695条规定："债权人和债务人未经保证人书面同意，协商变更主债权债务合同内容，减轻债务的，保证人仍对变更后的债务承担保证责任；加重债务的，保证人对加重的部分不承担保证责任。债权人和债务人变更主债权债务合同的履行期限，未经保证人书面同意的，保证期间不受影响。"该条是关于主债权债务合同内容变更对保证人保证责任的影响的规定。主债权债务合同变更后，担保物原来承担的担保范围可能发生变化，由此可能加大担保人的责任，这对担保人而言是十分不利的。法律明确规定了债权人与债务人协议变更主债权债务合同时需要取得保证人的书面同意。保证人书面同意，意味着其愿意为变更后的合同内容提供保证。否则，在未取得保证人书面同意的情况下，减轻债务的，保证人仍对变更后的债务承担担保责任；而加重债务的，保证人对加重的部分不承担保证责任。提供物的担保的第三人可以适用该条第 1 款的相关规定。该条第 2 款是关于主债权债务履行期限变更对保证期间的影响，亦是对保证人利益的保护，但因第三人提供的物的担保不存在保证期间的问题，故对第 2 款不能参照适用。

（二）债权转让对担保人发生效力的条件

《民法典》第 696 条规定："债权人转让全部或者部分债权，未通知保证人的，该转让对保证人不发生效力。保证人与债权人约定禁止债权转让，债权人未经保证人书面同意转让债权的，保证人对受让人不再承担保证责任。"该条是关于债权转让对保证责任影响的规定。该条第 1 款规定了债权人转让全部或者部分债权，未通知保证人的，该转让对保证人不发生效力。物上保证人可以适用该款。根据该款规定，物的担保为第三人提供时，债权人转让全部或者部分债权的，必须通知担保人，担保人接到转让通知后才能够向受让人承担担保责任。如果债权转让没有通知担保人，担保人并不知道作为新的债权人的受让人的存在，对其当然不承担担保责任。该条第 2 款则是例外性规定，允许保证合同当事人之间约定禁止债权转让。《民法典》第 407 条对物上保证人在此种情况下如何处理已有规定，因此就不需要再适用第 696 条第 2 款的规定。

（三）第三人加入债务对担保责任的影响

《民法典》第 697 条第 1 款规定："债权人未经保证人书面同意，允许债务人转移全部或者部分债务，保证人对未经其同意转移的债务不再承担保证责任，但是债权人和保证人另有约定的除外。"第 2 款规定："第三人加入债务的，保证人的保证责任不受影响。"该条是关于债务承担对保证责任影响的规定。第 1 款是关于免责的债务承担的规定。因《民法典》第 391 条就此问题已经有规定，故第 697 条第 1 款对于第三人提供的物的担保不应适用。该条第 2 款是关于并存的债务承担的规定，第三人提供物的担保时也可以适用。第三人加入债务的，与原债务人共同承担债务，债务人的整体责任承担能力只会增加而不会减损，对担保人的权益不会有影响，只会更有利于担保人。因此，无论是物的担保还是人的担保，都不需要担保人书面同意，担保人要继续承担担保责任。

（四）共同担保中如何承担担保责任

《民法典》第 699 条规定："同一债务有两个以上保证人的，保证人应当按照保证合同约定的保证份额，承担保证责任；没有约定保证份额的，债权人可以请求任何一个保证人在其保证范围内承担保证责任。"本条是关于共同保证的规定。所谓共同保证，是指两个或两个以上的保证人为同一债务而向债权人提供的担保。共同保证人的责任既可以是连带的，也可以是按份的。如果合同中约定了保证份额的，保证人应当按照保证合同约定的保证份额承担保证责任；没有约定保证份额的，债权人可以请求任何一个保证人在其保证范围内承担保证责任。该条对于提供物的担保的第三人也可以适用。在物的担保中，也可能发生两个或两个以上的担保人为同一债务而向债权人提供担保的情形。如果共同担保均是由第三人提供的，无论是共同的抵押还是质押，均可以按照该条规定，承担相应的担保责任。

（五）担保人的追偿权及相关权利

《民法典》第 700 条规定："保证人承担保证责任后，除当事人另有约定外，有权在其承担保证责任的范围内向债务人追偿，享有债权人对债务人的权利，但是不得损害债权人的利益。"该条是关于保证人承担保证责任后追偿权及相关权利的规定。保证人承担保证责任后，在其承担保证责任的范围内对债务人有追偿权，享有债权人对债务人的权利，但是不得损害债权人的利益。该规定对保证人承担责任后的权利保护具有重大意义。但《民法典》该规定仅限于保证人，对于物上保证人的追偿问题，只是在《民法典》第 392 条中规定了“提供担保的第三人承担担保责任后，有权向债务人追偿”，甚至因为该规定所处位置，容易被误读为只有人的担保与物的担保并存之时，物上保证人承担担保责任之后才能追偿。因此，有必要明确物上保证人承担担保责任后，可以适用《民法典》第 700 条来进行追偿。

（六）担保人享有债务人对债权人的抗辩权

《民法典》第 701 条规定：“保证人可以主张债务人对债权人的抗辩。债务人放弃抗辩的，保证人仍有权向债权人主张抗辩。”该条规定了保证人可以主张债务人对债权人的抗辩权。担保具有从属性，主债权人请求担保人承担担保责任时，主债务人对债权人享有的各项抗辩权，担保人均可以主张。《民法典》中明确规定了保证人的该项权利，物上保证人同样享有。根据《民法典担保制度解释》本条规定，凡是主债务人享有的抗辩权，提供担保物的第三人都能享有，如主合同未生效、主合同无效或已经终止的抗辩等；即使主债务人放弃这些抗辩权，担保人仍然可以主张。鉴于这些抗辩权既是主债务人享有的抗辩权，也是法律赋予担保人的抗辩权，因此主债务人放弃抗辩权不应当对担保人的抗辩权产生影响。根据《民法典担保制度解释》本条规定，提供抵押的第三人，在抵押权人行使其抵押权时，如果主债务已经清偿了一部分，则可以向债权人提出该债务已经部分履行的抗辩。

（七）担保人享有债务人对债权人的抵销权或撤销权

《民法典》第 702 条规定：“债务人对债权人享有抵销权或者撤销权的，保证人可以在相应范围内拒绝承担保证责任。”这是保证人享有的权利之一，物上保证人也同样应当享有。在主债权人请求担保人承担担保责任时，担保人有权主张主债务人对债权人享有的各项抗辩权和其他类似权利，这是担保从属性的一种重要体现。《民法典》第 701 条规定了抗辩权，第 702 条则规定了类似抗辩权的抵销权和撤销权。在主债务人对主合同享有抵销权或者撤销权时，提供物保的第三人可以将主债务人享有的抵销权或撤销权作为自己的抗辩事由，在相应范围内对债权人拒绝承担担保责任。

（八）“等”包含的内容

除上述典型条款外，在保证人权利保护规则中，还有其他条款对提供物的担保的第三人也可以适用。因无法列举周全，以“等”字表示，进行兜底规定。但是，根据权利性质以及《民法典》担保物权一章已有相应规定的，不得适用《民法典》保证合同一章中的相关规定。

【实务问题】

《民法典担保制度解释》采问题导向原则，因此，《担保法解释》中许多行之有效的制度，在长期适用过程中已经深入人心，形成普遍共识，此次就没有再吸收到《民法典担保制度解释》中。例如，《担保法解释》第42条第1款区分不同情况对保证人追偿权在司法审判中如何实现的问题作出了规定，[①]《民法典担保制度解释》中没有继续规定是因为对该条规定已经形成普遍共识，不存在争议。因此，人民法院在审判实践中依然可以延续之前的做法对保证人的追偿权一并审理裁判，而在法院判决主文已经明确追偿权的情况下，该追偿权可以在执行程序中直接申请执行，既可以避免保证人的诉累，也有利于节约司法资源。同样，提供物的担保的第三人承担了担保责任时，对于主债务人的追偿权及追偿权的行使程序与保证人并无实质不同，因此物上保证人的追偿权问题也可以在判决主文中直接明确。在担保人已经参加诉讼的情形，法院可以对担保法律关系中涉及的主合同关系、担保关系以及担保人与主债务人之间的法律关系一并予以审理并对担保人对主债务人的追偿权一并作出裁判，在判决书主文中明确抵押人享有追偿权，担保人也可依据该生效判决在执行程序中一并实现追偿权。

① 具体规定为：第一，如果人民法院在判决书主文明确了保证人承担保证责任或者赔偿责任后享有的追偿权的，保证人可以直接依据该判决通过执行程序实现追偿权。第二，如果人民法院的判决书未明确追偿权的，保证人只能按照承担责任的事实，另行提起诉讼。

【案例】

中国农业银行股份有限公司博尔塔拉分行诉新疆新诚基饮服培训商贸有限责任公司金融借款合同纠纷案【最高人民法院（2014）民提字第 136 号】

借贷双方签订新借款合同以新贷偿还旧贷，未将该借新还旧的事实告知担保人的，同时没有证据证明担保人系在知道或应当知道借新还旧的情形下自愿提供抵押，担保人免于承担担保责任。

该案中，二审法院认为，因抵押担保与保证担保同为担保的法定方式，借款人的借新还旧行为无论对于抵押人或保证人而言均会改变其在提供担保时对担保风险的预期，加重其担保责任，进而导致对于担保人不公平的结果，故《担保法解释》关于保证合同的规定可适用于抵押担保。新诚基公司作为最高额抵押合同的抵押人，在对天任公司借款的实际用途系借新还旧不知情的情形下，依法应免除抵押责任。当事人申请再审后，最高人民法院认为，《担保法解释》第 39 条规定了主合同当事人双方协议以新贷偿还旧贷，除保证人知道或者应当知道的外，保证人不承担民事责任。单纯从文义上看，该条规定是对保证担保所设，但在以第三人财产设定抵押的情形下，抵押担保法律关系在主体、内容、目的、效果等方面与保证担保的特征相似，在司法解释未对借新还旧中抵押人的责任承担问题作出明确规定的情形下，《担保法解释》关于保证的相关规定可比照适用于抵押。故二审法院根据《担保法解释》关于保证的相关规定对本案进行判决并无不当，农行博州分行关于原二审判决适用法律错误的再审主张不能成立。

第二十一条 主合同或者担保合同约定了仲裁条款的，人民法院对约定仲裁条款的合同当事人之间的纠纷无管辖权。

债权人一并起诉债务人和担保人的，应当根据主合同确定管辖法院。

债权人依法可以单独起诉担保人且仅起诉担保人的，应当根据担保合同确定管辖法院。

【条文主旨】

本条是关于担保纠纷案件主管和管辖的规定。

【条文概览】

本条司法解释主要解决两个问题：第一，如何确定担保纠纷的主管，主要解决诉讼与仲裁的关系问题；第二，如何确定担保纠纷的级别管辖与地域管辖，即当以诉讼方式解决担保纠纷时，如何确定案件的管辖法院。在主管方面，根据本条规定，主合同或者担保合同约定了仲裁条款的，则人民法院对约定仲裁条款的合同当事人之间的纠纷无管辖权。虽然担保债务是从债务，但担保法律关系与主债权债务法律关系相互独立的，担保合同当事人是否受仲裁管辖，应当看法律关系当事人之间是否达成有效的仲裁协议，主合同中的仲裁条款不必然约束担保合同当事人。在管辖方面，遵循民事诉讼基本原则确定案件的级别管辖与地域管辖。如果债权人一并起诉债务人和担保人的，应当根据主合同确定管辖法院，即首先根据主债权债务的标的额等因素来确定级别管辖，然后根据主合同来确定地域管辖。如果主合同当事人约定了有效的协议管辖的，不论担保合同中当事人是否约定了协议管辖条款，也不论担保合同当事人协议选择的法院是否与主合同一致，都应当按照主合同中的协议管辖条款来确定管辖法院；如果主合同中没有约定协议管辖条款，无论担保合同中是否约定了协议管辖条款，均应当遵循民事诉讼法定管辖原则，由被告住所地或者主合同履行地的人民法院管辖。如果债权人依法单独起诉担保人而没有起诉债务人的，则根据担保合同确定管辖法院。

【争议观点】

主合同或担保合同中约定有仲裁条款时，人民法院对担保纠纷能否进行诉讼管辖的问题，尤其是基于担保债务具有从属性，主合同中仲裁条款约定能否约束担保合同的问题，在理论与实践中争议较大。存在以下三种观点：

第一，否定说。该观点认为，仲裁条款具有自愿性和独立性，应当遵循合同相对性原则，无论是主合同还是担保合同约定的仲裁条款，均仅对该合同双方当事人有拘束力。除非担保人明确表示接受主合同仲裁条款管辖，主合同项下的仲裁条款不能约束担保人；除非债务人明确表示接受担保合同仲裁条款管辖，担保合同项下的仲裁条款不能约束债务人。当事人仅可以根据特定的双方合同关系适用相应的争议解决条款。①

第二，肯定说。该观点认为，担保合同从属于主合同，为提高争议解决效率、节省司法资源，应当仅以主债权债务合同作为确定争议解决方式和管辖权的基础。其中有观点认为，依据《担保法解释》第129条之规定，即使担保合同存在仲裁条款，也应当根据主合同确定诉讼管辖。②

第三，折中说。该观点认为，连带保证合同当然受主合同仲裁条

① 参见夏亮、章祺辉、马贵予：《主合同与担保合同中争议解决条款发生冲突如何确定管辖？》，载“无讼阅读”，http：//victoryitslaw.cn/victory/api/vl。

② 参见中国建设银行股份有限公司浙江省分行营业部诉薛某青等金融借款合同纠纷案[（2015）杭下商初字第00953号]。

款的约束，而一般保证合同则应当分情况予以讨论。[①]

【理解与适用】

一、担保合同的主管

在争议解决领域，仲裁和诉讼是并行的两种纠纷解决机制。根据或裁或审原则，当事人达成有效的仲裁协议，一方向法院起诉的，法院不予受理；反之，如果当事人没有达成有效仲裁协议，则仲裁机构无权对该争议纠纷予以仲裁，解决争议应当向法院提起诉讼。本条第1款是《民法典担保制度解释》中的新增条款，解决的就是担保纠纷中仲裁与诉讼的关系问题。

根据本款规定，人民法院对约定了仲裁条款的主合同或担保合同当事人之间的纠纷没有管辖权。具体而言，如果主合同中约定了仲裁条款而担保合同中没有约定，包括没有约定争议解决方式或约定了诉讼管辖等情形，法院对主合同债权人与债务人之间的纠纷没有管辖权，但对涉及担保人的纠纷有管辖权；反之，如果担保合同中约定了仲裁条款，主合同没有约定仲裁条款，则法院对于债权人与担保人之间的纠纷没有管辖权，但对涉及债务人的纠纷有管辖权。

本条如此规定的主要原因如下：首先，虽然担保债务是从债务，但担保法律关系与主债权债务关系为各自独立的民事法律关系，担保合同当事人并不是主合同当事人。其次，法律并不限制主合同、担保合同分别约定争议解决方式。而自愿原则是仲裁制度赖以存在与发展的基石，当事人采用仲裁方式解决纠纷，应当双方自愿，达成仲裁协议。当事人发生纠纷时，是否选择仲裁的方式解决，由当事人双方自己决定，任何一方不能将自己的意志强加于另一方。因此，主合同约定的仲裁条款不能约束担保合同当事人，也不能约束仲裁条款约定的

---

① 刘顺章：《主合同仲裁条款能否约束担保人》，载《人民法院报》2005年7月11日。

仲裁事项以外的其他事项。最后，曾有观点认为，根据《担保法解释》第129条关于“主合同和担保合同发生纠纷提起诉讼的，应当根据主案件确定案件管辖”以及“主合同和担保合同选择管辖的法院不一致的，应当根据主合同确定案件管辖”之规定，可以推导出主合同仲裁条款约束担保合同。但上述规定仅适用于诉讼中如何确定法院管辖的问题，并不适用于解决仲裁与诉讼关系问题。

从审判实践来看，最高人民法院主流观点多认为主合同仲裁条款的效力不能约束担保合同。例如，在惠州纬通房产有限公司与惠州市人民政府履约担保纠纷案中，最高人民法院裁判认为，主合同约定有仲裁条款，保证合同中未约定，债权人单独起诉保证人时，不受主合同仲裁条款约定约束。① 在中国工商银行高密市支行等租赁合同纠纷案件中，最高人民法院认为，主合同约定了仲裁条款，保证合同未约定，债权人就主合同申请仲裁并在裁决作出后可就保证合同纠纷单独起诉。在对成都优邦文具有限公司等申请撤销仲裁裁决案的复函中，最高人民法院指出，“案涉担保合同没有约定仲裁条款，仲裁庭关于主合同有仲裁条款，担保合同作为从合同应当受到主合同中仲裁条款约束的意见缺乏法律依据”。此后最高人民法院又在其他案件中多次重申这一观点。上述案件中并未区分一般保证还是连带责任保证，也没有区分国内仲裁或者涉外、涉港澳仲裁。故此，最高人民法院对此裁判观点是一贯的。

《民法典担保制度解释》制定之初，对于这一问题曾采取过肯定说，规定：“债权人一并起诉债务人和担保人，主债权债务合同和担保合同均约定了争议解决方式或者管辖法院，约定不一致的，应当根据主债权债务合同的约定确定主管或者管辖事项；未约定争议解决方式或者管辖法院或者仅担保合同作出约定的，根据主债权债务关系确定管辖法院。”后经过征求各方意见及多次讨论，考虑到一律以主合

---

① 刘敏：《主合同协议仲裁管辖的，其效力能否及于从合同中的保证人——惠州纬通房产有限公司与惠州市人民政府履约担保纠纷案》，载《民商审判指导与参考》2002年第1卷，法律出版社2002年版。

同确定担保纠纷主管，会产生超出当事人之间仲裁协议的问题，最终采纳了否定说观点，认为当主合同或担保合同中约定仲裁条款时，而且仅对各自合同当事人有约束力。

可见，本款规定是总结实践经验，在吸收最高人民法院一贯观点基础上制定的。需要注意的是，在涉及仲裁的情况下，保证人提供担保的性质，无论是物的担保还是保证，也无论是一般保证还是连带责任保证，均不影响担保纠纷案件由仲裁机关管辖还是人民法院诉讼管辖。根据本款规定精神，在主合同约定了仲裁条款，担保合同约定了不同仲裁机构管辖的情形，则基于该担保合同发生的争议，应根据担保合同本身的约定提请仲裁。

二、担保合同的管辖

担保法律关系涉及债务人与债权人之间的主合同关系、担保人与债权人之间的担保关系以及担保人与债务人之间的担保原因关系。因此，因发生纠纷债权人提起诉讼时，既可以起诉债务人，又可以起诉担保人。由此就产生了担保纠纷诉讼如何确定法院管辖的问题。

《担保法解释》第129条规定："主合同和担保合同发生纠纷提起诉讼的，应当根据主合同确定案件管辖。担保人承担连带责任的担保合同发生纠纷，债权人向担保人主张权利的，应当由担保人住所地的法院管辖。主合同和担保合同选择管辖的法院不一致的，应当根据主合同确定案件管辖"。《民法典担保制度解释》第2款、第3款是以上述条款为基础制定的，基本原则一致，但对部分规定进行了修改，并且在表述上更加清晰完善；同时，区分不同情形，规定了提起担保纠纷诉讼时管辖法院的确定规则。

（一）债权人一并起诉主债务人和担保人时管辖的确定

本条第2款规定了"债权人一并起诉债务人和担保人的，应当根据主合同确定管辖法院"的规则。债权人一并起诉债务人和担保人的，主合同和担保合同同时发生纠纷，法院需同时审理主债权债务纠纷与担保债务纠纷。而担保债务具有从属性，因此为有效解决纠纷，规定了债权人一并起诉债务人和担保人的，以主合同确定管辖。

根据民事诉讼管辖确定的基本原则，案件需要确定级别管辖与地域管辖。地域管辖的确定中，协议管辖优先，当事人没有约定协议管辖的，适用法定管辖。具体到债权人一并起诉债务人和担保人的情形，首先根据主债权债务的标的额等因素来确定级别管辖，其次根据主合同来确定地域管辖。

在地域管辖的确定上，具体有两种情况。第一，主合同当事人约定了有效的协议管辖的，按照主合同中的约定确定管辖法院。此时，不论担保合同中当事人是否约定了协议管辖条款，也不论担保合同当事人协议选择的法院是否与主合同一致，都应当按照主合同中协议管辖条款来确定管辖法院。实践中，可能出现主合同与担保合同中均有协议管辖条款，而选择的法院不一致的情形：主合同选择一家法院管辖，从合同又选择另一家法院管辖。此时，应当根据主合同约定条款来确定管辖法院。第二，如果主合同中没有约定协议管辖条款，无论担保合同中是否约定了协议管辖条款，均应当遵循民事诉讼法定管辖原则，根据主合同来确定管辖法院，也即由被告住所地或者主合同履行地的人民法院管辖。此种情形下，因被告为两个以上，而且被告住所地与主合同履行地可能不重合，所以有可能出现两个以上的法院都有管辖权的情形。此时，原告可以选择其中一个法院起诉，如果向两个以上有管辖权的法院起诉的，则按照共同管辖原则，由最先立案的法院管辖。

（二）债权人单独起诉担保人

本条第3款规定了“债权人依法可以单独起诉担保人且仅起诉担保人的，应当根据担保合同确定管辖法院”的规则。这一款对《担保法解释》第129条规则进行了部分修改。

在《担保法解释》时期，债权人向人民法院请求行使担保物权时，债务人和担保人应当作为共同被告参加诉讼。同一债权既有保证又有物的担保的，诉讼时债务人与保证人、抵押人或者出质人可以作为共同被告参加诉讼。因此，担保法律关系中，债权人可以单独起诉担保人的情形就只有连带责任保证中要求保证人承担保证责任时才成立。故《担保法解释》仅仅规定了“担保人承担连带责任的担保合同发生纠纷，债权人向担保人主张权利的，应当由担保人住所地的法院管辖”这一种情形。

现今，随着民事诉讼理论的实践发展以及制度的完善，债权人可以单独起诉担保人的情形逐渐多样化。故此本款适应民事诉讼制度发展的需要，对之前的规定进行修改完善，规定了债权人依法可以单独起诉担保人且仅起诉担保人的，应当根据担保合同来确定管辖法院。目前，债权人依法可以单独起诉担保人的情形主要有：连带责任保证中，债权人可以直接起诉保证人，要求其承担保证责任；一般保证中，保证人丧失先诉抗辩权的情形；担保人提供物的担保的。解释上，物上保证人对于主债务人并无先诉抗辩权，在主债务人不履行到期债务或者出现当事人约定的实现担保物权的情形，债权人自可直接对担保人行使担保物权。此时，在程序救济上，并不以“实现担保物权案件”为限，债权人可以直接单独起诉担保人。在上述情形下，应当根据担保合同确定管辖法院。

【实务问题】

一、注意仲裁条款援引情形

审判实践中，正确适用本条需要注意区分仲裁条款援引问题。根据《最高人民法院关于适用〈中华人民共和国仲裁法〉若干问题的解释》相关规定，合同约定解决争议适用其他合同、文件中的有效仲裁条款的，发生合同争议时，当事人应当按照该仲裁条款提请仲裁。实践中有时会出现担保合同概括性约定当事人的权利义务适用主合同有关约定，但又未明确指明适用主合同中的“仲裁条款”的情形，如在担保合同中约定“未尽事宜，适用主合同的有关约定”或“其他条款，以主合同约定为准”等。此种情形是否为解决争议适用主合同有效仲裁条款的约定呢？我们认为如果担保合同中没有明确约定解决争议适用主合同中的仲裁条款，仅仅是概括性的并入条款，难以认为双方已约定扩展主合同仲裁条款的效力范围至担保合同所涉事项，此种情况下主合同仲裁条款难以约束担保合同。

二、主合同中仲裁条款是否约束补充协议的问题

司法实践中还存在当事人在主合同中约定其争议纠纷由仲裁机构解决，对于没有约定争议纠纷解决方式的补充协议可否适用该约定的问题。主合同的仲裁条款不能约束担保合同，主要是因为虽然担保债务是从债务，但是担保法律关系与主债权债务关系是两个相互独立的法律关系。而补充协议是否受主合同中仲裁条款的约束，则需要看其是否构成一个独立的法律关系。如果主合同与补充协议之间相互独立且可分，在没有特别约定的情况下，其争议解决方式应按各自协议约定处理。如果补充协议是对主合同内容的补充，必须依附于主合同而不能独立存在，则主合同所约定的争议解决条款也适用于补充协议。[①]

在辽宁省沈阳市公路建设开发总公司等建设工程合同纠纷一案中，涉及的问题是，总包合同约定有仲裁条款而分包合同未约定争议解决条款却约定了其认可总包合同的所有条款，产生了分包合同当事人间发生纠纷是否受总包合同仲裁条款约束的问题。最高人民法院裁判认为：涉案纠纷是分包合同下的纠纷，并非总包合同下的纠纷，不在总包合同下仲裁条款约定的仲裁事项范围内。分包合同主体未就案涉纠纷订有仲裁条款，事后也没有达成书面仲裁协议，故一审法院认定将本案移送仲裁的理由不能成立并无不当。

① 参见湖南华厦建筑有限责任公司与常德工艺美术学校不服执行裁定申诉案，载《最高人民法院公报》2016 年第 8 期。

【案例】

1. 惠州纬通房产有限公司与惠州市人民政府担保物权纠纷二审案【最高人民法院（2001）民二终字第177号】

最高人民法院认为：本案债权人纬通公司与保证人惠州市政府在双方签订的《履约确认书》中并未约定仲裁条款。本案系纬通公司起诉惠州市政府的履约担保纠纷，与纬通公司和嘉城公司之间的承包工程合同纠纷系两个不同的民事关系，纬通公司与惠州市政府之间形成的履约担保民事关系不受纬通公司与嘉城公司承包合同中约定的仲裁条款的约束，双方当事人在所签订的《履约确认书》中并未选择仲裁方式解决纠纷。纬通公司的起诉符合《民事诉讼法》第108条的规定，广东省高级人民法院应当予以受理。

2. 西安迈科金属国际集团有限公司、金川集团股份有限公司保证合同纠纷二审案【最高人民法院（2017）最高法民辖终47号】

最高人民法院认为：本院《关于成都优邦文具有限公司、王国建申请撤销深圳仲裁委员会（2011）深仲裁字第601号仲裁裁决一案的请示的复函》[（2013）民四他字第9号]的答复意见明确指出："案涉担保合同没有约定仲裁条款，仲裁庭关于主合同有仲裁条款，担保合同作为从合同应当受到主合同中仲裁条款约束的意见缺乏法律依据。"迈科公司上诉主张与该答复意见不符，其该项上诉理由不成立。

第二十二条 人民法院受理债务人破产案件后，债权人请求担保人承担担保责任，担保人主张担保债务自人民法院受理破产申请之日起停止计息的，人民法院对担保人的主张应予支持。

【条文主旨】

本条是关于担保债务在债务人破产程序中停止计息规则的规定。

【条文概览】

《民法典》第388条、第389条规定，担保合同是主债权债务合同的从合同，担保物权的担保范围包括主债权及其利息、违约金、损害赔偿金、保管担保财产和实现担保物权的费用。第682条、第691条规定，保证合同是主债权债务合同的从合同，保证的范围包括主债权及其利息、违约金、损害赔偿金和实现债权的费用。据此，相较于主债务，担保债务具有从属性，且担保的责任范围不应超过主债务的范围，尤其是前述条文采用了“主债权及其利息”的表述，表明担保债务的利息范围应以主债权利息为限。我国《企业破产法》第46条第2款明确规定“附利息的债权自破产申请受理时起停止计息”，相应地，担保债务也适用债务人破产程序中停止计息的规则，以确保担保债务的范围不会超过主债务的范围。需要注意的是，本条使用的是“担保债务”停止计息，相较于“担保责任”停止计息，前者的表述更为准确。

【争议观点】

理论和实务中关于债务人破产时担保债务是否停止计息的争论由来已久，司法实务中的判决也不尽一致。譬如，关于肯定担保债务在主债务人破产时停止计息的判决文书有最高人民法院（2010）民二终字第132号民事判决书、最高人民法院（2019）最高法民申6453号民事判决书以及四川省高级人民法院（2015）川民终字第896号民事判决书、辽宁省高级人民法院（2015）辽民二终字第00321号民事判决书等，否定担保债务在主债务人破产时停止计息规则的判决文书则包括最高人民法院（2016）最高法民终96号民事判决书、最高人民法院（2020）最高法民申1054号民事裁定书等。此外，部分地方法院出台的审判规则也对此问题进行了规定，如2020年1月10日，《浙江省高级人民法院民事审判第五庭关于主债务人破产后保证人是否停止计息问题的解答》明确："按照《企业破产法》第四十六条规定，针对债务人的破产申请被人民法院裁定受理时，破产程序中针对债务人申报的附利息的债权自破产申请受理时起停止计息，但该停止计息的效力不及于保证人。……"《广东省高级人民法院执行局关于执行程序法律适用若干问题的参考意见》《四川省高级人民法院关于审理破产案件若干问题的解答》对此问题均持否定观点。

主张不停止计息的观点认为，债权人应当有权要求担保人支付债务人破产程序进行期间的担保债务的利息，这在体系上更为完整，也更有逻辑性。归纳起来，其主要理由如下：

第一，符合立法目的。《企业破产法》第46条关于利息停止计算规定的立法目的，在于确定破产债权数额、确保结算账目清楚，从而保障破产程序顺利进行和债权公平清偿，性质上只是破产时的技术安排，仅是给破产债务人的特殊政策，并未免除利息债务和消灭实体权利。担保人并未破产，债权人向其主张权利是破产程序之外的普通正常程序，不应受到破产程序限制。

第二，主债务人进入破产程序后，主债务和担保债务不受一般担保中的从属性原则限制，如《企业破产法》第 92 条第 3 款、第 101 条、第 124 条均体现了破产程序中不适用主债务减免从债务随之减免的原则，这是《企业破产法》从担保设置目的考虑而确定的与一般民商法不同的特殊原则，担保债务的计息问题也应在此基础上处理。

第三，从担保制度的设立宗旨和风险负担来看，债权人设立担保的宗旨，就是在债务人无力清偿债务尤其是破产时由担保人承担责任，从而保障债权的实现。担保人承担破产程序期间的主债务利息，未超出其应有的风险预判，担保人的法律义务与责任并未因此加重。

第四，从社会效果的角度考虑，对担保人不停止计息，有利于促进担保人及时履行义务。目前，我国实践中确实存在过度担保的问题，在债务人丧失清偿能力的情况下，势必会增加保证人的责任风险。但是，这本身属于担保人应当承担的风险，且过度担保和担保链风险的问题本身并非债务人破产后保证责任继续计算利息引起或者因此加重。解决这一问题，需要从畅通融资渠道、规范担保关系等源头治理。从宏观角度看，若由债权人承担利息损失，则必然导致债权人在其后采取更加谨慎的策略。同时，不停止计息也更符合世界银行营商环境评估“保护债权人利益”的价值取向。

认为保证债务利息应当停止计算的肯定论观点的主要理由有以下几点：

第一，破产法重在维护债权人公平受偿，使企业在依法退出的同时，实现各方利益的衡平，维护社会秩序的稳定。对于债权人因债务人破产受到的损失 ，债权人和担保人都应分担一部分，而不能将风险全部分配给担保人承担，否则就可能出现连锁反应，导致担保人也因此而破产。如果担保人因此也破产，涉及更多利益群体需要安置，对于担保人的债权人同样也存在保护不公平的问题，且使社会财富进一步减少，进而有损经济社会秩序的稳定。实践中，有大量银行搞担保链条、转嫁风险，从激励债权人通过破产程序保护自身利益的角度出发，更应限制担保责任。在重整方案的形成过程中，担保人处于消极地位，很少能参与进来，如果还不停止计息，可能加重担保人责任。

第二，关于对《企业破产法》进行目的解释和体系解释问题。《企业破产法》第124条关于“对债权人依照破产清算程序未受清偿的债权”的表述，依照其文义，也可解读为按照《企业破产法》第46条规定停止计息的破产债权。此外，保证人享有预先行使追偿权的权利，保证人是以债权人的身份行使该权利的，故其申报的追偿数额需要确定，该数额应该就是债务人所欠债权人的停止计息的债务数额。

第三，从担保的从属性以及对担保人权益在破产程序中进行衡平保护的角度考虑。担保债务具有从属性，不应超过主债务数额，如果要否定其从属性或者肯定其独立性，必须依法进行。而且，保证人享有债务人的抗辩权，该抗辩权应包括停止给付债务利息的抗辩权。此外，《企业破产法》规定一般保证不再享有先诉抗辩权，这是对保证人权利的限制，那么基于权益一体的平衡原则，在确定保证人承担责任的范围时，就应当相应减轻，也停止计息。

第四，从域外立法例来看，对于破产程序开始后主债务的利息计算有两种模式。一种是采取继续计算但劣后清偿的立法模式，如现今德国、日本、英国及美国的破产法。在《美国破产法典》中，普通破产债权人的利息请求权虽然并不消灭，但是受到相应的限制，如适用法定利率而排除约定的可能，利息债权的受偿顺位置于罚款、罚金债权之后。[①] 另一种是类似我国《企业破产法》规定的“停止计息”，如《法国商法典》。从《法国商法典》第6卷第L631-14条关于司法重整程序中保证人不得援引第L622-28条规定的“停止计息”规则的规定看，保证人通常情形下可以援引债务人的抗辩。由于我国《企业破产法》没有规定劣后债权制度，也未对利息进行限制，而是规定主债务因债务人破产而停止计息，因此，若认为由保证人承担全部利息，不仅突破了担保的从属性，且对保证人极不公平。

① See 11 U.S. Code § 506（b）.

【理解与适用】

本条对于债务人破产程序中担保债务是否停止计息的问题，采纳的是停止计息说。本条的规定更多是基于现实情况和政策考量的结果。

第一，停止计息说更加符合当前我国的实际情况，更有利于实现个案的公平和正义。我国现行法在被担保的债权范围问题上不仅允许当事人进行约定，即使在当事人没有约定的情形下，被担保的债权范围也较为宽泛，如担保物权担保的范围包括主债权及其利息、违约金、损害赔偿金、保管担保财产和实现担保物权的费用（《民法典》第 389 条），保证合同担保的范围包括主债权及其利息、违约金、损害赔偿金和实现债权的费用（《民法典》第 691 条）。我们认为，如此宽泛的担保范围无疑会加重担保人的负担和风险。尤其需要注意的是，尽管我国目前对民间借贷的利率有所限制，但当事人约定利率水平仍较高，且对金融借贷的利率暂无明确限制，在债务人发生破产的情形下，如果担保人不能主张停止计息，将可能因担保人无法控制破产程序的时间而背负沉重的利息，进而也陷入破产境地。此外，从风险负担分配的角度看，如果不允许担保人主张停止计息，则债务人破产的风险将完全由担保人承担，尽管这符合债权人控制风险的想法，但此种通过担保将风险完全转嫁给担保人承担的做法是否公平值得检讨。我们认为，在债务人破产的情形下，将担保人应当承担的利息计算至受理破产申请之时，既保护了债权人的合理信赖和交易安全，也保护了担保人的合理预期，较为公平地分配了因债务人破产所带来的风险。更为重要的是，从当前司法实践的情况看，在债务人破产的情形下，不少债权人向担保人主张的债权系通过金融机构不良资产处置以很低代价所获得的债权，如果不允许担保人主张停止计息，也会进一步加重不公平的结果。

第二，停止计息说更加符合《民法典》强化担保从属性的基本立场。与《担保法》比较，《民法典》进一步强化了担保的从属性。关于这一点，可以从《民法典》将独立担保的范围限制在“法律另有规定”（第388条与第682条），并明确规定“保证人可以主张债务人对债权人的抗辩。债务人放弃抗辩的，保证人仍有权向债权人主张抗辩”（第701条）看出。我们认为，担保所具有的从属性主要包括效力的从属性和消灭的从属性，前者指的是担保合同的生效要以有效的主合同为前提，后者指的是主债权债务消灭，担保权利亦随之消灭。[①]除此之外，担保范围的从属性也是重要的一方面。担保责任的本质是对债权的保全，以主债权人的原初债权受偿利益为上限来设置担保责任，担保人承担完毕担保责任后，可以就相应的担保责任向债务人追偿。追偿法理也意味着追偿人向被追偿人所追偿的债权不能超越被追偿人在初始法律关系中的债务负担。同时，从担保人对担保责任的可预见性的角度而言，担保责任的范围也不能大于主债务的范围，这也是世界上许多国家的通例。在主债务人破产后，主债务的利息依法只计算到破产申请受理之日止，故主债务的范围是未清偿的本金和至破产受理之日的利息。这时，如果要求保证人承担主债务人申请破产之日后的利息，显然使保证人承担的责任大于主债务人，就明显违反了保证范围从属性的特征，在理论上是很难解释的。[②]主债务在破产程序中的利息无论是被消灭抑或被予以劣后清偿处理，在通常的破产情形中，主债务的利息一般不再具有清偿的可能性，以结果论之，倘若担保人承担的担保债务不与主债务一并适用破产停止计息规则，将会存在主债务人不再承担主债务利息，债权人却可以要求担保人继续承担担保债务利息，以至于出现最终的担保债务的范围大于主债务范围的问题。

应该说，担保债务的从属性是担保法理的根基，也是担保法律关系的理论起点。《企业破产法》第92条、第101条中规定，在破产重整或和解程序中，保证人的责任范围不受主债务减少的影响，以此

---

① 马俊驹、余延满：《民法原论》（第4版），法律出版社2010年版，第545页。

② 夏群佩、洪海波：《主债务人进入破产程序后连带保证人的责任范围》，载《人民司法·案例》2017年第14期。

明确限制破产程序中保证责任的从属性，保证责任可能大于主债务金额。但是，《企业破产法》作为民事法律规范的特例，基于破产法律调整的特殊价值目标的考量，需要打破担保债务从属性规则束缚的，应当以破产法律规范的形式进行明确的规定，否则，破产程序也应遵守担保法理的约束。由于《企业破产法》没有规定对担保债务是否在破产程序中同样适用主债务的停止计息规则，因此对该问题应当依据担保法理解释，这也是设置本条规定的初衷。况且，担保债务适用破产停止计息的规则，并不必然会给债权人带来损失：如果债权人及时要求担保人承担担保责任，将可有效地避免利息损失的产生；即便债权人选择先行在破产程序中受偿，债权人损失的担保债务的利息，较其主债权主张而言，往往也相对较少。相较而言，担保的从属性以及追偿权法理更应予以维护。

此外，《企业破产法》第124条规定："破产人的保证人和其他连带债务人，在破产程序终结后，对债权人依照破产清算程序未受清偿的债权，依法继续承担清偿责任。"根据该条规定，债权人在破产清算程序中按照确定的比例获得清偿后，未获清偿的债权在破产程序终结后可继续向保证人追偿。仅从文义来看，似可以理解为保证人的保证责任应限于债权人在破产程序中未获清偿的部分，不应再承担已确定的主债权之外的其他责任，而破产申请受理后的利息不属于"债权人依照破产清算程序未受清偿的债权"的范围，当然也不应该由担保人承担。

第三，制定《民法典担保制度解释》时，最高人民法院的最新司法政策采停止计息说。在《民法典担保制度解释》通过并实施以前，河北省高级人民法院曾就人民法院受理主债务人破产申请后保证人的保证范围是否适用《企业破产法》第46条的问题向最高人民法院请示，该院审判委员会经研究提出两种观点：第一种观点是根据担保的从属性停止计息；第二种观点是突破担保的从属性不停止计息。为了实现个案的公平正义，最高人民法院于2020年4月9日针对上述请示作出如下答复："《企业破产法》第四十六条第二款规定，主债务人进入破产程序后，主债务利息自破产申请受理时起停止计息。该规定的目的系为在破产申请受理后确定债权，顺利推进破产程序，保证债权公平受偿。由于该条未明确此种情形下保证人应承担的保证责任利息是否也一并停止，故实践中处理不一。根据你院请示案件的具体情况，综合考虑该条规定的立法目的、保证债务的从属性、有效化解担保链风险等因素，原则同意你院审判委员会研究的第一种意见。”

应该说明的是，担保债务是否应该随破产债务停止计息的问题，根源在于《企业破产法》没有规定。据我们了解，《企业破产法》正在修改，相信修改后的《企业破产法》会对此作出回应。届时，人民法院裁判案件当然以法律规定为准。

第二十三条 人民法院受理债务人破产案件，债权人在破产程序中申报债权后又向人民法院提起诉讼，请求担保人承担担保责任的，人民法院依法予以支持。

担保人清偿债权人的全部债权后，可以代替债权人在破产程序中受偿；在债权人的债权未获全部清偿前，担保人不得代替债权人在破产程序中受偿，但是有权就债权人通过破产分配和实现担保债权等方式获得清偿总额中超出债权的部分，在其承担担保责任的范围内请求债权人返还。

债权人在债务人破产程序中未获全部清偿，请求担保人继续承担担保责任的，人民法院应予支持；担保人承担担保责任后，向和解协议或者重整计划执行完毕后的债务人追偿的，人民法院不予支持。

【条文主旨】

本条是关于债务人破产程序与担保人承担担保责任如何衔接，以及担保人行使追偿权相关问题的规定。

【条文概览】

本条第 1 款规定了债务人进入破产程序的情况下，债权人依法申报债权的同时，可以向担保人主张担保责任。本款在《担保法解释》第 44 条第 1 款的基础上，进一步明确了债权人可同时向债务人和担保人行使相应的权利。

本条第 2 款是在第 1 款的前提下，如果债权人先从担保人处获得全部清偿的，根据《民法典》第 700 条、《企业破产法》第 51 条规定的精神，担保人可以通过请求转付债权人在债务人破产程序中可获清偿相应金额的方式进行追偿，从而在及时实现债权人合法权利、依法保护担保人追偿权的同时，避免债权人双重受偿。但是，如果担保人仅部分清偿债务的，基于《民法典》第 700 条规定的行使追偿权不得损害债权人利益之原则，本款亦对此时担保人的追偿权予以限制。

本条第 3 款仍然是以本条第 1 款为前提，并在《担保法解释》第 44 条第 2 款规定的基础上，吸收了《全国法院破产审判工作会议纪要》（法〔2018〕53 号）第 31 条的规定，明确如果债权人先从债务人破产程序中获得清偿的，可依据《企业破产法》第 92 条、第 101 条、第 124 条之规定，要求担保人就未能受偿部分继续承担担保责任。但是，基于破产程序中同类债权平等受偿的原则，本款情况下担保人不得对重整或者和解后的债务人行使追偿权，避免债务人对同一笔债权重复清偿的情形。

【争议观点】

关于债务人进入破产程序后，债权人在破产程序中申报债权获得受偿与向担保人主张权利之间的关系，即债权人能否在申报全部债权的同时要求担保人承担担保责任的问题，《企业破产法》并未作出限制，仅在第 92 条、第 101 条、第 124 条规定，对债权人依照破产程序未受清偿的债权，债务人的保证人和其他连带债务人依法继续承担责任，以及债权人对保证人和其他连带债务人享有的权利不受重整计划或者和解协议的影响。虽然《担保法解释》第 44 条第 1 款规定“保证期间，人民法院受理债务人破产案件的，债权人既可以向人民法院申报债权，也可以向保证人主张权利”，但对此条款的理解，理论和实践中存在择一说和并行说两种不同观点。

择一说认为，破产程序中，债权人申报债权或向保证人主张权利只能择一行使，即如果已经选择了申报债权，则不能同时要求保证人承担保证责任，反之亦然。择一说的主要理由为避免债权人双重受偿。[①]此外，针对《担保法解释》第44条第2款有关“债权人要求保证人承担保证责任的，应当在破产程序终结后六个月内提出”的规定，也有观点认为，人民法院受理债务人破产案件，债权人请求担保人承担担保责任的，只能在破产程序终结后六个月内提出。例如，河南省高级人民法院（2011）豫法民终字第19号民事裁定认为：“中洛钢集团破产程序尚未终结，且交通银行洛阳分行已对本案涉及的债权进行了申报，根据担保法的相关规定，债权人要求保证人承担担保责任，应当在破产程序终结后六个月内提出。”故裁定维持洛阳市中级人民法院（2009）洛民四初字第18号驳回起诉的民事裁定。

并行说则主张前述两种权利并行不悖，债权人既可以申报债权，同时又可以向保证人主张保证责任。理由在于，《担保法解释》第44条扩展了债权人的权利内容，其目的在于保障债权人的权益而非限制，如果将其解释为债权人只能于破产程序终结后六个月内才得以向担保人主张权利，则与条文目的相悖，且过于干涉了债权人的合法权益，与实践中债权人先行请求担保人承担担保责任的需求不符。实践中持此观点的案例如山东省德州市中级人民法院（2015）德中商初字第36号民事判决，其认为：“《担保法解释》第44条的规定，并没有禁止债权人在向人民法院申报债权的同时向保证人主张权利。对于债权人既向人民法院申报债权，又向保证人主张权利的情况，可以结合案件的具体情况，在确认担保有效的前提下，判决保证人在破产程序终结后，对债权人未受清偿的部分承担保证责任，而不必驳回债权人的诉讼请求。”

对此，《最高人民法院对〈关于担保期间债权人向保证人主张权利的方式及程序问题的请示〉的答复》[（2002）民二他字第32号]也曾规定：“对于债权人申报了债权，同时又起诉保证人的保证纠纷案件，人民法院应当受理。在具体审理并认定保证人应承担保证责任

---

① 参见孙鹏主编：《最高人民法院担保法司法解释精释精解》，中国法制出版社2016年版，第190页；姜启波主编：《担保纠纷新型典型案例与专题指导》，中国法制出版社2009年版，第188页。

的金额时，如需等待破产程序结束的，可依照《中华人民共和国民事诉讼法》第一百三十六第一款第（五）项的规定，裁定中止诉讼。人民法院如径行判决保证人承担保证责任，应当在判决中明确应扣除债权人在债务人破产程序中可以分得的部分。”据此，破产程序进行中，人民法院对于债权人对保证人提起的保证责任纠纷诉讼应当受理，且在受理后可以采取中止审理或径行判决两种处理方式。该答复一定程度上认可了并行说的观点，即允许债权人在申报债权的同时起诉要求保证人承担责任，但在明确具体责任金额时，答复给出的两种处理方式实际上都需以破产程序确定债权人受偿份额为前提，因此并行说在实践中的意义主要在于赋予债权人起诉的权利，而并未在实体层面彻底解决债权人的受偿问题。

之后的司法实践中出现了认可实体上并行说的案例。例如，最高人民法院（2013）民二终字第117号民事判决书指出：“本案一审根据债权人承诺若获担保人清偿，则将破产债权的受偿权转让给担保人，进而判决荣恒公司在履行清偿义务后取得债权人在破产案件中的受偿权。该表述虽然欠当，但根据《企业破产法》第51条规定的‘债务人的保证人或者其他连带债务人已经代替债务人清偿债务的，以其对债务人的求偿权申报债权’之法理，在平等保护破产债权人及担保人的合法权利上，体现了立法目的的一致性。故在本案中，担保人通过承担担保责任后，在承担责任范围内，依法向审理破产案件的法院及破产管理人申报债权，从而获得权利救济，不失为各方当事人摆脱诉累，尽快实现有关权利，减少不当损失的最佳途径。”

【理解与适用】

首先，根据本条第1款的规定，债务人破产程序的启动不影响债权人向担保人主张担保责任。对债务人特定财产享有担保权的债权人，因其以破产程序开始前成立的担保物权为基础，基于破产程序对有关担保权利优先性和排他性效力的延伸和认同，故在理论上其可不受破产程序的约束，优于其他债权人单独、及时受偿，以确保担保物权本身立法目的和制度价值得到实现。正如有学者指出：“如果在债务人破产即丧失清偿能力最为严重时优先受偿权反而受到限制，则违背了立法之宗旨及当事人设立担保的本意。”[①] 但是出于保障对企业进行挽救的需要，担保权人权利的行使仍然要受到重整程序的适当限制，则另当别论。第三人对债权提供保证的，债权人在主债务人的破产程序中仍属于普通债权人身份，通常当债务人进入破产程序后，普通破产债权往往面临着无法全额受偿的命运。虽然《企业破产法》规定，保证人和其他连带债务人仍需对债权人依照破产程序未受清偿的债权，依法继续承担清偿责任，但如果债权人必须在破产程序终结后再主张保证责任，尤其是如果破产案件审理周期较长的，那么一旦届时保证人下落不明或者丧失清偿能力，则势必会影响债权人保证利益的实现。虽然前述（2002）民二他字第32号答复赋予债权人申报债权的同时起诉保证人的诉权，但其采取的中止审理或径行判决两种处理方式，均需等待破产程序确定债权人受偿份额后，保证责任才能确定或者被执行，仍然会导致债权人的保证担保利益得不到及时充分实现。因此，债权人另行向保证人主张清偿的权利不应当受到破产程序的影响，债权人同时享有向主债务人的破产管理人申报债权与向保证人主张担保责任的权利，更有利于债权人权益的实现。此外，本款在文字上采用了人民法院应予“支持”的表述，这意味着人民法院不仅仅只是受理保证责任诉讼，而是应对债权人的主张予以实体审理并作出相应判决，因此本款实际上采纳的是实体并行说的观点。

在允许债权人同时申报债权并向担保人主张权利的情况下，为避免债权人超额受偿，本条第2款、第3款区分债权人是先从担保人处受偿还是先在债务人破产程序中受偿，就破产程序与担保责任的衔接进行了规定。对于债权人先从担保人处获得清偿的，对就担保人特定财产享有担保权的债权人而言，根据《企业破产法》第110条的规

① 李永军等：《破产法》，中国政法大学出版社2017年版，第126页。

定，其行使优先受偿权利未能完全受偿的，未受偿的债权作为普通债权继续受偿。对享有保证担保的债权人而言，根据《企业破产法》第51条的规定，保证人承担责任后可以其对债务人的求偿权申报债权。根据该条精神，如果债权人先行从保证人处获得全部清偿，且之前债权人已经申报全部债权的，虽然保证人不得再行申报债权，但保证人可通过申请转付债权人在破产程序相应清偿份额的方式，替代债权人在破产程序中受偿，从而确保对债务人追偿权的行使。但是，如果保证人仅清偿部分债务，债权人在保证人处未获得全部清偿的，虽然保证人依法享有追偿权，但根据《民法典》第700条关于保证人行使追偿权不得损害债权人利益的规定，本条第2款明确要求保证人不得就清偿部分代替债权人在破产程序中受偿。根据保证原理，保证人是代债务人清偿债务，因此，在债务人所有财产不足以清偿全部债务时，债务人应当先履行主债务，而不能向担保人支付，否则就会损害债权人的利益，因为主债务人和保证人对于债权人而言，都是债务人。只有在满足了债权人的债权的情况下，保证人才能对主债务人行使追偿权。在债权人、债务人、保证人这三者的关系中，债务人和保证人的关系属于内部关系，债务人、保证人与债权人的关系属于外部关系。在内部关系与外部关系相冲突的情况下，应当优先满足外部关系。但是，如果债权人在破产程序中从保证人处获得的受偿金额超过债权额，基于禁止超额受偿的原则，担保人有权请求债权人就超出部分在其承担保证责任的范围内予以返还。

本条第3款规定的是债权人先从债务人破产程序中受偿的情况下，就未受偿部分如何继续向担保人主张担保责任的规定。根据《企业破产法》第92条、第101条、第124条的规定，保证人或其他连带债务人仍需对债权人未获清偿部分继续承担责任。但基于破产程序的特殊性，此时担保人的追偿权受到限制。具体而言，我国破产程序包含破产清算、破产重整与破产和解程序，破产清算程序终结后，企业主体消灭，故不存在担保人追偿的问题。但在破产重整与和破产解程序中，根据《企业破产法》第94条、第106条的规定，按照重整计划或者和解协议减免的债务，自重整计划或者和解协议执行完毕时起，债务人不再承担清偿责任。也就是说，对应的债务人的该部分债务将实际获得免责。对于担保人而言，其就债权人剩余债权承担担保责任后，如果仍向重整后或者和解后的债务人追偿，则意味着实质上源于同一债务的普通债权，在债务人处获得了两次清偿，导致该笔债权清偿率高于其他同类债权的情形，从而违反破产法同类债权平等清偿的原则。如史尚宽先生所言："于和解或协调成立后履行其债务之保证人，就主债务人受免除之数额，不得行使求偿权。"[①] 邱聪智先生也提出："保证人仍须就债权人未获清偿之部分为全部之清偿，而且，其因而所生不利益，保证人应自行承受，其为清偿后对于主债务人因和解而得免除之数额，不得行使求偿权。"[②] 担保人追偿权因受限制而遭受的不利，应看作担保人应承担的风险。

【实务问题】

实务中，为避免债权人超额受偿现象的出现，担保人在清偿了全部或部分债权后，应当主动向债务人的破产管理人提供相应的清偿凭证，披露担保责任的承担信息，破产管理人也应及时向担保人反馈对债权人清偿债权的进展与结果。

需要注意的是，本条仅限于债权人已经在破产程序中申报全部债权的情形，如果债权人未在破产程序中向债务人的破产管理人申报债权要求清偿，而是直接向担保人主张担保责任，则担保人可以在破产程序中预先申报担保债权，提前向债务人行使求偿权。

此外，如果债权人在破产程序开始前，通过请求担保人承担担保责任而先行获得了部分清偿的，债权人在债务人破产程序中仍应当向破产管理人全额申报破产债权，而非债权人仅可申报未受偿债权并由担保人就已清偿部分行使求偿权。其理由仍在于《民法典》第700条

① 史尚宽：《债法各论》，中国政法大学出版社2000年版，第895页。
② 邱聪智：《新订债法各论》（下），中国人民大学出版社2006年版，第375页。

规定之精神，即保证人行使追偿权不得损害债权人利益。此时，担保人只能待债权人超额受偿的结果出现，要求债权人返还额外的受偿金额。根据《日本破产法》第104条、第105条的规定，破产人的债务是连带债务或附保证人的，各个连带债务人或主债务人、保证人双方已破产时，债权人以破产程序开始时的全额债权为凭，加入到各个破产程序中。这意味着，即使债权人在破产程序开始后获得了部分清偿，其债权额不受削减，主要是考虑到对于为自己的债权设定连带债务或要求提供保证的，即对保全自己债权有积极态度的债权人，程序上应当保障其获得较多分配。根据《日本破产法》第104条第5款的规定，该处理方式也适用于物上保证人。[①]

① ［日］山本和彦：《日本倒产处理法入门》，金春等译，法律出版社2016年版，第61~62页。

第二十四条 债权人知道或者应当知道债务人破产，既未申报债权也未通知担保人，致使担保人不能预先行使追偿权的，担保人就该债权在破产程序中可能受偿的范围内免除担保责任，但是担保人因自身过错未行使追偿权的除外。

【条文主旨】

本条是关于债权人未及时履行通知义务，导致担保人在债务人破产时未能行使预先追偿权的后果的规定。

【条文概览】

为避免担保人于承担责任后不能实现追偿权，《担保法》第32条、《企业破产法》第51条第2款特别规定了保证人的追偿权预先行使制度，使得保证人在法院受理债务人破产申请后，虽未清偿保证债务前即可就自己将要承担的保证责任向主债务人求偿。同时，根据《企业破产法》第51条的规定，保证人申报债权行使预先追偿权，以债权人不申报债权为前提，但是《企业破产法》并未规定债权人负有将其是否申报债权的意思表示告知保证人的义务，从而造成实际上保证人要行使预先追偿权，却因已过申报债权期限或者补充申报期限而不得的情况发生。因此，本条规定了债权人的通知义务，同时赋予担保人的通告抗辩权，即债权人在知道或应该知道债务人破产时，有义务在债权申报期限内的适当时间，向担保人作出不参加破产程序而向担保人求偿的意思表示。如果债权人在知道债务人破产时，既不申报债权，又不告知担保人债务人破产、自己不申报债权但不放弃求偿这些情况，导致担保人错过债权申报期限而未能预先从债务人破产财产中得到补偿的，担保人在其如及时申报债权可从破产财产中分配到价额范围内免责。当然，因担保人自身的过错而未行使预先追偿权造成损失的情形，应被排除于担保责任免除规则的适用之外。

【争议观点】

关于债权人在主债务人破产程序中不申报破产债权时，其是否负有通知担保人的义务，一度成为有争议的问题。有观点认为，债权人在破产程序中不申报债权是不需要通知担保人的，债权人不应负担通知的义务；即便需要通知，适格的通知义务主体应当为债务人，在债务人破产的情况下则为债务人的破产管理人。对此问题可以从新、旧破产法对债权申报的不同规定进行分析。《企业破产法（试行）》规定，债权人未按期申报债权就视为放弃权利，不允许当事人补充申报。在这种制度下，如果债权人不申报破产债权，也不通知担保人，就可能使担保人因为延误债权申报期限而被视为自动放弃债权，不能预先行使追偿权。但根据《企业破产法》规定，债权人未按期申报债权还可以补充申报，不再视为自动放弃债权。在此种情况下，强加给债权人在不申报破产债权时通知担保人的义务，特别是据此限制债权人的实体权利，有所不妥。但是，债权人在担保人向其询问是否在破产程序中申报债权时，应当给予明确、及时的回答，否则应对保证人的损失承担责任。①

也有观点认为，债务人进入破产程序后，法院根据《企业破产法》第14条的规定，应当通知已知债权人并予以公告，债权人应当知悉债务人破产的事实。因此，债权人如果决定不参加破产程序，则应及时通知保证人，以便于保证人预先行使追偿权。在此基础上，该观点肯定了《担保法解释》第45条规定的合理性。但同时该观点也认为，保证人与债务人的关系通常比保证人与债权人的关系近，保证人在为债务人提供担保后应当关注债务人的情况，对于债务人破产的

① 王欣新：《破产法》（第四版），中国人民大学出版社2019年版，第215页。

事实，保证人通常也知道或者应当知道。如果保证人知道或者应当知道债务人破产的事实，且有证据证明保证人知悉债权人不打算申报债权的，即便债权人未通知保证人申报债权，也不应成为保证人免除保证责任的理由。故《担保法解释》第45条的规定应当仅适用于善意的保证人。[①]

【理解与适用】

本条是对《担保法解释》第45条规定的吸收与延续。《担保法解释》第45条规定："债权人知道或者应当知道债务人破产，既未申报债权也未通知保证人，致使保证人不能预先行使追偿权的，保证人在该债权在破产程序中可能受偿的范围内免除保证责任。"相比之下，本条将"保证人"的范围扩展至"担保人"，从而将适用范围从保证扩展至包括物的担保在内的所有担保形式。相比于债务人自己提供物的担保而言，提供物保的第三人与保证人均处于担保人的平等地位，都不是偿还债务的最终义务人，实质上仍然属于清偿他人（主债务人）的债务，因此，根据《民法典》第392条、第700条的规定，物的担保人和保证人承担担保责任后都有向债务人追偿的必要，从而保证担保人的利益不受损失。

通常而言，担保人行使追偿权必须具备几项要件：一是担保人已经对债权人承担了全部或者部分担保责任；二是债务人因担保人承担担保责任而全部或者部分免责；三是担保人未放弃追偿权；四是担保人的追偿权范围限于其承担担保责任的范围内；五是担保人的履行行为无过错，担保人不得因自身原因造成的损失请求主债务人承担责任。

由此可见，追偿权发生效力一般应当以担保人替主债务人清偿了部分或者全部债务使其相应免责为前提条件，其目的是保障担保人的

① 曹士兵：《中国担保制度与担保方法——根据物权法修订》，中国法制出版社2008年版，第168页。

利益不受损失，然而追偿权的实现也是以债务人有财产清偿债务为条件的。如果在担保人清偿担保债务后，债务人已无任何财产可用以清偿债务，担保人的追偿权也就无法实现，担保人的追偿利益也就得不到保护。因此，法律为避免担保人于承担保证责任后不能实现追偿权，特别规定了追偿权预先行使制度，以使担保人在存在一定的法定事由时，得在未清偿担保债务前即向主债务人就自己将要承担的担保责任向主债务人求偿。

关于追偿权预先行使的法定事由，各国规定不一。根据《日本民法典》第460条的规定，保证人受主债务人的委托而为保证时，其保证人于下列场合，得预先对主债务人行使求偿权：一是主债务人受破产宣告而债权人未参加其财团的分配时；二是债权已到清偿期，但在保证契约订立后，债权人许与主债务人的期限，不得以之对抗保证人；三是债务的清偿期不能确定，而其最长期亦不能确定场合，自保证契约订立后，经过十年时。《法国民法典》第2032条则规定："保证人在下列情形，即使在清偿以前，得对债务人行使求偿权：①保证人被诉究清偿时；②债务人破产或无力清偿时；③债务人负担义务在一定时间内免除保证人的责任时；④债务因约定的期限到期应清偿时；⑤主债务未规定清偿期而经过10年后，但主债务在特定时期以前依其性质不得消灭者，例如监护的义务，不在此限。"在我国，根据《企业破产法》第51条第2款的规定，追偿权预先行使的法定事由是人民法院受理债务人破产案件后，债权人未申报债权，在这种情况下，保证人可以将来的求偿权作为破产债权申报，参加破产程序，参与分配破产财产。在解释上，该条所称"保证人"包括物上担保人、已承担物上担保责任的抵押人或者出质人等。

根据上述规定，担保人行使预先追偿权的前提是债权人未申报债权。《企业破产法》第48条第1款规定："债权人应当在人民法院确定的债权申报期限内向管理人申报债权。"第56条规定："在人民法院确定的债权申报期限内，债权人未申报债权的，可以在破产财产最后分配前补充申报；但是，此前已进行的分配，不再对其补充分配。

为审查和确认补充申报债权的费用，由补充申报人承担。债权人未依照本法规定申报债权的，不得依照本法规定的程序行使权利。”依上述规定，债权人未申报债权，是指债权人未在规定的债权申报期限内向法院申报债权，也未在破产财产最后分配前补充申报。但若依此理解，则法律规定的担保人预先追偿权可能落空，因为如果待担保人确定债权人未向法院申报债权或者补充申报债权再行使预先追偿权，则破产财产已经分配完毕，这显然与《企业破产法》设立预先追偿权的立法本意不符，担保人只有最迟在破产财产最后分配前行使预先追偿权，预先追偿权设立的目的才能达到。因此，这里的债权人未申报债权并不是债权申报期限或者补充申报期限届满后的一种法律事实，而应是债权人在债权申报期限内或者破产财产最后分配前向担保人作出的放弃申报债权、要求担保人承担责任的一种意思表示。但是，《企业破产法》并未规定债权人负有将其是否申报债权的意思表示告知保证人的义务，导致实际上保证人要行使预先追偿权，却因已过申报债权期限或者补充申报期限而不得。因此，本条规定了债权人的通知义务，即债权人在知道或应当知道债务人破产时，有义务在债权申报或者补充申报期限内的适当时间，向担保人作出不参加破产程序而向担保人求偿的意思表示。此外，由于《民法典担保制度解释》第 23 条规定，债务人破产时，债权人可以在申报全部债权的同时向担保人主张担保责任，因此债权人仅向担保人主张担保责任的行为，并不必然代表债权人放弃申报债权，债权人的通知内容应当明确表明其不申报债权的意思，而且债权人一旦作出这一意思表示，便不得反悔，以便担保人能及时申报债权。本条同时赋予担保人通告抗辩权，如果债权人在知道债务人破产时，既不申报债权，又不告知担保人债务人破产、自己不申报债权但不放弃求偿这些情况，导致担保人未能预先从债务人破产财产中得到补偿的，担保人在其如及时申报债权可从破产财产中分配到的价额范围内免责。

根据本条规定，担保人相应免责需同时具备以下四个方面的要件：一是债权人知道或者应当知道债务人破产；二是债权人既未申报债权也未及时通知担保人其未申报债权；三是担保人未能及时行使预先追偿权而遭受损失；四是担保人的利益受损是因债权人的不作为行为所导致。除前述债权人通知义务的内涵外，对于本条的理解还需关注以下几个问题：

一是如何判断债权人知道或者应当知道债务人破产。所谓“知道”是指债权人明知，即有直接证据表明债权人知道债务人破产的事实。“应当知道”则是一种法律上的推定，是指按照一般人的普遍认知能力可以推断出债权人应当知道债务人破产。根据《企业破产法》第 14 条第 1 款的规定，人民法院应当自裁定受理破产申请之日起二十五日内通知已知债权人，并予以公告。通知和公告是人民法院送达破产案件文书的基本形式。通知的意义在于法院以书面形式告知已知债权人破产程序开始的事实和有关事项。公告的意义在于向全社会不特定人公开告知已受理破产申请的有关事项，告知无法通知的债权人、未知债权人以及其他利害关系人破产程序开始的事实和有关事项，以维护其合法利益。法院的公告一旦作出，视为法院已经通知未知的债权人和无法通知的债权人。被通知的债权人均应在法院公告的期限内申报债权参与破产程序，否则应承受因此带来的不利后果。因此，有观点认为，从上述规定的角度来看，可以将法院的通知和公告作为推定债权人知道或者应当知道债务人破产的情形之一。但是，倘若践行该推定标准，则债权人将不具有不知道或者不应当知道债务人破产的情形。由于现实情况复杂，尤其是可能存在大量的小额自然人债权人的情形下，如何平衡其注意义务与担保人的责任问题，值得在实践中进一步探索。

二是关于补充申报制度对本条的影响。与《企业破产法（试行）》不同，按照现行《企业破产法》第 56 条的规定，债权人逾期申报债权并不被视为放弃债权，其仍可在破产财产最后分配前补充申报。补充申报制度虽使担保人不至于因债权人未申报或未通知行为而丧失实体权利，但担保人仍可能因补充申报遭受损失（根据《企业破产法》第 56 条的规定，补充申报前已进行的分配，不再对其补充分配；为审查和确认补充申报债权的费用，由补充申报人承担），未依照规定申报债权的，亦不得依照《企业破产法》规定的程序行使权利，如参与表决等。因此，在现行《企业破产法》的债权申报制度体系下，本条规定的担保人免责情形和范围，既适用于因债权人未申报且未通知导致担保人未能在补充申报阶段及时行使预先追偿权，而彻底丧失参与破产分配的情形，也可适用于因债权人原因导致担保人在补充申报阶段遭受的损失，包括担保人受到减损的合法追偿权益以及可能产生的额外费用，相应减轻担保人的担保责任。

三是关于本条在破产重整以及破产和解程序中的适用。根据《企业破产法》第92条第2款、第100条第3款的规定，债权人未依照该法规定申报债权的，虽然在重整计划或者和解协议执行期间不得行使权利，但在重整计划或者和解协议执行完毕后，可以按照重整计划规定的同类债权的清偿条件或者和解协议规定的清偿条件行使权利。与破产清算程序终结后债务人主体注销不同，破产重整以及破产和解程序终止、重整计划或者和解协议执行完毕后，债务人的主体资格继续存续，根据上述法律规定，即便债权人之前未申报债权亦未履行本条规定的通知义务，担保人也可在向债权人承担担保责任后向重整后或者和解后的债务人行使追偿权。故从本条规定的结果要件来看，在破产重整以及破产和解程序中，本条规定的担保责任免除情形适用将受到一定限制。

四是关于担保人因自身过错未行使追偿权的理解。根据本条的规定，担保人免除相应担保责任以其自身没有过错为前提，如担保人因自身过错导致未行使追偿权的，则不能免除相应担保责任。此外，值得探讨的是，担保人知道或者应当知道债务人已经破产的，能否免除债权人的通知义务。因为实践中，担保人与债务人的关系往往更加紧密，如大量存在的股东为企业提供担保的情形，担保人往往知道或应当知道债务人企业破产的事实，在此情形，如果有证据证明担保人知悉债权人未申报债权的，即便债权人未履行本条规定的通知义务，亦不得成为担保人免除相应担保责任的理由。故担保人免除相应担保责任的例外，除与有过失理论下的担保人自身过错外，亦包括担保人非善意的情形。

【实务问题】

以往实务中，基于择一说的观点（认为破产程序中，债权人申报债权或向担保人主张权利只能择一行使，如果已经选择了申报债权，则不能同时再要求担保人承担担保责任，反之亦然），债权人直接向担保人主张权利而不申报债权并通知担保人的情形较多，但《民法典担保制度解释》第23条明确采取实体上的并行说观点，债权人申报债权与向担保人主张权利并行不悖，从债权人风险控制的角度而言，其可在申报全部债权的同时向担保人主张担保责任，所以因本条原因导致担保责任免除的情形可能有所减少。但实务中，也不乏债权人申报债权后又撤回的情况，此时债权人通常是为了方便要求担保人清偿债务，避免就破产程序中预期的债权受偿额进行评估的成本，也减少与担保人就此“扯皮”的协商负担，但因债权人要向担保人主张其承担担保责任，一般不会出现未通知担保人的情形继而导致担保人丧失预先行使追偿权的机会，故不适用担保责任的相应免除规则。但是，如债权人撤回债权申报后，因种种原因确未通知担保人或向其主张权利，直至担保人丧失追偿可能的，也不排除担保责任的相应免除。

二、关于保证合同

第二十五条 当事人在保证合同中约定了保证人在债务人不能履行债务或者无力偿还债务时才承担保证责任等类似内容，具有债务人应当先承担责任的意思表示的，人民法院应当将其认定为一般保证。

当事人在保证合同中约定了保证人在债务人不履行债务或者未偿还债务时即承担保证责任、无条件承担保证责任等类似内容，不具有债务人应当先承担责任的意思表示的，人民法院应当将其认定为连带责任保证。

【条文主旨】

本条是关于保证类型识别的规定。

【条文概览】

因《民法典》将当事人没有约定或者约定不明时的保证类型从《担保法》规定的推定为连带责任保证修改为推定为一般保证，实践中可能会存在将推定规则与解释规则混为一谈的问题，即认为只要当事人在保证合同没有写明“连带责任保证”字样，就应认定为一般保证。我们认为，《民法典》规定的推定规则只有在难以确定保证人真实意思表示的情况下才能适用。反之，如果可以通过意思表示解释规则，确定当事人承担的是连带责任保证的，就不能简单地根据推定规则将其认定为一般保证。在对保证人的意思表示进行解释时，要坚持以下规则：一是保证合同含有债务人应当先承担责任的意思表示的，人民法院应当将其解释为一般保证，如约定保证人在债务人不能履行债务或者无力偿还债务时才承担保证责任等类似内容；二是保证合同含有债权人可以选择债务人或者保证人承担责任的意思表示的，应当将其解释为连带责任保证，如约定保证人在债务人不履行债务或者未偿还债务时即承担保证责任、无条件承担责任等类似内容。

【争议观点】

《民法典》第686条第2款规定："当事人在保证合同中对保证方式没有约定或者约定不明确的，按照一般保证承担保证责任。"该款改变了《担保法》第19条关于保证方式没有约定或者约定不明确的推定为连带责任的规定，因而《民法典》施行后对审判实践的影响巨大。但对何为"没有约定或者约定不明确"，出现了不同理解。

一种观点认为，所谓没有约定，是指保证合同中对保证方式没有提及；所谓约定不明确，就是在保证合同中既没有约定保证人承担一般保证责任，也没有约定保证人承担连带保证责任。这种情况下，就应当按照《民法典》第686条第2款的规定，认定为一般保证。也就是说，只要保证合同中没有约定或者约定的内容没有"连带责任"保证的字样，就应当无一例外地认定保证方式为一般保证。

另一种观点则认为，所谓没有约定或者约定不明确，是指保证合同中对保证方式没有约定，或者虽然有约定，但是却没有"一般保证"或者"连带责任保证"这样的文字表述。不过，从探究当事人的真实意思表示角度出发，如果从保证合同约定的文字表述中，能够通过意思表示解释规则认定为一般保证或者连带责任保证的，不属于没有约定或者约定不明确的情形。

【理解与适用】

一、要根据意思表示解释规则确定保证责任的类型

民商事合同当事人的意思表示，不能仅仅从形式上简单判断。就保证合同而言，不能从保证合同中没有“一般保证”或者“连带责任保证”的表述，就认定属于《民法典》第686条第2款规定的“没有约定或者约定不明确”，从而认定是一般保证，而应当根据意思表示的解释规则，从实质上确定意思表示的真实含义。

根据《民法典》第142条第1款确定的意思表示解释规则，当事人在保证合同中虽然对保证方式没有“一般保证”或者“连带责任保证”这样清晰明白的文字表述，但是，如果当事人在保证合同中约定了保证人在债务人不能履行债务或者无力偿还债务时才承担保证责任等类似内容，具有债务人应当先承担责任的意思表示和承担责任顺序的意思表示，该意思表示完全符合一般保证先诉抗辩权的规定，应当将保证方式认定为一般保证。相反，如果当事人在保证合同中约定了既可以请求债务人履行债务，也可以请求保证人承担保证责任，或者保证人在债务人不履行债务或者未偿还债务时即承担保证责任、无条件承担保证责任等类似内容，不具有债务人应当先承担责任的意思表示和有承担责任顺序的意思表示，该意思表示不符合先诉抗辩权的规定，而是符合连带责任保证的特征，将保证方式认定为连带责任保证，符合当事人的真实意思表示。

前述第一种观点不符合《民法典》第686条第2款的本意。该款的本意应当是，只有在当事人的意思表示根据意思表示解释规则不能认定为一般保证还是连带责任保证的情况下，才能认定为一般保证。如果当事人的意思表示能够根据意思表示解释规则作出认定，那么就应该根据解释规则作出是一般保证还是连带责任保证的认定。也就是说，推定规则只有在难以确定保证人真实意思表示的情况下才能适用。反之，如果可以通过意思表示解释规则，确定当事人承担的是连带保证责任的，就不能简单地根据推定将其认定为一般保证。

二、全面、准确理解意思表示解释规则

要真正理解本条的含义，落脚点是需要全面、准确地理解意思表示的解释规则。《民法典》第142条第1款对意思表示的解释规则进行了规定："有相对人的意思表示的解释，应当按照所使用的词句，结合相关条款、行为的性质和目的、习惯以及诚信原则，确定意思表示的含义。"下面进行简单介绍。

（一）文义解释

所谓文义解释，是指在当事人就意思表示本身的用语发生争议后，对于有关的词句本身，应当按照一个普通人的合理理解为标准来进行解释。文义解释是意思表示解释的首要方法。在对意思表示的内容发生争议后，法官或者仲裁员应当考虑一个普通人在此情况下对有争议的意思表示词句所能理解的含义，以此作为解释意思表示的标准，避免荒谬的结论。法官或者仲裁员既不能根据当事人一方的理解来解释意思表示，更不能根据起草的一方对意思表示所作的理解来解释意思表示，而应当以一个普通人对意思表示词句的理解进行解释。一个普通人，既可能是一个社会中一般的人，也可能是在一定的地域、行业中从事某种特殊交易的人。如果意思表示当事人本身是后一种类型的人，则法官或者仲裁员应当按照在该地域、行业中从事某种特殊交易的人的标准来理解该用语的含义。

（二）整体解释

所谓整体解释，又称为体系解释，是指将表达当事人意思的各项合同条款、信件、文件等作为一个完整的整体，根据各方面的相互关联性、争议的条款与当事人真实意思表示的关系、在意思表示中所处的地位等各方面因素，来确定所争议的意思表示的含义。整体解释规则具体表现在如下几个方面：首先，整体解释要求意思表示解释不能局限于意思表示的字面含义，也不能仅仅考虑某个意思表示的资料，更不能将意思表示的只言片语作为当事人的真实意图，断章取义，而应当综合考虑各种意思表示的资料。其次，从整个意思表示的全部内

容上理解、分析和说明当事人争议的有关意思表示的内容和含义。例如，在合同中如果数个条款相互冲突，应当将这些条款综合在一起，根据合同的性质、订约目的等来考虑当事人的意图，尤其是必须把当事人在合同中所使用的语言文字联系起来考察，不能孤立地探究每一句话或者每一个词的意思。如果合同是由信笺、电报甚至备忘录等构成的，在确定某一条款的意思构成时，应当将这些材料作为一个整体进行解释。最后，当事人使用了多种语言进行同一意思表示表达，即使当事人没有特别约定各意思表示文本之间的关系，也可以推定各个文本所使用的词句具有相同的含义。

（三）目的解释

所谓目的解释，是指在对意思表示进行解释时，应当根据当事人作出意思表示所追求的目的，来对有争议的意思表示进行解释。按照私法自治原则，民事主体可以在法律规定的范围内，为追求其目的而表达其意思，并通过双方的协议，产生、变更、终止民事权利义务关系。当事人从事民事法律行为都要追求一定的目的，意思表示本身也不过是当事人实现其目的的手段。因此，在解释意思表示时，应当充分考虑当事人从事民事法律行为的目的。

按照目的解释规则，如果有关的文本中所使用的文字的含义与当事人所明确表达的目的相违背，而当事人双方对该文字又发生了争议，在此情况下不必完全拘泥于文字，可以按照当事人的目的进行解释。所以，在适用目的解释规则时，法官或者仲裁员首先应当探求当事人的目的意思，了解其在作出意思表示时所追求的目的。

如果某一意思表示既可以被解释为有效，也可以被解释为无效，则原则上应当尽可能按照有效来解释。因为当事人作出意思表示，都是为了使交易成立，使意思表示有效。一般来说，当事人不可能为了使意思表示无效而作出意思表示。所以，在此情况下，对意思表示作无效解释，不符合当事人作出意思表示的目的。

（四）习惯解释

所谓习惯解释，是指在意思表示发生争议后，应当根据当事人所知悉或实践的生活和交易习惯来对意思表示进行解释。习惯包括生活习惯和交易习惯两大类。一般来说，在合同中主要采用交易习惯对有争议的合同条款进行解释，这主要是因为合同本质上是一种交易，所以如果就合同条款发生争议，通常应当按照交易习惯填补漏洞和解释意思表示。这一规则被许多国家法律所确认，我国也不例外。不过，运用交易习惯填补意思表示漏洞，对各种交易习惯的存在以及内容应当由当事人双方举证证明。在当事人未举证证明交易习惯的情况下，法官或者仲裁员也可以根据自己对交易习惯的理解选择某种习惯来填补意思表示的漏洞。交易习惯不仅可以用于填补意思表示的漏洞，而且可以用来解释合同条款的含义。

（五）依据诚信原则解释

所谓依据诚信原则进行解释，是指在意思表示发生争议以后，应当根据诚信原则来填补有关意思表示的漏洞，对有争议的意思表示进行解释。正是因为诚信原则在解释意思表示方面的作用，该原则常常被称为“解释法”。

依据诚信原则进行解释，实际上是要求法官或者仲裁员将自己作为一个诚实守信的当事人来判断、理解意思表示的内容和条款的含义。正因为这一原因，依诚信原则进行解释已经使意思表示的解释出现了一种社会化的倾向。法官或者仲裁员依据诚信原则解释意思表示，就会将商业道德和公共道德运用到意思表示的解释之中，并对意思表示施加必要的限制。在解释意思表示方面，诚信原则的功能主要表现在两个方面：一是解释有争议的意思表示。法官或者仲裁员在依据诚信原则解释意思表示时，需要平衡双方当事人的利益，公平合理地确定意思表示的内容。二是填补意思表示漏洞。在此情形下，法官或者仲裁员要考虑一个合理的、诚实守信的人在面对此情形时应如何履行，或者说应当如何作出意思表示，以此来填补意思表示的漏洞。[1]

在运用以上五种解释规则时，要注意意思表示解释的前提和顺序。

---

① 以上五种意思表示的解释方法，引自王利明：《民法总则研究》（第三版），中国人民大学出版社 2019 年版，第 529~534 页。

如果意思表示的词句清楚明白无误，则不需要解释。意思表示解释的前提是，意思表示所使用的词句不清楚，模棱两可，有两种以上的含义，需要法官或者仲裁员通过解释来确定当事人之间的真实意思表示。在有相对人的意思表示的场合，如果意思表示需要解释，那么首先是按照所使用的词句进行解释。如果通过此种方法意思表示已经清楚了，则不需要往下进行。如果通过此种方法意思表示还不清楚，则要结合相关条款进行解释。同理，如果结合相关条款进行解释意思表示已经清楚了，则不需要往下进行。如果通过此种方法意思表示还不清楚，还需要解释，则结合行为的性质和目的进行解释。以此类推，后面还可以结合习惯。如果结合习惯，意思表示还不清楚，则结合诚信原则进行解释。

由于相当多的人对《民法典》第686条第2款的理解不正确，为防止审判实践出现偏差，本着问题导向的起草原则，《民法典担保制度解释》对此问题进行了规定。

【实务问题】

一、当事人在保证合同的文字表述中有的具有债务人应当先承担责任的意思表示，有的又不具有债务人应当先承担责任的意思表示，应当如何认定保证人承担保证责任的方式

根据《民法典》第686条第2款关于减轻保证人责任规定的精神，我们认为，应当认定题述约定属于该款规定的当事人在保证合同中对保证方式“约定不明确”，从而认定为一般保证。

二、保证合同中常见表述方式的解释

保证合同中约定，在主债务人“到期不能履行债务”“到期不能偿还借款”的情况下，保证人承担保证责任。这一表述的核心是“不能”，“到期”是修饰“不能”的，因此，应当解释为在主债务到期且主债务人不能履行债务的情况下，保证人才应当承担保证责任，这就

表明了保证人承担保证责任的顺序性，所以应当解释为一般保证。

保证合同中约定，在主债务人“到期无法履行债务”“到期无法偿还借款”的情况下，保证人承担保证责任。这里的“无法”，与“不能”含义相同，根据前段分析，保证人承担的责任应理解为一般保证。

保证合同中约定，在主债务人“不能到期履行债务”“不能按期履行债务”“不能如期履行债务”“不能到期偿还借款”的情况下，保证人承担保证责任。与前述约定不同的是，这一表述的核心是“到期”“按期”“如期”，“不能”是修饰“到期”“按期”“如期”的，其含义是，一旦主债务人到期不履行债务，保证人即承担责任，由于主债务人只有到期才有义务履行债务，所以该约定表明，一旦主债务到期，债权人既可以请求主债务人履行义务，也可以请求保证人承担保证责任，保证人履行保证责任没有顺序性，没有主债务人应当先承担责任的意思表示，因此，保证人承担保证责任的方式应当解释为连带责任保证。

保证合同约定，在主债务人“不履行债务时”或者主债务人“不履行到期债务时”，保证人承担保证责任。该表述表明，一旦主债务人“不”履行债务这一事实出现，保证人即应当承担保证责任，保证人承担保证责任没有顺序性，没有主债务人应当先承担责任的意思表示，因此，保证人承担保证责任的方式应当解释为连带责任保证。

保证合同约定，在主债务人“不履行债务时”或者主债务人“不履行到期债务时”，保证人“无条件承担履行债务的责任”，或者保证人“直接向债权人承担责任”。该约定中的“无条件承担”“直接向债权人承担”责任的表述，强化了保证人承担保证责任的方式是连带责任保证，而不是一般保证。

三、保证合同中不常见表述方式的解释

保证合同约定，在主债务人“不履行债务时”或者主债务人“不履行到期债务时”，保证人“在接到债权人通知后一定期间内履行保证债务”。从该约定看不出有主债务人先履行债务，只有在主债务人不能履行债务的情况下保证人才承担保证责任的意思表示，看不出履

行债务有先后顺序，因此，仅从这个角度理解，保证人承担保证责任的方式应解释为一般保证。只是与常见的一般保证不同的是，这里约定的一般保证附有期间，即保证人在接到债权人通知后“一定期间内”才有履行保证责任的义务。这是一种新类型的约定，不太常见，但从尊重当事人意思自治原则出发，应肯定其效力。从保证人“在接到债权人通知后一定期间内履行保证债务”的约定形式来看，一般可以认定构成连带责任保证，但还是要看实质，即该约定的保证人是否享有先诉抗辩权。

四、保证人为被执行人提供保证，其性质是一般保证还是连带责任保证

《最高人民法院关于人民法院执行工作若干问题的规定（试行）》第 85 条规定：“人民法院在审理案件期间，保证人为被执行人提供保证，人民法院据此未对被执行人的财产采取保全措施或解除保全措施的，案件审结后如果被执行人无财产可供执行或其财产不足清偿债务时，即使生效法律文书中未确定保证人承担责任，人民法院有权裁定执行保证人在保证责任范围内的财产。”[①] 根据“如果被执行人无财产可供执行或其财产不足清偿债务时”，“人民法院有权裁定执行保证人在保证责任范围内的财产”这样的文字表述，应当认定保证人享有先诉抗辩权，保证人承担的保证责任方式为一般保证。

---

① 根据《民法典》的精神，最高人民法院对该司法解释进行了清理。清理后，该内容仍然保留，只是序号变为第 54 条。

第二十六条　一般保证中，债权人以债务人为被告提起诉讼的，人民法院应予受理。债权人未就主合同纠纷提起诉讼或者申请仲裁，仅起诉一般保证人的，人民法院应当驳回起诉。

一般保证中，债权人一并起诉债务人和保证人的，人民法院可以受理，但是在作出判决时，除有民法典第六百八十七条第二款但书规定的情形外，应当在判决书主文中明确，保证人仅对债务人财产依法强制执行后仍不能履行的部分承担保证责任。

债权人未对债务人的财产申请保全，或者保全的债务人的财产足以清偿债务，债权人申请对一般保证人的财产进行保全的，人民法院不予准许。

【条文主旨】

本条是关于一般保证的诉讼当事人的规定。

【条文概览】

一般保证中，债权人是只能先起诉债务人再起诉保证人，还是可以将债务人和保证人作为共同被告一并提起诉讼，存在不同理解：一种观点认为，因保证人享有先诉抗辩权，债权人必须要先起诉债务人，直接起诉一般保证人的，应当驳回其起诉；另一种观点则认为，应继续沿用《担保法解释》第125条的规定，债权人可以将债务人和保证人作为共同被告提起诉讼，但须在判决书主文明确保证人仅对债务人财产依法强制执行后仍不能履行的部分承担保证责任。经研究，我们认为，先诉抗辩权的意义主要体现在以下三个方面：一是在诉讼阶段，债权人不能单独对保证人提起诉讼，因此，债权人未就主合同纠纷提起诉讼或者申请仲裁，仅起诉一般保证人的，人民法院应当向债权人释明将债务人一并提起诉讼，否则人民法院应当驳回起诉；二是在执行阶段，保证人仅对债务人不能清偿部分承担保证责任，因此，在债权人一并起诉债务人和保证人的情形下，虽然人民法院可以受理，但是在作出判决时，除有《民法典》第687条第2款但书规定的情形外，应当在判决书主文中明确，保证人仅对债务人财产依法强制执行后仍不能履行的部分承担保证责任；三是在财产保全中，如果债权人未对债务人的财产申请保全，或者保全的债务人的财产足以清偿债务，债权人申请对一般保证人的财产进行保全的，人民法院不予准许。

【争议观点】

一般保证中，债权人是只能先起诉债务人再起诉担保人，还是可以在起诉债务人的同时一并起诉一般保证人，存在不同理解，也是《民法典担保制度解释》起草中争议最大的问题之一。分歧的关键在于如何理解《民法典》第687条规定的先诉抗辩权。

一种观点认为，债权人应当先起诉债务人，直接起诉一般保证人的，应当驳回起诉。

另一种观点则认为，债权人既可以先起诉债务人再起诉一般保证人，也可以对债务人和一般保证人一并提起诉讼。

【理解与适用】

一、一般保证与先诉抗辩权

所谓一般保证，是指当事人在保证合同中约定，债务人不能履行债务时，由保证人承担保证责任的保证。一般保证最典型的特征就是一般保证人享有先诉抗辩权。

所谓先诉抗辩权，是指在主合同纠纷未经审判或者仲裁，并就债务人财产依法强制执行仍不能履行债务前，保证人对债权人可以拒绝承担保证责任。其原理就是，保证合同是主债权债务合同的从合同，是对主债权进行的担保。主债务是主债务人自己的债务，即主债务人本来应当自己履行的债务，是第一位债务、原生债务、本来债务，因此，该债务首先由主债务人自己履行。只有在主债务人不履行到期债务或者发生当事人约定的情形时，保证人才应当履行债务或者承担责任。除非保证人明确表明放弃该权利，即明确放弃债务首先应当由债务人履行，否则保证人只承担第二位的保证责任。因此，法律赋予一般保证人先诉抗辩权。但是，如果有证据证明债务人本身没有财产或财产不足以履行全部债务或者丧失履行能力，从实质效果考虑，这时一般保证人的先诉抗辩权应当消灭。如果在上述情况下还要给予一般保证人先诉抗辩权，则只是考虑了形式正义，忽视了实质公平。因此，《民法典》第 687 条第 2 款规定了四种例外情形，前三种都是基于上述原理规定的："（一）债务人下落不明，且无财产可供执行；（二）人民法院已经受理债务人破产案件；（三）债权人有证据证明债务人的财产不足以履行全部债务或者丧失履行债务能力。"至于该条第 2 款规定的第四种例外情形，原理就是一般保证人本人书面放弃了先诉抗辩权。在此情况下，当事人自愿处分自己的民事权利，法律自无不允许的道理。

二、连带责任保证

所谓连带责任保证，是指当事人在保证合同中约定保证人和债务人对债务承担连带责任。连带责任保证与一般保证都属于保证的具体形态，两者具有诸多的共同之处，如都适用从属性规则等。但是，二者之间存在如下本质区别：

第一，有无先诉抗辩权不同。这是最根本的区别，也是理解一般保证与连带责任保证的关键。在连带责任保证中，保证人不享有先诉抗辩权，保证人与债务人之间负共同连带责任。因此，在合同履行期限届满，债务人没有清偿主债务或者发生当事人约定的情形时，债权人既可以要求债务人承担责任，也可以要求保证人承担责任。但在一般保证中，保证人享有先诉抗辩权，其在债权人就债务人的财产依法强制执行仍不能履行债务前，有权拒绝承担保证责任。

第二，设立的方式不同。根据《民法典》第688条和第686条第2款的规定，如果当事人要设立连带责任保证，只能通过书面方式明确约定。在当事人没有约定保证方式或者对保证方式约定不明的情形下，不能成立连带责任保证，只能认定为一般保证。需要注意的是，《民法典》第686条第2款改变了《担保法》第19条的规定。该条规定，在当事人没有约定保证方式或者对保证方式约定不明时，成立连带责任保证。

第三，当事人法律地位不同。按照债务人承担责任先后次序的不同，民事责任可以分为第一位的责任和第二位的责任。第一位的责任又称首要责任、本位责任，是指先于他人承担的责任。第二位的责任，又称次要责任，是指在向第一位的责任人行使权利无果后才可以主张的责任。连带责任保证人的地位更类似于债务人，因为债权人在债权到期或者发生当事人约定的情形时，可以直接向连带责任保证人主张债务的履行或者要求其承担责任，而无须先向债务人主张。而在一般保证中，保证人承担的是第二位的责任。只有当债权人已就债务人的财产为强制执行但仍不能满足其债权时，债权人才能请求一般保证人承担保证责任。

三、一般保证的诉讼当事人

我们赞成争议观点中的后一种观点，即一般保证的债权人可以一并起诉债务人和一般保证人，主要理由如下：

一是先诉抗辩权的内涵在立法上保持了连续性。《民法典》第687条第2款来自《担保法》第17条，与《担保法》第17条相比，先诉抗辩权的文字表述几乎没变，“一般保证的保证人在主合同纠纷未经审判或者仲裁，并就债务人财产依法强制执行仍不能履行债务前，有权拒绝向债权人承担保证责任”。稍有变化的仅是将丧失先诉抗辩权的情形从原来的第1项“债务人住所变更、致使债权人要求履行债务发生重大困难的”变更为“债务人下落不明，且无财产可供执行”，增加了第3项情形“债权人有证据证明债务人的财产不足以履行全部债务或者丧失履行债务能力”，保留了原来的第2项和第3项，但对其进行了文字修改。总体上看，先诉抗辩权的内涵在立法上保持了延续性。

二是从相关司法解释的内容看，均规定债权人可以一并起诉债务人和一般保证人。《担保法解释》第125条规定：“一般保证的债权人向债务人和保证人一并提起诉讼的，人民法院可以将债务人和保证人列为共同被告参加诉讼。但是，应当在判决书中明确在对债务人财产依法强制执行后仍不能履行债务时，由保证人承担保证责任。”《民事诉讼法解释》第66条规定：“因保证合同纠纷提起的诉讼，债权人向保证人和被保证人一并主张权利的，人民法院应当将保证人和被保证人列为共同被告。保证合同约定为一般保证，债权人仅起诉保证人的，人民法院应当通知被保证人作为共同被告参加诉讼。”《民间借贷规定》第4条第2款前句规定：“保证人为借款人提供一般保证，出借人仅起诉保证人的，人民法院应当追加借款人为共同被告。”从这些规定可以看出，不论是《担保法解释》第125条，还是《民事诉讼法解释》第66条，以及《民间借贷规定》第4条第2款，均规定债权人可以一并起诉债务人和一般保证人，各解释之间保持了内部的和谐。

三是从司法实践看，《担保法解释》第125条施行二十多年来，该条在执行过程中并没有出现过什么问题，实践中债权人往往是在起诉债务人的同时一并起诉一般保证人。如果不允许一并起诉，与多年来行之有效的司法实践不符。

四是符合诉讼经济原理，减少诉累。先诉抗辩权的实质是，在实体责任的承担上，应当在依法对债务人财产强制执行仍不能履行债务后，或者存在《民法典》第687条第2款但书规定的四种情形时，债权人才能请求一般保证人承担保证责任。其实质并不是在程序上必须先起诉债务人，而是在债务人财产被强制执行仍不能履行债务后，才能起诉保证人。据此，我们认为，债权人一并起诉债务人和一般保证人，实质上是诉的合并。如果不允许一并起诉，则在先起诉债务人的案件中，法院对债务人的抗辩、债务人履行债务的情况等都作出了生效判决。债权人经申请执行，法院依法强制执行债务人财产仍不能履行债务的，债权人才有权起诉保证人，那么在后一个诉讼中，债务人是否加入诉讼，保证人如何行使债务人享有的抗辩权，主债务履行情况如何等，都面临一系列问题，还不如在一个案件中一并处理，减少诉累。当然，一并审理的，在判决主文中应当明确：保证人仅对债务人财产依法强制执行后仍不能履行的部分承担保证责任。这样就从实体上保护了一般保证人的先诉抗辩权。

当然，允许债权人一并起诉债务人和一般保证人，可能存在一般保证人因财产被保全而限制其财产处分从而事实上影响其生产经营的问题。因此，对一般保证人的财产保全措施有必要进行限制。为此，本条第 3 款作了规定。这样规定，表面上看来与《民事诉讼法》保全的理论不太相符。也就是说，根据民事诉讼保全的一般原理，原告申请对被告的财产进行保全，只要原告的保全申请符合要求，就可以对被告的财产进行保全，而不存在例外情形。《民法典担保制度解释》之所以作出例外规定，目的还是在于更好地落实《民法典》关于一般保证人享有先诉抗辩权的规定。本条第 3 款规定："债权人未对债务人的财产申请保全，或者保全的债务人的财产足以清偿债务，债权人申请对一般保证人的财产进行保全的，人民法院不予准许。"我们认为，这样规定，可以有效地保护一般保证人的先诉抗辩权。

需要说明的是，本条第 1 款后句规定："债权人未就主合同纠纷提起诉讼或者申请仲裁，仅起诉一般保证人的，人民法院应当驳回起诉。"这是严格落实《民法典》关于一般保证人享有先诉抗辩权作出的原则性宣示性规定。其一，人民法院在审理债权人仅起诉一般保证人的案件时，应当向债权人释明追加债务人为被告或者根据《民事诉讼法解释》第 66 条的规定依职权追加债务人为被告。经过释明债权人同意追加的，或者人民法院依职权追加的，应当适用本条第 2 款的规定。换言之，只有在经过释明或者依职权追加债务人后债权人仍不同意的情况下，人民法院才能驳回债权人的起诉。其二，在诉讼之前出现《民法典》第 687 条第 2 款但书规定情形时，一般保证人的先诉抗辩权消灭，债权人可以直接起诉一般保证人。此时也不适用本条第 1 款的规定。

【实务问题】

人民法院在审理债权人一并起诉债务人和一般保证人的案件中，出现《民法典》第 687 条第 2 款但书规定的情形时，一般保证人的先诉抗辩权消灭。此时，应当判决一般保证人直接承担保证责任，而不能像没有出现该款但书规定的四种情形那样，判决保证人仅对债务人财产依法强制执行后仍不能履行的部分承担保证责任。

关于本条第 2 款规定的理解，还应当结合《民法典担保制度解释》第 28 条第 2 款的规定进行，即同一般保证债务的诉讼时效解释结合起来，只有这样，才能准确全面理解。

本条是对一般保证诉讼当事人的规定，至于连带责任保证的诉讼当事人，《担保法解释》第 126 条规定："连带责任保证的债权人可以将债务人或者保证人作为被告提起诉讼，也可以将债务人和保证人作为共同被告提起诉讼。"该规定完全符合连带责任保证的法理，在司法实践中也没有任何争议，因此，根据问题意识的起草指导思想，对这一问题没有规定。

与此相关的实务问题还有，原告个人向投资平台投资，保证人向其出具书面保证，后该投资平台经法院生效判决认定为犯罪，现原告依据保证书起诉保证人，但未起诉平台，保证人是否需要承担保证责任？我们认为，在个人通过平台投资的情况下，如果债权人、债务人不存在恶意串通，保证人出具的保证一般应认定为有效，保证人应承担保证责任。如果是连带责任保证，仅起诉保证人也是应受理的。

第二十七条　一般保证的债权人取得对债务人赋予强制执行效力的公证债权文书后，在保证期间内向人民法院申请强制执行，保证人以债权人未在保证期间内对债务人提起诉讼或者申请仲裁为由主张不承担保证责任的，人民法院不予支持。

【条文主旨】

本条是关于先诉抗辩权内涵填补的规定。

【条文概览】

从《民法典》第 687 条的规定看，在一般保证中，债权人必须在保证期间内向债务人提起诉讼或者申请仲裁，并就债务人财产依法强制执行仍不能履行债务的，才能向保证人主张保证责任。显然，债权人提起诉讼或者申请仲裁的目的是得到生效法律文书，并以此为依据申请执行债务人的财产。但实践中，还存在无须经过诉讼或者仲裁，债权人就能直接取得执行依据的特殊情形，即债权人取得赋予强制执行效力的公证债权文书。根据目的解释规则，债权人在取得此类文书后，依法就债务人财产申请强制执行仍不能履行的，债权人亦有权要求保证人承担保证责任。

【争议观点】

一般保证中，债权人取得赋予强制执行效力的公证债权文书后，是否还应当按照《民法典》第 687 条第 2 款的规定，先对债务人提起诉讼或者申请仲裁，还是不必按照该款的规定，即不必先对债务人提起诉讼或者申请仲裁，而是直接申请强制执行，在强制执行后仍不能履行债务后，可以请求一般保证人承担实体保证责任，存在两种观点：

一种观点认为，根据《民法典》第687条第2款的规定，只要是一般保证，就应先对主债务人提起诉讼或者申请仲裁，而没有任何例外。《民法典》第693条第1款也相应规定："一般保证的债权人未在保证期间对债务人提起诉讼或者申请仲裁的，保证人不再承担保证责任。"据此，在债权人取得赋予强制执行效力的公证债权文书的情况下，仍然应当按照《民法典》上述的规定处理。虽然这样做似不妥，但这是该款规定出现漏洞造成的，应该通过立法的方式解决。当然，持这种观点的人是极少数。

另一种观点则认为，如果仅仅从文义解释的角度看，《民法典》第687条第2款的规定非常清楚，即只要是一般保证，就要先对主债务人提起诉讼或者申请仲裁，而没有任何例外。但该种观点认为，在债权人取得赋予强制执行效力的公证债权文书的情况下，如果按照该款的文义理解，就会出现与赋予强制执行效力的公证债权文书的效力明显矛盾的结论。在此情况下，应当承认《民法典》第687条第2款的规定存在法律漏洞，按照漏洞填补的解释规则，给予取得赋予强制执行效力的公证债权文书的债权人申请强制执行的效力，而不必还要求该债权人提起诉讼或者申请仲裁，然后根据法院或者仲裁机构出具的生效法律文书再去申请强制执行。

【理解与适用】

根据《公证法》第37条的规定，对经公证的以给付为内容并载明债务人愿意接受强制执行承诺的债权文书，包括赋予强制执行效力的合同主债务和担保债务，债务人不履行或者履行不适当的，债权人可以依法向有管辖权的法院申请执行。公证债权文书应当依当事人双方共同申请作出，公证处在当事人、利害关系人对申请公证的事项无争议的情况下，对债权文书的合法性、真实性进行公证，所公证的债权文书方可被赋予强制执行力。

在一般保证的情况下，债权人取得赋予强制执行效力的公证债权文书，是否相当于取得了与法院或者仲裁机构出具的生效法律文书相同的法律效果，还得看先诉抗辩权的理论和法律规定。先诉抗辩权，无论是一直以来的民法理论还是《担保法》《民法典》的规定，指的都是一般保证的保证人在主合同纠纷未经判决或者仲裁，并就债务人财产依法强制执行而债务人仍不能履行债务前，享有拒绝向债权人承担保证责任的权利。但是司法实践中出现了这样一种情况，即一般保证的债权人取得对债务人赋予强制执行效力的公证债权文书后，在保证期间内向人民法院申请强制执行，在债务人被依法强制执行仍不能履行债务后，一般保证人是否仍然享有先诉抗辩权？如果仅从《民法典》第 687 条第 2 款的文字表述看，此种情况下，由于债权人没有对债务人提起诉讼或者申请仲裁。一般保证人仍然享有先诉抗辩权。但是，如果得出这种结论，就与赋予强制执行效力的公证债权文书的效果相悖。本来赋予强制执行效力的公证债权文书就可以直接申请强制执行，没有必要也不可能再就争议提起诉讼或者申请仲裁。因此，妥当的解释结论应当是，如果债权人就赋予强制执行效力的公证债权文书向人民法院申请强制执行，执行未果后，一般保证的先诉抗辩权消灭，债权人有权请求一般保证人承担实体保证责任。换言之，赋予强制执行效力的公证债权文书的法律效果与生效法律文书一样。由于立法就先诉抗辩权只是规定了提起诉讼和申请仲裁这两种情形，遗漏了前述情形，属于立法漏洞。这样看来，本条规定意义重大，填补了该立法漏洞。

【实务问题】

对于赋予强制执行效力的公证债权文书的执行问题，最高人民法院专门制定了《最高人民法院关于公证债权文书执行若干问题的规定》(法释〔2018〕18 号)。该规定所称公证债权文书，是指根据《公证法》第 37 条第 1 款规定经公证赋予强制执行效力的债权文书。债权人申请执行公证债权文书，除应当提交作为执行依据的公证债权文书等申请执行所需的材料外，还应当提交证明履行情况等内容的执行证书。该司法解释的其他内容，于此不赘。

第二十八条 一般保证中，债权人依据生效法律文书对债务人的财产依法申请强制执行，保证债务诉讼时效的起算时间按照下列规则确定：

（一）人民法院作出终结本次执行程序裁定，或者依照民事诉讼法第二百五十七条第三项、第五项的规定作出终结执行裁定的，自裁定送达债权人之日起开始计算；

（二）人民法院自收到申请执行书之日起一年内未作出前项裁定的，自人民法院收到申请执行书满一年之日起开始计算，但是保证人有证据证明债务人仍有财产可供执行的除外。

一般保证的债权人在保证期间届满前对债务人提起诉讼或者申请仲裁，债权人举证证明存在民法典第六百八十七条第二款但书规定情形的，保证债务的诉讼时效自债权人知道或者应当知道该情形之日起开始计算。

【条文主旨】

本条是关于一般保证诉讼时效的解释。

【条文概览】

《民法典》第694条第1款规定："一般保证的债权人在保证期间届满前对债务人提起诉讼或者申请仲裁的，从保证人拒绝承担保证责任的权利消灭之日起，开始计算保证债务的诉讼时效。"所谓"保证人拒绝承担保证责任的权利消灭之日"，即先诉抗辩权消灭之日，具体包括两种情形：一是债权人已就债务人的财产依法强制执行仍不能清偿债务，具体表现为人民法院因无财产可供执行而作出终结本次执行裁定，或者依照《民事诉讼法》第257条第3项、第5项的规定作出终结执行裁定。此时，一般保证的诉讼时效应自前述裁定送达债权人之日起开始计算。当然，由于实践中情况较为复杂，有些法院在法律或者司法解释规定的期限内未作出前述裁定，如果放任不管，可能会影响债权人向一般保证人主张权利。因此，《民法典担保制度解释》规定人民法院自收到申请执行书之日起 1 年内未作出前述裁定的，保证债务的诉讼时效自人民法院收到申请执行书满 1 年之日起计算。之所以规定 1 年，是因为根据《民事诉讼法》第 226 条的规定，通常情形下的执行期限是从收到申请执行书之日起 6 个月，但考虑到在强制执行过程中需要对标的物进行评估、拍卖，特殊情形下人民法院可能无法在 6 个月内完成全部执行的行为。此外，《民法典担保制度解释》规定 1 年的目的，只是推定债务人没有可供执行的财产，如果保证人有证据证明债务人仍有可供执行的财产，自然不受此限。二是存在《民法典》第 687 条第 2 款但书规定的四种情形时，保证人的先诉抗辩权即已经消灭。从文义上看，似乎只要出现这四种情形之一，就应当开始计算诉讼时效。问题是，债权人对这四种情形的发生可能并不知情，客观计算既不利于保护债权人权益，也不符合诉讼时效从知道或者应当知道权利被侵害之日起计算的法理。为此，《民法典担保制度解释》根据诉讼时效的一般法理，采主观说，规定存在《民法典》第 687 条第 2 款但书规定情形的，一般保证债务的诉讼时效“自债权人知道或者应当知道”该情形之日起开始计算。

【争议观点】

如何准确理解《民法典》第 694 条第 1 款规定的“保证人拒绝承担保证责任的权利消灭之日”？通说认为，一般保证的债权人在保证期间届满前对债务人提起诉讼或者申请仲裁的，“保证人拒绝承担保证责任的权利消灭之日”指的就是先诉抗辩权消灭之日，即一般保证的保证人在主合同纠纷经过审判或者仲裁，并就债务人财产依法强制执行仍不能履行债务时。但就“依法强制执行仍不能履行债务”的标准是什么，存在不同观点。

一种观点认为，应采客观说，即人民法院就债务人财产依法强制执行仍不能履行债务的客观情况。司法解释不宜规定一个统一的标准，否则与实际情况不符，不符合立法原意。

另外一种观点则认为，客观说不好把握，对债权人权利影响很大，因为债权人对此是无从知晓的。为了充分保护债权人利益和一般保证人的利益，司法解释宜根据法律规定和客观实际，制定一个简单易行的标准，便于债权人、一般保证人了解，也便于法官办案。这样做不仅符合立法原意，也符合司法实践的需求。

【理解与适用】

经研究认为，我们赞成后一种观点。那么应当如何把握《民法典》第 687 条第 2 款规定的“并就债务人财产依法强制执行仍不能履行债务”的标准呢？我们认为，需要区分以下几种情形确定不同的标准。

第一种情形，人民法院作出终结本次执行程序裁定的，是否符合该标准。

我国的执行实践中，产生了一种特殊类型的执行终结制度，即终结本次执行程序。所谓“终结本次执行程序”，简称“终本”，是指在执行程序开始后，人民法院按照执行程序要求，履行了法定执行手续，采取了相应强制措施，穷尽了执行手段和方法，仍然无法使案件得以执结，在查明被执行人确无可供执行的财产、暂时无履行能力的情况下，执行工作暂时没有必要继续进行，由法院裁定本案执行程序阶段性终结，本执行案件即告结案，因而暂时结束执行程序的一种制度。

2016 年《最高人民法院关于严格规范终结本次执行程序的规定（试行）》第 1 条明确了终结本次执行程序的条件，包括：（1）已向被执行人发出执行通知、责令被执行人报告财产（法院向被执行人发出报告财产令、对被执行人报告的财产情况予以核查、对逾期报告与拒绝报告或者虚假报告的被执行人或者相关人员，依法采取罚款、拘留等强制措施，构成犯罪的，依法启动刑事责任追究程序）。（2）已向被执行人发出限制消费令，并将符合条件的被执行人纳入失信被执行人名单。（3）已穷尽各种财产调查措施，未发现被执行人有可供执行的财产或者发现的财产不能处置。例如，被执行人的财产经法定程序拍卖、变卖未成交，申请执行人不接受抵债或者依法不能交付其抵债，又不能对该财产采取强制管理等其他执行措施等。（4）自执行立案之日起已超过三个月。（5）被执行人下落不明的，已依法予以查找；被执行人或者其他人妨害执行的，已依法采取罚款、拘留等强制措施，构成犯罪的，已依法启动刑事责任追究程序。

终结本次执行程序应当制作裁定书，载明下列内容：（1）申请执行的债权情况；（2）执行经过及采取的执行措施、强制措施；（3）查明的被执行人财产情况；（4）实现的债权情况；（5）申请执行人享有要求被执行人继续履行债务及依法向人民法院申请恢复执行的权利，被执行人负有继续向申请执行人履行债务的义务。裁定书应当依法在互联网上公开。终结本次执行程序裁定书送达申请执行人以后，执行法院应当在七日内将相关案件信息录入最高人民法院建立的终结本次执行程序案件信息库，并通过该信息库统一向社会公开。当事人、利害关系人认为公布的终结本次执行程序案件信息错误的，可以向执行法院申请更正。执行法院审查属实的，应当在三日内更正。

终结本次执行程序裁定具有如下效力：（1）终结本次执行程序裁定书送达申请执行人后，执行案件可以作结案处理。（2）人民法院已对被执行人依法采取的执行措施和强制措施继续有效，被执行人应当继续履行生效法律文书确定的义务。如果发现被执行人有可供执行财产，不立即采取执行措施可能导致财产被转移、隐匿、出卖或者毁损的，执行法院可以依申请执行人申请或依职权立即采取查封、扣押、冻结等控制性措施。（3）申请执行人申请延长查封、扣押、冻结期限的，人民法院应当依法办理续行查封、扣押、冻结手续。（4）当事人、利害关系人申请变更、追加执行当事人，符合法定情形的，人民法院应予支持。变更、追加被执行人后，申请执行人申请恢复执行的，人民法院应予支持。（5）被执行人或者其他人妨害执行的，人民法院可以依法予以罚款、拘留；构成犯罪的，依法追究刑事责任。

不服终结本次执行程序裁定的救济措施如下：（1）提出执行行为异议。当事人、利害关系人认为终结本次执行程序违反法律规定的，可以提出执行行为异议。人民法院应当依照《民事诉讼法》第225条的规定进行审查。（2）申请恢复执行。申请执行人发现被执行人有可供执行财产的，可以向执行法院申请恢复执行。申请恢复执行不受申请执行时效期间的限制。执行法院核查属实的，应当恢复执行。终结本次执行程序后的五年内，执行法院应当每六个月通过网络执行查控系统查询一次被执行人的财产，并将查询结果告知申请执行人。符合恢复执行条件的，执行法院应当及时恢复执行。[①]

通过以上对终结本次执行程序的介绍，“终本”符合就债务人财产依法强制执行“仍不能履行债务”的标准。

第二种情形，人民法院依照《民事诉讼法》第257条第3项、第5项的规定作出终结执行裁定的，应当认为符合就债务人财产依法强制执行“仍不能履行债务”的标准。《民事诉讼法》第257条第3项规定：“作为被执行人的公民死亡，无遗产可供执行，又无义务承担人的”；第5项规定：“作为被执行人的公民因生活困难无力偿还借款，无收入来源，又丧失劳动能力的”。我们认为，该两项情形，符合前述标准，但该条规定的其他终结执行的裁定，如因第1项“申请人撤销申请”、第2项“据以执行的法律文书被撤销”以及第4项“追溯赡养费、扶养费、抚育费案件的权利人死亡”，人民法院作出的终结执行裁定，就不符合前述标准。

第三种情形，人民法院自收到申请执行书之日起一年内既未作出终结本次执行程序裁定，也未作出第二种情形下的终结执行裁定的，自人民法院收到申请执行书满一年之日起开始计算。这里之所以规

① 江伟、肖建国主编：《民事诉讼法》（第八版），中国人民大学出版社2018年版，第488~489页。

定“一年”，主要的法律依据是《民事诉讼法》第226条。该条规定：“人民法院自收到申请执行书之日起超过六个月未执行的，申请执行人可以向上一级人民法院申请执行。上一级人民法院经审查，可以责令原人民法院在一定期限内执行，也可以决定由本院执行或者指令其他人民法院执行。”根据该条规定，一个执行案件，正常的执行期限是六个月。考虑到实践中还有申请提级执行的情况，还有拍卖时流拍等情况，《民法典担保制度解释》以“一年”为标准，便于统一裁判尺度和易于实践操作。但是，为了与《民法典》的精神相符，《民法典担保制度解释》特别规定，在第三种情形下，如果保证人有证据证明债务人仍有财产可供执行的，此时保证责任的诉讼时效还不能开始起算。这是因为，一般保证的诉讼时效从一般保证人的先诉抗辩权消灭之日开始计算。在债务人还有财产可供执行的情况下，一般保证人的先诉抗辩权并没有消灭，还不能开始计算一般保证人的诉讼时效。

第四种情形，在《民法典》第694条的语境下，出现《民法典》第687条第2款但书规定情形的，保证债务的诉讼时效如何起算，对此，有不同观点：

第一种观点认为，出现但书规定的情形时，一般保证人的先诉抗辩权消灭，一般保证就变成了连带责任保证，此时债权人可以直接要求保证人承担实体保证责任，保证债务的诉讼时效自债权人知道或者应当知道但书规定的情形之日起开始计算。

第二种观点认为，出现但书规定的情形时，债权人仍然需要获得生效法律文书并申请强制执行未获得清偿的情况下，才能要求一般保证人承担实体保证责任。

第三种观点认为，不能一概而论，而应该具体分析。在债务人下落不明且无财产可供执行、人民法院已经受理债务人破产案件以及保证人书面表示放弃先诉抗辩权的情况下，保证债务的诉讼时效应该自债权人知道或者应当知道该情形时开始起算。在债权人有证据证明债务人丧失履行债务能力的情况下，保证债务的诉讼时效也应该自债权人知道或者应当知道该情形时开始起算。关于计算的标准，从诉讼时效的目的是促使债权人及时行使权利的基本原理来看，应当采主观说，即债权人知道或者应当知道上述情形之日起开始计算。但是，在债权人有证据证明债务人的财产不足以履行全部债务时，保证债务的诉讼时效应该根据先诉抗辩权的原理，自债权人获得生效法律文书并就债务人已有的财产依法强制执行仍不能完全履行债务后，开始起算。

就原理而言，我们完全赞同第三种观点。但在债权人有证据证明债务人的财产“不足以履行全部债务”这一情形时，保证债务的诉讼时效如何起算这个问题上，是否可以考虑与《民法典》第687条第2款第1、2、4项以及第3项规定的债务人“丧失履行债务能力”的情形下保证债务的诉讼时效的起算时间点，采取同一标准，即第一种观点，理由如下：

按照第三种观点，此种情形下保证债务的诉讼时效，自债权人获得生效法律文书并就债务人已有的财产依法强制执行仍不能完全履行债务后，开始起算。而《民法典》第687条第2款的其他情形，保证债务的诉讼时效自债权人知道或者应当知道该情形时起算。我们认为，二者在实务中区分意义不大。这是因为，根据第一种观点，在诉讼（为叙述方便，这里不谈仲裁）过程中，债权人举证证明债务人的财产不足以履行全部债务，例如，债权人举证证明债务人只有价值约2000万元的财产，而债务人的整个债务是1亿元。此时开始计算诉讼时效，意味着一般保证人应当承担8000万元的实体保证责任。在一般保证人不主动履行的情况下，债权人可以通过诉讼的方式，获得生效法律文书并申请强制执行才可能实现自己的债权。而最简洁的诉讼方式就是债权人在起诉债务人的诉讼中追加一般保证人为共同被告，人民法院可以直接判决一般保证人对8000万元债务承担担保责任。第三种观点原理上虽然正确，但前述案例情形下实务中几乎没有哪个债权人会等到起诉债务人获得胜诉判决，再申请强制执行完毕后才起诉一般保证人。实务中出现这种情况，债权人都会追加一般保证人为被告，只是人民法院在判决主文中应写明，一般保证人仅对2000万元财产执行不能后的8000万元承担担保责任。实际上，第三种观点与第一种观点的真正区别就在于，一般保证人是等债务人的2000万元执行完毕后，其才承担8000万元的责任，还是无条件承担8000万元的担保责任。我们认为，在债权人已经举证证明债务人只有价值约2000万元财产的情况下，通常情况下债权人都采取了查封措施，执行起来也根本不费时间，所以，就实际效果而言，这两种观点几乎没有什么区别。所以，《民法典担保制度解释》从务实简便易行的角度考虑，在债权人有证据证明债务人的财产不足以履行全部债务时，保证债务的诉讼时效如何起算这个问题上，与《民法典》第687条第1、2、4项以及第3项规定的债务人丧失履行债务能力的情形下保证债务的诉讼时效的起算时间点，采取了同一标准。

基于以上理由，《民法典担保制度解释》第28条就第一至第三种情形在第1款作出了规定，就第四种情形在第2款作出了规定。

需要说明的是，我们认为，《民法典》第687条第2款但书规定的四种情形，既可能出现在债权人起诉债务人包括一般保证人的案件之后，也可能出现在债权人起诉之前。起诉之后出现这四种情形的，一般保证人的先诉抗辩权消灭，在判决主文中应当直接判决保证人承担相应的保证责任。起诉之前出现这四种情形的，债权人可以直接起诉一般保证人，要求其承担担保责任，而没有必要先起诉债务人。当然，直接起诉一般保证人的，人民法院也要向债权人释明，告知债权人追加债务人为被告，或者依职权追加债务人为被告。但是，如果起诉之前人民法院已经受理了债务人破产案件的，根据《民法典担保制度解释》第23条第1款的规定，债权人在破产程序中申报债权后又向人民法院提起诉讼，请求担保人承担担保责任的，人民法院应予支持，此时就不能追加债务人为被告。保证人书面表示放弃先诉抗辩权的，如果债权人不同意追加债务人为被告的，也不能追加。因此，要准确理解《民法典担保制度解释》第28条第2款的规定，还应结合《民法典担保制度解释》第25条、第26条和第23条的规定进行。

还需探讨的是，《民法典》第687条第2款第2项仅指明在“人民法院已经受理债务人破产案件”的情况下，一般保证人的先诉抗辩权消灭，但是对“人民法院已经受理保证人破产案件”时，一般保证人的先诉抗辩权是否也应当消灭？有观点认为，《企业破产法规定（三）》第4条第2款规定：“主债务未到期的，保证债权在保证人破产申请受理时视为到期。一般保证的保证人主张行使先诉抗辩权的，人民法院不予支持，但债权人在一般保证人破产程序中的分配额应予提存，待一般保证人应承担的保证责任确定后再按照破产清偿比例予以分配。”据此，在此种情况下，一般保证人的先诉抗辩权也应消灭。既然在《民法典》中对债务人破产时一般保证人的先诉抗辩权消灭有规定，那么在保证人破产的情况下，一般保证人的先诉抗辩权也应消灭，以保障破产法的顺利实施。[①] 我们赞同这一观点。

【实务问题】

如果债权人在提起诉讼或者申请仲裁前已经举证证明存在《民法典》第687条第2款但书规定情形的，那么一般保证人的先诉抗辩权消灭，债权人可以起诉一般保证人，人民法院在判决主文应当直接判决一般保证人对债务人没有履行的债务承担保证责任，而不能作出一般保证人享有先诉抗辩权的判决主文，即保证人仅对债务人财产依法强制执行后仍不能履行的部分承担保证责任。

需要探讨的是，对于《民法典》第687条第2款但书规定的第一种情形“债务人下落不明，且无财产可供执行”，债权人如何举证证明？人民法院如何看待债权人的举证？债务人下落不明的证据，应当是人民法院的失踪宣告。是否可以由公安机关出具债务人下落不明的证明？我们认为，从宣告失踪制度的规定看，应以人民法院的认定为准。无财产可供执行的证据有哪些？债务人在其他案件中被另案的债权人申请强制执行，另案人民法院作出终结本次执行程序裁定的，该

① 王欣新：《〈民法典〉与破产法的衔接与协调》，载《山西大学学报（哲学社会科学版）》2021年第1期。

裁定肯定是债务人无财产可供执行的证据，当然还要看该裁定是什么时间作出的。债权人要举出其他证据则很难。所以，《民法典》第 687 条第 2 款但书规定的第一种情形在审判实践中发生的可能性较小。

对于《民法典》第 687 条第 2 款但书规定的第二种情形“人民法院已经受理债务人破产案件”，债权人一旦知道，就可以根据《企业破产法规定（三）》第 23 条第 1 款的规定，在破产程序中申报债权后向人民法院提起诉讼，请求保证人承担保证责任。此时，不要求追加债务人为被告。如果债权人在已经起诉债务人和一般保证人的诉讼过程中知道人民法院已经受理债务人破产案件，那么一般保证人的先诉抗辩权消灭，人民法院应当判决一般保证人直接承担保证责任。

对于《民法典》第 687 条第 2 款但书规定的第三种情形“债权人有证据证明债务人的财产不足以履行全部债务或者丧失履行债务能力”，债权人如何举证证明？要“证明债务人的财产不足以履行全部债务”，这在审判实践中是一个非常困难的问题，因为债务人究竟有多少财产，债权人往往是不清楚的，也很难取得这方面的证据。如何证明债务人“丧失履行债务能力”也是一个棘手的问题。上述两个问题，如果不经过审判或者仲裁，并经强制执行，似很难有一个答案。“不足以履行全部债务”，如果债权人不能举证证明债务人究竟有多少财产，财产数字要非常具体，那么人民法院判决一般保证人承担保证责任的范围就是一个大问题。总之，我们认为，《民法典》第 687 条但书规定的第三种情形，债权人很难举证。

对于《民法典》第 687 条第 2 款但书规定的第四种情形“保证人书面表示放弃本款规定的权利”，债权人容易举证证明。该种情形的构成要件如下：（1）放弃的主体。放弃先诉抗辩权的主体是保证人自己，而不是其他人代替保证人作出放弃的意思表示，否则就不能认为是保证人放弃先诉抗辩权。（2）放弃的形式。因为保证合同是要式合同，其成立必须采取书面形式，因此，保证人放弃先诉抗辩权时，也必须采用与成立一样的方式，即必须采用书面形式，否则应当认为没有放弃的意思表示，放弃的意思表示不存在。（3）放弃的内容。保证人放弃的是“先诉抗辩权”，而不是其他权利。对放弃的先诉抗辩权的内容，一定要有清楚、明确的表述，否则不能认为放弃的是先诉抗辩权。（4）放弃的保证方式。既然是保证人放弃先诉抗辩权，那么放弃之前的保证人一定是一般保证人，否则就不存在放弃的问题。因为连带责任保证人没有先诉抗辩权，所以无从谈起放弃。保证人书面表示放弃先诉抗辩权的，债权人可以直接起诉保证人，并判决保证人直接承担保证责任，而不需要作出保证人享有先诉抗辩权的判决：保证人仅对债务人财产依法强制执行后仍不能履行的部分承担保证责任。

第二十九条 同一债务有两个以上保证人，债权人以其已经在保证期间内依法向部分保证人行使权利为由，主张已经在保证期间内向其他保证人行使权利的，人民法院不予支持。

同一债务有两个以上保证人，保证人之间相互有追偿权，债权人未在保证期间内依法向部分保证人行使权利，导致其他保证人在承担保证责任后丧失追偿权，其他保证人主张在其不能追偿的范围内免除保证责任的，人民法院应予支持。

【条文主旨】

本条是关于债权人向部分保证人依法行使权利的行为对其他保证人是否发生效力，以及债权人未在保证期间内依法向部分有追偿权的保证人行使权利的后果的规定。

【条文概览】

在同一债务上有数个担保的情况下，担保人之间既可能存在连带债务关系（相互之间有追偿权），也可能不发生连带债务关系（相互之间没有追偿权）。在各保证人之间不存在连带债务关系的情形下，债权人对部分保证人行使权利的行为，其效力自然不及于其他担保人。问题是，在各保证人之间形成连带债务关系的情形下，债权人对部分保证人依法行使权利的行为，其效力是否及于其他保证人？根据《民法典》第520条的规定，在连带债务中，只有履行、抵销、提存、免除、混同、给付受领迟延这六种行为而导致债务消灭才对其他债务人发生效力。依反面解释，在共同保证中，债权人向其中部分保证人依法主张权利的行为，其效果亦不及于其他保证人。

在各保证人之间构成连带债务关系的情况下，债权人未在保证期间内依法向部分保证人行使权利，而其他保证人在承担保证责任后向依法不再承担保证责任的保证人追偿时，依据《民法典》第519条第2款之规定，该保证人对债权人的抗辩，自可向行使追偿权的保证人主张，这将导致已经承担了保证责任的保证人的追偿权不能得到实现。考虑到该后果系因债权人的行为所致，且债权人在保证期间内未向部分保证人主张权利导致其担保责任被免除的行为，本质上属于免除该保证人责任的行为，根据《民法典》第520条第2款的规定，在债权人免除该保证人债务的范围内，应当免除其他保证人的责任。

【争议观点】

同一债务有两个以上保证人，债权人以其已经在保证期间内依法向部分保证人行使权利为由，主张已经在保证期间内向其他保证人行使权利的，比较一致的观点是，如果保证人相互之间不构成连带债务关系，则不予支持。有争议的观点是，如果保证人相互之间构成连带债务关系，是否应予支持。

同一债务有两个以上保证人，保证人相互之间构成连带债务关系，债权人未在保证期间内依法向部分保证人行使权利，导致其他保证人在承担保证责任后丧失追偿权，其他保证人主张在其不能追偿的范围内免除保证责任的，人民法院是否应予支持，存在较大争议。

【理解与适用】

一、保证期间原理

在保证纠纷案件审理中，保证期间的法律适用是一难点。本条两款都涉及保证期间，如果对保证期间的原理理解不到位，本条就很难理解。因此，下面对保证期间的原理进行介绍。

（一）保证期间的概念和特征

保证期间，又称“保证责任的存续期间”“承担保证责任的期间”，是指在保证合同的当事人之间约定，或者依法律规定保证人在此期限内才承担保证责任，超过该期限，保证人不再承担保证责任的期间。准确地说，保证期间是保证合同约定或者法律规定的保证债务的履行期限。确定保证期间的意义在于：一是保护保证人的合同权利。由于保证合同是单务合同，保证人没有权利只有义务，因此，债权人只能根据保证合同约定的期限要求保证人履行保证债务，超过该期限，承担保证债务已经不是保证人的合同义务了，保证人不再承担保证责任。二是督促债权人及时行使权利。既然保证合同约定保证人只在保证期间内履行保证义务，那么债权人就应当及时行使权利，请求保证人在保证期间内履行义务。保证期间一旦经过，保证人就不再承担保证责任。具体而言，保证期间具有如下特征：

第一，保证期间是只有在该期间内债权人向保证人主张了权利，保证人才承担保证责任的期间。超过该期限，保证人不再承担保证责任。就一般合同而言，在合同约定的履行期届满之后，只要没有经过诉讼时效期间，债权人都有权请求债务人履行债务，债务人不得据此抗辩。但与一般合同不同的是，在保证合同约定的保证人履行债务的期限内，债权人必须向保证人主张权利，否则保证人不再承担保证责任。这是保证期间的最大特点。

第二，保证期间由当事人约定或者法律规定。保证期间与一般合同的履行期一样，可以由当事人约定。当事人没有约定或者约定不明确的，法律可以作出直接规定，如《民法典》第692条第2款规定，没有约定或者约定不明确的，保证期间为主债务履行期限届满之日起六个月。关于六个月的法律规定，我们认为，主要考虑是保证合同具有单务性、无偿性，为减轻保证人的责任，法律规定了较短的保证期间，这样可以避免保证人承担过重的责任。

第三，保证期间是保证合同的组成部分。就像一般合同条款都包含履行期限一样，保证合同也不例外。一般合同如果没有约定履行期限，那么根据法律的规定可以推定履行期限。保证期间与一般合同的履行期限功能完全相同，因此，当然是保证合同的组成部分。

（二）保证期间的性质

《担保法解释》起草者认为，保证期间的性质属于除斥期间。[①]但有学者认为，保证期间不能等同于除斥期间。一方面，从规范性质来看，除斥期间属于法律的强制性规定，不得由当事人约定。而保证期间以约定为原则，法定为例外，是可以由当事人自由约定的。同时，在合同有效期内，当事人也可以对保证期间进行变更。另一方面，从适用对象来看，除斥期间的适用对象主要为形成权。因为形成权将会根据一方的意志而发生法律关系发生、变更和消灭的效果，所以，通过除斥期间对形成权进行限制，从而使其在较短的时间内消灭该形成权，以维护社会秩序的稳定。而保证期间主要适用于请求权，即适用于债权人请求保证人承担保证责任的权利。[②]我们赞同上述学者的观点。同时，我们认为，保证期间也不是诉讼时效期间，这不仅因为保证期间不发生中止、中断和延长，而且保证期间经过，保证人不再承担保证责任，保证人的实体责任消灭。这与诉讼时效制度根本不同，因为诉讼时效期间经过，债务人有抗辩不履行的权利，但实体债务仍然存在，只是过了诉讼时效期间，成了自然债务。

关于保证期间的性质，有学者认为，保证期间是决定债权人能否取得可以要求保证人代债务人向其履行或者进行赔偿责任承担的债权请求权的期间，是决定债权人能不能够取得相应权利的期间，可称之为或有期间。保证期间是典型的或有期间，买卖合同中买受人对出卖人交付的标的物质量、数量是否合格进行检验后，及时提出异议的异议期间也是或有期间。[③]我们认为，可以不对保证期间的性质进行归类，其既不属于除斥期间，也不属于诉讼时效期间，而是《民法典》

① 李国光等:《最高人民法院〈关于适用《中华人民共和国担保法》若干问题的解释〉理解与适用》，吉林人民出版社 2000 年版，第 141~142 页。

② 王利明:《合同法研究（第四卷）》（第二版），中国人民大学出版社 2018 年版，第 306 页。

③ 王轶:《民法典之“变”》，载《东方法学》2020 年第 4 期。

规定的一种特殊期间。现有的理论一般认为，就民法上的期间而言，要么是诉讼时效期间，要么是除斥期间，必须二选一，不存在除此之外的其他性质。现在看来，还存在这样的特殊期间，只是理论上对其名称还没有形成共识。

（三）保证期间的类型

保证期间可以分为约定的保证期间和法定的保证期间。

债权人与保证人可以约定保证期间，但是约定的保证期间早于主债务履行期限或者与主债务履行期限同时届满的，视为没有约定。

法定的保证期间，是指债权人与保证人没有约定或者约定不明确的，保证期间为主债务履行期限届满之日起六个月。也就是说，根据《民法典》的规定，我国的法定保证期间有：第一，一般保证中的保证期间。根据《民法典》第692条第2款的规定，为六个月。第二，连带责任保证的保证期间。根据《民法典》第692条第2款的规定，也是六个月。

（四）保证期间的起算点

保证期间的起算点，是指保证期间从何时开始起算。从原理来看，保证合同的当事人可以约定保证期间的起算点。但从审理案件了解的情况来看，很少有当事人对此进行约定。当事人没有约定的，应当从主债务人履行期限届满之日开始起算。因为从主债务履行期限届满之日，主债务人没有履行或者没有完全履行主债务的，根据保证的从属性特点，保证人的保证责任即开始发生。所以，保证期间的起算点是和保证责任同时发生的。问题在于，如果主合同对主债务履行期限没有约定或者约定不明的，保证期间如何起算？依据《民法典》第512条第4项的规定，主合同履行期限不明确的，债务人可以随时履行，债权人也可以随时请求履行，但是应当给对方必要的准备时间，即给予宽限期。在宽限期届满之后，如果主债务人仍未清偿主债务的，则应承担违约责任，此时保证人也应当承担保证责任，因此，宽限期届满之日开始计算保证期间。这就是《民法典》第692条第3款规定的原理。该款应当来源于《担保法解释》第33条的规定："主合同对主债务履行期限没有约定或者约定不明的，保证期间自债权人要求债务人履行义务的宽限期届满之日起计算。”

（五）保证期间不发生中断的问题

《担保法》第25条第2款规定：“在合同约定的保证期间和前款规定的保证期间，债权人未对债务人提起诉讼或者申请仲裁的，保证人免除保证责任；债权人已提起诉讼或者申请仲裁的，保证期间适用诉讼时效中断的规定。”该款关于诉讼时效中断的规定，混淆了保证期间和诉讼时效的关系。因为债权人在保证期间内提起诉讼或者申请仲裁的，保证期间制度的使命就已经完成，接下来是诉讼时效制度发挥作用，诉讼时效开始起算。因此，这次《民法典》编纂时，纠正了这一错误，规定保证期间不发生中止、中断和延长的问题。

（六）保证期间届满的法律效果

保证期间届满的法律效果，是指在保证期间内，如果债权人没有依法主张权利，将导致保证责任消灭，债权人无权请求保证人承担保证责任。债权人主张权利的方式因一般保证和连带责任保证而有所区别。对于一般保证而言，由于保证人享有先诉抗辩权，法律将债权人在保证期间内对债务人提起诉讼或者申请仲裁，并就债务人财产依法强制执行仍不能履行债务作为要求保证人承担保证责任的法定方式。根据《民法典担保制度解释》第27条的规定，债权人也可以通过取得对债务人赋予强制执行效力的公证债权文书，并就债务人财产依法强制执行仍不能履行债务的方式要求保证人承担保证责任。而对于连带责任保证而言，债权人未在保证期间内向保证人主张承担保证责任的，保证人不再承担保证责任。

二、在保证人之间不存在连带债务关系的情况下，债权人对其中一个保证人在保证期间内依法行使权利的行为，其效力是否及于其他保证人

我们认为，答案是否定的。如前所述，这是因为保证期间是债权

人要求保证人承担保证责任的期间，债权人对其中一个保证人在保证期间内依法行使权利，如果没有在保证期间内要求其他保证人承担保证责任，其他保证人就当然不承担责任，对此，《民法典》第693条有明文规定。例如，甲对乙享有1亿元的债权，丙、丁为保证人，但丙、丁之间不构成连带债务关系，保证期间分别约定为主债权履行期届满后一年、二年，甲在一年内依法向丙主张了权利，但过了二年却未依法向丁主张权利，主债权满二年后，甲以其曾经向丙依法主张权利为由主张该效力及于丁，即相当于甲在保证期间内也向丁依法主张了权利。我们认为，根据《民法典》第693条的规定，甲的主张显然不能得到支持。相应地，丁以保证期间已经经过为由抗辩其不承担担保责任的，应予支持。这样的情况，理论上可以概括为相对效力，即债权人在保证期间内依法向部分保证人行使权利的，其效力不及于其他保证人。相反，其效力及于其他保证人的，理论上可以概括为绝对效力。

三、在保证人之间存在连带债务关系的情况下，债权人对其中一个保证人在保证期间内依法行使权利的行为，其效力是否及于其他保证人

《民法典》第520条规定："部分连带债务人履行、抵销债务或者提存标的物的，其他债务人对债权人的债务在相应范围内消灭；该债务人可以依据前条规定向其他债务人追偿。部分连带债务人的债务被债权人免除的，在该连带债务人应当承担的份额范围内，其他债务人对债权人的债务消灭。部分连带债务人的债务与债权人的债权同归于一人的，在扣除该债务人应当承担的份额后，债权人对其他债务人的债权继续存在。债权人对部分连带债务人的给付受领迟延的，对其他连带债务人发生效力。"据此，连带债务中，只有履行、抵销、提存、免除、混同、给付受领迟延这六种行为具有绝对效力。根据反面解释规则，除此之外的行为，即便保证人之间成立连带债务，债权人向其中一个保证人依法主张了权利，其效果也不及于其他保证人。退一步

讲，即使不从《民法典》第 520 条找依据，根据《民法典》第 693 条也能得出同样的结论。

可能有的读者会提出这样的问题，即为什么在连带债务关系下，保证期间不具有绝对的效力，而诉讼时效具有绝对的效力呢？这就涉及本条与有关诉讼时效司法解释的关系。《民事案件诉讼时效规定》第 17 条规定："对于连带债权人中的一人发生诉讼时效中断效力的事由，应当认定对其他连带债权人也发生诉讼时效中断的效力。对于连带债务人中的一人发生诉讼时效中断效力的事由，应当认定对其他连带债务人也发生诉讼时效中断的效力。"据此，对于连带债权债务，在诉讼时效领域，采取的是诉讼时效的绝对效力。但是，保证期间与诉讼时效是完全不同的两种制度，最根本的区别就在于，保证期间是向保证人倾斜的制度，因为保证责任毕竟是代债务人履行债务或者承担责任，债务人才是第一位的责任人，保证人只是第二位的责任人，所以法律明确规定，债权人如果没有在保证期间内依法向保证人主张权利，保证人的保证责任消灭。而诉讼时效制度恰恰相反，该制度是向债权人倾斜的制度，因为该债务是债务人自身的债务，而不是像保证人那样代替债务人履行债务或者承担责任，该债务是实实在在存在的债务，而保证债务却是或然债务，如果债权人不依法向保证人主张权利，保证人就不承担保证责任。正是基于以上显著区别，决定了保证期间采相对效力，债权人对其中一个保证人在保证期间内依法行使权利的行为，无论保证人之间是否构成连带债务关系，其效力都不及于其他保证人。而诉讼时效采绝对效力，对于连带债务人中的一人发生诉讼时效中断效力的事由，应当认定对其他连带债务人也发生诉讼时效中断的效力。只有深刻理解此点，才可能从理论上完全掌握《民法典担保制度解释》为什么作出了与《民事案件诉讼时效规定》第 17 条不同的规定。

四、同一债务有两个以上保证人，保证人之间有相互追偿权，债权人未在保证期间内依法向部分保证人行使权利，导致其他保证人在承担保证责任后丧失追偿权，其他保证人主张在其不能行使追偿权的范围内免除保证责任的，应否支持

在保证人之间能够相互追偿的情况下，保证人之间法律关系的性质属于连带债务关系，债权人未在保证期间内依法向部分保证人行使权利，而其他保证人在承担保证责任后向保证期间已经届满的保证人追偿时，依据《民法典》第519条第2款之规定，保证期间已经届满的保证人对债权人的抗辩，可以向行使追偿权的保证人主张，导致已经承担了保证责任的保证人的追偿权不能得到实现。还以前述案件为例，假设丙、丁之间能够相互追偿，如甲没有在主债权届满一年内向丙主张债权，甲在主债权届满一年后向丁主张权利时，丙的保证期间已经届满，导致丁在承担担保责任后不能再向丙追偿。考虑到该后果系因债权人的行为所致，且债权人在保证期间内未向部分保证人主张权利导致其担保责任被免除的行为，本质上属于免除该保证人责任的行为，根据《民法典》第520条第2款的规定，在债权人免除该保证人债务的范围内，应当免除其他保证人的责任。因此，这个问题的答案应该是支持。

需要强调的是，本条的法律依据是《民法典》第520条第2款。该款规定："部分连带债务人的债务被债权人免除的，在该连带债务人应当承担的份额范围内，其他债务人对债权人的债务消灭。"该款是关于部分连带债务人的债务被债权人免除对其他债务人发生效力的规定。债权人向全体连带债务人表示免除连带债务的，自然发生连带债务消灭的效果，这种情形较为简单、明确，法律无须单独规定。但是，如果债权人仅免除部分连带债务人的债务，从理论上讲，对其他债务人可能产生三种效力：一是相对效力，即债权人免除一个连带债务人的债务，仅产生债权人不向该连带债务人请求履行的效果，对其他债务人不产生效力，债权人仍可向其他连带债务人请求履行全部债

务。二是绝对效力，指债权人免除一个连带债务人的债务，其他债务人的债务也消灭。这种做法对其他债务人有利，但会违背债权人的意思，损害债权人利益。三是限制绝对效力，指债权人免除一个连带债务人的债务，只是在该连带债务人应当承担的内部份额范围内，其他债务人对债权人的债务消灭。限制绝对效力的做法兼顾了尊重债权人意愿与保护连带债务人的利益。境外立法例多是采用这种做法。《民法典》本条款采用的就是限制绝对效力的做法。根据本款规定，债权人免除其中一个或者部分连带债务人的债务的，债权人仍可以向其他债务人请求履行，但是其他债务人承担的连带债务数额要扣除被免除的连带债务人应当承担的内部份额。例如，债权人对连带债务人甲、乙、丙享有 100 万元债权，就连带债务人内部而言，甲承担 20 万元、乙承担 30 万元、丙承担 50 万元。现债权人表示免除甲的债务。此时，债权人仍可向乙、丙主张债权，但是要扣除甲承担的份额 20 万元，即乙、丙对债权人只承担 80 万元连带债务。[①] 同一债务有两个以上保证人，保证人之间相互有追偿权的情形，构成《民法典》第 520 条第 2 款规定的连带债务人。问题的关键在于，债权人未在保证期间内依法向部分保证人行使权利，是否构成该款规定的部分连带债务人的债务“被债权人免除”。一般来说，债权人免除债务人的债务都是通过积极作为的方式作出，其某些消极行为是否也可以认定为债权人“免除”债务人的债务？在保证纠纷案件中，保证期间是一个很特殊的规定，如果债权人不在保证期间内向部分保证人主张权利，这部分保证人的保证责任就当然消灭，其结果与债权人积极免除部分保证人的结果完全相同，正是保证期间的这个特点，决定了如果债权人不在保证期间内向部分保证人主张权利，就应当认定为债权人免除了这部分保证人的保证责任，基于这一原理，《民法典担保制度解释》作了如此规定。

---

① 黄薇主编：《中华人民共和国民法典合同编释义》，法律出版社 2020 年版，第 131~132 页。

【实务问题】

保证期间制度是与诉讼时效制度完全不同的制度，只有深刻理解了这一点，才能从理论上完全把握保证期间的效力为什么是相对的，而不是绝对的。

部分连带债务人的债务被债权人免除的，在该连带债务人应当承担的份额范围内，其他债务人对债权人的债务消灭。这一原理是理解本条第 2 款规定的“钥匙”。

第三十条 最高额保证合同对保证期间的计算方式、起算时间等有约定的，按照其约定。

最高额保证合同对保证期间的计算方式、起算时间等没有约定或者约定不明，被担保债权的履行期限均已届满的，保证期间自债权确定之日起开始计算；被担保债权的履行期限尚未届满的，保证期间自最后到期债权的履行期限届满之日起开始计算。

前款所称债权确定之日，依照民法典第四百二十三条的规定认定。

【条文主旨】

本条是关于最高额保证的保证期间起算日认定的规定。

【条文概览】

在司法实践中，多数情况下，当事人对于最高额保证的保证期间都有约定，根据意思自治原则，当事人对计算方式与起算点等有约定的，从其约定。问题是，在没有约定或者约定不明确时，究竟是根据被担保的债权逐笔单独计算保证期间还是统一计算保证期间，存在不同的观点。我们认为，由于最高额担保系对一定时期连续发生的债权提供担保，逐笔单独计算保证期间无法体现最高额担保的特点，但是，如果采取统一计算的方式，也可能存在起算点难以确定的问题，因为当事人约定的期间届满时，有些被担保债权的履行期限尚未届满，自无起算保证期间的可能。经反复研究，《民法典担保制度解释》对于最高额保证的保证期间采统一计算的方式，但对于保证期间的起算点，则应视债权确定时被担保债权的履行期限是否已经届满来确定：债权确定时，对于被担保的履行期限已届满的债权，保证期间自债权确定之日起开始计算；对于被担保的履行期限还有未届满的债权，保证期间则自最后到期债权的履行期限届满之日起开始计算。这里所说债权确定之日，根据《民法典》第690条第2款的规定，应参照《民法典》第423条进行认定。

【争议观点】

在最高额保证合同中对保证期间的计算方式、起算时间没有约定的情况下，最高额保证合同项下的每个具体合同是否单独计算保证期间，存在争议。

【理解与适用】

《担保法解释》第37条规定："最高额保证合同对保证期间没有约定或者约定不明的，如最高额保证合同约定有保证人清偿债务期限的，保证期间为清偿期限届满之日起六个月。没有约定债务清偿期限的，保证期间自最高额保证终止之日或自债权人收到保证人终止保证合同的书面通知到达之日起六个月。"这次在清理该条司法解释时，我们经过充分调查了解发现，在目前的最高额保证合同中，已经没有约定"保证人清偿债务期限"的情况了。也就是说，二十多年前的规定，已经不适应最高额保证合同的实践了，所以需要与时俱进，制定新的解释。此外，考虑到《担保法》没有对最高额抵押权所担保债权如何确定作具体规定，但《民法典》第423条对此作出了具体规定，且《民法典》第690条第2款规定，最高额保证参照适用《民法典》第二编最高额抵押权的有关规定，因此，有必要对最高额保证的保证期间起算日的认定根据《民法典》的规定重新作出解释。

一、有约定的，从约定

通过对最高额保证合同纠纷案件进行类案检索，我们发现95%以上的案件对保证期间的计算方式、起算时间等都有约定。我们对几个规模较大的商业银行进行了调研，了解到这些银行在最高额保证合同中对保证期间都进行了约定。按照意思自治的原则，保证合同中对保证期间的计算方式、起算时间等有约定的，应从其约定。

二、没有约定的，如何处理

在最高额保证对保证期间的计算方式、起算时间等没有约定的情况下，最高额保证合同项下的每个具体合同是否单独计算保证期间？在调研过程中，有专家向我们介绍，我国台湾地区最近有一个判决是单独计算保证期间的。经过认真研究，我们认为对最高额保证合同项下的每个具体合同单独计算保证期间不妥，理由如下：不符合当事人设立最高额保证合同的初衷。最高额保证，是指保证人和债权人签订一个总的保证合同，为一定期限内连续发生的借款合同或者同种类其他债权提供保证，只要债权人和债务人在保证合同约定的期限内且在债权额限度内进行交易，保证人就依法承担保证责任的保证行为。保证人设立最高额保证合同的初衷是就一定期限内连续发生的同种类债权提供最高限额保证，所以如果再就每个合同单独计算保证期间，不符合当事人设立最高额保证合同的初衷。最高额保证合同签订后，债权人和债务人还要签订多个单独的债权债务合同，如果要债权人考虑单个合同的保证期间，也不符合债权人的真实意思。保证人往往不在最高额保证合同项下的数个单独合同上签字，如果在最高额保证期间届满前，债权人起诉要求保证人承担保证责任，也不符合保证人的真实意思。

在不能就每个具体合同单独计算保证期间的情况下，保证期间的起算点如何认定？经过研究，我们认为，认定的原则有两个：一是符合《民法典》的规定，解决法律依据问题。二是务实管用，简便易行，好操作，解决审判实践中出现的问题。就《民法典》的规定而言，《民法典》第690条明文规定，最高额保证没有规定的，参照适用最高额抵押权的规定。《民法典》第423条对此有具体规定。就审判实践而言，要求本条司法解释规定的标准在审判实践中简单易行，便于法官判案。基于以上考虑，《民法典担保制度解释》从两个维度进行了规定。一是被担保债权的履行期限均已届满这个维度。二是被担保债权的履行期限尚未届满这个维度。后一维度是指被担保债权的履行期限至少还有一笔没到履行期限。在研究这个维度时，我们也曾考虑过，是以最高额保证合同中的最后一笔没到履行期债权的履行期限为标准，还是以最高额保证合同中的最后到期债权的履行期限为标准。经过反复研究，采后一种观点。

【实务问题】

审判实践中的问题是，如何依照《民法典》第423条的规定认定《民法典担保制度解释》规定的"债权确定之日"。

第一种情形：约定的债权确定期间届满。债权确定期间是指确定最高额保证所担保的债权实际数额的时间。对债权确定的时间进行约定是最高额保证合同的重要内容。当事人约定的债权确定期间届满，最高额保证所担保的债权额即自行确定。最高额保证合同约定的债权确定期间，一般指的是保证人为一定期限内连续发生的借款合同或者同种类其他债权提供保证中的"一定期限"。例如，保证人为债务人自2021年1月1日起至2021年12月31日止发生的1亿元借款提供担保。这里的"2021年1月1日起至2021年12月31日止"与《民法典》第423条规定的"债权确定期间"含义相同。该期间届满，指的就是2021年12月31日结束。也就是说，2021年12月31日24点为"债权确定之日"。需要指出的是，当事人约定的债权确定期间与最高额保证中的债务清偿期不同，这是因为最高额保证中的债务清偿期指的是债务人履行债务的时间，当事人约定的债权确定期间届至，债务的清偿期未必届至。当然，当事人可以在最高额保证合同中约定债务的清偿期为债权确定期间，也可以在债务清偿期之外另行约定债权确定期间，最为常见的就是前述提到的"一定期限"。

第二种情形：没有约定债权确定期间或者约定不明确，债权人或者保证人自最高额保证生效之日起满二年后请求确定债权。这种情况实践中应当罕见。在这种情况下，如何界定最高额保证所担保债权的确定时间？经研究认为，应当参照《民法典》第423条第2项“没有约定债权确定期间或者约定期间不明确，抵押权人或者抵押人自最高额抵押权设立之日起满二年后请求确定债权”的规定确定，主要基于以下两点考虑：一是设立最高额保证的目的主要是对连续性的交易提供保证，连续性交易一般会持续一段时间，如果允许当事人随时要求确定最高额保证所担保的债权额，就意味着一方当事人特别是保证人有可能在很短时间内就要求确定债权额，这无疑与设立最高额保证的目的不相符合。二是在当事人对确定债权额的期间没有约定或者约定不明确的情况下，按照《民法典》第423条第2项的规定明确一个法定的确定债权额的期间，可以使最高额保证的地位因法定期间的存在而较为安稳，债权人不必时时顾虑保证人行使债权确定请求权。这对于稳定最高额保证关系是有好处的。这里的“二年”是一个固定期间，不存在中止、中断和延长的问题，其起算点是最高额保证生效之日。①

第三种情形：新的债权不可能发生。主要包括两种情形：一是连续交易的终止。如果最高额保证是对连续交易提供担保，则连续交易的结束日期就是债权额的确定时间，即使当事人约定的债权确定期间或者《民法典》第423条规定的法定期间还没有届至，最高额保证所担保的债权额也是确定的。二是最高额保证关系的基础法律关系消灭而导致新的债权不可能发生。例如，在连续的借款交易中，借款人的严重违约致使借款合同依照合同约定或者法律规定被解除，新的借款行为自然不再发生。这种关系终止时，最高额保证所担保的债权额自然也确定。在这种情况下，债权额的确定时间也不受当事人约定的期间或者法定期间的影响。

---

① 参见黄薇主编：《中华人民共和国民法典物权编释义》，法律出版社2020年版，第554~555页。

第四种情形:《民法典》第423条第5项规定“债务人、抵押人被宣告破产或者解散”时，抵押权人的债权确定。有学者指出，该规定不妥:

第一，会影响最高额抵押债权人的债权申报及相关破产程序的进行。人民法院原则上是在债权申报期满、第一次债权人会议召开后，且管理人完成对债权审核确认和必要的审计、资产评估工作，并提出宣告破产申请时，才作出宣告破产裁定。这些工作的一个基础条件，就是必须以破产申请受理为债权数额确定的时点。但按照《民法典》的上述规定，破产案件受理时抵押权人的债权尚不允许得到确定，所以抵押债权人是无法在破产案件受理时法院就已经规定的债权申报期间内及时、正常地申报债权的，管理人当然也就更无法及时进行全面的债权审核确认等工作，其他相关破产程序都难以顺利进行。

第二，会损害最高额抵押债权人的合法权益。若依《民法典》的规定，最高额抵押债权人在破产宣告之前因债权不符合确定条件，无法申报债权，在这一阶段的破产程序中便不能行使任何权利，如不能参加债权人会议，不能行使表决权等。虽然最高额抵押债权人可以在破产宣告作出后补充申报债权，但因此产生的所有不利后果，如对此前已进行的分配不再补充分配、承担为审查和确认补充申报债权的费用等，均要由无辜的债权人承受，这显然是不公平、不公正的。

第三，会损害最高额抵押债权人的担保债权可以及时受偿的权利。最高额抵押债权人作为担保债权人，在破产清算和破产和解程序中，是可以随时向管理人主张就该特定财产变价处置行使优先受偿权的。而依照《民法典》的上述规定，最高额抵押债权人因在破产宣告之前债权不能得到确定，无法行使任何权利，尤其是最为重要的债权及时受偿的权利，这会给其权利的保障与实现造成严重的风险。

第四，我国《企业破产法》中规定的破产程序包括清算、重整与和解三种。在由当事人直接申请启动或者通过清算程序转换申请启动的重整程序或者和解程序中，一直到破产程序依法终结，债权清偿完毕，根本就不存在对进入破产程序的债务人、抵押人作出破产宣告的情况。但是，最高额抵押债权的数额在重整与和解程序启动时也必须及时确定，方能保障债权人在重整计划与和解协议中得到清偿，保障其各项权利能够得到顺利行使，保障重整与和解程序的顺利进行。如果以债务人、抵押人被宣告破产作为确定抵押担保债权范围和数额的时点，由于这一时点在重整与和解程序中依法是根本不可能存在的，必然造成本来在司法实践中不存在问题的最高额抵押债权的确定，反而由于《民法典》的规定陷于无法解决的难堪状态。

第五，《民法典》规定，最高额抵押债权人的债权只有在破产宣告时才能得到确定。也就是说，即使债务人、抵押人已经进入破产程序，但在法院作出破产宣告之前，债权人的最高额抵押债权仍处于不确定状态，在法律上仍允许继续发生变动。所谓变动，既包括抵押债权数额可能因新债权的继续发生而增加，也包括债权数额因对已有债权的个别清偿而减少，即个别清偿是不停止的。这也是正常的破产程序所不可想象、不能允许的。①

我们赞同该学者的观点，认为最高额保证合同的债权确定之日，不应依照《民法典》第423条第5项规定的“债务人、抵押人被宣告破产”时，而应当是“债务人破产申请受理时”，此点特别需要注意。

第五种情形：法律规定债权确定的其他情形。

需要指出的是，《民法典》第423条第4项债权人的债权确定情形“抵押权人知道或者应当知道抵押财产被查封、扣押”不适用于最高额保证。该情形是为了防止最高额抵押权人因对查封扣押事实不知情而发放的贷款得不到优先保护而作出的规定，但在最高额保证中却不存在这样的问题。

---

① 王欣新：《〈民法典〉与破产法的衔接与协调》，载《山西大学学报（哲学社会科学版）》2021年第1期。

第三十一条　一般保证的债权人在保证期间内对债务人提起诉讼或者申请仲裁后，又撤回起诉或者仲裁申请，债权人在保证期间届满前未再行提起诉讼或者申请仲裁，保证人主张不再承担保证责任的，人民法院应予支持。

连带责任保证的债权人在保证期间内对保证人提起诉讼或者申请仲裁后，又撤回起诉或者仲裁申请，起诉状副本或者仲裁申请书副本已经送达保证人的，人民法院应当认定债权人已经在保证期间内向保证人行使了权利。

【条文主旨】

本条是关于债权人撤诉或者撤回仲裁申请，保证人的权利是否受到影响的规定。

【条文概览】

债权人提起诉讼或者申请仲裁后又撤回起诉或者仲裁申请，能否视为债权人依法向保证人主张过权利，实践中存在较大争议。我们认为，对于此种情形，应当区别一般保证和连带责任保证规定不同的法律后果：

其一，在一般保证中，债权人向债务人提起诉讼或者申请仲裁并就债务人财产依法强制执行仍未履行债务的，才能向保证人主张实体权利。换言之，债权人必须让债务人先承担责任。当事人撤诉或者撤回仲裁申请本质上意味着其并无让债务人先承担责任的意思表示，因此，只要债权人在保证期间内没有再次对债务人提起诉讼或者申请仲裁，保证人就不应再承担保证责任。

其二，在连带责任保证中，在债权人撤诉或者撤回仲裁申请时，能否认定债权人向保证人主张过权利？对此，存在不同观点。我们认为，与诉讼时效只需要债权人主张过权利不同，保证期间的意义在于使处于或然状态的保证责任成为确定的保证债务，因而不仅需要债权人主张权利，而且还要让保证人知道债权人在主张权利。因此，仅人民法院受理了案件或者仲裁机构受理了仲裁申请仍不足以构成依法行使权利，只有在起诉状副本或者仲裁申请书副本送达保证人后才意味着债权人依法行使了权利。

【争议观点】

一种观点认为，一般保证中债权人在保证期间内对“债务人”提起诉讼或者申请仲裁后，又撤回起诉或者仲裁申请的，其后果应当与连带责任保证中债权人在保证期间内对“保证人”提起诉讼或者申请仲裁后，又撤回起诉或者仲裁申请的后果相同。

另一种观点则认为，二者应当有差异，不应当采用同一标准。但是如何处理，该种观点内部也有分歧，具体见下面的论述。

【理解与适用】

经过研究，我们同意后一种观点，认为应当区分连带责任保证和一般保证。

一、连带责任保证

连带责任保证的债权人在保证期间内对保证人提起诉讼或者申请仲裁后，又撤回起诉或者仲裁申请的，能否认定债权人已经在保证期间内向保证人行使了权利？对此有三种观点：

第一种观点认为，只要债权人在保证期间届满前向保证人提起诉讼或者申请仲裁，即使之后撤回起诉或者撤回仲裁申请，都应认定债权人在保证期间内向保证人主张了权利。

第二种观点认为，不论起诉状副本或者仲裁申请书副本是否发送保证人，根据撤回起诉视为没有起诉的原理，均应认定债权人在保证期间内没有向保证人主张权利。

第三种观点认为，应分别情形处理：如果人民法院将起诉状副本或者仲裁机构将仲裁申请书副本送达保证人的，则应当认定债权人在保证期间内对保证人主张了权利；相反，如果人民法院没有将起诉状副本或者仲裁机构没有将仲裁申请书副本送达保证人的，则应当认定债权人在保证期间内没有对保证人主张权利。

我们认为，根据《民法典》第694条第2款的规定，连带责任保证的债权人在保证期间届满前“请求保证人”承担保证责任的，从债权人请求保证人承担保证责任之日起，开始计算保证债务的诉讼时效。该款强调的是“请求保证人”承担保证责任，而没有规定具体的请求方式。经研究，我们认为，该款规定的“请求保证人承担保证责任”，其本来的含义应当包括债权人请求的意思表示直接到达保证人，即人民法院将起诉书副本或者仲裁机构将仲裁申请书副本发送保证人，因为保证期间是或有期间，债权人在该期间内依法请求保证人承担保证责任，该意思表示到达保证人时，该或有期间才变成确定期间，保证人此时才应当承担保证责任。相反，如果债权人在该期间内没有依法请求保证人承担保证责任，意思表示没有到达保证人的，该或有期间就没有变成确定期间，保证人就不应当承担保证责任，保证人的保证责任消灭。这与诉讼时效不同。就诉讼时效制度而言，只要债权人证明自己没有怠于行使权利即可，而不需要证明其行使权利的意思表示一定要到达债务人。正是基于此点区别，我们认为，就保证期间制度而言，“请求保证人承担保证责任”的意思表示一定要到达保证人。第一种观点的问题在于，如果起诉状副本或者仲裁申请诉副本都没有送达保证人，怎么能够认为债权人在保证期间内向保证人主张过权利呢？向保证人主张权利，意思表示一定要送达保证人。这是最根本的。该观点不妥的根源在于，把保证期间与诉讼时效混淆了。保证期间与诉讼时效有本质的不同。保证期间制度设立的目的是保护保证人，是为保证人利益着想的，所以债权人如果证明其在保证期间内向保证人主张了权利，则必须证明其主张权利的意思表示到达了保证人。相反，诉讼时效制度设立的目的虽然是督促债权人及时行使权利，但毕竟债务人从实体上对债权人负有债务，因此，在债权人行使权利的方式上，有些情况下即使债权人行使权利的意思表示没有到达债务人，法律上也认定债权人没有怠于行使权利，《民事案件诉讼时效规定》第 11 条[①]、第 12 条[②]和第 13 条[③]的规定即为明证。可见，就诉讼时效制度而言，在债权人主张权利的方式上，不以意思表示到达债务人为必要，只要债权人证明其依法主张了权利，没有怠于行使权利即可，而不管主张权利的方式。故第一种观点实质上是混淆了保证期间与诉讼时效的本质区别，所以欠妥。

第二种观点没有区分起诉状副本或者仲裁申请书副本是否发送保证人，而仅仅根据民事诉讼法撤回起诉视为没有起诉的原理，认定债权人在保证期间内没有向保证人主张权利，过于绝对。试想，如果起诉状副本或者仲裁申请书副本都已经送达到了保证人，那么还能说债权人没有将向保证人主张权利的意思表示送达保证人吗？持这种观点的人还有一个担心在于，如果在债权人起诉的情况下，法院没有在立案之日起五日内将起诉状副本发送保证人，此时债权人撤诉，如果保证期间经过，会不会引起国家赔偿的问题。我们认为，连带责任保证的债权人为了让保证人承担保证责任，完全可以在保证期间内自行通

---

① 《民事案件诉讼时效规定》第 11 条规定："下列事项之一，人民法院应当认定与提起诉讼具有同等诉讼时效中断的效力：（一）申请支付令；（二）申请破产、申报破产债权；（三）为主张权利而申请宣告义务人失踪或死亡；（四）申请诉前财产保全、诉前临时禁令等诉前措施；（五）申请强制执行；（六）申请追加当事人或者被通知参加诉讼；（七）在诉讼中主张抵销；（八）其他与提起诉讼具有同等诉讼时效中断效力的事项。"

② 《民事案件诉讼时效规定》第 12 条规定："权利人向人民调解委员会以及其他依法有权解决相关民事纠纷的国家机关、事业单位、社会团体等社会组织提出保护相应民事权利的请求，诉讼时效从提出请求之日中断。"

③ 《民事案件诉讼时效规定》第 13 条规定："权利人向公安机关、人民检察院、人民法院报案或者控告，请求保护其民事权利的，诉讼时效从其报案或者控告之日起中断。上述机关决定不立案、撤销案件、不起诉的，诉讼时效期间从权利人知道或者应当知道不立案、撤销案件或者不起诉之日起重新计算；刑事案件进入审理阶段，诉讼时效期间从刑事裁判文书生效之日起重新计算。"

知保证人。债权人在起诉后又撤诉的，其撤诉后也可以自行通知保证人。债权人向法院起诉的目的并不是让法院通知保证人，而是请求人民法院对该纠纷进行审理。通知保证人的义务是债权人自身的义务，不能转移。债权人起诉后，法院将起诉状副本发送保证人的行为，并不能解释为是债权人将通知的义务转移给了法院。我们认为，法院的发送行为与债权人的通知义务没有任何关系，法院的发送行为是职务行为。因此，如果法院没有依法发送，但债权人自身可以通知保证人而没有通知导致保证期间经过，其要求法院承担国家赔偿的请求，不能得到支持。

经过以上分析，我们同意第三种观点。

二、一般保证

一般保证的债权人在保证期间届满前对债务人提起诉讼或者申请仲裁，后又撤回起诉或者撤回仲裁申请的，能否认定其在保证期间内向债务人提起了诉讼或者申请了仲裁？对此也有三种不同的观点。

第一种观点认为，如果人民法院将起诉状副本或者仲裁机构将仲裁申请书副本发送债务人的，则应当认定债权人在保证期间内对债务人提起了诉讼或者申请了仲裁，债权人在保证期间届满前未再行提起诉讼或者申请仲裁，一般保证人以债权人未在保证期间内对债务人提起诉讼或者申请仲裁为由，主张不再承担保证责任的，不应支持。

第二种观点认为，在这个问题上，一般保证应当适用与连带责任保证相同的规则。一般保证的债权人在保证期间届满前对债务人提起诉讼或者申请仲裁，后又撤回起诉或者撤回仲裁申请，如果人民法院没有将起诉状副本或者仲裁机构没有将仲裁申请书副本发送债务人，一般保证人以债权人未在保证期间内对债务人提起诉讼或者申请仲裁为由，主张不再承担保证责任的，应予支持。相反，则不应支持。

第三种观点认为，一般保证的债权人在保证期间届满前对债务人提起诉讼或者申请仲裁，后又撤回起诉或者撤回仲裁申请，撤回行为本身就表明债权人没有让债务人先承担责任的意思，一般保证人据此享有先诉抗辩权，债权人请求一般保证人承担保证责任的，不应支持。

我们认为，第一种观点和第二种观点虽然有一定道理，但都有自身不能克服的缺陷，第三种观点符合《民法典》规定的精神，应予采纳。

第一种观点的问题在于，即使人民法院将起诉状副本或者仲裁机构将仲裁申请书副本发送给了债务人，但是因为债权人又撤回了起诉或者仲裁申请，债权人后未在保证期间内再行对债务人提起诉讼或者申请仲裁，那么一般保证人仍然享有先诉抗辩权。前述情形下，由于没有进入审判程序或者仲裁程序，债权人并没有获得具有强制执行效力的生效法律文书，更谈不上债权人就债务人财产依法强制执行债务人仍不能履行债务，故第一种观点显然不能成立。

第二种观点的问题在于，一般保证与连带责任保证的根本区别就在于一般保证的保证人享有先诉抗辩权。在债权人起诉又撤诉或者提起仲裁申请又撤回的情况下，一般保证人享有的先诉抗辩权并没有消灭，而连带责任保证的保证人则无先诉抗辩权，只要债权人在保证期间内向其主张权利的意思表示到达保证人，保证债权就应当承担保证责任，故第二种观点也不能成立。

第三种观点则克服了前两种观点的弊端，从实质上指出了在债权人起诉又撤诉或者提起仲裁申请又撤回的情况下，一般保证人的先诉抗辩权并没有消灭。因此，债权人在保证期间届满前未再行提起诉讼或者申请仲裁，一般保证人主张不承担保证责任的，应予支持。

【实务问题】

一般保证人在保证期间内向债权人履行部分保证义务的行为，能否认定其以实际行动放弃了先诉抗辩权，保证期间的使命是否也已经完成？

一种观点认为，根据《民法典》第687条第2款和《民法典担保制度解释》第27条的规定，一般保证的保证人在主合同纠纷未经审判或者仲裁，或者未取得对债务人赋予强制执行效力的公证债权文书，并就债务人财产依法强制执行仍不能履行债务前，有权拒绝向债权人承担保证责任，但是有下列情形之一的除外：（1）债务人下落不明，且无财产可供执行；（2）人民法院已经受理债务人破产案件；（3）债权人有证据证明债务人的财产不足以履行全部债务或者丧失履行债务能力；（4）保证人书面表示放弃本款规定的权利。一般保证人在保证期间内向债权人履行部分保证义务的行为，并不在《民法典》第687条第2款规定的但书范围之内，特别是但书第4项规定得非常清楚，保证人"书面"放弃本款规定的权利，根据该规定，保证人在保证期间内向债权人的实际履行行为被排除在外。

另一种观点则认为，一般保证人在保证期间内向债权人履行部分保证义务的行为，表明一般保证人已经以实际行动放弃了先诉抗辩权，保证期间已经没有意义，诉讼时效开始发挥作用。

我们认为，上述两种观点都有一定道理，但倾向于后一种观点，理由如下：

第一，一般保证人在本来享有先诉抗辩权，还不应当承担责任的时候，其却履行保证债务，实际上就表示其同意承担保证责任。从意思表示的角度看，应当解释为其放弃了先诉抗辩权。

第二，一般保证人的实际履行行为，与一般保证人书面表示放弃先诉抗辩权的结果是一样的，既然如此，应该与后者作出相同的处理。

第三，如果不作这样的解释，其结果势必要求债权人在保证期间向债务人起诉或者申请仲裁，或取得对债务人具有强制执行效力的公证债权文书，并申请强制执行。但一般保证人在保证期间内履行保证义务的行为，很容易让债权人放弃对债务人的前述行为，导致保证期间经过，保证人免于承担保证责任。这不仅有损债权人的利益，也不符合一般保证人的真实意思表示。

第四，这样理解并不损害一般保证人的利益，因为其在本来享有先诉抗辩权，还不应当承担责任的时候，已经履行了部分保证债务。该行为属一般保证人自愿，则不损害其先诉抗辩权利益。既然不损害享有先诉抗辩权的权利人的利益，这种解释就具有正当性。

第五，能不能解释为一般保证人只就已经履行的部分放弃先诉抗辩权，没有履行的部分没有放弃先诉抗辩权。我们认为，除非一般保证人明确作出此种意思表示，否则违背交易常识。

需要指出的是，后一种观点也仅仅是本书的一家之言。这一问题的权威解答，应当以最高人民法院的规范性文件为准。

第三十二条 保证合同约定保证人承担保证责任直至主债务本息还清时为止等类似内容的，视为约定不明，保证期间为主债务履行期限届满之日起六个月。

【条文主旨】

本条是关于承担保证责任直至主债务本息还清为止等类似约定的性质的规定。

【条文概览】

《担保法解释》第32条第2款规定："保证合同约定保证人承担保证责任直至主债务本息还清时为止等类似内容的，视为约定不明，保证期间为主债务履行期限届满之日起二年。"本次制定《民法典担保制度解释》时，对《担保法解释》第32条第2款的内容进行了扬弃，即保留了"保证合同约定保证人承担保证责任直至主债务本息还清时为止等类似内容的，视为约定不明"的内容，对"保证期间为主债务履行期限届满之日起二年"的内容根据《民法典》的规定修改为"保证期间为主债务履行期限届满之日起六个月"。

【争议观点】

保证合同约定保证人承担保证责任直至主债务本息还清时为止等类似内容的，是否属于《民法典》第686条第2款规定的当事人在保证合同中对保证方式约定不明确，存在两种不同观点。

一种观点认为，该约定不属于约定不明确，因为从该约定的内容看，保证人承担保证责任的时间是明确的，即直至主债务本息还清时为止。

另一种观点则认为，虽然从该约定的内容看，保证人承担保证责任的时间是明确的，但不能看出保证人承担保证责任的方式是一般保证还是连带责任保证，从《民法典》减轻保证人责任的精神来考虑，应当认定该约定对保证人承担保证责任的方式“视为”约定不明，按一般保证处理。

【理解与适用】

保证合同约定保证人承担保证责任直至主债务本息还清时为止等类似内容，肯定不属于《民法典》第 692 条规定的“没有约定”保证期间这种情况。从该约定的文字表述内容看，属于当事人对保证期间有约定。问题在于，该约定是否属于《民法典》第 692 条规定的“约定不明确”。从该约定的内容看，其约定的保证期间是不固定的，只要债务人没有履行完债务，保证人就一直承担保证责任，保证期间一直处于不确定状态。单纯从文字上看，该约定也是“明确”的，只是对债权人非常有利，但是，考虑到这次《民法典》对保证合同的修改，指导思想是减轻保证人的责任，因为毕竟债务人才是第一位的义务履行人，是本位义务履行人，而保证人是第二位的义务履行人，是代债务人履行债务，所以如果完全承认类似约定的效力，则保证人就很可能会一直承担保证责任，除非债务人能够尽快履行债务。如果这样理解，与此次《民法典》对保证合同部分的修改精神不符，基于以上考虑，我们认为，保证合同约定保证人承担保证责任直至主债务本息还清时为止等类似内容的，应当“视为”约定不明确。“视为”二字表明，虽然该约定从某种程度上说也是明确的，但是，该约定在法律上“视为”约定不明确。法律上的“视为”是不允许推翻的，是法律对该表述的定性。我们认为，这样理解完全符合《民法典》关于保证合同的修改精神。

根据《民法典》第 692 条第 2 款的规定，债权人与保证人对保证期间没有约定或者约定不明确的，保证期间为主债务履行期限届满之日起六个月。保证合同约定保证人承担保证责任直至主债务本息还清时为止等类似内容的，由于该约定在法律上视为不明确，据此，保证期间为主债务履行期限届满之日起六个月。需要指出的是，《担保法司解释》第 32 条第 2 款的解释是根据《担保法》制定的，而《担保法》在保证合同这部分的指导思想是尽可能保护债权人，因为当时经济生活中的主要矛盾是三角债，要化解三角债，就要充分保护债权人的利益，所以《担保法解释》规定，在此情形下，保证期间为主债务履行期限届满之日起二年。应该说，当时的解释是正确的，符合当时的实际。但现在社会的主要矛盾是过度担保，所以在此背景下，《民法典》为回应现实的需求为保证人"松绑"，减轻保证人的责任，在第 692 条第 2 款作了如此规定。因此，《民法典》没有采纳《担保法解释》第 32 条第 2 款关于"视为约定不明，保证期间为主债务履行期限届满之日起二年"的规定，是基于社会现实考虑，而并不是《担保法解释》第 32 条第 2 款规定的二年有错，只是该规定不适应现在的经济生活了。既然《民法典》第 692 条第 2 款作了如此规定，在保证合同有关保证人承担保证责任直至主债务本息还清时为止等类似内容的约定被"视为"约定不明的情况下，保证期间只能规定为主债务履行期限届满之日起六个月。

【实务问题】

《民法典担保制度解释》第 32 条规定的保证合同约定保证人承担保证责任直至主债务本息还清为止等"类似内容"的，审判实践中如何把握"类似内容"，我们认为，可以理解为：根据该约定，不能确定保证期间的具体届满时间。

第三十三条 保证合同无效，债权人未在约定或者法定的保证期间内依法行使权利，保证人主张不承担赔偿责任的，人民法院应予支持。

【条文主旨】

本条是关于保证合同无效时能否适用保证期间制度的规定。

【条文概览】

保证合同无效或者被撤销时能否适用保证期间制度，是司法实践中争议较大的一个问题。我们认为，债权人通常不会主观上认为保证合同无效或者可被撤销，否则就不会订立保证合同。因此，在债权人不知道保证合同无效或者可撤销时，如果其认为保证人应当承担保证责任，自应在保证期间内向保证人主张保证责任。相应地，债权人未在保证期间内依法向保证人主张保证责任，通常可以解释为债权人不再要求保证人承担保证责任，当然也就无意要求保证人承担赔偿责任。更为重要的是，如果保证合同无效或者被撤销，保证人不能受到保证期间的保护，就可能导致保证人在保证合同无效或者被撤销时的责任较之保证合同有效时更重：保证合同有效时，保证人因未在保证期间内行使权利而无须承担任何责任，但在保证合同无效或者被撤销时，保证人反倒可能要承担赔偿责任，这显然不公平。有鉴于此，本条规定保证合同无效或者被撤销时，债权人仍然要在保证期间内主张权利。

【争议观点】

保证合同无效或者被撤销时能否适用保证期间制度，一直是民商事审判中的一个难题，对其理解也长期存在分歧：

一种观点认为，保证合同无效时，不应适用保证期间制度。理由在于，保证合同无效，那么作为保证合同一部分的保证期间的约定也应无效。既然保证期间无效，就相当于保证期间不存在，无论债权人是否在保证期间内行使权利，保证人都应该承担缔约过失责任，特别是在保证人对保证合同无效也有过错的情况下更是如此。

另一种观点则认为，如果保证合同无效时保证人不能受到保证期间的保护，那么就会出现这样的悖论：保证合同有效时，因债权人未在保证期间内依法行使权利，保证人无须承担任何责任，但在保证合同无效时，保证人反倒可能要承担赔偿责任。因为按照一般的理解，保证人在合同有效时应该比在合同无效时承担更大的责任。

【理解与适用】

我们认为，上述两种观点都有一定的道理，但倾向于后一种观点，理由如下：

第一，符合当事人签订保证合同时的真实意思表示。债权人和保证人在签订保证合同时，通常不会主观上认为保证合同无效，因此，在债权人不知道保证合同无效时，如果其认为保证人应当承担保证责任，自应在保证期间内依法向保证人主张保证责任。相应地，债权人未在保证期间内依法向保证人主张保证责任，通常可以解释为债权人不再要求保证人承担保证责任，当然也就无意要求保证人承担赔偿责任。

第二，在保证合同无效的情况下，并不能认为保证期间也当然无效，这是由保证期间的特殊性质决定的。保证期间的性质是或有期间，是债权人是否要求保证人承担责任的期间。债权人要求了，保证人就承担保证责任。相反，债权人没有要求，保证人的保证责任就消灭，保证人就不承担任何责任。在该期间内债权人不要求保证人承担责任，那么保证人当然免责，而不管保证合同是否有效。我们认为，保证期间的效力，不以保证合同有效为前提。正如合同无效，合同中的争议解决条款的效力并不因此无效一样，也是由争议解决条款的性质决定的。

第三，保证人在保证合同有效时承担的责任应当比保证合同无效时承担的责任更重，以维护合同效力制度体系的内部和谐。而按照第一种观点，就会得出保证人在保证合同无效时承担的责任比在保证合同有效时承担的责任更重的结论。就合同效力制度体系而言，保证合同有效时，就一般保证而言，如果债务人经强制执行仍不能履行债务，那么一般保证人就要承担剩余债务的全部责任。但是，如果保证合同无效，而无效的原因往往是债权人和保证人都有过错，那么保证人就剩余债务只是承担部分责任；就连带责任保证而言，债权人可以要求保证人承担全部责任。但是，如果保证合同无效，那么保证人多数情况下只是承担部分责任，因为无效的原因往往是债权人和保证人都有过错。从这一角度而言，第一种观点不利于维护合同效力制度体系的内部和谐。

【实务问题】

保证合同被撤销时，应当参照本条的规定处理，即保证合同被撤销，债权人未在约定或者法定的保证期间内依法行使权利，保证人主张不承担赔偿责任的，人民法院应予支持。

第三十四条 人民法院在审理保证合同纠纷案件时，应当将保证期间是否届满、债权人是否在保证期间内依法行使权利等事实作为案件基本事实予以查明。

债权人在保证期间内未依法行使权利的，保证责任消灭。保证责任消灭后，债权人书面通知保证人要求承担保证责任，保证人在通知书上签字、盖章或者按指印，债权人请求保证人继续承担保证责任的，人民法院不予支持，但是债权人有证据证明成立了新的保证合同的除外。

【条文主旨】

本条是关于与保证期间有关的案件基本事实的查明以及保证责任消灭后，债权人书面通知保证人要求其承担保证责任如何处理的规定。

【条文概览】

保证期间是确定保证人承担保证责任的期间，债权人只有在保证期间内依法向保证人主张了权利，才能要求保证人承担保证责任，否则保证人的保证责任消灭。我们认为，保证期间可以由当事人约定，且无中止、中断和延长的情形，故不同于诉讼时效；除斥期间作为法定期间，不允许当事人约定，且除斥期间届满后消灭的是形成权，故除斥期间和保证期间亦存在本质区别。考虑到保证期间届满消灭的是实体权利，对当事人权利义务的影响很大，人民法院对与保证期间有关的事实进行审理时不宜采取类似诉讼时效那样的当事人抗辩主义，而应当在向当事人释明的基础上查明与保证期间有关的基本事实。在具体案件的审理中，应重点查明保证期间是否已经届满，债权人是否在保证期间内依法行使权利等具体内容。

债权人在保证期间内未依法行使权利，保证责任本已消灭，但实践中有的债权人又书面通知保证人要求其承担保证责任，而保证人也在通知书上签字、盖章或者按指印，此时债权人是否能够请求保证人继续承担保证责任，存在较大争议。我们认为，保证期间不同于诉讼时效，诉讼时效届满产生的仅仅是债务人的抗辩权，因此债务人在催款通知书上签字、盖章或者按指印，可以理解为其对抗辩权的放弃，但保证期间届满产生的是实体权利的消灭，保证人仅仅在催款通知书上签字、盖章或者按指印，不足以认定保证人有重新为债务提供担保的意思表示。因此，《民法典担保制度解释》规定在上述情形下，债权人向保证人请求继续承担保证责任的，人民法院不予支持，但是债权人有证据证明成立了新的保证合同的除外。

【争议观点】

债权人是否在保证期间内依法向保证人主张了权利，该事实是否应该像诉讼时效制度一样，由保证人自己提出抗辩？保证人自己没有抗辩的，保证人是否就应当承担保证责任？对这些问题，有两种截然相反的观点。

一种观点认为，保证人享有的权利，与诉讼时效制度中债务人享有的诉讼时效抗辩的权利一样，都是私权。如果权利人自己不行使，那么人民法院就没有主动查明的必要，否则与私权的性质不符。

另一种观点则认为，保证人享有的权利与诉讼时效制度中债务人享有的时效抗辩权虽然都是私权，但内涵完全不同，债权人的债权过了诉讼时效，但债权还是存在的，只是不能获得强制执行的权利。而保证责任则不同，如果债权人没有在保证期间内依法主张权利，保证人的保证责任消灭，故人民法院应当主动查明与保证期间有关的案件基本事实。

保证责任消灭后，债权人书面通知保证人要求承担保证责任，保证人在通知书上签字、盖章或者按指印，债权人请求保证人继续承担保证责任的，是否应予支持，也有两种不同观点。

一种观点认为，应当比照诉讼时效制度的规定，只要保证人在通知书上签字、盖章或者按指印，就应当认定保证人同意继续承担保证责任。

另一种观点则认为，保证期间制度与诉讼时效制度存在很大的不同，不应当比照诉讼时效制度的规定，即使保证人在通知书上签字、盖章或者按指印，也不应当认定保证人同意继续承担保证责任，债权人请求保证人继续承担保证责任的，不应得到支持，除非债权人有证据证明成立了新的保证合同。

【理解与适用】

债权人是否在保证期间内依法向保证人主张了权利，该事实是否应该像诉讼时效制度一样，由保证人自己提出抗辩？保证人自己没有抗辩的，保证人是否就应当承担保证责任？关于该问题，我们赞同第二种观点，理由如下：

第一，从权利的内涵来看。虽然保证人享有的权利和债务人享有的权利均是私权，但是权利的内涵根本不同。保证期间不同于诉讼时效。这不仅因为保证期间不发生中止、中断和延长，而且保证期间经过，保证人不再承担保证责任，保证人的实体责任消灭。这与诉讼时效制度明显不同，因为诉讼时效期间经过，债务人有抗辩不履行的权利，但实体债务仍然存在，只是过了诉讼时效期间，成了自然债务。债权人没有在保证期间内依法向保证人主张权利，保证人的保证责任消灭，正因如此，法院才应当查明保证期间是否届满，债权人是否在保证期间内依法行使权利，以保护保证人的实体权利。而诉讼时效制度则不同，过了诉讼时效期间的债务仍然是存在的，只不过是自然债务而已。

第二，从实体公正的角度来看。之所以赋予债务人时效抗辩权，是因为过了诉讼时效期间的债务本身还存在。如果债务人不进行时效抗辩，由其承担责任在实体上并无不公，特别是债务人还愿意承担责任的场合更是如此。相反，债权人没有在保证期间内依法向保证人主张权利，保证人的保证责任消灭，在保证责任领域并不存在像自然债务那样的“自然保证责任”。在保证人的保证责任已经消灭的情况下，如果固守私权应当由当事人自己行使、法院概不干预的理念，就会造成实体不公。

第三，从司法的功能和社会效果来看。保证责任是从债务，是代债务人履行债务或者承担责任，诉讼时效制度中债务人的债务是债务人自身的债务，而不是代他人履行债务或者承担责任，因此，过了诉讼时效期间的债务，如果债务人自身不抗辩，由其履行债务，不存在实体不公的问题。但保证责任却不同，保证责任是从债务，在保证责任已经不存在的情况下，仅仅因为保证人不抗辩，就判决其承担保证责任，实体明显不公，与司法的功能背道而驰，社会效果也不好。

第四，从没有提出保证期间届满抗辩的当事人群体来看。在我国国情下，保证期间已经经过，但保证人却不主动抗辩的，多是自然人作为保证人，或是小微企业作为保证人，他们欠缺法律知识，都没有请律师作为代理人。如果他们有这方面的知识，肯定会进行保证期间届满的抗辩。对这部分弱势群体法院依职权进行保护，是符合我国国情的。相反，固守任何情况下法院应当中立的观点，就会造成实质上的不公，与人民法院的职责不符。

第五，从审级来看。保证期间届满，假设保证人在一审期间没有以此理由抗辩，二审期间抗辩了，二审法院对一审判决是否改判？一、二审期间保证人没有抗辩，保证人以此理由申请再审，再审法院改不改？很显然，都得改。既然如此，还不如在一审期间法院就将保证期间是否届满、债权人是否在保证期间内依法行使权利等事实作为案件基本事实予以查明。

第六，从法官的心理来看。案件审理过程中，承办法官已经从案件事实中了解到债权人没有在保证期间内依法向保证人主张权利，但保证人却没有以此理由进行抗辩，承办法官会判决保证人承担保证责任吗？我们认为，绝大多数法官都会自觉或者不自觉地履行释明职责，向保证人释明，因为在我国法官的心里，案件的实体公正是占有绝对的份量的。

当然，为了回避职权主义的色彩，应当尽量回避依职权查明的表述，虽然征求意见稿中有这种表述。《民法典担保制度解释》的表述是“应当将保证期间是否届满、债权人是否在保证期间内依法行使权利等事实作为案件基本事实予以查明”。应当说，与依职权查明的表述相比，现在的表述更具艺术和智慧，很好地处理了中立主义与职权主义的关系，因为查明案件的基本事实既是我国法官的职权，更是我国法官的职责。

保证责任消灭后，债权人书面通知保证人要求承担保证责任，保证人在通知书上签字、盖章或者按指印，该行为能否认定为保证人愿意继续承担保证责任？诉讼中保证人抗辩其不是继续承担保证责任的意思表示，人民法院对该抗辩应当如何处理？对此问题，我们赞成后一种观点，主要理由是保证期间不同于诉讼时效，这在本书前面关于保证合同的司法解释的有关条文已经多次谈到，于此不赘。有鉴于此，《民法典担保制度解释》在第 34 条第 2 款对《最高人民法院关于人民法院应当如何认定保证人在保证期间届满后又在催款通知书上签字问题的批复》(法释〔2004〕4 号)的精神进行了继受。

该解释的答复意见为：“根据《中华人民共和国担保法》的规定，保证期间届满债权人未依法向保证人主张保证责任的，保证责任消灭。保证责任消灭后，债权人书面通知保证人要求承担保证责任或者清偿债务，保证人在催款通知书上签字的，人民法院不得认定保证人继续承担保证责任。但是，该催款通知书内容符合合同法和担保法有关担保合同成立的规定，并经保证人签字认可，能够认定成立新的保证合同的，人民法院应当认定保证人按照新保证合同承担责任。”该批复包含两部分内容：一是保证期间届满“保证责任消灭”，即保证人的保证责任实体上已经没有了，保证人“仅在催款通知书上签字的，人民法院不得认定保证人继贷承担保证责任”，否定了保证人在催款通知书上签字作为保证人继续承担保证责任的方式；二是保证期间届满后保证人也可能承担保证责任，只要“该催款通知书内容符合合同法和担保法有关担保合同成立的规定……能够认定成立新的保证合同”。认定保证人应当承担保证责任，应当要求以“明示方式”愿意承担，不能搞“推定愿意”或者“默示愿意”，批复的内容支持了该原则；催款通知书一般只有债权人主张债权、催促债务人履行债务的意思表示，通常不包含“符合合同法和担保法有关担保合同成立的”内容，因此在催款通知书上签字能够“成立新的保证合同的”特殊情况极难出现。因此，综合以上分析，具体适用最高人民法院该批复时可以形成以下认识：

1. 保证期间届满后保证人在催款通知书上签字原则上不承担保证责任。

2. 债权人的催款通知书内容符合《民法典》有关保证合同成立的规定，明确提出了新的保证要约，保证人签字的，成立新的保证合同，保证人按照新的保证合同承担保证责任。

3. 债权人的催款通知书中明确要求保证人继续承担保证责任，保证人签字的，保证人不得反悔，应当承担保证责任。①

我们认为，由于该批复的精神与《民法典》关于保证期间规定的精神是一致的，故在废除该批复的前提下，《民法典担保制度解释》沿用了该解释的内容，只是对有关法律和个别文字表述进行了技术处理。

【实务问题】

在审理保证合同纠纷案件时，查明与保证期间有关的案件基本事实，可以采取列明争点的方式进行。例如，将保证期间是否届满列为

① 曹士兵：《中国担保制度与担保方法》，中国法制出版社2017年版，第165页。

案件争点之一，将债权人是否在保证期间内依法行使权利列为案件争点之一，而不必采取直接向保证人释明的方式进行。

与保证期间相关的问题是，债务人破产，原本未到期的主债权加速到期，保证期间的起算点是否随之提前?《企业破产法》第46条第1款规定:“未到期的债权，在破产申请受理时视为到期。”据此，债务人破产，原本未到期的主债权加速到期。既然主债权已经到期，根据《民法典》第692条第2款的规定，如果当事人对保证期间没有约定或者约定不明确的，保证期间为主债务履行期限届满之日起六个月。换言之，在当事人对保证期间没有约定或者约定不明确的情况下，保证期间为债务人破产申请受理之日起开始起算，与债务人没有破产的情况相比，保证期间的起算点的确提前了。

保证责任消灭后，债权人书面通知保证人要求承担保证责任，保证人在通知书上签字、盖章或者按指印，债权人请求保证人继续承担保证责任的，不应予以支持，但是债权人有证据证明成立了新的保证合同的除外。注意《民法典担保制度解释》的表述是成立了“新的保证合同”。是否成立了新的保证合同，就要按照合同成立的一般要件进行审理，即债权人是否提出了“新的保证合同”的要约?这里应当重点审查“新的保证合同”，而不是原来的保证合同。我们的理解是，既然是“新的保证合同”，那么债权人一定要清楚明白地告诉保证人，原保证合同的保证期间已经经过，现在请求保证人对已经经过的保证合同承担保证责任。换言之，既然是“新的保证合同”，那么要约也应当是新的，而不是原来的保证合同中的要约。这是审理这类合同的关键。在此前提下，保证人是否对“新的保证合同”的要约进行了承诺?经过以上分析，我们认为，实践中，债权人要举证证明成立了新的保证合同是相当难的。

第三十五条 保证人知道或者应当知道主债权诉讼时效期间届满仍然提供保证或者承担保证责任，又以诉讼时效期间届满为由拒绝承担保证责任或者请求返还财产的，人民法院不予支持；保证人承担保证责任后向债务人追偿的，人民法院不予支持，但是债务人放弃诉讼时效抗辩的除外。

【条文主旨】

本条是关于保证人对超过诉讼时效的债务提供保证或者承担保证责任，如何处理的规定。

【条文概览】

保证人知道或者应当知道主债权诉讼时效期间届满仍然提供保证或者承担保证责任，表明其提供保证或者承担保证责任的意思表示真实，不存在重大误解或者受欺诈的情况。在此前提下，保证人又以诉讼时效期间届满为由拒绝承担保证责任或者请求返还财产的，不应予以支持。

保证人知道或者应当知道主债权诉讼时效期间届满仍然提供保证或者承担保证责任，其承担保证责任后向债务人追偿的，因主债权诉讼时效期间已经届满，故债务人有权向债权人抗辩，同时也有权向保证人抗辩，故对保证人的追偿权，不应予以支持。但是，如果债务人放弃诉讼时效抗辩的，那么就相当于放弃对债权人和保证人的抗辩，此时，保证人行使追偿权的，应予支持。

【争议观点】

《担保法解释》第 35 条规定：“保证人对已经超过诉讼时效期间的债务承担保证责任或者提供保证的，又以超过诉讼时效为由抗辩的，人民法院不予支持。”对该规定有两种观点：

一种观点认为，该规定正确，这次《民法典担保制度解释》应当继受。

另一种观点则认为，该规定存在不完善的地方。这次司法解释清理，应当吸收其精华，同时对不完善的地方进行完善。需要完善的地方有两个：一是保证人对已经超过诉讼时效期间的债务承担保证责任或者提供保证的，债务“已经超过诉讼时效期间”这一事实，如果保证人不知道或者不应当知道，让其承担保证责任，违背其真实意思表示。换言之，如果保证人知道或者应当知道债务已经超过诉讼时效的，其就不会提供保证或者承担保证责任。二是保证人承担保证责任后向债务人追偿的，人民法院一概不予支持也过于绝对，因为在债务人放弃诉讼时效抗辩的情况下，支持保证人对债务人的追偿权，不损害债务人的利益。

【理解与适用】

对《担保法解释》第 35 条，起草者认为，司法解释这样规定，是基于放弃诉讼时效抗辩的理论。根据该理论，债权在诉讼时效期间届满后，债务人即因此产生一个对债权人的抗辩权，债务人遂不受法院的强制执行。但如果债务人放弃该抗辩权的，法律不予干涉，此时已经经过诉讼时效期间的债权因债务人放弃抗辩权而得以行使。一般而言，债务人履行债务或者以书面方式承诺履行债务是债务人放弃抗辩权的两种形式，法律予以认可。《德国民法典》就采这种主张。《担保法解释》所规定的“保证人对已经超过诉讼时效期间的债务承担保证责任或者提供保证的”，性质即属于债务人（即保证人）履行债务或者以书面承诺履行债务，视为债务人（保证人）放弃诉讼时效期间届满产生的抗辩权。此后债务人（保证人）再行提出抗辩的，人民法院将不予支持。①

在起草《民法典担保制度解释》征求意见过程中，有专家提出，如果保证人不知道或者不应当知道主债权诉讼时效期间届满，这时保证人提供保证或者承担保证责任，除非债权人能够证明，即使保证人知道了主债务已经超过诉讼时效期间，保证人仍然愿意承担担保责任或者提供保证，否则就属于保证人被欺诈，或者保证人自己重大误解，此时应该用欺诈或者重大误解制度处理，而不是《担保法解释》规定的“以超过诉讼时效为由抗辩的，人民法院不予支持”。

经研究认为，专家对《担保法解释》第35条提出的修改意见是正确的。在主债权诉讼时效期间届满后债权人仍然要求保证人提供保证或者承担保证责任，那么债权人就应当向保证人如实告知主债权的诉讼时效已经届满的事实，否则，就构成欺诈。如果是主债务人主动找的保证人，那么主债务人也应当如实告知主债权的诉讼时效已经届满的事实，否则，也构成欺诈，因为主债务人在自己已经享有诉讼时效届满的抗辩权而本人不行使的情况下，还要求保证人为自己的债务提供担保，当然构成欺诈。上述两种情况，保证人的保证行为都属于被欺诈，享有法定的撤销权。《民法典担保制度解释》采纳了专家的意见，强调此种情况下保证人承担保证责任的前提是其“知道或者应当知道”主债权诉讼时效期间已经届满。这样修改，既继受了《担保法解释》的合理内容，保持了审判思路的连续性，又与时俱进地对《担保法解释》进行了完善，对不符合保证人的真实意思表示的保证行为予以否定评价，使该条规定更加符合意思表示的原理，更加符合担保的原理，更能公平保护保证人和债权人的合法权益。

同时，《民法典担保制度解释》还增加规定，保证人知道或者应当知道主债权诉讼时效期间届满仍然提供保证或者承担保证责任，承

---

① 李国光等：《最高人民法院〈关于适用《中华人民共和国担保法》若干问题的解释〉理解与适用》，吉林人民出版社2000年版，第152页。

担保证责任后向债务人追偿的，人民法院不予支持。这是因为主债务人已经对债权人不负有具有强制执行效力的债务，而只负有自然债务。主债务人对债权人享有的自然债务的抗辩权，同样可以对抗保证人，因为保证人追偿的基础是其已经代替债务人履行了债务，其法律地位已经变成了债权人的债权继受人，其不仅享有债权人对债务人的权利，同时也负有继受债权人义务的义务，主债务人对债权人享有的自然债务的抗辩权即保证人应继受的义务。需要指出的是，如果债务人放弃诉讼时效抗辩的，其就不享有对债权人的抗辩权，当然也就不能对抗保证人的追偿权。

【实务问题】

《民法典担保制度解释》第 35 条对《担保法解释》第 35 条进行了完善，有两点需要注意：一是在保证人“知道或者应当知道”主债权诉讼时效期间届满的情况下，保证人仍然提供保证或者承担保证责任的，其以诉讼时效期间届满为由拒绝承担保证责任或者侵权返还财产，人民法院不予支持。根据反面解释规则，如果保证人不知道或者不应当知道主债权诉讼时效期间届满的情况下，保证人提供保证或者承担保证责任，其以诉讼时效期间届满为由拒绝承担保证责任或者返还财产的，人民法院应予支持。二是在债务人放弃诉讼时效抗辩的情况下，保证人承担保证责任后向债务人追偿的，人民法院应予支持。

第三十六条 第三人向债权人提供差额补足、流动性支持等类似承诺文件作为增信措施，具有提供担保的意思表示，债权人请求第三人承担保证责任的，人民法院应当依照保证的有关规定处理。

第三人向债权人提供的承诺文件，具有加入债务或者与债务人共同承担债务等意思表示的，人民法院应当认定为民法典第五百五十二条规定的债务加入。

前两款中第三人提供的承诺文件难以确定是保证还是债务加入的，人民法院应当将其认定为保证。

第三人向债权人提供的承诺文件不符合前三款规定的情形，债权人请求第三人承担保证责任或者连带责任的，人民法院不予支持，但是不影响其依据承诺文件请求第三人履行约定的义务或者承担相应的民事责任。

【条文主旨】

本条是关于第三人向债权人提供差额补足、流动性支持等类似承诺文件法律性质认定的规定。

【条文概览】

实践中，民事主体基于特定的交易目的或商业安排，采取向债权人提供差额补足、流动性支持等类似承诺文件作为增信措施以提高债权实现可能性的情形颇为常见。对于这些承诺文件的法律性质，实践中存在着不同认识。《民法典》第 685 条第 2 款规定："第三人单方以书面形式向债权人作出保证，债权人接收且未提出异议的，保证合同成立。"同时，《民法典》第 552 条规定："第三人与债务人约定加入债务并通知债权人，或者第三人向债权人表示愿意加入债务，债权人未在合理期限内明确拒绝的，债权人可以请求第三人在其愿意承担的债务范围内和债务人承担连带债务。”以上规定在将差额补足、流动性支持等类似承诺文件类型化为保证和债务加入提供可能的同时，也给审判实践中的认定带来一定的困难。为减少理解分歧，统一法律适用，本条结合《民法典》相关规范并参考《民商事审判会议纪要》第9条的规定明确指出，第三人提供的上述承诺文件在法律性质上应根据其内容进行解释，可区分为三种情形：

其一，如果承诺文件具有提供担保的意思表示，债权人请求该第三人承担保证责任的，人民法院应当依照保证的有关规定处理。此时，第三人究竟是承担一般保证的保证责任还是承担连带责任保证的保证责任，须根据《民法典担保制度解释》第25条规定的解释规则进行认定，在无法依解释规则得出结论时，应推定为一般保证。

其二，第三人在承诺文件中具有加入债务或者具有与债务人共同承担债务等意思表示的，人民法院应当认定为《民法典》第552条规定的债务加入。第三人的意思难以解释为是债务加入还是保证时，从《民法典》平衡保护债权人与担保人的立场出发，应当推定为保证。至于是一般保证还是连带责任保证，亦应先通过解释当事人的意思表示来确定，只有在无法通过解释规则确定时，才能适用推定规则。

其三，如果第三人提供的承诺文件既无提供担保的意思表示，也没有加入债务的意思表示，但承诺文件约定了第三人的义务或者责任，则债权人请求第三人依据承诺文件的内容履行义务或者承担相应责任的，人民法院应予支持。

【争议观点】

关于第三人向债权人提供差额补足、流动性支持等类似承诺文件作为增信措施时的法律性质，实践中存在分歧，归纳起来大致可以分为以下三种观点：第一种观点认为，此类增信承诺应认定为保证担保，由履行人按保证担保履行相关义务，受益人按保证担保享受相关权利。第二种观点认为，应当将此类承诺认定为债务加入，债权人有权依据《民法典》第552条规定要求增信承诺人在其承诺的范围内与债务人承担连带责任。第三种观点则认为，差额补足或流动性支持等类似承诺文件应当构成一种独立的合同关系，义务人依据承诺文件的约定，在特定情况下对债权人承担直接的给付义务，不依附于其他在先的义务。

在承诺文件难以确定是保证还是债务加入时，关于其性质应作何种推定，实践中也存在较为明显的不同观点：

一种观点认为，如承担人承担债务的意思表示中有较为明显的保证含义，可以认定为保证；如果没有，则应当从保护债权人利益的立法目的出发，认定为并存的债务承担。①

另一种观点则认为，无论是保证抑或债务加入都具有无偿性，出于权衡各方当事人利益的考虑，不应对保证人及加入债务者课以过重的责任，由于债务加入制度下第三人所承担的连带责任明显重于保证制度，故即使因意思表示不明而不得不进行意思表示推定，也应当推定第三人作出的是保证的意思表示。②

【理解与适用】

在现代商业实践中，很多金融机构在投资各类资产管理产品时，往往要求产品发行人或者实际用资人在出现约定的条件时，能够提供资信等级较高的第三方承诺补足差额或提供流动性支持，以提高其信用等级，减轻金融机构作为投资人的交易风险，这些商业安排在本质上属于一种增信措施。其中，当事人关于差额补足义务的约定颇显多元化，一般分为两个层次：一是融资双方之间成立的差额补足协议，

① 参见最高人民法院（2018）最高法民终816号民事判决书。

② 高圣平：《担保法前沿问题与判解研究》（第五卷），人民法院出版社2021年版，第225页。

主要见于各类结构化分层设计的资管产品，双方约定由劣后级受益人对优先级受益人的本金及收益提供差额补足。二是由第三方为融资方提供的差额补足承诺，主要表现为以资管产品募集的资金进行特定资产收益权转让及回购交易，或者是在优先和劣后的受益权分层安排的情况下，由第三人为债务人的还本付息义务或者为债务人履行回购各类特定资产或其收益权而形成的债务提供差额补足。从其文本约定的文字表述来看，则呈现出多样化的特点。而所谓流动性支持，则常常表现为由第三方如融资人的大股东或实际控制人为其出具“愿意为融资人履行合同提供流动性支持”等义务内容不甚明确的增信文件的做法。对于此类承诺文件的性质认定，实践中存在分歧，归纳起来，大致可以分为保证、债务加入和独立合同关系三种观点，其中，以保证与债务加入两种不同认识的对立最为常见。

关于保证的法律构成，《民法典》基本延续了《担保法》和《担保法解释》的做法，已经作出较为明确的规定。《民法典》第681条规定：“保证合同是为保障债权的实现，保证人和债权人约定，当债务人不履行到期债务或者发生当事人约定的情形时，保证人履行债务或者承担责任的合同。”第687条第1款规定：“当事人在保证合同中约定，债务人不能履行债务时，由保证人承担保证责任的，为一般保证。”第688条第1款规定：“当事人在保证合同中约定保证人和债务人对债务承担连带责任的，为连带责任保证。”债务加入，理论上亦称并存的债务承担，系指第三人加入到既存的债务关系中，与债务人就其债务对债权人负连带之责。为回应和支持审判工作中对债务加入制度的实践需求，《民法典》对债务加入制度作出了明确的肯定。《民法典》第552条规定：“第三人与债务人约定加入债务并通知债权人，或者第三人向债权人表示愿意加入债务，债权人未在合理期限内明确拒绝的，债权人可以请求第三人在其愿意承担的债务范围内和债务人承担连带债务。”

因在债务人之外为债权人增加了一个新债务人，一般认为，就其实际功能而论，债务加入和保证一样具有担保债权实现的作用。但是，基于二者在制度定位上的差别，保证人与承担人所负债务性质并非一致，实乃轻重有别。保证人仅附属于主债务人负担从属性债务，在履行顺位上具有补充属性；承担人加入原债之关系，取得独立的债务人地位，本质上乃负担独立的自身债务，此构成两者债之属性“质”的区别。在一般保证中，保证人仅承担普通保证债务，享有先诉抗辩权；而在债务加入后，承担人与原债务人处于同一给付顺位，向债权人承担连带债务，此构成两者债之属性“量”的区别。[①] 实践中，虽因缺乏先诉抗辩权的制度安排，连带保证与债务加入的相似性更为明显，但区分二者亦具有积极的现实意义：在合同无效的情况下，债务加入的合同无效，债务加入人与原债务人一般承担同样的缔约过失责任；而连带保证，在主合同无效的情况下，保证合同也无效，保证人承担不超过主债务不能清偿部分三分之一的赔偿责任。[②]

在《民法典》颁布以前，债务加入已为各级人民法院的判决所采纳。就其与保证的区别，司法实践一般认为：“二者在案件的实质处理上并无不同，只是在性质上有所不同。保证系从合同，保证人是从债务人，是为他人债务负责；并存的债务承担系独立的合同，承担人是主债务人之一，是为自己的债务负责，也是单一债务人增加为二人以上的共同债务人。判断一个行为实质是保证、还是并存的债务承担，应根据具体情况确定。如承担人承担债务的意思表示中有较为明显的保证含义，可以认定为保证；如果没有，则应当从保护债权人利益的立法目的出发，认定为并存的债务承担。”[③] 为给审判实践提供较为明确的指引，《民商事审判会议纪要》从尊重当事人约定即意思表示的内容出发，对此作出了较为具体的区分：如果当事人的意思表示内容符合法律关于保证的特征的，人民法院应当认定当事人之间成立保证合同关系；其内容不符合法律关于保证的特征的，依据承诺文件

---

① 朱奕奕：《并存的债务承担之认定——以其与保证之区分为讨论核心》，载《东方法学》2016年第3期。

② 刘贵祥：《民法典关于担保的几个重大问题》，载《法律适用》2021年第1期。

③ 参见最高人民法院（2005）民二终字第200号民事判决书。

的具体内容确定相应的权利义务关系，即债务加入。在此基础上，本条规定结合《民法典》的相关规定对该争议问题作出了更为明确的阐释和说明。依据本条规定，在认定当事人的意思表示是否构成保证或债务加入时，应当注意以下几个方面的问题：

第一，必须坚持文义优先原则。“意思表示必借助语言表述，文义往往成为进入意思表示意义世界的第一道关口。”[①] 通常情况下，明确的措辞足以反映表意人的内心真意。特别是在相关协议、承诺函系法律专业人士协助起草的场合，尤其应坚持文义优先。在个案中，判断第三人承诺履行债务之意思表示究系保证抑或债务加入，首先应从第三人出具的承诺函或当事人签订的协议所使用的文字词句出发。如果承诺函或协议明确使用“保证”或“债务加入”的措辞，原则上应依其表述进行相应的定性，除非存在足以支持偏离文义进行解释的特别情事，即词句文义优先。

第二，判断第三人愿意承担的债务内容与原债务是否具有同一性。理论上一般认为，保证具有从属性，保证债务相对于主债务的这种从属性体现于成立、移转、内容、消灭等各个方面。[②] 而债务加入仅在产生上具有从属性，自加入债务之时起，债务加入人负担的债务即与原债务各自独立发展，因而债务加入具有相当程度的独立性。[③] 因此，第三人愿意承担的债务内容是具有从属性的债务还是与原债务具有同一性的债务，就成为区分保证和债务加入的重要标准。这种区分可以从两个方面加以把握：一方面，从债务数额来说，保证人往往约定的是承担主债务人不能履行的差额部分，而债务加入的约定数额往往是加入债务时的既有债务，与主债务人嗣后的履行情况没有关系；另一方面，保证范围的约定往往包括了违约金、损害赔偿金和实现债权的费用，而在债务加入中，债务加入人负担债务之范围以加入之时原债务的内容为限，对原债务人的违约责任不予负责。因此，在

① 朱庆育：《民法总论》（第二版），北京大学出版社2016年版，第227页。
② 参见高圣平：《担保法论》，法律出版社2009年版，第86页。
③ 参见黄立主编：《民法债编总论》，中国政法大学出版社2002年版，第626页。

个案中判断第三人的行为究系债务加入抑或保证，最重要的是探究第三人的真实意思，以确定其意欲承担的是独立的还是从属的债务。

第三，判断当事人关于义务履行顺位的真实意思。在个案中，如果通过文义解释无法识别债务加入与保证，则应根据二者的本质区别，综合个案全部情事探求当事人之真意。通常认为，保证的从属性贯穿于其发展的各个方面，而债务加入仅在产生上具有从属性，在其他方面则具有相当程度的独立性。“新加入的债务人即承担人只不过是分担了原债务人的负担，并未使原债务成为从债务，亦未使之变为补充性的债务；承担人分担的债务同样没有变为从债务及补充性的债务。”[①] 是否具有从属性因而构成债务加入和保证的本质区别，二者在法律效果上的重大差异亦多源于此。在义务履行的顺位方面，一般保证具有补充性，即只有在主债务人不能履行债务之时，保证人方需履行债务或者承担责任，而债务加入并不具有补充性，债权人可以直接要求原债务人或债务加入人履行债务。因此，履行顺位之约定可以将一般保证与债务加入区分开来。在实践中，如果相关增信文件将第三人履行债务的前提界定为债务人届期“不能”“无法”“无财产”履行债务，此时存在明显的履行顺位，符合《民法典》第 687 条第 1 款关于一般保证的定义，应当认定为一般保证，而不得认定为债务加入。应予注意的是，《民法典》第 687 条第 1 款规定的“债务人不能履行债务”与该法第 688 条第 2 款规定的“债务人不履行到期债务”之间存在着差别。但是由保证的补充性所决定，即便是连带责任保证的约定，也有以债务人不履行到期债务作为承担责任前提条件的空间。因此，当增信文件中出现以债务人到期不履行义务作为增信机构履行义务的前提条件约定时，尚不能单独以此约定认定是否构成保证。当然，如果第三人履行债务并不以债务人届期未履行为前提，而是直接表明第三人代替债务人履行，则可以直接认定为债务加入。

在一些案件中，第三方提供的增信承诺文件究竟是保证还是债务

---

① 崔建远：《“担保”辨——基于担保泛化弊端严重的思考》，载《政治与法律》2015 年第 12 期。

加入，穷尽意思表示解释规则也难以作出明确判断。对此，按照以往司法实践的观点，一般认为应将其推定为债务加入。在理论探讨中，也有学者指出，当事人之意思不明时，其偏为原债务人的利益而为承担行为时，可认为保证。承担人有直接及实际的利益而为之者，可认为并存的债务承担。[①] 而依本条第 3 款的规定，第三人提供的承诺文件难以确定是保证还是债务加入的，人民法院应当将其认定为保证。如此规定的理由主要在于：一方面，第三方为相关债务人提供增信承诺，无论是以保证抑或债务加入的形式作出，其中皆不乏利益考量，当事人间的利益关系可作为保证与债务加入识别时综合考量的一个因素，却不应成为其基本标准；另一方面，从《民法典》第 686 条的规定看，与《担保法》相比，《民法典》在立法倾向上已发生了变化，即已由注重对债权人的保护向平衡债权人和担保人的利益转变，因此，在无法作出有说服力的合同解释的情况下，应向责任较轻的方向进行推定。[②] 而依上文分析，对于债务关系以外的第三方而言，债务加入所需承担的责任一般重于保证责任，因此，依当事人意思表示难以对增信承诺文件的法律性质作出准确判断时，将其推定为保证明显更符合《民法典》规定的基本精神。

【实务问题】

按照本条第 3 款的规定，将承诺文件认定为保证，需以第三人提供的增信文件确实难以确定是保证还是债务加入为前提。在具体案件的审理中，人民法院应在充分、合理运用意思表示解释的规则仍不能确定增信承诺意思表示的真实内容的情况下，方可适用该推定规则。至于是一般保证还是连带责任保证，亦应先通过解释当事人的意思表示来确定，只有在无法通过解释规则确定时，才能适用推定规则。

对于第三方增信文件的性质认定，除了保证和债务加入两种类型

① 史尚宽：《债法总论》，中国政法大学出版社 2000 年版，第 751 页。
② 刘贵祥：《民法典关于担保的几个重大问题》，载《法律适用》2021 年第 1 期。

之外，能否认定为在第三方与债权人之间成立独立的合同关系，应依案件的具体情况而定。虽然通过梳理目前案件审理中的合同文本约定的具体情形，第三方增信文件基本可以归入保证或债务加入两种类型，但也出现过不能归入保证或者债务加入的情形，对此审判工作中应当加以注意。

三、关于担保物权

（一）担保合同与担保物权的效力

第三十七条 当事人以所有权、使用权不明或者有争议的财产抵押，经审查构成无权处分的，人民法院应当依照民法典第三百一十一条的规定处理。

当事人以依法被查封或者扣押的财产抵押，抵押权人请求行使抵押权，经审查查封或者扣押措施已经解除的，人民法院应予支持。抵押人以抵押权设立时财产被查封或者扣押为由主张抵押合同无效的，人民法院不予支持。

以依法被监管的财产抵押的，适用前款规定。

【条文主旨】

本条是关于当事人违反《民法典》第399条第4、5项规定所订抵押合同之效力的规定。

【条文概览】

《民法典》第399条第4、5项并非作为裁判规则的强制性规定，而是作为行为规则的警示性规定，旨在提醒当事人行为所可能带来的不利后果，不能作为认定合同无效的依据。关于当事人违反《民法典》第399条第4项的法律后果，应在审查当事人的行为是否构成无权处分的基础上进行确定：如果当事人的行为构成无权处分，则担保合同虽然有效，但债权人能否取得担保物权，则取决于其是否满足善意取得的条件。关于当事人违反《民法典》第 399 条第 5 项的法律后果，也应贯彻区分原则：当事人签订的担保合同不因违反该项规定无效，但在相关强制措施或者监管措施解除前，债权人行使担保物权不得影响已申请人民法院采取强制措施的其他权利人的利益，也不得对抗监管机构采取的监管措施。

【争议观点】

《民法典》继受《物权法》第 184 条，在第 399 条规定："下列财产不得抵押：（一）土地所有权；（二）宅基地、自留地、自留山等集体所有土地的使用权，但是法律规定可以抵押的除外；（三）学校、幼儿园、医疗机构等为公益目的成立的非营利法人的教育设施、医疗卫生设施和其他公益设施；（四）所有权、使用权不明或者有争议的财产；（五）依法被查封、扣押、监管的财产；（六）法律、行政法规规定不得抵押的其他财产。"由于该条第 1、2、3 项所列财产为禁止流通物或者限制流通物，因此对于当事人以上述财产为标的物签订的抵押合同应属无效，实践中并无争议。但是对于当事人以该条第 4、5 项所列财产为标的物签订的抵押合同的效力，实践中存在争议：一种观点认为，无论是《物权法》第 184 条还是《民法典》第 399 条，都采用了"不得"的表述，应属"法律、行政法规的强制性规定"，既然抵押合同因违反第 1、2、3 项规定而应当认定无效，则抵押合同因违反该条第 4、5 项规定也应认定无效。另一种观点则认为，无论是《物权法》第 184 条还是《民法典》第 399 条，在规范性质上都属于警示性规范，只能作为行为规范，不能作为裁判规范，即使当事人在签订抵押合同时违反了该条所列举的事项，也应根据具体事项在其他法律中的规定来认定抵押合同的效力，而不应简单根据《民法典》第 153 条的规定，以违反法律、行政法规的强制性规定为由直接认定抵押合同无效。

【理解与适用】

一、以所有权、使用权不明或者有争议的财产设立抵押的效力

当事人以所有权、使用权不明或者有争议的财产设立抵押，在发生纠纷时，经人民法院审查，其结果不外乎两种情形：一是标的物属抵押人所有或者抵押人有处分权，此时不应影响抵押合同的效力，也不应影响抵押权的设立；二是标的物不属于抵押人所有或者抵押人没有处分权，即抵押人构成无权处分，此时应类推适用《民法典》第597条的规定，认定抵押合同不受无处分权的影响，但抵押权则可能因抵押人欠缺处分权而无法设立，除非债权人符合《民法典》第311条关于善意取得构成要件的规定。可见，无论抵押人是有权处分还是无权处分，都不应影响抵押合同的效力，但在抵押人无权处分时，因抵押合同无法继续履行或者虽然已经履行，但债权人却因抵押人无权处分而无法取得抵押权，从而可能造成债权人损失，此时抵押人对于债权人的损失，须承担违约损害赔偿责任。也就是说，《民法典》第399条关于"所有权、使用权不明或者有争议的财产"不得抵押的规定仅仅是为了提醒抵押人注意，一旦自己的行为构成无权处分，则不仅抵押权人会受到损失，而且自己须对抵押权人的损失承担赔偿责任。

需要说明的是，《民法典》编纂时删除了《合同法》第51条的规定，没有再对无权处分所订立的合同究竟是有效还是无效进行明确规定，但《民法典》同时修改了《合同法》关于买卖合同的规定，在第597条明确规定："因出卖人未取得处分权致使标的物所有权不能转移的，买受人可以解除合同并请求出卖人承担违约责任。法律、行政法规禁止或者限制转让的标的物，依照其规定。"可见，该条明确区分了禁止或者限制转让标的物与出卖人对标的物没有处分权的情形，认为前者将导致买卖合同无效，但后者则不影响买卖合同的效力，仅影响买卖合同的履行，即出卖人在无法移转标的物所有权时须对买受人

承担违约责任。应该说，将处分权的欠缺限制在仅影响合同履行而不影响合同效力，是《民法典》第215条关于物权变动与其原因行为相区分之规定适用的结果。根据《民法典》关于物权变动与其原因行为相区分的规定，登记仅仅是物权变动的生效要件，而非买卖合同、抵押合同等原因行为的生效要件。当事人没有办理过户登记、抵押登记等，仅仅影响所有权、抵押权的取得，而不影响买卖合同、抵押合同的效力。在出卖人或者抵押人对标的物没有处分权的情形下，买卖合同、抵押合同往往因合同无法履行而不能办理过户登记或者抵押登记，从而导致买受人或者被担保的债权人无法取得所有权或者抵押权，但这并不意味着买卖合同、抵押合同也应认定无效。可见，尽管《民法典》第597条针对的是买卖合同，但亦应类推适用于抵押合同、质押合同等其他旨在引起物权发生变动的合同。

此外，还应看到，虽然出卖人、抵押人因欠缺处分权而无法履行买卖合同、抵押合同是实践中的常态，但在特殊情形下，出卖人、抵押人也可能在欠缺处分权的情形下为买受人或者被担保的债权人办理了所有权变更登记或者抵押登记。由于不动产登记仅仅是物权变动的公示方式，并不意味着登记机构已经对出卖人或者抵押人是否享有处分权进行了审查，因此，即使当事人已经办理了相应的登记，在出卖人或者抵押人欠缺处分权的情形下，也不能认为买受人或者被担保的债权人取得了所有权或者抵押权。对此，《民法典》第311条有明确规定。《民法典》第311条第1款规定："无处分权人将不动产或者动产转让给受让人的，所有权人有权追回。"据此，如果出卖人对标的物无处分权，则即使标的物已经交付买受人或者已经办理过户登记，所有权人仍有权追回标的物。可见，此时物权并未发生变动。当然，《民法典》第311条第1款在规定所有权人追回标的物的同时，还规定如果买受人符合善意取得的条件，则买受人取得标的物，所有权人无权再追回标的物，而只能依据《民法典》第311条第2款的规定向出卖人主张损害赔偿责任。值得注意的是，依民法通说，买受人善意取得标的物所有权系基于法律的特别规定取得标的物所有权，而非基于当事人之间的买卖合同。也就是说，善意取得仅仅是法律限制所有权追及效力的一种特殊情形。考虑到《民法典》第 311 条第 3 款“当事人善意取得其他物权的，参照适用前两款规定”之规定，上述思路也应适用于抵押，即如果抵押人在办理抵押登记时无处分权，则不发生抵押权设立的法律效力，除非被担保的债权人符合善意取得的条件。

二、以依法被查封、扣押的财产设立抵押的效力

标的物被设定抵押后，如果被抵押人的其他债权人申请人民法院查封、扣押，不仅抵押合同不受查封、扣押的影响，而且抵押权也不应受查封、扣押的影响。至于抵押权的实现，《最高人民法院关于首先查封法院与优先债权执行法院处分查封财产有关问题的批复》（法释〔2016〕6 号）对此已有明确规定，此处不赘。有争议的是，在标的物先被人民法院查封、扣押后，当事人订立抵押合同，该抵押合同是否有效？抵押权能否设立？我们认为，标的物被查封、扣押，仅仅意味着该财产受到了处分限制，并不意味着当事人对标的物不享有权利。问题是，在人民法院对标的物采取查封、扣押等措施后，权利人违反人民法院作出的处分限制以该财产设定抵押时，其行为的效力究竟如何呢？对此，2020 年修正后的《最高人民法院关于人民法院民事执行中查封、扣押、冻结财产的规定》第 24 条第 1 款规定：“被执行人就已经查封、扣押、冻结的财产所作的移转、设定权利负担或者其他有碍执行的行为，不得对抗申请执行人。”可见，根据上述司法解释，财产权利人在人民法院对财产采取查封、扣押、冻结之后，如果违反处分限制就财产作出转让、设定权利负担或者其他有碍执行的行为，则该行为并非绝对无效，而仅仅是“不得对抗申请执行人”。言下之意即是，即使在人民法院对财产采取查封、扣押、冻结之后，财产权利人就标的物所作的处分仍属有效，且可以对抗除申请执行人之外的其他所有人，如被执行人或者财产的受让人等，只是不能对抗申请执行人而已。

总之，标的物被查封或者扣押，权利人对标的物的处分权虽然受到限制，但处分行为并非当然无效，只是在查封、扣押措施已经公示的情形下，该处分行为不得对抗申请执行人。尤其应该看到，实践中各地均不同程度存在超标的查封、扣押的问题，而且有些超标的物查封、扣押是因为标的物无法分割所致，此时如果只要标的物被查封、扣押，权利人就不能在标的物上设定抵押权，则将导致标的物超出申请执行债权的价值无法发挥其应有的效用。此外，认定当事人以查封、扣押的标的物设定抵押权的行为有效，只是不能对抗申请执行人，还有利于解决如下问题：一旦查封、扣押措施被解除，则抵押权人自然可以行使抵押权；相反，如果认为抵押合同无效，且抵押权没有有效设立，则在查封、扣押措施被解除后，抵押权人的利益就无法获得应有的保障。也正是基于上述考量，《民法典担保制度解释》本条第 2 款作了如上规定。

三、以依法被监管的财产设立抵押的行为性质

《海关法》第 37 条规定："海关监管货物，未经海关许可，不得开拆、提取、交付、发运、调换、改装、抵押、质押、留置、转让、更换标记、移作他用或者进行其他处置。海关加施的封志，任何人不得擅自开启或者损毁。人民法院判决、裁定或者有关行政执法部门决定处理海关监管货物的，应当责令当事人办结海关手续。"可见，《海关法》并未一般性地禁止当事人以海关监管货物设定抵押或者质押，而仅仅是规定在以海关监管货物设定抵押或者质押时，应经海关许可。问题是，如果抵押人未经海关许可签订抵押合同，该合同效力如何。我们认为，在判断抵押人未经海关许可签订的抵押合同效力前，首先应探讨《海关法》第 37 条究竟是对当事人签订抵押合同进行的限制还是对当事人设定抵押权（物权变动）进行的限制。如果是前者，则涉及未经审批的合同效力问题，而如果是后者，则行政审批就与抵押合同的效力无关，影响的仅仅是抵押权的设立。

从规范目的的角度看，《海关法》第 37 条并非对当事人就海关监

管货物签订抵押合同、质押合同的限制，而是对当事人就海关监管货物设定抵押权、质押权的限制。而且我们认为，从目的解释的规则来看，当事人合意设立的动产抵押权，也应为法律所认可，因为动产抵押权当事人合意即设立，设立后不会影响海关监管秩序。只是实现动产抵押权时，要经海关许可。就质押权而言，其设立要经海关许可。

【实务问题】

实践中有些人将没有办理登记的不动产理解为所有权、使用权不明的财产。这一观点是不正确的。因为不动产登记仅仅是不动产物权的主要公示方式，而非不动产物权本身。且根据《民法典》的规定，有时在没有登记的情形下，当事人就已经取得相应的物权，如国家对自然资源的所有权，还如《民法典》第231条规定："因合法建造、拆除房屋等事实行为设立或者消灭物权的，自事实行为成就时发生效力。"据此，即使当事人在标的物建造完成后没有来得及办理登记，物权也已于事实行为成就时取得。问题是，由谁取得建筑物的所有权呢？对此，《民法典》第352条规定："建设用地使用权人建造的建筑物、构筑物及其附属设施的所有权属于建设用地使用权人，但是有相反证据证明的除外。"此种情况下，即使没有办理登记，建筑物的权属也是明确的，并非所有权不明的财产。

夫妻一方对外抵押了共有的房产，该房产被执行时，夫妻另一方以抵押未经其同意为由提起第三人撤销之诉，请求撤销抵押合同，能否支持？我们认为，夫妻共有房屋，被一方用于抵押的处理，要区分两种情况：第一，如房屋登记在一方名下，实为共有财产，一方未经对方同意抵押，构成无权处分，按《民法典》第311条关于无权处分的规定处理。第二，如果房屋登记在双方名下，一方未经对方同意处分，按表见代理的原理处理；如构不成表见代理，则按无权代理处理。

第三十八条 主债权未受全部清偿，担保物权人主张就担保财产的全部行使担保物权的，人民法院应予支持，但是留置权人行使留置权的，应当依照民法典第四百五十条的规定处理。

担保财产被分割或者部分转让，担保物权人主张就分割或者转让后的担保财产行使担保物权的，人民法院应予支持，但是法律或者司法解释另有规定的除外。

【条文主旨】

本条是关于从担保财产担保全部债权实现的角度对担保物权的不可分性所作的规定。

【条文概览】

担保物权的不可分性是担保物权的重要特征，它不仅意味着债权的各部分都受担保物权的担保，而且也意味着担保物的各部分都要担保全部债权的实现。在标的物可分的情形下，留置权人留置的财产在价值上应当与其享有的债权金额相当。在担保财产被分割或者部分转让的情形下，如果法律或者司法解释有特别规定，应适用法律或者司法解释的特别规定，不再适用担保物权的不可分性。

【争议观点】

在主债权未受全部清偿的情形下，担保物权人能否就全部担保财产行使担保物权，理论界和实务界存在不同的意见：一种意见认为，根据担保物权的不可分性，担保财产应担保全部债权的实现，在债权未全部实现时，担保物权人可就全部担保财产行使权利；另一种意见认为，尽管担保财产应担保全部债权实现，但担保财产的价值超出被担保的债权数额时，应对担保物权人行使权利的方式进行限制，在担保财产具有可分性时，担保物权人应选择与其债权额度相适应的担保财产行使担保物权，而不能就全部担保财产行使担保物权。

在担保财产被分割或者部分转让时，关于担保物权人能否就分割后或者转让后的全部财产行使担保物权也存在一定的争议：一种意见认为，担保财产被分割或者部分转让，意味着担保财产本身具有可分性，因此，在担保财产的价值超出被担保的债权数额时，担保物权人应选择与其债权数额相适应的担保财产主张权利，而不能就全部担保财产主张权利；另一种意见认为，即使担保财产的价值超出被担保的债权数额，担保物权人仍可就被分割或者部分转让后的全部担保财产主张权利。

【理解与适用】

一、担保物权的不可分性及其内容

一般认为，担保物权的不可分性是担保物权的基本特征之一。所谓担保物权的不可分性，是指担保财产的分割、部分灭失或者转让，以及被担保债权的分割或者部分转让，均不影响担保物权，担保物权人仍可完整地行使其担保物权。简言之，担保物权的不可分性意味着担保财产的每一个部分都担保着全部债权的实现，债权的每一个部分也都受全部担保财产的担保。

以抵押权为例，担保物权的不可分性具体包括如下内容[①]：其一，抵押权人（债权人）得就抵押财产的全部行使其权利。抵押财产如经分割或让与其一部分，或者担保一个债权的数个抵押物之一让与他人时，抵押权不受影响，抵押权人仍得就全部债权对全部抵押物行使抵

① 张双根：《论抵押权的不可分性》，载《现代法学》1994年第4期。

押权；分割人、让与人或受让人不得仅交付与其部分价值相当的金钱而排斥抵押权于其部分的行使。其二，抵押财产一部分灭失时，其未灭失部分仍应担保债权的全部，即抵押权的效力仍及于全部剩余财产。其三，抵押权设定后，抵押财产的价格上涨或降落，原则上抵押人不因此而发生减少或增加抵押财产的权利或义务。其四，抵押权所担保债权经分割或者让与一部分时，抵押权不因此而受影响，分割或让与后的各债权人经全体一致同意后共同对抵押物的全部行使抵押权。其五，债权一部分受清偿时，不产生抵押权部分消灭的效力。债权人仍得就其剩余债权对抵押财产的全部行使抵押权。其六，债务分割时，抵押权亦不因此受影响，仍以抵押财产的全部担保数人的债务。其中，前三个方面体现的是担保财产的各个部分担保全部债权的实现，后三个方面则反映债权的各个部分都受到担保物权的担保。

从上述关于担保物权不可分性的内容来看，我们认为担保物权的不可分性是担保物权从属性的基本要求。也就是说，正是由于担保物权从属于主债权，只要主债权没有消灭，就要担保全部债权的实现，因此担保物权也就必然具有不可分性。

二、担保物权不可分性的确立及其意义

担保物权不可分性在我国民法上的确立经历了一个发展过程。在《担保法》之前，我国民法并未对担保物权的不可分性进行明确规定。《担保法》本身也仅仅在个别条文中涉及担保物权的不可分性，例如该法第 51 条第 2 款后段规定："抵押物价值未减少的部分，仍作为债权的担保。"不过，这仅仅是关于"抵押物的各个部分担保债权的全部"的规定，而关于"抵押物的全部担保债权的各个部分"，则欠缺相应的规定。《担保法解释》不仅于第 71 条规定"主债权未受全部清偿的，抵押权人可以就抵押物的全部行使其抵押权。抵押物被分割或者部分转让的，抵押权人可以就分割或者转让后的抵押物行使抵押权"，而且第 72 条第 2 款前段关于"主债务被分割或者部分转让的，抵押人仍以其抵押物担保数个债务人履行债务"的规定，填补了《担

保法》的漏洞，从而全面确立了担保物权的不可分性。[1]

值得注意的是，尽管担保物权的不可分性已是理论界与实务界的共识，但《物权法》却并没有明确规定担保物权的不可分性。究其原因，可能有两个：一是如前所述，担保物权的不可分性是担保物权从属性的基本要求，而《物权法》的不少规定已经体现了担保物权的从属性，自可通过担保物权的从属性推导出担保物权的不可分性，例如《物权法》第177条将主债权实现作为担保物权消灭的原因，因此，在主债权未全部实现时，担保物权自然不消灭，仍然应担保主债权的实现；二是《物权法》对抵押物的转让采取的是限制转让的立法态度，且未明确规定抵押权的追及效力，这就为承认担保物权的不可分性带来了一定的障碍，因为在抵押权人同意抵押人部分转让抵押财产的情形下，抵押权是否仍继续存在于被转让的部分之上，就成为一个争议极大的问题。

《民法典》虽然修改了《物权法》关于抵押财产转让的规定，在承认抵押权具有追及效力的基础上允许抵押人自由转让抵押财产，但仍未就担保物权的不可分性进行明确规定。我们认为，首先，尽管《民法典》未明确规定担保物权的不可分性，但由于担保物权的不可分性是担保从属性的基本要求，自然应得到明确承认。其次，《民法典》虽然对担保物权的从属性进行了规定，但并不能涵盖担保物权不可分性的全部内容。例如，《民法典》第407条第2句规定："债权转让的，担保该债权的抵押权一并转让，但是法律另有规定或者当事人另有约定的除外。"这是关于抵押权在移转上的从属性的规定，但据此并不能直接推导出在债权人转让部分债权时，担保物权也要担保全部债权的实现。也正因为如此，我们认为，《民法典担保制度解释》有必要对担保物权不可分性作出明确规定。

---

① 参见崔建远：《关于抵押权的完善若干问题研究》，载《法律适用》2004年第6期。

三、担保物权不可分性的规范性质

担保物权的不可分性是法律为了确保债权得到全部实现而赋予担保物权的效力，具有一定的正当性，但是，如果过于严格贯彻担保物权的不可分性，也可能有害担保财产的充分利用。例如，债权人对债务人享有1000万元的债权，债务人以两套价值各为500万元的房屋作为抵押物，并都办理了抵押登记。此后，债务人偿还了900万元，还欠100万元。如果严格按照担保物权的不可分性，债务人提供的两套房屋都应担保全部债权的实现，因此，债务人无权请求债权人协助注销任何一个抵押权。但是，从物尽其用的角度看，既然债务人仅欠债权人100万元，只需一套房屋即可以担保债权的全部实现，如果允许债务人请求债权人协助注销其中一个抵押权，债务人就更加方便处分其中一套房屋，从而实现利益的最大化，因为《民法典》虽然允许抵押人自由转让抵押财产，但如果上面存在抵押权，也还是会影响到抵押人对标的物的充分利用。

也正因为担保物权的不可分性可能会影响到抵押人对抵押财产的充分利用，我们认为，《民法典担保制度解释》关于担保物权不可分性的规定并非强行性规定，而是任意性规定，当事人可以通过约定排除其适用。也就是说，抵押合同可以约定抵押权只存在于一个抵押物的一部分上，可以约定一个抵押物只担保债权的一部分。[①] 例如，在上述所举案例的情形下，当事人可以在抵押合同中约定，债务人有权请求债权人协助注销其中一个抵押权。

【实务问题】

除了当事人可以约定排除担保物权的不可分性外，就担保财产的各个部分担保全部债权实现这一问题，本条规定了两个例外。

① 参见崔建远：《关于抵押权的完善若干问题研究》，载《法律适用》2004年第6期。

一是留置权的行使。《民法典》第450条规定："留置财产为可分物的，留置财产的价值应当相当于债务的金额。"依据这一规定，在债权人留置的财产的价值超过债务人所欠债务数额时，如果留置财产是可分物，则债权人只能留置相当于债务金额的财产，超过部分，应当返还给债务人。之所以对留置权要作出上述例外规定，是因为留置权是法定担保物权，当事人并无约定排除担保物权不可分性的余地。为防止担保物权的不可分性影响到留置财产的充分利用，就有必要通过立法对担保物权的不可分性进行限制。

二是在担保财产被分割或者部分转让的情形下，如果法律或者司法解释有特别规定，应适用该特别规定，不再适用担保物权的不可分性。例如，《民法典》第404条规定："以动产抵押的，不得对抗正常经营活动中已经支付合理价款并取得抵押财产的买受人。"可见，即使动产抵押权已经办理登记，也不得对抗正常经营活动中已经支付合理价款并取得抵押财产的买受人。这显然是对抵押权追及效力的限制。在抵押人部分转让抵押物的情形下，如果抵押权没有追及效力，则抵押权不再继续存在于该部分抵押物上，该部分抵押财产自然也就不再负担担保全部债权实现的任务。

第三十九条 主债权被分割或者部分转让，各债权人主张就其享有的债权份额行使担保物权的，人民法院应予支持，但是法律另有规定或者当事人另有约定的除外。

主债务被分割或者部分转移，债务人自己提供物的担保，债权人请求以该担保财产担保全部债务履行的，人民法院应予支持；第三人提供物的担保，主张对未经其书面同意转移的债务不再承担担保责任的，人民法院应予支持。

【条文主旨】

本条是关于债权的各个部分均受担保物权的担保这一担保物权不可分性的规定。

【条文概览】

根据担保物权的不可分性，主债权被分割或者部分转让时，担保物权仍担保全部债权的实现，各债权人均可根据其享有的债权份额主张行使担保物权，从而形成担保物权的共有状态，但法律另有规定或者当事人另有约定的除外。根据《民法典》第391条的规定，只有在第三人提供担保时，未经担保人书面同意，担保人才不再对分割出去的债务或者被转让的债务承担担保责任，而在债务人自己提供担保时，即使发生主债务被分割或者部分转移，债权人也仍可就全部债权行使担保物权。

【争议观点】

在主债权被分割或者部分转让的情形下，取得债权的各债权人是否均可主张行使担保物权，实践中存在不同的观点：第一种观点认为，根据《民法典》第407条关于"债权转让的，担保该债权的抵押权一并转让"的规定，主债权被分割或者部分转让，担保物权亦发生移转，仅担保从原债权中分割出来或者被转让的部分债权；第二种观点认为，参照《民法典》第421条关于"最高额抵押担保的债权确定前，部分债权转让的，最高额抵押权不得转让"的规定，即使主债权被分割或者部分转让，担保物权也不发生移转，仅担保未被分割或者转让的债权；第三种观点认为，根据担保物权的不可分性，主债权被分割或者部分转让时，担保物权仍担保全部债权的实现，各债权人均可根据其享有的债权份额主张行使担保物权，从而形成担保物权的共有状态，但法律另有规定或者当事人另有约定的除外。

在主债务被分割或者部分转移的情况下，担保物权是否也要担保全部债权的实现，实践中也存在不同的观点：一种观点认为，如果未经担保人书面同意，则担保人不再对分割出去的债务或者被转移的债务承担担保责任；另一种观点认为，根据《民法典》第391条的规定，只有在第三人提供担保时，未经担保人书面同意，担保人才不再对分割出去的债务或者被转让的债务承担担保责任，而在债务人自己提供担保时，即使发生主债务被分割或者部分转移，债权人也仍可就全部债权行使担保物权。

【理解与适用】

一、主债权被分割或者部分转让对担保物权的影响

在对《民法典担保制度解释》第38条的解读中谈到，担保物权的不可分性包括两个方面的内容：一是担保财产的各个部分担保全部债权的实现，二是主债权的各个部分均被担保物权所担保。第一个方面的内容已在第38条进行阐述，本条涉及的是担保物权不可分性的第二个方面。

如前所述，尽管担保物权的不可分性是担保物权从属性的基本要求，在主债权尚未全部实现的情形下，担保物权也不消灭，仍担保全部债权的实现，但是从担保物权的从属性并不能推导出担保物权不可分性的全部内容。例如，《民法典》第 407 条基于担保物权在移转上的从属性规定，“……债权转让的，担保该债权的抵押权一并转让……”，但是这一规定显然并不能解决主债权被分割或者部分转让对担保物权的影响问题。根据担保物权的不可分性，在主债权被分割或者部分转让时，担保物权仍应担保全部债权的实现。也就是说，各债权人均可以其享有的债权为限向担保人主张行使担保物权。

当然，在担保财产的价值高于全部被担保的债权时，无论哪个债权人主张行使担保物权，均不会影响到其他债权人权利的实现。但是，在担保财产的价值低于全部被担保的债权时，各个债权人如何行使担保物权就可能成为一个问题，因为某一债权人如果就担保财产的价值全部受偿，就会影响到其他债权人权利的实现。我们认为，根据担保物权的不可分性，在主债权被分割或者部分转让时，应认为各债权人依据其债权份额对担保财产共同享有担保物权，即担保物权的按份共有。据此，各债权人只能依据其享有的债权份额主张行使担保物权。也就是说，在担保财产的价值不足以保障全部债权的实现时，各债权人虽然均可请求拍卖、变卖标的物，并以所得价款优先受偿，但受偿的比例应根据其债权份额确定。例如，被担保的主债权为 1000 万，其中 500 万元债权被转让至第三人，第三人主张行使抵押权，但拍卖担保财产所得价款仅为 800 万元，则该第三人只能对其中的 400 万元主张优先受偿。

此外，值得注意的是，担保物权随主债权的移让而移转是担保物权从属性的重要表现，但在最高额抵押中，根据《民法典》第 421 条的规定，除非当事人另有约定，在最高额抵押担保的债权确定前，部分债权转让的，最高额抵押权不发生转让。据此，在最高额担保中，在最高额抵押所担保的债权确定前，如果主债权部分转让，而当事人对此又没有特别约定，则被转让的部分债权将不再作为被担保的债权。问题是，在最高额抵押所担保的债权确定前，如果主债权被分割，是否也应采用类似的处理方式？我们认为，主债权被分割的原因较为复杂，既可能基于当事人自己的意思，也可能是基于法律的规定，如果主债权的分割不是基于当事人自己的意思而是基于法律的规定，则担保物权仍应担保全部债权的实现，但如果主债权被分割是基于当事人自己的意思，则应参照上述债权部分转让的规则。这也是本条第1款将“法律另有规定或者当事人另有约定”作为但书的重要原因。

二、主债务被分割或者部分转移对担保物权的影响

《民法典》第391条规定：“第三人提供担保，未经其书面同意，债权人允许债务人转移全部或者部分债务的，担保人不再承担相应的担保责任。”据此，在第三人提供担保的情形下，无论是债权人允许债务人转移全部债务还是部分债务，只要未经担保人书面同意，担保人就不再承担相应的担保责任。这是关于担保人权利保护的规定，因为在债务发生转移的情形下，新债务人的清偿能力不同于原债务人的清偿能力，从而可能会损害到担保人的利益：一方面，担保责任是一种或有责任，在债务人有清偿能力的情况下，担保人承担担保责任的可能性就更小；另一方面，即使债权人通过行使担保物权实现债权，担保人也需要向债务人进行追偿，此时债务人是否具有清偿能力，直接关系到追偿权能否实现。也正因为如此，《民法典》不仅在第三人提供物的担保时规定了对担保人进行特别保护，在保证合同中，《民法典》第697条第1款还规定：“债权人未经保证人书面同意，允许债务人转移全部或者部分债务，保证人对未经其同意转移的债务不再承担保证责任，但是债权人和保证人另有约定的除外。”

值得注意的是，《民法典》第391条之所以将主债务被转移对担保物权的影响限制在第三人提供担保的情形，是因为如果是债务人自己提供的担保，则即使主债务全部或者部分发生转移，也不至于对其造成不利影响。相反，如果此时债务人不再承担担保责任，则对债权

人不公平，因为债权人之所以允许债务人转移债务，很可能是因为债务人自己为债务的履行提供了担保。可见，即使在债务发生转移的情形下，如果原债务人不脱离债的关系，无论是对债权人还是对债务人，都不会造成不利影响。也就是说，无论是《民法典》第 391 条还是《民法典》第 697 条第 1 款，针对的都是免责的债务承担，而不包括并存的债务承担，即债务加入。也正因为如此，《民法典》第 697 条第 2 款规定："第三人加入债务的，保证人的保证责任不受影响。"考虑到《民法典》第 391 条未就这一问题进行明确规定，《民法典担保制度解释》第 20 条规定，人民法院在审理第三人提供的物的担保纠纷案件时，亦可适用《民法典》第 697 条第 2 款。

此外，《民法典》仅就债务移转对担保物权的影响进行了规定，而未就债务被分割对担保物权的影响作出明确规定。对此，我们的意见是，债务被分割通常是基于法律行为发生，在第三人提供担保的情形下，即使债权人对债务被分割表示同意，但担保人未书面表示同意，担保人对被分割出去的债务亦不再承担担保责任。就此而言，债务被分割对担保物权的影响应与债务部分转移对担保物权的影响采取相同的规则。

【实务问题】

一、禁止债权转让特约对担保责任的影响

《民法典》第 696 条第 2 款规定："保证人与债权人约定禁止债权转让，债权人未经保证人书面同意转让债权的，保证人对受让人不再承担保证责任。"此外，《民法典》第 407 条在规定"债权转让的，担保该债权的抵押权一并转让"的同时，也规定"但是法律另有规定或者当事人另有约定的除外"。可见，无论是人的担保还是物的担保，《民法典》都允许当事人通过约定禁止债权转让，并规定债权人违反该约定转让债权时，担保人不再承担担保责任。

不过，从表述上看，《民法典》第696条第2款规定的是“保证人对受让人不再承担担保责任”。关于这一款，实践中存在理解上的分歧：一种意见认为，在债权人违反禁止债权转让的特别约定转让债权时，保证人就不再承担担保责任，因为当事人之所以约定禁止债权转让，目的是对特定债权人提供担保，如果债权人发生变化，保证人自然无须承担担保责任；另一种意见则认为，即使债权人违反禁止债权转让的特别约定转让债权，也仅仅是保证人不对受让人承担担保责任，不能排除保证人仍须对债权人承担担保责任。我们认为，以上两种意见都值得商榷。根据《民法典》的上述规定，即使债权人违反禁止债权转让的特别约定转让债权，也仅仅是对受让人不再承担担保责任，不意味着转让方无权向保证人主张担保责任，但此时如果转让方已经不再享有债权，自然无法向保证人主张担保责任。就此而言，我们认为，在债权人违反禁止债权转让的约定，部分转让债权的情形下，转让方仍可以就未转让的部分向保证人主张担保责任，此其一。

其二，从实践中的情况看，受让人接受被转让的债权，往往是因为该债权有担保，如果债权人在转让债权时未向受让人披露其与担保人之间关于禁止转让债权的约定，则可能构成欺诈，受让人可主张撤销债权转让合同；即使不构成欺诈或者受让人的撤销权因除斥期间经过而消灭，受让人因无法向保证人主张担保责任而受到损失，也可能会请求解除合同并赔偿损失。无论是债权转让合同因受让人受欺诈而被撤销还是受让人行使解除权解除合同，都可能导致被转让的债权重新再回到转让方。此时，转让方能否在保证期间内向保证人主张担保责任？至少从《民法典》第696条第2款的文义看，应作肯定回答。

其三，即使债权人违反禁止转让债权的特别约定转让债权，也不排除当事人之间存在回购协议。如果转让方通过回购已被转让的债权，重新成为债权人，则其在保证期间内向保证人主张担保责任，人民法院也应予以支持。

二、排除担保物权从属性的约定是否具有对抗效力

从内容上看,《民法典》第 407 条不仅涉及债权人违反禁止债权转让的约定转让债权对担保人责任的影响，还涉及排除担保物权从属性的约定是否具有对抗效力的问题。例如，债权人与担保人约定，如果债权人转让债权，则抵押权不随之移转。当事人之间的此种约定对债权的受让人是否发生效力?

如前所述，从实践的情况看，债权的受让人之所以接受该债权，可能就是因为该债权上存在抵押担保，如果债权人与担保人之间的约定具有对抗受让人的效力，则受让人的交易安全将无法获得应有的保障。之所以如此，是因为债权的受让人可能无从知晓债权人与担保人之间的约定，除非当事人将该约定在不动产登记簿上予以登记。因此，我们认为，即使当事人就担保物权在移转上的从属性作出排除约定，但该约定未在不动产登记簿上进行登记的，则该约定不能对债权的善意受让人发生效力。也就是说，如果担保人不能举证证明债权的受让人对担保人与债权人之间的约定知情，则此时担保人仍应对债权的受让人承担担保责任。就此而言，本条第 1 款虽然也将“当事人另有约定”作为担保物权不可分性的例外情形，但如果该约定未办理登记，则不应赋予其对抗善意第三人的效力。

第四十条　从物产生于抵押权依法设立前，抵押权人主张抵押权的效力及于从物的，人民法院应予支持，但是当事人另有约定的除外。

从物产生于抵押权依法设立后，抵押权人主张抵押权的效力及于从物的，人民法院不予支持，但是在抵押权实现时可以一并处分。

【条文主旨】

本条是关于抵押权在标的物上的效力及于从物的规定。

【条文概览】

在当事人没有特别约定时，抵押权的效力及于抵押权设定时抵押人已经取得的从物，不仅有利于贯彻物尽其用的原则，也有利于保障债权人的交易安全。但在抵押权设定后取得从物的情况下，如果认为抵押权的效力及于从物，虽然可以保障债权人的交易安全，但却可能损害到抵押人的利益以及抵押人的其他债权人的交易安全。不过，为最大限度实现标的物的价值，即使从物是抵押权设定后取得，在拍卖、变卖主物时，也可一并处理从物，但抵押权人对从物的价值无权优先受偿。

【争议观点】

关于抵押权在效力上是否及于从物，理论界与实务界并无争议。但对于是否应区分从物取得的时间而作不同处理，则有不同的意见：一种意见认为，凡是主物的从物，都应属于抵押权的效力范围，不应区分从物取得的时间；另一种意见则认为，虽然标的物之间存在主从关系，但为保障抵押人的交易安全，抵押权的效力仅及于抵押权设立时已经存在的从物，不应及于抵押权设立后取得的从物。

【理解与适用】

从物是相对于主物而言的标的物。在两个独立标的物结合使用中，在功能上起配合和辅助作用的是从物，被辅助和配合的则是主物。主物和从物的关系可能存在于动产之中，也可能存在于不动产之中。前者如电视机与其遥控器，后者如住宅、别墅、大厦等与依附于其的车库、停车场、杂物间、游泳池、院墙、走廊、单独的设备间（包括配电房、泵房）、洗衣房、花房等。从物具有以下显著的特点：其一，与主物不能分离，若主物离开从物，将缺少某一使用功能；其二，若从物离开主物，其特有的功能将闲置；其三，与主物同为一人所有。

基于从物的上述特点，为了贯彻物尽其用的原则，《民法典》对于主物与从物之间的关系采取了“从随主”的原则，即权利人对主物的处分，原则上其效力也要及于从物。例如，《民法典》第320条规定：“主物转让的，从物随主物转让，但是当事人另有约定的除外。”再如，《民法典》第631条规定：“因标的物的主物不符合约定而解除合同的，解除合同的效力及于从物。因标的物的从物不符合约定被解除的，解除的效力不及于主物。”

从比较法的角度看，大陆法系国家或地区大多明确规定了抵押权的效力及于从物，例如《德国民法典》第1120条、《瑞士民法典》第805条。我国台湾地区“民法”第862条亦明确规定：“抵押权的效力，及于抵押物的从物与从权利。”关于从物是否属于抵押权的效力范围，《担保法》未作明确规定。考虑到这一问题的重要性，《担保法解释》第63条规定：“抵押权设定前为抵押物的从物的，抵押权的效力及于抵押物的从物。但是，抵押物与其从物为两个以上的人分别所有时，抵押权的效力不及于抵押物的从物。”可见，《担保法解释》区分了从物取得的时间，将抵押权及于从物限制在抵押权设定前已经成为抵押物之从物的情形。我们认为，这一区分具有重要意义，应予坚持。

首先，区分从物取得的时间有利于保障各方当事人的交易安全。由于抵押权的设定不以移转标的物的占有为要件，因此，在抵押权设立时，有的抵押权人对于抵押人是否已经取得从物可能并不知情。但尽管如此，在多数情形下，抵押权人还是可以通过实地查验等方式获知从物是否已经取得。在参考域外立法例的基础上，《担保法解释》规定抵押权的效力及于抵押权设定时抵押人已经取得的从物，不仅有利于贯彻物尽其用的原则，也有利于保障债权人的交易安全。然而，在抵押权设定后取得的从物，如果也认为抵押权的效力及于从物，虽然可以保障债权人的交易安全，但却可能损害到抵押人的利益以及抵押人的其他债权人的交易安全。从抵押人的角度看，抵押权设立时标的物的范围是其预期承担担保责任的范围，从物虽然与主物在功能上存在密切关系，但如果将抵押权设立时还没有取得的从物也纳入抵押权的效力范围，则可能打破抵押人的合理预期；从抵押人的其他债权人的角度看，他们也可能是因为从物具有单独的价值才与抵押人进行交易或者再次在抵押物上设立抵押权，如果将该从物纳入此前设立的抵押权的效力范围，对其交易安全也将带来威胁。

其次，区分从物取得的时间有利于维护法律规则的统一。在我国，尽管土地和建筑物是两种不同的不动产，分属不同的物权客体，但我国民法并未将二者视为主物和从物。不过，土地和建筑物虽然不是主物和从物的关系，但从自然状态的角度看，建筑物是不能离开土地而单独存在的。可见，尽管建筑物与土地并非从物与主物的关系，但却极其类似。也正因为如此，我国民法虽然将土地和建筑物理解为不同的物权客体，但在立法政策上，则采取“房随地走，地随房走”的原则，即在权利移转问题上，转让建筑物所有权时，土地使用权一并转让，转让土地使用权时，建筑物所有权一并转让；在抵押权的效力范围上，当事人以建筑物设立抵押权时，抵押权的效力及于土地使用权；当事人以土地使用权设立抵押权时，抵押权的效力及于建筑物所有权。但值得注意的是，《民法典》第417条在坚持上述立法政策的同时，还明确规定："建设用地使用权抵押后，该土地上新增的建筑物不属于抵押财产。该建设用地使用权实现抵押权时，应当将该土地上新增的建筑物与建设用地使用权一并处分。但是，新增建筑物所得的价款，抵押权人无权优先受偿。"可见，在当事人以建设用地使用权抵押的情形下，《民法典》亦明确区分其上建筑物形成的时间而异其效力：抵押权效力及于抵押权设立前已经形成的建筑物，但不能及于抵押权设立后新增的建筑物。从类似事物应类似处理的原则出发，我们对待主物与从物的关系，也应参照土地与建筑物之间的关系，从而维护法律体系的统一性。

【实务问题】

虽然《担保法解释》第63条在区分从物取得时间的基础上就抵押权的效力及于从物进行了规定，从而填补了《担保法》留下的漏洞，但《担保法解释》第63条也存在一定的缺陷，主要表现在以下两个方面。

其一，《担保法解释》第63条第2句规定："但是，抵押物与其从物为两个以上的人分别所有时，抵押权的效力不及于抵押物的从物。"我们认为，两个标的物归同一人所有是认定二者具有主从关系的前提，如果抵押物与其他标的物为两个以上的人分别所有，自然谈不上主从关系，抵押权的效力也无从及于该物。也就是说，《担保法解释》第63条规定的但书建立在对主物和从物之间关系的错误认识之上，因而结论错误。

其二，《担保法解释》第63条虽然区分了从物取得的时间而异其效力，将抵押权的效力及于从物限制在抵押权设立时已经取得的从物，但也会带来如下担忧：由于从物本身并无独立的功能，而主物如果欠缺从物的辅助，在价值上也可能会大打折扣，因此，如果将从物排除在抵押权的效力范围之外，在实现抵押权时仅仅拍卖、变卖主物，则可能无法实现标的物的最大价值。

正是考虑到《担保法解释》第63条存在上述两个方面的问题，《民法典担保制度解释》在区分从物取得时间的基础上，不仅规定抵押权的效力仅及于抵押权设立前已经存在的从物，而且参照《民法典》第417条，规定抵押权的效力虽然不及于抵押权设立后取得的从物，但在抵押权实现时，可以一并处分从物，只不过抵押权人对从物的价值不能优先受偿。此外，抵押权的效力及于抵押权设立前已经取得的从物虽然有利于发挥物的效用，但从法律性质上看，应属任意性规定，当事人可以通过约定排除其适用。正是基于这一认识，本条在规定抵押权的效力及于抵押权设立前已经取得的从物的同时，还明确规定“当事人另有约定的除外”。

第四十一条 抵押权依法设立后，抵押财产被添附，添附物归第三人所有，抵押权人主张抵押权效力及于补偿金的，人民法院应予支持。

抵押权依法设立后，抵押财产被添附，抵押人对添附物享有所有权，抵押权人主张抵押权的效力及于添附物的，人民法院应予支持，但是添附导致抵押财产价值增加的，抵押权的效力不及于增加的价值部分。

抵押权依法设立后，抵押人与第三人因添附成为添附物的共有人，抵押权人主张抵押权的效力及于抵押人对共有物享有的份额的，人民法院应予支持。

本条所称添附，包括附合、混合与加工。

【条文主旨】

本条是关于抵押财产发生添附时抵押权效力范围的规定。

【条文概览】

在抵押财产发生添附的情形下，添附物既有可能归属抵押人所有，也可能归属第三人所有，还有可能是抵押人与第三人形成共有关系。在添附物归第三人所有的情形下，抵押权的效力及于抵押人所取得的补偿金，这是抵押权物上代位效力的体现；在添附物归抵押人与第三人共有的情形下，抵押权的效力及于抵押人对添附物的应有部分；在添附物归抵押人所有时，抵押权的效力及于添附物，但在添附导致抵押财产价值增加的情况下，抵押权人无权就增加价值部分主张优先受偿，其目的在于保障因添附而丧失权利的当事人的补偿请求权能够得到实现。

【争议观点】

在抵押财产发生添附的情形下，抵押权的效力是否延伸到添附后的财产，理论界与实务界存在不同的观点：一种观点认为，应区分添附物的归属而异其效力，仅在添附物归抵押人所有时，抵押权的效力才能及于添附后的财产，在添附物归第三人所有时，抵押权的效力不及于添附后的财产，但应及于抵押人所取得的补偿金；另一种观点认为，为保障抵押权人的交易安全，无论是因附合、混合或者加工导致抵押财产归抵押人所有还是归第三人所有，抵押权均应及于添附后的财产。此外，在添附物归抵押人所有的情形下，抵押权的效力虽然及于添附后的财产，但抵押权人是否能够就抵押财产的增值部分优先受偿，也有不同的意见：一种意见认为，在抵押财产因添附而增值时，抵押权的效力应及于全部添附物，包括增值部分；另一种意见认为，抵押权的效力虽然及于添附物，但抵押权人对增值部分不享有优先受偿权。

【理解与适用】

一、添附制度及其在我国的确立

添附制度是民法上的一项重要制度，但在《民法典》第322条明确规定添附制度前，我国的民事立法并未对添附制度予以明确规定，仅在有关司法解释中涉及处理添附问题的一些规则。例如，《民通意见》第86条规定："非产权人在使用他人的财产上增添附属物，财产所有人同意增添，并就财产返还时附属物如何处理有约定的，按约定办理；没有约定又协商不成，能够拆除的，可以责令拆除，不能拆除的，也可以折价归财产所有人；造成财产所有人损失的，应当负赔偿责任。"此外，《担保法解释》对抵押物发生添附后抵押权的效力范围问题进行了规定，《城镇房屋租赁解释》就城镇房屋租赁中发生的添附问题进行了规定。

添附是附合、混合和加工的统称。一般认为，构成添附通常需要具备三个要件：其一，添附事实发生前的原物须分属于不同所有人；其二，须有添附事实的发生；其三，基于添附而形成的新物非经毁损不能分离或分离费用过巨。就添附物的归属而言，大陆法系国家或者地区的基本立场是：（1）在发生附合时，如果是不动产与动产之间的附合，那么由不动产所有人取得附合物的所有权。如果是动产与动产之间的附合，那么二物之间构成主从关系的，由主物所有人取得附合物的所有权；不能区分主从关系的，则构成按份共有。（2）在发生混合时，准用动产与动产之间附合效力之规定。（3）在发生加工行为时，依加工行为产生的附加值与原材料的价值大小来确定加工物的归属，即原则上加工物归原材料所有人所有，但因加工产生的附加值明显超过原材料的价值时，则应归加工人所有；如果加工人在加工时添加了部分材料，那么应将添加材料的价值计算在附加值中。① 当然，确定添附物的归属之后，还存在因添附而形成的债权债务关系，即取得添附物所有权的当事人须对丧失标的物所有权的当事人进行补偿或者赔偿。

《民法典》第322条规定："因加工、附合、混合而产生的物的归属，有约定的，按照约定；没有约定或者约定不明确的，依照法律规定；法律没有规定的，按照充分发挥物的效用以及保护无过错当事人的原则确定。因一方当事人的过错或者确定物的归属造成另一方当事人损害的，应当给予赔偿或者补偿。"该条既就添附物的归属作出了规定，同时也就添附引起的债权债务关系进行了规定，从而为人民法院处理添附问题提供了裁判依据。不过，就添附物归属的确定而言，这一条文规定显得较为原则。如何准确把握，需要总结司法实践中的经验。例如，《城镇房屋租赁解释》就房屋租赁中的添附问题进行了具体规定，在《民法典》编纂完成后，最高人民法院对该司法解释进

① 参见陈本寒：《构建我国添附制度的立法思考》，载《法商研究》2018年第4期。

行了清理，保留了与《民法典》立法精神一致的规定，为人民法院处理相关问题提供了更加具有可操作性的规则。

二、《担保法解释》第62条的意义与局限

《担保法解释》第62条规定："抵押物因附合、混合或者加工使抵押物的所有权为第三人所有的，抵押权的效力及于补偿金；抵押物所有人为附合物、混合物或者加工物的所有人的，抵押权的效力及于附合物、混合物或者加工物；第三人与抵押物所有人为附合物、混合物或者加工物的共有人的，抵押权的效力及于抵押人对共有物享有的份额。"尽管该条是就抵押财产发生添附时抵押权的效力范围问题而作的规定，但在《民法典》编纂完成前，堪为司法实践对各种添附类型的间接认可。[1]根据该规定，在抵押财产发生添附的情形下，添附物既有可能归属抵押人所有，也可能归属第三人所有，还有可能是抵押人与第三人形成共有关系。在添附物归第三人所有的情形下，抵押权的效力及于抵押人所取得的补偿金，这是抵押权物上代位效力的体现，我们将在下文关于《民法典担保制度解释》第42条的解读中进一步讨论。从实践的情况看，在添附物归抵押人与第三人共有的情形下，抵押权的效力及于抵押人对添附物的应有部分，也不存在争议。

唯一存在争议的是，在添附物归抵押人所有时，抵押权的效力究竟是及于添附物的全部还是仅及于抵押物原来的价值？对此，从文义上看，似应理解为抵押权的效力及于添附物的全部。但如此一来，因添附而丧失权利的当事人就会面临相应的风险。尤其是被担保的债权数额可能超过添附之前抵押财产的价值，在抵押财产因添附行为发生增值的情形下，如果抵押权的效力及于添附物的全部，抵押权人就可以主张对增值部分也享有优先受偿权，从而导致因添附而丧失权利的当事人的补偿请求权或者赔偿请求权无法实现。这对因添附而丧失权利的当事人显然不公平，因为添附物价值的增加是以其丧失权利为代

---

① 参见李富成：《添附制度体系之比较、反思与重构》，载《清华大学学报（哲学社会科学版）》2006年第5期。

价的。

为了在保持司法政策延续性的同时，解决实践中存在的相关争议，本条在继受《担保法解释》第62条的同时，明确规定在添附导致抵押财产价值增加的情况下，虽然抵押权的效力及于添附物，但抵押权人无权就增加价值部分主张优先受偿，其目的在于保障因添附而丧失权利的当事人的补偿请求权能够得到实现。

【实务问题】

一、不同所有人之间的不动产能否发生附合

一般认为，附合包括动产与不动产之间的附合及动产与动产之间的附合两种情形。但从立法例看，法国法主张不动产之间也会发生附合的情形，且设计了非常详细的添附规则；德国、瑞士等国的立法则不承认不同所有人的不动产之间会发生附合；日本民法未明文限定附合物为动产，通说认为不动产与不动产之间的附合也有可能。我国学者对于不同所有人之间的不动产能否发生附合，则有不同意见：一种意见认为，我国法律历来不以添附规则处理房屋与土地之间的关系，所以不动产与不动产之间不可能发生添附，至于实践中存在的江河岸边因水流冲击而使上游的土地在下游堆积形成所谓“淤涨地”等情形，在土地公有制的背景下，可以解释为土地与动产土砂的结合；另一种意见则认为，土地公有制并不意味着土地都归国家所有，在土地所有权归集体所有的情形下，不同集体之间的不动产也可能发生添附的情形，且实践中存在越界建筑问题，也需要添附制度予以解决。[①]

我们认为，尽管建筑物与土地在我国民法上分属不同的物权客体，没有采取罗马法以来多数国家坚持的“土地吸收房屋”规则，因而无法用添附制度来解释建筑物与土地的关系。但是，《民法典》第

① 参见陈本寒：《构建我国添附制度的立法思考》，载《法商研究》2018年第4期。

352条明确规定："建设用地使用权人建造的建筑物、构筑物及其附属设施的所有权属于建设用地使用权人，但是有相反证据证明的除外。"可见，除有相反证据证明外，人民法院在确认建筑物、构筑物及其附属设施的所有权归属时，应先行确定建设用地使用权归谁享有。也就是说，在他人享有土地使用权的土地上建造的建筑物、构筑物及其附属设施，应归属土地使用权人。至于建造人的损失，则只能通过不当得利制度等其他制度解决；构成侵权的，建造人还要承担侵权损害赔偿责任。就此而言，我国民法虽然未采用添附制度处理建筑物与土地的关系，但在规则上却并无实质差异。所以，我们的意见是，如果不承认不同所有人之间的不动产附合，就应类推适用《民法典》第352条的规定来解决实践中出现的相关问题。

二、添附规则是强行性规定还是任意性规定

在发生添附的情形下，关于当事人能否就新物所有权的归属进行约定，是一个争议较大的问题。一种意见认为，在发生添附的情形下，新物所有权的归属应根据法律的强行性规定予以认定，而不能由当事人自由约定，即添附规则是强行性规定，当事人不能以意思自治排除其适用；另一种意见则认为，新物所有权归属可基于意思自治进行调整，属于任意性规定。域外也有不同意见，例如德国学者认为，即使当事人意思一致，也不能排除《德国民法典》第946条与第949条的法律效果，即它们是强行法。但也有学者持任意性规定观点，并举出如下条文作为证据：《欧洲示范民法典草案》第VIII-5：101条规定，加工、聚合和混合的结果可以按当事人的约定而调整。[①]

从《民法典》第322条的规定看，其似乎是将添附规则理解为任意性的规定，即仅在当事人对新物归属没有约定或者约定不明时，才需要依据法律规定，而在法律也没有规定时，才由法官依据充分发挥物的效用以及保护无过错当事人的原则确定。对于这一立法政策，有

① 参见林广会、邹建永：《添附的债权效果及其体系效应——兼评我国〈民法典〉第三百二十二条》，载《学术论坛》2020年第4期。

学者批评认为，依各国立法通例，添附制度之使命均在明确因添附而产生的新物的归属，是法律在特别情形下解决物的所有权归属的法定规则，与当事人的约定无关，该条未达成添附应明确新物之归属的立法目的，实有逃避立法责任之嫌。[①] 我们认为，添附制度的意义确实是在当事人对新物归属没有约定或者约定不明时为确认新物的归属提供裁判依据，如果当事人之间有明确约定，自然不应再适用添附制度，而应根据当事人之间的约定适用《民法典》合同编的规则，例如《民法典》关于承揽合同的规定。就此而言，《民法典》第322条仅仅是将当事人没有约定或者约定不明作为适用添附规则的前提，而非意味着添附制度本身就是任意性规定。

---

① 参见林广会、邹建永：《添附的债权效果及其体系效应——兼评我国〈民法典〉第三百二十二条》，载《学术论坛》2020年第4期。

第四十二条 抵押权依法设立后，抵押财产毁损、灭失或者被征收等，抵押权人请求按照原抵押权的顺位就保险金、赔偿金或者补偿金等优先受偿的，人民法院应予支持。

给付义务人已经向抵押人给付了保险金、赔偿金或者补偿金，抵押权人请求给付义务人向其给付保险金、赔偿金或者补偿金的，人民法院不予支持，但是给付义务人接到抵押权人要求向其给付的通知后仍然向抵押人给付的除外。

抵押权人请求给付义务人向其给付保险金、赔偿金或者补偿金的，人民法院可以通知抵押人作为第三人参加诉讼。

【条文主旨】

本条是关于抵押权之物上代位效力及其适用的规定。

【条文概览】

担保物权是一种价值权，当抵押财产发生毁损、灭失等变化时，相应的变形物和替代物都是抵押财产交换价值的延续，与原抵押物具有经济上的“同一性”，因此，担保物权的物上代位仅仅是原担保物的延续，并非产生一种新的担保物权，抵押权人有权请求按照原抵押权的顺位就保险金、赔偿金或者补偿金等优先受偿。鉴于此，担保物权的物上代位在性质上是法定的债权质押，自可适用债权质押的一般规则。由于《民法典》对于债权质押的实现程序没有提供相应的规则，因此只能类推适用有关债权转让的有关规则。据此，如果给付义务人接到抵押权人要求向其给付的通知后仍然向抵押人给付，给付义务人仍应承担向抵押权人给付保险金、赔偿金或者补偿金的义务，不过其后可以依不当得利规定向抵押人请求返还。如果给付义务人在接到通知前已经向抵押人给付了保险金、赔偿金或者补偿金，则抵押权人无权再请求给付义务人向其给付保险金、赔偿金或者补偿金。

【争议观点】

关于担保物权的物上代位性，无论是《担保法解释》还是后来的《物权法》《民法典》均有明确规定，理论界与实务界亦不存争议。争议较大的是，在发生物上代位的情形下，抵押权人是否还能依据原抵押权的顺位主张优先受偿权？对此，实务界有两种看法：一种意见是，在发生抵押财产毁损、灭失或者被征收等情形时，抵押登记将被注销，抵押权的顺位亦不复存在，各抵押权人应根据其债权额平等受偿；另一种意见则认为，虽然抵押登记已被注销，但并不意味着抵押权的顺位消灭，在发生物上代位的情形下，各抵押权人仍应根据原抵押权的顺位确定优先受偿的顺序。

此外，在发生物上代位的情形下，虽然担保物权存在于保险金、补偿金以及赔偿金等金钱之上，但由于金钱本身的特殊性，使得担保物权的实现也变得更加复杂。如何确保担保物权的实现，也是理论界和实务界颇为头痛的问题。《民法典担保制度解释》在吸收各方面意见的基础上采取了一定措施来保障担保物权的实现。

【理解与适用】

一、担保物权的物上代位及其性质

担保物权的物上代位，是指担保财产发生毁损、灭失或者被征收等情形时，担保物权的效力及于担保财产的替代物。在《物权法》颁行前，《担保法》第58条与第73条、第81条分别对抵押权和质权的物上代位性作了规定，但这些规定仅涉及抵押物或质物“因灭失所得的赔偿金”。《担保法解释》不仅扩大了代位物的范围，将《担保法》

规定的“因灭失所得的赔偿金”扩展为担保财产在“灭失、毁损或者被征用的情况下”担保人所得的“保险金、赔偿金或者补偿金”，而且还扩大了物上代位性的适用范围，规定留置权也具有物上代位性。《物权法》第174条在吸收《担保法解释》相关内容的基础上，就担保物权的物上代位性作出一般性的规定：“担保期间，担保财产毁损、灭失或者被征收等，担保物权人可以就获得的保险金、赔偿金或者补偿金等优先受偿。被担保债权的履行期未届满的，也可以提存该保险金、赔偿金或者补偿金等。”《民法典》第390条继受了这一规定。

担保物权的物上代位性有时也被称为物上代位权。关于此种权利究竟是原担保物权效力的延伸还是一种新的权利，存在不同的观点：一种观点认为，物权的存续以标的物的存在为前提，若标的物灭失，物权也随之消灭，虽然担保物权是对担保财产交换价值的支配，但其本质上仍是物权，当抵押物灭失时，即使存在抵押物的变形物或替代物，原抵押物也失去了其特定性，原抵押权当然归于消灭，因此，担保物权的物上代位并非原抵押权效力的延续，而是一种新的担保权利；另一种观点认为，担保物权是一种价值权，当抵押财产发生毁损、灭失等变化时，相应的变形物和替代物都是抵押财产交换价值的延续，与原抵押物具有经济上的“同一性”，因此担保物权的物上代位仅仅是原担保物权追及效力的体现，而并非是一种新的担保物权。

我们认为，尽管担保物权的物上代位与担保物权的追及效力密切相关，但二者仍有重大区别。考虑到物权的客体具有特定性，在标的物毁损、灭失或者被征收等情形下，标的物在形态上发生了重大变化，由原来的动产或者不动产转化成金钱债权，必然导致原担保物权消灭，自然也就不存在担保物权的追及效力，因此，应认为担保物权的物上代位是一种新的担保权利。至于这一权利的性质，一般认为是法定的债权质权，即以担保人所享有的代位物请求权为标的物并依据法律直接产生的债权质权。

尽管担保物权的物上代位产生的是一种新的担保物权，但为保障原担保物权人的交易安全，该债权质权的顺位仍应按照原担保物权的顺位确定。例如，我国台湾地区“民法”在修订后于第 881 条第 1、2 项明确规定：“抵押权除法律另有规定外，因抵押物灭失而消灭。但抵押人因灭失得受赔偿或其他利益者不在此限。抵押权人对于前项抵押人所得行使之赔偿或其他请求权有权利质权，其次序与原抵押权同。”

二、担保物权物上代位的实现程序

尽管《民法典》继受《物权法》的规定，就担保物权的物上代位性进行了规定，但未就担保物权物上代位的实现程序进行规定，从而导致实践中担保物权的利益无法获得有效的保障。这一点在抵押权的情况下尤其明显。与动产质权不同，抵押权不以移转标的物的占有为成立要件，因此，抵押财产是否毁损、灭失或者被征收，抵押权人可能并不知情，从而可能导致相应的给付义务人将保险金、赔偿金或者补偿金交付给抵押人。此时，尽管原抵押权人对该金钱债权享有质权，但由于金钱的特殊性，保险金、赔偿金或者补偿金一旦交付抵押人，就有可能被抵押人处分，从而导致原抵押权人的优先受偿权无法得到实现。为保障原抵押权人的交易安全，《担保法解释》第 80 条第 2 款规定：“抵押物灭失、毁损或者被征用的情况下，抵押权所担保的债权未届清偿期的，抵押权人可以请求人民法院对保险金、赔偿金或补偿金等采取保全措施。”但是，仅有这一规定并不足以保障原抵押权人的交易安全，因为该条仅适用于所担保的债权未届清偿期的情形，且抵押权人请求人民法院对保险金、赔偿金或补偿金等采取保全措施的前提有二：一是抵押权人知道抵押财产已经毁损、灭失或者被征用；二是保险金、赔偿金或者补偿金的给付义务人尚未对抵押人进行给付，或者虽然已经给付，但尚未被抵押人处分。《物权法》未采取上述思路，于第 174 条规定：“……被担保债权的履行期未届满的，也可以提存该保险金、赔偿金或者补偿金等。”这一规定仍将适用范围限制在被担保债权的履行期尚未届满的情形，且“也可以提存”的主体究竟是谁，指代也不清楚。如果认为是担保人，则在担保人未进行提存的情况下，其应当承担何种法律责任，也欠缺相应的规定；如果认为提存的主体是抵押权人，又如何操作，也欠缺应有的程序保障。《民法典》继受上述规定，亦未就担保物权物上代位的实现程序作进一步的规定。

反观域外立法，则普遍对担保物权物上代位的实现程序进行了规定。[①]例如，在德国，为确保抵押权的物上代位能够得到实现，立法采取了以下举措：首先是明确规定保险人和被保险人在发生物上代位的情形下有通知抵押权人的义务，且通知到达抵押权人一个月后才能向被保险人支付保险金并对抵押权人发生效力；其次是规定抵押权人的异议权，即抵押权人有权就保险人支付保险金提出异议，且一旦提出异议，保险人就必须向被保险人和抵押权人为共同给付；最后是抵押权人可以向保险人进行登记，且一旦登记，则只有在保险人取得抵押权人的书面同意后，其向被保险人进行的给付才能对抵押权人发生效力。再如，在瑞士，保险人负有查阅不动产登记簿的义务，一旦发现存在抵押权人，则只有经全体抵押权人同意，保险人才能将保险赔偿金支付给被保险人；如果抵押权人不同意，则保险人只能依法向法院提存该保险金。

在《民法典》编纂过程中，有学者建议在将物上代位理解为法定债权质权的基础上，增设以下规则保障担保物权人的交易安全：一是明确规定担保人在发生物上代位的情形下有通知担保物权人的义务；二是明确给付义务人在给付保险金、赔偿金或者补偿金前，有查询不动产登记簿的义务，并将产生保险金、赔偿金或者补偿金请求权的事实通知担保物权人。[②]在《民法典》未就担保物权物上代位的实现程序进行明确规定的情况下，如何保障担保物权人的交易安全，成为《民法典担保制度解释》制定中的一个难点问题。经反复研究，我们认

① 参见程啸：《担保物权人物上代位权实现程序的建构》，载《比较法研究》2015年第2期。

② 参见程啸：《担保物权人物上代位权实现程序的建构》，载《比较法研究》2015年第2期。

为，鉴于担保物权的物上代位在性质上是法定的债权质押，自可适用债权质押的一般规则。但遗憾的是，《民法典》对于债权质押的实现程序也没有提供相应的规则。在此情形下，我们只能类推适用有关债权转让的有关规则。

《民法典》第546条第1款规定：“债权人转让债权，未通知债务人的，该转让对债务人不发生效力。”可见，在债权转让中，如果债务人接到通知后仍向原债权人履行债务，则不构成有效的债务清偿行为，债务人仍负有向受让债权的新债权人为给付的义务。尽管该条未明确通知的主体，但无论是原债权人通知还是受让该债权的新债权人通知，只要能够证明债务人知悉债权转让的事实，则债务人就不能再向原债权人进行履行。同理，在债权质押中，如果质权人将债权质押的事实已经通知了次债务人，则次债务人也应向质权人清偿债务而不能再向债权人清偿债务。关于这一点，我们在解读《民法典担保制度解释》第61条关于应收账款质押的规定时还将详细予以讨论。

既然担保物权的物上代位构成法定的债权质押，也应采取上述规则，即如果担保物权人通知了给付义务人，则给付义务人在接到通知后仍向抵押人给付保险金、赔偿金或者补偿金的，不产生债权消灭的后果，给付义务人仍应向担保物权人进行给付，但在担保物权人通知给付义务人之前，如果给付义务人已经向抵押人给付了保险金、赔偿金或者补偿金，则构成有效的债务清偿，担保物权人无权再请求给付义务人向其给付保险金、赔偿金或者补偿金。此外，我国台湾地区“民法”第881条第3项规定：“给付义务人因故意或重大过失向抵押人为给付者，对于抵押权人不生效力。”在《民法典担保制度解释》制定过程中，有学者建议参考这一规范，对给付义务人因故意或者重大过失向抵押人履行债务的法律后果进行明确规定；还有学者提出，只要给付义务人知道标的物上存在担保物权，就不应再向担保人履行债务，否则对担保物权人不发生效力。我们认为，无论是给付义务人的故意或者重大过失，还是给付义务人知道标的物上存在担保物权，都有一个证明的问题。如果有证据证明给付义务人已经接到担保物权人向其履行的通知，则足以证明给付义务人知道担保物权的存在，从而也为判断给付义务人是否存在故意或者重大过失等主观过错提供条件。但在没有证据证明给付义务人已经接到担保物权人通知的情况下，无论是交由法官认定给付义务人是否存在故意或重大过失，还是交由法官认定给付义务人是否知道担保物权的存在，都可能导致法官的裁量权过大而危及给付义务人的交易安全。也正因如此，从诉讼程序的角度看，在担保物权人通过诉讼向给付义务人主张保险金、赔偿金或者补偿金的情形下，为了查明相关事实，人民法院可以通知抵押人作为第三人参加诉讼。

三、担保物权物上代位的范围

从《民法典》第 390 条关于担保物权物上代位的规定看，代位物的范围包括担保人因担保财产发生毁损、灭失或者被征收等而取得的保险金、赔偿金和补偿金等。问题是，除此之外，是否还存在其他发生物上代位的情形？答案显然是肯定的。在《民法典担保制度解释》第 41 条讨论到添附对担保物权的影响时，就已经提到，如果添附后的财产归第三人所有，则抵押权的效力应及于抵押人所取得补偿金，这也是抵押权物上代位性的表现。

值得探讨的是，在担保财产被转让的情形下，担保物权是否及于担保人所取得的价金呢？这就涉及担保物权物上代位效力与追及效力的关系。一般认为，在承认担保物权追及效力的情形下，担保人转让担保财产所取得的价金就不再属于物上代位的范围，但在不承认担保物权追及效力的情形下，则需要通过确立在价金上成立物上代位来确保担保物权人的交易安全。例如，由于《物权法》第 191 条不承认抵押权的追及效力，因此，该条一方面规定未经抵押权人同意，不得转让抵押物，另一方面则规定在抵押权人同意转让抵押物的情形下，抵押人所取得的价款也应当用于提前清偿债务或者提存。可见，即使抵押权人同意转让抵押物，也并不意味着抵押权人放弃了抵押权，而仅仅意味着该抵押权继续存在于抵押人所取得的价金上，从而形成物上代位。需要注意的是,《民法典》第406条关于抵押物转让规定没有采取《物权法》第191条的思路,而是在承认抵押权具有追及效力的基础上允许抵押人自由转让抵押物。也就是说,即使抵押人转让抵押物,抵押权也将继续存在于抵押物上,自然就不存在物上代位的问题。关于这一问题,我们将在《民法典担保制度解释》第43条予以详细讨论。

需要说明的是,尽管《民法典》第390条关于代位物的规定仅列举了保险金、赔偿金或者补偿金,但这并不意味代位物仅限于金钱债权。在实践中,也存在实物补偿的现象,尤其是在房屋征收拆迁补偿中,不少地方采取的是房屋产权调换的方式,即由征收人提供与被征收的房屋价值相等的其他房屋作为征收的补偿。此时,存在于被征收房屋上的抵押权应继续存在于被征收人因房屋产权调换而取得的房屋上,且不以再次办理抵押登记为要件。

【实务问题】

一、增加担保请求权与担保物权物上代位的关系

值得注意的是,由于《担保法》未规定抵押权的物上代位性,因此规定了抵押物价值减少时的增加担保请求权。《担保法》第51条第1、2款分别规定:"抵押人的行为足以使抵押物价值减少的,抵押权人有权要求抵押人停止其行为。抵押物价值减少时,抵押权人有权要求抵押人恢复抵押物的价值,或者提供与减少的价值相当的担保。""抵押人对抵押物价值减少无过错的,抵押权人只能在抵押人因损害而得到的赔偿范围内要求提供担保。抵押物价值未减少的部分,仍作为债权的担保。"可见,该条第2款针对的就是应当发生物上代位的情形,但《担保法》却要求抵押权人请求抵押人另行增加担保,而非直接在赔偿金上成立新的担保。在《物权法》第174条明确规定担保物权的物上代位性后,这一规定自然也就没有存在的意义,因

此，《物权法》第193条仅保留了第1款，并补充规定："抵押人不恢复抵押财产的价值也不提供担保的，抵押权人有权要求债务人提前清偿债务。"这一立法体例被《民法典》第408条所继受。

我们认为，在非因抵押人的原因导致抵押财产价值减少乃至抵押财产灭失的情形下，一旦立法确立了担保物权的物上代位性，理论上就可以不再规定担保物权人的增加担保请求权。但是，从实践的情况看，如果给付义务人在接到担保物权人的通知前已经向担保人清偿了债务，且担保人已将获得的保险金、赔偿金或者补偿金进行了处分，则担保物权人仍应享有请求担保人另行提供担保的权利。[①]

二、侵害物上代位权的损害赔偿责任

在担保物权人未通知给付义务人向其支付保险金、赔偿金或者补偿金的情形下，如果给付义务人知道或者应当知道标的物上存在担保物权，却仍向担保人支付保险金、赔偿金或者补偿金的，担保物权人能否以物上代位权受到损害为由，向给付义务人主张损害赔偿责任？我们倾向认为，尽管担保物权人未通知给付义务人向其支付保险金、赔偿金或者补偿金，但如果有证据证明给付义务人知道或者应当知道标的物上存在担保物权，而仍向担保人支付保险金、赔偿金或者补偿金，且最终导致担保物权人受到损害的，则担保物权人应有权向给付义务人主张损害赔偿责任。不过，如果担保物权人对于自己所受损失的发生亦有过错，则应相应减轻给付义务人的赔偿责任。例如，给付义务人有证据证明担保物权人知道或者应当知道抵押财产已经发生毁损、灭失或者被征收的事实，但却未及时通知给付义务人，则担保物权人对于自己所受损失的发生亦有过错，自应承担相应的责任。

---

① 相同观点可参见郑冠宇:《民法物权》，我国台湾地区新学林出版股份有限公司2011年版，第474页。

第四十三条 当事人约定禁止或者限制转让抵押财产但是未将约定登记，抵押人违反约定转让抵押财产，抵押权人请求确认转让合同无效的，人民法院不予支持；抵押财产已经交付或者登记，抵押权人请求确认转让不发生物权效力的，人民法院不予支持，但是抵押权人有证据证明受让人知道的除外；抵押权人请求抵押人承担违约责任的，人民法院依法予以支持。

当事人约定禁止或者限制转让抵押财产且已经将约定登记，抵押人违反约定转让抵押财产，抵押权人请求确认转让合同无效的，人民法院不予支持；抵押财产已经交付或者登记，抵押权人主张转让不发生物权效力的，人民法院应予支持，但是因受让人代替债务人清偿债务导致抵押权消灭的除外。

【条文主旨】

本条是关于抵押财产转让的规定。

【条文概览】

《民法典》第406条在允许抵押人自由转让抵押财产的同时，规定“当事人另有约定的，按照其约定”。由于不动产登记机构允许当事人之间的约定可以办理登记，因此，应区分该约定是否办理登记而异其效力：根据区分原则，无论当事人关于限制或者禁止抵押物转让的约定是否登记，都不应影响抵押财产转让合同的效力，但在限制或者禁止抵押物转让的约定已经登记的情形下，如果抵押人将抵押财产转让给他人且已经办理了过户登记，则抵押权人可主张抵押物所有权变动对自己不发生效力。

【争议观点】

《民法典》第406条在允许抵押人自由转让抵押物的同时，规定“当事人另有约定的，按照其约定”。问题是，在抵押人违反“约定”转让抵押财产的情形下，抵押人与买受人所订立的买卖合同效力如何认定，物权变动是否有效。对此，有不同的意见：一种观点认为，尽管抵押权人与抵押人之间通过另有约定限制或禁止抵押财产转让，但该约定仅在当事人之间发生效力，不能约束买受人，因此，不仅买卖合同的效力不受影响，而且也不影响抵押财产的权利变动；另一种观点则认为，抵押权人与抵押人关于限制或者禁止抵押财产转让的约定是否具有约束买受人的效力，须根据该约定是否在不动产登记簿上办理登记来确定，如果该约定已在不动产登记簿进行登记，则应赋予该约定对抗买受人的效力，但此时也应适用区分原则，即抵押人与买受人之间的买卖合同不因违反约定而无效，抵押权人仅可否定物权变动的效力。

【理解与适用】

一、关于抵押财产转让的立法政策及其变迁

关于抵押人能否自由转让抵押财产，我国民法经历了一个较为复杂的发展过程。虽然《民法通则》未就抵押物的转让问题进行规定，但《民通意见》第115条第1款规定：“抵押物如由抵押人自己占有并负责保管，在抵押期间，非经债权人同意，抵押人将同一抵押物转让他人，或者就抵押物价值已设置抵押部分再作抵押的，其行为无效。”可见，根据该款规定，未经抵押权人同意的抵押物转让行为应被认定为无效。《担保法》第49条第1款没有继续要求抵押人转让抵押物必须经抵押权人同意，但为保障抵押权人的利益和受让人的交易安全，规定：“抵押期间，抵押人转让已办理登记的抵押物的，应当

通知抵押权人并告知受让人转让物已经抵押的情况；抵押人未通知抵押权人或者未告知受让人的，转让行为无效。”对于这一规定，《担保法解释》没有从文义上进行理解，而是通过体系解释、目的解释，明确规定：“抵押权存续期间，抵押人转让抵押物未通知抵押权人或者未告知受让人的，如果抵押物已经登记的，抵押权人仍可以行使抵押权；取得抵押物所有权的受让人，可以代替债务人清偿其全部债务，使抵押权消灭。受让人清偿债务后可以向抵押人追偿。如果抵押物未经登记的，抵押权不得对抗受让人，因此给抵押权人造成损失的，由抵押人承担赔偿责任。”可见，在最高人民法院看来，在抵押权已办理登记的情况下，受让人的交易安全自可通过物权公示制度予以解决，而一旦赋予抵押权以追及效力，也就足以保障抵押权人的交易安全，因此，即使抵押人转让抵押物未通知抵押权人或者未告知受让人，也不应当影响抵押物转让行为的效力。

在《物权法》的制定过程中，不少学者建议仍然按照最高人民法院在《担保法解释》中的思路来设计抵押物转让的规则，但是立法机构考虑到在商品房预售或者销售过程中，房地产开发商是将土地使用权或者建筑物抵押给银行后再将房屋销售给买受人，而作为消费者的购房人往往仅审查房地产开发商是否已经取得预售许可证，而很少查阅不动产登记簿了解所购房屋的土地使用权或者建筑物本身是否办理抵押登记，如果在赋予抵押权以追及效力的基础上允许抵押人自由转让抵押物，则可能导致购房人的交易安全无法获得应有的保护。为此，《物权法》第191条规定：“抵押期间，抵押人经抵押权人同意转让抵押财产的，应当将转让所得的价款向抵押权人提前清偿债务或者提存。转让的价款超过债权数额的部分归抵押人所有，不足部分由债务人清偿。抵押期间，抵押人未经抵押权人同意，不得转让抵押财产，但受让人代为清偿债务消灭抵押权的除外。”可见，关于抵押物的转让，《物权法》似乎又回到了《民通意见》的立场上。

《物权法》通过并实施后，该法第191条所体现的立法政策受到理论界与实务界的批评。首先，这一规定不利于最大限度发挥物的效用，有违物尽其用原则，因为担保责任是一种或有责任，抵押人最终是否承担担保责任并不确定，如果不允许抵押人自由转让抵押物，就可能导致标的物无法充分得到有效利用。尤其是，在买受人急需获得抵押物而又明知标的物已经设定抵押时仍然接受抵押物的场合，则意味着买受人自愿承担相应的风险，法律并无干预的必要。其次，《物权法》第191条虽然要求抵押人转让抵押物须经抵押权人同意，但并未就同意的后果作出明确的规定，以致在实践中引起较大争议：从抵押人的角度看，既然抵押权人同意抵押人转让抵押物，就意味着抵押权人放弃了抵押权，但抵押权人则主张其同意抵押人转让抵押物并不意味着其放弃抵押权。这种理解的不一致导致即使在抵押权人同意抵押人转让抵押物的情形下，买受人仍面临无法获得抵押物的风险。最后，在抵押人未经抵押权人同意转让抵押物的情形下，人民法院也面临法律适用上的难题，有的法院依据《物权法》第191条认定抵押人与买受人之间的抵押物转让合同无效，但这又与无权处分规则有冲突，因为即使在出卖人无权处分的情形下，所订立的买卖合同也并不因出卖人无权处分而无效，仅在出卖人因无处分权而不能履行债务时由出卖人承担违约责任，而抵押人对抵押物享有所有权，却要认定其转让抵押物的合同无效，其正当性难免会遭到质疑。

正是由于《物权法》第191条存在上述问题，《民法典》第406条重新回到《担保法解释》第67条的思路上，明确规定："抵押期间，抵押人可以转让抵押财产。当事人另有约定的，按照其约定。抵押财产转让的，抵押权不受影响。抵押人转让抵押财产的，应当及时通知抵押权人。抵押权人能够证明抵押财产转让可能损害抵押权的，可以请求抵押人将转让所得的价款向抵押权人提前清偿债务或者提存。转让的价款超过债权数额的部分归抵押人所有，不足部分由债务人清偿。"可见，《民法典》是在承认抵押权具有追及效力的基础上，允许抵押人自由转让抵押物，但同时设置了三个具体规则：一是当事人可以约定限制或者禁止抵押物的转让；二是抵押人转让抵押财产的，应当及时通知抵押权人；三是抵押权人能够证明抵押财产转让可能损害抵押权的，可以请求抵押人将转让所得的价款向抵押权人提前清偿债务或者提存。

二、违反限制或禁止转让抵押财产约定的后果

在当事人约定限制或者禁止抵押物转让的情形下，如果抵押人违反约定转让抵押物，买卖合同的效力如何认定？物权变动是否有效？在《民法典担保制度解释》制定过程中，基本的共识是：如果当事人之间关于限制或者禁止转让的约定已经在不动产登记簿上予以记载，则应赋予该约定类似预告登记的效力，即根据区分原则，虽然抵押人与买受人签订的买卖合同并不因抵押人违反该约定而无效，但即使当事人已经就抵押物所有权的变动办理了变更登记，相对于抵押权人，抵押物所有权的变动也是无效的。

问题是，当事人之间关于禁止或者限制抵押物转让的约定能否办理登记呢？对此，存在不同的意见：一种意见认为，考虑到《民法典》允许抵押人自由转让抵押物可能给抵押权人行使抵押权带来不便和一定的风险，有必要赋予当事人关于禁止或者限制抵押物转让的约定以一定的物权效力，这就必须要求将当事人之间的约定在不动产登记簿上予以记载，因此，应当赋予当事人之间的约定以登记的资格或者能力；另一种意见则认为，并非当事人之间的任何约定都应赋予登记资格或者能力，尤其是针对抵押物转让的限制或者禁止的约定，如果允许其登记且赋予其一定的物权效力，将可能导致《民法典》第406条通过允许抵押物自由流转实现物尽其用的目的落空，因为在抵押权人处于优势地位的市场环境下，将有大量抵押权人要求将其与抵押人之间的约定记载在登记簿上。

考虑到当事人之间关于限制或者禁止抵押物转让的约定能否办理登记，与不动产登记机构的态度密切相关，在制定《民法典担保制度解释》的过程中，我们与自然资源部自然资源确权登记局进行了沟通，了解到自然资源部为配合《民法典》的实施，将对不动产登记簿的记载事项进行修订，内容之一就是允许当事人就限制或者禁止抵押

物转让的约定办理登记。至此，上述争议问题也就迎刃而解了，因为既然登记机构允许当事人就关于限制或者禁止抵押物转让的约定办理登记，司法解释也就有必要区分该约定是否已经办理登记而异其效果。也就是说，如果当事人已将该约定记载于不动产登记簿，由于不动产登记具有公信力，该约定对买受人亦应具有约束力，因此，根据区分原则，虽然抵押人与买受人之间买卖合同的效力不因此而受到影响，但相对于抵押权人，抵押物所有权的变动将被认定无效。相反，如果当事人未将该约定予以登记，则不仅买卖合同的效力不受影响，抵押物所有权的变动也不应受到影响。此时，抵押权人只能以抵押人违反约定为由向抵押人主张违约责任。

三、《民法典》第406条的适用范围及其限制

如前所述，《民法典》允许抵押人自由转让抵押物，是以承认抵押权具有追及效力为前提的。但值得注意的是，《民法典》第406条关于抵押物转让的规定并未区分动产和不动产，在标的物为动产的情形下，也未区分抵押权是否已办理登记。在标的物为不动产的情形下，由于抵押权的设立以办理抵押登记为生效要件，因此不动产抵押权均具有对抗第三人的效力。不过，在标的物为动产的情形下，抵押权的设立不以办理抵押登记为生效要件，即使未办理抵押登记，也不影响抵押权的设立，但根据《民法典》第403条的规定，该抵押权不具有对抗善意第三人的效力。关于善意第三人的认定，《民法典担保制度解释》第54条第1项规定："抵押人转让抵押财产，受让人占有抵押财产后，抵押权人向受让人请求行使抵押权的，人民法院不予支持，但是抵押权人能够举证证明受让人知道或者应当知道已经订立抵押合同的除外。"可见，在动产抵押的情况下，如果当事人没有办理抵押登记，则抵押权不能对抗自抵押人处取得占有的善意买受人。就此而言，未办理抵押登记的动产抵押权不具有全面的追及效力，仅在买受人是恶意的情形下，动产抵押权才具有追及效力。

在动产抵押已经办理登记的情形下，抵押权是否具有全面的追及

效力呢？也不一定。《民法典》第404条规定：“以动产抵押的，不得对抗正常经营活动中已经支付合理价款并取得抵押财产的买受人。”之所以有如此规定，是因为与动产质押须移转标的物的占有不同，动产抵押无须移转标的物的占有，且登记仅仅是抵押权设立的对抗要件，而非生效要件。更为重要的是，即使是在动产抵押已经办理登记的情形下，由于动产数量庞大，且有些价值较低，在抵押人转让抵押物的情形下，如果一概要求买受人查询抵押登记，将可能带来巨大的交易费用。为了避免动产抵押给人们的正常社会生活带来重大影响，《民法典》第404条针对正常经营活动中的买受人，切断了抵押权的追及效力。也就是说，在抵押人转让抵押物的情形下，针对正常经营活动中的买受人，动产抵押权人无权再主张优先受偿。

总之，尽管《民法典》第406条对抵押人自由转让抵押物没有限制，但在动产抵押的情形下，由于《民法典》第403条已明确规定未办理登记的抵押权不具有对抗善意第三人的效力，因此，在买受人为善意的情形下，不再适用《民法典》第406条的规定；此外，针对正常经营活动中的买受人，由于《民法典》第404条已就动产抵押权追及效力的切断作出明确规定，也就没有《民法典》第406条适用的余地。

【实务问题】

一、商品房预售或者销售中消费者的特别保护

尽管《民法典》第406条在承认抵押权追及效力的基础上允许抵押人自由转让抵押财产，有利于贯彻物尽其用的原则，但在商品房销售或者预售过程中，如果开发商在将土地使用权或者建筑物予以抵押后再出售房屋，而作为购房人的消费者一般都不会查阅不动产登记簿，一旦开发商的债权人因债权没有实现而行使抵押权，则消费者的交易安全必将受到极大威胁。值得注意的是，在《民法典》编纂完成

前，无论是法律法规还是司法解释，均存在对消费者进行特殊保护的相关政策。例如《工程款优先受偿批复》第 2 条规定："消费者交付购买商品房的全部或者大部分款项后，承包人就该商品房享有的工程价款优先受偿权不得对抗买受人。"结合该批复第 1 条的规定，可以推导出作为消费者的买受人在符合一定条件的情形下，其权利应优先于抵押权。此外，《执行异议和复议规定》第 29 条规定："金钱债权执行中，买受人对登记在被执行的房地产开发企业名下的商品房提出异议，符合下列情形且其权利能够排除执行的，人民法院应予支持：（一）在人民法院查封之前已签订合法有效的书面买卖合同；（二）所购商品房系用于居住且买受人名下无其他用于居住的房屋；（三）已支付的价款超过合同约定总价款的百分之五十。"可见，在购房人符合一定条件的情形下，其权利能够排除人民法院对房屋的强制执行。

在《民法典担保制度解释》的制定过程中，我们曾根据最高人民法院在《民法典》编纂完成前已经发布的司法解释，认为在商品房预售或者销售中，符合一定条件的消费者所享有的权利应优先于抵押权人的权利。因此，在抵押人转让抵押物的情形下，只要购房人属于消费者，抵押权人就不能向购房人主张相应的权利。当然，为了防止抵押权人的利益受到损害，此时抵押权人应有权依据《民法典》第 406 条第 2 款的规定，请求开发商将销售房屋所取得价款用于提前清偿债务或者提存。不过，最终通过的《民法典担保制度解释》并未就此作出规定。这是因为，考虑到《民法典》施行后，《工程款优先受偿批复》被废止，该司法解释的相关精神和内容将被纳入正在制定中的执行异议之诉司法解释。因此，而对商品房预售或者销售中的消费者进行特别保护，届时可以通过执行异议之诉司法解释予以解决，不必在《民法典担保制度解释》另作规定。

二、抵押人转让抵押物未及时通知抵押权人的后果

根据《民法典》第 406 条第 2 款的规定，抵押人虽有转让抵押物的自由，但应及时通知抵押权人。问题是，如果抵押人转让抵押物未

及时通知抵押权人，其法律后果是什么？我们认为，《民法典》之所以规定抵押人要及时通知抵押权人抵押物已经转让的事实，是为了抵押权人行权的方便。就此而言，我们倾向认为，不仅抵押人在转让抵押物时应及时通知抵押权人，明知标的物已设立抵押还受让抵押物的买受人再次转让抵押物的，也应及时通知抵押权人。如果抵押人或者抵押物的受让人未将抵押物转让的事实及时告知抵押权人，导致抵押权人无法行使抵押权或者增加了实现抵押权的费用的，转让抵押物的抵押人或者抵押物的受让人均应对抵押权人的损失承担赔偿责任。

第四十四条 主债权诉讼时效期间届满后，抵押权人主张行使抵押权的，人民法院不予支持；抵押人以主债权诉讼时效期间届满为由，主张不承担担保责任的，人民法院应予支持。主债权诉讼时效期间届满前，债权人仅对债务人提起诉讼，经人民法院判决或者调解后未在民事诉讼法规定的申请执行时效期间内对债务人申请强制执行，其向抵押人主张行使抵押权的，人民法院不予支持。

主债权诉讼时效期间届满后，财产被留置的债务人或者对留置财产享有所有权的第三人请求债权人返还留置财产的，人民法院不予支持；债务人或者第三人请求拍卖、变卖留置财产并以所得价款清偿债务的，人民法院应予支持。

主债权诉讼时效期间届满的法律后果，以登记作为公示方式的权利质权，参照适用第一款的规定；动产质权、以交付权利凭证作为公示方式的权利质权，参照适用第二款的规定。

【条文主旨】

本条是关于主债权诉讼时效期间届满对担保物权影响的规定。

【条文概览】

由于担保物权从属于主债权，因此，在主债权因诉讼时效期间届满而成为自然债务后，抵押权也无法通过人民法院予以保护，但这并不意味着抵押权自身适用诉讼时效。至于在抵押权因主债权已过诉讼时效而不再受人民法院保护的情形下，抵押人能否请求抵押权人协助办理注销抵押登记的问题，可继续适用《民商事审判会议纪要》的相关规定。由于我国现行法对申请执行的期间进行了时效化改造，因此，在主债权诉讼时效期间内，如果抵押权人仅起诉债务人且获得胜诉判决，但未在法定的申请执行时效期间申请强制执行，则其再向抵押人主张行使抵押权，人民法院不予保护。主债权诉讼时效期间届满后，财产被留置的债务人或者对留置财产享有所有权的第三人请求债权人返还留置财产的，人民法院不予支持；债务人或者第三人请求拍卖、变卖留置财产并以所得价款清偿债务的，人民法院应予支持。以登记作为公示方式的权利质权与抵押权相似，可能发生因主债权已过诉讼时效而不再受人民法院保护的问题，以交付权利凭证为公示方式的权利质权，则应参照适用动产质权的规则。

【争议观点】

根据《民法典》第 419 条的规定，在主债权已过诉讼时效的情形下，抵押权人主张行使抵押权的，人民法院不予支持，这已是基本共识。但是，如果抵押权人在主债权诉讼时效期间内仅以债务人为被告提起诉讼，并已获胜诉判决，但未在法定的申请执行时效期间内对债务人申请强制执行，此后再向抵押人主张抵押权，人民法院是否应予支持？对此，有不同的观点：一种观点认为，抵押权人已经在主债权诉讼时效期间内向债务人主张了权利，自然不再存在主债权因已过诉讼时效而不受人民法院保护的问题，因此，抵押权人也就可随时向抵押人主张行使抵押权；第二种观点认为，虽然抵押权人在主债权诉讼时效期间内起诉了债务人并获得胜诉判决，但由于其未在法律规定的申请执行时效期间内申请对债务人强制执行，应认为主债权因申请执行时效已经届满而成为自然债务，担保债务也成为自然债务，抵押权人无法再通过人民法院保护其抵押权。此外，由于《民法典》第 419 条仅规定了抵押权因主债权诉讼时效期间届满而不再受人民法院保护，但未规定其他担保物权是否也因主债权诉讼时效期间届满而不再受人民法院保护。因此，理论界与实务界有三种不同的观点：一是认为《民法典》第 419 条的规定应类推适用于其他担保物权；二是认为不能将《民法典》第419条的规定类推适用于其他担保物权；三是认为以登记为公示方式的担保物权应类推适用《民法典》第419条，而以移转占有或者交付权利凭证为公示方式的担保物权，则不应类推适用《民法典》第419条。

【理解与适用】

一、担保物权是否存在独立的保护期间

关于担保物权是否存在独立的保护期间的问题，《担保法》未明确规定，但《担保法解释》第12条规定："……担保物权所担保的债权的诉讼时效结束后，担保权人在诉讼时效结束后的二年内行使担保物权的，人民法院应当予以支持。"可见，在主债权诉讼时效期间已经届满后，担保物权人仍可在二年内行使担保物权。这也就意味着担保物权还存在独立的保护期间。

《物权法》没有采取这一思路，其第202条规定："抵押权人应当在主债权诉讼时效期间行使抵押权；未行使的，人民法院不予保护。"由于该条采用的是司法解释的表述方式，即"在什么情形下，人民法院不予保护"的表述方式，因此对这一条的规范目的，实践中存在不同的意见：一种意见认为，该条旨在确立抵押权也应适用诉讼时效，且抵押权的诉讼时效期间应根据主债权的诉讼时效期间进行计算；另一种意见则认为，该条并非要确立抵押权也应适用诉讼时效，而是强调抵押权的从属性，即在主债权因诉讼时效期间届满而无法获得人民法院保护时，抵押权也不再受人民法院的保护。显然，后一种意见是正确的，因为担保物权属于物权的一种，而物权本身原则上并不因诉讼时效的经过而不再受人民法院的保护，但如果被担保的债权因诉讼时效经过而成为自然债务，则担保物权自然也不再受人民法院的保护。《民法典》第419条继受了《物权法》第202条的规定，自然也应作相同的理解。

问题是，如果抵押权人在主债权诉讼时效期间内仅以债务人为被告提起诉讼，并已获胜诉判决，但未在法定的申请执行时效期间内对债务人申请强制执行，此后再向抵押人主张抵押权，人民法院是否应予支持？对此，我们的意见是，尽管抵押权人在主债务诉讼时效期间届满前对债务人提起了诉讼，但由于最高人民法院关于民事执行的司法解释对《民事诉讼法》规定的申请执行期间进行了时效化的改造，因此，抵押权人在获得胜诉判决后，还应在《民事诉讼法》规定的申请执行时效期间内申请人民法院对债务人进行强制执行。如果抵押权人未在《民事诉讼法》规定的申请执行时效期间内申请对债务人进行强制执行，即使该债权已经人民法院确认，也将因申请执行时效期间经过而不再受人民法院的保护。既然主债权不再受人民法院的保护，从属于主债权的担保物权自然也就不再受人民法院的保护。

二、《民法典》第 419 条是否可以类推适用于其他担保物权

《民法典》仅规定主债权时效期间届满，抵押权不再受人民法院保护，实践中较有争议的是，质权和留置权是否也会因主债权诉讼时效期间届满而不再受人民法院的保护。对此，实践中有两种不同的意见。

一种意见认为，留置权和动产质权都以债权人占有标的物为前提，而债权人占有标的物本身，就应视为其一直在主张债权，故主债权不存在诉讼时效期间届满的问题，动产质权和留置权自然也不会发生因主债权已过诉讼时效而不再受人民法院保护的问题，但以登记作为公示方式的权利质权与抵押权相似，则可能发生因主债权已过诉讼时效而不再受人民法院保护的问题，以交付权利凭证为公示方式的权利质权，则应参照适用动产质权的规则。

另一种意见认为，留置权人留置债务人的财产，可以理解为其在向债务人主张权利，因此应无主债权已过诉讼时效期间的问题，但对于质权而言，无论是动产质权还是权利质权，即使债权人占有标的物或者权利凭证，也都是依据当事人之间的约定，不能据此认定债权人

在向债务人主张权利，尤其是第三人提供担保的情况下，更是如此。就此而言，质权应类推适用抵押权的规则，即在主债权诉讼时效期间届满后，质权不再受人民法院保护。

关于在债权人行使留置权的情况下，是否存在主债权诉讼时效期间届满的问题，存在对立的两种观点。一种观点认为，留置权是债权人为实现债权而留置债务人合法占有的财产，因此，只要债权人未丧失对标的物的占有，则不仅留置权将继续存续，且意味着债权人在一直主张权利，自无留置权因主债权诉讼时效期间届满而不受人民法院保护的问题。另一种观点则认为，在债权人行使留置权的情况下，仍然存在主债权诉讼时效期间届满的问题。《民法典担保制度解释》采纳了后一种观点，并认为：主债权诉讼时效期间届满后，财产被留置的债务人或者对留置财产享有所有权的第三人请求债权人返还留置财产的，人民法院不予支持；债务人或者第三人请求拍卖、变卖留置财产并以所得价款清偿债务的，人民法院应予支持。

对于动产质权或者以交付权利凭证为生效要件的权利质权而言，究竟是更类似于抵押权还是更类似于留置权，在《民法典担保制度解释》的制定过程中也有不同的意见。有人认为，不动产抵押权人通常也持有不动产登记机构制作的他项权证，既然不动产抵押权都可能因主债权诉讼时效期间届满而不再受人民法院保护，则质权也应作相同处理。我们认为，不动产抵押权人虽持有他项权证，但他项权证仅仅是证明债权人作为抵押权人被登记在不动产登记簿的文件，持有他项权证并不意味着抵押权人一直在向债务人行使权利，而动产质权人或者以交付权利凭证为生效要件的权利质权人占有债务人提交的或者债务人委托第三人提交的动产或者权利凭证，则应类似留置权人留置债务人合法占有的动产，根据类似情形类似处理原则，应类推适用留置权的相关规则；但以登记为公示方式的权利质权，则应类推适用抵押权的相关规则。

【实务问题】

在抵押权不再受人民法院保护的情形下，抵押人能否提起诉讼，请求抵押权人协助注销抵押登记？之所以有此问题，是因为抵押人虽然可以自由转让抵押物，但由于抵押权具有追及效力，因此在抵押登记未被注销时，就会导致受让人因担心抵押权的存在而不愿交易，进而影响到抵押人对抵押物的处分。对此，一种较为流行的观点认为，《民法典》第393条仅规定在主债权消灭、担保物权实现、债权人放弃担保物权以及法律规定担保物权消灭的其他情形下担保物权消灭，未规定主债权诉讼时效期间届满后抵押权消灭，而只是抵押权不再受人民法院保护，抵押人自不能请求注销抵押登记。此外，还有人认为，在法律未规定抵押权因主债务诉讼时效期间届满而消灭时，如果允许抵押人请求注销抵押登记，将违背物权法定原则。

我们认为，既然抵押权已经不再受到人民法院的保护，与其让抵押登记的存在影响抵押人处分抵押物，不如明确抵押人有权请求注销抵押登记，以充分发挥物的效用，这也是物尽其用原则的基本要求。至于物权法定原则，是指物权的种类和内容由法律规定，不能由当事人约定，而非指物权的消灭必须由法律规定。更为重要的是，本条规定抵押人可以请求注销抵押登记，并非意味着抵押权在实体上已经消灭，而仅仅是指抵押权人因不能请求人民法院保护该权利而不能再使抵押登记的存在阻碍抵押人对标的物的利用。也正因为如此，《民商事审判会议纪要》第59条规定：“抵押权人应当在主债权的诉讼时效期间内行使抵押权。抵押权人在主债权诉讼时效届满前未行使抵押权，抵押人在主债权诉讼时效届满后请求涂销抵押权登记的，人民法院依法予以支持。”这里的涂销就是指注销。

值得注意的是，抵押人在主债权诉讼时效期间届满后有权请求注销抵押登记，并不是向登记机关提出请求，而是向抵押权人提出请求，即请求抵押权人作出书面同意，协助抵押人向登记机构申请注销抵押登记，其法律依据是《民法典》第220条第1款规定的更正登记。也就是说，一旦抵押权因主债权诉讼时效期间届满而不再受人民法院保护，即构成登记错误，抵押人自可获得更正登记请求权，请求抵押权人协助办理注销登记。

债权人仅起诉债务人，未起诉抵押人，判决后债权人申请执行未果，现债权人另行起诉抵押人，请求对抵押物优先受偿，人民法院应否支持？这是实务中普遍存在的一个问题。《民法典》第419条规定："抵押权人应当在主债权诉讼时效期间行使抵押权；未行使的，人民法院不予保护。"据此，我们认为，即使债权人仅起诉债务人，未起诉抵押人，判决后债权人申请执行未果的情况下才起诉抵押人，只要主债权的诉讼时效没有经过，债权人的请求都应当得到支持。审判实践中，能否支持抵押人的唯一标准是主债权诉讼时效期间是否经过。只要主债权诉讼时效期间没有经过，都应当支持债权人的请求。当然，主债权诉讼时效期间届满，债权人主张行使抵押权的，人民法院不应支持。

判决生效执行未果后，诉讼时效期间应当重新起算。

第四十五条 当事人约定当债务人不履行到期债务或者发生当事人约定的实现担保物权的情形，担保物权人有权将担保财产自行拍卖、变卖并就所得的价款优先受偿的，该约定有效。因担保人的原因导致担保物权人无法自行对担保财产进行拍卖、变卖，担保物权人请求担保人承担因此增加的费用的，人民法院应予支持。

当事人依照民事诉讼法有关“实现担保物权案件”的规定，申请拍卖、变卖担保财产，被申请人以担保合同约定仲裁条款为由主张驳回申请的，人民法院经审查后，应当按照以下情形分别处理：

（一）当事人对担保物权无实质性争议且实现担保物权条件已经成就的，应当裁定准许拍卖、变卖担保财产；

（二）当事人对实现担保物权有部分实质性争议的，可以就无争议的部分裁定准许拍卖、变卖担保财产，并告知可以就有争议的部分申请仲裁；

（三）当事人对实现担保物权有实质性争议的，裁定驳回申请，并告知可以向仲裁机构申请仲裁。

债权人以诉讼方式行使担保物权的，应当以债务人和担保人作为共同被告。

【条文主旨】

本条是关于担保物权实现程序的规定。

【条文概览】

尽管当事人可以在担保合同中约定在债务人不履行债务或者发生

实现担保物权的其他情形时由担保物权人自行实现担保物权，但在因担保人的原因导致担保物权人无法自行实现担保物权时，还是应通过诉讼或者非诉方式请求人民法院拍卖、变卖抵押财产以实现担保物权，而不能采取私力救济的方式，自行扣押担保财产并对担保财产进行拍卖、变卖以优先受偿。这一方面是为了确保拍卖、变卖的合法进行，防止担保物权人自行处置担保物损害到担保人的利益，另一方面也是为了避免担保物权人以当事人之间就担保物权的实现方式有约定为由，采取暴力的方式实现担保物权，从而影响到社会的和平秩序。担保物权的非诉执行仅仅是为了提高担保物权实现的效率，降低担保物权实现的成本，而非要解决当事人之间的实体争议。因此，即使当事人在担保合同中约定了仲裁条款，但如果当事人之间就涉及担保物权实现的事项不存在实质性争议，自然无须申请仲裁，可直接向人民法院申请非诉执行。当然，在当事人直接申请人民法院通过非诉执行实现担保物权的情形下，如果担保人或者有利害关系的其他当事人提出异议，则应参照《民事诉讼法解释》关于非讼程序转化诉讼程序的相关规定予以处理，即经人民法院审查，如果当事人对实现担保物权无实质性争议且实现担保物权条件成就的，裁定准许拍卖、变卖担保财产；当事人对实现担保物权有部分实质性争议的，可以就无争议部分裁定准许拍卖、变卖担保财产；当事人对实现担保物权有实质性争议的，裁定驳回申请，并告知申请人向仲裁机构申请仲裁。

【争议观点】

在当事人约定担保物权人可自行对担保财产进行拍卖、变卖并以所得价款优先受偿的情形下，如果担保物权人不占有担保财产，能否通过自力救济的方式扣押担保财产，再自行实现担保物权，理论界与实务界存在不同的意见：一种意见认为，根据世界银行营商环境评估指标体系的要求，应扩大担保物权的实现机制，尽可能满足当事人通过诉讼外的方式实现担保物权的需求，从而降低担保物权的实现成本，因此，《民法典》第410条明确规定担保物权的实现方式可由当事人自由约定，在此背景下，不仅应认定当事人之间的约定有效，而且担保物权人有权以私力扣押担保财产；另一种观点认为，在当事人约定担保物权人可自行对担保财产拍卖、变卖并优先受偿的情形下，如果允许担保物权人通过自力救济的方式扣押担保财产并自行拍卖、变卖担保财产，既可能引发暴力冲突，也无法保障拍卖、变卖行为合法进行，不仅可能损害担保人的权益，还可能增加诉累，因此，即使是因担保人的原因导致担保物权人无法自行实现担保物权，担保物权人也应通过非诉或者诉讼的方式实现担保物权，但担保人应承担因此增加的费用。

在担保合同约定仲裁条款的情形下，对于担保物权人能否依照《民事诉讼法》有关"实现担保物权案件"的规定申请拍卖、变卖担保财产，也存在不同的意见：一种意见认为，既然担保合同约定了仲裁条款，当事人自然只能先通过仲裁程序获得执行依据，再申请人民法院执行，而不能直接申请人民法院依照《民事诉讼法》有关"实现担保物权案件"的规定拍卖、变卖担保财产；另一种意见认为，《民事诉讼法》关于"实现担保物权案件"的非讼程序，旨在降低担保物权的实现成本，帮助当事人尽快实现担保物权，其功能不在于解决当事人之间的纠纷，因此，即使当事人在担保合同中约定了仲裁条款，也不影响担保物权人依据非诉程序请求实现担保物权，但如果担保人提出了实质性的抗辩，则应告知当事人就实质性的争议申请仲裁。

【理解与适用】

一、担保物权实现程序的变迁

关于担保物权的实现程序，在我国经历了一个从诉讼到非诉再到允许当事人自由约定的发展过程。《担保法》第53条规定："债务履行期届满抵押权人未受清偿的，可以与抵押人协议以抵押物折价或者以拍卖、变卖该抵押物所得的价款受偿；协议不成的，抵押权人可以向人民法院提起诉讼。抵押物折价或者拍卖、变卖后，其价款超过债权数额的部分归抵押人所有，不足部分由债务人清偿。”第71条规定：“债务履行期届满债务人履行债务的，或者出质人提前清偿所担保的债权的，质权人应当返还质物。债务履行期届满质权人未受清偿的，可以与出质人协议以质物折价，也可以依法拍卖、变卖质物。质物折价或者拍卖、变卖后，其价款超过债权数额的部分归出质人所有，不足部分由债务人清偿。”第87条规定：“债权人与债务人应当在合同中约定，债权人留置财产后，债务人应当在不少于两个月的期限内履行债务。债权人与债务人在合同中未约定的，债权人留置债务人财产后，应当确定两个月以上的期限，通知债务人在该期限内履行债务。债务人逾期仍不履行的，债权人可以与债务人协议以留置物折价，也可以依法拍卖、变卖留置物。留置物折价或者拍卖、变卖后，其价款超过债权数额的部分归债务人所有，不足部分由债务人清偿。”可见，《担保法》并未规定当事人可以事先就担保物权的实现进行约定，仅规定债权未实现时，担保物权人可与担保人协商，就担保财产折价或者依法拍卖、变卖。如果协商不一致，则抵押权的实现必须通过诉讼的方式，而动产质权、留置权的实现，则未明确规定必须通过诉讼的方式。这是因为抵押权人不占有抵押财产，只能通过人民法院才能实现对抵押财产拍卖、变卖，而动产质权人和留置权人已经占有标的物，自然无须再通过诉讼来行使权利。[①]就此而言，尽管《担保法》未对权利质权的实现方式进行规定，但以交付权利凭证为公示方式的权利质权，自应参照动产质权的规定，而以登记为公示方式的权利质权，则应参照抵押权的规定。

上述担保物权的实现方式，给抵押权以及以登记为公示方式的权

---

① 关于这一点，从《担保法解释》第113条关于“债权人未按担保法第八十七条规定的期限通知债务人履行义务，直接变价处分留置物的，应当对此造成的损失承担赔偿责任。债权人与债务人按照担保法第八十七条的规定在合同中约定宽限期的，债权人可以不经通知，直接行使留置权”的规定，即可看出。该条两处使用“直接”二字，自然应理解为留置权的行使无须经人民法院。

利质权的实现造成了较高的成本，因为在大量案件中，一旦抵押权人或者权利质权人无法与担保人达成实现担保物权的合意，就只能通过诉讼的方式行使担保物权，不仅耗时，而且实现担保物权的费用也较高，这不仅对担保物权人不利，对担保人也不利，因为除非当事人另有约定，实现担保物权的费用也属于被担保的债权范围。也正因为如此，《物权法》第 195 条将担保物权的实现方式扩张到非诉执行，明确规定："债务人不履行到期债务或者发生当事人约定的实现抵押权的情形，抵押权人可以与抵押人协议以抵押财产折价或者以拍卖、变卖该抵押财产所得的价款优先受偿。协议损害其他债权人利益的，其他债权人可以在知道或者应当知道撤销事由之日起一年内请求人民法院撤销该协议。抵押权人与抵押人未就抵押权实现方式达成协议的，抵押权人可以请求人民法院拍卖、变卖抵押财产。抵押财产折价或者变卖的，应当参照市场价格。"不难看出，该条未再规定在当事人对于抵押权的实现协商不一致时抵押权人须以诉讼的方式请求人民法院拍卖、变卖抵押财产，这就为抵押权的非诉执行提供了实体法的依据。

为落实担保物权的非诉执行，《民事诉讼法》在第十五章关于"特别程序"的规定中专设"实现担保物权案件"，第 196 条明确规定担保物权人以及其他有权请求实现担保物权的人可以依照《物权法》等法律，向担保财产所在地或者担保物权登记地基层人民法院提出申请实现担保物权。此外，《民事诉讼法》第 197 条还规定人民法院受理申请后，经审查，符合法律规定的，裁定拍卖、变卖担保财产，当事人依据该裁定可以向人民法院申请执行；不符合法律规定的，裁定驳回申请，当事人可以向人民法院提起诉讼。这就为担保物权的非诉执行提供了程序法的依据。

值得注意的是，尽管《物权法》就担保物权的非诉执行提供了实体法上的依据，但仍将当事人通过约定来实现抵押权限制在债务人不履行到期债务或者发生当事人约定的实现抵押权的情形，而未规定当事人可以在担保合同中约定实现担保物权的方式。也正因如此，实践中往往将当事人事先关于抵押权实现方式的约定认定无效。当然，从《担保法》与《物权法》关于流质契约或者流押契约之禁止的规定看，这一理解也是有依据的。《担保法解释》第57条第1款规定："当事人在抵押合同中约定，债务履行期届满抵押权人未受清偿时，抵押物的所有权转移为债权人所有的内容无效。该内容的无效不影响抵押合同其他部分内容的效力。"根据这一规定，当事人事先就抵押物进行折价的约定将被认定无效。《物权法》亦坚持同样的立场，于第186条明确规定："抵押权人在债务履行期届满前，不得与抵押人约定债务人不履行到期债务时抵押财产归债权人所有。"

值得注意的是，《民法典》对于担保物权的实现方式，采取了不同的立场。尽管《民法典》第410条关于抵押权实现途径的规定完全继受了《物权法》第191条，但是，《民法典》对于流质契约或者流押契约采取了不同于《物权法》的表述。例如，《民法典》第401条规定："抵押权人在债务履行期限届满前，与抵押人约定债务人不履行到期债务时抵押财产归债权人所有的，只能依法就抵押财产优先受偿。"可见，即使当事人在抵押合同中约定以折价的方式实现抵押权，该约定也并非无效，只是抵押权仍应按担保物权的实现方式就抵押财产优先受偿。就此而言，即使认定当事人在抵押合同中约定抵押权人可自行实现担保物权，但在因抵押人的原因导致抵押权人无法自行实现担保物权时，还是应通过诉讼或者非诉方式请求人民法院拍卖、变卖抵押财产，从而实现抵押权，而不能采取私力救济的方式，自行扣押抵押财产并对抵押财产进行拍卖、变卖以优先受偿。这一方面是为了确保拍卖、变卖的合法进行，防止抵押权人自行处置抵押物损害抵押人的利益，另一方面也是为了避免担保物权人以当事人之间就担保物权的实现方式有约定为由，采取暴力的方式实现担保物权，从而影响社会的和平秩序。

二、担保物权的非诉执行及其与诉讼的关系

担保物权的非诉执行虽然不仅降低了担保物权实现的成本，而且

大幅提高了实现担保物权的效率，但由于《民事诉讼法》的上述规定过于原则，因而也给实践带来一些困惑：一是如何把握诉讼与非诉的衔接，即如何判断当事人的申请是否符合法律规定；二是担保物权的非诉执行是否为通过诉讼行使担保物权的必经程序，当事人能否不经非诉执行，直接提起诉讼；三是当事人在担保合同中约定仲裁条款时，能否向人民法院申请非诉执行。

关于第一个问题，《民事诉讼法解释》给予了全面回答。其第 371 条规定："人民法院应当就主合同的效力、期限、履行情况，担保物权是否有效设立、担保财产的范围、被担保的债权范围、被担保的债权是否已届清偿期等担保物权实现的条件，以及是否损害他人合法权益等内容进行审查。被申请人或者利害关系人提出异议的，人民法院应当一并审查。"第 372 条规定："人民法院审查后，按下列情形分别处理：（一）当事人对实现担保物权无实质性争议且实现担保物权条件成就的，裁定准许拍卖、变卖担保财产；（二）当事人对实现担保物权有部分实质性争议的，可以就无争议部分裁定准许拍卖、变卖担保财产；（三）当事人对实现担保物权有实质性争议的，裁定驳回申请，并告知申请人向人民法院提起诉讼。"可见，担保物权的非诉执行仅仅是为了提高担保物权实现的效率，降低担保物权实现的成本，而非要解决当事人之间的实体争议。一旦当事人之间就主合同的效力、期限、履行情况，担保物权是否有效设立、担保财产的范围、被担保的债权范围、被担保的债权是否已届清偿期等担保物权实现的条件，以及是否损害他人合法权益等问题存在实质性争议，就不能再通过非诉程序实现担保物权，而只能通过诉讼程序先解决当事人之间的实体争议，再通过执行程序实现担保物权。

也正因如此，即使当事人在担保合同中约定了仲裁条款，但如果当事人之间就涉及担保物权实现的事项不存在实质性争议，自然无须申请仲裁，可直接向人民法院申请非诉执行。当然，在当事人直接申请人民法院通过非诉执行实现担保物权的情形下，如果担保人或者有利害关系的其他当事人提出异议，则应参照上述《民事诉讼法解释》

关于非讼程序转化诉讼程序的相关规定予以处理，即经人民法院审查，如果当事人对实现担保物权无实质性争议且实现担保物权条件成就的，裁定准许拍卖、变卖担保财产；当事人对实现担保物权有部分实质性争议的，可以就无争议部分裁定准许拍卖、变卖担保财产；当事人对实现担保物权有实质性争议的，裁定驳回申请，并告知申请人向仲裁机构申请仲裁。

【实务问题】

对于《民事诉讼法》规定的担保物权非诉执行程序是否是诉讼程序的必经程序，实践中存在不同的看法：一种观点认为，既然法律提供了更加便捷且费用较低的实现担保物权的方式，当事人就应先通过非诉程序实现担保物权，而不能直接提起诉讼，尤其是在当事人对担保物权的实现没有实质争议的情形下，担保物权人提出的诉讼请求必然获得人民法院的支持，此时如果由担保人承担诉讼费用，对其就不够公平，因为非诉程序的费用较之诉讼费用要低得多；另一种观点则认为，法律规定担保物权的非诉执行并不意味着担保物权人不能通过诉讼主张行使权利，二者是并行不悖的关系，因此，担保物权人可选择诉讼或者非诉的方式行使担保物权。我们认为，由于现行法律并未将非诉程序作为诉讼程序的必经程序，因此，认为担保物权人必须先申请非诉执行再提起诉讼并无法律依据。

（二）不动产抵押

第四十六条 不动产抵押合同生效后未办理抵押登记手续，债权人请求抵押人办理抵押登记手续的，人民法院应予支持。

抵押财产因不可归责于抵押人自身的原因灭失或者被征收等导致不能办理抵押登记，债权人请求抵押人在约定的担保范围内承担责任的，人民法院不予支持；但是抵押人已经获得保险金、赔偿金或者补偿金等，债权人请求抵押人在其所获金额范围内承担赔偿责任的，人民法院依法予以支持。

因抵押人转让抵押财产或者其他可归责于抵押人自身的原因导致不能办理抵押登记，债权人请求抵押人在约定的担保范围内承担责任的，人民法院依法予以支持，但是不得超过抵押权能够设立时抵押人应当承担的责任范围。

【条文主旨】

本条是关于未办理不动产抵押登记时抵押人是否承担责任以及如何承担责任的规定。

【条文概览】

根据区分原则，在不动产抵押中，如果当事人签订抵押合同但未办理抵押登记，仅是抵押权没有设立，抵押合同的效力不受影响。因此，债权人可以请求抵押人继续履行合同，以最终取得抵押权。但是，在实践中，债权人请求继续履行抵押合同的诉讼请求往往因抵押人的不配合而无法实现，此时需要明确抵押人应当承担何种责任。我们认为，在抵押合同无法继续履行的情况下，抵押人应承担违反抵押合同产生的违约赔偿责任，但要根据不同情形确定相应的责任。在不可归责于抵押人的情形，如自然灾害导致标的物灭失的，则抵押人仅在取得的代位物范围内承担违约损害赔偿责任；在可归责于抵押人自身的原因导致未能办理抵押登记的情形，如抵押人将抵押财产转让他人的，此时抵押人应在约定的担保范围内承担违约赔偿责任，但不得超过抵押权能够设立时抵押人应当承担的责任范围。

【争议观点】

有观点认为，仅签订不动产抵押合同未办理抵押登记的，抵押权并未设立，抵押权人主张抵押权缺乏法律依据，但仍可依据抵押合同请求抵押人承担违约责任，包括要求抵押人继续履行办理抵押登记义务，以及在未能办理抵押登记情况下的违约赔偿责任。鉴于违约责任赔偿的是履行利益损失，因此，抵押人应以抵押物的价值为限向债权人承担违约责任。另有观点认为，无论抵押人是否违反办理抵押登记的义务，根据《民法典》第215条之区分原则，债权人即可依据有效之抵押合同要求抵押人承担抵押合同上的担保义务。此种担保在性质上属于债权，是介乎保证与抵押权之间的非典型担保。其与保证的相同之处在于二者均属人保范畴，不同之处在于保证系以保证人不特定财产进行担保，而此种非典型担保系以特定物进行担保。其与抵押权的相似之处在于二者均以特定物提供担保，不同之处在于前者属于债权担保，后者属于物权担保。当抵押权人要求抵押人承担抵押合同上的担保责任时，抵押人应以抵押物价值为限承担连带清偿责任，而非补充清偿责任。

【理解与适用】

一、不动产抵押物未进行抵押登记不影响抵押合同效力

《民法典》第215条规定:“当事人之间订立有关设立、变更、转让和消灭不动产物权的合同,除法律另有规定或当事人另有约定外,自合同成立时生效;未办理物权登记的,不影响合同效力。”该条确立了物权变动的原因行为与物权变动的区分原则,明确区分了合同效力(物权变动原因)与物权效力(物权变动结果)。根据该条规定,不动产抵押物未办理抵押登记的,不影响抵押合同的效力。

二、不动产抵押物未进行抵押登记的,抵押权未设立,债权人对抵押物不享有优先受偿权

抵押合同有效成立后,抵押权是否设立,需要作具体分析,不可一概而论。《民法典》第402条和第403条关于抵押权设立的基本原则是:对于不动产抵押,采登记要件主义,抵押权自登记时设立;对于动产抵押,则采登记对抗主义,抵押权自抵押合同生效时设立,未经登记不得对抗善意第三人。具体来说,以建筑物和其他土地附着物、建设用地使用权、海域使用权以及正在建造的建筑物等不动产设定抵押的,应当办理抵押登记,签订了抵押合同但未办理抵押登记的,抵押合同有效成立,但抵押权并未设立。以下列财产设定抵押,抵押权自抵押合同生效时设立,但未经登记不得对抗善意第三人:(1)生产设备、原材料、半成品、产品;(2)正在建造的船舶、航空器;(3)交通运输工具;(4)法律、行政法规未禁止抵押的其他动产。

对于不动产抵押,采登记要件主义,抵押权自登记时设立。因此,不动产抵押物未进行抵押登记的,抵押权未设立,债权人未取得抵押权。根据《民法典》第394条的规定,抵押权的实质是债权人有权就抵押物优先受偿。由于债权人未取得抵押权,债权人就不享有对

抵押物的优先受偿权。

三、不动产抵押合同有效时，抵押人应办理抵押登记手续

不动产抵押权的设立以登记为必要，签订抵押合同但未办理抵押登记的，抵押权并未设立，债权人主张享有抵押权的，不应得到支持。但是否登记并不影响抵押合同的效力，抵押合同生效后，对双方都有约束力，抵押人依约负有办理抵押登记的义务，抵押权人请求抵押人办理抵押登记手续的，人民法院应予支持。

四、因不可归责于抵押人自身的原因未能办理抵押登记时抵押人的责任

抵押财产因自然灾害等原因灭失或者被征收等导致不能办理抵押登记，抵押人没有过错，债权人请求抵押人在约定的担保范围内承担责任的，人民法院不应予以支持。但是，如果抵押人因抵押财产毁损、灭失或者被征收已经获得保险金、赔偿金或者补偿金，参照《民法典》第390条的规定，债权人请求抵押人在其所获金额范围内承担赔偿责任的，人民法院依法应予支持。

五、因可归责于抵押人自身的原因未能办理抵押登记时抵押人的责任

因抵押人转让抵押财产或者其他可归责于抵押人自身的原因导致未能办理抵押登记的，未能办理抵押登记的责任完全在抵押人，债权人请求抵押人在约定的担保范围内承担责任的，人民法院依法应予支持，但是不得超过抵押权能够设立时抵押人应当承担的责任范围。如何理解不得超过抵押权能够设立时抵押人应当承担的责任范围，举一个例子加以说明：假设抵押合同约定的担保债权为500万元，抵押物价值为300万元，那么抵押人只在300万元范围内承担责任；假设抵押合同约定的担保债权为500万元，抵押物价值为800万元，那么抵押人只在500万元范围内承担责任。

【实务问题】

一、抵押合同生效但未办理抵押登记的，抵押人承担补充责任还是连带责任

对于这个问题，实务中有不同认识。连带责任说的主要依据是，抵押人承担的是类似于连带共同保证的非典型担保责任，抵押人应当与债务人承担连带责任。我们倾向认为，《民法典》第178条第3款明确规定："连带责任，由法律规定或者当事人约定。"据此，未办理不动产抵押登记情形，法律对抵押人的责任形态未作规定，如当事人未约定承担连带责任的，认定抵押人承担连带责任缺乏法律依据。就此而言，除非抵押合同明确约定抵押人承担连带责任，否则，抵押人仅在债务人不能清偿时承担补充责任。此种补充责任以抵押物价值为限，如果抵押合同约定的担保范围少于抵押物价值的，以约定的担保范围为限，不得超过抵押权有效设立时抵押人所应当承担的责任。

二、抵押合同生效但未办理抵押登记，债权人向债务人和债务人之外的抵押人一并提起诉讼时如何处理

抵押人承担违约赔偿责任或者承担连带责任在法律上有一定的区别。在承担违约赔偿责任的情况下，一般是在主债务人不能清偿的范围内承担补充赔偿责任，抵押人享有先诉抗辩权。而连带责任的债权人可以要求承担连带责任的任一债务人承担全部责任，连带债务人不享有先诉抗辩权。由于我们倾向认为，未办理不动产登记的抵押人承担的是违约赔偿责任，所以，抵押人享有先诉抗辩权，可以按照一般保证的程序规则处理，也就是适用《民法典担保制度解释》第26条的规定。债权人以债务人为被告提起诉讼的，人民法院应予受理。债权人未就主合同纠纷提起诉讼或者申请仲裁，仅起诉抵押人的，人民法院应当驳回起诉。债权人一并起诉债务人和抵押人的，人民法院可以受理，但是在作出判决时，除有《民法典》第687条第2款但书规

定的情形外，应当在判决书主文中明确，抵押人仅对债务人财产依法强制执行后仍不能履行的部分承担保证责任。债权人未对债务人的财产申请保全，或者保全的债务人的财产足以清偿债务，债权人申请对抵押人的财产进行保全的，人民法院不予准许。

第四十七条 不动产登记簿就抵押财产、被担保的债权范围等所作的记载与抵押合同约定不一致的，人民法院应当根据登记簿的记载确定抵押财产、被担保的债权范围等事项。

【条文主旨】

本条是关于抵押合同约定的抵押财产、被担保债权范围与登记簿记载不一致时应如何处理的规定。

【条文概览】

根据《民法典》第216条的规定，不动产登记簿是物权归属和内容的根据，具有公示公信力。在不动产登记簿就抵押财产、被担保的债权范围等所作的记载与抵押合同约定不一致的情况下，为了保护可能存在的第三人的交易安全，应将抵押权人优先受偿的范围确定为登记簿记载的范围，而非担保合同约定的范围。当然，如果不动产登记簿记载的优先受偿范围大于担保合同约定的优先受偿范围，则应当依据担保合同的约定来确定抵押权人优先受偿的范围。

【争议观点】

关于抵押财产以及被担保债权的范围，当抵押合同约定与登记簿记载不一致时，存在以登记簿为准和以合同约定为准两种意见。一种观点认为，根据《民法典》第216条的规定，不动产登记簿是物权归属和内容的根据，登记作为一种公示方法，不论是作为不动产担保物权变动的成立要件，还是作为浮动抵押等动产担保物权变动的对抗要件，均具有对抗当事人约定的效力。因此，在当事人的约定与登记簿记载不一致的情况下，从优先保护相对人的合理信赖出发，应当以登记簿的记载为准。另一种观点则认为，《民法典》第389条规定：“担保物权的担保范围包括主债权及其利息、违约金、损害赔偿金、保管担保财产和实现担保物权的费用。当事人另有约定的，按照其约定。”据此，如果担保合同中约定的担保范围包括利息、违约金、损害赔偿金、保管担保财产和实现担保物权的费用等，尽管在登记簿上没有登记，也应以合同约定为准。

【理解与适用】

从已经发生的案件来看，出现合同约定的抵押财产及其被担保债权的范围与登记簿上的记载不一致的情况，往往是因为一些省份不动产登记机构提供的不动产登记簿上仅有“被担保主债权数额（最高债权数额）”的表述，没有“担保范围”栏目，且规定只能填写固定数字。而当事人在合同中又往往约定担保物权的担保范围包括主债权及其利息、违约金等。可见，问题出在不动产登记的栏目设置上，而不在当事人本身。

在《民商事审判会议纪要》起草过程中，基于现实考虑，出于利益平衡的需要，其第58条规定分两种情形分别处理：一种情形是，一些省份不动产登记制度设计不规范导致不动产登记簿记载与担保合同约定不一致的，人民法院可以以合同约定认定担保物权的担保范围；另一种情形是，一些省份不动产登记系统设置与登记规则比较规范，担保物权登记范围与合同约定一致在该地区是常态或者普遍现象，人民法院在审理案件时，应当以登记的担保范围为准。应当说，《民商事审判会议纪要》的规定在当时是妥当的选择，考虑了各地的实际情况，但出现省（市、区）之间裁判不一的情形，在法理上也不够一致，是一种过渡性安排。

《民法典担保制度解释》明确规定不动产登记簿记载与抵押合同约定不一致的以不动产登记簿记载为准，主要基于以下三个方面的考虑。

一是不动产登记部门对抵押权登记信息进行了完善。在制定《民法典担保制度解释》过程中，我们与自然资源部自然资源确权登记局进行了充分沟通，了解到《民法典》施行后他们将对抵押权登记信息表格进行优化，增设“担保范围”栏目，当事人可以在该栏目中将合同中约定的担保范围如主债权及其利息、违约金等在内的债权登记在登记簿上，完全可以实现合同约定与登记簿记载的一致。

为贯彻实施《民法典》第210条第2款关于“国家对不动产实行统一登记制度。统一登记的范围、登记机构和登记办法，由法律、行政法规规定”的规定，国家有关部门采取了一系列措施，优化完善登记制度。国务院发布了《关于实施动产和权利担保统一登记的决定》（国发〔2020〕18号），决定自2021年1月1日起，在全国范围内实施动产和权利担保统一登记。自然资源部发布了《关于加快解决不动产登记若干历史遗留问题的通知》（自然资发〔2021〕1号），解决历史遗留问题导致的不动产“登记难”，着力解决用地手续不完善、欠缴土地出让价款和相关税费、未通过建设工程规划核实、开发建设主体灭失、原分散登记的房屋及土地信息不一致、项目跨宗地建设导致无法登记等历史遗留问题。

自然资源部印发的《关于做好不动产抵押权登记工作的通知》（自然资发〔2021〕54号）第2条规定：“当事人对一般抵押或者最高额抵押的主债权及其利息、违约金、损害赔偿金和实现抵押权费用等抵押担保范围有明确约定的，不动产登记机构应当根据申请在不动产登记簿‘担保范围’栏记载；没有提出申请的，填写‘/’。”第4条规定：“对《国土资源部关于启用不动产登记簿证样式（试行）的通知》（国土资发〔2015〕25号）规定的不动产登记簿样式进行修改：1.在‘抵押权登记信息’页、‘预告登记信息’页均增加‘担保范围’、‘是否存在禁止或限制转让抵押不动产的约定’栏目。2.将‘抵押权登记信息’页的‘最高债权数额’修改为‘最高债权额’并独立为一个栏目，填写最高额抵押担保范围所对应的最高债权数额。”

二是符合《民法典》第216条的规定。《民法典》第214条确立了不动产登记生效的原则，不动产登记簿自然成为不动产物权的法律根据。《民法典》第216条规定：不动产登记簿是物权归属和内容的根据。这是不动产物权公示原则的当然体现，也是保障物权变动安全的必要手段。[①]《民法典》第216条规定了权利正确性推定原则，即在不动产登记簿上记载某人享有某项物权时，推定该人享有该项权利，其权利的内容也以不动产登记簿上的记载为准。在建立不动产登记制度的情况下，不动产登记簿成为不动产物权制度的基础，不动产登记簿所记载的权利的正确性推定效力对客观、公正的不动产交易秩序的建立有着极为重要的意义。不动产登记簿记载的权利和事实上的权利应当是一致的，法律也要求登记机构正确履行职责，如实记载登记事项，但是由于现实经济生活的复杂性，也会出现两者不符合的情形。如因当事人自己的过错或者登记机构的过错，就可能导致出现登记的权利和事实上的权利不一致的情况。因此，规定不动产登记簿的推定正确效力，对实现不动产物权变动中的客观、公正有十分重要的意义。正因为登记簿有此效力，第三人依据登记簿进行的交易才受到法律的保护。法律规定物权的归属和内容以不动产登记簿为根据，目的就是从国家公信力的角度对物权相对人的利益进行保护，从而建立一个能以客观标准衡量的公正的交易秩序。这一规定，是建立不动产登记制度的国家和地区普遍承认的原则，如《德国民法典》规定，在土地登记簿中为某人登记一项权利的，应推定此人享有该项权利。在土地登记簿中注销一项权利的，应推定该项权利不复存在。为有利于根据法律行为取得一项权利或者取得该项权利上的权利的人，土地登记簿中所记载的内容应视为是正确的，对其正确性提出的异议已进行登记的或者取得人明知其为不正确的除外。《瑞士民法典》规定，出于善意而信赖不动产登记簿的登记，因而取得所有权或其他权利的人，均受保护。我国台湾地区“土地法”规定，“依本法所为之登记，有

---

① 参见黄薇主编：《中华人民共和国民法典物权编释义》，法律出版社2020年版，第22页。

绝对效力”。《担保法解释》第61条也规定：“抵押物登记记载的内容与抵押合同约定的内容不一致的，以登记记载的内容为准。”对于第二顺位的抵押权人而言，如果以合同约定的担保范围为准，因合同没有进行公示，在合同约定的担保范围与登记簿记载的担保范围不一致时，必然导致第二顺位抵押权范围难以确定，第二顺位抵押权人的权利将难以保障。

三是与《民法典》第389条的规定不存在矛盾。《民法典》第389条规定：“担保物权的担保范围包括主债权及其利息、违约金、损害赔偿金、保管担保财产和实现担保物权的费用。当事人另有约定的，按照其约定。”该条关于担保范围规定的规范意旨在于：担保范围原则上及于全部债权，但当事人可通过约定对其范围进行限缩。可见，该条仅着眼于抵押人与抵押权人的内部关系，并不包含合同约定与登记簿记载不一致时以合同约定为准的意思。登记作为公示方法具有公信力，如果后顺位抵押权人主张其系基于登记簿记载而设立抵押权的，法律应当保护此种信赖。

需要注意的是，如果不动产登记簿记载的被担保债权范围大于担保合同约定的被担保债权范围，则应当依据担保合同的约定来确定抵押权人优先受偿的范围。

【实务问题】

在权属证书记载的抵押财产、被担保的债权范围与登记簿记载不一致时，应以登记簿记载的为准。

《民法典》第217条规定：“不动产权属证书是权利人享有该不动产物权的证明。不动产权属证书记载的事项，应当与不动产登记簿一致；记载不一致的，除有证据证明不动产登记簿确有错误外，以不动产登记簿为准。”不动产权属证书，即不动产的所有权证、使用权证等，是登记机关颁发给权利人作为其享有权利的证明。根据物权公示原则，完成不动产物权公示的是不动产登记，不动产物权的归属和内容应以不动产登记簿为根据。不动产权属证书只是不动产登记簿所记载内容的外在表现形式。如果已在登记簿上作了记载，就完成了公示，至于登记机关嗣后是否向抵押权人发放权属证书，以及发放权属证书的时间、方式等事实，均不能成为判断抵押权人的权利是否设立以及权利的范围的依据。

【案例】

国宇公司、红岭创投借款合同纠纷案【最高人民法院（2019）最高法民终1408号】

最高人民法院认为，红岭创投、东莞银行与国宇公司签订《委托贷款借款合同》，约定红岭创投委托东莞银行向国宇公司发放贷款1.1亿元。东莞银行按约定将红岭创投的1.1亿元支付给国宇公司，至此，红岭创投对国宇公司享有1.1亿元本金、约定利息和相关费用的债权。为担保前述债务，国宇公司分别与东莞银行签订了两份《最高额抵押合同》，约定的最高额抵押债权均为1.1亿元。该两份合同虽然主文相同，但合同文号不同，且一份约定存正本于房产局，另一份约定存正本于土地局，可见前者以房产所有权设定抵押，后者以国有土地使用权设定抵押。此外，存于房产局的合同还有附件，载明“国有土地使用权证编号×××”。根据两份《最高额抵押合同》不同之处，可知前一份合同的抵押财产为淮土国用2013第75、76号使用权证所载土地使用权及其上面的1、2、3、5幢在建工程，后一份抵押财产为淮土国用2013第59、63号使用权证所载土地使用权。显然，两份抵押合同是相互独立的合同，约定的最高额抵押债权范围应合计累加为2.2亿元。根据上述两份《最高额抵押合同》和权利登记证明，东莞银行在淮土国用2013第75、76号土地使用权证所载地上四幢在建房屋和淮土国用2013第59、63号证所载国有土地使用权上取得了抵押权。《土地他项权利证明书》和《在建工程抵押登记证明》载明的抵押债权额和抵押贷款额分别为5000万元、1250万元、1840万元、

1880 万元和 7000 万元，合计 1.697 亿元。上述登记载明的抵押债权数额和两份《最高额抵押合同》约定抵押债权数额不一致，红岭创投享有的最高额抵押担保债权数额应以登记记载的为准，即 1.697 亿元。红岭创投请求按照合同约定的 2.2 亿元作为最高额抵押担保的债权数额，缺乏事实和法律依据。

第四十八条 **当事人申请办理抵押登记手续时，因登记机构的过错致使其不能办理抵押登记，当事人请求登记机构承担赔偿责任的，人民法院依法予以支持。**

【条文主旨】

本条是关于抵押权人因登记机构的过错不能办理抵押登记，登记机构应当承担赔偿责任的规定。

【条文概览】

《民法典》第222条第2款规定："因登记错误，造成他人损害的，登记机构应当承担赔偿责任。登记机构赔偿后，可以向造成登记错误的人追偿。"我们一般将登记错误理解为登记内容错误，如将甲的不动产登记为乙的不动产。但实务中一些地方的不动产登记机构存在拒绝为非金融机构的民事主体办理抵押登记的现象，给社会经济生活带来不利影响。《国务院办公厅关于完善建设用地使用权转让、出租、抵押二级市场的指导意见》（国办发〔2019〕34号）明确要求"放宽对抵押权人的限制。自然人、企业均可作为抵押权人申请以建设用地使用权及其地上建筑物、其他附着物所有权办理不动产抵押相关手续，涉及企业之间债权债务合同的须符合有关法律法规的规定"。根据《民法典担保制度解释》本条规定，因不动产登记机构的过错致使当事人无法办理抵押登记的，当事人可以请求登记机构赔偿因此发生的损失。

【理解与适用】

一、因登记机构的过错致使当事人不能办理抵押登记的，登记机构应当承担赔偿责任

我们一般将登记错误理解为登记内容错误。登记错误的发生主要有两种情况：一是登记机构工作人员疏忽、过失等原因造成错误；二是登记申请人等采取欺骗手段或者与登记机构的人员恶意串通造成错误。[①]《民法典》第222条第2款规定，因登记错误，造成他人损害的，登记机构应当承担赔偿责任。登记机构赔偿后，可以向造成登记错误的人追偿。《不动产登记暂行条例》（2019年修订）第29条规定，不动产登记机构登记错误给他人造成损害，或者当事人提供虚假材料申请登记给他人造成损害的，依照《物权法》的规定承担赔偿责任。不动产登记的意义在于为不动产物权交易提供具有国家公信力支持的、统一的、公开的法律基础。不动产登记具有权利确认和推定以及公示等功能，登记内容是否正确对于维护交易的安全和有序意义重大，正因如此，登记发生错误反过来会给真正的权利人及其他因信赖登记公示而发生交易的当事人造成损失。

实务中，不仅有登记内容错误的情形，也有因登记机构的过错致使抵押权人不能办理抵押登记的情形，如登记机构拒绝为非金融机构的抵押权人办理抵押登记。我们认为，对于因登记机构的过错致使当事人不能办理抵押登记的，当事人请求登记机构承担赔偿责任的，人民法院依法应予支持。

《国务院办公厅关于完善建设用地使用权转让、出租、抵押二级市场的指导意见》第12条规定："明确不同权能建设用地使用权抵押的条件。以划拨方式取得的建设用地使用权可以依法依规设定抵押权，划拨土地抵押权实现时应优先缴纳土地出让收入。以出让、作价

① 参见黄薇主编：《中华人民共和国民法典物权编释义》，法律出版社2020年版，第30页。

出资或入股等方式取得的建设用地使用权可以设定抵押权。以租赁方式取得的建设用地使用权，承租人在按规定支付土地租金并完成开发建设后，根据租赁合同约定，其地上建筑物、其他附着物连同土地可以依法一并抵押。”第13条规定：“放宽对抵押权人的限制。自然人、企业均可作为抵押权人申请以建设用地使用权及其地上建筑物、其他附着物所有权办理不动产抵押相关手续，涉及企业之间债权债务合同的须符合有关法律法规的规定。”登记机构如果不按照有关规定为抵押权人办理抵押登记，造成损害的，应当承担相应的赔偿责任。当然，在确定登记机构赔偿责任时，还要根据过错大小来认定相应的责任。如果因申请人自身的过错不能办理抵押登记的，登记机关不承担赔偿责任。

二、登记机构承担登记过错责任的性质

对于登记机构承担登记过错责任的性质，有不同的意见。有的认为，因登记机构的过错，致使不动产登记发生错误，因该错误登记致当事人或者利害关系人遭受损害的，登记机关应依照《国家赔偿法》的相应规定承担赔偿责任。这种意见认为，《国家赔偿法》规定，国家机关及其工作人员因执行公务的过错给公民、法人和其他组织造成损害的，应承担国家赔偿的责任。具体承担责任的部门，包括政府、法院和检察院等。不动产物权登记是以国家的公信力为不动产的交易提供法律基础的行为，如果登记错误的原因是登记机构的过错，而当事人或者利害关系人因该登记受到损害，登记机构应当承担国家赔偿责任。有的认为，因不动产登记机构漏登、误登造成他人损失的，应当由不动产登记机构赔偿，但不赞同适用《国家赔偿法》并由国家出资赔偿，而是建议设立不动产登记赔偿基金，在不动产登记业务中根据一定的标准收取一定的费用，纳入不动产登记赔偿基金，该基金只能用于不动产登记赔偿，不能挪作他用。我国台湾地区“土地法”就规定，因登记错误、遗漏或虚伪致受损害者，由该地政管理部门负损害赔偿责任。但该地政管理部门证明其原因应归责于受害人时，不在

此限。地政管理部门所收登记费，应提存10%作为基金储备，专备损害赔偿之用。

立法机关经研究认为，对于登记机构应当具有什么性质还有不同意见，有待于随着行政管理体制改革进一步明确，目前不宜规定登记机构的国家赔偿责任。不动产登记赔偿基金可否设立，应当如何设立，也还可以进一步研究，即使以后规定，也宜由不动产登记的专门法律作出。《民法典》作为民事基本法，对于登记错误责任问题，只是作原则性的规定。①

对于不动产登记机构的行政管理体制问题，登记行为的性质应为行政行为还是民事行为，其赔偿责任应为国家赔偿责任还是一般民事侵权责任，立法界、学术界和实务界仍在论证。实务中，根据《最高人民法院关于审理房屋登记案件若干问题的规定》（法释〔2010〕15号）第1条的规定，公民、法人或者其他组织对房屋登记机构的房屋登记行为以及与查询、复制登记资料等事项相关的行政行为或者相应的不作为不服，提起行政诉讼的，人民法院应当依法受理。根据《最高人民法院关于审理房屋登记案件若干问题的规定》第12条、第13条的规定，申请人提供虚假材料办理房屋登记，给原告造成损害，房屋登记机构未尽合理审慎职责的，应当根据其过错程度及其在损害发生中所起作用承担相应的赔偿责任。房屋登记机构工作人员与第三人恶意串通违法登记，侵犯原告合法权益的，房屋登记机构与第三人承担连带赔偿责任。司法实务中，不少因登记错误由登记机构承担赔偿责任的案件是通过行政诉讼按照国家赔偿来处理的。

【实务问题】

《担保法解释》第59条规定："当事人办理抵押物登记手续时，因登记部门的原因致使其无法办理抵押物登记，抵押人向债权人交付

① 参见黄薇主编：《中华人民共和国民法典物权编释义》，法律出版社2020年版，第30~31页。

权利凭证的，可以认定债权人对该财产有优先受偿权。但是，未办理抵押物登记的，不得对抗第三人。”由于当时我国还没有完善的登记制度，有关部门还没有开展抵押登记，致使当事人无法办理抵押物登记。[①] 在这样的历史条件下，该条规定因登记部门的原因致使当事人无法办理抵押物登记，抵押人向债权人交付权利凭证的，可以认定债权人对该财产有优先受偿权。但是，未办理抵押物登记的，不得对抗第三人。随着我国登记制度的完善，未办理抵押物登记而确认优先受偿权，与《民法典》第209条第1款关于“不动产物权的设立、变更、转让和消灭，经依法登记，发生效力；未经登记，不发生效力，但是法律另有规定的除外”的规定严重相违背。事实上，《最高人民法院关于担保法司法解释第五十九条中的“第三人”范围问题的答复》（法函〔2006〕51号）已经明确指出：因登记部门的原因致使当事人无法办理抵押物登记是抵押未登记的特殊情形，如果抵押人向债权人交付了权利凭证，人民法院可以基于抵押当事人的真实意思认定该抵押合同对抵押权人和抵押人有效，但此种抵押对抵押当事人之外的第三人不具有法律效力。根据《民法典担保制度解释》本条的规定，因登记机构的过错致使当事人不能办理抵押登记的，抵押权未设立，当事人不能享有优先受偿权，但可以请求登记机构赔偿损失。

---

① 参见李国光等：《最高人民法院〈关于适用《中华人民共和国担保法》若干问题的解释〉理解与适用》，吉林人民出版社2000年版，第226页。

第四十九条 以违法的建筑物抵押的，抵押合同无效，但是一审法庭辩论终结前已经办理合法手续的除外。抵押合同无效的法律后果，依照本解释第十七条的有关规定处理。

当事人以建设用地使用权依法设立抵押，抵押人以土地上存在违法的建筑物为由主张抵押合同无效的，人民法院不予支持。

【条文主旨】

本条是关于违法建筑物抵押合同无效及其效力补正的规定。

【条文概览】

《民法典》第399条所列举规定的不得抵押的财产，未包括违法建筑物。实践中，有些当事人以违法建筑物设立抵押。由于违法建筑物无法办理抵押登记，双方的争议焦点常常是抵押合同的效力。《城镇房屋租赁解释》已就违法建筑物签订的租赁合同无效作了规定。考虑到违法建筑物既可能是实质违法，也可能是形式违法或者程序违法。一方面，《民法典担保制度解释》本条明确当事人以违法的建筑物抵押而签订的抵押合同无效；另一方面，也规定当事人在一审法庭辩论终结前已经办理合法手续的，不认定抵押合同无效。另外，如果当事人以合法取得的建设用地使用权抵押，再根据房地一体关系又以该建设用地上的建筑物系违法建筑物为由主张抵押合同无效的，人民法院不予支持。

【争议观点】

有观点认为，建设部颁布的《城市房地产抵押管理办法》将“合法性”作为房地产进行抵押的条件，值得商榷。其认为，违法建筑物抵押合同认定无效增大了公权力侵害私权利的可能性，如果不存在引起抵押合同无效的其他原因，如违反公序良俗等，就应认定抵押合同有效。

【理解与适用】

一、以违法的建筑物抵押的，抵押合同无效

违法建筑物是指违反有关法律、法规的禁止性规定而建造的各类建筑物及其设施。违反《城乡规划法》的规定，未取得建设工程规划许可证或者未按照建设工程规划许可证的规定而建造的建筑物一般可以认定为是违法建筑物。我国法律禁止建造违法建筑物。《城乡规划法》第64条规定："未取得建设工程规划许可证或者未按照建设工程规划许可证的规定进行建设的，由县级以上地方人民政府城乡规划主管部门责令停止建设；尚可采取改正措施消除对规划实施的影响的，限期改正，处建设工程造价百分之五以上百分之十以下的罚款；无法采取改正措施消除影响的，限期拆除，不能拆除的，没收实物或者违法收入，可以并处建设工程造价百分之十以下的罚款。"有关违法建筑物进行抵押效力的问题，《城市房地产抵押管理办法》第3条第1款规定："本办法所称房地产抵押，是指抵押人以其合法的房地产以不转移占有的方式向抵押权人提供债务履行担保的行为……"《担保法解释》第48条明确规定："以法定程序确认为违法、违章的建筑物抵押的，抵押无效。"《民法典担保制度解释》本条延续了《担保法解释》的规定精神，并进一步加以细化明确。

当事人对于违法建筑物享有何种民事权利，主要有三种观点：（1）动产所有权说，即建造人只能对违法建筑物中的建筑材料享有所有权。（2）不动产所有权说，即建造人对违法建筑物享有不动产所有权。（3）占有权说，即建造人不能取得违法建筑物的所有权，只能享有占有权。我们原则同意第三种观点，但占有是一种事实，而非权利，故建造人享有的并非是所谓的"占有权"，而只是由于其实际的

管理与控制，形成了占有的事实状态，其基于占有的事实状态而受占有制度的保护。违法行为不应取得权利。《民法典》第 231 条规定："因合法建造、拆除房屋等事实行为设立或者消灭物权的，自事实行为成就时发生效力。"从对该条规定的反面理解，违法建造不是物权设立的法律事实，不能依法设立所有权，违法建筑物因此成为法律规定禁止流通物，不能进入市场进行处分收益。虽然违法建筑物也应当受到占有的保护，但因为建造人并不享有所有权，在实践中也无法办理抵押登记，因此，也不得以这些财产设立抵押。如果允许以违法建筑物进行抵押，会产生鼓励违法建造行为的后果。

二、在一审法庭辩论终结前已经办理合法手续的，可以认定抵押合同有效

针对违法建筑物抵押，国家干预的重要方式就是认定抵押合同无效。在违法情节消失后，国家干预的理由消失了。《民法典担保制度解释》采纳了无效合同转化为有效的观点，鼓励交易的价值判断是其中重要的理由。订立合同的目的在于交易，合同违法导致交易不成，往往不是订约当事人订立合同时所追求的预期效果，而是国家公权力干预的结果。违法情节消失后，就应当恢复到合同当事人订立合同的本意上来。合同效力转化理论和相关审判实践就是为了鼓励交易，避免造成社会财富的损失和浪费。

本条规定与《城镇房屋租赁解释》第 2 条关于在一审法庭辩论终结前取得建设工程规划许可证或者经主管部门批准建设的，人民法院应当认定房屋租赁合同有效的规定是一致的。需要注意的是，"一审法庭辩论终结前"是当事人补正效力的最后时点，不应当包括二审、再审发回指定一审法院重审的情形。

三、抵押合同无效的法律后果，依照《民法典担保制度解释》第 17 条的有关规定处理

违法建筑物抵押合同认定无效，并不意味着抵押人不承担任何法

律责任。根据《民法典担保制度解释》第17条的规定，分为两种情况：一是主合同有效而抵押合同无效的，人民法院应当区分不同情形确定抵押人的赔偿责任：（1）债权人与抵押人均有过错的，抵押人承担的赔偿责任不应超过债务人不能清偿部分的二分之一；（2）抵押人有过错而债权人无过错的，抵押人对债务人不能清偿的部分承担赔偿责任；（3）债权人有过错而抵押人无过错的，抵押人不承担赔偿责任。二是主合同无效导致抵押合同无效，抵押人无过错的，不承担赔偿责任；抵押人有过错的，其承担的赔偿责任不应超过债务人不能清偿部分的三分之一。实务中，违法建筑物抵押无效往往是第一种情形，即主合同有效而抵押合同无效，那就需要判断债权人和抵押人有无过错以及过错大小来确定责任份额。需要注意的是，抵押人承担的责任还是物保性质的责任，抵押人的责任范围不得超过抵押物的价值，即违法建筑物本身的价值。

四、当事人以建设用地使用权依法设立抵押，抵押人以土地上存在违法的建筑物为由主张抵押合同无效的，人民法院不予支持

实践中存在这样的情形，土地上存在违法建筑物，该建设用地使用权依法设立了抵押，当事人以房地一体原则为由主张抵押合同无效。我们认为，抵押人以建设用地使用权依法设立抵押，就应按照抵押合同的约定承担担保责任，至于地上存在违法建筑物，不影响建设用地使用权依法抵押。

【实务问题】

一、审理中要将是否系违法建筑物作为事实予以查明

违法建筑物是一个比较宽泛的概念，是否属于违法建筑物需要行政管理部门认定。另一方面，违反不同法律的建筑物，处理结果不

同。有的违法建筑物是可以补办相应的合法手续的，亦即其违法性可以治愈。《担保法解释》第48条规定：“以法定程序确认为违法、违章的建筑物抵押的，抵押无效。”该规定充分注意到了违法建筑物的复杂性，把违法建筑物限定为“以法定程序确认”的情形。但是，有关部门在诉讼过程中尚未依法定程序确认其违法，并不意味着以后不确认。如果在人民法院作出了生效判决认定抵押有效后，执行阶段建筑物被确认违法，将导致判决无法执行。即便是执行了，竞买人权利无法实现，也将产生无尽的纷争，这样的例子目前在实践中屡有发生，甚至引起较大舆情。因此，在诉讼中，人民法院应当征询行政管理部门意见，对是否系违法建筑物作为事实查明。

二、违法建筑物的确认属于国家有关行政机关的职权范围，应避免通过民事审判为违法建筑物确权

《城乡规划法》第64条规定：“未取得建设工程规划许可证或者未按照建设工程规划许可证的规定进行建设的，由县级以上地方人民政府城乡规划主管部门责令停止建设……”因此，县级以上地方人民政府城乡规划主管部门依法负有对未取得建设工程规划许可证或者未按照建设工程规划许可证规定内容建设的违法建筑物认定和处理的职权，对违法建筑物的认定和处理不属于人民法院主管范围，人民法院应避免通过司法程序代行行政职权而直接认定和处理违法建筑物。对于当事人请求确认违法建筑物权利归属及内容的，人民法院应不予受理。已经受理的，应裁定驳回起诉。

【案例】

兴农公司与朱某峰保证合同纠纷案【重庆市忠县人民法院（2017）渝0233执1842号】

2013年，朱某1向忠县农商行借款400万元，兴农公司提供保证担保，朱某峰提供保证反担保。朱某峰在《个人保证反担保合同》落

款处签署以下内容“本人承诺以九蟒村与朱某1、朱某2、朱某芬联建的房屋本人所有的部分作担保”。2012年，该房屋经政府相关部门作为违法建筑物审查处理，并缴纳了相关规费和罚款，但至今仍未完善将违法建筑物转为合法建筑物的相关手续，未办理房屋权属登记。兴农公司在与朱某峰、朱某1等人签订反担保合同时是明确知晓该抵押物系朱某1、朱某峰等人合伙修建，知晓该房屋由修建方缴纳了相关罚款和规费，且未办理房屋权属登记。

法院认为，朱某峰提供的抵押物在2012年经政府相关部门以违法建筑物进行审查处置，并缴纳了相关规费和罚款。因此，该抵押物应当定性为违法建筑物。尽管缴纳了相关规费和罚款，有通过完善相关手续成为合法建筑的可能，但至今尚无证据显示其已经由违法建筑物转为合法建筑物，因此，双方签订的抵押合同系无效合同。兴农公司在明知抵押物系违法建筑物的情况下接受朱某峰提供抵押担保，兴农公司本身存在较大的过错，朱某峰的过错程度较小。法院酌情认定对于兴农公司的损失，由朱某峰承担五分之一的责任。

第五十条 抵押人以划拨建设用地上的建筑物抵押，当事人以该建设用地使用权不能抵押或者未办理批准手续为由主张抵押合同无效或者不生效的，人民法院不予支持。抵押权依法实现时，拍卖、变卖建筑物所得的价款，应当优先用于补缴建设用地使用权出让金。

当事人以划拨方式取得的建设用地使用权抵押，抵押人以未办理批准手续为由主张抵押合同无效或者不生效的，人民法院不予支持。已经依法办理抵押登记，抵押权人主张行使抵押权的，人民法院应予支持。抵押权依法实现时所得的价款，参照前款有关规定处理。

【条文主旨】

本条是关于以划拨方式取得的建设用地使用权或者其上的建筑物作为抵押物的抵押合同的效力及抵押权实现要求的规定。

【条文概览】

以划拨建设用地使用权抵押经历了从“需要经过审批”到“登记视同审批”，再到“无需审批”三个阶段。当前国家政策允许当事人以划拨建设用地使用权依法依规设立抵押权。《国务院办公厅关于完善建设用地使用权转让、出租、抵押二级市场的指导意见》（国办发〔2019〕34号）指出，以划拨方式取得的建设用地使用权可以依法依规设定抵押权，划拨土地抵押权实现时应优先缴纳土地出让收入。审批手续已经不是抵押合同的生效要件。考虑到实践中大量存在以划拨建设用地使用权上的建筑物设定抵押的情形，本条第1款明确抵押合同不因没有办理审批手续而无效或者不生效，但在依法实现抵押权时，拍卖、变卖建筑物所得的价款，应当优先用于补缴建设用地使用权出让金。

【理解与适用】

一、以划拨建设用地使用权抵押无需办理审批手续，抵押合同依法有效

以划拨建设用地使用权抵押经历了从“需要经过审批”到“登记视同审批”，再到“无需审批”三个阶段。第一阶段，根据《划拨土地使用权管理暂行办法》第5条及《城镇国有土地使用权出让和转让暂行条例》第44条的规定，划拨建设用地抵押的，必须经过依法批准。第二阶段，2004年国土资源部发布《关于国有划拨土地使用权抵押登记有关问题的通知》规定：“以国有划拨土地使用权为标的物设定抵押，土地行政管理部门依法办理抵押登记手续，即视同已经具有审批权限的土地行政管理部门批准，不必再另行办理土地使用权抵押的审批手续。”最高人民法院转发了国土资源部的前述通知（法发〔2004〕11号），并强调指出：人民法院尚未审结的涉及国有划拨土地使用权抵押经过有审批权限的土地行政管理部门依法办理抵押登记手续的案件，不以国有划拨土地使用权抵押未经批准而认定抵押无效。第三阶段，划拨建设用地使用权抵押无需经过审批。2010年7月《国务院关于第五批取消和下放管理层级行政审批项目的决定》发布，将国有划拨土地使用权抵押审批作为取消的行政审批项目予以列明。至此，划拨土地使用权办理抵押登记无需审批。2016年国土资源部发布第10号公告，将2004年发布的《关于国有划拨土地使用权抵押登记有关问题的通知》予以废止，在废止原因中进一步明确，2010年国务院发布的决定已经取消了国有划拨土地使用权抵押审批这一行政审批项目，划拨国有土地使用权办理抵押登记已经不需要当事人提供经过审批的材料，通知的规定已经明显与决定不符，应当废止。《国务院

办公厅关于完善建设用地使用权转让、出租、抵押二级市场的指导意见》(国办发〔2019〕34号)第12条规定:"明确不同权能建设用地使用权抵押的条件。以划拨方式取得的建设用地使用权可以依法依规设定抵押权,划拨土地抵押权实现时应优先缴纳土地出让收入。以出让、作价出资或入股等方式取得的建设用地使用权可以设定抵押权。以租赁方式取得的建设用地使用权,承租人在按规定支付土地租金并完成开发建设后,根据租赁合同约定,其地上建筑物、其他附着物连同土地可以依法一并抵押。"

以划拨建设用地使用权抵押的相关法律和政策有一个发展的过程,人民法院在认定合同效力时也有一个发展的过程,2004年以前,以划拨建设用地使用权抵押的,未经审批同意,认定抵押合同无效。2004年以后,因为登记即视为审批以及2010年以后无需审批,故以未办理批准手续为由主张抵押合同无效或者不生效的,人民法院不应予以支持。

二、以划拨建设用地上的建筑物抵押不因建设用地使用权未办理批准手续影响抵押合同效力

我国《民法典》坚持房地一体原则,《民法典》第397条规定:"以建筑物抵押的,该建筑物占用范围内的建设用地使用权一并抵押。以建设用地使用权抵押的,该土地上的建筑物一并抵押。抵押人未依据前款规定一并抵押的,未抵押的财产视为一并抵押。"据此,以划拨建设用地上的建筑物抵押的,其效力及于建设用地使用权。由于划拨建设用地使用权抵押无需办理审批手续,故在抵押人以划拨建设用地上的建筑物抵押时,当事人以该建设用地使用权不能抵押或者未办理批准手续为由主张抵押合同无效或者不生效的,人民法院不应予以支持。

三、抵押权依法实现时应当优先用于补缴建设用地使用权出让金

《城市房地产管理法》第51条规定："设定房地产抵押权的土地使用权是以划拨方式取得的，依法拍卖该房地产后，应当从拍卖所得的价款中缴纳相当于应缴纳的土地使用权出让金的款额后，抵押权人方可优先受偿。"《国务院办公厅关于完善建设用地使用权转让、出租、抵押二级市场的指导意见》（国办发〔2019〕34号）第12条也明确规定，以划拨方式取得的建设用地使用权可以依法依规设定抵押权，划拨土地抵押权实现时应优先缴纳土地出让收入。在抵押权实现时优先补缴建设用地使用权出让金，在缴纳了建设用地使用权出让金后，剩余部分抵押权人可以行使抵押权，这样，既维护了建设用地使用权人和抵押权人的合法权益，也保障了国家土地所有权的实现。

四、机关法人以及以公益为目的的非营利性学校、幼儿园、医疗机构、养老机构等以划拨建设用地使用权抵押的，按照《民法典担保制度解释》第5条、第6条的规定处理

由于机关法人等特别法人以及以公益为目的的非营利法人受法人设立目的的限制，原则上不得为担保人。《民法典担保制度解释》第5条对机关法人以及居民委员会、村民委员会提供担保，第6条对以公益为目的的非营利性学校、幼儿园、医疗机构、养老机构等提供担保，作出了明确规定。因此，机关法人以及以公益为目的的非营利性学校、幼儿园、医疗机构、养老机构等以划拨建设用地使用权抵押的，人民法院应当认定担保合同无效，除非符合第5条、第6条但书规定的条件。

【实务问题】

一、当事人与土地管理部门签订抵押合同而没有办理抵押登记，抵押权是否设立

实务中，针对划拨建设用地使用权的抵押问题，出现当事人与土地管理局签订抵押合同而没有办理抵押登记的情形，能否以与土地管理局签订的抵押合同替代抵押登记。我们认为，根据《民法典》第209条关于“不动产物权的设立、变更、转让和消灭，经依法登记，发生效力；未经登记，不发生效力，但是法律另有规定的除外”的规定，只有依法办理抵押登记才产生抵押效力，不能以与土地管理局签订的抵押合同替代抵押登记。在台江农商行与三友针纺织公司、三友贸易公司金融借款合同纠纷案中，福建高院认为，梅坂集建1994字第5497号土地上定着的建筑物并未就本案讼争借款设定抵押，该幅土地使用权亦未办理抵押登记，台江农商行主张其与闽清土地管理局签订的梅地押合（071）号、梅地押合（072）号《闽清县划拨土地使用权附条件抵押合同》具有土地抵押登记的效力，该主张于法无据，不予采信。

二、以租赁方式取得的国有土地使用权可以抵押

《国务院办公厅关于完善建设用地使用权转让、出租、抵押二级市场的指导意见》（国办发〔2019〕34号）第12条规定：“……以租赁方式取得的建设用地使用权，承租人在按规定支付土地租金并完成开发建设后，根据租赁合同约定，其地上建筑物、其他附着物连同土地可以依法一并抵押。”在最高人民法院审理的神羊公司与马来西亚进出口银行金融借款合同纠纷案中，最高人民法院认为，案涉土地虽为以租赁方式取得，但以该方式取得的土地进行抵押并不违反法律及行政法规的强制性规定，神羊公司与马来西亚进出口银行签订的抵押合同合法有效。本案抵押土地虽是以租赁方式取得，但神羊公司在该

土地上的23处房屋亦取得了房屋所有权证书，神羊公司办理抵押时该土地上已有的23处房屋亦已同时抵押。神羊公司在租赁取得土地后，并未按照租赁合同约定支付土地租赁款，马来西亚进出口银行对抵押物实现优先受偿时，应对扣除租金后的款项享有优先受偿权。

第五十一条 当事人仅以建设用地使用权抵押，债权人主张抵押权的效力及于土地上已有的建筑物以及正在建造的建筑物已完成部分的，人民法院应予支持。债权人主张抵押权的效力及于正在建造的建筑物的续建部分以及新增建筑物的，人民法院不予支持。

当事人以正在建造的建筑物抵押，抵押权的效力范围限于已办理抵押登记的部分。当事人按照担保合同的约定，主张抵押权的效力及于续建部分、新增建筑物以及规划中尚未建造的建筑物的，人民法院不予支持。

抵押人将建设用地使用权、土地上的建筑物或者正在建造的建筑物分别抵押给不同债权人的，人民法院应当根据抵押登记的时间先后确定清偿顺序。

【条文主旨】

本条是关于房地分别抵押时抵押权的效力范围和实现顺序等的规定。

【条文概览】

土地和建筑物在我国民法上属不同的两种标的物，但基于自然状态的要求，房屋不能离开土地而存在，故必须坚持“房地一体”的立法政策。根据《民法典》第397条的规定，以建设用地使用权抵押的，该土地上的建筑物一并抵押，因此以建设用地使用权设立的抵押权在效力上及于已经建造的建筑物或者正在建造的建筑物已完成部分，但根据《民法典》第417条的规定，不包括续建部分和新增建筑物。由于目前在建工程抵押实行现状登记，为确保第三人的交易安全，在建工程抵押的效力仅及于已经办理登记的部分，担保合同虽有约定但尚未建造的部分，不应属于抵押权的效力范围。

【争议观点】

在《物权法》颁布前，对建设用地使用权与建筑物所有权单独或分别抵押的问题，司法实践与理论中主要形成三种观点：一是认为抵押无效；二是认为抵押有效且抵押权的效力及于未登记的部分；三是认为抵押有效，但抵押权的效力不及于未登记部分，抵押权人仅就抵押合同约定并登记的部分享有抵押权。《物权法》颁布后，采纳了法定抵押权的观点，抵押人未将土地使用权与地上建筑物一并抵押的，未抵押的财产视为一并抵押。《民法典》继续坚持了《物权法》的立场。

【理解与适用】

一、裁判理念的历史沿革

我国立法向来采取“房随地走、地随房走、房地合一”的原则，这在《担保法》第36条、《城市房地产管理法》第32条均有明确规定。但在以往的司法实践中之所以出现较大争议，是因为存在房产与土地使用权分别设立抵押的情形，这种情形是否导致抵押无效？如果有效，仅设立房产抵押，效力是否及于土地使用权；仅设立土地使用权抵押，效力是否及于房产？当时所形成的比较一致的观点是，抵押权旨在通过抵押物的交换价值实现债权，无论是房产与土地使用权分别抵押、单独抵押，还是一并抵押，只要是在实现抵押权时对房产、土地使用权一并拍卖、变卖，按各部分价款分配给各抵押权人即可，既不违反“房地合一”规定，又不影响抵押权的实现，故不应认定房地分别抵押或单独抵押无效。但是房产抵押效力不及于土地使用权，土地使用权抵押效力也不及于房产，各抵押权人分别行使抵押权，不考虑抵押权设立先后。《物权法》正是关注到了实践中的争议，在第182条第1款重述《担保法》第36条的规定后，在第2款明确规定，抵押人未将建设用地使用权与地上建筑物一并抵押的，未抵押的财产视为一并抵押。该规定明确了在抵押问题上，也坚持“房随地走、地随房走”。如果房地分别抵押，则相当于在一个物上设立了两个抵押权，如何行使抵押权？依据抵押权实现顺序的规定，登记在先的优于登记在后的。其处理思路与《物权法》施行之前实务中的做法有重大变化。《民法典》第397条沿用了《物权法》第182条的规定，因此，在以后的司法实务中仍应按《物权法》施行后的处理思路处理。[①]《民商事审判会议纪要》第61条也承继了这一观点。

《民法典》第397条规定：“以建筑物抵押的，该建筑物占用范围内的建设用地使用权一并抵押。以建设用地使用权抵押的，该土地上的建筑物一并抵押。抵押人未依据前款规定一并抵押的，未抵押的财产视为一并抵押。”可见，《民法典》非常清楚地规定了房地一体抵押原则。建筑物与土地不可分离，因此，将房屋等地上建筑物视为土地的组成部分，凡是取得建设用地使用权的人即取得附着于该土地上之建筑物的所有权，凡是取得建筑物所有权的必须要取得所附着的建设用地使用权，逻辑结果便是建设用地使用权与建筑物所有权不能分离而转让。反映在抵押权方面，抵押建设用地使用权必须同时抵押土地上的建筑物，反之抵押建筑物也必须同时抵押该建筑物所占用的建设用地使用权。也就是说，即使抵押人只办理了房屋所有权抵押登记，没有办理建设用地使用权抵押登记，实现房屋抵押权时，建设用地使用权也一并作为抵押财产。同样，只办理了建设用地使用权抵押登记，没有办理房屋所有权抵押登记，实现建设用地使用权的抵押权时，房屋所有权也一并作为抵押财产。[②]

---

① 刘贵祥：《民法典关于担保的几个重大问题》，载《法律适用》2021年第1期。

② 黄薇主编：《中华人民共和国民法典物权编释义》，法律出版社2020年版，第485页。

二、当事人仅以建设用地使用权抵押，抵押权的效力及于土地上已有的建筑物以及正在建造的建筑物已完成部分

根据《民法典》第417条的规定，建设用地使用权抵押后，该土地上新增的建筑物不属于抵押财产。所以，抵押权的效力仅及于土地上已有的建筑物以及正在建造的建筑物已完成部分，债权人主张抵押权的效力及于正在建造的建筑物的续建部分以及新增建筑物的，人民法院不予支持。实践中许多进行中的工程需要新的融资才能继续建设，而新的投资人为了保障自己的权利，往往要求对建筑物设立抵押，如果原建设用地使用权抵押效力及于续建的建筑物，新的投资人只能作为第二顺位的抵押权人。投资人在权利难以保障的情况下，没有投资的动力，特别是在房地产企业破产重整过程中更是如此。没有新的投资，形成烂尾楼的局面，对原抵押权人也是无益的。因此，综合考虑现实情况，以建设用地使用权抵押效力不及于续建或新增加的建筑物为宜。

由于在实现抵押权时，需要房地一体处理，根据《民法典》第417条的规定，该建设用地使用权实现抵押权时，应当将该土地上新增的建筑物与建设用地使用权一并处分。但是，新增建筑物所得的价款，抵押权人无权优先受偿。《城市房地产管理法》第52条也规定："房地产抵押合同签订后，土地上新增的房屋不属于抵押财产。需要拍卖该抵押的房地产时，可以依法将土地上新增的房屋与抵押财产一同拍卖，但对拍卖新增房屋所得，抵押权人无权优先受偿。"建设用地使用权抵押后，抵押人仍然有权依法对该土地进行开发，建造建筑物。对于该土地上新增的建筑物，由于其不在抵押合同约定的抵押财产范围内，因此不属于抵押财产。但在实现抵押权时，仍可以将其与建设用地使用权一并处分。但处分后，由于新增的建筑物不属于抵押财产，处分新增建筑物所得的价款，抵押权人没有优先受偿的权利，只能作为普通债权人行使权利。

三、当事人以正在建造的建筑物抵押，抵押权的效力范围限于已办理抵押登记的部分

在建工程抵押往往是抵押人为取得在建工程继续建造资金的贷款，以其合法方式取得的土地使用权，连同在建工程的投入资产，抵押给银行作为偿还贷款的担保。在建工程属于未完成的尚待继续建造的建筑物，存在一个不断变化的过程，可能导致由当初的未竣工建筑物到后来的竣工建筑物，其抵押物的价值处于不断增值的过程中。根据《城市房地产抵押管理办法》第28条规定，以在建工程抵押的，抵押合同还应当载明以下内容：（1）《国有土地使用权证》《建设用地规划许可证》和《建设工程规划许可证》编号；（2）已交纳的土地使用权出让金或需交纳的相当于土地使用权出让金的款额；（3）已投入在建工程的工程款；（4）施工进度及工程竣工日期；（5）已完成的工作量和工程量。

需要注意的是，依据《城市房地产抵押管理办法》第34条第2款的规定，以预售商品房或者在建工程抵押的，登记机关应当在抵押合同上作记载。抵押的房地产在抵押期间竣工的，当事人应当在抵押人领取房地产权属证书后，重新办理房地产抵押登记。《房屋登记办法》第62条也规定，在建工程竣工并经房屋所有权初始登记后，当事人应当申请将在建工程抵押权登记转为房屋抵押权登记。

关于当事人以正在建造的建筑物抵押，抵押权的效力范围问题，《担保法解释》第47条规定："以依法获准尚未建造的或者正在建造中的房屋或者其他建筑物抵押的，当事人办理了抵押物登记，人民法院可以认定抵押有效。"这是司法解释对在建工程抵押效力所作的具体规定。《民法典担保制度解释》本条进一步明确，抵押权的效力限于已办理抵押登记的部分。当事人按照担保合同的约定，主张抵押权的效力及于续建部分、新增建筑物以及规划中尚未建造的建筑物的，人民法院不予支持。

四、建设用地使用权、建筑物分别抵押给不同债权人的，应当根据抵押登记的时间先后确定清偿顺序

《民法典》第414条第1项规定，同一财产向两个以上债权人抵押的，拍卖、变卖抵押财产所得的价款依照下列规定清偿：抵押权已经登记的，按照登记的时间先后顺序清偿。因此，《民法典担保制度解释》本条第3款规定，建设用地使用权、建筑物分别抵押给不同债权人的，应当根据抵押登记的时间先后确定清偿顺序。

《物权法》第199条规定："同一财产向两个以上债权人抵押的，拍卖、变卖抵押财产所得的价款依照下列规定清偿：（一）抵押权已登记的，按照登记的先后顺序清偿；顺序相同的，按照债权比例清偿；（二）抵押权已登记的先于未登记的受偿；（三）抵押权未登记的，按照债权比例清偿。"《担保法解释》第58条第1款规定："当事人同一天在不同的法定登记部门办理抵押物登记的，视为顺序相同。"之所以作这样的规定，主要是由于历史上我国多数地方房屋和土地由不同的行政管理部门管理和登记，而按照"房地一体"抵押原则，两个抵押权的范围均包括建设用地使用权和建筑物，从而导致不同抵押权人同一天在不同登记机关办理登记时，无法确定登记的先后顺序。2014年11月24日，我国颁布了《不动产登记暂行条例》，开始实行不动产统一登记制度，目前已基本完成。《不动产登记暂行条例实施细则》（2019年修正）第67条规定："同一不动产上设立多个抵押权的，不动产登记机构应当按照受理时间的先后顺序依次办理登记，并记载于不动产登记簿。当事人对抵押权顺位另有约定的，从其规定办理登记。"据此，在现行统一登记制度下，已不存在多个不同法定登记部门的情形。在同一登记机构办理抵押登记，抵押登记顺序可按照受理时间进行确定，数个抵押权之间不可能出现"顺序相同"，故《物权法》关于"顺序相同的，按照债权比例清偿"的适用基础已不存在。因此，《民法典》第414条将《物权法》第199条第1项中"登记的先后顺序"修改为"登记的时间先后"，并去掉了"顺序相同的，按照债权比例清偿"。此点应予特别注意。

五、建设用地使用权与建设用地上的建筑物分属不同所有人时，房地一体抵押规则还能否适用

《民法典》第352条规定："建设用地使用权人建造的建筑物、构筑物及其附属设施的所有权属于建设用地使用权人，但是有相反证据证明的除外。"据此，建筑物所有权人与建设用地使用权人原则上是一致的，仅在例外情形下才可能不一致。根据立法机构的解释，不一致的情形主要有：一是一些事业单位或者国有企业在取得划拨用地使用权上建设住宅，并将住宅的所有权以一定的方式转让给职工；二是一些地方政府要求房地产开发商在其取得的建设用地使用权上建设配套的市政设施，但该市政设施归国家所有。我们认为，在房地权属发生分离的前提下，当事人单独以土地使用权或者建筑物所有权设定抵押的情形极为少见。实践中，之所以有人认为发生房地权属分离情形下的当事人可能会单独以土地使用权或者建筑物所有权设定抵押，往往是将房地归属一致的情形误解为房地权属发生了分离。例如，在合作开发房地产的情形下，就有人误认为房地归属可能发生分离（在合作开发房地产合同约定房屋归属双方的情形下，如果土地使用权未办理变更登记，仍应认为当事人之间的约定仅产生债权债务关系的效力，不享有土地使用权的一方并不能因此直接取得房屋所有权）。

在确实存在《民法典》第352条"但书"规定的情形下，如果土地使用权人单独以其享有的土地使用权设定抵押，即使经审查该抵押权合法有效，抵押权人在行使抵押权时，也不得影响建筑物所有权的行使。理由是：在抵押权人设定前，土地使用权人已经将对土地的占有、使用权能让渡给建筑物的所有权人。与此类似的情形是抵押人将已经出租且承租人已经占有的房屋抵押给债权人，此时，抵押权人在行使抵押权时，不得影响承租人对房屋的使用。根据"举轻以明重"的解释规则，如果土地使用权上存在他人合法的建筑物，则人民法院在拍卖、变卖土地使用权时，应告知受让人该土地上存在他人的合法

建筑物，且在建筑物所有权消灭或者房地归属同一人之前，受让人无法取得对该土地的占有、使用权能。

【实务问题】

一、《民法典》第397条允许当事人对担保财产作出特别约定

从《民法典》第397条的规定看，此条应属于补充性任意规范，应允许当事人以约定排除适用。如抵押合同约定仅以建设用地使用权设定抵押，并且明确约定不包括其上建筑物的，应当认为抵押权仅及于建设用地使用权；反之，如抵押合同约定仅以建筑物设定抵押，并且明确约定不包括建设用地使用权的，应当认为抵押权仅及于建筑物。

在明确约定仅对建筑物设定抵押而不包括建设用地使用权或者仅对建设用地使用权设定抵押而不包括建筑物的，由于“房地一体”，实现抵押权时，应将房地产同时拍卖，分别计价，建筑物或者建设用地使用权抵押权人只能就建筑物或者建设用地使用权卖得价金优先受偿。在实现抵押权时，对建设用地使用权与建筑物一并拍卖或变卖，既不影响抵押部分的价款分离，也不影响“房地一体”原则。

二、抵押权随主债权转让

《民商事审判会议纪要》第62条规定，抵押权是从属于主合同的从权利，根据“从随主”规则，债权转让的，除法律另有规定或者当事人另有约定外，担保该债权的抵押权一并转让。受让人向抵押人主张行使抵押权，抵押人以受让人不是抵押合同的当事人、未办理变更登记等为由提出抗辩的，人民法院不予支持。《民法典》第407条规定：“抵押权不得与债权分离而单独转让或者作为其他债权的担保。债权转让的，担保该债权的抵押权一并转让，但法律另有规定或者当

事人另有约定的除外。”作为担保物权的一种，抵押权以其所担保的债权存在为前提，没有债权，就不可能有抵押权，抵押权失去了债权，也就失去了存在的意义。根据这一规定，抵押权的转让或者以抵押权为其他债权设定担保，应当与抵押权所担保的债权一同进行。抵押权人转让抵押权的，抵押权应当与其所担保的债权一同转让；抵押权人以抵押权向他人提供担保的，抵押权应当与其所担保的债权一同向他人提供担保。单独转让抵押权或者单独以抵押权作为其他债权担保的行为无效。[①]抵押权随主债权一并转让，债权受让人取得的抵押权系基于法律的明确规定，并非基于新的抵押合同重新设定抵押权，无需办理抵押权转移登记，债权受让人即取得抵押权。

当然，在法律另有规定和当事人另有约定时，抵押权并不一定随着主债权的转让而转让，例如《民法典》第 421 条规定，最高额抵押担保的债权确定前，部分债权转让的，最高额抵押权不得转让。当事人另有约定，既可以是抵押权人在转让债权时，与受让人约定，只转让债权而不转让担保该债权的抵押权，这种情形大多发生在债权的部分转让时；也可以是第三人专为特定的债权人设定抵押的，该第三人与债权人约定，被担保债权的转让未经其同意的，抵押权因债权的转让而消灭。

三、在当事人仅就建设用地上的建筑物设定抵押的情况下，如果该建筑物所占用的土地面积远小于该宗建设用地，在抵押权人实现抵押权时，能否就该宗建设用地的全部享有优先受偿权

这个问题我们专门研究过，因为各方面的原因没有在《民法典担保制度解释》中规定。我们倾向认为，出现题设情况的原因是政府规划主管部门的规划。我们经常提到的政府容积率也是据此算出来的。在规划没有改变的情况下，尽管当事人仅就建设用地上的建筑物设定抵押，但是根据房地一体抵押的法律规定，抵押权人可以就该宗建设用地行使优先受偿权。

① 黄薇主编:《中华人民共和国民法典物权编释义》，法律出版社 2020 年版，第 513 页。

【案例】

中行龙珠支行与国托公司、美源公司、粤荣公司金融借款合同纠纷案【最高人民法院（2015）民二终字第269号】

2007年11月15日，中行龙珠支行与国托公司签订一份《人民币借款合同（中期）》，约定国托公司向中行龙珠支行借款2.1亿元，以及借款期限、利率等。国托公司以其名下坐落于海口市滨海大道填海区的36414.02平方米土地为借款提供抵押担保，并办理了土地他项权利证明书。此后，双方又约定将上述土地的地上建筑物也全部抵押给中行龙珠支行用于对上述借款的担保。2009年3月2日，双方到国土部门办理了土地他项权利证明书。地上建筑物为在建项目，双方未到房产管理部门办理抵押登记手续，仅在土地他项权利证明书内注明抵押物为土地及地上建筑物。中行龙珠支行依约合计发放贷款2.1亿元。国托公司分批偿还了贷款本金共计130502576.09元。截至2015年3月31日，国托公司尚欠中行龙珠支行借款本金79497423.91元，利息39375008.29元。

最高人民法院认为，关于中行龙珠支行能否依据《物权法》第182条之规定对案涉地上建筑物享有优先受偿权的问题。中行龙珠支行主张即使其未办理地上建筑物抵押登记，但基于其已依法办理了土地使用权抵押登记手续，可依据《物权法》第182条的规定，将该土地使用权的抵押效力及于地上建筑物。在房地产抵押权设立的实践中，如何协调土地使用权抵押和地上建筑物之间的关系，我国《物权法》施行前的相关法律规定并不明确。为此，《物权法》第182条第1款规定："以建筑物抵押的，该建筑物占用范围内的建设用地使用权一并抵押。以建设用地使用权抵押的，该土地上的建筑物一并抵押。"该条第2款进一步明确规定："抵押人未依照前款规定一并抵押的，未抵押的财产视为一并抵押。"该规定遵循了房地产交易中"房随地走"和"地随房走"的双向统一原则，其立法旨意在于重申房地一体的原则，防止引发抵押权实现时的困境，使债权人的利益受到损害。依据该规定，当事人应对土地使用权及其地上建筑物一并抵押，如果当事人未按照该条第 1 款规定一并抵押时，则法律直接规定“视为一并抵押”。即只要土地使用权或地上建筑物之一项办理了抵押登记，即使另外一项没有办理抵押登记，亦依法推定为两者一并抵押。另外，从市场交易的风险防范角度来看，《物权法》已经确立了房地应一并抵押的原则，并明确规定土地使用权或者地上建筑物未一并抵押的也视为一并抵押，参与或从事房地产抵押实践的市场主体应当知悉该规定。其在设立土地使用权抵押权时，对该土地上的建筑物是否已设定抵押权负有注意义务，并应积极向登记机关进行查询，以避免出现风险，反之亦然。市场主体如果因未尽到上述注意义务而遭受风险，则该损失应由其自行负担。本案中，中行龙珠支行与国托公司已就土地使用权办理了抵押登记，依法设立了抵押权，即便在土地他项权利证明书中未注明抵押物包括地上建筑物，依据《物权法》第 182 条第 2 款之规定，案涉地上建筑物也应视为一并抵押，该土地使用权之抵押权效力及于地上建筑物，中行龙珠支行亦应就本案享有的债权依法对案涉地上建筑物享有优先受偿权。且中行龙珠支行与国托公司在诉讼中均确认该地上建筑物未为其他债权设立抵押担保，案涉地上建筑物抵押权在未来实现时也不存在权利冲突。中行龙珠支行主张案涉地上建筑物随土地使用权一并抵押，其对案涉地上建筑物亦享有优先受偿权，于法有据，应予支持。

第五十二条 当事人办理抵押预告登记后，预告登记权利人请求就抵押财产优先受偿，经审查存在尚未办理建筑物所有权首次登记、预告登记的财产与办理建筑物所有权首次登记时的财产不一致、抵押预告登记已经失效等情形，导致不具备办理抵押登记条件的，人民法院不予支持；经审查已经办理建筑物所有权首次登记，且不存在预告登记失效等情形的，人民法院应予支持，并应当认定抵押权自预告登记之日起设立。

当事人办理了抵押预告登记，抵押人破产，经审查抵押财产属于破产财产，预告登记权利人主张就抵押财产优先受偿的，人民法院应当在受理破产申请时抵押财产的价值范围内予以支持，但是在人民法院受理破产申请前一年内，债务人对没有财产担保的债务设立抵押预告登记的除外。

【条文主旨】

本条是关于不动产抵押预告登记之效力的规定。

【条文概览】

预告登记是在本登记暂时无法办理时当事人为确保将来取得物权而办理的一种特殊登记。由于抵押权本身无法阻止抵押人转让抵押物或者在抵押物上为他人再次设定抵押权，因此，债权人办理抵押预告登记后，亦无法阻止抵押人转让标的物或者再次以标的物设定担保物权。就此而言，当事人办理抵押预告登记的目的在于当能够办理抵押登记时，其能获得较之其他担保物权人更加优先的顺位，而不在于防止抵押人再次处分标的物。此外，为避免诉累，虽然当事人办理的只是抵押预告登记而非抵押登记，但在诉讼过程中经人民法院审查具备办理抵押登记的条件，预告登记权利人即可主张已经取得抵押权，而无须判决认定预告登记权利人只有在办理抵押登记后才能主张抵押权。在抵押人破产的情况下，考虑到抵押预告登记权利人无法等到办理抵押登记的条件具备时再主张优先受偿权，故应参照《企业破产法》关于破产程序中债权加速到期的相关规定，赋予抵押预告登记具有抵押登记的效力，抵押预告登记权利人可主张就抵押财产优先受偿。

【争议观点】

不动产抵押预告登记究竟具有何种法律效力，理论界与实务界争议较大。第一种观点认为，预告登记与本登记存在根本性的区别，通常是在建筑物尚未建成时办理的一种临时性登记，因此，债权人只有在办理抵押登记后，才能取得对特定标的物的优先受偿权，而在仅办理抵押预告登记的情形下请求行使抵押权的，人民法院不应予以支持；第二种观点认为，抵押预告登记虽然是抵押登记无法办理时才办理的一种临时性登记，但在债权人仅办理抵押预告登记时提起诉讼主张优先受偿权的情况下，人民法院仍应审查办理抵押登记的条件是否已经具备：经审查，如果办理抵押登记的条件已经具备，则应支持债权人的诉请；经审查，如果办理抵押登记的条件不具备，则不应支持债权人的诉请，但这不意味着预告登记失效，债权人在具备办理抵押登记条件时仍可主张优先受偿权。此外，在抵押人破产时，第二种观点内部也存在分歧：一种意见认为，如果抵押人破产，参照适用《企业破产法》关于债权加速到期的规定，人民法院无须再审查抵押登记条件是否具备，均应赋予预告登记权利人优先受偿权；另一种意见则认为，即使抵押人破产，人民法院在判断预告登记权利人是否有优先受偿权时，仍应审查是否具备办理抵押登记的条件，只有在具备办理抵押登记条件的情形下，才能赋予预告登记权利人优先受偿权。

【理解与适用】

一、预告登记及其在不动产抵押中的运用

预告登记是相对于本登记而言的一种不动产登记。在民法上，本登记是指作为不动产物权公示方式的登记，如建设用地使用权登记、房屋所有权登记、抵押登记等，而预告登记则通常是在本登记无法办理时，当事人为保障将来取得物权而办理的临时登记，因此在有的国家或地区也被称为假登记。《民法典》第221条规定："当事人签订买卖房屋的协议或者签订其他不动产物权的协议，为保障将来实现物权，按照约定可以向登记机构申请预告登记……"由此可见预告登记制度既可适用于房屋买卖，也可以适用于当事人订立的其他不动产物权协议。此外，关于预告登记的效力，该条规定："预告登记后，未经预告登记的权利人同意，处分该不动产的，不发生物权效力。"依据《民法典物权编解释（一）》第4条关于"未经预告登记的权利人同意，转让不动产所有权等物权，或者设立建设用地使用权、居住权、地役权、抵押权等其他物权的，应当依照民法典第二百二十一条第一款的规定，认定其不发生物权效力"的规定，未经预告登记权利人同意，虽然转让不动产所有权等物权或者设立用益物权、担保物权的合同并不因此无效，但物权变动则相对于预告登记权利人无效。也就是说，预告登记虽然不能直接引起物权发生变动，但却具有对权利人的处分权进行限制的效力，目的在于保障相对人将来实现物权。也正因为如此，预告登记被认为具有防止出卖人一物多卖的功能。

然而，从实践情况看，尽管商品房买卖中的"网签"在性质上只是房屋行政管理部门为加强对房地产市场的监管而建立的制度，本身并不具有民法上的效力，因而不能取代预告登记制度，但从客观效果上看，网签制度同样发挥着防止出卖人一物多卖的作用，因此，在已经依法办理网签的情形下，不动产买受人再通过约定办理预告登记

的积极性并不高。相反，由于不动产抵押合同的签订并无网签的要求，实践中仅有少数省市可以办理网签，因此预告登记制度得到广泛运用：当事人签订不动产抵押合同后，因标的物未取得所有权的本登记，无法办理抵押登记，但债权人为保障将来取得抵押权，通过与抵押人约定先办理抵押预告登记，待具备办理抵押登记条件后再办理抵押登记。

值得注意的是，尽管预告登记制度在不动产抵押中得到广泛运用，但是《民法典》关于预告登记之效力的规定却难以适用于不动产抵押的预告登记。这是因为，根据《民法典》的规定，即使是已经办理本登记的抵押权亦无法阻止抵押人转让抵押物或者在抵押物上为他人再次设定抵押权，抵押预告登记自然也不应具有限制抵押人处分抵押物的效力。就此而言，尽管《民法典》关于预告登记的规定较之《物权法》的相关规定，更加明确地规定了预告登记制度可以适用于除房屋买卖合同之外的其他不动产物权协议，但在对预告登记之效力进行规定时，却仍以当事人在房屋买卖合同后办理的预告登记作为规制的主要对象，并未顾及抵押预告登记的特殊性，从而形成制定法上的漏洞。

二、不动产抵押预告登记的顺位效力

关于不动产抵押预告登记的效力，因《物权法》乃至《民法典》均未进行明确规定过，实践中争议较大。在《最高人民法院公报》2014 年第 9 期所载中国光大银行股份有限公司上海青浦支行诉上海东鹤房地产有限公司、陈思绮保证合同纠纷案中，终审判决认为："预售商品房抵押贷款中，房屋上设定的抵押预告登记，与抵押权设立登记具有不同的法律性质和法律效力。根据《物权法》等相关法律法规的规定，预告登记后，未经预告登记的权利人同意，处分该不动产的，不发生物权效力。预告登记后，债权消灭或者自能够进行不动产登记之日起三个月内未申请登记的，预告登记失效。即抵押权预告登记所登记的并非现实的抵押权，而是将来发生抵押权变动的请求权，该请求权具有排他效力。因此，作为系争房屋抵押权预告登记的权利人，在未办理房屋抵押权设立登记之前，其享有的是当抵押登记条件成就或约定期限届满时对系争房屋办理抵押权登记的请求权，并可排他性地对抗他人针对系争房屋的处分，但并非对系争房屋享有现实抵押权，而是待房屋建成交付购房人后就该房屋设立抵押权的一种预先的排他性保全。如果房屋建成后的产权未登记至购房人名下，则抵押权设立登记无法完成，其不能对该预售商品房行使抵押权。”可见，在该案中，终审判决认为抵押预告登记不能直接产生抵押权，因此，债权人不能据此请求行使抵押权，而只能等办理完抵押登记，才能行使抵押权；当然，抵押预告登记能够产生将来设立抵押权的请求权，且该请求权具有排他性保全效力，能够排他性地对抗他人针对标的物的处分。

应该说，上述观点代表实践中的主流观点。但问题是，如前所述，根据《民法典》的相关规定，抵押权本身不具有限制抵押人处分的效力，而上述观点一方面认为抵押预告登记不能产生抵押权，另一方面又认为因预告登记产生的请求权能够排他性地对抗他人针对标的物的处分，显然存在逻辑上的矛盾。我们认为，抵押预告登记是在抵押登记暂时无法办理时当事人为确保将来取得抵押权而办理的一种特殊登记，其目的并不在于防止抵押人再次处分标的物，而是当能够办理抵押登记时，预告登记权利人能够获得较之其他担保物权人或者债权人更加优先的顺位。也就是说，即使抵押人在办理抵押预告登记之后对标的物进行了处分，只要具备办理抵押登记的条件，预告登记权利人即可申请办理抵押登记，并主张其抵押权自预告登记之日设立。关于预告登记的此种顺位效力，域外大陆法系国家或者地区对此有明确规定，例如《韩国不动产登记法》明确规定“已办理假登记时，本登记的顺位依假登记的顺位”；《韩国假登记担保法》亦规定：“对已经进行完假登记的不动产强制拍卖时，假登记担保权人比其他债权人享有优先受偿权，在这种情形下，在顺位上将假登记担保权看作是抵押权，设定假登记看作是设定抵押权登记。”

值得注意的是，尽管《民法典》未就不动产抵押预告登记的顺位效力进行明确规定，因而存在制定法的漏洞，但从法解释学的角度看，承认抵押预告登记的顺位效力，则是必然的选择，因为根据《民法典》第221条的规定，预告登记的目的在于保障当事人将来实现物权。抵押预告登记显然不能阻止抵押人处分标的物，但如果不承认其顺位效力，又谈何保障当事人将来实现物权？就此而言，不能因为《民法典》没有就预告登记的顺位效力作出明确规定，我们就不能得出上述结论。类似情形是，《民法典》第221条也没有规定预告登记权利人能否排除他人对标的物的强制执行，但《执行异议和复议规定》第30条从预告登记旨在保障权利人将来取得物权的角度出发，明确规定："金钱债权执行中，对被查封的办理了受让物权预告登记的不动产，受让人提出停止处分异议的，人民法院应予支持；符合物权登记条件，受让人提出排除执行异议的，应予支持。"可见，在符合物权登记条件的情形下，预告登记被赋予排除强制执行的效力，而这显然也已超出《民法典》第221条规定的文义范围。

总之，尽管《民法典》对预告登记的效力进行了规定，但该规定并未涵盖所有情形下预告登记的效力，需要通过法律解释方法的运用处理实践中存在的各种具体问题。考虑到不动产抵押本身的特殊性，抵押预告登记虽然不具有限制抵押人处分标的物的效力，但承认其顺位效力，当属应有之义。

三、预告登记权利人办理抵押登记的条件及其审查

当然，预告登记权利人主张抵押权自预告登记之日起设立，必须以已经具备办理抵押登记为条件。如果不具备抵押登记的条件，抵押权无从设立，自然也谈不上预告登记具有顺位效力。问题在于，是否具备抵押登记条件，是由人民法院进行审查还是必须由登记机构进行审查？实践中，有人认为只有登记机构才有权审查当事人是否具备抵押登记的条件，人民法院无权审查当事人是否具备办理抵押登记的条件，因此，在仅办理抵押预告登记的情形下，如果债权人提起诉讼请

求行使抵押权，则人民法院应驳回其诉讼请求，并告知当事人在办理抵押登记后才能主张行使抵押权。

我们认为，在统一不动产登记制度后，不动产抵押登记的条件已由法律、行政法规进行明确规定，无论是登记机构还是人民法院审查当事人是否具备办理抵押登记的条件，其依据都是法律、行政法规的规定。正常情形下，根据《民法典》第221条第2款的规定，当事人在办理抵押预告登记后，应自具备抵押登记条件之日起九十日内办理抵押登记，否则预告登记即失效。但是，实践中有的债权人在未办理抵押登记的情形下，直接对抵押人提起诉讼，请求行使抵押权，如果此时一概驳回其诉讼请求，要求其先办理抵押登记才能行使抵押权，则必将引起诉累。尤其是，当登记机构认为其不符合抵押登记条件而决定不予办理抵押登记时，当事人可能还要专门就登记机构的决定提起诉讼，请求人民法院对自己究竟是否具备抵押登记条件进行审查。此外，《执行异议和复议规定》第30条亦规定人民法院在执行异议环节可就预告登记权利人是否具备办理物权登记的条件进行审查。更为重要的是，如果要求当事人在办理抵押登记后才能行使抵押权，则必然导致一个纠纷多次审理。因此，我们认为，从避免诉累的角度出发，应允许人民法院在诉讼中直接对预告登记权利人是否具备抵押登记条件进行审查，并进而判断预告登记是否仍在有效期内，再对预告登记权利人是否能够行使抵押权作出判断，而无须要求当事人先办理抵押登记，再另行提起诉讼主张行使抵押权。实践中，已有部分地区采取抵押预告登记在符合抵押登记条件下自动转为抵押登记的做法，且该做法获得自然资源部自然资源确权登记局的认可。经与该局沟通，他们也赞成人民法院在诉讼中直接审查预告登记权利人是否具备办理抵押登记的条件，并认为只要不动产登记机构已经办理建筑物所有权首次登记，即应认定已具备抵押登记条件。

在抵押预告登记权利人请求行使抵押权的情形下，经审查，如果预告登记权利人仍不具备抵押登记条件，人民法院自应驳回其诉讼请求。需要说明的是，尽管预告登记权利人的诉讼请求被驳回，但这并不意味着预告登记本身无效或者已经失效。因此，在具备抵押登记条件时，预告登记权利人仍可再次请求行使抵押权。

四、不动产抵押预告登记在破产中的效力

实践中还可能发生当事人在办理抵押预告登记后抵押人破产的情形。在抵押人破产时，如果预告登记权利人仍然不具备办理抵押登记的条件，预告登记权利人是否对标的物享有优先受偿的权利？关于这一问题，实务界争议较大。有意见认为，抵押人破产时，如果预告登记权利人仍然不具备抵押登记条件，应认为抵押权没有设定，预告登记权利人只能与其他普通债权人一起参与破产财产的分配，不能就约定的抵押物优先受偿。我们认为，上述观点值得商榷。在抵押人破产时，即使预告登记权利人仍不具备办理抵押登记的条件，也应认为其就约定的抵押物享有优先受偿的权利。理由有二：

其一，一般认为，排除强制执行与抵御破产是民事权利具有物权性效力的重要特征。为保障预告登记权利人将来实现物权，《执行异议和复议规定》已经赋予预告登记的权利排除强制执行的效力。同理，也应赋予预告登记具有抵御破产的效力，否则当事人办理预告登记的目的就会落空。预告登记抵御破产的效力既体现为买受人在办理预告登记的情形下可以行使取回权，也体现为抵押预告登记权人可就约定的抵押财产行使别除权，优先受偿。

其二，为保障企业破产程序的顺利进行，《企业破产法》第 46 条第 1 款规定："未到期的债权，在破产申请受理时视为到期。"同理，在抵押人破产时，即使预告登记权利人仍不具备办理抵押登记的条件，也应视为条件已经成就，因为预告登记权利人无法继续等待抵押登记条件具备时再主张抵押权，且如果仅仅因抵押人破产导致抵押登记条件无法成就而否认预告登记权利人对抵押财产享有优先受偿权，对其也是不公平的。

总之，在抵押人破产的情形下，人民法院无须再审查抵押预告登

记的权利人是否具备抵押登记的条件，即可直接赋予预告登记权利人就预告登记的抵押财产优先受偿的权利。

【实务问题】

一、关于当事人能够办理抵押登记之条件的审查

根据《民法典担保制度解释》本条的规定，人民法院在审查预告登记权利人是否具备办理抵押登记条件时，应审查是否已经办理建筑物首次登记、预告登记的财产与办理建筑物所有权首次登记时的财产是否一致、抵押预告登记是否已经失效等。所谓建筑物首次登记，本指房地产开发企业在建筑物竣工验收后就建筑物所有权办理的首次登记（即俗称的“大产证”），而非指抵押人自房地产开发企业处取得建筑物所有权而办理的首次登记（即俗称的“小产证”）。但在实践中，有些房地产开发企业为节省费用，在未将建筑物所有权办理在自己名下的情形下即直接申请将建筑物所有权办理至购房人名下，而目前各地的不动产登记机构对于此种申请，在处理上也不尽一致：有的直接将建筑物所有权办理到购房人名下，有的则要求必须先将建筑物所有权办理到房地产开发企业名下，再变更登记至购房人。显然，对于后一种情形，所谓建筑物首次登记，则应指抵押人自房地产开发企业处取得建筑物所有权而办理的首次登记。此外，由于当事人办理预告登记时，用于抵押的建筑物可能尚未建成，登记机构只能根据规划审批文件确定的编号办理抵押预告登记，如果该编号对应的标的物与办理建筑物所有权首次登记时该编号对应的标的物不一致，在赋予抵押预告登记强大法律效力的背景下，就可能给第三人的交易安全造成隐患。因此，人民法院在审查预告登记权利人是否具备办理抵押登记的条件时，还要对预告登记的财产与办理建筑物所有权首次登记的财产是否一致进行审查。

值得注意的是，根据《民法典》第221条第2款的规定，如果

债权消灭或者当事人自能够进行不动产登记之日起九十日内未申请登记，预告登记失效。所谓能够进行不动产登记，即指具备办理本登记的条件。实践中，由于是否能够办理本登记，只有房地产开发企业知情，房屋买受人或者预告登记权利人可能都不知情。因此，我们认为，在认定预告登记是否失效时，应以买受人或者预告登记权利人主观上知道或者应当知道能够进行本登记之日作为计算的起点，不能以客观上具备办理本登记条件之日作为计算的起点。

二、抵押人破产时抵押预告登记权利人主张优先受偿的条件和范围

在抵押人破产时，虽然抵押预告登记权利人可主张就抵押财产优先受偿，但是，由于预告登记时该建筑物通常并未建成，且在抵押人破产时该财产也还可能没有建成，或者虽然建成了一部分，但根据相关法律，该部分并不属于抵押人所有，此时认定预告登记权利人对抵押财产享有优先受偿权，就可能损害到案外第三人的利益。此外，如果用于抵押的建筑物在抵押人破产时尚未建成，成为“烂尾楼”，而在破产重整过程中，又有第三人投入资金继续完成了建筑物的建造，此时赋予抵押预告登记的权利人对建造完成后的建筑物享有优先受偿权，也可能会损害到第三人的利益，并给破产重整带来了诸多风险，不利于破产重整制度的推行。

为了解决实践中存在的上述问题，《民法典担保制度解释》在允许抵押预告登记权利人就抵押财产优先受偿的同时，也规定了相应的条件：一是明确将抵押财产属于破产财产作为预告登记权利人主张优先受偿权的条件；二是将预告登记权利人能够主张优先受偿的范围界定在受理破产申请时抵押财产的价值范围。

此外，根据《企业破产法》第31条的规定，在人民法院受理破产申请前一年内，如果债务人对没有财产担保的债务提供财产担保的，则管理人有权请求人民法院予以撤销该行为。这主要是为了防止债务人以提供担保为名进行个别清偿，从而损害其他债权人的利益。

在抵押人破产的情形下，由于司法解释赋予抵押预告登记具有相当于本登记的效力，这就可能导致当事人通过办理抵押预告登记来实现个别清偿。为此，《民法典担保制度解释》将“在人民法院受理破产申请前一年内，债务人对没有财产担保的债务设立抵押预告登记”作为预告登记权利人对抵押财产享有优先受偿权的例外情形。

（三）动产与权利担保

第五十三条　当事人在动产和权利担保合同中对担保财产进行概括描述，该描述能够合理识别担保财产的，人民法院应当认定担保成立。

【条文主旨】

本条是关于担保物特定化与担保成立的规定。

【条文概览】

在以动产进行抵押或者以权利进行质押的情形下，是否允许当事人以概括描述的方法确定抵押财产，是世界银行营商环境评估的调查内容之一。尽管《民法典》简化了抵押合同和质押合同“一般包括”的条款，但仍没有就抵押合同或质押合同能否对抵押物采用一般性或者概括性描述作出明确规定。就此而言，即使是《民法典》编纂完成后，在世界银行组织的营商环境评估中，仍可能会有受访者对于相关问题产生误解。为了彻底解决这一问题，《民法典担保制度解释》进一步明确规定担保合同可以对担保物采取概括性的描述。当然，担保合同旨在设立担保物权，而担保物权的客体必须特定，否则权利人就无法进行排他性的支配，因此，《民法典担保制度解释》在规定担保合同可以对担保物采取概括性描述的同时，明确规定该描述必须达到能够合理识别担保财产的程度。

【争议观点】

在动产和权利担保合同中，如果担保合同仅对担保财产进行概括性描述，人民法院能否认定担保成立？对于这一问题，有不同的观点：一种观点认为，担保物权的客体必须特定，因此旨在设立担保物权的合同也必须清晰地界定担保财产，否则担保就不成立；另一种观点则认为，只要能够合理识别出担保财产，即使担保合同采取概括性描述的方式，也不应影响担保的成立。

【理解与适用】

世界银行营商环境评估“获得信贷”指标的一项重要内容是关于法律规则是否允许对担保物进行一般性或概括性的描述。例如，针对这一指标，世界银行专家可能会提出以下问题进行评估：其一，根据法律规定，应收账款或未清偿债务，是否可在担保协议以及（如果进行了担保登记）登记担保权益时用一般性术语（例如“所有应收账款”）进行描述，而不需要特别注明？其二，根据法律，在担保协议中以及担保权益登记时，存货能否以概括性术语进行描述（例如，使用“所有笔记本电脑存货”，而不是“PXS 笔记本电脑，编号3278632，金属色，14 英寸显示屏”）？其三，根据法律规定，在担保协议中以及担保权益登记时，有形动产能否用概括性术语进行描述（例如，使用“300 头赫里福德牛”而不是“头等‘Blue Ribbon’牌赫里福德公牛，刺青编号 125，育种登记编号 56”）？

在《民法典》编纂完成前，针对上述问题，我国受访者的回答往往都是“否”，从而导致失分严重。[1]究其原因，在于《物权法》关于担保合同形式和内容的规定极易造成受访者误解。例如，《物权法》第 185 条规定：“设立抵押权，当事人应当采取书面形式订立抵押合

---

① 参见罗培新：《论世行营商环境评估“获得信贷”指标得分的修法路径——以我国民法典颁布为契机》，载《东方法学》2020 年第 1 期。

同。抵押合同一般包括下列条款：（一）被担保债权的种类和数额；（二）债务人履行债务的期限；（三）抵押财产的名称、数量、质量、状况、所在地、所有权归属或者使用权归属；（四）担保的范围。”再如，《物权法》第210条同样规定：“设立质权，当事人应当采取书面形式订立质权合同。质权合同一般包括下列条款：（一）被担保债权的种类和数额；（二）债务人履行债务的期限；（三）质押财产的名称、数量、质量、状况；（四）担保的范围；（五）质押财产交付的时间。”值得注意的是，上述规定仅仅是规定订立抵押合同或者质押合同“应当”采用书面形式，而对抵押合同或者质押合同的内容，采用的则是“一般包括下列条款”的表述，因此，无论是《物权法》第185条第2款还是《物权法》第210条第2款，在规范性质上都属于倡导性规范，而非强制性规定，自然不能作为人民法院认定合同是否成立的依据。[①]从法理上说，只要当事人采取的是书面形式，且具备《合同法解释（二）》第1条规定的内容[②]，即使欠缺上述法律规定的一些条款，也不影响抵押合同或者质押合同的成立，但受访者却误以为抵押合同或者质押合同必须具备法律规定的上述条款，否则担保合同将被认定不成立。

为了进一步优化营商环境，《民法典》对抵押合同和质押合同的内容进行了简化，例如，《民法典》第400条规定：“设立抵押权，当事人应当采用书面形式订立抵押合同。抵押合同一般包括下列条款：（一）被担保债权的种类和数额；（二）债务人履行债务的期限；（三）抵押财产的名称、数量等情况；（四）担保的范围。”再如，《民法典》第427条规定：“设立质权，当事人应当采用书面形式订立质押合同。质押合同一般包括下列条款：（一）被担保债权的种类和

① 倡导性规范旨在引导当事人按照某种方式进行行为，从而避免出现不利后果。它针对的是行为人而非裁判者，属于行为规范，不是裁判规范，自然不能作为裁判的依据。

② 《合同法解释（二）》第1条规定：“当事人对合同是否成立存在争议，人民法院能够确定当事人名称或者姓名、标的和数量的，一般应当认定合同成立。但法律另有规定或者当事人另有约定的除外。对合同欠缺的前款规定以外的其他内容，当事人达不成协议的，人民法院依照合同法第六十一条、第六十二条、第一百二十五条等有关规定予以确定。”

数额；（二）债务人履行债务的期限；（三）质押财产的名称、数量等情况；（四）担保的范围；（五）质押财产交付的时间、方式。”

需要说明的是，尽管《民法典》简化了抵押合同和质押合同“一般包括”的条款，但仍没有就抵押合同或质押合同能否对抵押物采用一般性或者概括性描述作出明确规定。就此而言，即使是《民法典》施行后，在世界银行组织的营商环境评估中，仍可能会有受访者对于上述规定产生误解。为了彻底避免受访者继续产生误解，我们认为有必要在《民法典担保制度解释》中进一步明确规定担保合同可以对担保物采取概括性的描述。

当然，担保合同旨在设立担保物权，而担保物权的客体必须特定，否则权利人就无法进行排他性的支配，因此，《民法典担保制度解释》在规定担保合同可以对担保物采取概括性描述的同时，明确规定该描述必须达到能够合理识别担保财产的程度。

【实务问题】

在动产抵押或者权利质押担保中，担保财产的特定化究竟是担保合同成立的要件，还是仅仅是担保物权设立的要件？对此，一种观点认为，担保财产的特定化仅仅是担保物权设立的要件，而非担保合同成立的要件。我们认为，在动产抵押中，担保财产的特定化既是担保合同成立的要件，也是担保物权设立的要件。因为《民法典》对于动产抵押采意思主义物权变动模式，即当事人意思表示一致，不仅抵押合同成立，抵押权也已设立，登记仅仅是抵押权对抗善意第三人的要件。但在权利质押中，采取的是形式主义物权变动模式，因而存在区分原则适用的问题，即担保合同仅在当事人之间发生债权债务关系，不能直接引起物权发生变动，因此，即使标的物不特定，也不影响担保合同的成立，而仅影响担保物权的设立。不过，尽管在形式主义物权变动模式下，标的物的特定不是担保合同的成立要件，但由于担保合同的目的是设立担保物权，因此，担保合同关于担保财产的约定也应足够明确，从而使得当事人在办理质押登记或者交付权利凭证时可以特定化。此外，动产抵押中，虽然抵押合同一经生效，抵押权就已经设定，但由于抵押权未经登记不具有对抗善意第三人的效力，因此只要抵押权人行使权利时标的物可以特定化即可，并非自始即要求特定化。就此而言，无论是动产抵押还是权利质押，都应允许抵押合同对担保财产进行概括性描述。只不过，如果该描述无法达到合理识别担保财产的程度，根据《合同法解释（二）》第1条的规定，即应认为不满足合同成立的一般要件，担保合同自然无法成立。在担保合同不成立的情形下，担保物权也当然无法设立。也就是说，概括描述达到合理识别标准，既是担保合同的成立要件，也是担保物权的设立要件。正因为如此，《民法典担保制度解释》只是笼统地规定，如果当事人在动产和权利担保合同中对担保财产进行概括描述，则只有在该描述能够合理识别担保财产的情形下，人民法院才能认定“担保”成立。

第五十四条 动产抵押合同订立后未办理抵押登记，动产抵押权的效力按照下列情形分别处理：

（一）抵押人转让抵押财产，受让人占有抵押财产后，抵押权人向受让人请求行使抵押权的，人民法院不予支持，但是抵押权人能够举证证明受让人知道或者应当知道已经订立抵押合同的除外；

（二）抵押人将抵押财产出租给他人并移转占有，抵押权人行使抵押权的，租赁关系不受影响，但是抵押权人能够举证证明承租人知道或者应当知道已经订立抵押合同的除外；

（三）抵押人的其他债权人向人民法院申请保全或者执行抵押财产，人民法院已经作出财产保全裁定或者采取执行措施，抵押权人主张对抵押财产优先受偿的，人民法院不予支持；

（四）抵押人破产，抵押权人主张对抵押财产优先受偿的，人民法院不予支持。

【条文主旨】

本条是关于未办理登记时动产抵押权之效力的规定。

【条文概览】

关于动产抵押未经登记不能对抗的善意第三人范围，应注意以下几个方面：一是这里的第三人不包括抵押权人、质权人、留置权人等担保物权人，因为担保物权人之间的顺位，根据《民法典》第414条、第415条确立的规则确定即可，无须考虑彼此之间是否为善意，否则有悖于建立统一的可预测的优先顺位规则的目的；二是这里的善意第三人主要是指已经取得对标的物占有的买受人或者承租人，因为在第三人是普通债权人的情形下，基于物权优先于债权的民法理论，无论第三人为善意还是恶意，抵押权人都是可以对抗的，而已经取得占有的买受人或者承租人要么已经取得物权，要么取得了具有一定物权效力的债权，因此只有在第三人为恶意的情形下，抵押权人才能对其主张权利；三是有必要进一步区分第三人是买受人还是承租人——在第三人为买受人时，涉及的是抵押权是否对买受人有追及效力的问题，而在第三人为承租人时，涉及的是租赁合同是否因标的物已经抵押而受到影响的问题。此外，为落实《民法典》消除隐形担保的目的，如果抵押人的其他债权人已经申请人民法院对标的物采取了查封、扣押措施，也应认为未经登记的抵押权人不能向其主张优先受偿；在抵押人进入破产程序后，由于抵押人的其他债权人既有可能是善意的，也有可能是恶意的，认定未经登记的抵押权具有对抗效力将可能带来不公平的结果，也与破产程序追求债权人公平受偿的理念相冲突，因此，未办理抵押登记的抵押权人主张优先受偿的，人民法院亦不应予以支持。

【争议观点】

《民法典》第403条规定："以动产抵押的，抵押权自抵押合同生效时设立；未经登记，不得对抗善意第三人。"关于善意第三人的范围，存在不同理解：一种意见认为，动产抵押不以登记为生效要件，因此即使未办理登记，抵押权也已设立，根据物权优于债权的原理，应认为该条所称"善意第三人"仅指善意的物权人，对于尚未取得物权的债权人，无论其是否为善意，抵押权都可以对抗；另一种意见则认为，我国民法对于动产抵押的设立采登记对抗主义，实际是弱化了债权与物权的区分，没有办理登记的动产抵押权与债权之间的区分不再清晰，《民法典》第403条规定的"善意第三人"并非仅指善意的物权人，也包括特殊情形下的善意债权人。

【理解与适用】

一、登记对抗主义的法律构造

从比较法的角度看，针对基于法律行为发生的物权变动，存在两种不同的物权变动模式：一种是所谓形式主义物权变动模式，另一种则是所谓意思主义物权变动模式。前者以当事人完成法定的公示方式为物权变动的要件，而后者则仅需当事人之间的合意，即可引起物权变动。一般认为，形式主义物权变动模式旨在落实物权与债权的区分：在严格区分物权和债权的体系下，物权被赋予对抗第三人的效力，因此物权的变动就必须以第三人能够获知的方式予以公示，否则其交易安全将无法获得有效保障。当然，采用意思主义物权变动模式的国家或者地区也要保护第三人的交易安全，但不是将公示方式的完成作为物权变动的生效要件，而是作为对抗要件。也就是说，物权的变动根据当事人之间的合意即可发生，但未经公示，不具有对抗第三人的效力。虽然两种模式都要保护第三人的交易安全，但是法律基础却不同，因为在意思主义物权变动模式之下，物权和债权的区分是不清楚的。道理很简单：由于没有公示的物权不具有对抗第三人的效力，因此它和债权之间的差别就是模糊的。

尽管《民法典》将传统债法的内容一分为二，分别规定在合同编和侵权责任编，且未将债法总则独立成编，但不可否认的是，《民法典》关于财产权的规定是建立在区分债权与物权基础之上的。根据《民法典》第114条第2款的规定，物权是权利人依法对特定的物享有直接支配和排他的权利，包括所有权、用益物权和担保物权。可见，物权在性质上是支配权和绝对权，具有排他的效力。物权的此种性质和效力必然要求物权的变动以法定的方式予以公示，否则受物权变动影响的第三人的交易安全就无从得到保障。也正因为如此，《民法典》不仅于物权编中的第208条规定了物权公示的原则，而且在物权编中的第209条和第224条分别就不动产物权的变动和动产物权的变动规定了所谓形式主义物权变动模式，即除法律另有规定外，动产物权的变动须以标的物的交付为要件，不动产物权的变动须以办理登记为要件。

值得注意的是，尽管物权与债权的区分要求物权的变动须以公示方式的完成为生效要件，但基于我国现实情况的考量，《民法典》也在特殊情形下采用了所谓意思主义物权变动模式，将登记作为特殊情形下物权变动的对抗要件。例如，在不动产领域，《民法典》关于土地承包经营权与地役权的设立，采取的是登记对抗主义，这是因为我国农村还未完全建立不动产登记制度，如果《民法典》一概以登记作为生效要件，就无法满足现实的需要；再如，在动产领域，我国民法不仅规定了动产质押，而且还承认发端于英美法系的动产抵押制度，并从动产交易的特点出发，采用的也是登记对抗主义。

如前所述，登记对抗主义严格说来并不符合物权与债权相区分的法理，因为未办理登记的物权不具有对抗第三人的效力，其与债权之间的区分就是模糊的。就此而言，我们在理解登记对抗主义时，不能再将物权和债权的区分视为当然之理。也就是说，只有打破债权与物权之间的界限，才能正确理解登记对抗主义。

二、《民法典》第403条的适用范围

《民法典》第403条规定："以动产抵押的，抵押权自抵押合同生效时设立；未经登记，不得对抗善意第三人。"可见，在动产抵押问题上，《民法典》采取的是登记对抗主义，其目的是解决动产抵押权与标的物上其他权利的冲突。但问题是，处理动产抵押权与其他权利的冲突问题，是否就只能适用这一条呢？答案显然是否定的，因为《民法典》第414条、第415条、第416条已就担保物权之间的清偿顺序作了特别规定，在涉及动产抵押权与同一财产上的其他担保物权之间的冲突时，自应适用《民法典》第414条、第415条、第416条的规定，而不应适用《民法典》第403条，否则有悖于《民法典》建立统一可预测的优先顺位规则的目的。

例如，张三将手表抵押给李四，未办理登记，此后张三又将该手表质押给王五，并将手表交付给王五。此时，是否需要考察王五是否属于“善意第三人”呢？显然不需要，因为《民法典》第415条明确规定：“同一财产既设立抵押权又设立质权的，拍卖、变卖该财产所得的价款按照登记、交付的时间先后确定清偿顺序。”也就是说，无论王五是否善意，都应按照《民法典》第415条确立的清偿顺序来解决当事人之间的权利冲突，而不应适用《民法典》第403条。当然，《民法典》第415条也存在一个问题，即在动产抵押已经办理登记的情形下，有时很难确定质权优先还是抵押权优先，因为判断动产抵押登记的时间较为容易，但判断动产交付的时间较难。这是我国民法既承认动产抵押，又承认动产质押所带来的固有问题。限于本书的主题，这里不再赘述。

需要指出的是，除了动产抵押权与其他担保物权之间的冲突不应适用《民法典》第403条外，《民法典》第404条也是《民法典》第403条的特别规定。《民法典》第404条规定：“以动产抵押的，不得对抗正常经营活动中已经支付合理价款并取得抵押财产的买受人。”该条旨在保护正常经营活动中的买受人，且并未区分动产抵押是否办理登记。也就是说，无论动产抵押是否办理登记，动产抵押权都不能对抗正常经营活动中已经支付合理价款并取得抵押财产的买受人。至于如何判断“正常经营活动中已经支付合理价款并取得抵押财产的买受人”，将在关于《民法典担保制度解释》第56条的解读中进行讨论。

三、“善意第三人”的司法认定

在采取登记对抗主义的情形下，虽然登记并非物权变动的生效要件，但却是对抗要件，其目的是保护第三人的交易安全。考虑到只有正常交易中第三人的交易安全才有保护的必要，《民法典》在所有采取登记对抗主义的情形下，都规定“非经登记，不得对抗善意第三人”，从而将不能对抗的第三人限制在“善意第三人”。《民法典》第

403条也不例外。问题是，如何认定第三人是否属于该条所称的“善意第三人”呢?

我们认为，在确定《民法典》第403条所称“善意第三人”之前，应先对该条所称的第三人进行界定。而在界定该第三人的范围时，应将两类第三人排除在外：一类是无论该第三人是善意还是恶意，即使动产抵押权未经登记，也能对抗的第三人；另一类是无论第三人是恶意还是善意，未经登记的动产抵押权都不能对抗的第三人。前者主要是指普通债权人；后者则是指其他担保物权人。在第三人是普通债权人的情形下，基于物权优先于债权的民法理论，无论第三人为善意还是恶意，抵押权人都应可以对抗，因此，应排除在《民法典》第403条所称“第三人”之外。在第三人亦取得担保物权的情形下，无论其是否为善意，动产抵押权都不能对抗，而应根据法律规定的顺位规则解决权利之间的冲突。这样看来，第三人的范围大致就可以勾勒出来：既不是普通债权人，也不是其他担保物权人。从承认动产抵押并采用登记对抗主义的国家或者地区来看，这里的第三人主要是指已经取得动产占有的买受人和承租人：在第三人为已经取得占有的买受人时，涉及抵押权是否对买受人有追及效力，即抵押权人能否向买受人主张抵押权的问题；在第三人为已经取得占有的承租人时，涉及租赁合同是否因标的物已经抵押而受到影响，即抵押权实现时是否须“带租”拍卖的问题。

如前所述，无论动产抵押权是否办理登记，抵押权都不能对抗正常经营活动中的买受人，因此，应将正常经营活动中的买受人排除在《民法典》第403条的适用范围之外。在此基础上，我们认为，如果买受人已经自抵押人处取得对抵押物的占有，就不再是普通债权人，从而成为《民法典》第403条所称的“善意第三人”。也就是说，在买受人已经取得动产占有的情形下，如果不能证明买受人知道或者应当知道动产已被抵押，则未办理抵押登记的抵押权不得对抗该买受人。这是因为，已经取得动产占有的善意买受人，要么已经是物权人，要么是已经取得权利外观的买受人，相对于未办理抵押登记的抵押权人而言，他们更应获得法律的保护。

同理，在承租人已经取得对标的物的占有时，除非能够证明承租人知道或者应当知道标的物上存在抵押，否则未办理登记的抵押权就不能对抗该承租人。也就是说，在该承租人是善意的情形下，动产抵押权人行使抵押权时，租赁关系不受影响，抵押权人只能“带租”拍卖、变卖抵押物；在该承租人是恶意的情形下，动产抵押权人行使抵押权就可以要求解除租赁合同后再拍卖、变卖抵押物。

此外，值得注意的是，为落实《民法典》消除隐形担保的目的，我们认为，如果动产抵押人的其他债权人已经申请人民法院对标的物采取了查封、扣押措施，则即使该债权仅仅是普通债权，也应认为未经登记的抵押权人不能向其主张优先受偿。如此规定的目的在于：一是防止案外人与被执行人恶意串通，通过倒签抵押合同的方式来阻碍人民法院的执行工作；二是通过弱化未办理登记的动产抵押权的效力，实现倒逼当事人在签订抵押合同后及时办理抵押登记，以免影响第三人的交易安全。

在抵押人进入破产程序后，由于抵押人的其他债权人既有可能是善意的，也有可能是恶意的，如果认定未经登记的动产抵押权具有优先受偿的效力，将可能给部分债权人带来不公平的结果，从而与破产程序追求债权人公平受偿的理念相冲突。由于破产程序更强调债权人公平受偿，在动产抵押权没有登记公示的情况下，就其他债权人而言，动产抵押权要优先受偿，缺乏正当性，且容易出现抵押人与某一债权人恶意串通倒签动产抵押合同的道德风险。因此，在抵押人破产的情形下，未办理抵押登记的抵押权人主张就抵押物优先受偿的，人民法院亦不应予以支持。

【实务问题】

在登记对抗主义物权变动模式下，即使当事人已经取得物权，但未办理登记的，则该物权不具有对抗善意第三人的效力。据此，第三人仍能够自原权利人处“善意取得”物权。值得注意的是，此“善意取得”与《民法典》第311条规定的善意取得不可同日而语：前者是通过弱化物权的效力来实现对善意受让人进行保护，而后者则是通过赋予公示方式以一定的公信力来实现对善意受让人进行保护。以动产抵押为例，在抵押权未经登记的情况下，如果抵押人转让抵押物，则善意买受人将取得一个没有权利负担的标的物。就此而言，也可称之为“善意取得”。但该善意取得并非因为买受人因信赖标的物上不存在抵押权而应受法律的保护，而是因为法律为保护买受人的交易安全而限制了抵押权的效力。因此，在对善意第三人进行保护时，应注意“善意取得”在法律构造上的不同，适用不同的法律规则，并合理进行证明责任的分配。

第五十五条 债权人、出质人与监管人订立三方协议，出质人以通过一定数量、品种等概括描述能够确定范围的货物为债务的履行提供担保，当事人有证据证明监管人系受债权人的委托监管并实际控制该货物的，人民法院应当认定质权于监管人实际控制货物之日起设立。监管人违反约定向出质人或者其他人放货、因保管不善导致货物毁损灭失，债权人请求监管人承担违约责任的，人民法院依法予以支持。

在前款规定情形下，当事人有证据证明监管人系受出质人委托监管该货物，或者虽然受债权人委托但是未实际履行监管职责，导致货物仍由出质人实际控制的，人民法院应当认定质权未设立。债权人可以基于质押合同的约定请求出质人承担违约责任，但是不得超过质权有效设立时出质人应当承担的责任范围。监管人未履行监管职责，债权人请求监管人承担责任的，人民法院依法予以支持。

【条文主旨】

本条是关于流动质物由第三方监管的情况下，质押是否有效设立以及监管人如何承担责任的规定。

【条文概览】

我国民法认可指示交付亦可构成质权成立要件的交付，即允许在第三人对标的物直接占有的情形下，由债权人取得间接占有。在流动质押的设立中，只要第三人系接受债权人的委托对标的物进行占有，质权就可以得到有效设立；相反，如果第三人虽然直接占有标的物，但其是受出质人的委托占有标的物，则无法使质权得到有效设立。此外，监管人虽然是受债权人委托监管货物，但监管人并未实际履行监管职责，质物仍由出质人完全控制，则流动质权亦未有效设立。无论是监管人未履行监管职责导致质权未有效设立，还是在设立后导致质物被出质人再次处分，监管人都应承担与其过错相适应的责任。

【争议观点】

流动质押也被称为动态质押、存货动态质押等，是指债务人或第三人为担保债务的履行，以其有处分权的原材料、半成品、产品等库存货物为标的物向银行等债权人设定质权，双方委托第三方物流企业占有并监管质押财产，质押财产被控制在一定数量或价值范围内进行动态更换，出旧补新的一种担保方式。关于流动质押是否符合质权设立的法定要件，应否获得承认，理论界与实务界有不同的意见：一种意见认为，在流动质押中，当事人往往以一定数量、品种等概括描述来确定担保财产的范围，不符合质权标的物特定的要求，且由于债权人并不直接占有质押财产，因此可能给第三人造成交易风险，故不应承认其为一种担保物权，债权人不能因此获得优先受偿的权利；另一种意见认为，质物特定化的目的在于明确质押物及其担保价值，从而明确动产质权的支配范围，尽管流动质押的标的物大多为原材料、半成品、产品等种类物，但如果出质人和质权人通过仓库的独立性、货物的区隔化以及最低价值或数量控制等兼有实体特定与价值特定的方式实现存货的明确化、可识别性，从而有效划定质押物的“客观范围”，不致与非质物混同，就可实现质物特定化。

【理解与适用】

一、流动质押的存废之争

流动质押在实践中的标准操作流程如下[①]：首先，银行等债权人与出质人签订商品融资协议，由债权人根据融资债权额确定质物的最低价值。其次，出质人、质权人双方与第三方监管人签订商品融资质押监管协议（或称存货质押监管协议、货物质押仓储监管协议），由质权人委托第三方监管人占有、监管和监控质物。担保期间，质押财产的实际价值高于双方约定的最低限额时，出质人可申请就超出部分提货，第三方监管人可凭质权人出具的《放货通知书》办理放货手续；如提取后质物实际价值低于最低限额，在提货之前，出质人应补交相应保证金，或归还相应的融资款项，或补充同类质物。债权到期后，如债务人不能按时还清本息，债权人有权拍卖、变卖质物以优先受偿。最后，监管协议签订后，出质人与质权人向第三方监管人出具《质物种类、价格、最低要求通知书（代出质通知书）》，监管人按照通知书所列明的内容核查出质人交付的货物及现有库存，若经核对，出质人交予的货物及实际库存与《质物种类、价格、最低要求通知书（代出质通知书）》记载相符，则监管人接收出质人交付货物，并向质权人签发《质物清单（代动产质押专用仓单）》，质物完成转移占有，质权成立。实际交付占有的质物以《质物清单（代动产质押专用仓单）》列明的为准。

流动质押是实践中发展起来的一种担保方式，其主要特征是质物的流动性，即在质权设定后，债权人行使质权前，作为质押财产的动产处于变动之中，因而与动产浮动抵押在功能上有相似之处。但与动产流动质押不同的是，动产浮动抵押采取登记作为公示的方式，债权人往往不能控制担保财产，从而也无法将担保财产控制在一定的价值

---

① 陈本寒：《企业存货动态质押的裁判分歧与规范建构》，载《政治与法律》2019年第9期。

范围。动产流动质押克服了动产浮动抵押的这一缺点，通过委托第三方监管来实现对质物的控制。因此，尽管质物处于流动之中，但仍可维持在质押合同约定的最低价值内，更加有利于债权人交易安全的保障。不过，由于实践中第三方取得对质物的监管存在不同的方式，既有现实交付型（出质人将质物交付第三方直接占有），也有指示交付型（出质前质物已由第三方替出质人占有、保管，通过质权人与第三方签订委托监管协议，改为第三方替质权人占有、保管质物）和共同占有型（质物仍在出质人处，但由质权人委托第三方派员驻厂履行监管义务），从而当事人对于质物是否完成交付、第三方究竟是为出质人占有质物还是为质权人占有质物等问题常常发生争议。更为重要的是，实践中常常发生第三方违反监管协议的约定导致出质人交付的质物与监管协议约定的不一致，或者因为没有提供适当的保管场所和保管条件导致质物发生毁损、灭失，或者因为未履行监管义务导致质物的价值没有达到监管协议约定的最低价值，从而不仅可能给债权人造成损失，而且可能危及自出质人或者监管人处取得质物的第三方的交易安全。

总之，尽管流动质押在一定程度上克服了动产浮动抵押的缺点，但在实践中也极易引发纠纷。正因为如此，虽然《民商事审判会议纪要》对于这种担保方式予以明确承认，但在《民法典担保制度解释》的制定过程中，仍有不同的意见。不少学者认为，尽管动产浮动抵押有其缺陷，但并非不可补救，例如，当事人可以通过约定，以债权人或其委托的第三方派员监管的方式来解决动产浮动抵押中债权人对质物完全失控的问题，从而既达到维护债权人交易安全的目的，同时动产浮动抵押以登记作为公示方式，也可避免纠纷的发生并维护自担保人处取得担保财产的第三方的交易安全，自然没有再承认流动质押的必要。我们认为，上述意见虽然不无道理，但流动质押作为实践中自发形成的担保方式，必然有其优势和生命力。例如，流动质押的设立可以以存放于第三方的一定数量的某种货物作为担保财产，但动产浮动抵押往往是以一个企业的全部现有和将有的动产作为担保财产，因此动产浮动抵押一旦设立，担保人的再融资能力就会受到严重影响，而流动质押则更加灵活，对担保人再融资能力的影响也较小。至于流动质押在实践中容易引发纠纷的问题，则可以通过进一步明确流动质押设立的条件以及强化监管人的责任来解决。基于这一考虑，《民法典担保制度解释》保留了流动质押这一担保方式。

二、流动质押的有效设立及其条件

根据《民法典》第429条的规定，动产质权的设立以标的物交付为生效要件。此外，《担保法解释》第87条规定："出质人代质权人占有质物的，质押合同不生效；质权人将质物返还于出质人后，以其质权对抗第三人的，人民法院不予支持。因不可归责于质权人的事由而丧失对质物的占有，质权人可以向不当占有人请求停止侵害、恢复原状、返还质物。"可见，质权人占有质物既是质权成立的要件（《担保法》未区分质押合同与质权的设立，误将质权人占有质物作为质押合同的生效要件），也是质权存续的前提。尽管《民法典担保制度解释》未保留这一规定，但并不意味着这一规定与《民法典》相冲突，仅仅是因为这一规定已是理论界与实务界的共识，故没有必要在新司法解释中进行规定。问题是，在流动质押中，质物系由第三方进行监管，是否满足质权的成立要件呢？这就涉及作为质权设立要件的交付是否包括指示交付的问题。对此，《担保法解释》第88条规定："出质人以间接占有的财产出质的，质押合同自书面通知送达占有人时视为移交……"同理，尽管《民法典担保制度解释》未保留这一规定，但这一规定与《民法典》并不冲突，仅仅意味着理论界与实务界已就此达成共识。也就是说，我国民法认可指示交付亦可构成质权成立要件的交付，即允许在第三方对标的物直接占有的情形下，由质权人取得间接占有。在流动质押的设立中，只要第三方系接受质权人的委托对标的物进行占有，质权就可以得到有效设立。相反，如果第三方虽然直接占有标的物，但其是受出质人的委托占有标的物，则无法使质权得到有效设立。

值得探讨的是，占有改定能否构成质权设立要件的交付？对此，民法通说予以否认，理由是占有改定无法实现公示的目的，从而可能危及自出质人处取得标的物的第三人的交易安全。此外，尽管《担保法解释》没有明确规定，但通过该解释第 87 条的上述规定，亦可解读出占有改定不能构成质权设立所需要的交付。此外，在出质人和监管人共同占有质物的场合，质权是否有效设立呢？在实践中，出于质物的特点以及进行监管方便等方面的考虑，当事人有时将质物存放在出质人的仓库中，但由监管人派员驻厂监管。有观点认为，此时由于质物仍处于出质人的控制下，占有并未发生实际移转，属于以占有改定方式设立动产质权，因此，流动质押未有效设立。我们认为，只要监管人系受债权人的委托监管质物，且已经进行了实质监管，如质物出库时应征得监管人同意，则意味着质物并非完全处于出质人控制下，应认为流动质押已经设立。但是，如果当事人仅订立监管协议，监管人并未实际履行监管职责，质物仍由出质人完全控制，则流动质权未有效设立。

【实务问题】

在流动质押的委托监管关系中，监管人受质权人的委托实际占有质物并对质物负妥善保管的义务。根据流动质押的实践，监管人的义务一般包括以下几个方面：第一，审查核验义务。实践中，监管人根据质权人的指示，在接受出质人交付时，对其实际交付的质物品名、数量、质量等进行具体的查验，确保与质物清单以及监管协议上记载的质物相符。第二，保存保管义务。对于由监管人实际占有的质物，监管人应当尽到一般善良管理人的注意程度，如选择合适的保管场所，提供适当的保管条件等。第三，监管义务。监管义务是监管人最重要的义务，要求监管人在监管期间监控质物的数量和质量，防止质物随意出库或脱离其实际占有。监管人在质物入库后，即应当严密监控，防止质物未经同意出库，并定期进行查验，当质物有毁损灭失风险时，应及时采取必要的措施等。

监管协议是债权人与监管人签订的协议，监管人违反约定向出质人或者其他人放货、因保管不善导致货物毁损灭失，债权人请求监管人承担违约责任的，人民法院依法予以支持。在一些案件中，出质人故意违反监管协议导致质权无法实现，例如故意谎报质物的数量或质量、盗取质物甚至强行取走质物，此时监管人是否应当承担违约责任呢？我们认为，监管人承担责任的基础是委托监管协议，而委托监管协议在性质上属于委托合同。根据《民法典》第929条的规定，只有在监管人有过错时才承担赔偿责任。因此，如果委托人不能证明监管人有过错；即不能请求其承担赔偿责任。例如，如果出质人谎报质物的数量或者质量，而监管人未履行必要的核验义务，此时就应认定监管人存在过错；但在出质人强行取走质物时，如监管人已经采取必要的应急措施，如及时拦阻、报警并通知质权人，则应认为监管人已尽到必要的监管义务，自无须承担责任。

此外，在监管人接受出质人委托对质物进行监管的情形下，由于质权未有效设立，且监管人与债权人之间并无合同关系，因此，监管人对于债权人的损失，不应承担赔偿责任。对于因质权未有效设立而给债权人造成的损失，应由出质人向债权人承担违约责任。但是，如果是监管人接受债权人的委托对质物进行监管，由于监管人未履行监管义务导致质物仍由出质人控制，进而导致质权未有效设立，并因此给债权人造成损失的，则监管人对债权人应承担全部违约责任。

第五十六条 买受人在出卖人正常经营活动中通过支付合理对价取得已被设立担保物权的动产，担保物权人请求就该动产优先受偿的，人民法院不予支持，但是有下列情形之一的除外：

（一）购买商品的数量明显超过一般买受人；

（二）购买出卖人的生产设备；

（三）订立买卖合同的目的在于担保出卖人或者第三人履行债务；

（四）买受人与出卖人存在直接或者间接的控制关系；

（五）买受人应当查询抵押登记而未查询的其他情形。

前款所称出卖人正常经营活动，是指出卖人的经营活动属于其营业执照明确记载的经营范围，且出卖人持续销售同类商品。前款所称担保物权人，是指已经办理登记的抵押权人、所有权保留买卖的出卖人、融资租赁合同的出租人。

【条文主旨】

本条是关于在动产抵押中如何认定正常经营活动买受人的规定。

【条文概览】

抵押制度采登记作为公示方式，而动产数量众多，且有的价值较低，如果用于抵押，不仅会给当事人带来大量登记成本，还会给交易中的第三人带来大量查询成本。正因为如此，《民法典》在规定动产抵押制度的同时，也通过对正常经营活动中买受人的特别保护将该制度给第三人造成的交易成本降低至社会能否容忍的范围。《民法典》第404条所称正常经营活动既指出卖人的经营活动是在其营业执照明确记载的经营范围内且持续销售同类商品，也要求从买受人的角度看，交易本身没有异常性。此外，由于《民法典》已将所有权保留买卖和融资租赁中的所有权规定为非典型担保物权，而所有权保留和融资租赁的标的物也是动产，且以登记作为公示方式，因此也存在类似动产抵押制度的局限性。在所有权保留、融资租赁中，为了保护正常经营活动中买受人的交易安全，本条将正常经营活动中买受人的认定规则扩张到已经办理登记的所有权保留、融资租赁。

【争议观点】

《民法典》第404条规定："以动产抵押的，不得对抗正常经营活动中已经支付合理价款并取得抵押财产的买受人。"关于该条所称正常经营活动的买受人如何认定，理论界与实务界有不同的意见：一种意见认为，该条所称正常经营活动，应从出卖人的角度进行判断，只要出卖人的经营活动属于其营业执照明确记载的经营范围，且出卖人持续销售同类商品，就应认为买受人是正常经营活动中的买受人；另一种意见认为，该条所称正常经营活动中的买受人，不仅应从出卖人的角度进行界定，还要从买受人的角度进行界定，即使出卖人的经营活动属于其营业执照明确记载的经营范围，且出卖人持续销售同类商品，买受人也并不都是正常经营活动中的买受人，还要看买受人是否有查询抵押登记的义务。

【理解与适用】

《物权法》第189条第2款仅在动产浮动抵押的情形下规定抵押权"不得对抗正常经营活动中已支付合理价款并取得抵押财产的买受人"，理由在于：在动产浮动抵押的情形下，抵押人的财产处于动态变化之中，既有购入新财产的情形，也有将已有财产出卖的情形，新购入的财产自动成为抵押财产，而被出售的财产则自动脱离抵押财产的范围，因此，抵押权人不得追及正常经营活动中已支付合理价款并取得抵押财产的买受人主张抵押权。可见，在动产浮动抵押的情形下，通过切断抵押权的追及效力保护正常经营活动中的买受人，具有其正当性。

《民法典》关于担保物权的一个重大变化是将正常经营活动中买受人的保护扩展到一般的动产抵押，而不限于动产浮动抵押。在一般的动产抵押中，通过切断抵押权的追及效力来保护正常经营活动中的买受人，是否有其正当性呢？我们认为，在一般的动产抵押中，对正常经营活动中的买受人进行特别保护，有两个重要理由。

一是动产抵押制度本身的局限性。动产抵押制度采登记作为对抗要件，但动产数量众多，且有的价值较低，如果都要求公示，则不仅会给当事人带来大量登记成本，而且还会给交易中的第三人带来大量查询成本。也正因为如此，一些国家或者地区至今没有规定动产抵押制度，而规定动产抵押制度的国家或者地区，也必然要考虑如何将该制度给第三人造成的交易成本降低至社会能容忍的范围，因此，大多都会规定抵押权不得对抗正常经营活动中的买受人，从而达到实现豁免正常经营活动中买受人查询登记簿的目的。

二是对于正常经营活动中的买受人而言，标的物究竟是被设立一般的动产抵押还是被设立动产浮动抵押，如果不查阅登记簿，自然无从知晓，而一旦要求买受人查阅登记簿，则动产浮动抵押中豁免买受人查阅登记簿的目的就无法实现。例如，张三去商场买电脑，该电脑上存在的是一般的动产抵押权还是存在动产浮动抵押权，对张三来说其实是没有意义的，因为只有查阅登记簿后才能知晓。在此背景下，如果只是针对动产浮动抵押下正常经营活动中的买受人进行保护，则张三因担心该电脑上存在一般的动产抵押权，就不得不去查阅登记簿，那么动产浮动抵押下豁免买受人查询义务的目的自然也就无法实现。

总之，《民法典》将正常经营活动中买受人的保护扩展到一般的动产抵押，其目的就是要通过豁免买受人的查询义务来克服动产抵押制度固有的缺陷。因此，我们在理解《民法典》第404条规定的正常经营活动中买受人时，也应在深刻理解动产抵押制度之局限性的基础上，以豁免买受人查询登记义务的正当性作为切入点。

问题是，何种情形下买受人才能豁免查询登记呢？我们认为，应从两个方面确保买受人豁免查询登记的正当性。

其一，买受人必须是在出卖人正常经营活动中通过支付合理对价取得已被设立担保物权的动产。所谓出卖人正常经营活动，则是指出卖人的经营活动属于其营业执照明确记载的经营范围，且出卖人持续销售同类商品。之所以强调营业执照“明确记载”的经营范围，是因为目前很多企业的营业执照所记载的经营范围都有一个兜底性的概括描述，经询问税务部门，凡是纳入概括描述的经营范围的，企业是不能将其作为纳税事项开具发票的，因此不属于出卖人正常经营活动；之所以强调出卖人必须持续销售同类商品，是因为很多企业的营业执照记载的经营范围可能很广泛，但企业真正开展持续性经营的经营范围却较为狭窄，如果买受人在企业没有持续经营的事项与出卖人进行交易，就应将其视为异常交易，买受人也就不能被豁免查询登记。

其二，从买受人的角度看，即使出卖人的经营行为属于正常经营活动，但如果交易本身具有异常性，买受人也不能被豁免查询登记。为了便于法官判断即使是在出卖人正常经营活动中，买受人也应有查询登记的义务，《民法典担保制度解释》参考域外经验，将下列情形认定为异常交易，并将其排除在正常经营活动之外：（1）购买商品的数量明显超过一般买受人；（2）购买出卖人的生产设备；（3）订立买卖合同的目的在于担保出卖人或者第三人履行债务；（4）买受人与出卖人存在直接或者间接的控制关系；（5）买受人应当查询抵押登记而未查询的其他情形。

总之，《民法典》第404条所称正常经营活动既指出卖人的经营活动是在其营业执照明确记载的经营范围内且持续销售同类商品，也要求从买受人的角度看，交易本身没有异常性。此外，值得注意的是，由于《民法典》已将所有权保留买卖和融资租赁中的所有权规定为非典型担保物权，而所有权保留和融资租赁的标的物也是动产，且以登记作为公示方式，因此也存在类似动产抵押制度的局限性。在所有权保留、融资租赁中，为了保护正常经营活动中买受人的交易安全，《民法典担保制度解释》将正常经营活动中买受人的认定规则扩张到已经办理登记的所有权保留、融资租赁。

【实务问题】

《民法典》第404条并未将不能对抗正常经营活动中买受人的动产抵押权限制在已经办理登记的动产抵押权，但由于《民法典》第403条已经就未办理登记之抵押权的对抗效力进行了限制，因此，在动产抵押未办理抵押登记的情形下，对善意买受人的保护问题宜通过适用《民法典》第403条来解决，而无需通过适用《民法典》第404条来解决。另外，从逻辑上说，《民法典》第404条的立法本意，是在动产抵押已经办理登记的情形下，为豁免动产买受人的查询登记义务而作的特别规定，既然动产抵押未办理登记，买受人也无查询的可能和必要。

另外，《民法典》第404条将正常经营活动中的买受人限制在动产抵押，因此，该条原则上不能适用于不动产抵押。也就是说，不动产的买受人原则上有查询不动产登记簿的义务。但是，从实践中的情况看，在商品房预售或者销售中，一方面，房地产开发企业是在其正常经营活动中进行商品房的预售或者销售；另一方面，在房地产开发企业取得预售许可证的情形下，仍要求自房地产开发企业处购买商品房的购房人须到不动产登记机构进行查询，对于作为消费者的购房人，往往也过于苛刻。就此而言，我们认为，房地产开发企业在将建设用地使用权抵押或者将建筑物抵押后，再进行商品房预售或者销售时，对正常经营活动中已经支付合理对价并取得对标的物占有的消费者，也应参照《民法典》第404条的规定予以保护。关于这一点，尽管《民法典担保制度解释》未进行明确规定，但制定中的执行异议之诉司法解释将对此作出相应的规定。

第五十七条 担保人在设立动产浮动抵押并办理抵押登记后又购入或者以融资租赁方式承租新的动产，下列权利人为担保价款债权或者租金的实现而订立担保合同，并在该动产交付后十日内办理登记，主张其权利优先于在先设立的浮动抵押权的，人民法院应予支持：

（一）在该动产上设立抵押权或者保留所有权的出卖人；

（二）为价款支付提供融资而在该动产上设立抵押权的债权人；

（三）以融资租赁方式出租该动产的出租人。

买受人取得动产但未付清价款或者承租人以融资租赁方式占有租赁物但是未付清全部租金，又以标的物为他人设立担保物权，前款所列权利人为担保价款债权或者租金的实现而订立担保合同，并在该动产交付后十日内办理登记，主张其权利优先于买受人为他人设立的担保物权的，人民法院应予支持。

同一动产上存在多个价款优先权的，人民法院应当按照登记的时间先后确定清偿顺序。

【条文主旨】

本条是关于《民法典》第416条规定的价款超级优先权如何适用的规定。

【条文概览】

通过考察价款超级优先权在域外的发展过程以及立法机构对这一制度的说明，本条将这一制度在实践中的运用区分为两种情形：一是债务人在设定动产浮动抵押后又购入新的动产时，为担保价款的支付而在该动产上为出卖人设定抵押权；二是在动产买卖中，买受人通过赊销取得动产后立即为他人设定担保物权，出卖人为担保价款支付而在该动产上设定抵押权。前一种情形主要是为了解决中小企业在将现有的和将有的动产设定浮动抵押后的再融资能力问题，因为如果动产浮动抵押设定在前且已经办理登记，则抵押人新购入的动产也将自动成为浮动抵押权的客体，即使买受人在新购入的动产上为担保价款债权实现而为出卖人设定了抵押权，由于该抵押权登记在后，根据《民法典》第414条关于担保物权清偿顺序的规定，出卖人的交易安全也无法获得有效保障，从而影响到出卖人与抵押人进行交易的积极性。价款超级优先权旨在打破《民法典》第414条、第415条的清偿顺序，赋予后设立的抵押权优先于先设立的浮动抵押权的效力，从而增强了抵押人的再融资能力，具有正当性。后一种情形下价款优先权的正当性则遭到部分学者的质疑，因为该种情形针对的仅仅是买受人尚未将以赊购方式买入的动产"捂热"，即又在该动产上为第三人设定担保物权，从而导致出卖人的价款可能无法实现，这虽然有利于保障出卖人的交易安全，但却可能威胁到已经在标的物上设定担保物权的第三人的交易安全。从文义上看，《民法典》第416条应包括此种情形，从尽量尊重立法原意的角度，本条对此种情形下的价款优先权亦予以承认，至于由此带来的第三人交易安全的问题，则可由第三人通过尽职调查等方式予以克服。此外，考虑到实践中对价款支付进行担保的手段除了以标的物设定抵押权外，还存在所有权保留、融资租赁等方式，因此，本条将上述两种情形下可以主张价款优先权的主体规定为如下三类当事人：一是在该动产上设立抵押权或者保留所有权的出卖人；二是为价款支付提供融资而在该动产上设立抵押权的债权人；三是以融资租赁方式出租该动产的出租人。

【争议观点】

《民法典》第416条规定："动产抵押担保的主债权是抵押物的价

款，标的物交付后十日内办理抵押登记的，该抵押权人优先于抵押物买受人的其他担保物权人受偿，但是留置权人除外。”这一规定在学理上被称为价款超级优先权。关于价款超级优先权的适用范围，存在不同的意见：一种意见认为，价款超级优先权主要是为解决动产浮动抵押设定后抵押人因新购入动产需再融资而设计的制度，因此，仅适用于动产浮动抵押设定后抵押人以新购入动产为价款支付提供担保的情形；另一种观点则认为，价款超级优先权不仅适用于前述情形，也适用于一般的动产抵押权设定后，抵押人为担保价款支付而又在标的物上设立的其他担保物权。

【理解与适用】

一、动产浮动抵押设定后的价款超级优先权

动产浮动抵押是为了解决中小企业融资难而设计的制度，因为大量中小企业没有可提供担保的不动产，但通常有产品、半成品、原材料等动产。这些动产个别价值可能不高，但如果作为一个整体，则具有融资担保的价值。为了在不影响企业正常经营的前提下充分发挥动产的融资担保功能，《物权法》第181条规定：“经当事人书面协议，企业、个体工商户、农业生产经营者可以将现有的以及将有的生产设备、原材料、半成品、产品抵押，债务人不履行到期债务或者发生当事人约定的实现抵押权的情形，债权人有权就实现抵押权时的动产优先受偿。”《民法典》第396条继受了这一规定。

从《民法典》第396条关于动产浮动抵押的规定看，动产浮动抵押权一旦设定，则抵押人新购入的动产也将自动成为动产浮动抵押权的客体，只要债权人在实现抵押权时该动产仍归抵押人所有，债权人即对该动产享有优先受偿权。这样一来，企业、个体工商户、农业生产经营者在将现有的和将有的动产设定浮动抵押后，就会面临再融资困难的问题，因为如果动产浮动抵押设立在前且已经办理登记，则抵

押人新购入的动产也将自动成为浮动抵押权的客体，即使买受人在新购入的动产上为担保价款债权实现而为出卖人设定了抵押权并办理了登记，但由于该抵押权登记在后，根据《民法典》第414条关于担保物权清偿顺序的规定，出卖人的交易安全也无法获得有效保障，从而影响到出卖人与抵押人进行交易的积极性。《民法典》第416条规定的价款超级优先权旨在打破《民法典》第414条的清偿顺序，明确规定后设立的抵押权如果符合《民法典》第416条规定的条件，那么其效力优先于先设立的浮动抵押权，从而增强了抵押人的再融资能力。

抵押人在设立动产浮动抵押后，出卖人为担保价款支付而在抵押人新购入动产上设定的抵押权优先于先设立的动产浮动抵押权是否具有正当性呢？答案是肯定的。通过对比价款超级优先权与留置权，会发现二者具有一定的类似性：以承揽合同中承揽人的留置权为例，法律之所以赋予留置权高于抵押权和质权的效力，是因为是债权人的行为导致留置财产的价值得到恢复或者增加，且债权人仅就因恢复或者增加留置财产价值而发生的债权对留置财产享有优先受偿权；同理，法律之所以赋予出卖人的价款请求权以超级优先的效力，也是因为抵押人财产的增加是出卖人将标的物出卖给抵押人的结果，且出卖人仅就因增加担保财产的价值而发生的债权对该动产享有优先受偿权。试想，如果在抵押人未付全款的情形下，出卖人不同意将标的物出卖给抵押人，则抵押人自然也就无法获得该动产，也就更谈不上动产浮动抵押权人就该动产优先受偿。换言之，即使赋予出卖人以价款超级优先权，也不会损害到动产浮动抵押权人的利益，因为如果法律不赋予出卖人价款超级优先权，出卖人就会因担心自己的债权无法实现而不愿将标的物出卖给抵押人，抵押人也就无法取得该动产。当然，尽管价款超级优先权与留置权具有类似性，但在同一动产之上同时存在价款超级优先权和留置权时，根据《民法典》第416条的规定，留置权更优先。

值得注意的是，《民法典》第416条将价款超级优先权限定在出卖人为担保价款支付而在动产上设定抵押权的情形，从而导致不少人对该条存在理解上的障碍，因为实践中出卖人为担保价款支付，通常采取的是所有权保留，只有在少数情形下由买受人在被出售的动产上为出卖人设定抵押权。另外，实践中常见的还有出卖人在出售商品时不愿提供融资服务，而要求付清全款，此时买受人就只能另寻融资途径并以新购入的动产为融资方提供担保。我们认为，在动产浮动抵押权设定后抵押人又购入新的动产时，无论是在该动产上设立抵押权或者保留所有权的出卖人，还是为价款支付提供融资而在该动产上设立抵押权的债权人，都可主张适用《民法典》第416条的规定，就该动产享有价款超级优先权。

此外，《民法典》第416条仅仅规定了价款超级优先权，但实践中还可能存在动产浮动抵押设定后，抵押人又通过融资租赁方式承租新动产的情形。在此情形下，出租人为担保租金债权的实现而对租赁物享有的所有权进行登记后是否也应优先于此前设立的动产浮动抵押权？我们认为，融资租赁中出租人享有的所有权与所有权保留买卖中出卖人享有的所有权不仅性质相同，且效力也相似，自应将《民法典》第416条类推适用于以融资租赁方式出租该动产的出租人。

二、一般的动产抵押设定后的价款超级优先权

买受人以赊购方式买入动产但尚未“捂热”即又在该动产上为第三人设定担保物权并办理登记，就可能会导致出卖人的价款请求权无法实现。出卖人为担保价款支付，与买受人约定以该动产为抵押物设定抵押权，并在标的物交付后十天内办理了登记，此时出卖人能否主张其享有的抵押权优先于设定在前的担保物权呢？一种意见认为，此种情形下赋予出卖人就价款支付享有的抵押权优先于此前设立的担保物权不具有正当性，主要理由是：其一，出卖人在出卖标的物时，完全有机会通过保留所有权、在该动产上设定抵押权等方式担保价款支付，而不必等到买受人在为第三人设定担保物权后才与买受人约定以标的物设定抵押权并办理抵押登记；其二，在上述情形下，如果认为出卖人的抵押权优先于此前设立的担保物权，就可能危及此前取得担

保物权的第三人的交易安全，因为该第三人在接受该动产作为抵押物时，该动产上并不存在已经登记的抵押权，现在突然出现一种效力更为强大的权利，自然会损害到交易安全。

我们认为，至少从文义上看，《民法典》第416条应包括此种情形，因此《民法典担保制度解释》从尽量尊重立法原意的角度，对此种情形下的价款超级优先权亦予以承认，至于由此带来的第三人交易安全的问题，则可由第三人通过尽职调查等方式予以克服。也就是说，第三人在接受他人以动产作为抵押物时，须审查该标的物是否属于抵押人十天内新购入的标的物。

此外，实践中对价款支付进行担保的手段除了以标的物设定抵押权外，还存在所有权保留、融资租赁等方式，用于设定担保的标的物也可能不是购入的动产，而是以融资租赁方式承租的动产，因此所担保的债权也可能不是价款，而是租金。正因如此，与动产浮动抵押设定后的价款超级优先权类似，《民法典担保制度解释》将《民法典》第416条扩张适用于融资租赁方式承租动产的情形，并将可以主张价款超级优先权的主体规定为如下三类当事人：一是在该动产上设立抵押权或者保留所有权的出卖人；二是为价款支付提供融资而在该动产上设立抵押权的债权人；三是以融资租赁方式出租该动产的出租人。[①]

【实务问题】

实践中还可能发生多个价款超级优先权并存的问题。例如，出卖人在标的物上保留了所有权，而买受人用于支付首笔价款的资金则是通过向第三人借款并以该动产作为抵押物而获得的，此时就存在出卖人的价款超级优先权与第三人的价款超级优先权并存的情形。再如，在融资租赁中，承租人用于向出租人支付租金的资金系向两个以上的银行借款并以租赁物作为抵押，此时就存在出租人的租金超级优先权

① 《民法典担保制度解释》第57条第2款仅提到此三类主体可主张其权利优先于买受人为他人设立的担保物权，但根据前后文义，也应包括承租人为他人设立担保物权。

与其他两个租金超级优先权并存的情形。

在发生多个价款或者租金超级优先权的情形下，如何确定各优先权人的清偿顺序？对此，有不同的立法体例：有的国家或者地区采取的是按照登记时间的先后确定清偿顺序，即先办理登记的优先于后办理登记的；有的国家或者地区则采取的是平等原则，即不管登记时间的先后，均按债权比例平等受偿。为督促当事人及时办理登记，《民法典担保制度解释》采取的是第一种方案。

第五十八条 **以汇票出质，当事人以背书记载“质押”字样并在汇票上签章，汇票已经交付质权人的，人民法院应当认定质权自汇票交付质权人时设立。**

【条文主旨】

本条是关于以汇票质押时质权设立条件的规定。

【条文概览】

《民法典》第441条规定，以汇票出质的，质权自权利凭证交付质权人时设立，但是法律另有规定的，依照其规定。交付权利凭证仅是汇票质权设立的条件之一，并不意味着交付了权利凭证汇票质权就当然设立。根据《票据法》第35条的规定，汇票出质需要以背书记载“质押”字样同时交付汇票，才能有效设立质权。基于普通法与特别法对同一事项均有规定，优先适用特别法的规定，只有在特别法无规定时，才适用普通法的基本原则，因《票据法》对于以汇票出质的权利质权之设立条件有特别的规定，应当按照《票据法》的规定认定汇票质权的设立条件。当事人在以汇票出质时，以背书记载“质押”字样并在汇票上签章，且已经将汇票交付质权人的，才能认定质权从汇票交付质权人时设立。

【争议观点】

汇票质押的设立是否以背书记载“质押”字样作为必要条件，理论和实务中均存在不同的认识。一种观点认为，汇票质押属于权利质押的一种，应当按照《物权法》有关质权设立的要件予以认定，以汇票出质的，当事人签订书面质押合同且将权利凭证交付质权人时质权设立，背书记载“质押”并非质权设立的必要条件。另一种观点认为，《票据法》及其相关规定明确了以汇票设定质押时，应当以背书记载“质押”字样，且出质人在汇票上只记载了“质押”字样未在票据上签章的，或者出质人未在汇票、粘单上记载“质押”字样而另行签订质押合同、质押条款的，不构成票据质押，故用于质押的汇票，因未记载“质押”字样并在汇票上签章，不符合《票据法》关于票据质押的要求，缺乏票据质押的法定生效要件，该票据质押不具有法律效力。

【理解与适用】

汇票是出票人签发的，委托付款人在见票时或者在指定日期无条件支付确定的金额给收款人或者持票人的票据。汇票可以分为银行汇票和商业汇票，根据记载收款人的形式分为记名汇票和指示汇票，我国《票据法》规定未记载收款人名称的汇票无效，背书转让是我国汇票转让的主要方式。汇票质权作为权利质权的一种，与动产质权具有一些相同的特征，都是以担保债务履行和债权实现为目的，性质上都是担保权，但是由于标的物的不同，权利质权与动产质权相比具有一些特殊性，我国《民法典》也设立专门的章节规定权利质权，该章节中没有规定的可以适用动产质权的一般规定。

一、问题的提出

汇票属于有价证券，汇票质押作为担保物权的一种，以票据体现出的可以交换的经济价值作为基础，担保债权的实现。但是从法律规定上看，汇票质押是否应当以背书“质押”字样为必要存在不同规定，造成了实践中适用法律的不统一，具体而言有以下三种情况。

一是《担保法》及其司法解释的规定。《担保法解释》第98条规定：“以汇票、支票、本票出质，出质人与质权人没有背书记载‘质押’字样，以票据出质对抗善意第三人的，人民法院不予支持。”《担保法》规定以汇票、支票、本票出质的，质押合同自权利凭证交付之日起生效，没有规定是否背书质押，《担保法解释》的上述规定明确了汇票质押时应当以背书记载“质押”字样，但是在未背书质押的法律后果上，仅规定了不得对抗第三人，故仍然延续《担保法》有关汇票质权成立的要件，背书质押仅作为对抗要件而非设权条件。

二是《票据法》及其司法解释的相关规定。《票据法》第35条规定：“背书记载‘委托收款’字样的，被背书人有权代背书人行使被委托的汇票权利。但是，被背书人不得再以背书转让汇票权利。汇票可以设定质押；质押时应当以背书记载‘质押’字样。被背书人依法实现其质权时，可以行使汇票权利。”《票据纠纷规定》第55条规定：“依照票据法第三十五条第二款的规定，以汇票设定质押时，出质人在汇票上只记载了‘质押’字样未在票据上签章的，或者出质人未在汇票、粘单上记载‘质押’字样而另行签订质押合同、质押条款的，不构成票据质押。”通过《票据法》及其司法解释的规定可以看出，汇票质押成立的要件为背书质押且在汇票上签章，未经背书质押的不能构成汇票质押。

三是《物权法》有关汇票质押的规定。《物权法》第224条规定：“以汇票、支票、本票、债券、存款单、仓单、提单出质的，当事人应当订立书面合同。质权自权利凭证交付质权人时设立；没有权利凭证的，质权自有关部门办理出质登记时设立。”该规定并未明确背书质押对于汇票质押的影响，亦未将其作为汇票质权成立的要件，有观点将其称为“物权法上的票据质押”从而有别于“票据法上的票据质押”。

二、汇票质权设立的要件

作为大陆法系国家，私法体系通常由民商事法典和民商事单行法律构成，法典由于其适用范围的普遍性，通常仅对适用于一般主体的基本问题作出规定，而针对特殊主体的特殊事项往往交由单行法通过特别规定解决。就《物权法》和《票据法》在汇票质押问题上的关系而言,《物权法》规定的只是票据质押的原因关系,而《票据法》规范的才是实质意义上的票据行为。汇票质押作为一种权利质权,可质押的财产权利为票据上的付款请求权和追索权,属于在商事交易中出现的行为,应当由《票据法》加以规定。因此,我国《民法典》第441条在以汇票出质时,质权设立的条件上明确规定,法律另有规定的,依照其规定,此举也是我国《民法典》与《票据法》对于汇票质押问题如何有效衔接作出的专门规定,在一定程度上解决了此前就汇票质押问题的争议。

根据《票据法》第27条的规定,持票人可以将汇票权利转让给他人或者将一定的汇票权利授予他人行使。持票人行使该条第1款规定的权利时,应当背书并交付汇票。而背书是在票据背面或者粘单上记载有关事项并签章的票据行为。《票据法》第35条第2款规定:"汇票可以设定质押;质押时应当以背书记载'质押'字样。被背书人依法实现其质权时,可以行使汇票权利。"从票据行为的性质来看,票据行为应当坚持文义性的要求,票据所创设的权利义务内容完全依照票据所载文义而定。就汇票质押而言,权利人以汇票设定质权,是在为自己和质权人创设票据法上的权利义务关系,应当通过设质背书的方式在汇票中载明,并严格遵守《票据法》作为特别法创设的基本规则。因此,质押权人设立质权的不仅需要交付汇票,而且应当通过背书记载"质押"字样的方式在票据上作背书质押并在汇票上签章,以此作为汇票质押的公示方法,人民法院才能认定质权从汇票交付质权人时设立。

三、以电子汇票出质时质权设立的认定

电子商业汇票是指出票人依托电子商业汇票系统,以数据电文形式制作的,委托付款人在指定日期无条件支付确定金额给收款人或者持票人的票据。电子商业汇票分为电子银行承兑汇票和电子商业承兑汇票。电子商业汇票的实质是以数据电文签发和流转的,以电子签名

取代实体签章的商业汇票。《电子商业汇票业务管理办法》第 51 条对电子商业汇票质押予以专门规定，明确电子商业汇票的质押，是指电子商业汇票持票人为了给债权提供担保，在票据到期日前在电子商业汇票系统中进行登记，以该票据为债权人设立质权的票据行为。根据《票据交易管理办法》第 30 条的规定，电子商业汇票的质押信息应当通过电子商业汇票系统同步传送至票据市场基础设施，即上海票据交易所。作为一种新型的商业汇票模式，其运转规则和法律责任应当严格按照《电子商业汇票业务管理办法》的规定进行，对此，《票据纠纷规定》第 62 条规定："人民法院审理票据纠纷案件，适用票据法的规定；票据法没有规定的，适用《中华人民共和国民法典》等法律以及国务院制定的行政法规。中国人民银行制定并公布施行的有关行政规章与法律、行政法规不抵触的，可以参照适用。"因此，当事人以电子商业汇票质押时，应当在票据到期日前在电子商业汇票系统中心进行质押登记，从而设立有效的电子汇票质权。

【实务问题】

目前，关于汇票质押的认定问题存在的争议，集中体现在汇票质押的适用法律、成立要件、对质权人行使权利的抗辩及代理持票等问题。《物权法》《票据法》《担保法》《担保法解释》《票据纠纷规定》中关于汇票质押的规定不一，实践中适用尺度不一。通过检索最高人民法院、高级人民法院、中级人民法院已经生效的大量民事判决书发现，这些问题在司法实践中有不同倾向性的做法，已检索的案例总结出以下方面的情况。

第一，关于汇票质押相关纠纷应适用《物权法》《担保法》及《担保法解释》，还是《票据法》《票据纠纷规定》的相关规定的问题。检索的案例中，人民法院会根据诉讼请求确定案由，确定适用法律：多数法院认为，当事人在诉讼请求中如果主张了票据权利，属于票据纠纷，按照《票据法》的相关规定审理。少数法院认为应同时适用

《物权法》《担保法》和《票据法》的相关规定，认为既是在担保意义上行使担保物权，又是在票据法意义上行使票据付款请求权。

第二，关于汇票质押成立要件的问题。除去电子商业汇票可以在中国人民银行批准设立的电子商业汇票系统中进行登记即完成质押，形成票据质押关系以外，关于纸质票据的质押成立要件，由于《物权法》与《票据法》及《担保法解释》的规定不一，实践中有不同做法，主要争议集中于两点：一是关于汇票质押合同的问题。无论法院选择适用《票据法》还是《物权法》的规定，通常做法是先审查作为汇票质押的原因行为的汇票质押合同的效力。在汇票质押合同合法有效的情况下，援引票据法规范的法院通常不会指明合同效力对汇票质押关系的影响，不过也有法院直接指出汇票质押合同效力与汇票质押关系成立与否无关。适用《物权法》和《担保法解释》的法院则认为，同时满足合法有效的汇票质押合同、有效票据（背书连续）、交付汇票三个要件即可以成立汇票质押关系。亦有少数法院依据《担保法》第76条、《物权法》第224条、《票据法》第35条第2款，认为汇票质押关系的成立需要合法有效的汇票质押合同、背书记载“质押”、出质人签章和交付汇票共四个要件。二是关于“质押”背书的问题。援引《票据法》规定的多数法院认为，汇票质权的设立以“质押”字样内容为成立要件；适用《物权法》和《担保法解释》的少数法院则认为，“质押”字样属于汇票质权设立的对抗要件，而非成立要件。大多数法院都认为“质押”字样必须由背书人亲自记载并签章，极少数法院认为“质押”字样不属于背书内容，无需背书人亲自记载。

值得注意的是，在少数认为“质押”背书属于对抗要件的判决中，也出现了两种观点。有的法院认为，以订立质押合同、交付票据的方式也可以设定票据质权。而有的法院则认为，缺少“质押”背书虽然不成立汇票质押关系，但双方通过订立权利质押合同并交付汇票的方式设立的汇票权利质押关系成立。

第三，关于汇票质押中对质权人行使权利的抗辩问题。一是对于票据基础关系是否影响质权人的权利，实践中一般认为因商业承兑票据具有无因性和独立性，经多手背书的持票人或票据权利人要求承兑时，出票人或承兑人以票据虚假抗辩的，不应予以支持。二是汇票债务人不得向汇票质权人主张其对汇票出质人享有的基于基础债权债务关系的抗辩。票据法意义上的持票人，享有《票据法》第13条第1款赋予的抗辩切断保护。

第四，关于汇票质押中的代理问题。在案例检索中，对于代理人在票据上签章但未说明代理关系的情形，人民法院认为对于票据权利人的认定应考虑票据的严格文义性，以票据上签字背书的主体为准。就代理人和被代理人之间的纠纷，可以通过相应的合同来解决，被代理人不是票据法律关系的主体。

【案例】

天津国恒铁路控股股份有限公司与上海浦东发展银行股份有限公司杭州和睦支行、浙江圆融实业有限责任公司票据追索权纠纷上诉案

【浙江省高级人民法院（2013）浙商终字第19号】

根据《票据法》第35条的规定，票据质权的成立包含记载“质押”字样内容和有效背书两个要件。本案圆融公司与浦发银行签订最高额质押合同，将案涉汇票质押给浦发银行，按照《票据法》有效背书的要求在背书人栏加盖了法人财务专用章和法定代表人印章，背书栏内也记载了“质押”字样，并将票据交付给浦发银行，双方的行为符合《票据法》关于汇票质押权利成立的构成要件，据此应认定浦发银行对案涉票据的质权有效设立。

第五十九条 存货人或者仓单持有人在仓单上以背书记载"质押"字样，并经保管人签章，仓单已经交付质权人的，人民法院应当认定质权自仓单交付质权人时设立。没有权利凭证的仓单，依法可以办理出质登记的，仓单质权自办理出质登记时设立。

出质人既以仓单出质，又以仓储物设立担保，按照公示的先后确定清偿顺序；难以确定先后的，按照债权比例清偿。

保管人为同一货物签发多份仓单，出质人在多份仓单上设立多个质权，按照公示的先后确定清偿顺序；难以确定先后的，按照债权比例受偿。

存在第二款、第三款规定的情形，债权人举证证明其损失系由出质人与保管人的共同行为所致，请求出质人与保管人承担连带赔偿责任的，人民法院应予支持。

【条文主旨】

本条是关于仓单质押的规定。

【条文概览】

本条分四款，包括三个层次的内容：一是明确仓单质押必须符合背书、签章以及交付三要素，并且规定仓单质押也可以将登记作为公示方法，从而引导当事人尽可能通过办理登记方式避免出现空单质押、重复质押等乱象。二是针对当前仓单领域存在的"单货同质""一单多质"等乱象，根据《民法典》第414条、第415条规定精神，明确了优先顺位规则，即能够按照公示的先后确定清偿顺序的，按照公示先后确定；难以确定先后的，按照债权比例受偿。三是为有效避免仓单乱象，加重保管人的责任，规定债权人举证证明其损失系由出质人与保管人的共同行为所致，请求出质人与保管人承担连带赔偿责任的，人民法院应予支持。

【争议观点】

在单货同时质押、重复质押时，如何确定清偿顺序？第一种观点认为，有登记的担保物权的，登记的担保物权优先；没有登记的担保物权的，仓单质权优先；能够确定取得仓单的先后顺序的，最先取得仓单的债权人优先。第二种观点认为，应当按照公示的先后确定清偿顺序；难以确定先后的，按照债权比例清偿。

【理解与适用】

一、关于仓单的性质

《民法典》第908条规定："存货人交付仓储物的，保管人应当出具仓单、入库单等凭证。"《民法典》第910条规定："仓单是提取仓储物的凭证。存货人或者仓单持有人在仓单上背书并经保管人签名或者盖章的，可以转让提取仓储物的权利。"据此，仓单兼具债权凭证和物权凭证属性，具体来说：

（一）仓单作为债权凭证

仓单作为债权凭证，包括以下几个方面内容：

一是仓单是仓储合同的证明。仓储合同是保管人存储存货人交付的仓储物，存货人支付仓储费的合同。仓储合同作为商事保管合同，性质上属于不要式合同，当事人之间不必非得签署书面合同。但在商事交易实践中，保管人往往会向存货人出具仓单。仓单的出具，往往能够证明在当事人之间订了仓储合同，且仓单记载的事项往往同时也是仓储合同的主要条款，可见，仓单与仓储合同具有密切联系。但仓单并非仓储合同本身，也不一定是唯一的合同文本，仓单之外的当事人之间的往来函件等文件均可能构成仓储合同的重要文本。但不可否认，仓单是最为重要的仓储合同文本，作为仓储合同的内容，仓单的背面条款对保管人与存货人都具有约束力。

二是仓单也是保管人收到仓储物的凭证。与保管合同系实践合同，自保管物交付时起成立不同，仓储合同属于诺成合同，自双方当事人意思表示一致时成立。但仅仅成立仓储合同，保管人一般不会向存货人出具仓单。实践中，保管人往往是在收到仓储物后才出具仓单的，因而仓单具有收货凭证的功能。根据《民法典》第909条之规定，仓单应当对仓储物的有关情况（如品种、数量、质量、包装及其件数和标记）以及仓储物的损耗标准等作出记载，因而仓单不是简单地表明保管人实际收到了仓储物，而且还对仓储物的现状以及保管标准作出了要求，从而成为确定保管义务的重要依据。因为保管人在仓储项下的主要义务表现为现状保管以及维持现状，其前提则是验货义务，而这些义务主要就是通过仓单来确定的。

三是仓单还是提取仓储物的凭证。在仓储合同中，存货人的主要权利就是提取仓储物。实践中，尽管存货人往往就是仓储物的所有人，但仓储关系并不考虑存货人是否为所有人，只要符合法定的或者约定的条件，保管人就要向存货人返还仓储物，存货人提取仓储物的主要依据就是仓单。存货人之所以可以凭借仓单提取仓储物，就是因为仓单是仓储合同的凭证。

（二）仓单作为物权凭证

如果仅仅将仓单定性为债权凭证，尚不足以使仓单区别于入库单、提货单，因为入库单有收货凭证的功能，提货单也有提货凭证的功能。使仓单区别于入库单、提货单的是，其同时还兼具物权凭证性质，即拥有仓单就相当于拥有仓储物，转让仓单也就相当于转让仓储物。就此而言，仓单的性质类似于提单。只是与提单在实践中相对较为规范不同，仓单因为主客观方面的原因，在实践操作中相对比较混乱，可谓乱象丛生。《民法典担保制度解释》之所以规定仓单质押，除了要解决实践中存在的问题外，还试图通过明晰规则、加重责任，从源头上化解仓单乱象。

二、仓单乱象及《民法典担保制度解释》的考虑

青岛港事件是仓单乱象的集中体现。在青岛港事件中，德正系名下的德诚公司，通过贿赂仓储公司工作人员出具虚假或超出库存数量的仓单等文件，并通过重复质押或者将上述伪造的仓单质押给银行的方式，骗取 13 家银行贷款、信用证、承兑汇票共计数 10 亿元。在该事件中，既有空单质押（在没有对应仓储物的情况下伪造仓单进行质押），又有重复质押（在同一仓储物上开具数份仓单并设立数个质押权），再加上针对同一仓储物既设立仓单质押又设立仓储物质押等情形，仓单质押领域的乱象可想而知。

造成仓单乱象的原因是多方面的，其中既有客观方面的原因：一是仓单质押立法不够明确。《民法典》第 441 条规定，仓单质押，质权自权利凭证交付质权人时设立；没有权利凭证的，质权自办理出质登记时设立。该条并未规定仓单质押是否需要背书，且仓单本身就是物权凭证，从该条的文义看，不存在通过办理登记作为公示方法的可能，在缺乏足够手段确保仓单与仓储物保持一致的情况下，这一规定为仓单乱象埋下了制度隐患。二是缺乏统一的行业惯例。中国仓储与配运协会与中国物资储运协会关于仓单的标准并不统一，且对会员也缺乏足够的约束力，导致各仓储公司出具的仓单格式、要素都不完全一致，几乎可以说是各行其是，加剧了仓单乱象。三是提单对应的货物往往是在途货物，因而单货可以说是天然分离的，因而一般不会出现“单货同质”“一货多单”“一单多货”等现象。而仓储物作为储存在仓库中的货物，由仓储公司保管；同时仓储公司又负责出具仓单，在利益诱惑下，不能排除个别仓储公司的员工伪造仓单、重复开具仓单的可能。当然，所有的仓单乱象，都离不开存货人与仓储公司的恶意串通，这可以说是仓单乱象主观方面的主要原因。

针对仓单乱象，《民法典担保制度解释》一方面尝试从源头化

解：一是规定仓单质押的条件，如参照汇票质押的规定，明确需要背书、签章加交付；二是鼓励通过登记确定清偿顺序；三是加重出质人与保管人的责任。在《民法典担保制度解释》起草过程中，曾经考虑过参照《票据法》有关绝对必要事项、相对必要事项的规定，将《民法典》第909条规定的仓单记载事项确定为必要记载事项，进而统一仓单的认定标准。但如此以来，一者似有僭越立法之嫌，不符合司法解释的定位；二者行业惯例的形成，最好还是委诸行业协会的自律，司法解释不可贸然干预。综合考虑以上因素，《民法典担保制度解释》最终放弃了此种规定。此外，我们还曾经考虑过规定电子仓单质押，因为仓单乱象在很大程度上源于纸质仓单，从根本上这一问题有赖于运用现代技术手段，在确保单货一致的情况下，通过背书或者登记解决。考虑到电子仓单不过是仓单形式的一种，适用仓单的有关规定就可以了，没必要专门作出规定，因而最终也没有规定电子仓单质押。但从发展趋势看，电子仓单质押应当是仓单质押未来的主要形式。另一方面，司法解释要解决现实问题，为此本条从重复质押、单货同时质押等问题出发，对其清偿顺序作出了规定。

三、仓单质押的设立及清偿顺序

（一）关于仓单质押的设立

根据《民法典》第441条之规定，仓单质押的公示方法有二：一是有权利凭证的，以交付作为公示方法；二是没有权利凭证的，以登记作为公示方法。从解释论的角度看，交付与登记二者只能择其一，关键取决于是否有权利凭证。一般来说，纸质仓单本来就是权利凭证，只能以交付为公示方法。电子仓单理论上说只不过是仓单的书面形式，仓单进入债权人指定的特定系统即为交付，因而其完全可以将交付作为公示方法。但考虑到仓单乱象在很大程度上就是因缺乏公示方法尤其是登记制度所致，在《国务院关于实施动产和权利担保统一登记的决定》（国发〔2020〕18号）第2条明确将仓单纳入动产和权利担保统一登记的范围的情况下，可以将电子仓单例外地视为没有权利凭证的仓单，从而以登记作为仓单质押设立的公示方法。

综上，设立纸质仓单质押除了需要有质押合同外，还需要具备以下要件：一是在仓单上以背书记载“质押”字样。背书记载要符合背书连续的要求，最初的背书人是存货人。在仓单通过背书转让的情况下，被背书人是仓单的受让人。基于仓单物权凭证的性质，凡是仓单的合法持有人，都可以主张仓单项下的权利——主要是提取仓储物的权利。二是必须要由保管人签章，具体要求可以准用《票据法》有关签章的规定。三是仓单必须要交付质权人。

关于仓单质押登记。根据前述国发〔2020〕18号文之规定，在人民银行征信中心动产融资统一登记公示系统登记；登记是仓单质权设立的生效要件，但登记仅具有对抗效力，登记簿不具有公信力。

（二）关于清偿顺位的确定

仓单作为物权凭证，本身就相当于仓储物。根据一物一权理论，不应同时设立仓单质押和仓储物质押。但如前所述，基于同一仓储物或者仓单设立的相冲突的担保物权在实践中并不少见，主要表现为：一是出质人既以仓单出质，又以仓储物设立包括动产质押、动产抵押等在内的担保；二是保管人为同一仓储物签发多份仓单，出质人在多份仓单上设立多个仓单质权，该多个仓单质押既可能是以交付作为公示方法的质权，也可能是以登记作为公示方法的质权。为鼓励当事人去办理登记，从而避免出现仓单乱象，在《民法典担保制度解释》起草过程中，曾经考虑过根据以下规则确定清偿顺序：有登记的担保物权的，登记的担保物权优先；没有登记的担保物权的，仓单质权优先；能够确定取得仓单的先后顺序的，最先取得仓单的债权人优先。但鉴于《民法典》第414条、第415条已经对担保物权之间的清偿顺位规则作出了明确规定，本条最终根据这两条规则精神，规定：一是应当按照公示先后确定清偿顺序，这里的公示既包括交付也包括登记；二是难以确定先后的，主要是在数个仓单质押都以交付作为公示方法的情形，此时按照债权比例清偿。

之所以会出现本条第2款、第3款规定的单货同时质押、一单多质等情形，表面上看似乎是因为保管人伪造仓单所致。但保管人之所以会伪造仓单，往往是出于出质人的请求。因而在造成质权人损害的情况下，往往表明出质人与保管人构成共同侵权，质权人请求出质人与保管人承担连带赔偿责任的，人民法院应予支持。

【实务问题】

目前，关于仓单质押问题存在的争议，集中体现在电子仓单质权的设立标准，仓单出质后又以仓储物设定担保应如何确立清偿顺位，签发多份仓单并设定多个仓单质权如何确立清偿顺位，仓单质权未设立时监管人是否应承担责任以及如果承担责任应承担何种类型的责任等问题。通过检索最高人民法院、高级法院、中级法院已经生效的十多份民事判决书，总结出以下方面的情况。

第一，关于电子仓单的设立标准问题。从案例检索情况来看，实践中的样态表现为两类：第一类是当事人仅约定进行电子仓单的交付，第二类是当事人约定线上线下结合。一方面，约定线上进行仓单电子质押；另一方面，约定签字方均认可线下导出电子仓单并盖章的方式进行交付。分析检索出来的电子仓单案例，多数法院认为，权利凭证并未限定于纸质凭证，对于电子仓单的交付应通过电子交互的方式完成，对于具体的交付标准有以下两种处理方式：（1）将电子质押文件发送至债权人指定邮箱，自该文件到达债权人指定邮箱之时，即完成了权利凭证的交付；（2）对于当事人签订电子仓单质押合同后，债权人在监管方系统上收到背书质押的电子仓单后，又将该电子仓单纸质化并加盖公章的情况，法院也会认定为达成交付条件，质权设立。在确定仓单质权设立后，继而支持质权人的优先受偿请求。

第二，关于仓单质权未设立时监管人是否应承担责任，如果承担，应承担何种类型的责任的问题。法院认为，若监管人因违约而导致质权未设立，则需要承担违约责任，监管人仅是帮助债权人实现债权的辅助人，而不是债权实现的直接义务人，因此其承担的责任为补充赔偿责任。

第六十条　在跟单信用证交易中，开证行与开证申请人之间约定以提单作为担保的，人民法院应当依照民法典关于质权的有关规定处理。

在跟单信用证交易中，开证行依据其与开证申请人之间的约定或者跟单信用证的惯例持有提单，开证申请人未按照约定付款赎单，开证行主张对提单项下货物优先受偿的，人民法院应予支持；开证行主张对提单项下货物享有所有权的，人民法院不予支持。

在跟单信用证交易中，开证行依据其与开证申请人之间的约定或者跟单信用证的惯例，通过转让提单或者提单项下货物取得价款，开证申请人请求返还超出债权部分的，人民法院应予支持。

前三款规定不影响合法持有提单的开证行以提单持有人身份主张运输合同项下的权利。

【条文主旨】

本条是关于跟单信用证项下开证行基于提单享有的权利内容的规定。

【条文概览】

跟单信用证在国际贸易中被广泛使用。买方出于资金融通的需求，可以将提单作为权利质押的标的出质给开证行。开证申请人与开证行可以通过合同约定提单质押或者基于跟单信用证的惯例持有提单从而取得提单质权，在开证申请人未按照约定付款赎单时，开证行可以对提单项下的货物主张优先受偿。由于开证行持有提单的目的并不在于取得物之所有权，而在于取得其担保清偿的权利质权，所以其无权主张对提单项下的货物取得所有权。通过转让提单或者提单项下货物取得价款时，开证行应当将超出债权的部分返还开证申请人。开证行所享有的提单质权如果与其他债权人对提单项下货物所可能享有的留置权、动产质权等权利产生冲突的，可在执行分配程序中依法予以解决。

【争议观点】

在跟单信用证项下，开证申请人与开证行之间因申请开立信用证而产生欠款纠纷时，涉及的主要法律问题是因对外付款而合法持有提单的开证行对提单项下货物享有何种权利。有观点认为，信用证交易是单据交易，开证行因付款“买单”而合法持有提单，既然提单是所有权凭证，其当然对提单项下货物享有所有权。还有观点认为，在银行持有提单的情况下，不论是从法律关系的角度看，还是从交易惯例及法律规定的情况看，都不宜认定银行是提单项下货物的所有权人。

【理解与适用】

信用证交易主要涉及三个基本的法律关系：一是开证申请人和开证行之间的开证申请关系；二是狭义的信用证关系，即受益人和开证行基于信用证的开立和接受而产生的交单和付款关系；三是基础关系，即开证申请人与受益人之间的货物买卖关系。基于信用证关系的独立性原理，通常意义上的信用证纠纷主要涉及开证申请关系以及信用证付款关系，一般不涉及基础关系。在开证申请阶段发生的纠纷，主要包括开证申请人与开证行之间因申请开立信用证而产生的欠款纠纷、委托人与受托人之间因委托开立信用证而产生的纠纷、担保人为申请开立信用证或委托开立信用证而产生的担保纠纷。在跟单信用证交易中，开证行基于其与开证申请人之间的约定持有提单，其是否取得提单项下货物的所有权，在开证申请人未依约付款赎单时开证行享有何种权利，应当综合考虑提单的属性、当事人之间的约定、跟单信用证的管理以及相关法律规定进行判断。

一、提单的属性分析

我国《海商法》第71条规定：“提单，是指用以证明海上货物运输合同和货物已经由承运人接收或者装船，以及承运人保证据以交付货物的单证。提单中载明的向记名人交付货物，或者按照指示人的指示交付货物，或者向提单持有人交付货物的条款，构成承运人据以交付货物的保证。”该条确定了提单的债权凭证属性，明确了提单具有三项职能：一是运输合同的证明，二是货物收据，三是承运人保证据以交付货物的单据。提单的法律性质历来众说纷纭，归纳起来影响较大的大致有物权说、债权说、有价证券说等。然而，由于提单既涉及运输合同又涉及贸易合同等法律关系，上述这些学说混淆了提单在不同法律关系中的属性，而未将其限定在具体的法律关系中予以探讨，均未能准确地界定提单的属性。由于提单既是运输单证又是贸易单证，也就意味着提单往往横跨两种以上的法律关系，只有将提单放在具体的法律关系中进行研判，才能得出准确的结论。

（一）在运输法律关系下的提单属性

在运输法律关系下，提单属于提货凭证，但这种提货不是指以货物所有权人的物权支配权予以提取，而是根据运输合同的约定、提单的载明行使运输合同下的债权请求权，提单持有人有权根据运输合同的约定行使其债权请求权，至于提单持有人有无法律上的原因或依据，在所不问。

（二）在贸易法律关系下的提单属性

在贸易领域，以买卖合同为例，交付提单，就是转让提单所表征的债权请求权及物权请求权，属于指示交付，此时持有提单就会既在运输合同中具有债权请求权，又在贸易合同中具有物权请求权。《最高人民法院关于审理无正本提单交付货物案件适用法律若干问题的规定》第 3 条第 1 款规定："承运人因无正本提单交付货物造成正本提单持有人损失的，正本提单持有人可以要求承运人承担违约责任，或者承担侵权责任。"这里的"违约责任"指的是按照《海商法》中规定的运输合同项下的债权请求权，侵权责任则是指在贸易合同项下，请求承运人返还原物的物权请求权。如果提单持有人向承运人以外的第三人进行索赔，其只能提起物权的侵权之诉，而物权的性质取决于提单交付时的基础法律关系，不能一概而论。如果仅仅是基于委托保管提单的法律关系，提单持有人固然可凭单要求承运人交付货物，但如其主张对货物享有所有权或他物权，则显然不具有合法性和正当性。提单持有人能够证明自己按照基础法律关系对货物具有物权（所有权、担保物权等），则其按照有关的法律规定对承运人以外的第三人行使《物权法》的有关保护规定，例如，货物返还请求权、担保物优先受偿权等物权请求权。

（三）在质押法律关系下的提单属性

开证行取得提单质权后，其目的并不在于取得物之所有权，在于取得其担保清偿的权利质权。因此，虽然提单在银行的占有下，但是其占有不能产生物权所有权的法律效果。对于提单项下的货物，开证行具有优先受偿权，其提单质权如果与其他债权人对提单项下货物所可能享有的留置权、动产质权等权利产生冲突的，可在执行分配程序中依法予以解决。

二、开证行基于提单所享有权利的性质

提单尽管是所有权凭证，但持有提单不一定就享有所有权，至于提单持有人具体享有何种权利，取决于其以何种意思取得提单，应当审查提单持有人与其前手之间的合同如何约定。

（一）开证行并非提单项下的所有权人

卖方将信用证项下单证交付给银行后，货物所有权从买卖合同中的卖方移转给了买方，开证行并不享有提单项下货物的所有权，开证行的付款行为属于第三人履行债务的行为。但第三人履行的仍然是出

卖人与买受人之间的买卖合同，在外部效力上等同于买受人自己的履行，既使买受人的付款义务归于消灭，又使其取得货物所有权。至于以第三人身份受领提单的银行享有何种权利，则取决于其与开证申请人之间的约定。如果开证申请合同中有设定权利质权的约定，则在开证行与开证申请人之间成立权利质权关系，如果并无相关约定，则此时银行既不享有所有权，也不享有权利质权，应将单证返还开证申请人。但鉴于开证行已经对外付款，享有对开证申请人的求偿权，该求偿权与开证申请人享有的单证返还请求权之间互为对待给付，在开证申请人未备款赎单的情况下，开证行可以基于同时履行抗辩权拒绝放单，除非双方另行达成叙做进口押汇的协议，从而使银行先放单后收回相应款项。但不论何种情形，银行对提单项下货物均不享有所有权。此外，从交易惯例看，银行只审查单据是否在表面上与信用证规定相符，并不对单据的有效性负责，表明其并非所有权人。

（二）提单质押关系的认定

根据《海商法》第79条的规定，记名提单不得转让；指示提单经过记名背书或空白背书转让；不记名提单，无需背书，即可转让。因此，记名提单不能成为权利质权的标的权利，仅有指示提单和不记名提单才能作为权利质权的标的权利。根据《民法典》第427条和第441条的规定，设立权利质权需要采用书面形式订立质押合同并进行物权公示。开证行与开证申请人之间的权利义务关系主要是由开证申请合同确定的，考察双方是否具有设立质权的意思表示，应当审查开证申请合同中是否有类似的约定。开证行与开证申请人约定以提单作为开证申请人付款担保时，在“担保权利”约定不明的情况下，应通过对合同的解释，以最相近的“担保权利”确定具体指的是何种担保权利。开证行持有提单的目的是担保其债权的实现，在我国《民法典》明确规定了提单等票据权利质押，从而使权利质押有别于动产质押的情况下，此种“担保权利”即为权利质权，在开证行持有提单的情况下，该质权即设立。

三、开证行质权的行使

因为在跟单信用证的交易中，开证行支付款项的行为应界定为代第三人履行，其虽然通过对外付款并取得提单，但对于提单项下货物并不享有所有权，所以其作为质权人仅对于质押物享有优先受偿权。《民法典》第442条规定："汇票、本票、支票、债券、存款单、仓单、提单的兑现日期或者提货日期先于主债权到期的，质权人可以兑现或者提货，并与出质人协议将兑现的价款或者提取的货物提前清偿债务或者提存。"开证行作为提单持有人，在提货日期届至时，原则上应当向承运人提取货物，以减少对于开证申请人造成的损失，保证所担保的债权实现。开证行可以依据与开证申请人之间的约定或者交易惯例，转让提单或者转让提单项下的货物而不能在提取货物后将其据为己有，对于取得的价款超出开证申请人应付款项的，开证申请人有权要求开证行返还。

此外，根据《民法典》第390条的规定，担保期间，担保财产毁损、灭失或者被征收等，担保物权人可以就获得的保险金、赔偿金或者补偿金等优先受偿，故担保物权具有物上代位性。因承运人或者第三人的原因造成提单项下的货物出现毁损、灭失等情形的，开证行作为质权人可以提单持有人的身份向责任人行使损害赔偿请求权。

【实务问题】

在开证申请人欠付信用证项下垫付款项时，往往开证申请人还存在其他债权人，例如提单项下货物的堆存费等，其他债权人据此有权申请人民法院对于提单项下的货物查封和强制执行，在此情况下，开证行对于提单项下的货物仅享有质权，其担保物权在强制执行中应当如何实现？我们认为，虽然我国《民事诉讼法》第227条规定了执行异议之诉，但是我国现行法并不是通过执行异议或者执行异议之诉来保护担保物权的优先性，而是通过参与分配制度来实现担保物权的优先性，因为担保物权虽然是物权，但其目的仅在于担保债权获得优先受偿，而不是要否定人民法院对标的物的强制执行。《民事诉讼法解释》第508条规定："被执行人为公民或者其他组织，在执行程序开始后，被执行人的其他已经取得执行依据的债权人发现被执行人的财产不能清偿所有债权的，可以向人民法院申请参与分配。对人民法院查封、扣押、冻结的财产有优先权、担保物权的债权人，可以直接申请参与分配，主张优先受偿权。"可见，没有担保的债权人申请参与分配，须以取得执行依据为条件，但取得担保物权的债权人申请参与分配，则不以取得执行依据为条件。针对实践中担保物权人常常采取提起执行异议的方式主张权利的情形，担保物权人或其他优先受偿权人提出执行异议，请求法院停止执行担保物或优先受偿标的物的，经审查其确实享有优先受偿权利的，在驳回其停止执行的请求后，应当将其异议视为参与分配申请。

【案例】

中国建设银行股份有限公司广州荔湾支行与广东蓝粤能源发展有限公司、惠来粤东电力燃料有限公司等信用证开证纠纷再审案【广东省高级人民法院（2015）民提字第126号】

提单具有债权凭证和所有权凭证的双重属性，提单持有人是否因受领提单的交付而取得物权以及取得何种类型的物权，取决于合同的约定。本案中，开证行根据其与开证申请人之间的合同约定持有提单，结合当事人的真实意思表示以及信用证交易的特点，应认定开证行对信用证项下单据中的提单以及提单项下的货物享有质权，开证行行使提单质权的方式与行使提单项下动产质权的方式相同，即对提单项下货物折价、变卖、拍卖后所得价款享有优先受偿权。

第六十一条 以现有的应收账款出质，应收账款债务人向质权人确认应收账款的真实性后，又以应收账款不存在或者已经消灭为由主张不承担责任的，人民法院不予支持。

以现有的应收账款出质，应收账款债务人未确认应收账款的真实性，质权人以应收账款债务人为被告，请求就应收账款优先受偿，能够举证证明办理出质登记时应收账款真实存在的，人民法院应予支持；质权人不能举证证明办理出质登记时应收账款真实存在，仅以已经办理出质登记为由，请求就应收账款优先受偿的，人民法院不予支持。

以现有的应收账款出质，应收账款债务人已经向应收账款债权人履行了债务，质权人请求应收账款债务人履行债务的，人民法院不予支持，但是应收账款债务人接到质权人要求向其履行的通知后，仍然向应收账款债权人履行的除外。

以基础设施和公用事业项目收益权、提供服务或者劳务产生的债权以及其他将有的应收账款出质，当事人为应收账款设立特定账户，发生法定或者约定的质权实现事由时，质权人请求就该特定账户内的款项优先受偿的，人民法院应予支持；特定账户内的款项不足以清偿债务或者未设立特定账户，质权人请求折价或者拍卖、变卖项目收益权等将有的应收账款，并以所得的价款优先受偿的，人民法院依法予以支持。

【条文主旨】

本条是关于应收账款质押的规定。

【条文概览】

本条分四款，前三款是对现有的应收账款质押作出的规定，包括三个方面的内容：一是应收账款债务人向质权人确认应收账款的真实性后，即便应收账款不存在或者已经消灭，其仍应承担责任；二是鉴于权利质押中的登记簿不具有公信力，因而应收账款质权人仍应对应收账款是否真实存在承担举证责任，不能仅以已经办理应收账款质押登记为由就主张对应收账款优先受偿；三是准用债权转让的通知对抗主义，规定在应收账款债务人接到通知前，其可以向应收账款债权人履行债务，但在接到通知后，则只能向应收账款质权人履行债务。

第四款是对将有应收账款质押的规定，包括以下几点：一是明确将有应收账款主要包括以基础设施和公用事业项目收益权、提供服务或者劳务产生的债权以及其他将有的应收账款出质；二是规定以将有的应收账款质押，原则上应当设立特定账户；三是在实现应收账款质押时，原则上应先就特定账户内的款项优先受偿；四是特定账户内的款项不足以清偿债务或者未设立特定账户的，再对应收账款进行折价或者拍卖、变卖。

【争议观点】

实践中，质权人能否以应收账款已经办理质押为由主张对应收账款优先受偿，存在不同观点。一种观点认为，应收账款质押的设立采登记生效主义，既然已经办理了应收账款质押登记，则当然可以认定应收账款质押已经设立；另一种观点则认为，在权利质押中，登记簿不具有公信力，办理质押登记本身并不当然意味着应收账款真实存在，在质权人不能举证责任应收账款真实存在的情况下，其仍然不能就应收账款优先受偿。

【理解与适用】

一、应收账款的概念

应收账款是一个会计学上的概念，属于货币性资产的一种。在会计学上，货币性资产是指企业持有的货币资金和将以固定或可确定的金额收取的资产，包括现金、银行存款、应收账款和应收票据以及准备持有至到期的债权投资等。《民法典》规定的应收账款，其范围远宽于会计学上的应收账款，是指未被证券化的、以金钱为给付标的的现有以及将来的合同债权。根据《应收账款质押登记办法》第2条之规定，应收账款是指权利人因提供一定的货物、服务或设施而获得的要求义务人付款的权利以及依法享有的其他付款请求权，包括现有的和未来的金钱债权，但不包括因票据或其他有价证券而产生的付款请求权，以及法律、行政法规禁止转让的付款请求权，包括下列权利：（1）销售、出租产生的债权，包括销售货物，供应水、电、气、暖，知识产权的许可使用，出租动产或不动产等；（2）提供医疗、教育、旅游等服务或劳务产生的债权；（3）能源、交通运输、水利、环境保护、市政工程等基础设施和公用事业项目收益权；（4）提供贷款或其他信用活动产生的债权；（5）其他以合同为基础的具有金钱给付内容的债权。准确理解应收账款的概念，要注意把握以下几点：

一是应收账款属于金钱之债。就其成因来说，既包括因直接提供贷款产生的金钱之债，也包括因出售、出租财产而获得的对价，还包括提供服务或劳务而产生的报酬。在双务合同中，作为金钱之债对价的债权，如出卖人负有的交付标的物之债、出租人负有的交付租赁物之债，因其不是金钱之债，不能设立应收账款质押，因而只能设立诸如所有权保留、商品租赁权质押等所谓的非典型担保。

二是应收账款是基于合同产生的金钱之债。除了合同之债外，还包括因侵权、不当得利、无因管理以及法律规定的其他法定之债。这些法定之债尽管也属于金钱之债，但不属于应收账款的范畴。

三是应收账款是普通的金钱之债，不包括票据（汇票、本票、支票）、债券等证券化了的债权。存款单并非证券化的权利，仅是债权凭证，但因为《民法典》专门规定了存款单质押，因而不宜将存款单纳入应收账款的范畴。储户将其在银行账户内的资金设定质押，尽管储户对银行享有的是金钱之债，但就其将账户内的资金设定担保来说，又近似于动产质押。加之司法实践一直将保证金作为独立于应收账款质押的一种担保类型，因而其也不属于应收账款的范畴。

在应收账款质押问题上，与《物权法》相比，《民法典》最大的变化是将应收账款由现有的应收账款扩及将有的应收账款，大大扩张了应收账款的范围。在此情况下，如何区分现有的应收账款与将有的应收账款就变得至为重要。

二、以现有的应收账款质押

现有的应收账款是指已经有合同基础的应收账款，至于履行期限是否已经届满或者能否实际请求履行则在所不问。履行期限尽管尚未届满，但只要应收账款是确定的，并不妨碍设立应收账款质押。在双务合同中，应收账款可能因对方行使同时履行抗辩权等原因不能行使，但这也不影响当事人设定应收账款质押。

（一）虚假应收账款质押的处理

实践中，应收账款以自始不存在或者已经消灭了的应收账款出质的情形并不少见，此时，人民法院应当视应收账款债务人是否向质权人确认应收账款的真实性而异其处理。

一是应收账款债务人向质权人确认应收账款真实性的。实践中，当应收账款债权人以应收账款出质时，质权人往往会书面函询应收账款债务人，请求其确认应收账款是否真实存在以及应收账款的数额。应收账款债务人向质权人确认应收账款的真实性后，事后又以应收账款自始不存在或者已经消灭为由主张不承担责任的，人民法院不予支持。应收账款自始不存在和已经消灭还有所区别：应收账款自始不存在，债务人仍确认其真实性的，参照《民法典》第763条之规定，应收账款债务人不得以应收账款不存在为由对抗质权人，除非其能够举证证明质权人对应收账款自始不存在是明知的。债务人书面确认后应收账款消灭的，根据“否认无须举证，但抗辩需要举证”的法理，债务人不仅要对应收账款已经消灭的事实进行举证，而且还要举证证明其并未接到质权人要求向其履行的通知，即仍然向应收账款债权人履行债务存在正当性，否则仍然需要承担责任。就此而言，需要将本条第 1 款和第 3 款结合起来理解，不能认为即便应收账款已经消灭，应收账款债务人也要一概地承担责任。实践中，债务人的确认往往又与法定代表人或者代理人的盖章行为联系在一起，相关问题请参考《民商事审判会议纪要》第 41 条之规定。

二是应收账款债务人未确认应收账款真实性的。此时，债务人在诉讼中也可能以应收账款自始不存在或者已经消灭为由提出抗辩，此时同样要区别应收账款自始不存在和已经消灭而异其处理。债务人主张应收账款自始不存在，但质权人以已经办理应收账款质押登记为由主张对应收账款优先受偿的，鉴于在动产和权利担保中，登记簿仅具有警示和确定优先顺位的功能，不像不动产登记簿那样具有公信力，故办理质押登记这一事实本身并不当然意味着应收账款真实存在，在质权人不能举证证明应收账款真实存在的情况下，其仍然不能就应收账款优先受偿。当然，如果应收账款债务人主张应收账款已经消灭的，表明承认应收账款的真实性，故其应当对该项抗辩承担举证责任。

（二）关于通知对抗问题

债权转让、应收账款质押以及保理三者具有密切的联系，一般认为，相关制度可以相互准用。因此，债权转让的通知对抗制度就可以准用于应收账款质押，即质权人将应收账款已经设立质权的事实通知应收账款债务人后，债务人就不得再向应收账款债权人履行，而只能向质权人履行。反之，债务人在接到该通知前，因为不知道应收账款已经设立质权的事实，可以向应收账款债权人履行，并导致应收账款因履行而消灭，进而导致应收账款质押消灭。就此而言，应收账款质权人要及时通知，否则，就可能面临不利后果。从法理上说，此种通知纯属观念通知，并不包含催告的意思表示。但考虑到实践中质权人往往不会纯粹地告知应收账款债务人已经设立应收账款质押的事实，而是在告知的同时往往会请求向自己履行，因而本条所谓的“质权人要求向其履行的通知”，是一个兼具观念通知与催告内涵的通知，有别于债权转让场合纯粹的观念通知。

有一种观点认为，既然应收账款已经办理了质押登记，而登记簿具有公示效力决定了应收账款债务人也负有查询义务，因而无须质权人另行通知应收账款债务人。我们认为，应收账款办理质押登记后，负有查询义务的是与应收账款债务人从事交易的相对人，而应收账款债务人本身并非该交易相对人，并不负有查询义务，故只能适用通知对抗规则，只有在接到质权人要求向其履行的通知后才不得对抗质权人。

（三）关于应收账款质权的实现方式

应收账款质权的实现方式，当然包括先提起诉讼确定应收账款质押，再通过执行程序解决。此时，参照适用第45条第3款之规定，质权人应当以应收账款债权人（基础关系中的债务人）和应收账款债务人（应收账款质押中的担保人）为共同被告提起诉讼。

值得探讨的是，能否参照适用《民事诉讼法》有关“实现担保物权案件”的规定，申请拍卖、变卖应收账款债务人的财产？我们认为，与一般的担保财产可以通过拍卖、变卖方式变价不同，应收账款属于对人权而非对物权，故不能通过拍卖、变卖的方式实现担保物权。但应收账款作为金钱之债，可以参照适用《民事诉讼法》中督促程序的有关规定，通过直接向有管辖权的基层人民法院申请支付令的方式实现担保物权。

三、以将有应收账款质押

将有的应收账款主要包括以下三种情形：

一是能源、交通运输、水利、环境保护、市政工程等基础设施和公用事业项目收益权。《担保法解释》第97条规定："以公路桥梁、公路隧道或者公路渡口等不动产收益权出质的，按照担保法第七十五条第（四）项的规定处理。"《担保法》第75条第4项属于"依法可以质押的其他权利"。可见，在制定《担保法》时，可以质押的权利尚未包括应收账款。《物权法》已将应收账款作为权利质权的客体，但当时所谓的应收账款仅指现有的应收账款，不包括将有的应收账款。在《民法典》编纂过程中，曾有意见建议把不动产收益权作为与应收账款并列的一种权利单独予以规定，但《民法典》最终并未采纳此种意见，而是将其纳入将有应收账款的范畴。之所以将不动产收益权纳入应收账款，是因为能源、交通运输、水利、环境保护、市政工程等基础设施和共用事业项目本身不能转让，甚至只能允许特定的主体进行经营，具有限制流通的特点，因而不能作为抵押权的客体。但其本身又有稳定的收益，为实现物尽其用的目的，例外地允许其以收益权的形式间接地实现其财产价值。事实上，基础设施和公用事业项目收益权是将有应收账款的典型形式。

二是因提供医疗、教育、旅游等服务或劳务产生的债权。与基础设施和公用事业项目收益权一样，此种债权也表现为各种收费权，如医院、学校的收费权，公园景点、风景区门票收费权。此处所谓的提供服务或者劳务，是未来针对不特定主体提供的服务或者劳务，针对特定主体提供的服务或者劳务仍属于现有的应收账款。应予注意的是，此种收费权本质上属于经营性收费权，而不包括行政事业性收费权。学校、医院收取的学费、医疗费，如果收取的费用要上缴中央或者地方国库，实行"收支两条线"管理并且纳入预算的，则此种收费属于行政事业性收费，此种收费权因其具有公益性，不能成为将有应收账款的客体。

三是其他将有的应收账款。前两种将有应收账款，本质上都属于收费权，其债务人是不特定的。而此处所谓的其他将有的应收账款，指的是签订应收账款质押合同时，尚不具备合同基础但未来确定能够通过签订合同而成立的应收账款，如出租人将其租金债权设定应收账款质押，但在签订质押合同时尚未与他人签订租赁合同；再如，抵押人以原材料、成品、半成品等存货设定浮动抵押，同时又以该存货出让时所得的价款设定应收账款质押，此种应收账款就是将有的应收账款。应予注意的是，当《民法典》将将有应收账款纳入应收账款质押后，有一种观点认为，应收账款质押实质上就是权利质押的兜底条款，从而试图把各种一般认为当前不能设立权利质押的诸如商品租赁权、出租车经营权、排污权、信托受益权、资产受益权等所谓的“权利”，纳入应收账款质押的范畴，从而突破了物权法定原则。对此现象，要给予充分的警惕，核心的一点就是要把握，此种将有的应收账款必须是将来能够通过签订合同而成立的，并非所有的具有财产价值的财产都属于将有的应收账款。

将有应收账款质押与现有应收账款质押存在以下区别：一是在行权对象上，现有应收账款的债务人是特定的，因而质权人可以直接请求应收账款债务人向其履行。而作为收费权的将有应收账款，其义务人是不特定的，因而只能请求应收账款债权人履行义务。二是在行权方式上，将有应收账款一般都会设立特定账户，质权人原则上应先就特定账户内的款项优先受偿；特定账户内的款项不足以清偿债务或者未设立特定账户的，再对应收账款进行折价或者拍卖、变卖。三是现有应收账款可以准用督促程序，而将有应收账款在特定情况下可以准用“实现担保物权案件”的程序，对应收账款进行折价或者拍卖、变卖。

【实务问题】

某些应收账款质押，仅明确了应收账款的种类而未确定具体数额，导致人民法院在处理此类案件时面临“一案二审”的尴尬局面，如何处理，值得研究。如建设工程施工方以其向发包方享有的建设工程价款设定应收账款质押，在设定应收账款质押时，难以确认具体数额，导致质权人在提起诉讼请求实现应收账款质权时，如果不对工程价款进行结算，人民法院难以确定有效受偿的范围；如果要确定具体的数额，则意味着在处理债权及担保纠纷的同时，还要审理一个建设工程施工案件。对此，我们认为，能够在诉讼程序中确定的，要尽量确定应收账款的数额；确实难以确定的，可以先确认质权人享有优先权，在执行程序中再解决。为防患于未然，建议在设立应收账款质押时，除了确定债权外，尽量通过函询等方式确定数额，避免出现前述尴尬局面，最终损害当事人自己的利益。

在买卖合同中也存在类似的情况。买卖合同中的出卖人将对于买受人的应收账款质押给第三方，并办理相应的质权登记。现该第三方要求实现应收账款质权，请求法院判令由该买受人直接向其支付应收款项。该买受人抗辩出卖人出售的货物存在质量瑕疵及其他违约情形，对出卖人已另案提起索赔诉讼或仲裁，故本案应当中止审理。同时，买受人在本案中另行提交证据，认为出卖人存在违约行为，应承担赔偿责任，对于出卖人应承担的违约责任在应收账款中应当予以抵销。对此，应如何处理？这是应收账款质押中非常棘手的一个问题。我们认为，可以分两种情况处理：一是第三人如已向应收账款债务人确认应收账款的真实性，且有具体确认数额，法院应判决应收账款债务人偿还。应收账款债务人与主债务人的权利义务关系另行解决。二是债权人未作尽职调查，应收账款债务人未确认真实性，在诉讼中应收账款债务人可以抗辩。抗辩结果：该减则减，该免则免。这个风险只能由债权人自己承担。

【案例】

【53号指导性案例】福建海峡银行股份有限公司福州五一支行诉长乐亚新污水处理有限公司、福州市政工程有限公司金融借款合同纠纷案（最高人民法院审判委员会讨论通过2015年11月发布）

特许经营权的收益权可以质押，并可作为应收账款进行出质登记；特许经营权的收益权依其性质不宜折价、拍卖或变卖，质权人主张优先受偿权的，人民法院可以判令出质债权的债务人将收益权的应收账款优先支付质权人。

第六十二条　债务人不履行到期债务，债权人因同一法律关系留置合法占有的第三人的动产，并主张就该留置财产优先受偿的，人民法院应予支持。第三人以该留置财产并非债务人的财产为由请求返还的，人民法院不予支持。

企业之间留置的动产与债权并非同一法律关系，债务人以该债权不属于企业持续经营中发生的债权为由请求债权人返还留置财产的，人民法院应予支持。

企业之间留置的动产与债权并非同一法律关系，债权人留置第三人的财产，第三人请求债权人返还留置财产的，人民法院应予支持。

【条文主旨】

本条是关于留置权是否成立的规定。

【条文概览】

债权人留置的财产既可以是债务人所有的财产，也可以是债务人合法占有的第三人的财产，但在企业间发生留置的情形下，如果留置财产与债权并非基于同一法律关系，则债权人只能留置属于债务人所有的财产，不能留置属于第三人所有的财产。此外，在企业间发生留置的情形下，尽管留置财产与债权可以不是同一法律关系，但该债权必须是企业持续经营中发生的债权，如果该债权的发生与企业的持续经营无关，则留置权不能成立。

【争议观点】

在债权人留置的标的物并非债务人所有的情形下，留置权是否能够有效成立，存在不同的意见：第一种观点认为，根据《民法典》第447条的规定，债权人留置的标的物必须是债务人所有的动产，不能是第三人所有的动产；第二种观点认为，《民法典》第447条并非要求债权人留置的标的物必须是债务人所有的动产，只要是债务人合法占有的动产，即可成立留置权；第三种观点认为，虽然留置权的成立不以标的物必须属于债务人所有为必要，但如果留置的是第三人的动产，而留置该动产与债权并非同一法律关系，则留置权不成立。此外，在企业之间留置的动产与债权并非同一法律关系的情形下，对该债权是否要进行适当限制，也存在不同的意见：一种意见认为，《民法典》对企业之间的留置不要求是基于同一法律关系，因而不应对债权的范围进行限制；另一种意见认为，尽管《民法典》未要求企业之间的留置必须基于同一法律关系，但由于留置权被赋予极高的法律效力，还是要适当限制债权的范围，否则可能会给他人的交易安全带来威胁。

【理解与适用】

一、留置权的成立及其效力

在传统民法上，留置权作为法定的担保物权，是指债权人因同一法律关系合法占有债务人的财产时，在债务人全部清偿债务前，有权留置该财产。就此而言，债权人留置的财产与债权的发生系基于同一法律关系，是留置权成立的要件。也正因如此，留置权在一些国家或者地区被认为是当事人行使同时履行抗辩权的表现，从而不再单独规定。

在强调债权人留置财产与债权的发生基于同一法律关系的情况

下，传统民法上的留置权表现出以下两个特点：

一是关于留置权的成立。债权人留置的标的物并非必须是债务人所有的财产，只要是债务人合法占有的财产即可。例如，张三借李四的汽车驾驶，发生交通事故后，张三将该汽车委托王五修理，王五因张三未支付修理费而留置该汽车，则张三或者李四均不能以该汽车并非张三所有为由主张留置权不成立。

二是关于留置权的效力。由于留置权旨在担保债权人因同一法律关系发生的债权，因此该债权的发生往往又与标的物价值的恢复或者增加密切相关。在此背景下，当同一标的物上既有留置权又有其他担保物权时，留置权便被赋予了更高的法律效力。例如，在上述案例中，王五的修理工作在一定程度上恢复了汽车的价值，如果没有王五的工作，汽车的价值也就不可能这么高，因此，即使汽车上还存在其他担保物权人，其他担保物权人也会因标的物价值受损而受到不利影响，但因王五通过修理工作在一定程度上恢复了汽车的价值，将其对汽车的留置权在效力上置于其他担保物权之上，对其他担保物权人来说，也不会带来损害，因而具有正当性。

二、留置权的中国特色及实践问题

我国采民商合一的立法体例，因此，在《物权法》制定过程中，立法者考虑到商事交易的特点，对传统民法上的留置权制度进行了重大改造。其中最为显著的变化是，《物权法》区分民事留置和商事留置，明确规定企业之间留置财产不以债权的发生系同一法律关系为要件。

应该说，《物权法》区分民事留置和商事留置的思路，既尊重了商事交易的特殊性，也尊重了商法的规律，因而是可取的。例如，甲公司长期委托乙公司加工生产布料，对于此前甲公司所欠加工费用，乙公司能否留置本次生产的布匹？根据《物权法》第231条的规定，是可以的。这就更有利于企业之间的长期合作。但是，这个重大变化给实践带来了如下难题：

一是既然《物权法》允许企业之间留置的动产与债权可以不是基于同一法律关系，那么该债权的范围是否就没有任何限制？例如，甲公司的汽车在乙公司进行修理，乙公司留置了甲公司的汽车，但导致乙公司留置该汽车的债权并非是因修理汽车产生的修理费，而是乙公司自丙公司处通过债权转让而受让的债权。更为重要的是，该汽车在被乙公司留置之前，已经抵押给丁银行。如果认为法律对乙公司用于留置汽车的债权没有任何限制，则在上述情形，不仅应认定留置权成立，且在效力上高于丁银行的抵押权。如此一来，不仅甲公司的交易安全无法获得保障，丁银行的交易安全也将无法获得保障。可见，如果不将留置债务人财产的债权进行适当限制，不仅对债务人不公平，在赋予留置权如此强大效力的背景下，还可能会危害到第三人的交易安全。

二是在企业间留置的情况下，如果债权人留置的是第三人所有的财产，是否也不需要留置的财产与债权的发生系基于同一法律关系？例如，甲公司自丙公司租来的飞机停靠在乙公司的机场，如果是甲公司因欠乙公司的停靠费用导致该飞机被乙公司留置，如前所述，是具有正当性的。但是，如果不是甲公司欠乙公司的停靠费用导致该飞机被乙公司留置，而是乙公司自丁公司处受让了丁公司对甲公司的债权，导致乙公司留置了该飞机。在此情形下，作为飞机所有权人的丙公司是否有权请求取回财产？对此，在《物权法》施行后，实践中存在着激烈的争议：第一种意见认为，《物权法》第231条对于企业之间的留置并不要求留置的动产与债权是同一法律关系，因此，丙公司的诉讼请求应当被驳回；第二种意见认为，尽管《物权法》对于企业之间的留置不要求留置的动产与债权是同一法律关系，但《物权法》第230条要求债权人留置的财产必须是“已经合法占有的债务人的动产”，而在上述情形下，乙公司留置的飞机并非甲公司的飞机，因此留置权不成立，丙公司可取回飞机；第三种意见认为，如果是民事留置，则债权人可以留置自债务人处取得的合法占有的第三人所有的财产，但如果是企业之间的留置，且留置的财产与债权并非同一法律关系，则必须将留置财产属于债务人所有作为留置权成立的要件。

我们赞同第三种意见，认为在民事留置的情形下，由于被担保的债权受到严格限制，自然不需要将债权人可以留置的财产限制为债务人所有的财产，因此，《物权法》第230条关于“已经合法占有的债务人的动产”规定，应作扩大解释，即不仅包括已经合法占有的债务人的动产，也包括自债务人处合法占有的第三人的动产，否则就可能出现不公平的问题。但是，如果是企业之间的留置，且留置的动产与债权不是基于同一法律关系，则须以留置债务人的动产为要件，不能留置第三人的动产，否则就会危害到第三人的交易安全。

问题是，在企业之间留置的情形下，是不是只要债权人留置的是债务人的动产，就可以不用对被担保的债权进行限制呢？通过参考域外立法例，我们认为，尽管商事留置不以留置的动产与债权是同一法律关系为要件，但还是应要求该债权是企业持续经营中发生的债权，而非与企业持续经营毫无关联的债权，否则不仅会给债务人造成交易上不可预测的风险，在赋予留置权强大法律效力的背景下，还可能给对该动产享有其他担保物权的第三人带来巨大的风险。

总之，《物权法》在坚持民商合一立法体例的背景下，对于企业之间的留置不再要求留置的动产与债权是同一法律关系，这虽然适应了商事交易的需要，但却没有顾及由此带来的体系效应，从而造成制定法上的漏洞。《民法典》完全继受《物权法》的规定，且并未就实践中产生的问题进行回应。《民法典担保制度解释》就实践中存在的问题作出上述规定，旨在通过目的性限缩解释，填补制定法上的漏洞。

【实务问题】

一般认为，《民法典》之所以不要求企业之间留置权的成立以留置的财产与债权系同一法律关系为前提，是因为在商业实践中，企业之间交易频繁，追求交易效率，讲究商业信用，如果严格要求留置财产必须与债权的发生具有同一法律关系，则有悖于交易迅捷和交易安全原则。比如，甲运输公司与乙贸易公司经常有业务往来，因乙公司欠了甲公司一笔运费。后丙公司支付运费后委托甲公司将一批货物运给乙公司，甲公司为了实现催要运费的目的，遂将该批货物扣留，要求乙公司支付此前所欠运费方肯交货。在此种情况下，虽然甲公司所承运的货物与乙公司所欠的运费之前并不属于同一法律关系，但根据《物权法》第231条“但书”的规定，甲公司仍有权行使留置权。①

从比较法的角度看，不少国家或者地区也都对于商事留置进行了特别对待。但值得注意的是，尽管不少国家或者地区不要求留置的财产与债权之间存在牵连关系，但大多都对债权的范围进行了限制。例如，《瑞士民法典》第895条第2款规定：“前款关联发生在商人之间的留置权，仅以占有及请求权由商业交易中产生的为限。”《日本商法典》第521条规定：“商人之间因双方的商行为而产生的债权到期时，债权人未受清偿前，可以留置因商行为而归自己占有的债务人的所有物或有价证券。”《法国商法典》第95条规定：“行纪商对其委托人拥有的佣金债权，即使产生于以前的委托事务，对其义务标的货物价值享有优先权。”我国台湾地区“民法”第929条规定：“商人间因营业关系而占有之动产，及其因营业关系所生之债权，视为有前条所定之牵连关系。”可见，虽然商事留置权要求债权与动产有牵连关系，但仍要求债权必须是基于债权人与债务人的商行为或者营业关系而产生，即债权人系基于商行为占有动产。②有学者认为，之所以如此，是因为商事交易具有继续性，债权人可能基于经常性商业交往关系，对债务人享有一项或数项债权，也可能基于多次商业交往合法占有债务人一宗或数宗动产，在双方复杂的交往关系中，债权人享有的一项或数项债权被看成一个债权集合体，债务人享有的请求债权人返还一

---

① 参见黄薇主编：《中华人民共和国民法典物权编解读》，中国法制出版社2020年版，第807页。

② 参见徐银波：《〈物权法〉留置权规则的解释适用与立法反思》，载《法律科学》2017年第2期。

宗或数宗动产的请求权也被视为另一个债权集合体，这两个集合体在更宏观层面上体现出了债权与留置物之间的内在关联性。[1]我们认为，虽然我国没有商法典，商行为或者营业关系的概念也仅在理论上进行使用，但《民法典》对企业之间的留置进行特殊规定显然是考虑到商事留置的特殊性，因此，应对企业之间的留置在适用范围进行适当的限制。本条所称“企业持续经营中发生的债权”，是指企业之间因经常性的商事交易而发生的债权，从而排除当事人非因经常性商事交易而取得的其他债权，例如，通过债权转让取得债权或者非基于法律行为取得的债权。需要注意的是，本条所称“持续经营”既与会计学上的“持续经营”有别，也与营业执照记载的经营范围有所不同。会计学上的“持续经营”是财务会计的基本假设或基本前提之一，是指企业的生产经营活动将按照既定的目标持续下去，在可以预见的将来，不会面临破产清算。会计学采用这一概念的目的旨在明确会计主体将按照既定用途使用资产，按照既定的合约条件清偿债务，会计人员就可以在此基础上选择会计原则和方法，而本条所称“持续经营”则旨在说明商事主体营业行为的基本特征。就此而言，即使是商事主体在其营业执照的经营范围内从事交易而取得的债权，但如果该交易行为不具有经营的持续性，亦非本条所称的“企业持续经营中发生的债权”。

① 参见熊丙万：《论商事留置权》，载《法学家》2011年第4期。

四、关于非典型担保

第六十三条 债权人与担保人订立担保合同，约定以法律、行政法规尚未规定可以担保的财产权利设立担保，当事人主张合同无效的，人民法院不予支持。当事人未在法定的登记机构依法进行登记，主张该担保具有物权效力的，人民法院不予支持。

【条文主旨】

本条是关于新类型担保中担保合同效力与物权效力的规定。

【条文概览】

《民法典》第 440 条对可供质押的财产权利，采取的是“封闭式”的立法模式，即除法律规定可以质押的财产权利外，只有“法律、行政法规规定可以出质的其他财产权利”，才允许用于质押，但该条关于应收账款质押的表述有一个重大变化，就是将《物权法》第 223 条规定的“应收账款”修改为“现有的以及将有的应收账款”。关于当事人约定以法律、行政法规尚未规定可以担保的财产权利设立担保的担保合同效力与物权效力认定，首先，要判断该财产权利能否被纳入应收账款。其次，对无法纳入应收账款的财产权利质押，在法律适用上应分为两个层次：就担保合同效力而言，除非当事人签订的担保合同违反法律、行政法规的强制性规定或者违背公序良俗，当事人不得以法律、行政法规尚未规定该财产权利可以用于提供担保或者未在法定登记机关办理登记为由，请求人民法院认定担保合同无效；但是，当事人是否能够取得担保物权，还须看当事人是否办理出质登记。

【争议观点】

在担保合同约定以法律、行政法规尚未规定可以用于担保的财产权利设定担保时，因欠缺法定登记机构，当事人只能采取向非法定的登记机构办理登记的方式予以公示。对于此种登记的效力，实务界存在不同的意见：一种意见认为，《民法典》所规定的具有公示效力的登记机构，仅限于法定的登记机构，非法定的登记机构进行的“登记”，不具有公示的效力，自然也就无法使当事人的约定发生物权效力；另一种意见则认为，为了扩大可用于担保的财产的范围，如果当事人以法律、行政法规尚未规定的可用于担保的财产设定担保物权的，即使没有法定的登记机构，但如果当事人通过一定的方式将权利以外部可查知的方式予以公示的，也有必要认可其物权效力。

【理解与适用】

《民法典》第395条对于可供抵押的财产范围，采取的是“开放式”的立法模式，即除法律规定可以抵押的财产外，“法律、行政法规未禁止抵押的其他财产”，都可以抵押。但是，《民法典》第440条对于可供质押的财产权利采取的是“封闭式”的立法模式，即除法律规定可以质押的财产权利外，只有“法律、行政法规规定可以出质的其他财产权利”，才允许用于质押。对于实践中出现的以商铺租赁权、出租车经营权、排污权以及信托计划份额、银行理财产品、保单等财产设定的质押，一旦不能归入《民法典》第440条明确列举的权利类型，而法律、行政法规对其又没有规定，就可能带来法律适用上的难题。鉴于这些权利都是实践中不断涌现的新类型权利，理论上将以这些权利作为担保标的的担保称为非典型担保中的新类型担保。

关于新类型担保的范围，首先应该注意的是其与应收账款质押的关系。虽然《民法典》第440条对于可供质押的财产采取的是“封闭式”的立法模式，但该条关于应收账款质押的表述有一个重大变化，就是将《物权法》第223条规定的“应收账款”修改为“现有的以及将有的应收账款”。对于将有的应收账款质押，《民法典担保制度解释》第61条第4款规定：“以基础设施和公用事业项目收益权、提供服务或者劳务产生的债权以及其他将有的应收账款出质，当事人为应收账款设立特定账户，发生法定或者约定的质权实现事由时，质权人请求就该特定账户内的款项优先受偿的，人民法院应予支持；特定账户内的款项不足以清偿债务或者未设立特定账户，质权人请求折价或者拍卖、变卖项目收益权等将有的应收账款，并以所得的价款优先受偿的，人民法院依法予以支持。”从该规定可以看出，凡是《应收账款质押登记办法》第2条第2款所列举的权利，都可以作为应收账款用于质押，应办理应收账款出质登记，自然不属于新类型担保。以排污权质押为例，在环境保护的大背景下，行政主管部门确定的排污指标具有一定程度的稀缺性，从而使其具有可被用于交易、融资的功能。近年来，不少地方如浙江、江苏、湖南等地区都在尝试以排污权作为融资工具，允许以其作为财产权利提供质押担保。但是，由于排污权在性质上属于基于行政许可产生的特许经营权，因此，关于此种权利能否用于质押存在较大争议。对此，指导案例53号“福建海峡银行股份有限公司福州五一支行诉长乐亚新污水处理有限公司、福州市政工程有限公司金融借款合同纠纷案”指出：特许经营权的收益权可以质押，并可作为应收账款进行出质登记；特许经营权的收益权依其性质不宜折价、拍卖或变卖，质权人主张优先受偿权的，人民法院可以判令出质债权的债务人将收益权的应收账款优先支付质权人。

从实践的情况看，容易引发争议的新类型担保主要有以下几种情形：

1. 商铺租赁权质押。其交易模式是：由贷款人（银行）、借款人（商户）与商铺出租人签订三方协议，以商户的商铺租赁权作为优先清偿贷款人债务的担保财产，在商铺出租人处办理质押登记，并限制商铺承租人将商铺租赁权以任何形式进行转让、转租或者重复质押，商铺租赁权的价值由贷款人进行评估、出租人进行确认；如果商户到期不能归还贷款，由出租人出质该商铺租赁权，所得价款用于优先清偿商户的欠款。但商铺租赁权能否用于质押，实践中争议较大。此外，商铺租赁权质押虽然在出租人处办理登记，但此种登记能否产生对抗效力，也存在很大争议。

2. 出租车经营权质押。其交易模式是：出租车运营公司为向银行申请贷款，将出租车营运证交银行保管，并在车辆管理所进行质押登记。出租车运营公司到期不能还贷的，由债权人对出租车运营权进行处置，所得款项用于优先清偿债务。但出租车运营权能否用于质押，实践中争议较大。一种意见认为，出租车经营权属于特许经营权，不能用于质押。另一种意见则认为，出租车经营权虽然属于特许经营权，但并非所有特许经营的权利都不能用于质押，至于出租车经营权质押时未在法定登记机构办理登记的问题，则属于该物权是否取得的问题。

3. 信托受益权质押。在信托关系中，受益人享有的各种权利的总和被称为“受益权”，具体包括两大类：一类是自益权，即受益人从信托财产中获得利益的权利；另一类是共益权，即对受托人进行监督的权利。实践中用于质押的是其中的自益权，但是对于该权利究竟是物权还是债权，抑或其他特殊权利，存在不同的观点。我们认为，应区分通道类信托和真正的信托。在通道类信托中，受益权的性质要看委托人享有何种权利，这种权利既可能是债权，也可能是股权，但都不是信托法意义上的受益权，但不论其性质为何，都不属于新类型担保。在真正的信托中，如果将受益权理解为物权或者债权，受益权质押也不属于新类型担保，但如果将其理解为一种新的特殊权利，则当事人将其用于质押，就会面临如何适用法律的问题。

4. 资产收益权质押。近年来，随着金融创新的发展，在包括资产证券化、结构性资管计划等金融交易中，都有将资产收益权作为交易标的进行融资的案例。但何谓资产收益权？其与基础资产之间究竟是何关系？能否作为与基础资产相区别的独立财产进行转让或者质押？实践中均存在较大的争议。我们认为，除可以纳入应收账款质押的资产收益权（如基础设施和公用事业项目收益权）质押外，对于其他资产收益权的质押，应采取适当限制的司法政策，因为这实质上是“一鱼二吃”，不当地放大了金融风险。例如，当事人以股权进行质押后，再以股权的分红权进行质押，然而股权质押的效力已经及于股权所产生的股息，所谓分红权质押就不适当地放大了用于担保的财产范围。

【实务问题】

在债权人与担保人订立担保合同，约定以法律、行政法规尚未规定可以担保的财产权利设立担保的情形下，《民法典担保制度解释》区分两个层次来解决其中的法律适用问题：一是担保合同效力的层面；二是物权效力的层面。关于担保合同效力的层面，我们的意见是，除非当事人签订的担保合同违反法律、行政法规的强制性规定或者违背公序良俗，否则，当事人以法律、行政法规尚未规定该财产权利可以用于提供担保或者未在法定登记机关办理登记为由，请求认定担保合同无效的，人民法院不予支持。

当然，尽管当事人签订的担保合同有效，但不意味着债权人可以就约定的财产权利取得优先受偿的效力。根据《民法典》第 441 条关于权利质押成立的规定，在没有权利凭证的情形下，当事人是否能够取得担保物权，除担保合同合法有效外，还须看当事人是否办理出质登记。问题是，如何界定登记机构的范围？新类型担保往往欠缺法律、行政法规对登记机构的规定，但在实践中，既存在由某些部门规章规定登记机构的情况，也存在由地方性法规或地方政府规章规定登记机构的情形。前者如银监会 2017 年发布的《信托登记管理办法》规定，中国信托登记有限责任公司对信托机构的信托产品及其受益权进行统一登记；后者如《〈深圳经济特区出租小汽车管理条例〉实施细则》规定，出租车经营权转让或者质押的登记机构均为车管所。关于当事人在地方性法规或者行政规章规定的登记机构办理出质登记的效力，一种意见认为，根据《民法典》第 208 条关于“不动产物权的设立、变更、转让和消灭，应当依照法律规定登记。动产物权的设立和转让，应当依照法律规定交付”的规定，公示方式只能由法律规定，不能由当事人约定，也不能由地方性法规或者行政规章规定，因此，即使当事人依据地方性法规或者行政规章办理了出质登记，仍不能认定债权人取得担保物权。

我们倾向认为，根据《民法典》第10条关于“处理民事纠纷，应当依照法律；法律没有规定的，可以适用习惯，但是不得违背公序良俗”的规定，在地方性法规或者行政规章对登记机构有规定，且有证据证明相关登记的实践在特定地区或者特定行业已经形成一贯做法，则可以将其认定为习惯，从而赋予已经办理登记的权利质押具有物权效力。不过，为避免各地擅自设立各种物权影响交易安全，防止地方法院随意创设新类型担保物权，还应通过最高人民法院以司法解释、指导性案例、会议纪要等方式将其认定为习惯。至于当事人自创的既缺乏地方性法规或者规章依据，又欠缺法定登记机构的权利质押如商铺租赁权质押，根据举重以明轻的规则，自然不应认可其具有物权效力。当然，如前所述，虽然债权人没有取得担保物权，但并不意味着担保合同没有效力。实践中，当事人约定的财产权利往往具有经济上的价值，在担保合同合法有效时，债权人请求按照担保合同的约定就该财产权利折价或者以拍卖、变卖所得价款受偿的，人民法院应予支持。

第六十四条 在所有权保留买卖中，出卖人依法有权取回标的物，但是与买受人协商不成，当事人请求参照民事诉讼法“实现担保物权案件”的有关规定，拍卖、变卖标的物的，人民法院应予准许。

出卖人请求取回标的物，符合民法典第六百四十二条规定的，人民法院应予支持；买受人以抗辩或者反诉的方式主张拍卖、变卖标的物，并在扣除买受人未支付的价款以及必要费用后返还剩余款项的，人民法院应当一并处理。

【条文主旨】

本条是关于所有权保留买卖中出卖人的所有权及其实现问题的规定。

【条文概览】

《民法典》第642条第2款规定在出卖人有权取回标的物的情形下，“出卖人可以与买受人协商取回标的物；协商不成的，可以参照适用担保物权的实现程序”，这里的“可以”不能理解为“只能”，因此，在当事人不能协商取回标的物时，《民法典》实际上一方面允许当事人通过非讼程序的方式实现担保物权，另一方面也允许出卖人通过诉讼取回标的物。如果出卖人不通过非讼程序请求人民法院拍卖、变卖标的物并以所得价款受偿，而是以诉讼的方式请求取回标的物，但买受人反诉请求出卖人将标的物价值超过欠付价款及其他费用的部分予以返还，或者买受人抗辩标的物的价值大于欠付价款及其他费用，请求人民法院拍卖、变卖标的物，则人民法院对于买受人的主张应一并予以处理。此外，无论是出卖人通过协商还是诉讼取回标的物，根据《民法典》第643条的规定，买受人有权在合理期限回赎标的物，也有权在放弃回赎后请求出卖人以合理价格转卖标的物并将超过买受人欠付价款及其他费用的部分予以返还。如果出卖人不以合理价格转卖标的物并将超过买受人欠付价款及其他费用的部分返还给买受人，买受人也仍然有权请求参照担保物权的实现程序，申请人民法院拍卖、变卖标的物。

【争议观点】

《民法典》第642条第1款不仅规定了出卖人可以取回标的物的几种情形，而且于该条第2款规定在发生出卖人可以取回标的物的情形下，出卖人可以与买受人协商取回标的物；协商不成的，可以参照适用担保物权的实现程序。关于所有权保留买卖中出卖人保留的所有权如何实现，实践中存在不同的观点：一种观点认为，在当事人就出卖人取回标的物协商不成的情形下，出卖人只能请求参照担保物权的实现程序，申请人民法院拍卖、变卖标的物并就所得价款受偿；另一种观点则认为，《民法典》第642条第2款规定的“可以”不能理解为“只能”，因此，在当事人不能协商取回标的物时，《民法典》实际上一方面允许当事人通过非讼程序的方式实现担保物权，另一方面也允许出卖人通过诉讼取回标的物。

【理解与适用】

在分期付款买卖中，当事人约定在标的物交付买受人后由出卖人继续保留所有权的情况在实践中较为常见。出卖人保留所有权的目的，显然是担保价款债权的实现，因此出卖人保留的所有权被认为是一种非典型担保物权。但尽管如此，在《民法典》编纂完成前，关于出卖人所保留的所有权是否属于担保物权，还是存在较大的争议。《民法典》从功能主义而非形式主义的角度出发，认为所有权保留买卖中出卖人保留标的物的所有权实际上是发挥标的物的担保功能，与融资租赁中出租人对租赁物享有的所有权一样，均旨在担保债权的实现。在此背景下，《民法典》第388条将所有权保留买卖、融资租赁以及有追索权的保理均纳入所谓“其他具有担保功能的合同”，从而明确了无论是所有权保留中出卖人享有的所有权，还是融资租赁中出租人对租赁物享有的所有权，均属于担保物权。

从功能上将所有权保留买卖中出卖人保留的所有权界定为担保物权，具有以下几个方面的意义：

其一，为将动产担保的公示制度适用于所有权保留提供了基础。关于所有权保留买卖，虽然《合同法》即已有明确规定，但由于《合同法》没有规定公示方式，因此第三人无法从外观上识别出卖人所保留的所有权，从而对第三人的交易安全构成了一定的威胁。《民法典》将所有权保留买卖中出卖人保留的所有权明确界定为担保物权，就可以将动产担保的公示方式运用于所有权保留买卖，从而防止隐形担保给交易安全带来的威胁。也正是在此基础上，《民法典》第641条第2款明确规定出卖人保留的所有权非经登记，不得对抗善意第三人。

其二，为解决所有权保留中出卖人保留的所有权与在该动产上设立的其他担保物权之间的冲突创造了条件。在同一动产上既有出卖人保留的所有权又有买受人为其债权人设定的其他担保物权时，如何解决权利之间的冲突，一直是困扰司法实践的疑难问题。《民法典》将所有权保留买卖中出卖人保留的所有权界定为非典型担保物权，就为解决这一问题提供了条件。也正因为如此，《民法典》第414条第1款在规定以登记作为公示方式的担保物权之间的清偿顺序后，于第2款规定：其他可以登记的担保物权，清偿顺序参照适用第1款规定。可见，在同一标的物上存在数个担保物权时，即使其中有出卖人保留的所有权，也应根据《民法典》第414条第1款的规定处理数个担保物权之间的清偿顺序。

其三，为所有权保留买卖中出卖人保留的所有权的实现方式指明了方向。既然出卖人保留的所有权属于非典型担保物权，自然可以担保物权的实现方式实现其担保物权。对此，《民法典》第642条第2款明确规定："出卖人可以与买受人协商取回标的物；协商不成的，可以参照适用担保物权的实现程序。"

【实务问题】

尽管《民法典》第642条第2款规定出卖人在与买受人协商取回标的物无法达成一致时，可以参照适用担保物权的实现程序，但《民法典》第642条第1款还规定了出卖人的取回权。此外，《民法典》第643条还规定："出卖人依据前条第一款的规定取回标的物后，买受人在双方约定或者出卖人指定的合理回赎期限内，消除出卖人取回标的物的事由的，可以请求回赎标的物。""买受人在回赎期限内没有回赎标的物，出卖人可以以合理价格将标的物出卖给第三人，出卖所得价款扣除买受人未支付的价款以及必要费用后仍有剩余的，应当返还买受人；不足部分由买受人清偿。"由此可见，虽然所有权保留买卖中出卖人保留的所有权被界定为非典型担保物权，可以参照适用担保物权的实现程序，但出卖人保留的所有权仍有其特殊性，即出卖人有权取回标的物。这是与典型的担保物权有所不同的地方。

在《民法典担保制度解释》制定过程中，有实务界的同志提出，在所有权保留买卖中，如果买受人已经支付了大部分价款，且标的物的价值超过买受人欠付的价款及其他费用，允许出卖人取回标的物可能会导致买受人的利益受损，因为出卖人取回标的物后买受人可能无力依据《民法典》第643条进行回赎，而出卖人也可能不以合理价格转卖标的物并将超过欠付价款及其他费用的部分返还给买受人。因此，为防止买受人的利益受到侵害，应认为出卖人享有的所有权仅具有担保功能，在买受人不能清偿全部价款时，如果出卖人与买受人不能就标的物的取回协商一致，出卖人就只能参照担保物权的实现程序申请人民法院对标的物进行拍卖、变卖并以所得价款受偿，而不能通过诉讼取回标的物。也就是说，出卖人请求参照担保物权的实现程序对标的物拍卖、变卖并以所得价款受偿的，人民法院应予支持；出卖人提起诉讼请求买受人返还标的物的，人民法院不予支持。

对于上述观点，我们的意见是，如果出卖人不通过非讼程序请求人民法院拍卖、变卖标的物并以所得价款受偿，而是以诉讼的方式请求取回标的物，则应根据买受人是否提出抗辩或者反诉来审理案件：如果出卖人虽然有权取回标的物，但买受人反诉请求出卖人将标的物价值超过欠付价款及其他费用的部分予以返还，或者出卖人虽然有权取回标的物，但买受人抗辩标的物的价值大于欠付价款及其他费用，请求人民法院拍卖、变卖标的物，则人民法院对于买受人的主张应一并予以处理。也就是说，如果出卖人诉请取回标的物，而买受人未提出抗辩或者反诉，或者买受人所提抗辩或者反诉不成立，则人民法院应支持出卖人取回标的物的诉讼请求；但是，如果买受人提出了反诉或者抗辩，且反诉或者抗辩成立，则即使出卖人满足取回标的物的实体要件，人民法院也不能判决支持出卖人取回标的物的诉讼请求，而是应判决对标的物进行拍卖、变卖并以所得价款偿还买受人所负债务。

当然，无论是出卖人通过协商还是诉讼取回标的物，根据《民法典》第643条的规定，买受人有权在合理期限回赎标的物，也有权在放弃回赎后请求出卖人以合理价格转卖标的物并将超过买受人欠付价款及其他费用的部分予以返还。如果出卖人不以合理价格转卖标的物并将超过买受人欠付价款及其他费用的部分返还给买受人，买受人也仍然有权请求参照担保物权的实现程序，申请人民法院拍卖、变卖标的物。

第六十五条　在融资租赁合同中，承租人未按照约定支付租金，经催告后在合理期限内仍不支付，出租人请求承租人支付全部剩余租金，并以拍卖、变卖租赁物所得的价款受偿的，人民法院应予支持；当事人请求参照民事诉讼法“实现担保物权案件”的有关规定，以拍卖、变卖租赁物所得价款支付租金的，人民法院应予准许。

出租人请求解除融资租赁合同并收回租赁物，承租人以抗辩或者反诉的方式主张返还租赁物价值超过欠付租金以及其他费用的，人民法院应当一并处理。当事人对租赁物的价值有争议的，应当按照下列规则确定租赁物的价值：

（一）融资租赁合同有约定的，按照其约定；

（二）融资租赁合同未约定或者约定不明的，根据约定的租赁物折旧以及合同到期后租赁物的残值来确定；

（三）根据前两项规定的方法仍然难以确定，或者当事人认为根据前两项规定的方法确定的价值严重偏离租赁物实际价值的，根据当事人的申请委托有资质的机构评估。

【条文主旨】

本条是关于融资租赁中出租人对租赁物享有的所有权及其实现程序的规定。

【条文概览】

在融资租赁中，承租人经催告后在合理期限内仍不支付租金，出租人既可以选择请求支付全部租金，也可以选择解除合同并收回租赁物。在出租人选择支付全部租金时，如果承租人未履行义务，则出租人可申请人民法院拍卖、变卖租赁物并以所得价款优先受偿。如果承租人欠付租金导致出租人有权解除合同并收回租赁物，而双方无法就合同解除和租赁物的收回达成一致，出租人自可起诉到人民法院，请求解除合同并收回租赁物，但承租人提出抗辩或者反诉就收回的租赁物的价值超过承租人欠付的租金以及其他费用的部分请求出租人返还时，人民法院应一并予以处理。至于租赁物的价值，融资租赁合同有约定的，按照其约定；融资租赁合同未约定或者约定不明的，根据约定的租赁物折旧以及合同到期后租赁物的残值来确定；根据前述方法仍然难以确定，或者当事人认为根据前两项规定的方法确定的价值严重偏离租赁物实际价值的，根据当事人的申请委托有资质的机构评估。

【争议观点】

根据《民法典》第752条的规定，如果承租人经催告后在合理期限内仍不支付租金，出租人既可以选择请求支付全部租金，也可以选择解除合同，收回租赁物。在出租人选择请求支付全部租金的情形下，如果承租人无力支付全部租金，出租人能否参照适用担保物权的实现程序，申请人民法院拍卖、变卖租赁物并以所得价款受偿？对此，有不同的意见：一种意见认为，与《民法典》明确规定所有权保留可以参照适用担保物权的实现程序不同，《民法典》并未明确规定融资租赁中可以参照适用担保物权的实现程序，因此出租人只能提起诉讼，请求拍卖、变卖租赁物并以所得价款受偿，而不能以非诉执行的方式直接请求人民法院拍卖、变卖租赁物并以所得价款受偿；另一种意见则认为，尽管《民法典》没有规定融资租赁中出租人的所有权可以参照适用担保物权的实现程序，但融资租赁中出租人对租赁物享有的所有权具有担保功能，属于非典型担保物权，自可以参照适用担保物权的实现程序。

此外，在出租人选择解除合同并收回租赁物的情况下，对于出租人的诉讼请求是否一概应予支持，也存在不同的意见：一种意见认为，在出租人依据《民法典》第752条请求解除合同并收回租赁物时，只要满足该条规定的条件，人民法院就应予以支持；另一种意见认为，如果出租人依据《民法典》第752条的规定请求解除合同并收回租赁物，即使是满足该条规定的条件，人民法院也应视承租人是否提出抗辩或者反诉来确定判决结果：在承租人以抗辩或者反诉的方式主张返还租赁物价值超过欠付租金以及其他费用时，人民法院应一并处理。

【理解与适用】

与所有权保留买卖中出卖人保留的所有权具有担保功能一样，融资租赁中出租人对租赁物享有的所有权亦具有担保功能。但与《民法典》关于所有权保留的规定相比，《民法典》关于融资租赁中出租人权利保护的规定有两个显著不同：一是明确规定出租人收回租赁物的前提是解除合同；二是没有规定当事人无法就租赁物的取回协商一致时，可以请求参照适用担保物权的实现程序。问题是，《民法典》在规定上的不同是否意味着《民法典》对于融资租赁中出租人对租赁物所享有的所有权在其担保功能的实现上采取了不同于所有权保留的思路呢？对此，存在两种不同的意见：

一种意见认为，虽然融资租赁中出租人对租赁物享有的所有权和所有权保留买卖中出卖人对标的物保留的所有权均旨在为价款或者租金债权的实现提供担保，但由于融资租赁的标的物往往是大型设备和机械等，其价值较高，对出租人权利保护的程度也应更高，因此，只要满足法律规定的条件，出租人请求解除合同并收回租赁物，人民法院就应予以支持。

另一种意见则认为，尽管《民法典》关于所有权保留中出卖人权利保护的规定与融资租赁中出租人权利保护的规定不同，但无论是出卖人享有的所有权还是出租人享有的所有权，都是非典型担保物权，自可参照适用担保物权的实现程序。此外，在融资租赁合同中，既要保护出租人的利益和交易安全，同时也要保护承租人的利益和交易安全。因此，在出租人请求解除合同并收回租赁物的情形下，如果承租人担心利益受损，提出反诉或者抗辩，请求人民法院对标的物进行拍卖、变卖并以所得价款清偿所欠出租人的租金的，人民法院也应一并处理。

我们认为，根据《民法典》第752条的规定，在融资租赁合同履行过程中，如果承租人经催告后在合理期限内仍不支付租金的，出租人可以请求支付全部租金，也可以解除合同并收回租赁物，因此关于出租人对租赁物的所有权及其实现问题，应根据出租人的选择进行不同的处理。

如果出租人选择的是请求承租人支付全部未付租金，则出租人有两个途径可供选择：其一，通过诉讼请求承租人支付全部未付租金，并可主张就拍卖、变卖租赁物所得价款受偿；其二，以非诉执行的方式直接申请人民法院拍卖、变卖租赁物，并就所得价款受偿。这是因为，既然出租人选择的是由承租人支付全部未付租金，自然不能同时请求解除合同并收回租赁物。但是，即使是出租人选择由承租人支付全部未付租金，出租人对租赁物享有的所有权仍具有担保功能，因此，在承租人无力支付全部未付租金的情形下，出租人自然有权通过诉讼或者非诉的方式请求人民法院拍卖、变卖租赁物并以所得价款受偿。至于出租人能否主张就拍卖、变卖租赁物所得价款优先受偿，则取决于出租人对租赁物享有的所有权是否已经办理登记。根据《民法典》第745条的规定，出租人对租赁物享有的所有权未经登记的，不得对抗善意第三人，因此在出租人对租赁物享有的所有权未办理登记时，对于出租人请求以拍卖、变卖租赁物所得价款优先受偿的请求，人民法院不应支持，而仅支持其请求以拍卖、变卖租赁物所得价款受偿的请求。

如果出租人选择的是解除租赁合同并收回租赁物，但双方无法就合同解除和租赁物的收回达成一致，出租人自可起诉到人民法院，请求解除合同并收回租赁物。此外，如果出租人仅起诉请求承租人支付全部未付租金，但承租人未履行生效判决，根据《融资租赁解释》第10条第2款的规定，出租人仍可再行起诉请求解除融资租赁合同、收回租赁物。不过，无论何种情形下出租人起诉请求解除合同并收回租赁物，如果当事人约定租赁期限届满租赁物归承租人所有，且承租人已经支付大部分租金，只是无力支付剩余租金，此时出租人享有的所有权就与出卖人保留的所有权极为类似，都可能涉及承租人的利益保护问题。也正因如此，《民法典》第758条规定，当事人约定租赁期限届满租赁物归承租人所有，承租人已经支付大部分租金，但是无力支付剩余租金，出租人因此解除合同收回租赁物，收回的租赁物的价值超过承租人欠付的租金以及其他费用的，承租人可以请求相应返还。据此，我们认为，在出租人请求解除融资租赁合同并收回租赁物情况下，如果承租人以抗辩或者反诉的方式主张返还租赁物价值超过欠付租金以及其他费用，则人民法院也应当一并处理。也就是说，此时人民法院一方面应判决解除合同并由出租人收回租赁物，另一方面应同时判决出租人将租赁物价值超过欠付租金以及其他费用的部分返还给承租人。

【实务问题】

出租人请求解除合同并收回租赁物的情形下，如果承租人请求出租人将租赁物价值超过欠付租金以及其他费用的部分返还给承租人，而此时当事人就租赁物的价值发生争议，如何确定租赁物的价值？显然，由于融资租赁出租人的目的是解除合同收回租赁物，因此，承租人不能主张参照适用担保物权的实现程序由人民法院通过拍卖、变卖来确定租赁物的价值，也不能在诉讼程序中请求人民法院对租赁物进行拍卖、变卖来确定租赁物的价值。关于租赁物的价值，我们的意见是，融资租赁合同有约定的，按照其约定；融资租赁合同未约定或者约定不明的，可以根据约定的租赁物折旧以及合同到期后租赁物的残值来确定；如果根据前述方法仍难以确定，或者当事人认为依照前述方法确定的价值严重偏离租赁物实际价值的，可以请求人民法院委托有资质的机构评估。显然，这一思路与《融资租赁解释》第12条的规定是一致的①。

---

①《融资租赁解释》第12条规定："诉讼期间承租人与出租人对租赁物的价值有争议的，人民法院可以按照融资租赁合同的约定确定租赁物价值；融资租赁合同未约定或者约定不明的，可以参照融资租赁合同约定的租赁物折旧以及合同到期后租赁物的残值确定租赁物价值。""承租人或者出租人认为依前款确定的价值严重偏离租赁物实际价值的，可以请求人民法院委托有资质的机构评估或者拍卖确定。"

第六十六条　同一应收账款同时存在保理、应收账款质押和债权转让，当事人主张参照民法典第七百六十八条的规定确定优先顺序的，人民法院应予支持。

在有追索权的保理中，保理人以应收账款债权人或者应收账款债务人为被告提起诉讼，人民法院应予受理；保理人一并起诉应收账款债权人和应收账款债务人的，人民法院可以受理。

应收账款债权人向保理人返还保理融资款本息或者回购应收账款债权后，请求应收账款债务人向其履行应收账款债务的，人民法院应予支持。

【条文主旨】

本条是关于同一应收账款同时存在保理、应收账款质押和债权转让，如何确定优先顺位、有关程序和实体问题，以及应收账款债权人向保理人返还保理融资款本息或回购应收账款债权后，能否请求应收账款债务人向其履行应收账款债务的规定。

【条文概览】

依据《民法典》第761条的规定，保理合同是应收账款债权人将现有的或者将有的应收账款转让给保理人，保理人提供资金融通、应收账款管理或者催收、应收账款债务人付款担保等服务的合同。需要说明的是，该条所谓保理人提供的“应收账款债务人付款担保”服务，系指保理人就应收账款债务人的付款义务向债权人提供担保，它是保理服务的常见内容之一，但这并非是保理合同本身的担保功能。保理合同的担保功能仅仅存在于有追索权的保理，因为无追索权保理仅仅是保理人为赚取应收账款与保理融资款之间的差价而受让应收账款。根据《民法典》第766条的规定，在有追索权的保理中，保理人可以向应收账款债权人主张返还保理融资款本息或者回购应收账款债权，也可以向应收账款债务人主张应收账款债权；保理人向应收账款债务人主张应收账款债权，在扣除保理融资款本息和相关费用后有剩余的，剩余部分应当返还给应收账款债权人。可见，在有追索权的保理中，应收账款虽然名义上已经转让给保理人，但其目的在于担保保理人对应收账款债权人所享有的保理融资款本息。就此而言，有追索权的保理与应收账款质押一样，其功能都是为了担保债权的实现。也正因如此，与同一应收账款可能发生多次质押或者多次转让一样，同一应收账款也可能发生多重保理。对此，《民法典》第768条规定："应收账款债权人就同一应收账款订立多个保理合同，致使多个保理人主张权利的，已经登记的先于未登记的取得应收账款；均已经登记的，按照登记时间的先后顺序取得应收账款；均未登记的，由最先到达应收账款债务人的转让通知中载明的保理人取得应收账款；既未登记也未通知的，按照保理融资款或者服务报酬的比例取得应收账款。"尽管该条针对的是就同一应收账款订立多个保理合同的情形，但考虑到实践中也可能发生就同一应收账款同时存在保理、应收账款质押或者债权转让的情形，故上述规则应类推适用于就同一应收账款同时存在保理、应收账款质押或者债权让与的场合。

根据《民法典》第766条的规定，当事人约定有追索权保理的，保理人可以向应收账款债权人主张返还保理融资款本息或者回购应收账款债权，也可以向应收账款债务人主张应收账款债权。据此，保理人分别以应收账款债权人和债务人为被告提起诉讼，人民法院应予受理。问题是，如果保理人以应收账款债权人或者应收账款债务人一并提起诉讼，人民法院是否应予受理，存在争议。我们认为，有追索权的保理实质上是应收账款债权人为保理人不能从应收账款债务人处收回约定的债权而提供的担保，这也是有追索权的保理被视为"其他具有担保功能的合同"的原因。既然是担保，自应适用担保的一般规则，即保理人应有权同时起诉应收账款债务人和债权人。从类案检索的情况看，有追索权的保理合同纠纷中，此类案件中保理人一般都会将应收账款的债权人和债务人作为共同被告一并提起诉讼。故本条规定："保理人一并起诉应收账款债权人和应收账款债务人的，人民法院可以受理。"

应收账款债权人向保理人返还保理融资款本息或者回购应收账款债权后，相当于其没有将应收账款债权转让给保理人，故其有权请求应收账款债务人向其履行应收账款债务。

【争议观点】

《民法典》第768条仅明确规定了应收账款债权人就同一应收账款订立多个保理合同致使多个保理人主张权利，也即应收账款重复保理的情形。在实践中，同一应收账款同时存在保理、应收账款质押和债权转让的，如何确定保理人、质押权人和债权受让人之间的优先顺位？理论上大致有三种不同观点，但立论仍以多重保理为基础：

第一种观点认为，合同成立在先的优先。可以参考的是，在重复保理中，《德国民法典》和我国台湾地区"民法"规定，保理合同成立在先的，保理人优先受偿。

第二种观点认为，通知债务人在先的优先。可以参考的是，在重复保理中，《意大利民法典》第1265条、《埃塞俄比亚民法典》第1967条、《希腊民法典》第460条、《日本民法典》第467条第2款、《中国澳门特别行政区民法典》第578条、《欧洲合同法原则》第11：401条都规定，优先通知债务人的保理人优先。

第三种观点认为，登记在先的优先。可以参考的是，《美国统一商法典》第9-322条（a）、《联合国国际贸易法委员会担保交易示范法》第18条、《欧洲复兴开发银行动产担保交易示范法》第17条都规定，登记在先的保理人优先。

在诉讼中，对于有追索权的保理，保理人一并起诉应收账款债权人和应收账款债务人的，人民法院是否可以受理？理论上大致有两种观点：

一种观点认为，保理人只能分别起诉应收账款债权人或者应收账款债务人，因为应收账款债权人和应收账款债务人不是真正的连带债务关系，应收账款债务人不能向应收账款债权人追偿。

另一种观点则认为，有追索权的保理具有担保功能，此点《民法典》已经明定，既然如此，就应当适用担保的规定。在一般保证中，债权人可以一并起诉债务人和保证人。根据类似关系适用相同规则的原理，就有追索权的保理而言，保理人一并起诉应收账款债权人和应收账款债务人的，人民法院可以受理。

【理解与适用】

一、《民法典》第768条规定的含义

《民法典》第768条规定："应收账款债权人就同一应收账款订立多个保理合同，致使多个保理人主张权利的，已经登记的先于未登记的取得应收账款；均已经登记的，按照登记时间的先后顺序取得应收账款；均未登记的，由最先到达应收账款债务人的转让通知中载明的保理人取得应收账款；既未登记也未通知的，按照保理融资款或者服务报酬的比例取得应收账款。"该条是关于保理中应收账款债权重复保理的规定。

在保理实践中，经常会出现应收账款债权人就同一应收账款订立多个保理合同，致使多个保理人主张应收账款债权的情形。就多个作为债权受让人的保理人之间优先顺位的确定，不同的立法例存在不同的观点，有的采取转让合同成立在先的规则，有的采取通知在先的规则，有的采取登记在先的规则。在我国，究竟应当采纳哪种观点，实践中争议较大。

以何种方式确定多个保理人之间的优先顺位，取决于哪种方式能够使得债权交易的公示成本、事先的调查成本、事中的监督防范成

本、事后的债权实现的执行成本等各种成本更低，对第三人和社会整体的外部成本也更低。在上述三种方式中，采取登记在先的方式，保理人调查成本、监督防范成本、实现债权的执行成本都是最低的，并且有助于防止债权人和其他人串通损害保理人的道德风险，提高债权的流通和担保价值，最终降低债权人的融资成本。建立在电子化的通知登记程序系统上的债权转让登记，由于电子化登记簿、自助登记和登记机构的审核程度低，因此登记成本非常低，并且其他第三人对登记的查询成本也较低，是最为便捷、安全、高效、可靠的公示方法。采取登记在先的方式，使得整体的社会成本最低，对受让人的地位保障最为充分，有利于保护交易安全，提升营商环境，同时便利企业的融资实践。关于登记机构的问题，我国《优化营商环境条例》第47条第2款规定："国家推动建立统一的动产和权利担保登记公示系统，逐步实现市场主体在一个平台上办理动产和权利担保登记。纳入统一登记公示系统的动产和权利范围另行规定。"从2021年1月1日起，我国已经建立了统一的动产和权利担保登记公示系统。根据2019年修订后的《应收账款质押登记办法》第34条的规定，权利人在登记公示系统办理以融资为目的的应收账款转让登记，参照该办法的规定。同时，同一债权向多个保理人多重转让的情形，在利益衡量上类似于同一财产向两个以上债权人抵押的情形，对后一种情形，根据《民法典》第414条第1款的规定，抵押权已经登记的，按照登记的时间先后确定清偿顺序，抵押权已经登记的先于未登记的受偿；同时在该条第2款中规定，其他可以登记的担保物权，清偿顺序参照适用第1款规定。因此，为了提升营商环境，保护交易安全，便利融资，在利益结构相似的情形中保持规则的一致，提高裁判的统一性，《民法典》第768条采取了以登记在先的方式确定多个保理人之间的优先顺位，即应收账款债权人就同一应收账款订立多个保理合同，致使多个保理人主张权利的，已经登记的先于未登记的取得应收账款；均已经登记的，按照登记时间的先后顺序取得应收账款。

对于保理人都未进行债权转让登记的情形，考虑到通知在先虽然较之登记在先的社会成本要高，但较之合同成立在先仍然成本要低，因此，《民法典》第768条采取通知在先的顺位确定方式，即最先到达债务人的转让通知中载明的保理人顺位在先。

对于保理人既未登记也未通知债务人的情形，有些立法例采取了以合同成立时间的先后确定优先顺位，《民法典》第768条则规定，既未登记也未通知的，按照保理融资款或者服务报酬的比例取得应收账款。这与《民法典》第414条第1款第3项在最后采取的按照所担保的债权比例清偿的方式一致，同时区分了担保性的保理和非担保性的其他服务性保理。在担保性的保理中，涉及保理融资款，此时按照保理融资款的比例取得应收账款；而在服务性的保理中，并不涉及保理融资款，此时按照服务报酬的比例取得应收账款。[①]

二、同一应收账款同时存在保理、应收账款质押和债权转让，如何确定当事人之间的优先顺位

《民法典》第768条仅明确规定了应收账款债权人就同一应收账款订立多个保理合同致使多个保理人主张权利，即应收账款重复保理的情形。在审判实践中，同一应收账款同时存在保理、应收账款质押和债权转让的，如何确定当事人之间的优先顺位？这是司法实践需要回答的问题，需要司法解释对此进行规范。对此问题，理论上大致有合同成立在先的优先、通知债务人在先的优先和登记在先的优先三种观点。

就合同成立在先的优先的观点而言，从《民法典》规定的债权平等原则来看，不仅不符合我国现行法的规定，而且很容易出现应收账款债权人与某一保理人、质押权人和债权受让人恶意串通损害其他人权利的情形，故该说不足采取。

关于通知债务人在先的优先和登记在先的优先这两种观点，究竟应该采取哪一种的问题？我们认为，这取决于哪种方式能够使得应收

① 黄薇主编：《中华人民共和国民法典合同编释义》，法律出版社2020年版，第616~618页。

账款交易的公示成本、事先的调查成本、事中的监督防范成本、事后的债权实现的执行成本等各种成本更低，对第三人和社会整体的外部成本也更低。在这两种方式中，我们认为，采取登记在先的方式，保理人、质押权人或者债权受让人的调查成本、监督防范成本、实现债权的执行成本都是最低的，并且有助于防止应收账款债权人和某一保理人、质押权人和债权受让人串通损害他人权利的道德风险，提高债权的流通和担保价值，最终降低债权人的融资成本。建立在电子化的通知登记程序系统上的应收账款保理登记、质押登记和债权受让登记，由于电子化登记簿、自助登记和登记机构的审核程度低，因此登记成本非常低，并且其他第三人对登记的查询成本也很低，是最为便捷、安全、高效、可靠的公示方法，采取登记在先的方式，使得整体的社会成本最低，对保理人、质押权人和受让人的地位保障最为充分，有利于保护交易安全，提升营商环境，同时便利企业的融资实践。

最为重要的是，应收账款保理合同是应收账款债权人将现有的或者将有的应收账款转让给保理人，保理人提供资金融通、应收账款管理或者催收、应收账款债务人付款担保等服务的合同，其法律关系的本质是债权转让。应收账款质押合同，是应收账款债权人将应收账款质押给质押权人的合同，法律关系的本质是其依法对应收账款享有优先受偿权，法律关系与债权转让相似，只不过只能优先受偿，而不能取得应收账款所有权。既然应收账款保理、应收账款质押和应收账款转让都涉及债权转让，那么根据类似法律关系类似处理的规则，这三者都应该采取最相类似的处理规则。在重复保理如何处理已有明确规则的前提下，参照该规则处理这三者的关系，合乎逻辑和法理，也便于操作。

基于以上两点考虑，本条第1款规定，同一应收账款同时存在保理、应收账款质押和债权转让，当事人主张参照《民法典》第768条的规定确定优先顺序的，人民法院应予支持。换言之，应收账款债权人就同一应收账款订立保理、质押和债权转让合同，致使保理人、质押权人和债权受让人都主张权利的，已经登记的先于未登记的取得应收账款；均已经登记的，按照登记时间的先后顺序取得应收账款；均未登记的，由最先到达应收账款债务人的转让通知中载明的保理人、质押权人或者债权受让人取得应收账款；既未登记也未通知的，按照保理融资款或者服务报酬、质押债权数额、债权受让数额的比例取得应收账款。

本条第 1 款规定的"同一应收账款同时存在保理、应收账款质押和债权转让"，解释上当然包括同一应收账款只同时存在其中两种法律关系的情形，如保理和应收账款质押，保理和债权转让，应收账款质押和债权转让。

三、在有追索权的保理中，保理人一并起诉应收账款债权人和应收账款债务人的，人民法院如何处理

按照保理人在债务人破产、无理拖欠或无法偿付应收账款时，是否可以向债权人反转让应收账款，或要求债权人回购应收账款或归还融资，可以将保理区分为有追索权保理和无追索权保理。有追索权保理，是指保理人不承担为债务人核定信用额度和提供坏账担保的义务，仅提供包括融资在内的其他金融服务，有追索权保理在应收账款到期无法从债务人处收回时，保理人可以向债权人反转让应收账款，或要求债权人回购应收账款或归还融资，又称为回购型保理。无追索权保理，是指保理人根据债权人提供的债务人核准信用额度，在信用额度内承购债权人对债务人的应收账款并提供坏账担保责任，债务人因发生信用风险未按基础合同约定按时足额支付应收账款时，保理人不能向债权人追索，又称为买断型保理。[①] 根据《民法典》第 766 条的规定，当事人约定有追索权保理的，保理人可以向应收账款债权人主张返还保理融资款本息或者回购应收账款债权，也可以向应收账款债务人主张应收账款债权。那么在诉讼中，有追索权的保理人一并起

① 黄薇主编：《中华人民共和国民法典合同编释义》，法律出版社 2020 年版，第 613 页。

诉应收账款债权人和应收账款债务人的，人民法院是否可以受理呢？这是《民法典担保制度解释》制定过程中争论比较大的问题之一。我们认为，有追索权保理与无追索权保理的显著区别在于，在保理人不能从应收账款债务人处收回应收账款时，保理人还可以向应收账款债权人追索，有追索权保理的担保功能明显。既然具有担保功能，在诉讼中，也应当参照担保的规定处理。根据《民法典担保制度解释》第26条的规定，一般保证中，债权人一并起诉债务人和保证人的，人民法院可以受理。参照该规定，保理人一并起诉应收账款债权人和应收账款债务人，人民法院也可以受理。

四、应收账款债权人向保理人返还保理融资款本息或者回购应收账款债权后，请求应收账款债务人向其履行应收账款债务的，人民法院是否应予支持

上述情形指的是有追索权保理，因为无追索权保理不存在应收账款债权人向保理人返还保理融资款本息或者回购应收账款债权的问题。根据法理，在应收账款债务人没有向保理人支付原本存在的所欠应收账款债权人的债务的情况下，应收账款债务人的债务本来就还存在，应收账款债权人向保理人返还保理融资款本息或者回购应收账款债权后，当然有权请求应收账款债务人履行。鉴于《民法典》对此没有规定，《民法典担保制度解释》予以明确。

【实务问题】

根据本条第1款的规定，同一应收账款同时存在保理、应收账款质押和债权转让，当事人主张合同成立在先的优先，或者主张通知最先到达应收账款债务人的转让通知中载明的权利人优先的，不予支持。只有主张参照《民法典》第768条的规定确定优先顺序的，人民法院才应予以支持。

第六十七条 在所有权保留买卖、融资租赁等合同中，出卖人、出租人的所有权未经登记不得对抗的“善意第三人”的范围及其效力，参照本解释第五十四条的规定处理。

【条文主旨】

本条是关于所有权保留买卖、融资租赁等合同中，出卖人、出租人的所有权未经登记不得对抗的“善意第三人”的范围及其效力的规定。

【条文概览】

《民法典》第388条将所有权保留、融资租赁和有追索权的保理等界定为“其他具有担保功能的合同”，并于《民法典》第641条第2款和第745条规定，出卖人保留的所有权或者出租人享有的所有权“未经登记，不得对抗善意第三人”。但是，对于未经登记不得对抗的“善意第三人”的范围及其效力，《民法典》的相关规定尚未作出明确说明。鉴于所有权保留和融资租赁中所有权与动产抵押权相似的功能构造，以及以上规定与《民法典》第403条关于动产抵押“未经登记，不得对抗善意第三人”的规定在规范表述上的一致性，本条规定在所有权保留买卖、融资租赁等合同中，出卖人、出租人的所有权未经登记不得对抗的“善意第三人”的范围及其效力问题类推适用动产抵押的解释规则。

【争议观点】

《民法典》第403条、第641条第2款和第745条规定，对动产抵押权、出卖人保留的所有权和出租人享有的所有权皆采取登记对抗主义，“未经登记，不得对抗善意第三人”。但是，对于登记对抗的效力，特别是未经登记不得对抗的“善意第三人”的范围，《民法典》的相关规定未作出明确说明。对此，理论上大致存在三种不同的观点：

第一种观点认为，所谓第三人应指对同一标的物享有物权之人，债务人之一般债权人并不包括在内，理由如下：（1）就法律性质而言，物权优于债权，既然抵押是物权，就应解释为抵押登记与否，不应影响物权效力，否则势将混淆法律体系。（2）就文义而言，对抗，系以权利依其性质有竞争关系为前提，如抵押权与质权之间，始生对抗问题，抵押权本质上优于债权，自不发生所谓对抗问题。（3）以域外立法体例为参照，依《美国动产抵押法》及《美国统一条件买卖法》，无论登记与否，动产担保均优于其他合同权利。（4）就交易安全而言，债权人提供金钱贷款，无非相信债务人清偿能力，就应承担清偿不能的风险，若要特别保护，可另行设定担保。①

第二种观点认为，第三人的范围应当包括抵押人（所有权保留买卖中的买受人和融资租赁合同中的承租人）的一般债权人。该种观点认为，未登记物权优先于一般债权，绝不仅仅是对物的支配关系问题，而是关涉交易安全和社会秩序稳定的重大问题。如果允许未登记物权优先于一般债权，则可能导致交易信赖基础的丧失和正常预期的破坏，直接损害社会整体的交易安全。②

第三种观点认为，区分是否具有对抗关系的关键点并非权利性质是债权还是物权，而在于是否“具有物的相争关系”。当债务人资信状况良好，债权人的债权没有不能实现之虞时，债权人与未登记物权人的利益没有发生实质冲突，自然没有道理主张物权变动没有登记。

---

① 参见王泽鉴：《动产担保交易法上公示之对抗力、公信力与善意取得》，载《民法学说与判例研究（一）》，中国政法大学出版社 1997 年版，第 242~246 页。

② 李文涛、龙翼飞：《“不登记不得对抗第三人”规则中“第三人”范围的界定》，载《法学杂志》2012 年第 8 期。

但当债务人陷入了破产，或者债务人的财产被扣押时，债权人就与未登记物权人的利益发生了实质性冲突。既然债权人当初相信了物权尚未移转的权利外观，自然应该对这种债权人加以保护。因此，破产债权人、扣押债权人、参与分配债权人都应该属于不能对抗的第三人。[①]

【理解与适用】

《民法典》第641条第2款规定："出卖人对标的物保留的所有权，未经登记，不得对抗善意第三人。"与此同时，《民法典》第745条删除了《合同法》第242条关于融资租赁合同中"承租人破产的，租赁物不属于破产财产"的规定，并将其修改为"出租人对租赁物享有的所有权，未经登记，不得对抗善意第三人"。以此为基础，结合既有社会实践和《民法典》第388条中关于"其他具有担保功能的合同"的规定，一般认为，所有权保留交易中出卖人对标的物的所有权、融资租赁交易中出租人对租赁物的所有权，实际上已经"功能化"为担保权，不再是《民法典》物权编意义上的所有权，其权利内涵更接近于动产抵押权这一定限物权。[②]因此，为理顺动产担保的公示规则体系，统一法律适用，本条规定，在所有权保留买卖、融资租赁等合同中，就出卖人、出租人的所有权未经登记不得对抗的"善意第三人"的范围及其效力这一理论中颇具争议的问题，参照《民法典担保制度解释》第54条关于动产抵押解释的规定处理。

第一，未登记的所有权不得对抗善意的受让占有人。按照《民法典担保制度解释》第54条第1项的规定，动产抵押合同订立后未办理抵押登记，抵押人转让抵押财产，受让人占有抵押财产后，抵押权人向受让人请求行使抵押权的，人民法院不予支持，但是抵押权人能

---

① 龙俊：《中国物权法上的登记对抗主义》，载《法学研究》2012年第5期；龙俊：《民法典中的动产和权利担保体系》，载《法学研究》2020年第6期。

② 高圣平：《民法典动产担保权登记对抗规则的解释论》，载《中外法学》2020年第4期。

够举证证明受让人知道或者应当知道已经订立抵押合同的除外。占有和交付是动产物权享有和变动的基本公示方式。而与动产抵押相似，在融资租赁和所有权保留买卖等合同关系中，租赁物和买卖标的物的所有权与占有实际处于分离状态，在缺乏登记作为补强的公示手段时，潜在的交易相对人难以准确地洞悉标的物上的真实权利状态。基于维护交易安全和提升交易效率的考虑，未登记的所有权不得对抗善意的受让占有人。因此，参照《民法典担保制度解释》第 54 条第 1 项的规定，所有权保留买卖合同或融资租赁合同中，出卖人、出租人的所有权未经登记，买受人、承租人转让所租赁、买受的标的物，受让人占有该标的物后，出卖人、出租人依据《民法典》第 642 条、第 752 条和《民法典担保制度解释》第 64 条、第 65 条规定向受让人提出取回、收回标的物或者参照《民事诉讼法》“实现担保物权案件”的有关规定，以拍卖、变卖租赁物所得价款优先受偿的，人民法院不予支持。当然，参照《民法典担保制度解释》第 54 条第 1 项的规定，对未登记所有权对抗效力的否定需以受让人善意为前提。

第二，未登记的所有权不得对抗善意的承租人。《民法典担保制度解释》第 54 条第 2 项规定，动产抵押合同订立后未办理抵押登记，抵押人将抵押财产出租给他人并移转占有，抵押权人行使抵押权的，租赁关系不受影响，但是抵押权人能够举证证明承租人知道或者应当知道已经订立抵押合同的除外。在实践中，所有权保留买卖的买受人和融资租赁的承租人将标的租赁或转租给第三人的情形颇为常见，作为两种性质不同的权利，第三人的承租权与保留所有权的出卖人、融资租赁的出租人的所有权一般不存在冲突，而在因出现当事人约定或法律规定的情形，出卖人、出租人请求以其对标的物享有的所有权保障债权实现时，虽然也未出现《民法典》第 725 条规定的“租赁合同占有期限内发生所有权变动”的事实，但是，就其权利实现方式来看，不论是请求取回、收回标的物抑或是请求参照《民事诉讼法》“实现担保物权案件”的有关规定，拍卖、变卖标的物，客观上都难免会对第三人依租赁合同对标的物的占有和使用产生不利的影响。为保护作为承租人的第三人的信赖预期和合法利益，参照《民法典担保制度解释》第54条第2项规定，本条继续贯彻《民法典》关于“买卖不破租赁”规定的基本精神，规定所有权保留买卖合同或融资租赁合同中，出卖人、出租人的所有权未经登记，买受人、承租人将抵押财产出租、转租给第三人并移转占有，租赁关系不受影响，但是出卖人、出租人能够举证证明第三人知道或者应当知道买受人对标的物未享有法律上的所有权的除外。

第三，未登记的所有权不得对抗已受保全或执行程序保护的债权人和破产债权人。根据《民法典物权编解释（一）》第6条的规定，转让人转让船舶、航空器和机动车等所有权，受让人已经支付合理价款并取得占有，虽未经登记，但转让人的债权人主张其为《民法典》第225条所称的“善意第三人”的，不予支持，法律另有规定的除外。即我国司法实践并未将未登记不得对抗的“第三人”范围扩张至一般债权人。而根据《民法典担保制度解释》第54条第3项和第4项的规定，动产抵押合同订立后未办理抵押登记，动产抵押权的效力按照下列情形分别处理：抵押人的其他债权人向人民法院申请保全或者执行抵押财产，人民法院已经作出财产保全裁定或者采取执行措施，抵押权人主张对抵押财产优先受偿的，人民法院不予支持；抵押人破产，抵押权人主张对抵押财产优先受偿的，人民法院不予支持。未经登记动产抵押权不得对抗已受保全、执行或破产程序保护的债权人。参照这两项规定，在所有权保留买卖和融资租赁合同中，出卖人、出租人未经登记的所有权亦不得对上述债权人产生对抗效力。司法解释作出如此规定的原因主要在于响应和贯彻《民法典》关于消灭隐形担保的基本思想。隐形担保的泛滥会在很大程度上危害交易安全，损及不特定第三人的利益，导致社会成本过高。[①] 因此，强化担保物权的公示性，消除各类隐形担保成为《民法典》编纂中的一个重要目标。[②] 而《民法典担保制度解释》第54条和本条将未登记的动产

① 纪海龙：《民法典动产与权利担保制度的体系展开》，载《法学家》2021年第1期。
② 参见朱虎：《民法典动产和权利担保的变革》，载《人民法院报》2020年7月30日。

抵押权和所有权保留买卖、融资租赁合同中出卖人、出租人的所有权作出适当的“限制”，亦是基于此种思想和目标而作出的法政策选择的结果。同时，在现有的理论探讨中，一般认为，无担保债权人已经通过强制执行程序查封、扣押抵押财产的情形下，其对该抵押财产已经取得了对物的支配权，与抵押权人形成了对物的争夺关系。[①]将此类债权人纳入未登记的动产抵押权和所有权保留买卖、融资租赁合同中出卖人、出租人的所有权不得对抗的第三人范围，也符合登记对抗规则的内涵本质。在审判实践中应当注意的是，参照本条与《民法典担保制度解释》第54条的规定，对未登记所有权对抗效力的否定，并非债权人就标的向人民法院提出保全或执行申请或者就买受人、承租人向人民法院提出破产申请即可满足，而是需以人民法院已经作出财产保全裁定、采取执行措施或者受理破产申请为条件。只有普通债权人已实际处于保全、执行或破产程序的保护中，方可被纳入未登记不得对抗的“第三人”范围。

【实务问题】

参见本书对《民法典担保制度解释》第54条的有关论述。

① 参见李文涛、龙翼飞：《“不登记不得对抗第三人”规则中“第三人”范围的界定》，载《法学杂志》2012年第8期。

第六十八条 债务人或者第三人与债权人约定将财产形式上转移至债权人名下，债务人不履行到期债务，债权人有权对财产折价或者以拍卖、变卖该财产所得价款偿还债务的，人民法院应当认定该约定有效。当事人已经完成财产权利变动的公示，债务人不履行到期债务，债权人请求参照民法典关于担保物权的有关规定就该财产优先受偿的，人民法院应予支持。

债务人或者第三人与债权人约定将财产形式上转移至债权人名下，债务人不履行到期债务，财产归债权人所有的，人民法院应当认定该约定无效，但是不影响当事人有关提供担保的意思表示的效力。当事人已经完成财产权利变动的公示，债务人不履行到期债务，债权人请求对该财产享有所有权的，人民法院不予支持；债权人请求参照民法典关于担保物权的规定对财产折价或者以拍卖、变卖该财产所得的价款优先受偿的，人民法院应予支持；债务人履行债务后请求返还财产，或者请求对财产折价或者以拍卖、变卖所得的价款清偿债务的，人民法院应予支持。

债务人与债权人约定将财产转移至债权人名下，在一定期间后再由债务人或者其指定的第三人以交易本金加上溢价款回购，债务人到期不履行回购义务，财产归债权人所有的，人民法院应当参照第二款规定处理。回购对象自始不存在的，人民法院应当依照民法典第一百四十六条第二款的规定，按照其实际构成的法律关系处理。

【条文主旨】

本条是关于让与担保的认定及权利实现程序的规定。

【条文概览】

本条文主要从三个方面对让与担保的认定及权利实现的程序作出规定：一是明确了让与担保的一般情形，即当事人签订合同约定将财产转移至债权人名下，债权人有权就财产折价或者拍卖、变卖所得价款偿还债务的，应认定此类约定合法有效，并视当事人是否已经完成了财产权利的变动公示，赋予债权人就财产享有优先受偿权；二是明确了当事人约定债务人到期不履行债务财产归债权人所有的，应认定为无效，但不影响当事人提供担保意思表示的效力；三是明确了实践中经常出现的溢价回购情形，应当认定其具备让与担保的构成要件，在审查回购对象是否真实存在的情况下，按照不同的规则予以处理。

【争议观点】

让与担保在实践中存在的争议主要集中在以下方面：一是债务人或者第三人与债权人订立合同，约定将债务人或者第三人的财产形式上转移至债权人名下，当债务人不能履行到期债务时，财产所有权归属于债权人，此种约定是否有效，是否影响合同中有关当事人提供担保的意思表示的效力，实践中有观点认为，该约定系当事人真实意思表示，应认定约定有效。另有观点认为，该约定无效，但是不影响当事人提供担保的意思表示的效力。二是当债务人或者第三人将财产所有权转移至债权人名下，债权人是否已经成为所有权人，实践中有观点认为，根据财产已经变动的公示情况，应认定债权人对于财产享有所有权。另有观点认为，此时债权人并非真正的所有权人，其仅系享有担保的债权人。三是当事人约定将财产转移至债权人名下，其后由债务人溢价回购，债务人到期未履行回购义务的，财产归债权人所有，此种情形是否构成让与担保，实践中有观点认为，此种情形不构成让与担保。另有观点认为，此情形符合让与担保的构成要件，如果回购对象自始不存在，则应当按照实际构成的法律关系处理。

【理解与适用】

一、让与担保的性质认定

根据《民法典》第388条的规定，设立担保物权，应当依照《民法典》和其他法律的规定订立担保合同，担保合同包括抵押合同、质押合同和其他具有担保功能的合同。《民法典》不仅规定了典型担保的类型，也明确了当事人可以通过订立其他具有担保功能的合同设立担保物权。通说认为，让与担保是指债务人或者第三人为担保债务人的债务，将担保标的物的财产权（常为所有权但是不限于所有权）转移于担保权人，而使担保权人在不超过担保目的的范围内取得担保标的物的财产权，在债务受清偿后，标的物返还债务人或者第三人，在债务不履行时担保权人就该标的物受偿的制度，其性质属于非典型担保。

让与担保有广义和狭义之分。广义的让与担保，包括买卖式担保和让与式担保。所谓买卖式担保，又称卖与担保、卖渡担保等，是指以买卖方式移转标的物的所有权，而以价金名义通融金钱，并约定日后将该标的物买回的制度。狭义的让与担保，仅指让与式担保，又称为信托让与担保，是指债务人（或第三人）为担保债务清偿，将担保标的物之所有权移转给债权人，在债务清偿后，标的物之所有权回归于担保人；在债务期限届满未能得到清偿时，债权人有就担保物优先受偿的权利。从让与担保的基本构成上看，其具备以下基本特征：一是在设定这一担保时，担保人需将标的物所有权暂时转让给债权人，债权人成为形式上的所有人；二是为使担保人保持对担保标的物的使用效益，债权人往往与担保人签订标的物的借用或租赁合同，由担保人使用担保标的物；三是债务人履行债务后，债权人应返回标的物所有权；四是在债务人未偿还债务时，债权人并不是当然地取得担保标的物所有权，而是进行清算。

二、让与担保的识别

让与担保属于非典型担保，其在订立担保合同的方式上有别于典型担保。设立保证、质押、抵押等典型担保，当事人通常采取订立书面合同的方式明确担保的方式和责任范围，通过合同的内容即可以予以区分，实践中争议不大。因让与担保从形式上通常表现为财产转让，两者容易混淆，应从性质上予以区分。从订立合同的目的上看，财产转让中，出让方通过转让财产获得相应的对价，买受人通过支付价款的方式获得对应财产的权利，而让与担保中，转让人转让财产的目的并非获得对价，受让人受让财产通常无须支付对价，双方订立合同的目的系为主债务提供担保，受让人在债务未届清偿期前不得处分财产，债务人在清偿期届满后未清偿债务，转让人可以就财产受偿，故让与担保属于从合同的范畴。与此相对应，一般会存在主合同，可以通过对主合同的审查判断双方签订合同的性质是否为让与担保。

实践中经常发生的情形是，债务人和债权人约定将财产转移至债权人名下，在一定期间后再由债务人或者其指定的第三人以交易本金加上溢价款回购，债务人到期不回购的，财产归债权人所有。例如，信托投资公司以募集资金对外发放借款，通过受让房地产开发项目等特定资产的方式进行，期满后由转让方向信托公司回购，回购款为收购价款本金和固定比例的溢价款。此种情形中，虽然并未明确约定为债务提供担保，但从交易模式的构造来看，债权人和债务人约定将财产转移至债权人名下，在债务人不履行回购义务时财产才归属债权人所有，债权人订立此类合同的目的并非取得财产的所有权，仅系为主债务提供担保，约定的回购期间一般对应主债务的履行期限，回购价款采取本金加上溢价款本质上也是偿还债务本金及相关费用，故该约定符合让与担保的构成要件。债务人不履行回购义务，财产归债权人所有的约定应认定无效，但不影响当事人提供担保的意思表示效力。此外，如果回购的对象自始不存在，则因双方仅有款项的往来关系，则应通过合同中约定的权利义务的具体内容，按照实际构成的法律关系确定各方应承担的责任。

三、让与担保的合同效力

随着《民法典》明确规定了当事人可以签订其他具有担保功能的合同设立担保物权，对于非典型担保合同的效力问题，理论界和实务界多数倾向于认可让与担保合同的效力。一是以虚伪意思表示为由认定让与担保无效缺乏法律依据。让与担保是集担保和让与性于一身的行为，属于特殊的担保类型，该合同本身并未违反法律、行政法规的强制性规定。让与担保的当事人以真意进行所有权的让与行为，尽管转让所有权的意思旨在实现担保的目的，但该意思系当事人真实意思表示，并非欠缺效果意思的通谋虚伪表示。二是认可让与担保合同的效力并未违反物权法定原则。物权法定原则的内涵是物权的种类、内容、效力以及公示方法由法律规定，原则上不能由法律之外的规范性文件进行规定，也不允许当事人自由创设物权的种类、内容、效力以及公示方法。根据区分原则，物权法定原则本身并不影响合同的效力，对于让与担保合同的效力仍应按照《民法典》第153条的规定认定。三是关于让与担保是否违反流质、流押条款的问题。《民法典》虽未明确规定让与担保，但通过第401条、第428条对流押、流质条款的修改，足以产生让与担保的制度效果。在我国司法实务中，不应简单地认定该担保形式无效，尤其不应依据有关流押或流质之禁止规定认定担保合同无效。但是关于债权人和债务人约定不履行到期债务，财产归债权人所有的约定的效力问题，因让与担保本质上属于非典型担保，债权人签订让与担保合同的目的在于支配财产的交换价值而使债权获得清偿，而不是取得财产的所有权，如果承认该约定的效力，债务人届期不履行债务时，债权人不经过任何清算过程即可获得财产所有权，有违担保的本质，应否认债权人可以取得财产所有权的事先约定效力，避免债权人乘债务人之急而滥用优势地位，通过压低担保物价值的方式谋取暴利。

四、让与担保的权利实现程序

《民法典》旨在消灭隐形担保，而让与担保通过协议的方式即可完成，具有很强的隐蔽性，让与担保具有物权效力的前提是，当事人根据合同的约定完成了财产权利变动的公示方法，形式上已经将财产转让至债权人名下。具体而言，动产已经完成了交付，不动产或者股权等则应当为债权人完成变更登记。仅签订让与担保合同而未完成权利变动公示的，不具有物权效力。

让与担保属于非典型担保，其担保物权的效力应当参照最相类似的担保物权，在合同中未约定债务不能清偿时具体的清算办法时，法院可基于《民法典》第401条、第428条的规定，认定债权人对相应标的物的优先受偿权，其中动产让与担保应参照动产质押，不动产让与担保应参照不动产抵押的相关规定。债权人可以请求参照《民法典》关于担保物权的规定对财产折价或者以拍卖、变卖该财产所得的价款优先受偿。此外，债务人履行债务后也可以请求返还财产，或者请求对财产折价或者以拍卖、变卖所得的价款清偿债务。

【实务问题】

目前关于股权让与担保的问题存在争议，集中体现在股权让与担保的认定、受让人是否取得股东资格、受让人是否应承担出资不足、抽逃出资等股东责任等问题。通过检索最高人民法院、高级人民法院已经生效的数十份民事判决书，总结出以下方面的情况：

第一，股权让与担保与股权买卖、股权信托不易区分，法院在股权让与担保的认定上一般会考虑如下因素：转让合同明示股权转让是为保障债权实现，股权转让与债权间存在一者是另一者前提条件的关系，双方约定债权清偿后受让人须返还股权，股权转让协议和借款合同的履行方式相对应，股权转让并非是对在先法律关系进行清理；双方约定受让人并非真正的股东，受让人未参与公司经营管理或分红。

个案中存在以上一项或多项因素后，法院一般认定股权转让为股权让与担保；但也存在法院将信托公司与投资目标公司之间的关系界定为借款后，并没有将信托公司取得之股权认定为股权让与担保，而是直接根据《信托法》的规定得出相应结论。

第二，多数法院都较为一致地认为，股权让与担保中的受让人并未取得股权，而只是享有担保性权益，出让人并未丧失股东身份。

第三，实践中还存在有关主债权实现后的让与担保清算问题（如折价时股权移转的时点认定、请求股权返还、清算方式等），以及股权让与担保的有效性和优先受偿效力问题。在这些问题上人民法院已经形成了较为统一的裁判观点。

实践中还有一个问题是，原告依据流押条款请求确认不动产所有权或者请求过户，法院能否直接判决其享有优先受偿权？这样判决是否会有超出诉讼请求的问题？我们认为，如果出现这种情况，人民法院应当向原告进行释明。释明后，原告一般会变更诉讼请求。至于能否优先受偿，要看是否符合法律的规定。

【案例】

黑龙江闽成投资集团有限公司与西林钢铁集团有限公司、第三人刘某平民间借贷纠纷案【最高人民法院（2019）最高法民终 133 号】

最高人民法院认为，从西钢公司与刘某平签订的《协议书》《补充协议书》的内容可以看出，该股权转让是为了“保证乙方债权的安全和实现”，且双方确认“乙方也没有实质持有翠宏山矿业公司股权的意愿”。双方签订股权转让协议的目的是以股权转让形式保证刘某平债权的实现，担保西钢公司按协议约定偿还借款。上述《协议书》《补充协议书》约定将西钢公司名下翠宏山公司 64% 股权变更至刘某平名下，并非真正的股权转让，而是将翠宏山公司 64% 股权作为对刘某平债权实现的非典型担保，即让与担保，有关让与担保的约定内容真实、自愿、合法，不具有合同无效情形，应为有效合同。

第六十九条　股东以将其股权转移至债权人名下的方式为债务履行提供担保，公司或者公司的债权人以股东未履行或者未全面履行出资义务、抽逃出资等为由，请求作为名义股东的债权人与股东承担连带责任的，人民法院不予支持。

【条文主旨】

本条是关于构成股权让与担保的情况下作为名义股东的债权人责任认定的规定。

【条文概览】

本条旨在对股权让与担保情形下，作为名义股东的债权人是否应当承担股东出资义务及相关责任作出规定。股权让与担保中，需要区分股权受让人与公司之间的法律关系，以及与外部第三人之间的法律关系。股东将其股权转移至债权人名下系为担保债务人履行债务，债权人仅仅是从名义上受让股权，并不具有股东身份，不享有与股东身份有关的表决、分红等权利，亦不负有出资义务和清算义务，对于公司的债务不承担法律责任。因此，名义股东不承担原股东瑕疵出资的连带责任，公司或者公司的债权人以股东未履行或者未全面履行出资义务、抽逃出资等为由，请求作为名义股东的债权人与股东承担连带责任的，人民法院不予支持。

【争议观点】

当事人约定以股权转移至债权人名下的方式为债务提供担保，债权人由此成为公司的名义股东，当出现股东未履行出资义务或者未全面履行出资义务之时，公司或者公司的债权人能否要求名义股东承担连带责任，实践中存在争议。有观点认为，债权人受让股权并在工商部门完成相关股权变更登记，工商变更登记对股东身份认定具有公示力和公信力，应认定其已经取得公司股东身份，当事人之间关于股权让与担保的内部约定，不得对抗第三人，第三人不受当事人内部约定的约束，故名义股东应承担连带责任。另有观点认为，名义股东基于股权让与担保的目的，并不取得股东资格，并非真正意义上的股东，且其取得股权往往是支付了对价，故不应承担连带责任。

【理解与适用】

一、股权让与担保与相关制度

让与担保是指债务人或者第三人为担保债务的履行，将担保物的所有权转移至债权人，债务清偿后，担保物应返还于债务人或者第三人；债务不获清偿时，债权人得就该担保物受偿的一种担保形式。司法实践中，股权让与担保应用较为广泛，与动产、不动产让与担保仅涉及财产权利不同，股权兼具财产权和成员权的双重属性，股权让与担保因股权的该特性和公司主体的加入，使得名义股东的权利义务更为复杂，因而有必要对于股权让与担保进行特别分析。

（一）股权让与担保与股权转让

股权让与担保从形式上看往往表现为股权转让，但二者又性质有别，不可混淆。一方面，从合同目的看，股权转让是当事人出于转让股权目的而签订的协议，出卖人的主要义务是转让股权，买受人的主要义务是支付股权转让款。而股权让与担保的目的在于为主债务提供担保，受让人通常并不为此支付对价，同时对于受让的股权，未届债务清偿期前受让人不得行使股东权利和处分。另一方面，股权让与担保作为一种非典型担保，属于从合同的范畴。与此相对应，往往还会存在一个主合同，而股权转让一般不存在类似问题。因此，是否存在主合同是判断一个协议是股权转让协议还是股权让与担保的重要标准。

（二）股权让与担保与股权质押

股权质押是法定的担保物权，而股权让与担保则是非典型担保，是否具有物权效力还要看股权是否已经转移登记。尽管我们认为，已经完成公示的股权让与担保在效力上类似于股权质押，但二者并非完全相同，主要表现在，在股权让与担保场合，存在着表里不一的问题：在内部关系上，根据当事人的真实意思表示，应当认定为担保。但在外部关系上，基于商事外观主义，受让人在一定情况下仍要承担股东的责任；受让人将股权转让他人的，该他人可根据善意取得制度取得股权。

（三）股权让与担保与名股实债

名股实债并非严格意义上的法律概念，而是对司法实务中通过成为目标公司名义股东的方式取得固定回报的投资方式的总称，根据不同的标准，可有不同的分类。从支付固定回报的主体角度看，分为目标公司支付和公司股东支付两种情形；从固定回报的合同方式看，有股权回购方式和差额补偿方式之分；从投资人享有的权利的角度看，有债权和股权之分，难以一概而论。从面临问题的角度看，股权让与担保主要涉及其性质和效力问题，而名股实债除了需要考察性质和效力问题外，实践中往往也与名义股东是否构成抽逃出资密切联系在一起。另外，从合同数量的角度看，股权让与担保作为从合同，是为了担保主合同项下的债务而订立的，因此，股权让与担保往往存在两个合同。而名股实债本身仅是一个合同，当然，如果投资人实际享有的是债权，则名义上的股权转让或增资扩股协议，可以解释为是通过让与股权方式提供担保的借贷合同。此时，形式上的一个合同包含了两个实质上的合同。但如果投资人享有的是股权，则股权转让或增资扩股协议都是双方真实意思表示，股权回购条款不过是其中的一个条款而已，仍然是一个合同。

二、股权让与担保的对外效力

股权让与担保是让与担保的特殊形式，《民法典担保制度解释》第68条中关于让与担保的一般规定，对于股权让与担保同样适用。但是股权让与担保中办理了股权过户登记，涉及债权人是否具有股东身份，能否依据《公司法》的规定享有股东权利，并承担相应的责任的问题。

（一）名义股东与公司之间的关系

当事人通过股权让与担保安排后，债权人根据股权转让合同的约定办理了股权变更登记手续，从而使债权人成为名义股东，但是债权人作为名义股东，并不具有实际股东资格，亦不得对公司行使股东权利。

其一，从担保物权的本质而言，担保物权是以支配担保物的交换价值为内容，以确保债权实现为目的，担保物权并不在于对担保物的直接支配，而是在于对担保物的交换价值直接支配。因此在股权让与担保中，股权作为担保物仅起到担保债权实现的作用，受让人之所以成为名义股东，其目的也是在于通过直接支配股权的交换价值，确保在债权到期能够得到实现。受让人对于受让权利的支配目的，是仅在担保的范围内完全优先受偿，而不能直接根据协议取得所有权并进行完全的支配。在此情况下，股东作为让与人并不因此丧失股东资格和股东权利，债权人作为受让人亦不得行使股东权利。

其二，从股权转让变更登记手续的办理而言，股东的变更登记手续的申请主体是公司而非股东，且股权转让过程中还涉及其他股东的优先购买权的问题，在有限责任公司申请办理股权变更登记时，需要提交其他股东放弃优先购买权的相关材料。因此，在股权让与担保的操作过程中，股东一般会将股权转让及股权变更登记的真实目的告知公司及其他股东，即便受让人在公司的股东名册上进行了记载，也仅仅是名义股东，不得对抗公司和其他股东。此时，受让人作为名义股东并不享有股东权利，既不享有股权中的财产权也不享有股权中的成员权。即使股东作为转让人并未告知公司及其他股东真实情况，而仅告知是股权转让，则一旦办理股权变更登记、将受让人在股东名册中进行记载，应推定受让人具有股东资格，但公司、其他股东及转让人仍可以提供证据证明股权转让的真实意图为让与担保，此时名义股东仍不能享有股东资格。

（二）名义股东与公司债权人之间的关系

根据《公司法解释（三）》的相关规定，公司债权人有权要求名义股东承担补充责任或者连带责任的情形主要为，名义股东存在协助抽逃出资、名义股东与实际出资人之间存在隐名投资协议或者名义股东明知股东抽逃出资仍受让股权等情形，例如根据《公司法解释（三）》第14条第2款的规定，公司债权人请求抽逃出资的股东在抽逃出资本息范围内对公司债务不能清偿的部分承担补充赔偿责任、协助抽逃出资的其他股东、董事、高级管理人员或者实际控制人对此承担连带责任的，人民法院应予支持；抽逃出资的股东已经承担上述责任，其他债权人提出相同请求的，人民法院不予支持。但是《公司法解释（三）》前述规则预设时并未考虑股权让与担保情形。在股权让与担保的模式下，债权人受让股权成为名义股东，名义股东的实际地位为债权人，并不负有出资义务，该股权受让人与前述应该承担责任的名义股东之间存在本质区别。因此，公司债权人以股东未履行或者未全面履行出资义务或者抽逃出资等为由，要求名义股东的债权人承担连带责任，人民法院不应予以支持。

公司债权人虽然不能要求作为名义股东的债权人承担责任，但在查明案件事实的基础之上，其可以要求转让人作为实际股东对于出资瑕疵承担相应的责任。

三、股权让与担保的实现

当债务履行期限届满后，债务人未能履行到期债务，债权人要求实现担保物权时，就股权作为担保物如何确定其价格，应区分公司的性质不同而区别对待。如果是公众公司，因其股权具有市场价格，相对容易确定，但股权价格在短期内存在较大变动的可能，此时应首先确定股权清算的时间点，从而确定债权人优先受偿的范围。如果是有限责任公司，因不存在市场公开的价格，应尽量促成当事人之间就股权价格达成事后的协议，若无法就此达成一致意见，则只能通过拍卖、变卖等方式确定股权的价格，但此时应该考虑其他股东的优先购买权问题。

【实务问题】

实践中，让与担保通常以股权转让的方式出现，人民法院在认定某一交易是股权转让还是以股权转移至债权人名下的方式为债务履行提供担保，应该从两者的本质区别出发，识别当事人的真实意思表示是为了转让股权取得对价，还是以转让股权的方式为债务提供担保，通常情况下，可以综合考察以下因素：是否存在被担保的主债权债务关系，是否存在股权回购条款，股东是否享有并行使股东权利等内容进行判断。

【案例】

新疆投资发展（集团）有限责任公司与金石财富投资有限公司合同纠纷案【最高人民法院（2018）最高法民终54号】

最高人民法院认为，为保证海峡公司与山东金石公司签订的《加工协议》顺利履约，叶某某、朱某琦将二人持有的金石财富公司的全部股份转让给海峡公司，在《加工协议》履行终结后，海峡公司又将其持有金石财富公司的全部股份退回叶某某、朱某琦。双方明确约定，金石财富公司股权相互转让的目的实质为《加工协议》提供股权担保，并不作其他用途，且转让已经过股东会决议，符合《公司法》的相关规定。新投公司以海峡公司作为曾经受让金石财富公司的股份而成为该公司股东为由，认为海峡公司应承担股东出资不实的补充赔偿责任的上诉理由，没有事实和法律依据，不能成立。

第七十条 债务人或者第三人为担保债务的履行，设立专门的保证金账户并由债权人实际控制，或者将其资金存入债权人设立的保证金账户，债权人主张就账户内的款项优先受偿的，人民法院应予支持。当事人以保证金账户内的款项浮动为由，主张实际控制该账户的债权人对账户内的款项不享有优先受偿权的，人民法院不予支持。

在银行账户下设立的保证金分户，参照前款规定处理。

当事人约定的保证金并非为担保债务的履行设立，或者不符合前两款规定的情形，债权人主张就保证金优先受偿的，人民法院不予支持，但是不影响当事人依照法律的规定或者按照当事人的约定主张权利。

【条文主旨】

本条是关于保证金质押设立及债权人优先受偿的规定。

【条文概览】

实践中，当事人通过交付保证金或者将保证金存入特定账户来提供担保的情形十分常见，主要有以下三种情形：一是债务人或者第三人设立专门的保证金账户并由债权人实际控制；二是债务人或者第三人将其资金存入债权人设立的保证金账户；三是在一般存款账户等其他账户名下设立保证金分户。只要是设立了专门的保证金账户，并且债权人实际控制该账户，债权人即有权对账户内的资金享有优先受偿权。当事人以保证金账户内的资金浮动为由，主张实际控制该账户的债权人对账户内的资金不享有优先受偿权，人民法院不予支持。如果不满足上述条件，债权人主张就保证金优先受偿的，人民法院不应予以支持，但是并不影响当事人请求行使合同约定或者法律规定的权利。

【争议观点】

关于保证金质押的性质及设立条件，实践中存在不同的认识，主要有动产质押说、债权质押说和账户质押说，但是上述观点中动产质押说将保证金存款理解为动产物权，未准确理解金钱作为动产的特殊性，债权质押说无法与担保物权中的其他债权质押予以区分，而账户质押说建立的基础是账户本身为财产客体，理论上无法自足。另有观点认为，保证金质押属于新型的担保方式，在性质上应为非典型担保的一种。

【理解与适用】

货币作为特殊的动产，是商品交易的一般等价物，具有流通职能。经济学理论中将货币区分为商品货币和信用货币，前者包括金币等有价值的商品，后者是由国家政府或者银行担保的支付工具。随着经济的发展，现代货币已经演变成交换功能的载体，以信用货币作为主要的流通形式，其中信用货币的主要表现形式为现金，以活期存款方式存入银行账户的称之为存款货币。货币作为动产的一种，应适用动产物权的基本规则，但是考虑到货币作为特殊动产，尤其是在存款货币中，存款人将货币存入银行即丧失所有权，仅对银行享有提取存款和支付利息债权。因此，以金钱作为特殊动产提供担保时，如果能够以封金的方式予以特定化，则可以适用动产质押的规则，但是以存款货币提供担保时，因出质人对于存入的款项只享有债权，质押权的设立不能仅以账户控制权的转移为要件，动产质押进而无法予以适用。

一、保证金质押的性质认定

《担保法解释》第85条规定："债务人或者第三人将其金钱以特户、封金、保证金等形式特定化后，移交债权人占有作为债权的担保，债务人不履行债务时，债权人可以以该金钱优先受偿。"该规定置于动产质押项下规定，因为此前长期的理论和实务中均认为保证金质押亦为质押的一种。关于其性质存在债权质押说和特殊动产质押说两种观点。债权质押说认为，保证金账户体现着存款人与银行之间的债权债务关系，在性质上属于应收账款，其理论基础在于金钱的占有即所有的原则。特殊动产质押说者则提出了金钱占有即所有的例外理论。金钱变动虽以占有即所有为原则，但该原则仅适用于金钱的流通领域。在金钱质押的场合，设质金钱经过特定化后退出市场的流通，当事人之间也并无转移金钱所有权的意思，因此，金钱质押是占有即所有原则的例外，出质人对银行账户中的金钱享有所有权，账户质押的标的是账户中的金钱，而账户只是并无实际价值的载体。

上述观点的争议仍置于保证金质押为动产质押的情形之下，但是就特殊动产质押而言，其仅强调了将金钱特定化而忽略了金钱存入银行以后，已经进入银行流转体系中，并非封存于保证金账户内而不发生流动的效果。就债权质押而言，存款进入银行账户后，与其他债权无法区分，根据"合同标的不特定，则合同不能成立"的基本原则，亦无法确认为质押。因此，上述争议的根本原因在于对于存款货币的属性认定。如果货币以现实物形态特定化交付，则可以构成动产质押；如果以存款债权的方式交付，则在质押上就会出现解释上的障碍。

在存款货币对外提供担保方面，最高人民法院曾经颁布专项司法解释承认了特定类型账户质押，权利人具有优先受偿权，例如，《最高人民法院关于审理出口退税托管账户质押贷款案件有关问题的规定》第3条明确，出口退税专用账户质押给贷款银行的，贷款银行对质押账户内的退税款享有优先受偿权；《最高人民法院关于人民法院能否对信用证开证保证金采取冻结和扣划措施问题的规定》规定了信用证开证保证金具有担保支付的性质；《中国人民银行关于依法规范人民法院执行和金融机构协助执行的通知》明确了银行承兑汇票保证金具有保证金功能；等等。上述规定均是从资金具有保证金功能的角度明确权利人的优先效力。我们认为，保证金质押作为担保债权实现的特殊方式，在符合保证金质押成立要件的情况下，债权人得对于保证金账户内的资金具有优先受偿的权利。但是，该种担保方式并不能用动产质押的规则解决，而是应该用本条规定的规则解决。

二、保证金质押的设立及优先受偿的条件

保证金质押是债权人为保证其到期债权的实现，要求债务人或者第三人提供的一种担保方式，其有效设立的条件应该符合担保物权的一般要求：一是标的财产的特定化，以明确担保财产的对象；二是债权人对于标的财产能够实际控制，以达到占有标的物财产的公示要求。

（一）财产特定化的要求

保证金质押的特定化，要求保证金内的资金特定化和账户特定化，通过开立保证金账户这一特定形式，与出质人的其他财产予以区分，同时保证金账户内的资金能够专款专用，款项的存入和扣划均系用于担保债权的偿还或者在担保债权被偿还之后退还给出质人。根据《人民币银行结算账户管理办法》第13条的规定，专用存款账户是存款人按照法律、行政法规和规章，对其特定用途资金进行专项管理和使用而开立的银行结算账户。设立保证金账户可以是设立专门的保证金账户，也可以是在银行账户下设立保证金分户，无论何种形式，均需要采取保证金账户这一专用账户形式，使得其具有外部上的识别性，能够与一般结算账户、基本账户相区分。

需要说明的是，保证金账户的特定化并非金额的固定化，保证金质押所要求的特定化仅要求账户及资金区别于质押人的其他财产，而不是要求账户资金固定不变。保证金账户除按照合同约定存入保证金

之外，利息增加、保证金的补充以及在债务到期未获清偿时，债权人委托的相关银行扣划相应款项，都会导致账户余额浮动，该种浮动均与保证业务相对应，不属于非保证业务的结算，不能以账户内资金不固定为由即认为该账户为一般结算账户。

（二）占有转移的认定

债权人对于保证金账户的实际控制主要分为两种不同的情形：一是以债权人的名义开立保证金账户，债务人或者第三人将资金存入该账户内，此时债权人作为账户所有人能够实际控制该笔资金，符合移交债权人占有的条件；二是保证金账户并非以债权人的名义开立，出质人因对于银行享有存款债权而无法直接向债权人完成货币交付，债权人实现对保证金账户的实际控制往往需要与银行签订账户监管协议，约定非依债权人指令不得对账户内资金操作，账户密码由债权人设定并占有预留印鉴，或者通过设立共管账户，约定对于账户共同监管，以实现对于保证金账户的实际控制。

当事人通过设立保证金账户完成担保财产特定化，并移交占有的情况下，产生担保物权的效力，债权人可以就保证金享有优先受偿权。如果当事人设立保证金账户并非为债务的履行提供担保，或者未采取保证金账户的方式予以特定化，债权人不能实际控制保证金账户时，则不能认定保证金具有担保物权的效力，债权人此时主张对于保证金优先受偿的，人民法院不予支持，但是当事人有权按照双方约定的内容主张权利。

【实务问题】

目前关于保证金质押问题的争议，集中体现在当事人是否就设立保证金质押达成明确合意、保证金是否特定化以及是否已经交付等问题。通过检索最高人民法院、高级人民法院、中级人民法院已经生效的数十份民事判决书，总结出以下方面的情况：

第一，检索的案例多以案外人执行异议之诉的形式出现，法院审理所适用的诉讼法依据为《民事诉讼法解释》第 312 条，亦即案外人就执行标的是否享有足以排除强制执行的民事权益。若保证金质押合法设立，该案外人通常就可排除其他债权人对出质人涉及保证金部分财产的强制执行。

第二，检索的案例中，质权人与出质人普遍订立保证金质押合同，并就保证金账户的设立、资金的使用作专门约定。其中通常包括：（1）保证金账户的设立处；（2）保证金的数额、缴纳标准及缴纳期限；（3）保证金质押实现的方式，如出现违约或因故不能履行还贷约定时，质权人有权直接从担保保证金专户中扣收相关费用而无需征求出质人同意；（4）专户专用；（5）未经质权人同意，出质人不得使用保证金账户下的任何资金。

对于当事人在合同中的上述约定，人民法院一般均会根据当事人意思自治的原则，认可保证金质押的合意已经具备。且法院对当事人合意的认定采纳实质主义，重视当事人共同行为的商业意义，不拘泥于合同文字或书面合同是否存在。即使当事人间无保证金质押合同，若当事人的实际行动表明其知晓并有意进行保证金质押的操作，法院仍然认定保证金质押的合意存在。

第三，就保证金质押是否成立的问题，要件包含两项——保证金的“特定化”与“交付”。就特定化而言，法院一般会考虑以下两项条件：（1）保证金账户是否在形式上区别于出质人的一般结算账户，使该账户资金独立于出质人的其他财产；（2）保证金账户中的资金浮动是否与特定保证业务相对应，而未用于日常结算或其他业务。在当事人无法证明保证金账户的资金流动与保证业务相对应时，法院将不承认保证金已经特定化。除此之外，银行对保证金账户的既有技术规则也会作为法院认定特定化的辅助性因素。

就保证金是否交付而言，法院一般考虑质权人能否对保证金账户进行实际控制和管理，该审查重实质，而不依赖于当事人的约定。即使当事人在质押合同中约定出质人不得使用保证金，但若事实上该约定未能得到贯彻的，保证金仍不算交付。

在是否交付的认定上存在需要进一步明确的问题。理想情况下，同时满足如下三项条件更容易构成交付：（1）当事人约定“未经质权人同意，出质人不得使用保证金账户的资金”；（2）质权人对保证金账户采取冻结、查封等措施；（3）事实上保证金账户一直用于保证业务。但在无法同时满足的情况下，法院通常不将冻结、查封视为交付的关键，而倾向于当事人的约定。如果当事人只约定“质权人可直接扣除保证金”，法院可能不支持保证金质押的成立。

第四，在保证金交付上，还存在需结合合同背景及银行管理结构的复杂情形。尤其是实际发挥保证金质押作用的账户与约定的开户账户不一致的情形。就目前的案例而言，若根据相关联的其他合同，质权人能够直接或间接地控制保证金账户，即使该账户与约定账户不同，亦不影响保证金质押的认定。对于商业银行的特殊结构而言，即使商业银行为贷款发放主体而其下属分支机构为开户行，亦不影响认定该商业银行已经控制保证金账户。

【案例】

【54号指导性案例】中国农业发展银行安徽省分行诉张大标、安徽长江融资担保集团有限公司执行异议之诉案（最高人民法院审判委员会讨论通过2015年11月19日发布）

当事人依约为出质的金钱开立保证金专门账户，且质权人取得对该专门账户的占有控制权，符合金钱特定化和移交占有的要求，即使该账户内资金余额发生浮动，也不影响该金钱质权的设立。

五、附　则

第七十一条　本解释自 2021 年 1 月 1 日起施行。

【条文主旨】

本条是关于《民法典担保制度解释》时间效力的规定。

【条文概览】

《民法典担保制度解释》和《民法典》均自 2021 年 1 月 1 日起施行,《民法典》有关担保制度是在《担保法》《物权法》《担保法解释》的既有规则基础之上重新整合,《民法典担保制度解释》是针对《民法典》有关担保制度在审判过程中如何具体应用问题进行的解释，属于对于《民法典》有关担保制度的释明，亦应归属于《民法典》的有机组成部分,《民法典时间效力规定》有关溯及效力的原则和适用规则均应适用于《民法典担保制度解释》。

【争议观点】

《民法典担保制度解释》颁布实施后，人民法院审理担保纠纷案件适用该司法解释的规定还是适用《担保法解释》的规定，实践中存在争议。一种观点认为,《民法典担保制度解释》是对现行立法的解释，对于人民法院尚未审结的一、二审案件均应当适用；另一种观点认为,《民法典担保制度解释》虽然在理论上是对既有法律的解释，但我国的司法解释在一定程度上起着填补立法空白，甚至创设新规则的作用，按照法律不溯及既往的原则，《民法典担保制度解释》只能适用于公布施行后起诉到人民法院的案件。

【理解与适用】

《民法典担保制度解释》是根据《民法典》制定的，尽管《民法典担保制度解释》自2021年1月1日施行，但根据《民法典时间效力规定》，如果《民法典》的规定具有溯及力，则针对该规定的司法解释也应被赋予溯及既往的效力。编纂《民法典》并非制定一部新的法律，《民法典》的大部分内容来自原九部被废止的法律。对于《民法典》完全继受原九部法律的情形，如果待决案件应当适用原九部法律，《民法典担保制度解释》的有关规定也应可以在裁判说理时作为依据加以援引，但应区分是广义的法律解释还是狭义的法律解释：狭义的法律解释是针对法律有规定但理解有分歧而作的解释；广义的法律解释则不仅包括狭义的法律解释，也包括制定法漏洞的填补。在司法解释旨在填补制定法漏洞的情形下，因带有规则创制的性质，为保护当事人的合理预期，不宜将此类解释溯及对原法律的理解。《民法典担保制度解释》是针对《民法典》中涉及担保制度适用问题的解释，有关《民法典》溯及力问题的规定均应适用于《民法典担保制度解释》，故在具体规则上应当与《民法典时间效力规定》保持一致，《民法典时间效力规定》关于溯及力的基本规则应该从以下几个方面把握：

一、坚持法不溯及既往的基本原则，严格控制溯及适用的范围

《民法典时间效力规定》第1条规定："民法典施行后的法律事实引起的民事纠纷案件，适用民法典的规定。民法典施行前的法律事实引起的民事纠纷案件，适用当时的法律、司法解释的规定，但是法律、司法解释另有规定的除外。民法典施行前的法律事实持续至民法典施行后，该法律事实引起的民事纠纷案件，适用民法典的规定，但

是法律、司法解释另有规定的除外。”除了法律、司法解释另有规定的外，对于《民法典担保制度解释》施行之前的法律事实引起的担保纠纷案件，应当适用当时的法律、司法解释的规定。例如，在保证期间的认定问题上，《担保法解释》第32条规定了保证合同中没有约定保证期间的，保证期间为主债务履行期限届满之日起六个月，约定不明的，保证期间为主债务履行期限届满之日二年，而《民法典》第692条对于上述两种情形均规定了保证期间为主债务履行期限届满之日起六个月。根据法不溯及既往的原则，《民法典时间效力规定》第27条规定：“民法典施行前成立的保证合同，当事人对保证期间约定不明确，主债务履行期限届满至民法典施行之日不满二年，当事人主张保证期间为主债务履行期限届满之日起二年的，人民法院依法予以支持；当事人对保证期间没有约定，主债务履行期限届满至民法典施行之日不满六个月，当事人主张保证期间为主债务履行期限届满之日起六个月的，人民法院依法予以支持。”

二、尊重和保护当事人合理预期，维护法律秩序稳定

《民法典时间效力规定》第2条规定：“民法典施行前的法律事实引起的民事纠纷案件，当时的法律、司法解释有规定，适用当时的法律、司法解释的规定，但是适用民法典的规定更有利于保护民事主体合法权益，更有利于维护社会和经济秩序，更有利于弘扬社会主义核心价值观的除外。”第3条规定：“民法典施行前的法律事实引起的民事纠纷案件，当时的法律、司法解释没有规定而民法典有规定的，可以适用民法典的规定，但是明显减损当事人合法权益、增加当事人法定义务或者背离当事人合理预期的除外。”上述规定分别就有利溯及和新增规定溯及问题进行明确。

就有利溯及而言，《立法法》第93条明确将“更好地保护公民、法人和其他组织的权利和利益而作的特别规定”作为有利溯及的情形，考虑到民事法律通常涉及多方当事人利益，甚至与公序良俗密切相关，《民法典时间效力规定》进一步限定了有利溯及的范围，细化了有利溯

及的标准，规定同一事项新旧两法都有规定的，原则上适用旧法，但符合“三个更有利于”原则的除外。对于“三个更有利于”原则的适用，应将其作为一个有机统一的标准进行判断，同时符合规定中的“三个更有利于”标准时，才能作为有利溯及的前提。例如，《民法典时间效力规定》第7条规定：“民法典施行前，当事人在债务履行期限届满前约定债务人不履行到期债务时抵押财产或者质押财产归债权人所有的，适用民法典第四百零一条和第四百二十八条的规定。”由于《物权法》明确规定当事人在债务履行期限届满前，不得约定到期不履行债务时抵押物、质押物归债权人所有，即绝对禁止流押和流质，《民法典》对于上述规则进行了修改，在当事人存在此种约定的情况下，权利人只能依法就抵押物、质押物优先受偿。上述规则的变化对于当事人而言，担保物权人可以据此主张担保财产的优先受偿权，更加有利于担保物权人的权利保护，同时并不损害担保人和其他当事人的权益，对于担保秩序的维护及经济交易的安全亦更加有利，因此应当适用《民法典》第401条和第428条的有关规定，保护担保物权人优先受偿的权利。

就新增规定溯及而言，旧法无规定而新法有规定的，原则上可以适用新法，但明显减损当事人合法权益、增加当事人法定义务或者背离当事人合理预期的除外，学理上被称为“空白溯及”，属于长期审判实践和司法解释应用基础上发展而来的溯及适用类型。新增规定主要针对以往没有相关法律明确规定，《民法典》及其相关司法解释通过增加规定的方式，统一裁判尺度、稳定社会秩序，一般而言并不会破坏当事人的合理预期，反而会使得法律更加具有公信力。例如，《民法典时间效力规定》第12条规定：“民法典施行前订立的保理合同发生争议的，适用民法典第三编第十六章的规定。”该规定即从正面回应此前保理合同因没有明确法律规定时，裁判规则不一致造成的当事人之间权利义务状态不稳定，从而要求适用《民法典》有关保理合同的规定。但是例外的情形是，在《民法典》施行前的法律事实引起的纠纷，虽然当时的法律没有明确规定，但是根据交易惯例、公平原则或者日常经验法则等，当事人能够对于交易的预期利益和法律后果形成合理预期的，而适用《民法典》的规定明显减损当事人合法权益、增加当事人法定义务或者背离当事人合理预期，此时则不能适用《民法典》新增加的规定。

三、具体适用的标准

司法解释原则上适用于其所解释的法律施行之后的法律事实引起的民事纠纷案件。因《民法典担保制度解释》与所解释的《民法典》生效时间相同，故可以认为，其原则上适用于《民法典》施行之后的法律事实引起的民事纠纷案件。换言之，《民法典》施行之前的担保行为引起的民事纠纷案件原则上不适用《民法典担保制度解释》，具体注意把握以下六类情形。

（一）法律有变化，《民法典担保制度解释》也相应作出修改的，不适用《民法典》施行前的担保行为引起的民事纠纷案件

此类情形很多。例如，关于共同保证，《担保法》第 12 条规定共同保证人之间可以相互追偿，但《民法典》第 699 条对此没有规定，通说认为，该条否认共同保证人相互之间的追偿权。根据《担保法解释》第 19 条第 1 款的规定，两个以上保证人对同一债务同时或者分别提供保证时，各保证人与债权人没有约定保证份额的，应当认定为连带共同保证。也就是说，共同保证人之间相互有追偿权。但《民法典担保制度解释》第 13 条第 2 款却作出了与《担保法解释》第 19 条第 1 款不同的规定："同一债务有两个以上第三人提供担保，担保人之间未对相互追偿作出约定且未约定承担连带共同担保，但是各担保人在同一份合同书上签字、盖章或者按指印，承担了担保责任的担保人请求其他担保人按照比例分担向债务人不能追偿部分的，人民法院应予支持。"显然，《民法典担保制度解释》的规定不适用于《民法典》施行前发生的共同保证行为。又如，关于最高额保证，《民法典》第 690 条在《担保法》第 14 条的基础上增加了参照适用最高额抵押的内容。关于最高额保证合同的保证期间，《担保法解释》第 37 条规定："最高额保证合同对保证期间没有约定或者约定不明的，如最

高额保证合同约定有保证人清偿债务期限的，保证期间为清偿期限届满之日起六个月。没有约定债务清偿期限的，保证期间自最高额保证终止之日或自债权人收到保证人终止保证合同的书面通知到达之日起六个月。”而《民法典担保制度解释》第 30 条则规定：“最高额保证合同对保证期间的计算方式、起算时间等有约定的，按照其约定。最高额保证合同对保证期间的计算方式、起算时间等没有约定或者约定不明，被担保债权的履行期限均已届满的，保证期间自债权确定之日起开始计算；被担保债权的履行期限尚未届满的，保证期间自最后到期债权的履行期限届满之日起开始计算。前款所称债权确定之日，依照民法典第四百二十三条的规定认定。”很显然，关于保证期间的问题《民法典担保制度解释》的规定不能适用于《民法典》施行前的最高额保证合同。再如，关于价款超级优先权，《民法典》之前的法律没有规定，《民法典》第 416 条对此作出了规定，《民法典担保制度解释》第 57 条对此进行了解释。显然，该条不可能适用于《民法典》施行前的“担保行为”，因为该“担保行为”不可能发生。《民法典担保制度解释》第 12 条、第 14 条、第 29 条、第 54 条、第 62 条、第 67 条等条文都属于这一类情形。

（二）法律没变化，但司法解释的规定发生变化的，不适用《民法典》施行前的担保行为引起的民事纠纷案件

典型的如法定保证期间为六个月的规定，《民法典》和《担保法》的规定一致，没有变化，但司法解释有变化。《担保法解释》第 32 条第 2 款规定：“保证合同约定保证人承担保证责任直至主债务本息还清时为止等类似内容的，视为约定不明，保证期间为主债务履行期届满之日起二年。”《民法典担保制度解释》第 32 条将这类情况的保证期间规定为“主债务履行期限届满之日起六个月”。很显然，《民法典担保制度解释》不适用《民法典》施行之前的担保行为引起的民事纠纷案件。又如，关于主合同有效、担保合同无效如何承担责任的规定，法律的规定没有变化，但司法解释有变化。根据《民法典担保制度解释》第 17 条的规定，主合同有效而第三人提供的担保合同无效，

担保人有过错而债权人无过错的，担保人对债务人不能清偿的部分承担赔偿责任；而《担保法解释》第 7 条对此种情况规定担保人承担的是连带赔偿责任。显然，《民法典担保制度解释》不适用《民法典》施行之前的担保行为引起的民事纠纷案件。再如，关于最高额担保的规定，法律没有变化，司法解释有变化，就登记的最高债权额与当事人约定的最高债权额不一致的，应如何处理？《民商事审判会议纪要》第 58 条规定了根据具体情况处理的规则，但《民法典担保制度解释》第 15 条第 2 款规定统一以登记为准。该新规定就不能适用于《民法典》施行前的担保行为引起的民事纠纷案件。

（三）法律没变化，但旧的司法解释没有规定，而新的司法解释作出规定的，原则上可以适用新的规定

典型的如预告登记制度，《民法典》第 221 条与《物权法》第 20 条的规定是一致的，但之前没有司法解释或司法指导性文件对《物权法》第 20 条进行解释，《民法典担保制度解释》第 52 条对其进行了规定。因此，对于《民法典》施行之前的预告登记纠纷案件，可以适用《民法典担保制度解释》第 52 条。又如，关于以公益为目的成立的非营利法人的公益设施不得抵押的规定，《民法典》和《物权法》的规定没有变化，但之前没有司法解释对其进行解释，现在《民法典担保制度解释》第 6 条第 1 款第 1 项对此予以规定，则对于《民法典》施行前的抵押行为发生的纠纷，可以适用该条的规定。再如，关于正常经营买受人规则，《物权法》第 189 条限定在浮动抵押，而《民法典》第 404 条则扩大到所有动产抵押，《民法典担保制度解释》第 56 条对此作出了解释，鉴于此前对此没有解释，故该规定可以适用于《民法典》施行前发生的该类纠纷案件。

（四）法律没变化，新旧司法解释的表述虽有变化，但内容并无实质变化的，亦应适用旧的规定

此类条文主要包括：《民法典担保制度解释》第 34 条第 2 款（对应法释〔2000〕24 号批复）、第 40 条（抵押权及于从物，对应《担保法解释》第 63 条）、第 41 条（抵押权及于添附物，对应《担保法解

释》第62条)、第45第3款(以诉讼方式实现担保物权，对应《担保法解释》第128条第1款)。前述条文，尽管《民法典担保制度解释》在条文表述上与之前的司法解释不尽一致，但内容并无实质变化，因而适用新旧司法解释在结果上并无区别。但从法理上说，既然新司法解释并未改变旧司法解释的规定，自然要援引旧司法解释作为裁判依据。之所以总结出这类情形，是为了提醒法官注意这部分条款无实质变化，不要因文字表述的变化而产生有实质修改的误解。

(五)根据《民法典时间效力规定》的规定，《民法典》施行前成立的合同，适用当时的司法解释的规定合同无效而适用新的司法解释的规定合同有效的，适用新的司法解释的相关规定

典型情形是，以公益为目的的非营利性学校等提供担保的，根据《担保法解释》第53条的规定，以公益设施以外的财产为自身债务设定抵押的有效，为他人设定抵押的无效。但《民法典担保制度解释》第6条第1款第2项却规定，为他人设定抵押的有效。根据《民法典时间效力规定》第8条的规定，新司法解释的规定适用于《民法典》施行前设定的担保行为。

(六)结合《民法典》精神，新司法解释对法律的规定作出的解释，适用于被解释法律施行后的担保行为引起的民事纠纷案件，但新、旧司法解释或者司法政策有实质变化的，不适用

适用的典型情形是《民法典担保制度解释》第22条的规定。该条规定："人民法院受理债务人破产案件后，债权人请求担保人承担担保责任，担保人主张担保债务自人民法院受理破产申请之日起停止计息的，人民法院对担保人的主张应予支持。"该条是对《企业破产法》的解释，属于填补漏洞，应适用于《民法典》施行前设定的担保行为。

不能适用的典型情形是根据《公司法》第16条对上市公司对外担保进行的解释或者司法政策规定。《民商事审判会议纪要》已充分考虑了上市公司作为公众公司区别于一般公司的情况，在其第22条从正向作了相应的规定："债权人根据上市公司公开披露的关于担保事项已经董事会或者股东大会决议通过的信息订立的担保合同，人民法院应当认

定有效。”依此规定，相对人的善意标准要求更高一些。值得注意的是，《民商事审判会议纪要》没有进一步明确上市公司担保无效的法律后果，这不是疏忽，而是在当时讨论中大家比较一致地认为上市公司对外担保无效的后果与一般公司相同，无须另行特别规定。在《民法典担保制度解释》制定过程中，经进一步调研，发现上市公司大股东或实际控制人以对外担保方式占用上市公司资金，进而损害中小投资者利益的现象十分严重，司法应当与行政监管部门形成合力，予以遏制。因此，《民法典担保制度解释》第9条在《民商事审判会议纪要》规定的基础上又向前迈了一步，明确规定：“相对人未根据上市公司公开披露的关于担保事项已经董事会或股东大会决议通过的信息，与上市公司订立担保合同，上市公司主张担保合同对其不发生效力，且不承担担保责任或者赔偿责任的，人民法院应予支持。”与《民商事审判会议纪要》相比，该条规定在担保合同无效的后果上有明显区别。这就带来一个很强的实务性问题，能否根据该规定处理《民法典》施行前发生的担保行为？答案应是否定的，因为《民法典担保制度解释》第9条关于相对人没有根据上市公司公开披露的信息与上市公司订立担保合同上市公司不承担责任的规定，实际上改变了《民商事审判会议纪要》的规定，因此，该条款不能溯及《民法典》施行之前的担保行为。

【实务问题】

上市公司对外提供担保，虽然《民法典担保制度解释》第9条制定的依据是《公司法》第16条，且《公司法》并未修改或者废止，但由于《公司法》第16条并无关于上市公司提供担保的特别规定，因此《民法典担保制度解释》关于上市公司对外提供担保的规定属广义的法律解释，如果适用于《民法典担保制度解释》施行之前的担保行为，将背离当事人合理预期，故不应赋予其溯及既往的效力。也就是说，《民法典担保制度解释》第9条仅适用于2021年1月1日后发生的担保行为。

第五部分　附　录

《民法典》关于担保的几个重大问题

《民法典》是新中国成立以来第一部以“法典”命名的法律，是新时代我国社会主义法治建设的重大成果。《民法典》物权编、合同编中规定的担保制度是一项重要的法律制度，对于巩固和完善我国基本经济制度，营造市场化、法治化、国际化营商环境，推进和发展社会主义市场经济具有重要意义，对于立足新发展阶段，贯彻新发展理念，构建新发展格局，推动高质量发展具有重要意义。为正确理解并切实实施《民法典》关于担保制度的规定，最高人民法院在废止《担保法解释》的同时，依据《民法典》制定了《民法典担保制度解释》，本文结合《民法典》及《民法典担保制度解释》相关规定，对担保制度十个方面的重大问题予以阐释。

一、关于我国担保法律制度的发展历程问题

我国担保法律制度和相关的审判实务有一定的历史延续性。要读懂《民法典》、理解《民法典》中的规定，应了解我国法律制度的变化过程。从法律解释方法的角度看，作为狭义解释方法的历史解释方法，就是要以相应的历史素材为基础，通过分析担保制度各发展阶段的立法背景、相关条款的前后变化以及相应的考虑因素等去理解法律规定的原意。我国担保制度立法及司法解释制定，经历了以下四个阶段：

一是1987年《民法通则》阶段。《民法通则》颁布之前，我国基本没有关于担保制度的立法。1987年施行的《民法通则》第89条规定了四种担保形式，既包括人保，也包括物保，即保证、抵押、定金和留置，这是新中国在担保领域的首次立法。但是，《民法通则》第89条未规定质押这一担保形式。随后，最高人民法院制定《民通意

见》，涉及担保的有 12 个条款，围绕前述四种担保形式从法律适用角度对《民法通则》第 89 条作了进一步解释。可以说，《民法通则》及《民通意见》奠定了我国担保法律制度的基础。

1993 年，《经济合同法》修正，其中有关担保的内容仅用两个条款规定了定金和保证，相对于《民法通则》的规定没有增加新的内容。

1994 年，最高人民法院制定《关于审理经济合同纠纷案件有关保证的若干问题的规定》（法发〔1994〕8 号），共 31 条，成为这一时期对担保行为条文规定最多、分量最重的司法解释。该规定中涉及的一般保证、连带保证、保证合同效力、保证期间、保证期间与保证诉讼时效的转换等内容成为人民法院审理保证纠纷的重要依据，弥补了立法的不足，也为《担保法》的制定奠定了司法实践基础。

二是 1995 年《担保法》阶段。1995 年 6 月 30 日发布、10 月 1 日起生效的《担保法》，是我国第一部担保制度方面的基础性法律。《担保法》共 96 条，在《民法通则》的基础上增加了质押这一担保形式，即《担保法》中规定了五种典型担保形式——保证、抵押、质押、留置和定金。《担保法》颁布前后，社会经济活动十分活跃，各种担保公司层出不穷，三角债问题异常突出，担保纠纷大量涌现，成为经济审判中的主要案件类型之一。因此，《担保法》乃至随后制定的司法解释体现了加大对债权人保护力度的倾向。另外，受当时民商法理论研究水平，特别是物权法研究水平的局限，《担保法》关于担保物权的规定也带有明显的缺陷。比如，有关条款规定，未办理抵押登记的，抵押合同无效，对担保合同效力与担保物权效力就未加区分。

2000 年 12 月，最高人民法院发布了《担保法解释》，共 134 条。《担保法》施行五年后最高人民法院发布的《担保法解释》不仅极大地缓解了实践中对《担保法》一些条款的不同理解，而且在一定程度上起到了填补《担保法》空白的作用。同时，与《担保法》的立法倾向相一致，在清理当时频发的三角债的背景下，司法解释更多地体现了对债权人的保护、加重担保人的责任的内容。例如,《担保法解释》规定，在保证期间约定不明的情况下，按照两年计算保证期间；保证方式约定不明的，推定为连带保证，等等，都体现了当时经济发展背景下从有利于债权人角度对法律进行解释的倾向。

三是2007年《物权法》阶段。2007年3月16日发布、10月1日起生效的《物权法》于第四编“担保物权”规定了抵押、质押、留置三种典型担保形式。《物权法》是在我国物权法理论研究取得重大进展，对一些理论、实践问题的认识日益成熟的情况下，为适应经济社会发展需要应运而生的。相对于《担保法》关于担保物权的规定更加科学、完善，更加切合社会经济的实际情况。因此，该法第178条规定,《物权法》与《担保法》不一致的，适用《物权法》。《物权法》在担保物权方面增加了许多新的规定，对《担保法》的一些规定进行了修改。在《物权法》制定过程中，立法机关也充分关注到了让与担保等非典型担保，但由于理论和实务中存在争议和分歧，最终并未将让与担保等非典型担保在立法中予以体现。

四是2020年《民法典》阶段。2020年5月28日颁布的《民法典》整合了《物权法》与《担保法》规定的内容。由于《民法典》采取了债权与物权二分的立法方式，故分别在物权编的第四分编规定了担保物权，合同编第二分编中的第十三章规定了保证合同。这些是传统的、典型的担保形式。另外,《民法典》合同编还规定了其他具有担保功能的合同，如融资租赁合同、保理合同、所有权保留买卖等，此即所谓的非典型担保。《民法典》不仅明确了这些合同本身具有的担保功能，而且规定了相应的公示方式及其法律效力，这是相较于《担保法》和《物权法》的重大变化。

2020年12月31日，最高人民法院公布了《民法典担保制度解释》，对《担保法解释》等与担保有关的十个司法解释进行了清理，对《民法典》有关条文进行了解释。其他九个司法解释分别是：(1)《最高人民法院关于作为保证人的合伙组织被撤销后自行公告期限清理债权债务的，债权人在诉讼时效期间内有权要求合伙人承担保证责任问题的批复》[法(经)复〔1988〕46号];(2)《最高人民法院关于审理经济合同纠纷案件有关保证的若干问题的规定》(法发〔1994〕8号);(3)《最高人民法院关于因法院错判导致债权利息损失扩大保证人应否承担责任问题的批复》(法释〔2000〕24号);(4)《最高人民法院关于国有工业企业以机器设备等财产为抵押物与债权人签订的抵押合同的效力问题的批复》(法释〔2002〕14号);(5)《最高人民法院关于已承担保证责任的保证人向其他保证人行使追偿权问题的批复》(法释〔2002〕37号);(6)《最高人民法院关于涉及担保纠纷案件的司法解释的适用和保证责任方式认定问题的批复》(法释〔2002〕38号);(7)《最高人民法院关于破产企业国有划拨土地使用权应否列入破产财产等问题的批复》(法释〔2003〕6号);(8)《最高人民法院关于人民法院应当如何认定保证人在保证期间届满后又在催款通知书上签字问题的批复》(法释〔2004〕4号);(9)《最高人民法院关于审理出口退税托管账户质押贷款案件有关问题的规定》(法释〔2004〕18号)。《民法典担保制度解释》的施行,必将对人民法院公正审理担保纠纷案件起到十分重要的作用。

总之,就担保问题而言,法律、司法解释以及指导案例等构成了法官审理案件的裁判依据。而且从近年来的一些案例,特别是指导案例的变化中可以看到,我国司法在维护法律基本稳定和社会合理预期的情况下,也在根据经济社会情况的变化作一些审判思路上的调整。这些变化和调整在《民法典》中也有很多的体现。

二、关于担保的从属性问题

(一)关于担保从属性的一般性问题

担保合同是主合同的从合同,具有从属性和附随性。担保合同的从属性是人民法院判断担保法律关系中当事人权利义务及区别其他类似法律关系(如债务加入)的基本点。从属性无须当事人在合同中约定,因法律规定而当然成为合同的组成部分。

尽管《民法典》第388条、第682条是对担保从属性最为直接的规定，但一般认为，担保的从属性可以概括为以下四个方面：一是发生上的从属性，担保债务随着主债务而发生；二是消灭上的从属性，主债务无效担保债务无效；三是特定性上的从属性，担保债务的范围不能超过主债务的范围；四是抗辩权上的从属性，担保人享有主债务人的一切抗辩权。《民法典担保制度解释》第 2 条、第 3 条规定了效力上的从属性及特定性上的从属性。

（二）关于特定性上的从属性问题

1. 超出主债务的责任范围，另行约定担保人其他责任的处理。担保责任范围应限于主债务，在主债务之外另行约定的担保人的其他责任，不应支持。例如，银行与担保人约定，担保人对包括违约责任在内的主债务承担担保责任；同时还约定，如果债务人到期不履行主债务，担保人不仅要承担主债务的担保责任，还要承担另外的违约责任。法院在审理该案时，对债权人关于担保人在担保责任范围以外承担另行约定的违约责任的请求不予支持，这也是从特定性上考量担保从属性的结果。此外，实践中往往存在这样的情况，即当债权人通知保证人履行保证义务时，保证人按通知予以履行，事后发现其所履行的金额超出主债务人的责任范围。此时保证人是否可按其实际履行金额向主债务人追偿？我们认为，对超出主债务人责任部分是不能向主债务人追偿的，但是保证人可以请求债权人返还超出主债务人责任部分，《民法典担保制度解释》第 3 条对此作出了明确规定。

2. 主合同内容变更对保证的影响。根据《民法典》第 695 条规定，合同内容的变更原则上须经保证人同意，如未经保证人书面同意，可能发生三种情况：一是减轻保证人责任的，保证人按照减轻后的债务承担责任；二是加重保证人责任的，保证人按照变更前的债务承担责任，对加重部分免责；三是变更主债务期限的，保证人按照原期限承担责任。根据《民法典》的规定，当债务人与债权人约定主债务期限延长的情况下，保证期限仍然从原主债务届满期限届满起算。但是，当债务人与债权人约定主债务的履行期限缩短的情况下，如果再按照原主债务期限届满起算保证期间，可能加重保证人的责任，在此情况下，当事人可以援引《民法典》第695条的规定，将其视为加重保证人的责任，保证人可以按照变更后的主债务期限计算保证期间。

3. 债权转让对保证的影响。根据《民法典》第407条规定，抵押权不得与债权分离而单独转让，债权转让的，担保该债权的抵押权应当一并转让。但是该条的但书部分，意味着抵押权随债权一并转让条款是任意性规定，当事人通过约定可以排除其适用。如果当事人约定，只对特定债权人提供抵押担保，债权转让，抵押权不随之转让，人民法院不应以违反担保从属性规定为由认定该约定无效。

《民法典》第696条规定："债权人转让全部或者部分债权，未通知保证人的，该转让对保证人不发生效力。保证人与债权人约定禁止债权转让，债权人未经保证人书面同意转让债权的，保证人对受让人不再承担保证责任。"该条涉及债权转让应通知保证人的问题，如果未通知保证人，会发生什么效果？第696条包含以下几层含义：一是债权转让需要通知保证人，如果不通知，对保证人不发生效力。二是所谓对保证人不发生效力，是指保证人向原债权人履行，构成债的履行，对新债权人产生拒绝履行抗辩权。但如果保证人未履行担保责任，新债权人在起诉时保证人以未通知为由提出不承担担保责任的，不应支持。三是如果债权人与保证人约定禁止转让，一旦债权人转让债权，保证人对受让人不再承担保证责任。当然，如果受让人解除债权转让合同或者原债权人通过回购重新取得债权后，应可以在保证期间内再次向保证人主张保证责任。

4. 主债务转移。根据《民法典》第697条规定，主债务转移，必须经保证人同意，不经保证人同意，保证人免责。该条系任意性规定，当事人可以约定排除适用。

（三）关于抗辩权的从属性问题

《民法典》第701条规定："保证人可以主张债务人对债权人的抗辩。债务人放弃抗辩的，保证人仍有权向债权人主张抗辩。"依该条规定，保证人享有主债务的一切抗辩权，包括主债务人的诉讼时效抗辩权和其他可能减轻、免除主债务人责任的抗辩权。如果债务人放弃抗辩权的，保证人仍可行使主债务人的抗辩权。例如，债权人在诉讼时效期间届满之后请求债务人履行债务的，如果债务人放弃了诉讼时效抗辩权，保证人依然享有诉讼时效抗辩权，可以拒绝承担主债务的担保责任。

根据《民法典》第 197 条规定，当事人预先放弃诉讼时效利益的无效，即主合同事先约定排除诉讼时效适用的无效。但是，如果诉讼时效期间届满后，主债务人放弃诉讼时效抗辩权，保证人也放弃的，应当认定有效。因为诉讼时效抗辩权毕竟是一项民事权利，应当允许当事人自行处分。

实践中存在一种现象，在债务过了诉讼时效后，债务人又在债权人的催款通知上签字盖章。根据《最高人民法院关于超过诉讼时效期间借款人在催款通知单上签字或者盖章的法律效力问题的批复》（法释〔1999〕7 号）的规定，此情况应视为债务人对原债务的重新确认，该债权债务关系应受法律保护。此外，根据《民事案件诉讼时效规定》第 19 条第 1 款的规定，诉讼时效期间届满，当事人一方向对方当事人作出同意履行义务的意思表示或者自愿履行义务后，又以诉讼时效期间届满为由进行抗辩的，人民法院不予支持。

值得注意的是：第一，无论是主债务人对原债务的重新确认，还是因主债务人的行为丧失诉讼时效抗辩权的，都不应影响保证人行使主债务人的诉讼时效抗辩权。债权人以债务人具有上述两种情况为由，主张保证人对已过诉讼时效的债务承担保证责任，保证人提出诉讼时效抗辩的，人民法院应支持保证人的主张。

第二，与诉讼时效不同，如果债权人在保证期间内不行使权利，导致实体权利消灭的后果，而不仅仅是丧失胜诉权。此时，如果保证人在债权人的催款通知书上签字盖章，不能认定为对原保证债务的重新确认。对此，2004 年《最高人民法院关于人民法院应当如何认定保证人在保证期间届满后又在催款通知书上签字问题的批复》有明确规定。该批复同时规定，该催款通知书内容符合《合同法》和《担保法》有关担保成立的规定，并经保证人签字确认，能够认定成立新的保证合同的，人民法院应当认定保证人按照新的保证合同承担保证责任。该批复的目的在于，防止将保证人单纯在催款通知书上签字的行为认定为新的保证承诺。实践中判断是否构成一个新的保证关系，关键是要看保证人是否对已过保证期间的债务有重新提供保证的真实意思表示，特别是要考虑保证人是否知道或应当知道保证债务已过保证期间，相关文书的内容是否足以体现成立新的保证关系的意思表示。至于采取催款通知的形式，还是还款保证书的形式，并不那么重要。该批复虽已被废止，但《民法典担保制度解释》第 34 条第 2 款基本移植了该批复的规定，可资适用。

（四）关于效力上的从属性问题

根据《民法典》第 388 条、第 682 条规定，无论是保证合同还是担保物权合同，均系主债权债务合同的从合同，主债权债务合同无效，作为从合同的担保合同亦无效。此规定是担保的从属性最典型、最本质的体现。《民法典》的这一规定，相较于《担保法》第 5 条规定有明显变化，但与《物权法》第 172 条的规定比较，并无实质性变化。具体分析如下：

1. 关于独立保函。《担保法》第 5 条第 1 款规定："担保合同是主合同的从合同，主合同无效，担保合同无效。担保合同另有约定的，按照约定。"从这一规定看，似乎关于担保合同效力上的从属性的规定属任意性规定，当事人可以依约定排除适用。但在当时《担保法解释》制定过程中，各方面一致认为，担保合同效力上的从属性是担保制度的基本原理，不宜突破。并认为，如允许当事人依约定排除适用，极易发生欺诈现象。因此，在实践中，不仅不支持排除从属性的约定，而且对独立保函的适用范围也持保守态度。在很长时期内，一般只认可国际贸易中的独立保函，而不认可国内经济活动的独立保函。直到《独立保函规定》出台，才认可了国内经济活动中独立保函的有效性。《物权法》第 172 条第 1 款规定："……主债权债务合同无效，担保合同无效，但法律另有规定的除外。"显然《物权法》对《担保法》的规定进行了修改，此次《民法典》第682条和第388条延续了《物权法》的规定。从法律规定的前后变化看，担保合同效力方面的从属性是不允许当事人约定排除的。应当注意的是，此处所言之“法律”包括四个位阶的法律：第一位阶是全国人大及其常委会制定的法律；第二位阶是国务院制定的行政法规；第三位阶是地方法规；第四位阶是规章，包括部门规章和地方规章。中国人民银行规定各商业银行可以进行保函业务，这就是广义的法律规定，自然包括独立保函，即不论主合同是否有效，只要发生了独立保函中所设定的情形，都要承担保函项下的责任。审判实务中在处理独立保函纠纷时，主要看主体，独立保函的主体仅限于银行和非银行金融机构，其他主体出具的独立保函，对保函的独立性在效力上不予认定。至于适用于何种交易，《独立保函规定》已经不再区分国际交易与国内交易，2019年11月发布的《民商事审判会议纪要》第54条亦明确规定，国内法律关系和涉外法律关系都可以适用独立保函。

2. 关于效力上的从属性是否适用于具有担保功能的合同。从《民法典》第388条的规定来看，除了保证、抵押合同、质押合同等传统的担保合同具有从属性外，其他具有担保功能的合同亦应具有从属性。比如，保理合同中具有担保功能的条款、所有权保留买卖合同的所有权保留条款、融资租赁合同的出租人享有租赁物的所有权的条款等。问题是，这些合同被认定无效，具有担保功能的合同亦被认定无效，但在其办理了登记的情况下，相应的对抗效力是否亦随之丧失？一种观点认为，根据关于物权变动有因性的原理，设立物权的合同无效，相应的物权变动亦随之无效。具有担保功能的担保物权效力亦不应例外。比如，买受人在买卖标的物上设立了抵押权，在所有权保留买卖合同无效的情况下，即便是办理了登记，亦不能对抗该抵押权人。另一种观点认为，所有权保留、融资租赁等非典型担保，登记只产生对抗效力，不是物权设立的要件，是否登记不影响物权设立。在规范的所有权保留、融资租赁法律关系中，出卖人及出租人本身就享有标的物所有权，因此所有权保留买卖合同、融资租赁合同是否有效，均不应动摇出卖人、出租人对标的物的所有权。在办理了登记的情况下，即便是所有权保留买卖合同、融资租赁合同无效，后设定物权的当事人也不能认定为善意，因此，一般情况下仍可对抗第三人。我们基本倾向于第二种观点，因实践中发生的类似纠纷尚不多，《民法典担保制度解释》未作规定，有待进一步总结司法实践经验后予以解决。

3. 关于违反效力从属性的约定被认定无效后如何处理。银行或者非银行金融机构之外的当事人开立的独立保函，以及当事人有关排除担保效力上的从属性的约定，应当认定无效。但是，根据“无效法律行为的转换”原理，在否定其独立担保效力的同时，应当将其认定为从属性担保。此时，主合同有效，则担保合同有效，如果担保合同有担保人承担连带责任的意思表示或者担保人无条件承担担保责任的意思表示，债权人请求担保人与主债务人承担连带责任的，人民法院应予支持。如果是非金融机构开立的保函符合保函的认定标准，保函的独立性被认定无效后，债权人请求担保人承担连带责任保证的，人民法院应予支持。此外，主合同无效，则该所谓的独立担保也随之无效，担保人无过错的，不承担责任；担保人有过错的，其承担民事责任的部分，不应超过债务人不能清偿部分的三分之一。

（五）合同解除情况下的担保责任

《民法典》第566条第3款规定：“主合同解除后，担保人对债务人应当承担的民事责任仍应当承担担保责任，但是担保合同另有约定的除外。”合同解除后，担保人并不因为合同的解除而免除担保责任。同时，该款系任意性规定，当事人可以约定排除适用。

例如，关于主债务人的违约责任。甲公司与乙公司签订买卖合同，约定丙公司为乙公司按期交付货物承担保证责任。因乙公司不能按期交货而被法院判决解除合同，乙公司承担违约责任。此时，丙公司承担的是主债务的违约责任，即乙公司不能按期交货而返还货款和赔偿甲公司损失的责任。可见，合同解除与无效的后果不同，主债务无效情形下，担保人仅需依过错承担缔约过失责任。

又如，关于担保人自身的违约责任。甲公司向乙公司借款，丙公司以支票出质，待实现债权时，发现是空头支票。此时丙公司承担的是违约责任，要对支票项下的权利承担赔偿责任，当然以主债权范围为限，即以支票项下的款项为限。

再如，甲公司为乙公司借款签订抵押合同，但未配合办理抵押登记，导致抵押权不能设立。甲公司承担违反担保合同的违约责任，但不应超过抵押权有效设立时抵押人应承担的责任范围。

实践中还存在一种情况，即抵押财产因可归责于抵押人自身原因未办理登记，而此后抵押物又灭失或被征收的，债权人请求抵押权人在担保范围内承担责任的，是否应予支持？我们认为应予支持。但是考虑在这种情况下，即便是办理了登记，抵押权人也只能行使抵押权物上代位权，基于合同违约责任一般不应超过履行利益的基本原理，抵押人承担的责任应以抵押人已经获得的保险金、赔偿金或补偿金等物上代位的范围为限。

三、关于债务加入问题

《民法典》第552条规定："第三人与债务人约定加入债务并通知债权人，或者第三人向债权人表示愿意加入债务，债权人未在合理期限内明确拒绝的，债权人可以请求第三人在其愿意承担的债务范围内和债务人承担连带债务。"第697条第2款规定："第三人加入债务的，保证人的保证责任不受影响。"第552条是《民法典》新增的条款，专门对债务加入问题进行了规定。第697条第2款是关于债务加入对保证责任不产生影响的规定。

（一）债务加入与连带保证的联系和区别

债务加入与连带保证的共同之处在于：都对债务承担连带清偿责任，债务加入人享有原债务人的抗辩权，连带保证人也享有主债务人的抗辩权。二者的区别在于：连带保证合同是从合同，具有从属性。债务加入，加入人所承担的债务与原债务人债务无主从之分，没有从属性，因而不适用《民法典》关于担保合同是主合同的从合同的诸方面规定。区别债务加入与连带保证的实践意义主要体现在：在合同无效的情况下，债务加入的合同无效，债务加入人与原债务人一般承担同样的缔约过失责任；而连带保证，在主合同无效的情况下，保证合同也无效，一般承担不超过三分之一的赔偿责任。

债务加入又明显区别于独立保证。独立担保人不享有主债务人或基础合同债务人的抗辩权，独立保证不因基础合同无效而无效。即便是基础合同无效，独立担保人承担的仍是担保责任。债务加入则不同，如果其加入的合同无效，其承担的是缔约过失责任。

从债务人承担责任的轻重来说，基本可以形成下列顺序：一般保证＜连带保证＜债务加入＜独立担保。正是因为债务加入的责任一般要重于连带保证责任，当然更重于一般保证责任，因此，《民法典担保制度解释》第12条规定，当法定代表人以公司名义加入债务时，其效力与后果，应当参照该解释关于公司为他人提供担保的规则来处理。具体而言，当某公司约定债务加入时，应当根据《民法典担保制度解释》第7条、第8条、第9条的规定认定其效力及法律后果。

（二）如何识别债务加入与连带保证

债务加入与连带保证在实践中的识别十分困难，需综合参考以下因素认定：（1）合同中如果出现“保证”等文字表述的，一般应按保证认定，不宜按债务加入认定；（2）合同中如果仅出现“连带清偿”“共同偿还”表述的，一般应按债务加入认定；（3）加入的债务人是否具有相应的利益，只能作为综合判断因素，不能作为必要因素，因为保证和债务加入都可能有利益考量，不能仅从是否有利益而得出结论；（4）一般而言，如果当事人出具“给予流动性支持，差额补足”等书面增信承诺的，要结合合同条款的具体内容进行判断，具有提供担保的意思表示的，可以认定为保证责任，至于是一般保证还是连带保证，可按《民法典》第686条第2款的规定处理，即约定不明的，按照一般保证承担保证责任。当然，第三人在承诺文件中作出债务加入或共同承担债务意思表示的，可按《民法典》第552条关于债务加入的规定处理。

总之,《民法典》施行后，在审判实务中对于一些似是而非的承诺文件，如果不能作出“令人足以信服的解释”，应当结合《民法典》的整体立法精神进行综合判断。从《民法典》第686条的规定看，与《担保法》相比,《民法典》在立法倾向上已发生了变化，即已由注重对债权人的保护向平衡债权人和担保人的利益转变，因此，在无法作出有说服力的合同解释的情况下，应向责任较轻的方向进行推定。例如，如果当事人对是连带保证还是债务加入存在理解上的分歧，用合同解释方法难以作出有说服力的解释，应按连带保证对待。考虑到连带保证责任一般要轻于债务加入，根据《民法典》关于当事人对保证方式约定不明或没有约定的，推定为一般保证的立法精神，上述解决方案是合理选择。

四、关于无效担保问题

（一）担保主体不合格导致担保合同无效

1. 不得担保的主体。《民法典》第683条规定:“机关法人不得为保证人，但是经国务院批准为使用外国政府或者国际经济组织贷款进行转贷的除外。以公益为目的的非营利法人、非法人组织不得为保证人。”该条与《担保法》第9条的区别在于:《担保法》不区分情况以列举的方式规定学校、幼儿园、医院一律不得为保证。《民法典》第683条则将不得担保的主体限定为国家机关及以公益为目的的非营利法人和非法人组织。需要注意：第一，登记为营利法人的学校、幼儿园、医疗机构等不适用该条规定；第二，机关法人提供担保无效；第三，以公益为目的的非营利法人提供担保无效；第四，以公益为目的的非营利性的非法人组织担保无效，但是营利性的非法人组织提供的担保应属有效。

2. 法人分支机构担保。《担保法》第10条规定，企业法人分支机构、职能部门不得为保证人，企业法人分支机构有法人书面授权的，可以在授权范围内提供担保。《民法典》第683条删除了《担保法》中分支机构不得担保的禁止性规定，是不是意味着法人分支机构提供的担保就有效呢？答案是否定的。因为按照《民法典》总则编的规定，当法人的分支机构产生民事责任时，首先以分支机构的财产承担责任（分支机构财产也属于法人独立财产的一部分），分支机构的责任最终由法人承担。分支机构虽然是民事诉讼主体，但分支机构签订合同的责任承担主体是法人。分支机构签订合同的效力问题，要考虑其是否构成《民法典》第170条的职务代理及非职务代理情况下的表见代理。如果法人授权分支机构进行担保构成职务代理，或者债权人不知道且不应知道其未被授权担保而构成非职务代理上的表见代理，签订的合同一般应当认定有效，但在担保问题上，分支机构仅有代理权是不够的，还要考虑该授权是否经过《公司法》第16条规定的表决程序。如果法人授权不符合《公司法》第16条的规定，则分支机构签订的担保合同可能是无效的，也可能是有效的，这要看第三人是否为善意。总之，对分支机构担保效力的判断大致分两个层次：一是分支机构是否经授权。如未授权，构成无权代理，公司应承担分支机构无权代理的相应民事责任。二是如果分支机构担保经过授权，则应按公司对外担保的处理思路处理，即是否履行了《公司法》规定的表决程序。《民法典担保制度解释》第11条第1款仅规定了第二层次的内容，是出于如分支机构对外担保履行了公司表决程序，当然也等同于公司授权的考虑，在审理案件时只需考察这一层次的问题即可。

应注意的是，金融机构的分支机构与一般法人分支机构提供担保有所区别：金融机构的分支机构在其营业执照记载的经营范围内开立保函或者经有权从事担保业务的上级机构授权开立保函，即使未履行《公司法》第16条规定的决议程序的，也不影响担保的效力。此外，担保公司的分支机构对外提供担保也仅需担保公司的授权即可，无须担保公司按《公司法》的规定进行决议。因此，金融机构的分支机构对外担保效力的认定主要考察其是否符合《民法典》第170条规定的职务代理或职务上的表见代理。《民法典担保制度解释》第11条第2款亦是基于此道理作出的规定。此外，担保公司的分支机构对外担保在原理上与金融机构对外担保类似，故《民法典担保制度解释》第11

条第 3 款作了与第 2 款相同的规定。

3. 合伙企业为他人担保。根据《合伙企业法》第 31 条规定，合伙企业的负责人或者合伙事务执行人未经全体合伙人一致同意以合伙企业的名义为他人提供担保的，要考量是否构成表见代理。如果构成表见代理，根据《合伙企业法》的规定，首先由合伙企业承担担保责任。如果合伙企业财产不足以承担责任，由其合伙人承担连带责任。可见，合伙人所承担的责任应当是补充性的连带责任。《民法典》及司法解释对此未作规定，可依前述思路处理相关纠纷。

4. 村民委员会、居民委员会等基层群众自治组织担保。其原则上无担保主体资格，担保行为无效。但是，村民委员会代行集体经济组织职能，其对外担保经村民会议讨论决定或者经村民会议授权村民代表会议讨论决议定的，应认定担保有效。

（二）以不得用于担保的财产担保无效

1.《民法典》第 395 条与第 440 条之比较。

《民法典》第 395 条、第 440 条分别以列举的方式规定了可以抵押及可以出质的财产，同时也都规定了兜底性条款。但问题是两个条文的兜底性条款规定的趣旨不同：第 395 条第 7 项规定，法律、行政法规未禁止抵押的财产均可以抵押。该规定的兜底性条款是开放式的，即只要法律、行政法规不禁止的任何财产均可抵押。而第 440 条第 7 项关于“法律、行政法规规定可以出质的其他财产权利”的规定是封闭式的兜底条款，意味着除了该条列举的可以出质的财产权利外，只有其他法律、行政法规规定可以出质的财产权利才能出质。这样，实践中对可以出质的财产权利需要找相应的法律、行政法规依据。无依据的，将导致出质无效的后果。

两个条款规定的差别，既有立法技术上的原因，也有一定的现实考量。就立法技术而言，《民法典》第 395 条除了规定了可以抵押的财产外，还规定了不可抵押的财产，故第 395 条的兜底条款采开放式。而就权利质而言，在《民法典》中未反向规定不可出质的财产权利，故在兜底条款只能采封闭式。从现实考量，随着经济社会发展和融资需求的扩大，在平衡风险和利益的前提下，可用于担保的财产范围也会变化。立法机关在确定某一权利是否可以抵押时，需要考虑权利是否具有可转让性、是否具备可行的公示方式，以及以这些权利作担保存在何种风险等因素。《民法典》在第440条前6项的规定不能涵盖所有可以出质的权利范围的情况下，作了一个授权性规定，即根据现实需要以及权利质押的可行性、市场风险等因素变化，可由法律、行政法规规定其他权利是否可以出质。

2. 依据《民法典》第399条对担保效力的判断。

《民法典》第399条以反向列举的方式，规定了不得抵押的财产，可区分为两类情况：一是以禁止流转、限制流转物担保及涉及违反公共利益的担保无效，包括该条规定的第1项至第3项中的土地所有权，宅基地、自留地、自留山等集体所有土地的使用权，学校、幼儿园、医疗机构等为公益目的成立的非营利法人的教育设施、医疗卫生设施和其他公益设施。二是可能不影响合同效力的情况，包括该条第4项和第5项中的所有权、使用权不明或者有争议的财产，依法被查封、扣押、监管的财产。

需要注意的是：第一，在上述不得抵押的财产中，宅基地的抵押是否能一律认定为无效？这是执行中经常涉及的问题。例如，作为债务人的宅基地使用权人能否通过将其宅基地拍卖或变卖给集体组织成员的方式清偿债务？这是实践中需要考量的问题。我们认为，既然《民法典》第399条已经明确规定了宅基地不能作为抵押财产，就应当按照法律规定认定担保合同无效。同时，依据《民法典》第311条的规定，在抵押权人系善意的情况下，抵押权人仍可取得抵押权，对此，《民法典担保制度解释》第37条作了规定。

第二，对于以所有权、使用权不明或者有争议的财产抵押的，是否一律认定合同无效？显然不可。权属不明或有争议，其结果不外乎两种情形：其一，抵押人有权处分；其二，抵押人无权处分。在抵押人有权处分的场合，当然不影响合同的效力；即使是抵押人无权处分，参照《民法典》第597条关于出卖人无权处分所订立买卖合同应承担违约责任的规定，亦应认为无权处分不影响抵押合同的效力。

第三，关于被查封、扣押的财产，能否被抵押？如果被查封、扣押的财产被设定了抵押，应当认定抵押合同有效，只要该不动产办理了抵押登记，抵押权设立，但这时该抵押权不能对抗查封。实践中，司法部门在查封时往往存在是否超标的查封之争，而查封是否明显超标的，有时确实难以把握。如果允许被查封的不动产设定抵押，只是不得对抗查封，既达到了物尽其用的效果，也不影响查封的效果，同时又解决了超标的查封带来的负面影响，可谓是有利而无害。例如，甲公司的一栋市场价值 10 亿元的房产因欠债 2 亿元被法院查封，显然是超标的查封，但该栋房产仅有一个房产证，登记部门无法办理分割查封。如果此种情况下允许债务人设定抵押，其他债权人作一个简单的利益衡量，就可以判断出查封标的物并不影响其抵押的实现，就可能会选择接受抵押。这样既不影响查封的效果，也解决了超标的查封情况下债务人融资问题。但是，在《民法典担保制度解释》讨论过程中，有一种担心，认为这类财产是明确禁止抵押的，如果认定抵押有效，与《民法典》的规定相悖，何况在《民法典》有明确规定的情况下，也很难办理抵押登记。经征求立法部门的意见并反复权衡，最终在《民法典担保制度解释》第 37 条第 2 款规定："当事人以依法被查封或者扣押的财产抵押，抵押权人请求行使抵押权，经审查查封或者扣押措施已经解除的，人民法院应予支持。抵押人以抵押权设立时财产被查封或者扣押为由主张抵押合同无效的，人民法院不予支持。"

（三）关于公司对外担保

在《民商事审判会议纪要》出台之前，无论是理论界还是实务界，对《公司法》第 16 条规定是否影响担保合同效力极具争议，而争议的焦点在于，该规定是管理性强制性规定还是效力性强制性规定。主张是管理性强制性规定的观点认为，即使担保合同未经《公司法》第 16 条规定的决议程序，担保合同依然有效，公司应承担担保责任。持这种观点的人还认为，《公司法》第 16 条的规定是约束公司内部行为的，不应影响公司与相对人签订合同的效力。而认为《公司法》第16条系效力性强制性规定的观点则认为，违反《公司法》第16条的规定，担保合同必然无效。这两种观点对审判实务产生很大影响，以致出现两种完全相反的裁判结果。应该说，这两种观点在思维上均陷入《公司法》第16条规范性质之争不能自拔，而忽视了对法律的目的解释、体系解释。不可否认，《公司法》第16条是约束公司内部行为的，但其是对公司法定代表人代表权的限制。在法律对公司法定代表人的代表权作出限制的情况下，法定代表人违反该规定，则构成越权代表。越权代表的法律后果是什么呢？这要看其他法律的相应规定。而上述观点之争脱离了正确的思维轨道，忽视了现行法律的有关规定。在《民法典》颁布之前，《合同法》第50条就明确规定，法人的法定代表人超越权限订立的合同，除相对人知道或应当知道其超越权限的以外，该代表行为有效。《民商事审判会议纪要》按照体系解释的思路，明确了几点：第一，公司对外担保需要依《公司法》第16条规定的程序进行决议。第二，未进行决议程序的，法定代表人对外签订的担保合同构成越权代表。第三，越权代表情况下担保合同是否有效，取决于相对人是否善意，即相对人是否知道或应当知道法定代表人越权。相对人善意的，担保合同有效；相对人非善意的，担保合同无效。第四，对相对人善意的判断，以相对人对决议文件进行合理审查为标准，而不要求相对人进行全面实质性审查，亦即当出现法定代表人伪造决议文件等情况时，不影响相对人构成善意。第五，以担保为业的担保公司提供担保或金融机构开立保函，对全资子公司等提供担保，担保合同系公司三分之二对担保事项有表决权的股东签字同意的，可以不经公司表决。第六，在因法定代表人越权而被认定担保合同无效的情况下，公司承担缔约过失责任。

《民商事审判会议纪要》的上述处理思路在理论界和实务界形成广泛共识，解决了长期以来的纷争，统一了裁判尺度。《民法典》第61条、第504条的规定，相较于《合同法》第50条规定，没有发生实质性变化。因此，《民商事审判会议纪要》对此问题的基本处理思路仍然可以沿用，个别方面可作适当调整。有观点认为，《民法典》第504条与《合同法》第50条相比，发生了实质性变化。《民法典》第504条用的是“订立的合同对法人或者非法人组织发生效力”的表述，而《合同法》第50条用的是“该代表行为有效”的表述。依《民法典》第504条的表述作反对解释应该是，“在法定代表人越权且相对人非善意情况下，担保合同对公司不发生效力”，而对公司不发生效力，公司就不应承担任何责任。这涉及对《民法典》第504条的理解问题，我们认为，订立担保合同对公司不发生效力，并不能得出公司不承担任何责任的结论。例如，公司是否应当承担缔约过失责任或其他过错责任？在制定《民法典担保制度解释》时，经充分讨论并征求立法部门意见，第7条第1款第2项规定：“相对人非善意的，担保合同对公司不发生效力；相对人请求公司承担赔偿责任的，参照适用本解释第十七条的有关规定。”而第17条规定的是担保无效情况下的缔约过失责任。

（四）关于上市公司对外担保

《民商事审判会议纪要》已充分考虑了上市公司作为公众公司区别于一般公司的情况，第22条从正向作了相应的规定：“债权人根据上市公司公开披露的关于担保事项已经董事会或者股东大会决议通过的信息订立的担保合同，人民法院应当认定有效。”依此规定，相对人的善意标准要求更高一些。比如，需审查是否进行决议的信息披露，如未审查披露的信息，仅审查法定代表人出具的一般决议文件，显然不能认定是善意的。值得注意的是，《民商事审判会议纪要》没有进一步明确上市公司担保无效的法律后果，这不是疏忽，而是在当时讨论时大家较为一致地认为上市公司对外担保无效的后果与一般公司相同，无须另行特别规定。在《民法典担保制度解释》制定过程中，经进一步调研，发现上市公司大股东或实际控制人以对外担保方式占用上市公司资金或利益，进而损害中小投资者利益的现象十分严重，司法应当与行政监管部门形成合力，予以遏制。因此，《民法典担保制度解释》第9条第2款在《民商事审判会议纪要》规定的基础上又向前迈了一步，明确规定：相对人未根据上市公司公开披露的关于担保事项已经董事会或股东大会决议通过的信息，与上市公司订立担保合同，该担保合同对上市公司不发生效力，而且上市公司既不承担担保责任，也不承担缔约过失性质的赔偿责任。这样规定简洁明了，可操作性强。当然，与《民商事审判会议纪要》相比，该条规定在担保合同无效的后果上有明显区别。这就带来一个实务问题：能否根据该规定处理《民法典》生效前发生的担保行为？答案应是否定的。此条款不能溯及《民法典》生效之前的担保行为。当然，《民法典担保制度解释》在上市公司担保问题上也存在缺憾，比如，对上市公司的关联担保仅停留在《公司法》第16条规定的为股东或实际控制人的担保上，是否进一步扩大上市公司关联担保范围，并结合《公司法》第124条的规定进行合法合规性审查，殊值研究。另外，上市公司的章程需要对外披露，章程对表决程序的规定，以及对担保额的限制是否亦应作为考虑担保合同效力的因素，因囿于各方面认识上的分歧，未作出解答，可考虑进一步总结实践经验后寻找解决方案。

（五）抵押财产转让问题

一是注意《民法典》对《物权法》第191条的重大修改。《物权法》第191条第2款规定，抵押期间，未经抵押权人同意不得转让抵押财产；而《民法典》第406条第1款规定，抵押期间，抵押人可以转让抵押财产。这意味着未经抵押权人同意，也可以转让抵押财产，但不影响抵押权的行使，即赋予抵押权追及效力。即使抵押财产已经转让，受让人取得了物权，但是该物权上由于负担着抵押权，抵押权人依然可以通过变卖或拍卖抵押财产实现其抵押权。

二是抵押权追及效力与商品房消费者的权利冲突如何解决。过去法律规定抵押财产不得转让时，未规定抵押权的追及效力。以商品房买卖合同为例，房地产开发商在对商品房进行预售时，很多情况下并未涤除银行对建设用地使用权的抵押权，或未对抵押权的实现另外作出商业安排。消费者在购房后甚至入住后，银行对建设用地使用权行使抵押权，由此产生纠纷。根据《工程款优先受偿批复》，在涉及工程款优先权(《合同法》第286条)和消费者权利顺位时，商品房消费者的权利优先于工程款，自然也优先于抵押权，这主要考虑到消费者的生存权问题。但是，《民法典》第406条对《物权法》第191条进行了修改，在明确抵押物可以转让的同时，明确了抵押权的追及效力。这一立法变化是否将导致《工程款优先受偿批复》与《民法典》的规定不一致？实践证明，《工程款优先受偿批复》的规定有效保障了弱势群体的生存权，实现了政治效果、社会效果和法律效果的统一，具正当性与合理性。从实践来看，商品房向公众公开销售，需取得预售许可证，在此过程中应当对其上土地抵押权予以涤除或作出商业安排。如果不按此规范操作，广大消费者买了房，甚至业已装修入住，土地抵押权人再来行使抵押权，让消费者承担操作不规范的后果，实属不公，也与人民群众最朴素的公平观念相悖。另外值得注意的是，《民法典》第404条关于动产抵押权对抗效力的限制性规定，亦即“以动产抵押的，不得对抗正常经营活动中已经支付合理价款并取得抵押财产的买受人”，该条并未区分动产抵押是否已经办理登记，即使办理了抵押登记，抵押权也不能对抗买受人，显然有利于消费者权益的保护，故有人主张在保护商品房消费者问题上类推适用或参照适用这一条款，我们认为有一定道理。《工程款优先受偿批复》已在司法解释清理时废止，原拟在《民法典担保制度解释》中重新予以规定。在讨论中，有观点认为，这种情况主要发生在执行异议之诉中，可在相关司法解释中予以规定。因此，最终在《民法典担保制度解释》中删除了原稿中关于这一内容的规定。执行异议之诉司法解释有望近期发布，期待能够对此问题予以明确，以免留下法律适用上的空白。

三是关于违反《民法典》第406条“当事人约定不得转让”“转让抵押财产的，应当及时通知抵押权人”等规定的法律后果。《民法典》对此没有作出明确规定，但结合《民法典》的有关规定，可以认为，当事人约定不得转让的，只能约束抵押合同的当事人，抵押人违反约定，造成抵押权人损失的，应承担赔偿责任。抵押权人依此约定，请求认定转让合同无效或者不发生物权转让效力的，不应支持。据了解，不动产登记机构拟开展对抵押物不得转让的登记工作，故如果对不得转让抵押物的约定进行了登记，抵押权人主张转让合同无效的，不应支持；但主张不发生物权变动效力的，应予支持。对此，《民法典担保制度解释》第43条有明确规定。为了与《民法典》及《民法典担保制度解释》规定相衔接，自然资源部于2021年4月发布《自然资源部关于做好不动产抵押权登记工作的通知》（自然资发〔2021〕54号），明确对当事人关于禁止抵押财产转让的约定，登记部门同意登记。

五、关于定金问题

定金虽然被规定在《民法典》合同编通则分编的违约责任部分，但《民法典》仍明确其是债权的担保（第586条第1款第1句）。定金的担保功能是通过定金罚则来实现的，即：给付定金的一方不履行债务或者履行债务不符合约定，致使不能实现合同目的的，无权请求返还定金；收受定金的一方不履行债务或者履行债务不符合约定，致使不能实现合同目的的，应当双倍返还定金。可见，与其他担保方式不同，定金具有双向担保的功能，即无论哪一方违约，都会面临定金罚则的适用。

当然，即使当事人不采用定金作为担保手段，违约方本来也应向守约方承担违约责任，包括赔偿守约方因此受到的损失。如果当事人采用定金作为担保手段，那么守约方是否能够在适用定金罚则的同时，请求违约方承担违约损害赔偿责任呢？尤其是，在当事人采用定金作为担保手段的同时，又约定了违约金，二者能否同时适用？对此，《民法典》的基本态度是：如果合同同时约定了定金和违约金，则守约方只能选择其一适用，而不能同时适用。这就意味着当事人一旦选择定金罚则，就不能再要求适用违约金；一旦选择违约金，也就不能再要求适用定金罚则。就此而言，定金显然被界定为一种违约责任的承担方式，因此，即使当事人没有约定违约金，守约方也不能在适用定金罚则之后，再主张由违约方赔偿自己的全部损失。问题是，如果当事人适用定金罚则后，仍有损失没有填补，怎么办？对此，《民法典》第588条第2款规定："定金不足以弥补一方违约造成的损失的，对方可以请求赔偿超过定金数额的损失。"言下之意是，如果定金数额超过实际损失，则守约方不退还多余部分；如果定金数额少于实际损失，则可主张不足部分。由此可见，定金的担保功能主要体现在当定金数额超过实际损失的场合，在定金数额低于实际损失的场合，定金的担保功能十分有限。也就是说，定金的担保功能主要是通过惩罚性赔偿来实现的。也正是因为定金罚则体现了一定的惩罚性，各国民法都对定金数额予以限制，我国民法也不例外。根据《民法典》第586条第2款的规定，定金的数额不得超过主合同标的额的百分之二十，超过部分不产生定金的效力。此外，为防止定金罚则被滥用，《民法典》还规定，定金合同属于要物合同，定金合同自实际交付定金时成立，实际交付的定金数额多于或者少于约定数额的，视为变更约定的定金数额。

值得注意的是，由于《民法典》将定金规定在违约责任部分，因此《民法典》上的定金主要是指违约定金。但在实践中，除了违约定金外，还有立约定金、成约定金、解约定金。所谓立约定金，是指当事人约定以交付定金作为将来订立合同的担保；所谓成约定金，是指当事人约定以交付定金作为主合同的成立或者生效要件；所谓解约定金，是指当事人约定交付定金的一方以丧失定金为代价解除合同或者收受定金的一方以双倍返还定金为代价解除合同。对于成约定金和解约定金，《担保法解释》有明确规定；对于立约定金，《商品房买卖合同解释》第4条有规定。考虑到这些司法解释的规定与《民法典》关于定金的规定并无冲突，且实践中也大量存在，因而在《民法典》施行后仍应有承认的必要。《民法典担保制度解释》虽未对定金问题作出规定，并不意味着不认可其担保功能。只是考虑《民法典》规定较为具体，且实践中比较容易把握，为条文简省而"忍痛割爱"。实践中，可沿袭《担保法解释》的相关思路处理，同时也要注意《商品房买卖合同解释》第 4 条有关立约定金的规定。

六、关于共同保证及混合担保情况下的保证人追偿权问题

两个以上保证人为同一债权提供的保证，为共同保证。《担保法》第 12 条规定，共同保证分为按份共同保证与连带共同保证。《民法典》第 699 条明确了按份共同保证，但对连带共同保证似语焉不详，用了“没有约定保证份额的，债权人可以请求任何一个保证人在其保证范围内承担保证责任”的表述，从中可以读出连带共同保证之意。可以认为，《民法典》第 699 条对《担保法》第 12 条并无实质性修改。这里要注意区分，按份共同保证、连带共同保证不同于一般保证、连带保证的概念 。前者是解决共同保证情况下，各保证人之间关系的，而后者是解决保证人与主债务人之间关系的。在多个人提供的共同保证中，各个保证人提供的既可能是一般保证，也可能是连带保证。保证方式不同，并不影响共同保证的成立。即便各保证人均对主债务承担连带责任，作为保证人之间的关系而言，可以是连带共同保证，也可以是按份共同保证。

（一）按份共同保证

就按份共同保证而言，保证人按约定的份额承担保证责任后，只能依份额向主债务人追偿，保证人之间不存在相应追偿问题，对此不存在争议。

（二）约定了追偿权的共同保证

如果合同约定共同保证人可以相互追偿的，该约定应有效。其中一个保证人所承担的责任超出其应承担的份额部分，可以向其他保证人追偿。至于如何确定份额，有约定的按约定，无约定的，按比例确定。例如，有两个保证人的，各承担二分之一；有三个保证人的，各承担三分之一，以此类推。在有权向其他保证人追偿的情况下，还有一个问题需要解决，那就是保证人向其他保证人追偿前，是否需先向主债务人追偿？是否只有在无法向主债务人追偿时，才能向其他保证人追偿？我们认为，为了避免向债务人追偿、向其他保证人追偿的不

确定性及循环追偿，以先向主债务人追偿为宜，对主债务人不能追偿部分，再向其他保证人追偿。当然，在具体诉讼中，保证人在行使追偿权时，可以把主债务人与其他保证人作为共同被告，人民法院在判决时分清清偿顺序即可。

（三）连带共同保证

《担保法》第12条明确规定，连带共同保证的保证人之间可以相互追偿，长期以来的司法实践亦是这样操作的。但《物权法》规定混合共同担保人之间原则上没有相互追偿权。《民法典》仍然延续了《物权法》关于混合共同担保人之间没有相互追偿权的规定。《民法典》第700条只是明确了保证人可以向债务人追偿，而未明确可以向其他保证人追偿，似进一步强化了担保人之间原则上不得追偿。因此，从体系解释来看，共同保证人之间原则上亦无相互追偿权。

但是，同样按体系解释方法，我们不能忽略《民法典》第519条的规定：实际承担债务超过自己份额的连带债务人，有权就超出部分在其他连带债务人未履行的份额范围内向其追偿，并相应地享有债权人的权利。依此规定，当合同明确约定各保证人系连带共同保证时，各保证人之间具有相互追偿的权利。问题是，如果没有明确为连带共同保证，也没有约定保证人之间可以相互追偿，而是多个保证人在同一合同书上签字、盖章，是否可以理解为保证人之间存在连带共同保证责任的意思联络而认定为连带共同保证，进而其可以相互追偿呢？我们对此持肯定态度。

综上，可以作一小结，共同保证的保证人之间可以相互追偿的情况包括三种：一是合同约定保证人之间可以相互追偿的；二是合同明确约定系连带共同保证的；三是多个保证人在同一合同书上签字、盖章或按指印的。除上述三种情况外，共同保证人之间无相互追偿权。上述观点，已被《民法典担保制度解释》第13条第1款、第2款所采纳。值得注意的是，根据《民法典担保制度解释》第14条规定，共同担保人中的一个或几个担保人受让债权的，应认定为系承担担保责任的行为，不能因其受让债权而变相获得对其他共同担保人的追偿权。

特别说明一点，上述三种情况适用于混合担保。例如，在同一个合同书上，既约定了保证，又约定了抵押、质押的，只要各担保人在同一合同书上签字、盖章或按指印的，各担保人可以相互追偿。

在此还应明确一点，同一债权有债务人自己提供的物的担保，承担了担保责任的担保人，在其承担责任的范围内主张行使债权人享有的担保物权的，应予支持。同理，在担保人可以追偿的情况下，承担了担保责任的担保人，也可以行使债权人对其他担保人的担保物权。

七、关于保证方式

（一）一般保证和连带保证的认定

保证的方式包括一般保证和连带保证。根据《民法典》第686条第2款规定，合同对保证方式约定不明或未约定的，推定为一般保证。该规定相对于《担保法》第19条，反其道而行之，是担保法律制度的重大变化。在理解该款时，要注意对“约定不明”的认定问题。只有通过合同解释的方法，仍然不能判断是属于一般保证还是连带保证时，才能认定为“约定不明”。如果通过合同解释的方法，能够判断是属于连带保证的，应当按照连带保证处理。比如，债权人与保证人虽然没有明确使用“连带责任”用语，但是约定主债务履行期限届满，债权人既可以向主债务人，也可以向保证人请求履行债务，符合关于连带债务的判断标准，就可以认定为连带保证。再如，债权人与保证人约定，只要是债务履行期限届满后债务人不履行债务，债权人可以随时向保证人主张其承担保证责任，也可以认定为连带保证。但是，如果债权人与保证人约定“如果债务人到期不能清偿，由保证人承担责任”，属于约定不明，则应当认定为一般保证。对此，《民法典担保制度解释》作出了明确规定。

（二）一般保证的先诉抗辩权

一般保证的保证人享有先诉抗辩权，《担保法》第17条第2款规定：“一般保证的保证人在主合同纠纷未经审判或仲裁，并就债务人财产依法强制执行仍不能履行债务前，对债权人可以拒绝承担保证责任。”可见，《担保法》在制定时，已对一般保证人先诉抗辩权有充分认识，并作了明确规定。《民法典》第687条第2款基本沿用了《担保法》第17条的规定，没有实质变化，只是所列举的例外情况更为准确，更具有可操作性。

问题是，债权人起诉一般保证人和债务人时应如何诉？是必须对主债务人、保证债务人分别诉讼，还是可以一并提起诉讼？《担保法解释》第125条作了安排，规定：“一般保证的债权人对债务人和保证人一并提起诉讼的，人民法院可以将债务人和保证人列为共同被告参加诉讼。但是，应当在判决书中明确在对债务人财产依法强制执行后仍不能履行债务时，由保证人承担保证责任。”

我们认为，在《民法典》第687条对《担保法》第17条关于先诉抗辩权的规定无实质变化的情况下，《担保法解释》第125条的规定亦无进行实质性修改的必要，可以继续沿用。此外，还有如下几点理由：第一，《担保法解释》关于一般保证的程序性规定，在二十年的司法实践中未出现过问题，且应用日益成熟，法律无实质修改的必要，司法实践也无改弦更张的必要。第二，如果要求债权人先起诉债务人，并经强制执行后仍不能履行债务时，才能另行起诉保证人，明显弊大于利：一是主债务与一般保证债务分别诉讼，主债务人不参加诉讼，一般保证人很难了解主债务情况，进而难以行使主债务人的抗辩权；二是主债务与保证债务分别诉讼，很可能在合同效力、债权数额、担保范围等方面出现两个矛盾的判决；三是分别诉讼并历经强制执行程序，是一个漫长的过程，诉讼成本高、周期长，对双方当事人都不利；四是按照《担保法解释》第125条的规定进行诉讼，足以保障一般保证人的先诉抗辩权。先诉抗辩权的实质主要体现在承担责任的先后顺序上，即只有对主债务人强制执行不能实现债权时，才能执行一般保证人。

当然，在允许对债务人和一般保证人一并提起诉讼的情形下，可能会导致一般保证人的财产因被保全而提前受到处分限制，从而影响到保证人对财产的利用。为了避免债权人滥用权利，有必要限制债权人申请财产保全的权利，即如果债权人未申请对债务人的财产采取保全措施或者就债务人的财产采取的保全措施足以保障其债权实现，人民法院不应对保证人的财产采取保全措施。《民法典担保制度解释》第26条相较于《担保法解释》的规定有所变化，但无实质变化。新规定更严谨科学一些，主债务人与一般保证人可以作为共同被告，在判决主文中体现先诉抗辩权的基本趣旨未变。

八、关于保证期间与诉讼时效

对于保证期间没有约定或约定不明问题，《民法典》相对于《担保法解释》第32条有重大变化。《担保法解释》第32条区分了约定不明与没有约定的情况，在约定不明的情况下保证期间为二年，在未约定的情况下为六个月，体现了加大对债权人的保护力度的倾向。而《民法典》第692条未作这种区分，规定没有约定和约定不明的，保证期间一律为六个月。

1.《民法典》关于保证期间的规定与抵押权期间的规定的区别。对于抵押权期间，根据《担保法解释》第12条规定，担保物权所担保的债权诉讼时效结束后，担保权人在二年内行使担保物权的，人民法院应予支持。《担保法解释》对抵押权的行使期间采取类似于诉讼时效的表述方式，可以认为是抵押权的保护期间，而不是存续期间，不同于保证期间，期间届满不产生消灭抵押权的效果。《物权法》第202条规定："抵押权人应当在主债权诉讼时效期间行使抵押权；未行使的，人民法院不予保护。"除删除了二年的规定外，基本沿用了《担保法解释》第12条的规定，采用了保护期间的理念。

《民法典》第419条又完全沿用了《物权法》第202条的规定，具体而言，抵押权期间受制于主债权诉讼时效，随着主债权诉讼时效中断、中止、延长等发生变化。问题是，实践中主债务诉讼时效期间届满，债权人不行使抵押权的，法院不予支持其行使抵押权的请求，而此时抵押权又没有消灭，这样就陷入了僵局：债权人无法行使抵押权，抵押人又不能涂除抵押权。于是，就有抵押人向法院起诉请求注销抵押权，而人民法院对此是否应支持存在争议。《民商事审判会议纪要》规定，抵押人请求涂销抵押权登记的，人民法院予以支持。在《民法典》对此未有新的规定的情况下，此处理思路似可继续沿用。但是，在《民法典担保制度解释》制定过程中，立法部门认为，支持涤除抵押权与《民法典》第419条规定不甚一致。有鉴于此，未将《民商事审判会议纪要》相关规定移植到《民法典担保制度解释》中来。在实践中，可考虑在抵押权人请求涤除抵押权的情况下，法院判决债权人协助办理抵押权注销登记手续。

2. 质权、留置权的期间问题。《民法典》对抵押权的保护期间作了明确规定，但是对质权、留置权的保护期间却付之阙如。这是否意味着质权、留置权没有保护期间的限制，即便是债权人在诉讼时效期间内未行使质权、留置权的，法院也应予以保护？对此存在争议。我们认为应当区别情况：第一，就以登记为公示方式的权利质而言，与抵押权无实质差别，应类推适用《民法典》第419条关于抵押权保护期间的规定，质权人在主债务诉讼时效期间内不行使权利的，人民法院不予保护。第二，就动产质而言，因公示方式是交付，亦即质权人占有动产，实际控制动产，只要占有状态没有发生变化，即便是主债务过了诉讼时效，其质权亦应受到保护。以交付权利凭证作为公示方式的权利质与动产质属于同等情况，应同样对待。第三，就留置权而言，往往是在债务人到期不履行债务，债权人对合法占有的标的物进行留置，这里属于主债务诉讼时效开始起算后行使权利的行为，构成诉讼时效中断，只要留置物处于债权人的持续占有状态，主债务诉讼时效持续中断，不存在主债务诉讼时效届满的情况，自然也无类推适用抵押权保护期间之余地。对于动产质，采取交付权利凭证公示方式的权利质、留置权，担保人为避免因债权人不行使权利而产生对自己不利的后果的方式，只能依据《民法典》第437条、第454条的规定，请求质权人、留置权人在债务履行期限届满后及时行使权利，其不行使权利的，可请求人民法院拍卖、变卖担保标的物。同时，因担保权人不及时行使权利造成损失的，还可以请求损害赔偿。对此，《民法典担保制度解释》第 44 条第 2 款、第 3 款作了规定。

3. 共同保证情况下，债权人依法向其中部分保证人行使权利的，效果不及于其他保证人（《民法典担保制度解释》第 29 条第 1 款）。在保证人之间有相互追偿权的情况下，因债权人未在保证期间依法向其他保证人行使权利而导致承担了保证责任的保证人丧失追偿权的，保证人在丧失追偿权的范围内免除担保责任（《民法典担保制度解释》第 29 条第 2 款）。此外，最高额保证对保证期间有约定的，按其约定，没有约定或约定不明的，保证期间的计算在实践中也有争议。我们认为，如果在债权确定之日全部被担保的债权的履行期限均已届满，则自债权确定之日开始计算最高额保证的保证期间；如果还有被担保的债权的履行期限未届满，则应自最后到期的债权的履行期限届满之日起开始计算（《民法典担保制度解释》第 30 条）。

4. 债权人在保证期间内不行使权利，权利消灭。就连带保证而言，保证期间从主债务履行期限届满开始起算。根据《民法典》第 693 条的规定，债权人必须在保证期间内向连带保证人主张权利，否则，保证人不再承担保证责任。当然主张权利既可以是提起诉讼、申请仲裁，也可以是以其他方式。

就一般保证而言，根据《民法典》第 693 条规定，债权人在保证期间对债务人提起诉讼或申请仲裁，保证人不承担保证责任。由此可以认为，一般保证的债权人即使已在保证期间内对保证人主张了权利，也可能导致保证债务消灭的后果。此外，对于赋强公证债权文书，债权人在保证期间内申请人民法院强制执行的，即便没有提起诉讼或申请仲裁，也不应产生保证债务消灭的后果。

5. 保证期间向诉讼时效的转换。一般保证与连带保证在转换为诉讼时效问题上存在差别。连带保证，债权人在保证期间内向保证人主张权利，从主张权利时开始起算诉讼时效，保证期间功成身退。而一般保证情况比较复杂，条文表述不易理解，可先从《民法典》第 694 条与《担保法解释》第 34 条规定的区别来入手：

《担保法解释》第34条规定："一般保证的债权人在保证期间届满前对债务人提起诉讼或者申请仲裁的，从判决或者仲裁裁决生效之日起，开始计算保证合同的诉讼时效。连带责任保证的债权人在保证期间届满前要求保证人承担保证责任的，从债权人要求保证人承担保证责任之日起，开始计算保证合同的诉讼时效。"《民法典》第694条规定："一般保证的债权人在保证期间届满前对债务人提起诉讼或者申请仲裁的，从保证人拒绝承担保证责任的权利消灭之日起，开始计算保证债务的诉讼时效。连带责任保证的债权人在保证期间届满前请求保证人承担保证责任的，从债权人请求保证人承担保证责任之日起，开始计算保证债务的诉讼时效。"《民法典》第694条的规定虽然与《担保法解释》在表述上存在差别，但基本意思是一致的，只是《民法典》的表述更周延。《民法典》这一条规定，可以理解为从一般保证人先诉抗辩权消灭之日起起算保证的诉讼时效。

那么，一般保证人何时丧失先诉抗辩权？根据《民法典》第687条的规定，包括五种情况：一是经依法强制执行主债务人仍不能清偿债务的；二是债务人下落不明，且无财产可供执行；三是人民法院受理主债务人破产的；四是有证据证明债务人丧失清偿能力的；五是保证人书面表示放弃先诉抗辩权的。对于第一种情形，实践中面临着如何判断诉讼时效起算点的问题。我们认为，在债权人持法律文书申请人民法院执行债务人财产的情形下，如果人民法院因债务人没有财产或者其财产不足以清偿全部债务而作出终结本次执行裁定或者终结执行裁定，则应自裁定送达债权人之日开始计算保证债务的诉讼时效；如果人民法院在受理债权人强制执行的申请后一年内未作出上述裁定，则应自一年届满之日开始计算保证债务的诉讼时效。对于第二种到第五种情形，则应自债权人知道或者应当知道这些情形发生之日开始计算保证债务的诉讼时效。

6. 保证合同无效情况下的保证期间。保证合同无效，债权人未在保证期间内行使权利，保证人是否还需承担赔偿责任？这是个极具争议与复杂的问题，至今司法实践中未形成统一结论。

我们认为，在保证期间内不行使权利，导致权利消灭，缔约过失责任也成无本之木。因此，保证合同无效，只要债权人在保证期间内未依法行使权利，即使按缔约过失责任的诉讼时效尚未届满，保证人亦不应承担缔约过失责任。对此，《民法典担保制度解释》第33条作了明确规定。

九、抵押的有关问题

抵押是在我国比较成熟且在实践中被广泛应用的典型担保形式之一。《民法通则》《担保法》《物权法》《民法典》均予以规定，有关制度日益完善。抵押按抵押财产性质，区分为不动产抵押与动产抵押。《民法典》对《担保法》《物权法》关于抵押的规定作了多处修改，并增加了一些新的规定，进一步完善了担保物权制度，为优化营商环境提供法治保障。

（一）关于房地一体抵押

我国立法向来采取“房随地走、地随房走，房地合一”的原则，这在《担保法》第36条、《城市房地产管理法》第32条均有明确规定。但在以往的司法实践中之所以出现较大争议，是因为存在房产与土地使用权分别设立抵押的情形。这种情形是否导致抵押无效？如果有效，仅设立房产抵押，效力是否及于土地使用权；仅设土地使用权抵押，效力是否及于房产？当时所形成的比较一致的观点是，抵押权旨在通过抵押物的交换价值实现债权，无论是房产与土地使用权分别抵押、单独抵押，还是一并抵押，只要是在实现抵押权时对房产、土地使用权一并拍卖、变卖，按各部分价款分配给各抵押权人即可，既不违反“房地合一”规定，又不影响抵押权的实现，故不应认定房地分别抵押或单独抵押无效。但是房产抵押效力不及于土地使用权，土地使用权抵押效力也不及于房产，各抵押权人分别行使抵押权，不考虑抵押权设立先后。《物权法》正是关注到了实践中的争议，在第182条第1款重述《担保法》第36条的规定后，在第2款明确规定，抵押人未将土地使用权与地上建筑物一并抵押的，未抵押的财产视为一并抵押。该规定明确了在抵押问题上，也坚持“房随地走，地随房走”。如果房地分别抵押，则相当于在一个物上设立了两个抵押权，如何行使抵押权？依据抵押权实现顺序的规定，登记在先的优于登记在后的。处理思路与《物权法》施行之前实务中的做法明显有重大变化。《民法典》第397条几乎是完全沿用了《物权法》第182条的规定，因此，在以后的司法实务中仍应按《物权法》实施后的处理思路处理。

但是，实践中又出现了新的问题：其一，当事人仅以建设用地使用权设定抵押，抵押权的效力是否及于抵押权设立之后还在建造的建筑物的续建部分及新增建筑物？回答应该是否定的。实践中许多半拉子工程需要新的融资才能继续建设，而新的投资人为了保障自己的权利，往往要求对建筑物设立抵押，如果原土地使用权抵押效力及于续建的建筑物，新的投资人只能作为第二顺位的抵押权人。投资人在权利难以保障的情况下，没有投资的动力，特别是在房地产企业破产重整过程中更是如此。没有新的投资，形成烂尾楼的局面，对原抵押权人也是无益的。因此，综合考虑现实情况，以建设用地抵押权效力仍不及于续建或新增加的建筑物为宜。其二，当事人明确约定土地使用权抵押不包括其上建筑物，或明确约定建筑物抵押权不包括土地使用权的，是否可以？回答是肯定的。在实现抵押权时，对土地使用权与建筑物一并拍卖或变卖，既不影响抵押部分的价款分离，也不影响“房地一体”原则。并且，从《民法典》第397条的规定看，此条应属于补充性任意规范，应允许当事人以约定排除适用。上述分析及结论，在《民法典担保制度解释》第51条作了明确规定。

（二）关于违法建筑物抵押

《民法典》第399条所列举规定的不得抵押的财产，未包括违法建筑物，但违法建筑物被禁止流通，所有人不得转让违法建筑物。问题在于，违法建筑是一个比较宽泛的概念，是否属于违法建筑物需要行政管理部门认定。另一方面，违反不同法律的建筑物，处理结果不同。有的违法建筑物是可以补办相应的合法手续的，亦即其违法性可以治愈。在这种情况下，原则上应对违法建筑物抵押持否定性司法评价，但又要区别情况，不能一概而论。《担保法解释》第 48 条规定，以法定程序确认为违法、违章的建筑物抵押的，抵押无效。该规定充分注意到了违法建筑物的复杂性，把违法建筑物限定为“以法定程序确认”的情形。

但是，有关部门在诉讼过程中尚未依法定程序确认建筑物违法，并不意味着以后不确认。如果在人民法院作出了生效判决认定抵押有效后，执行阶段被确认违法，将导致判决无法执行。即便是执行了，竞买人权利无法实现，也将产生无尽的纷争，这样的例子目前在实践中屡有发生，甚至引发舆情。因此，在诉讼中，一方面，人民法院应当征询行政管理部门意见，对是否系违法建筑物作为事实查明；另一方面，为保障判决的可执行性，应明确以违法建筑物抵押的，抵押合同无效，但是在一审庭审终结前已经办理合法手续或经行政管理部门出具可以办理合法手续的意见的，应认定有效。对此，《民法典担保制度解释》第 49 条作了规定。

（三）关于抵押预告登记

预告登记制度是《民法典》物权编规定的一种特殊登记制度。根据《民法典》第 221 条（《物权法》第 20 条）的规定，预告登记的目的是保障将来实现物权。问题是，怎么才能保障预告登记权利人将来实现物权呢？为此，《民法典》第 221 条第 1 款规定：“……预告登记后，未经预告登记的权利人同意，处分该不动产的，不发生物权效力。”所谓“不发生物权效力”，根据《最高人民法院关于适用〈中华人民共和国物权法〉若干问题的解释（一）》（法释〔2016〕5 号，已废止）第 4 条的规定，是指不发生当事人所追求的转移不动产所有权或者设定建设用地使用权、地役权、抵押权等物权变动的效力，并非当事人订立的买卖合同或者设定用益物权或者担保物权的合同也不发生效力。此外，依民法通说，仅指相对于预告登记权利人“不发生物权效力”，而非指对所有人“不发生物权效力”。

关于抵押权的预告登记，首先需要明确的是，《民法典》对于抵押物的转让规则有了新的变化：即使标的物已经设定抵押权，也不影响抵押物的转让，只不过抵押权人仍有权行使抵押权。此外，标的物在设定抵押权后，抵押人再次设定抵押权的情形在实践中也较为常见。举重以明轻，既然抵押权已经设定的情形下抵押人都可以在标的物上再次设定抵押权或者转让抵押物，债权人在已就抵押财产办理预告登记的情形下，自然也无法阻止抵押人再次转让抵押财产或者就抵押财产再次设定抵押权。在此情形下，预告登记究竟如何确保债权人将来取得抵押权呢？显然，此时只能赋予预告登记权利人一种顺位利益，即债权人一旦办理了抵押权的预告登记，则即使抵押人转让抵押物或者再次就抵押物设定抵押权，预告登记权利人在能够办理本登记的情形下，也应获得优先顺位。例如，张三将房屋抵押给李四，因种种原因未能办理抵押登记，但李四已办理预告登记，如果张三再将房屋出卖给或者抵押给王五，且已经办理过户手续或者抵押登记，则李四在能够办理本登记的情况下，其权利应优先于王五。也就是说，在李四能够办理本登记的情形下，应按照预告登记的时间来确定权利的优先顺位，而不能按照本登记的时间来确定优先顺位。

值得注意的是，为了确保预告登记权利人将来实现物权，《执行异议和复议规定》第30条还规定，在预告登记有效期内，如果具备办理本登记的条件，预告登记权利人的权利具有排除强制执行的效力。同理，为确保预告登记权利人将来实现物权，在预告登记有效期内，预告登记权利人的权利也应具备抵御破产的效力。例如，作为房屋出卖人的公司被宣告破产，而房屋买受人在此之前已经办理预告登记，则房屋买受人在具备本登记条件的情形下，可以行使破产法上的取回权。回到抵押权的预告登记上，由于抵押权本身虽然不能排除强制执行和抵御破产，但可以在强制执行和破产程序中优先受偿，因此，经预告登记的抵押权，虽然也不能排除强制执行或者抵御破产，但应具有优先受偿的效力，即：在预告登记有效期内，预告登记权利人也应有权在强制执行和破产程序中优先受偿，否则，就无法保障预告登记权利人将来实现物权。

需要说明的是，尽管抵押权的预告登记已使债权人的权利具有一定的物权效力，但这并不意味着债权人已现实地享有抵押权。这是因为，根据《民法典》第221条第2款的规定，预告登记后，债权消灭或者自能够进行不动产登记之日起九十日内未申请登记的，预告登记失效，因此，债权人虽然已经办理预告登记，但一旦预告登记失效，就无法保障债权人将来取得物权。也正因为如此，在《最高人民法院公报》2014年第9期刊登的中国光大银行股份有限公司上海青浦支行诉上海东鹤房地产有限公司、陈某绮保证合同纠纷案中，上海二中院在终审判决中认为："抵押权预告登记所登记的并非现实的抵押权，而是将来发生抵押权变动的请求权，该请求权具有排他效力。因此，作为系争房屋抵押权预告登记的权利人，在未办理房屋抵押权设立登记之前，其享有的是当抵押登记条件成就或约定期限届满对系争房屋办理抵押权登记的请求权，并可排他性地对抗他人针对系争房屋的处分，但并非对系争房屋享有现实抵押权，而是待房屋建成交付购房人后就该房屋设立抵押权的一种预先的排他性保全。如果房屋建成后的产权未登记至购房人名下，则抵押权设立登记无法完成，其不能对该预售商品房行使抵押权。"

上述判决是否意味着在办理抵押权本登记之前，即使债权人办理了抵押权的预告登记，也无法享有优先受偿的权利，而必须等到办理完本登记，才能享有优先受偿的权利呢？对此，我们的意见是，预告登记是在当事人无法办理本登记的情况下采取的一种特殊措施，一旦能够办理本登记，则应理解为预告登记就可以产生本登记的法律效力，因此，经人民法院审查，只要预告登记没有失效，且债权人具备办理本登记的条件，就应认定债权人享有优先受偿的权利，而无须另行办理抵押权的本登记。

总之，抵押权预告登记的效力，大致可以分为三个层次：

第一层次，抵押权预告登记后，在办理本登记前，债权人能否请求行使抵押权？我们的意见是：当事人订立抵押合同后仅办理预告登记，债权人主张行使抵押权的，人民法院不应予以支持，因为此时是否在预告登记的有效期内，是否具备本登记的条件，都需要经过诉讼程序进行审查。当然，如果经审查，已经具备办理抵押登记的条件，则抵押权应自预告登记之日即已设定，债权人自可行使抵押权。

第二层次，当事人办理抵押权的预告登记后，如果抵押财产被人民法院查封，是否影响当事人办理抵押权的本登记？我们的意见是：不影响当事人办理抵押登记。再进一步说，在抵押人的其他债权人申请人民法院对抵押物强制执行时，人民法院应当审查，预告登记权利人是否已经具备办理本登记的条件，而无须当事人另行提起诉讼：已经具备抵押登记条件的，预告登记权利人主张抵押权自预告登记生效时设立并请求优先受偿的，人民法院应予支持；不具备办理抵押登记条件的，待条件成就后预告登记权利人主张自抵押登记条件成就时起取得抵押权的，人民法院应予支持。

第三层次，当事人在办理抵押权的预告登记后，抵押人被宣告破产，预告登记权利人能否主张优先受偿？我们的意见是：在预告登记有效期内抵押人被人民法院宣告破产，无论抵押登记的条件是否具备，预告登记权利人主张就抵押物优先受偿的，人民法院都应予以支持，但应限于破产受理时抵押物的价值范围，且当事人在破产受理前一年内为未提供担保的债务办理抵押预告登记的除外。

上述分析与结论，在《民法典担保制度解释》第52条有明确规定。

（四）关于动产抵押

《民法典》在担保物权公示的法律效果上，采取了公示生效要件主义与公示对抗要件主义相结合的立法思路。只是前者为主，后者为辅。就抵押而言，对不动产采登记生效要件主义，不办理登记，抵押权不生效；对动产采登记对抗主义，抵押权合同有效成立，抵押权即设立，只是不办理动产抵押登记，不得对抗善意第三人。

1. 动产抵押未办理登记，其物权效力十分有限。

第一，所谓的不能对抗第三人，是指在同一动产上竞存的其他物权人，而不应包括抵押人的普通债权人。因为物权优于债权，如果动产抵押权不能对抗普通债权人，与普通债权无任何区别，不符合物权优于债权的一般原理。

但是，在未办理动产抵押登记的情况下，如果人民法院根据抵押人的其他债权人的申请采取查封、扣押等措施的，动产抵押权人能否优先受偿？对此颇具争议。我们的意见是，其不享有优先受偿权。如果抵押人的普通债权人未申请法院采取查封、扣押措施，可支持动产抵押权人的优先受偿请求。这样理解，与《民法典》极力消除隐形担保、保障交易安全的总体思路是一致的。

第二，动产抵押未办理抵押登记，抵押人将抵押的动产转让，并且买受人已取得占有的，在没有证据证明买受人知道或应当知道已经订立抵押合同的情况下，抵押权人请求行使抵押权，对动产优先受偿的，不应支持。因为该买受人是善意第三人，动产抵押不登记，不能对抗善意第三人。相反，如果有证据证明买受人知道或应当知道已经订立抵押合同的，买受人系恶意第三人，动产抵押权人可行使抵押权，优先受偿。

第三，动产抵押未办理登记，抵押人又将该动产抵押给他人，如果该抵押办理了登记，不论该抵押权人是否善意，未办理登记的动产抵押权人均不能对抗办理抵押登记的动产抵押权人。因为按《民法典》第414条规定，抵押权已经登记的先于未登记的受偿。

第四，动产抵押未办理登记的，在破产程序中，抵押权人主张优先受偿的，不应支持。

上述四个要点，在《民法典担保制度解释》第54条有明确规定。

2. 办理了抵押登记的动产抵押权仍不能对抗第三人的例外情况。

按照《民法典》第403条的规定，办理了登记的动产抵押，能够对抗第三人。但是《民法典》第404条、第416条规定了两个例外情况，应引起重视。

（1）《民法典》第404条规定："以动产抵押的，不得对抗正常经营活动中已经支付合理价款并取得抵押财产的买受人。"该条是指，在出卖人正常生产经营范围内，动产抵押即使办理了登记，也不得对抗善意买受人。该条所规定的动产抵押既包括浮动抵押，也包括一般动产抵押，实际是给予买受人以查询登记的豁免权，即只要是出卖人在其正常经营范围内出卖产品，买受人无须查询买卖标的物是否抵押。比如，出卖人将商场的所有动产进行浮动抵押并办理登记，到商场购买正常对外销售商品的买受人一旦取得商品，抵押权不对其发生对抗效力。人民法院在适用这一条款时应把握其适用范围及适用条件，防止滥用。结合实践经验，下列情形，办理了抵押登记的动产抵押权人可以对抗该条款所称的买受人：一是购买商品的数量明显超过一般买受人的；二是购买出卖方的生产设备的；三是买卖合同的签订系以担保出卖人或者第三人债务履行为目的的；四是买受人与出卖人存在直接或间接控制关系的；五是买受人应当查询抵押登记而未查询的其他情形。《民法典担保制度解释》第 56 条对《民法典》第 404 条的适用进行了较为明确的解释。

（2）《民法典》第 416 条规定："动产抵押担保的主债权是抵押物的价款，标的物交付后十日内办理抵押登记的，该抵押权人优先于抵押物买受人的其他担保物权人受偿，但是留置权人除外。"该条是关于价金超级优先权的规定。其核心要义在于以动产价金为主债权的抵押权优先于在同一动产上设立的其他抵押权。如果说《民法典》第 404 条是解决被设立抵押的动产在卖出情况下与买受人的权利顺位问题的，那么本条则是解决设立抵押的动产在买入情况下，其他动产抵押权人与出卖人动产抵押权的权利顺位问题，两个条款一个为卖出，一个为买入。按照《民法典》第 414 条的规定，抵押权登记在先的优先于登记在后的，但按照《民法典》第 416 条的规定，在以动产价金为主债权的情况下，在同一动产上设立的其他债权的抵押权即便是登记在先，也不能对抗十日内办理了登记的以动产价金为主债权的抵押权。此种情况常见于动产浮动抵押。例如，甲公司为贷款向银行设立了浮动抵押，抵押范围包括该公司的原材料钢材、成品半成品、机器设备等，并办理了浮动抵押登记。后乙公司卖给甲公司 10 吨原材料钢材，价款为 500 万元。双方约定分期付款，乙公司保留对 10 吨钢材的所有权，并在十日内办理了登记。就银行的动产浮动抵押范围而言，包括这10吨钢材，其先于乙公司登记。但根据《民法典》第416条规定，乙公司所有权保留能够对抗银行。该案中，如果乙公司对10吨钢材未约定所有权保留，而是约定了抵押，只要在十日内办理抵押登记，依《民法典》第416条之规定，同样可以对抗银行的抵押权。之所以作出这样的规定，主要是为设立了动产浮动抵押的企业再融资创造条件，其他企业向作为买受方的企业卖出产品，在买受方不能即时付款的情况下，为保障价金回笼，往往对出卖物设定抵押或约定所有权保留，但如果不给予出卖方更优越的保护，将影响其交易信心，进而影响交易效率，影响正常的生产经营。在价金超级优先权制度下，出卖方无须查询买受方是否设立了其他抵押，只要在十日内办理抵押登记或所有权保留登记，即可保证资金回笼的安全。此外，价金超级优先权制度，也理顺了所有权保留制度与动产抵押制度之间的关系，保证了《民法典》不同担保制度之间的顺畅衔接。还值得注意的是，《民法典》第416条的规定，除了适用于所有权保留外，还可以适用于融资租赁中出租人对租赁物享有所有权的情形。对此，《民法典担保制度解释》第57条作了规定。

十、非典型担保

非典型担保是相对于典型担保而言的，典型担保是由法律明确规定的典型化的担保类型，在我国包括保证、定金、抵押权、质押权、留置权五类。《民法典》将定金规定在违约责任一章，似乎有淡化定金的担保功能，且不作为典型担保的立法倾向。非典型担保是指法律未明确规定，在交易中自发产生的担保形式，或法律虽有规定，但未典型化的担保形式。

《民法典》第388条除了规定抵押合同、质押合同外，还规定了“其他具有担保功能的合同”。结合《民法典》各分编规定，具有担保功能的合同包括保理合同、融资租赁合同、所有权保留买卖合同等。《民法典》虽将这些具有担保功能的合同规定在典型合同分编中，但由于这些合同不是以担保为主要的权利义务关系，故似可视为非典型担保合同。此外在实践中出现的让与担保等担保形式，更系非典型担保。

（一）让与担保

让与担保有广义和狭义之分。广义让与担保，包括买卖式担保和让与式担保。所谓买卖式担保，又称卖与担保、卖渡担保等，是指以买卖方式移转标的物的所有权，而以价金名义通融金钱，并约定日后将该标的物买回的制度。狭义让与担保，仅指让与式担保，又称为信托让与担保，是指债务人（或第三人）为担保债务清偿，将担保标的物之所有权移转给债权人，在债务清偿后，标的物之所有权回归于担保人；在债务届时未能得到清偿时，债权人有就担保物优先受偿的权利。其要点是：第一，在设定这一担保时，担保人需将标的物所有权暂时转让给债权人，债权人成为形式上的所有人；第二，为使担保人保持对担保标的物的使用效益，债权人往往与担保人签订标的物的借用或租赁合同，由担保人对担保标的物使用；第三，债务人履行债务后，债权人应返还标的物所有权；第四，在债务人未偿还债务时，债权人并不是当然地取得担保标的物所有权，而是进行清算。清算分为两种：一是归属清算型，对标的物进行评估，超出债务价值部分由债权人偿还给担保人，债权人取得所有权；二是处分清算型，由债权人将标的物予以变卖，将价款用于清偿债权，多余部分归属于担保人。在大陆法系许多国家，因法律对让与担保无明文规定，其有效性曾遭到学界的批评，被认为是虚伪表示、规避流质禁止之规定、违反物权法定原则，甚至被称为交易上的“私生子”。但如今，让与担保已经成为德国、日本等国的重要担保形式，并被司法判例所认可。日本学者我妻荣一语道破天机：作为私法领域中“私生子”的让与担保制度，在长期遭受白眼之后，终于获得判例法的承认而被认领。我国《物权法（草案）》曾规定有让与担保，最后两稿被删去，终未获《物权法》之认可。《民法典》虽未明确规定让与担保，但通过第 401 条、第 428 条对流押、流质条款的修改，足以产生让与担保的制度效果。

在我国司法实务中，不应简单地认定该担保形式无效，尤其不应依据有关流押或流质之禁止规定认定让与担保合同无效。即使合同未约定债务不能清偿时具体的清算办法，法院亦可基于《民法典》第401条、第428条的规定，认定债权人对相应标的物的优先受偿权。

实践中对《民法典》第401条、第428条规定的适用应注意，当事人在债务履行期限届满前约定，债务人不履行到期债务，标的物归债权人所有的，该约定应认定无效，但不影响担保的意思表示效力。这里要探究当事人的真意，一般来说，只要约定债务人到期偿还债务，债权人即返还标的物所有权，或者订立买卖合同等进行所有权形式转让，而且目的是担保债权的实现的，均可解释为当事人具有担保的意思表示，仅认定合同关于"不履行到期债务所有权归债权人"的约定无效，而认定关于具有担保功能的合同条款有效。

当然，在实践中需对某一交易是真实的财产转让，还是以转让形式担保债权进行判断。法院在审理案件时，应结合是否存在被担保的主债权债务关系，是否存在回购条款等因素综合判断，以探求当事人的真意。试举两个例子：

其一，甲公司欠乙公司1000万元，双方达成协议，约定：甲公司将其楼房产权过户给乙公司；甲公司在三年内偿还乙公司全部欠款，乙公司收到欠款后将房屋产权证及产权还给甲公司；如果甲公司不能按期偿还欠款，乙公司永远取得房屋产权。后甲公司没有依约偿还欠款却进入破产程序，其破产管理人提起诉讼请求乙公司返还房屋产权。对该案，一审法院认定为抵押，但因违反禁止流押之规定而无效，判决乙公司返还房屋产权。二审法院认定为让与担保，并认定双方约定合法有效。但同时认为，诉争的房屋价值超过欠款，如果因甲公司不能偿还欠款而使乙公司取得房屋所有权，有失公平。因此，判令乙公司返还甲公司产权，乙公司对该房产在甲公司破产程序中享有优先受偿权。应该说，二审法院对双方的法律关系认定为让与担保是妥当的。

其二，信托投资公司以募集资金对外发放借款。这种业务通常是以受让房地产开发项目等特定资产、房地产开发公司的股权收益权或者开发项目收益权等特定资产收益权的方式进行，核心条款是信托公司作为受让方向转让方支付收购价款，所收购的资产或资产收益权在绝大多数情况下不过户，期满后由转让方向信托公司回购，回购款为收购价款本金＋固定比例的溢价款。在这种情况下，只要合同不存在其他无效事由，则应当由转让方履行合同约定的回购义务。

在上述交易中，为保证资金安全，当事人还会设计出由信托公司成为项目公司股东，监督资金使用的交易结构，在转让方履行回购义务后，信托公司退出项目公司。这种情况下，信托公司持有股权的真实意图是担保债权实现，应当认定为成立让与担保法律关系。对此可以参考《民商事审判会议纪要》第 71 条、第 89 条的规定。

上述两个例子是对《民法典》第 401 条的进一步阐释。实践中，还存在一个问题，股东以其持有的目标公司股权转让至债权人名下的方式为债务履行提供担保，目标公司债权人以股东未履行出资义务、抽逃出资为由，请求作为名义股东的债权人与股东承担连带责任。对此情况，鉴于债权人受让股权合同安排系为担保债权的实现，不具有受让股权的真实意思表示，不宜支持目标公司债权人的请求。上述分析与结论，《民法典担保制度解释》第 68 条、第 69 条依据《民法典》第 401 条、第 428 条作了比较明确的规定，可以作为处理此类纠纷的裁判依据。

（二）所有权保留

在分期付款买卖中，当事人约定在标的物交付买受人后由出卖人继续保留所有权的情况在实践中较为常见。出卖人保留所有权的目的，显然是担保价款债权的实现，因此所有权保留被认为是一种非典型担保物权。关于所有权保留买卖，《合同法》即已有明确规定，但由于《合同法》没有规定公示方式，因此第三人无法从外观上识别出卖人所保留的所有权，从而对第三人的交易安全构成了一定的威胁。《民法典》为消除此种隐形担保，明确规定出卖人保留的所有权非经登记，不得对抗善意第三人（第 641 条第 2 款）。不仅如此，在同一标的物上存在数个担保物权时，即使其中有出卖人保留的所有权，也应根据《民法典》第414条第2款的规定处理数个担保物权之间的清偿顺序。

值得注意的是，为了确保出卖人保留的所有权发挥其担保价款债权实现的功能，《民法典》第642条第1款不仅规定了出卖人可以取回标的物的几种情形，而且于该条第2款规定在发生出卖人可以取回标的物的情形下，出卖人可以与买受人协商取回标的物；协商不成的，可以参照适用担保物权的实现程序。对此，有一种意见认为，在当事人就出卖人取回标的物协商不成的情形下，出卖人只能请求参照担保物权的实现程序，申请人民法院拍卖、变卖标的物并就所得价款受偿。我们认为，《民法典》第642条第2款规定的“可以”不能理解为“只能”，因此，在当事人不能协商取回标的物时，《民法典》实际上一方面允许当事人通过非讼程序的方式实现担保物权，另一方面也允许出卖人通过诉讼取回标的物。

问题在于，如果出卖人不通过非讼程序实现担保物权，而是径行通过诉讼请求取回标的物，是否存在损害买受人利益的可能？从实践的情况看，出卖人不能通过协商一致取回标的物，往往是因为买受人已经支付了大部分价款，且标的物的价值又超过买受人欠付的价款及其他费用，买受人担心出卖人取回标的物后自己无力依据《民法典》第643条进行回赎，而出卖人又不以合理价格转卖标的物并将超过欠付价款及其他费用的部分返还自己，将导致买受人的利益受到损害。为了避免上述情形的发生，我们认为，如果出卖人不通过非讼程序请求人民法院拍卖、变卖标的物并以所得价款受偿，而是以诉讼的方式请求取回标的物，则应根据买受人是否提出抗辩或者反诉来审理案件：如果出卖人虽然有权取回标的物，但买受人反诉请求出卖人将标的物价值超过欠付价款及其他费用的部分予以返还，或者出卖人虽然有权取回标的物，但买受人抗辩标的物的价值大于欠付价款及其他费用，请求人民法院拍卖、变卖标的物，则人民法院对于买受人的主张应一并予以处理。《民法典担保制度解释》第64条基本采纳了上述观点。

当然，无论是出卖人通过协商还是诉讼取回标的物，根据《民法典》第643条的规定，买受人一方面有权在合理期间回赎标的物，在放弃回赎权的情形下，也有权请求出卖人以合理价格转卖标的物并将超过买受人欠付价款及其他费用的部分予以返还。如果出卖人不以合理价格转卖标的物并将超过买受人欠付价款及其他费用的部分返还给买受人，买受人也仍然有权请求参照担保物权的实现程序，申请人民法院拍卖、变卖标的物。

（三）融资租赁

在融资租赁中，出租人对租赁物享有的所有权亦具有担保功能。与对待所有权保留一样，《民法典》为消除隐形担保，于第745条规定："出租人对租赁物享有的所有权，未经登记，不得对抗善意第三人。"如果承租人经催告后在合理期限内仍不支付租金，依据《民法典》第752条、第758条的规定，分别按不同情况处理：其一，出租人选择请求承租人支付剩余租金，并主张对已经登记的租赁物拍卖、变卖、折价所得价款优先受偿的，人民法院应予支持。当然，出租人请求参照《民事诉讼法》实现担保物权案件的有关规定，主张以拍卖、变卖租赁物所得价款优先支付租金的，人民法院应予准许。其二，出租人选择请求解除合同，收回租赁物的，人民法院原则上应予支持。但承租人以抗辩或者反诉方式主张返还租赁物价值超出租金以及其他费用的，人民法院应当一并处理。如果当事人对租赁物的价值存在争议，按何种规则确定其价值呢？我们认为，一是融资租赁合同有约定的，按其约定；二是合同未约定或约定不明的，根据约定的租赁物折旧以及合同到期后租赁物的残值来确定；三是通过上述两办法仍不能确定租赁物残值的，可根据当事人的请求委托专业机构进行评估。

对此，《民法典担保制度解释》第65条作了规定。

（四）保理

依据《民法典》第761条的规定，保理合同是应收账款债权人将现有的或者将有的应收账款转让给保理人，保理人提供资金融通、应收账款管理或者催收、应收账款债务人付款担保等服务的合同。需要说明的是，该条所谓保理人提供的“应收账款债务人付款担保”服务，系指保理人就应收账款债务人的付款义务向债权人提供担保，它是保理服务的常见内容之一，但并非是保理合同本身的担保功能。保理合同的担保功能仅存在于有追索权的保理中，其实质是应收账款债权人通过债权转让的方式将其对应收账款债务人享有的债权用于担保保理融资款本息的返还。

《民法典》第767条规定的无追索权保理仅是保理人为赚取应收账款与保理融资款之间的差价而受让应收账款，故只能向应收账款债务人主张权利。但是根据《民法典》第766条的规定，在有追索权的保理中，保理人可以向应收账款债权人主张返还保理融资款本息或者回购应收账款债权，也可以向应收账款债务人主张应收账款债权；保理人向应收账款债务人主张应收账款债权，在扣除保理融资款本息和相关费用后有剩余的，剩余部分应当返还给应收账款债权人。可见，在有追索权的保理中，应收账款虽然名义上已经转让给保理人，但其目的在于担保保理人对应收账款债权人所享有的保理融资款本息。就此而言，有追索权的保理与应收账款质押一样，其功能都是为了担保债权的实现。也正因如此，与同一应收账款可能发生多次质押或者多次转让一样，同一应收账款也可能发生多重保理。对此，《民法典》第768条规定：“应收账款债权人就同一应收账款订立多个保理合同，致使多个保理人主张权利的，已经登记的先于未登记的取得应收账款；均已经登记的，按照登记时间的先后顺序取得应收账款；均未登记的，由最先到达应收账款债务人的转让通知中载明的保理人取得应收账款；既未登记也未通知的，按照保理融资款或者服务报酬的比例取得应收账款。”尽管本条针对的是就同一应收账款订立多个保理合同的情形，但考虑到实践中也可能发生就同一应收账款同时存在保理、应收账款质押或者债权转让的情形，故上述规则应类推适用于就同一应收账款同时存在保理、应收账款质押或者债权让与的场合。

此外，需要说明的是，《民法典》第766条规定当事人约定有追索权保理的，保理人可以向应收账款债权人主张返还保理融资款本息或者回购应收账款债权，也可以向应收账款债务人主张应收账款债权。据此，保理人分别以应收账款债权人和债务人为被告提起诉讼，人民法院应予受理。问题是，如果保理人以应收账款债权人或者应收账款债务人一并提起诉讼，人民法院是否应予受理，存在争议。我们认为，此时人民法院可以受理，但在判决时，应明确各自的责任范围。

对此，《民法典担保制度解释》第66条作了规定。

《担保法解释》关于定金部分规定的审判思路能否沿袭

由于《民法典担保制度解释》未对定金作出规定，而《担保法解释》又被废止，因此，不少人认为在《民法典》施行后，《担保法解释》关于定金部分的规定对《民法典》施行后的担保行为引起的民事纠纷案件，不能沿袭原来的审判思路。我们认为，《担保法解释》关于定金的规定并非因为与《民法典》相冲突而未保留到《民法典担保制度解释》中，而是因为定金虽然也被规定为债权的担保方式（《民法典》第586条），但考虑到定金与违约责任的关系更为密切，且《民法典》也是将定金规定于《民法典》合同编关于违约责任的部分，《民法典担保制度解释》起草小组决定留待由《民法典》合同编的相关司法解释作出规定。在《民法典》合同编相关司法解释就定金的法律适用作出明确规定前，《担保法解释》关于定金的规定对《民法典》施行后的担保行为引起的民事纠纷案件，审理时能否沿袭原来的审判思路，取决于该规定是否与《民法典》相冲突。如果与《民法典》不冲突，则审理时可以沿袭原来的审判思路。特别需要强调的是，《担保法解释》已被废止，人民法院只能沿袭原来的审判思路，而不能将其作为审判依据加以援引。

问题是，《担保法解释》关于定金的规定哪些思路审理案件时可以沿袭呢？我们认为，由于《民法典》关于定金的规定是在《担保法》规定的基础上适当吸收《担保法解释》的规定而来，因此，在《民法典》施行后，除已经被《民法典》吸收、修改外，《担保法解释》关于定金的其他规定应理解为可以沿袭的审判思路。当然，与《民法典》精神不一致的除外。

值得注意的是，无论是《担保法》还是《民法典》所规定的定金虽然都是违约定金，但关于定金罚则的适用在表述上却并不完全一致。《担保法》第89条第3句规定："给付定金的一方不履行约定的债务的，无权要求返还定金；收受定金的一方不履行约定的债务的，应当双倍返还定金。"而《民法典》第587条第2句规定："给付定金的一方不履行债务或者履行债务不符合约定，致使不能实现合同目的的，无权请求返还定金；收受定金的一方不履行债务或者履行债务不符合约定，致使不能实现合同目的的，应当双倍返还定金。"可见，《担保法》仅规定一方不履行约定时才可以适用定金罚则，而《民法典》则将定金罚则的适用范围扩张至一方履行债务不符合约定的情形，但在结果上则要求当事人的违约行为必须"致使不能实现合同目的"，才能适用定金罚则。当然，《担保法》关于定金罚则的适用范围虽然较为狭窄，但《担保法解释》第120条第1款对此进行了补救，明确规定："因当事人一方迟延履行或者其他违约行为，致使合同目的不能实现，可以适用定金罚则。但法律另有规定或者当事人另有约定的除外。"我们认为，《民法典》第587条第2句关于定金罚则适用的规定是充分吸收《担保法解释》第120条第1款的产物。也就是说，《担保法解释》第120条第1款已被《民法典》吸收。至于该条第2款关于"当事人一方不完全履行合同的，应当按照未履行部分所占合同约定内容的比例，适用定金罚则"的规定，由于不符合《民法典》第587条关于"致使不能实现合同目的"才能适用定金罚则的规定精神，对《民法典》施行后的担保行为引起的定金纠纷案件，不得沿袭原来的审判思路。

除违约定金外，实践中还存在立约定金、成约定金和解约定金等定金形式。其中，解约定金的特殊性在于交付定金的一方可以丧失定金为代价来解除合同，而接受定金的一方则可以双倍返还定金为代价来解除合同。我们认为，解约定金是一种特殊的违约定金，根据合同自由的原则，自应得到承认。因此，《担保法解释》第117条第1句关于"定金交付后，交付定金的一方可以按照合同的约定以丧失定金为代价而解除主合同，收受定金的一方可以双倍返还定金为代价而解除主合同"的规定作为审判思路应可继续沿袭，仅须将该条第2句

"对解除主合同后责任的处理，适用《中华人民共和国合同法》的规定"改为"对解除主合同后责任的处理，适用《中华人民共和国民法典》的规定"即可。

关于成约定金，即以支付定金作为主合同的成立要件或者生效要件，《担保法解释》第116条规定："当事人约定以交付定金作为主合同成立或者生效要件的，给付定金的一方未支付定金，但主合同已经履行或者已经履行主要部分的，不影响主合同的成立或者生效。"我们认为，当事人约定以交付定金作为主合同的成立要件或者生效要件，与当事人约定采用书面形式作为合同的成立要件或者生效要件具有类似性，因此，可以参照《民法典》第490条关于书面形式的规定来处理，即尽管当事人没有交付定金，但如果当事人已经履行主合同约定的主要义务，则应视为合同已经成立或者生效。此外，如此理解成约定金，也与《民法典》第586条第2款关于"实际交付的定金数额多于或者少于约定数额的，视为变更约定的定金数额"的规定一致，因为当事人没有交付定金而直接履行主合同或者主合同的主要部分，也应视为当事人通过行为变更了合同约定的成立条件或者生效条件。就此而言，在《民法典》施行后，《担保法解释》第116条作为审判思路亦仍可继续沿袭。

较有争议的是立约定金。所谓立约定金，是指当事人以交付定金作为将来订立合同的担保。对此，《担保法解释》第115条规定："当事人约定以交付定金作为订立主合同担保的，给付定金的一方拒绝订立主合同的，无权要求返还定金；收受定金的一方拒绝订立合同的，应当双倍返还定金。"我们认为，立约定金在性质上实际是预约合同的违约定金。也就是说，如果当事人之间约定的是立约定金，就意味着当事人之间已经达成了一个预约合同，而立约定金就是该预约合同的违约定金。由于《民法典》第495条已明确承认预约合同，并明确规定"当事人一方不履行预约合同约定的订立合同义务的，对方可以请求其承担预约合同的违约责任"，因此，当事人就预约合同约定的违约定金，也应予以承认。就此而言，《担保法解释》关于立约定金的规定，与《民法典》并不矛盾。但值得注意的是，《担保法解释》第115条虽然对立约定金作了规定，但在定金罚则的适用上则未作限制，因为当事人拒绝签订主合同的原因可能较为复杂，有些是当事人自己的原因，有些则是当事人不能控制的原因。如果因不可抗力导致当事人拒绝签订主合同，则应依据《民法典》第587条关于“致使不能实现合同目的”才能适用定金罚则的规定处理。事实上，《商品房买卖合同解释》亦针对商品房买卖中的立约定金作了规定，该司法解释第4条规定：“出卖人通过认购、订购、预订等方式向买受人收受定金作为订立商品房买卖合同担保的，如果因当事人一方原因未能订立商品房买卖合同，应当按照法律关于定金的规定处理；因不可归责于当事人双方的事由，导致商品房买卖合同未能订立的，出卖人应当将定金返还买受人。”在立约定金作为审判思路能否继续沿装的问题上，还是要区分导致主合同没有订立的原因而异其效果。

《担保法解释》涉及定金部分的条文还有第118条、第119条、第121条。第118条规定：“当事人交付留置金、担保金、保证金、订约金、押金或者订金等，但没有约定定金性质的，当事人主张定金权利的，人民法院不予支持。”该条与《民法典》定金的精神吻合，作为审判思路可以继续沿袭。第119条规定：“实际交付的定金数额多于或者少于约定数额，视为变更定金合同；收受定金一方提出异议并拒绝接受定金的，定金合同不生效。”该条前句被《民法典》第586条第2款吸收，后句中的定金合同“不生效”被《民法典》第586条第1款关于定金合同自实际交付定金时“成立”修改，故该条规定作为审判思路，不得继续沿袭，应直接适用《民法典》第586条的规定处理案件。

《担保法解释》第122条规定：“因不可抗力、意外事件致使主合同不能履行的，不适用定金罚则。因合同关系以外第三人的过错，致使主合同不能履行的，适用定金罚则。受定金处罚的一方当事人，可以依法向第三人追偿。”该条第1句的规定与《民法典》第587条关于“致使不能实现合同目的”才能适用定金罚则的规定一致，作为审判思路可以继续沿袭。后 2 句的规定也符合《民法典》精神，作为审判思路，可以继续沿袭。

《担保法解释》第 121 条规定："当事人约定的定金数额超过主合同标的额百分之二十的，超过的部分，人民法院不予支持。"该条已被《民法典》第 586 条第 2 款吸收。

综上所述，《担保法解释》关于定金部分的规定共 8 个条文，其中与《民法典》的精神吻合，作为审判思路可以继续沿袭的有 5 个条文：第 115 条（但要区分拒绝订立合同的原因）、第 116 条、117 条（其中说理时适用《合同法》应相应改为适用《民法典》）、第 118 条、第 122 条。其余 3 个条文作为审判思路，不得继续沿袭：第 119 条被《民法典》第 586 条吸收、修改，第 120 条第 1 款被《民法典》第 587 条吸收，第 2 款被《民法典》》第 587 条否定，第 121 条被《民法典》第 586 条吸收。

《民法典担保制度解释》的时间效力

一、司法解释关于时间效力的规定

要想准确理解《民法典担保制度解释》的时间效力，必须要厘清法律的溯及力及其与司法解释的时间效力之间的关系。

（一）关于法律的溯及力

鉴于《民法典》对《婚姻法》《继承法》《民法通则》《收养法》《担保法》《合同法》《物权法》《侵权责任法》等原有的民事法律进行了编纂，不仅废止、修改了很多制度，也增加规定了不少新制度。对于因制度变动或者新增规定产生的纠纷，如果相应的法律事实发生在《民法典》施行之前，则究竟应当适用原来的法律还是适用《民法典》，是《民法典》施行后人民法院必将面临的一大难题。为此，最高人民法院专门制定了《民法典时间效力规定》，用28个条文对《民法典》的溯及力问题作出规定，其地位相当于比较法上的《民法典》施行法。但司法解释毕竟是人民法院在审判工作中就具体应用法律问题所作的解释，难以解决有关行政部门如何依法进行管理的问题。如《物权法》第191条原则上不允许抵押人转让抵押财产，而《民法典》第406条则允许抵押财产转让，这就产生了一个问题：《民法典》施行前已经办理抵押登记的不动产，《民法典》施行后抵押人未经抵押权人同意转让抵押财产的，不动产登记部门是根据《民法典》的规定为其办理抵押登记，还是根据《物权法》的有关规定不予办理抵押财产转移登记？该问题难以通过司法解释来解决，只能由不动产登记主管部门通过下发通知等形式解决。①

---

① 《自然资源部关于做好不动产抵押权登记工作的通知》（自然资发〔2021〕54号）第3条第2款对该问题作出了规定："《民法典》施行前已经办理抵押登记的不动产，抵押期间转让的，未经抵押权人同意，不予办理转移登记。"

（二）关于规范型司法解释的时间效力

司法解释是最高人民法院就人民法院在审判工作中具体应用法律问题所作的解释，包括“解释”“规定”“批复”和“决定”四种形式。其中“决定”主要用于修改、废止司法解释，我们将其称为清理型司法解释。其他三种形式是对法律的解释，我们将其称为规范型司法解释。为行文便利起见，此节所谓的司法解释主要是指规范型司法解释。从司法解释时间效力的规定看，其存在以下共同特点。

一是司法解释时间效力的起点是被解释的法律施行之日。以《担保法解释》为例，其时间效力指的是该司法解释适用于《担保法》施行后的担保行为发生的纠纷，而不包括《担保法》施行前的担保行为发生的纠纷，故《担保法解释》第133条第1款规定：“担保法施行以前发生的担保行为，适用担保行为发生时的法律、法规和有关司法解释。”据此，对于《担保法》施行以前发生的担保行为，应当适用《民法通则》以及《最高人民法院关于审理经济合同纠纷案件有关保证的若干问题的规定》等规定，而不适用《担保法》及其司法解释。因为将司法解释再往前适用于被解释的法律施行之前的法律事实，不再属于司法解释的时间效力范畴，而涉及被解释的法律是否具有溯及力的问题了，这就要求严格遵循“法不溯及既往”以及例外追溯原则。我们认为，从法理上说，《担保法解释》关于时间效力的表述较为规范、合理。就此而言，尽管有一些司法解释在其时间效力问题上并未写明起点，仅是笼统地写明适用于已经受理的一、二审案件，或者司法解释施行后新受理的一审案件，但只要该司法解释是对某一具体法律的解释，则该表述隐含的前提就是，导致发生纠纷的法律事实必须发生在该被解释的法律施行之后。当然，实践中也有一些司法解释，本身并不是对某一部法律的解释，其解释对象包括多部法律，如《最高人民法院关于审理外商投资企业纠纷案件若干问题的规定（一）》解释的对象就包括《民法典》《外商投资法》《公司法》等法律，此时因为难以确定被解释的法律，一般也就不存在以被解释的法律施行之日作为司法解释时间效力起点的问题。

二是司法解释不适用于已经终审的案件，包括当事人申请再审的案件以及依照审判监督程序再审的案件。之所以作这样的规定，是为了维护裁判的稳定性。当然，启动审判监督程序的理由就是法律适用错误，如原审本应适用《担保法》及其司法解释但却适用了《担保法》施行前的法律，人民法院据此启动审判监督程序的，在再审程序中就可以适用《担保法》及其司法解释的规定。

三是司法解释的所有条款一体适用于被解释的法律施行后的法律事实发生的纠纷，而不是个别条款适用、个别条款不适用。

（三）关于清理型司法解释的时间效力

1.“决定”。清理型司法解释的主要形式是“决定”。废止司法解释的决定一旦生效，原司法解释立即废止，并无疑义。对原司法解释的修改，包括以下几种情形：一是修改原司法解释的有关规定；二是增加新的内容；三是删除某些规定。就清理型司法解释的“决定”与原司法解释的关系而言，一方面，“决定”有其自身的施行时间，因而增加、修改的规定自“决定”施行之日起生效，删除的规定自“决定”施行之日起失效；另一方面，“决定”作出后，一般应将其与修改后的司法解释合并后作为一个司法解释重新发布。因此，对重新发布后的司法解释的时间效力来说，就包括两部分内容：一是作为被修改对象但仍然保留下来的原司法解释，仍从原司法解释规定的施行之日起施行；二是“决定”修改、增加了的条款，则从“决定”施行之日起施行，从而出现了同一个司法解释中不同条款的时间效力并不相同的情形。

2. 制定新的司法解释。还有一种情形是，形式上是在制定新司法解释，但目的却在于对原司法解释进行清理，因为新司法解释的施行同时也意味着原司法解释的废止。如《民法典担保制度解释》《民法典物权编解释（一）》等为配合《民法典》施行新制定的司法解释，就是在清理原司法解释基础上经整合修改而来的。此类司法解释性质上也属于清理型司法解释，其时间效力也要参照适用前述有关“决定”与被修改的司法解释之间的规则来确定。

二、《民法典担保制度解释》的时间效力

（一）《民法典担保制度解释》的指导思想

准确理解《民法典担保制度解释》的时间效力，有必要了解制定该司法解释的目的。之所以要制定该解释，一方面是出于配合《民法典》施行，清理《担保法解释》及其他与担保有关的司法解释的需要；另一方面，则是为了解决司法实践中长期没有得到解决的担保领域的前沿疑难问题，以便统一裁判尺度。围绕这两大目标，在《民法典担保制度解释》起草过程中，主要秉持了以下指导思想：一是根据《民法典》精神对涉及担保的所有司法解释进行清理。二是坚持问题导向，对《民法典》担保制度进行解释。三是对《民法典》担保制度没有涉及但实践中亟待统一裁判尺度的问题作出了补充规定，如有关主债务人破产时担保债务应否停止计息、抵押预告登记等的规定，即属此种情形。

（二）关于《民法典担保制度解释》的时间效力

确定《民法典担保制度解释》的时间效力，要把握以下几点。

一是《民法典担保制度解释》与《民法典》同步施行，不存在间隔时间问题，因而也不存在司法解释自身的时间效力问题。而多数司法解释的施行与法律的施行之间会存在一段间隔时间，从而存在司法解释自身的时间效力问题。

二是《民法典担保制度解释》是依据《民法典》关于担保制度的精神，对《担保法解释》等与担保有关的司法解释进行清理后的产物。最高人民法院为配合《民法典》的施行而修改或者重新制定的其他司法解释，在清理力度上相对较小，因而修改后或者重新制定的司法解释在绝大部分内容上与原司法解释相同。与此不同，《民法典担保制度解释》从司法实务中的问题出发，增加了大量实践中有争议但未通过《民法典》予以解决的制度，使得与《担保法解释》相比，重

合或者保留下来的条文很少，几乎就是一个全新的司法解释。但从本质上说，其仍属于对《担保法解释》等与担保有关的司法解释的清理，只不过属于深度清理罢了。因而，对源自《担保法解释》等原司法解释的相关条文，要根据前述的一般司法解释与“决定”的规则来处理。

三是《民法典》本身不是另起炉灶，而是在原有的民事法律制度基础上编纂而成的。《民法典》担保制度也是在对《物权法》《担保法》及其司法解释等法律、司法解释进行整合的基础上制定的，其中，既有原封不动的条文，也有修改、废止、增加的条文。对于《民法典》修改、增加的条文的解释，适用《民法典时间效力规定》的有关规定。对于《民法典》未予规定而《民法典担保制度解释》予以规定的条文，本质上属于对《民法典》漏洞的填补，只能适用于《民法典担保制度解释》施行后发生的担保行为。

还要说明的是，《民法典担保制度解释》的一个重要渊源是《民商事审判会议纪要》。如其中关于担保的从属性、公司对外担保、共同担保、借新还旧中的担保责任、主债权诉讼时效期间届满的法律后果、未办理登记的不动产抵押合同的效力、房地一体抵押、流动质押、让与担保等制度，主要就来自《民商事审判会议纪要》的相关规定。然而，《民商事审判会议纪要》本身并非司法解释，不能作为裁判依据进行援引。但其本质上是对与担保有关的法律制度的阐释，是这些法律的应有之意。所以，广义上也可以将其视为原法律制度的一部分，可以用作确定《民法典担保制度解释》时间效力的参照。

三、《民法典担保制度解释》时间效力的具体展开

如前所述，《民法典担保制度解释》肩负清理原司法解释、解决存量争议问题的双重使命，使其既有别于规范型司法解释，也有别于为配合《民法典》的施行而修改或者重新制定的其他清理型司法解释，因而只能针对具体条款分析其时间效力，不能笼统地就整个司法解释分析其时间效力。在分析《民法典担保制度解释》的时间效力

时，预设的场景是：因该解释施行前的担保行为发生的纠纷，人民法院在该司法解释施行后受理该案件，此时是适用原来的法律、司法解释等规定，还是适用《民法典担保制度解释》的规定？对此，我们认为，应当遵循如下顺序来确定：先考察与原司法解释（主要是《担保法解释》）的关系，看二者之间是否存在保留、修改、补充等关系；然后再考察与《民法典》的关系，看究竟是对《民法典》的解释还是漏洞补充、《民法典》与原法律制度相比是否有变化等来具体确定时间效力。

（一）关于新旧司法解释之间的关系

从《民法典担保制度解释》与原司法解释的关系看，主要包括以下几种情形。

1. 基本保持不变的条文。此类条文主要包括：《民法典担保制度解释》第 34 条第 2 款（对应法释〔2000〕24 号批复）、第 40 条（抵押权及于从物，对应《担保法解释》第 63 条）、第 41 条（抵押权及于添附物，对应《担保法解释》第 62 条）、第 45 第 3 款（以诉讼方式实现担保物权，对应《担保法解释》第 128 条第 1 款）。

前述条文，《民法典担保制度解释》尽管在条文表述上与《担保法解释》不尽一致，但其内容基本是相同的，因而适用新旧司法解释在结果上并无区别，但从法理上说，既然新司法解释并未改变原司法解释的规定，自然要援引原司法解释作为裁判依据。

2. 在原司法解释基础上增加规定的条文。此类条文主要包括：《民法典担保制度解释》第 16 条（借新还旧，对应《担保法解释》第 39 条）、第 24 条（担保人不能预先行使追偿权的后果，对应《担保法解释》第 45 条）、第 26 条（一般保证的相关程序问题，对应《担保法解释》第 125 条）、第 35 条（对超过诉讼时效的债务提供担保，对应《担保法解释》第 35 条）、第 38 条（担保物权的效力及于担保财产的全部，对应《担保法解释》第 71 条）、第 39 条（担保财产担保主债权的全部，对应《担保法解释》第 72 条）、第 47 条（不动产登记簿的效力，对应《担保法解释》第 61 条）。

对于该部分条文，在确定所应适用的法律时，首先，要看是涉及实体性事项还是程序性事项。如果仅涉及程序性事项，如《民法典担保制度解释》第26条是关于一般保证如何列当事人以及如何申请保全等程序性事项的规定，根据“实体从旧、程序从新”规则，对于已经受理的案件，适用原司法解释的规定；对于新受理的一审案件，则适用《民法典担保制度解释》的规定。其次，如果涉及实体事项，原司法解释未作规定表明构成法律漏洞，应当参照适用《民法典时间效力规定》第3条之规定，此时主要考察适用《民法典担保制度解释》的规定是否会明显减损当事人合法权益、增加当事人法定义务或者背离当事人合理预期。如《民法典担保制度解释》第24条、第38条、第39条规定的但书条款，第35条保证人对超过诉讼时效的债务提供保证后向债务人追偿的规定，适用这些规定不会明显减损当事人合法权益、增加当事人法定义务或者背离当事人合理预期，故可以适用。反之，《民法典担保制度解释》第16条第2款增加了借新还旧场合，同一担保财产上存在数个担保物权时如何确定担保物权顺位的规定。原有的法律、司法解释及《民商事审判会议纪要》对此均无规定，适用该规定将明显减损后顺位担保物权的合法权益，且背离当事人的合理预期，故不得在《民法典担保制度解释》施行前发生的纠纷案件中予以适用，而只能根据当时的法律法规确定当事人间的权利义务关系。

3.与《担保法解释》相比有修改的条文。此类条文主要包括：《民法典担保制度解释》第6条（学校、幼儿园、医疗机构、养老机构等对外提供担保，对应《担保法解释》第3条、第16条、第53条）、第11条（公司的分支机构对外提供担保，对应《担保法解释》第17条）、第13条（共同担保，对应《担保法解释》第38条、第75条）、第17条（担保合同无效的法律后果，对应《担保法解释》第7条、第8条）、第19条（反担保人的责任，对应《担保法解释》第9条）、第21条（主管与管辖，对应《担保法解释》第129条）、第30条（最高额保证的保证期间，对应《担保法解释》第37条）、第32条（保证期间约定不明，对应《担保法解释》第32条第2款）、第49

条（违法建筑物抵押，对应《担保法解释》第48条）、第58条（汇票质押，对应《担保法解释》第98条）、第70条（保证金，对应《担保法解释》第85条）。

对于前述条文规定的事项，新旧司法解释规定不一致的，参照适用《民法典时间效力规定》之相关规定，原则上应当适用原司法解释的规定，除非适用《民法典担保制度解释》的规定更加符合“三个更有利于”原则。应予特别注意的是，此时除了参照适用《民法典时间效力规定》第2条这一一般性规定外，还要注意该解释第8条有关合同效力以及第27条有关保证期间的规定。如根据《民法典担保制度解释》第6条第1款第2项之规定，以公益为目的的非营利性学校、幼儿园、医疗机构、养老机构等以公益设施以外的财产为他人债务设立抵押是有效的，而《担保法解释》第53条规定只有为“自身债务”设定抵押时才有效，以此类财产为他人债务提供担保是无效的。参照《民法典时间效力规定》第8条之规定，应当适用《民法典担保制度解释》第6条的规定，认定抵押合同有效。再如，根据《担保法解释》第32条第2款之规定，保证期间约定不明的，保证期间为主债务履行期限届满之日起二年。这一规定显然混淆了保证期间与诉讼时效，《民法典担保制度解释》对此予以纠正，规定此时保证期间为主债务履行期限届满之日起六个月。但基于法不溯及既往原则，《民法典时间效力规定》第27条规定，对于《民法典》施行前成立的保证合同，当事人对保证期间约定不明确的，仍然适用《担保法解释》的有关规定，保证期间为主债务履行期限届满之日起二年。

4. 关于原司法解释有规定而《民法典担保制度解释》未予规定的条文。如前所述，此种情形主要包括：一是原司法解释已经被《民法典》吸收的条文；二是规范依据比较充分且实践中争议不大的条文。已经被《民法典》吸收的条文，根据《民法典时间效力规定》的有关规定，要根据其与原有规定之间的关系来确定如何适用法律。对于未被《民法典》吸收而新司法解释又未作规定的条文，如《担保法解释》第18条有关企业法人职能部门对外提供担保的效力的规定，我们在起草过程中曾经考虑过作出规定，但受制于篇幅以及问题意识等原因最终未予规定。那么，在《民法典》施行后出现此类纠纷时，能否参照适用原司法解释的相关规定？对此不可一概而论，我们认为，如果原有的相关规定与《民法典》精神不相冲突的，仍有适用的可能，只是不能再将其作为裁判依据予以援引，而只能作为说理依据。

（二）对《民法典》进行解释

1. 对《民法典》进行解释的情形。在考察《民法典担保制度解释》与《民法典》的关系时，首先要考察该解释究竟是对《民法典》的解释还是漏洞补充。如果是对《民法典》所作的解释，则要进一步看《民法典》与原法律制度相比是否有变化进而具体确定时间效力。判断是对《民法典》的解释还是漏洞补充，关键是看有无法条依据，包括有无直接依据以及类推适用的依据。尽管没有直接或者间接的法条依据，但依据基本法理或者解释规则可以得出相应结论的，也属于对《民法典》的解释。从《民法典担保制度解释》的规定看，对《民法典》的解释主要包括以下三种情形。

一是直接解释《民法典》等相关法律。主要包括：《民法典担保制度解释》第 2 条（担保合同效力的从属性，解释《民法典》第 388 条、第 682 条）、第 5 条（担保资格，解释《民法典》第 683 条）、第 6 条（学校等对外提供担保，解释《民法典》第 683 条、第 399 条）、第 7 条至第 9 条（公司对外担保，解释《公司法》第 16 条）、第 18 条（对债务人的追偿权，解释《民法典》第 700 条）、第 28 条（一般保证的诉讼时效，解释《民法典》第 687 条、第 694 条）、第 42 条（抵押权的物上代位效力，解释《民法典》第 390 条）、第 43 条（抵押财产转让，解释《民法典》第 406 条）、第 44 条（主债权诉讼时效届满的法律后果，解释《民法典》第 419 条、第 437 条、第 454 条）、第 46 条（未办理登记的不动产抵押合同的效力，解释《民法典》第 215 条）、第 47 条（不动产登记簿的效力，解释《民法典》第 216 条）、第 51 条（房地一体抵押，解释《民法典》第 397 条）、第 56 条（正常经营买受人规则，解释《民法典》第 404 条）、第 57 条（价款优先权，解释《民法典》第416条）、第59条（仓单质押，解释《民法典》第441条、第414条、第1168条）、第61条（应收账款质押，解释《民法典》第440条）、第62条（留置权，解释《民法典》第447条、第448条）、第63条（非典型担保的合同效力，解释《民法典》第208条）、第66条（具有担保功能的保理，解释《民法典》第766条、第768条）。

二是基于对相关条文的类推适用所作的规定。主要包括：《民法典担保制度解释》第18条（将担保合同有效情况下担保人享有的追偿权，类推适用于担保无效情况下承担了赔偿责任的担保人对债务人享有的追偿权），第20条（将《民法典》有关保证人权利保护的规则类推适用于第三人提供的物保），第45条第2款（将《民事诉讼法解释》第372条有关“实现担保物权案件”程序与诉讼程序的衔接规定，类推适用于与仲裁程序的衔接），第48条（将《民法典》第222条有关不动产登记机构的责任，类推适用于登记机构因过错不能办理登记的情形），第64条、第65条（将“实现担保物权案件”程序类推适用于所有权保留、融资租赁），第67条（将《民法典》第403条有关动产抵押的登记对抗规则类推适用于所有权保留、融资租赁等非典型担保，据以确定“善意第三人”的范围及其效力），第68条、第69条（将《民法典》第388条有关非典型担保类型，类推适用于让与担保及其特殊形态股权让与担保）。

三是基于担保制度的固有内容或者相关法理所作的当然解释。主要包括：《民法典担保制度解释》第3条（担保范围的从属性）、第4条（担保物权的受托持有）、第10条（一人公司对外担保）、第12条（债务加入准用提供担保的有关程序性规定）、第14条（担保人受让债权视为承担担保责任）、第23条（破产程序与担保责任的衔接）、第25条（保证类型的识别）、第29条（共同保证的保证期间）、第31条（撤诉是否影响保证期间）、第36条（增信措施的性质与效力）、第37条（以被查封或扣押的财产设定抵押）、第45条第1款（庭外执行担保物权的协议有效）、第50条（划拨用地及其上建筑物抵押）、

第53条（担保财产的概括描述）、第54条（未办理抵押登记的动产抵押权的效力）、第55条（流动质押）、第60条（提单质押）。

2. 时间效力的认定规则。前述三种情形，都是《民法典担保制度解释》对《民法典》的解释。既然是对《民法典》的解释，自然要依据《民法典》有关时间效力的规则来确定法律适用，这就有必要进一步考察《民法典》与原有制度之间是否有变化进而确定据以适用的法律。如果《民法典》与原有制度相比无变化，即系沿袭《担保法》《物权法》等规定的，则尽管适用新旧法在效果上完全相同，但基于法不溯及既往的原则，仍要适用原有的相关规定。需要注意的是，前述的第三种情形如《民法典担保制度解释》第25条揭示的是解释规则优先于推定规则这一规则，可能并无直接对应的条文。此时，要尽可能寻找与该规则最为密切的条文，如《民法典》第142条有关意思表示的解释规则，将其作为裁判依据。再如，《民法典担保制度解释》第31条有关撤诉是否影响保证期间的规定，则要将《民法典》第693条有关保证人行使权利的方式的规定作为裁判依据，再辅之以适当的说理。总之，此类情形下不能直接将《民法典》的规定作为裁判依据。

如果《民法典》与原有制度相比有变化，则要区别以下情况对待。

一是《民法典》改变了原规定的。此处所谓的“改变”是从狭义上说的，即同一事项《民法典》与原有法律都有规定，新旧规定有所不同。如《民法典》第406条改变了《物权法》第191条有关限制转让抵押财产的规定，第686条改变了《担保法》确定的保证方式推定规则，等等。《民法典》改变了原有规定的，根据《民法典时间效力规定》第2条之规定，原则上不能溯及既往，除非符合“三个更有利于”原则。如关于抵押财产转让，要适用《物权法》第191条的规定。据此，《民法典》施行前已经办理抵押登记的不动产，抵押期间转让的，要征得抵押权人的同意；未征得同意的，不予办理转移登记，自然也就不可能产生抵押财产转让的法律效果。

二是《民法典》增加了新规定的。如《民法典》第416条有关价款优先权制度的规定,《民法典》第388条将所有权保留、融资租赁、保理等具有担保功能的非典型担保纳入担保制度来考量，都属于新增规定。对于新增规定，法律与司法解释略有不同：司法解释作为对法律的解释,《民法典担保制度解释》有规定而《担保法解释》未规定，表明《担保法解释》有法律漏洞，从而应当参照适用《民法典时间效力规定》第3条的规定来处理；但法律作为行为规则，原来的法律未规定不见得都是法律漏洞，很有可能是立法者以未作规定的方式明确表示禁止。区别是立法者以未作规定的方式明确表示禁止还是法律漏洞，要通过探究立法原意来确定。新旧法的对比、立法过程中的相关资料、立法者的权威阐释，是探究立法原意的主要方法。

应予说明的是,《合同法》本来就有关于所有权保留、融资租赁等有名合同的规定，只不过《民法典》增加规定了在其具有担保功能时可以参照适用担保物权的有关规定的内容，如适用有关登记对抗、实现担保物权的程序等规定。这就产生一个问题,《民法典》施行前未办理登记的所有权保留、融资租赁合同，是根据《合同法》的规定将保留的所有权认定为所有权，还是根据《民法典》的规定将其认定为具有担保功能的担保权？我们认为，此时应当根据《合同法》的规定将其认定为所有权，因为这既符合当事人的预期，也是当时法律的要求。当然，此种所有权因为缺乏公示方法，在买受人将财产转让给他人的情况下，难以对抗善意第三人。因此，在《民法典》施行后，当事人通过办理动产抵押登记使其具有对抗效力是上佳选择，如此，就能根据《民法典》的相关规定获得较为周全的保护了。

三是《民法典》删除了原规定。如《民法典》第699条删除了《担保法》第12条有关共同保证之间可以相互求偿的规定，应当解释为立法者不允许共同保证人之间可以相互求偿。再如,《民法典》第392条沿袭《物权法》第176条之规定，在混合担保中未对担保人之间能否相互追偿问题作出规定。考虑到立法者已经明确注意到《担保法解释》第38条有担保人之间相互追偿的规定，学界要求规定相互追偿的呼声也很高，在此情况下，《民法典》未作规定视为删除了《担保法解释》的有关规定，并以此方式表明了态度。判断是否有意删除有关规定，除了直接比对新旧法的表述外，立法过程中不同意见稿表述上的差异也是一个重要依据。

（三）对《民法典》进行漏洞补充

既在《民法典》上找不到法条依据，又难以根据当然解释等规则解释出来的条文，往往属于漏洞补充性质的条文。此类规定主要包括：《民法典担保制度解释》第 33 条（保证合同无效适用保证期间）、第 34 条（法院依职权审查涉保证期间的事实）。对于此类条文，只能适用于《民法典担保制度解释》施行后的担保行为发生的纠纷。

（四）竞合条文的处理

《民法典担保制度解释》的个别条文，可能既是在《担保法解释》基础上修改而来的，同时本身又是对《民法典》进行的解释，如第 5 条有关担保资格的规定、第 11 条有关公司分支机构对外提供担保的规定，都是如此。既然出台《民法典担保制度解释》的重要目的之一就是根据《民法典》的精神清理旧司法解释，出现此种现象可以说是必然的。当出现前述情形时，鉴于《民法典担保制度解释》毕竟是对《民法典》担保制度的解释，因而首先应当将其与《民法典》作为一个整体，来与原司法解释的规定进行对比。此时的情形是，同一事项新旧法都有规定，应当根据《民法典时间效力规定》第 2 条之规定确定所应适用的法律。

四、几点结论

（一）关于法律的溯及力

《民法典时间效力规定》等司法解释，性质上属于《民法典》或者相关法律的施行法，核心问题在于其能否适用于该法施行前的法律事实，即是否具有溯及力。确定《民法典》担保制度规定是否具有溯及力的基本规则如下。

一是对于同一事项，新旧法都有规定的，基于法不溯及既往的法律原则，原则上适用旧法，只有在符合“三个更有利于”原则的情况下，才例外地溯及既往。

二是对于同一事项，新法有规定旧法无规定的，要看旧法未作规定究竟是立法者明确表示禁止还是法律漏洞来具体确定：如果是立法者以未作规定的方式明确表示禁止，表明立法者对此已有明确态度，只能适用旧法。当时表示禁止，后来因为认识提高或者经济社会变化等原因增设相关规定，或者当时根本就没有认识到会有该问题，从而构成法律漏洞。在后两种情形中，基于法院不得拒绝裁判的法理，原则上可以适用新法，除非适用新法会明显减损当事人合法权益、增加当事人法定义务或者背离当事人合理预期。

三是对于同一事项，旧法有规定新法无规定的，表明立法者以未作规定的方式明确表示反对旧法之规定，故只能适用旧法之规定。至于新法，因其对此并无规定，当然也就不存在适用新法的问题。

（二）关于司法解释的时间效力

司法解释作为裁判规范，规范的对象是纠纷案件而非行为，此点有别于法律的时间效力。规范型司法解释是对法律的解释，在其自身的施行与法律的施行之间存在一段间隔期间的情况下，司法解释的特性决定了其适用于被解释法律施行后自身施行前的行为发生的纠纷，只是基于该司法解释对经济社会秩序影响的程度，绝大多数司法解释适用于已经受理的一、二审案件，个别司法解释仅适用于新受理的一审案件。

清理型司法解释是对既有司法解释的清理，是对原司法解释的“二次”解释。与原司法解释相比，包括继续保留、修改、新增、删除等内容，除了继续保留的条文适用原司法解释的规定外，修改、新增条文都要参照《民法典时间效力规定》确定的原则来处理，因而不能像规范型司法解释那样将司法解释作为一个整体来考察其时间效力，而只能就具体条文确定其时间效力，基本原则是：保留不变的条文适用原司法解释的规定；修改、新增的条文适用修改后的司法解释的规定。需要指出的是，对新增规定来说，同一内容旧解释无规定而新解释有规定的，往往表明旧解释存在法律漏洞，一般不存在以未作规定方式表示禁止问题，此点与法律相比略有不同。

（三）关于《民法典担保制度解释》的时间效力

《民法典担保制度解释》肩负的清理原司法解释、解决存量争议问题的双重使命决定了其兼具规范型司法解释和清理型司法解释的双重特性，故应分别考察每一条文的时间效力。基本规则是：相对于《担保法解释》等原相关司法解释有变化的，对《民法典》与原担保法律制度相比有变化的条文的解释，对《民法典》进行漏洞补充的条文，原则上只能适用于《民法典担保制度解释》施行后的担保行为发生的纠纷。此处所谓的变化，既包括修改，也包括新增条文。对于与原司法解释内容或者精神一致的条文，对《民法典》进行解释而《民法典》与原担保法律制度相比无变化的条文，仍适用《担保法》及其司法解释、《物权法》等原有规定。

《担保法解释》没有被《民法典》及《民法典担保制度解释》采纳的条文对《民法典》施行后发生的担保纠纷案件能否沿袭原来的审判思路

《民法典》施行后，不少法官向我们反映，《担保法解释》没有被《民法典》和《民法典担保制度解释》吸收的部分条文，对《民法典》施行后的担保行为引起的纠纷案件，审理时是否还可以沿袭原来的审判思路？我们认为：

第一，《民法典》施行后，《担保法》已被废止，对《民法典》施行后的担保行为引起的担保纠纷案件，《担保法解释》的条文当然不得作为裁判的依据，这是原则问题。

第二，《担保法解释》与《民法典》不冲突的内容，虽然不可以作为《民法典》施行后的担保行为引起的民事纠纷案件的裁判依据，但可以继续沿袭其审判思路审理相关案件。《担保法解释》条文没有被《民法典》和《民法典担保制度解释》采纳，原因很多，并不都是与《民法典》矛盾。《民法典》作为基本法，规定的是民事基本制度和原则问题，不可能事无巨细地规定，因此，《担保法解释》条文中规定不典型的问题，《民法典》就不会吸收。例如，《担保法解释》第 22 条第 2 款："主合同中虽然没有保证条款，但是，保证人在主合同上以保证人的身份签字或者盖章的，保证合同成立。"该种情形就不典型。典型的担保合同要么是单独订立的书面合同，要么是主债权债务合同中的保证条款。所以，该规定就没有被《民法典》吸收。但是，我们不能说该规定与《民法典》第 685 条第 1 款矛盾。《民法典》之所以没有吸收，是因为这类情况不典型。该规定实际上是当事人意思表示是否属于保证的判断问题。我们认为，在该种情形下能够判断出在主合同上签字或者盖章的人有保证的意思表示，该签字或者盖章的事实，也可以解释为《民法典》第 685 条第

1 款规定的“保证条款”。故对《民法典》施行后在主合同上签字或者盖章的担保纠纷案件,《担保法解释》第 22 条第 2 款的规定作为审判思路,可以继续沿袭。又如《担保法解释》第 26 条规定:“第三人向债权人保证监督支付专款专用的,在履行了监督支付专款专用的义务后,不再承担责任。未尽监督义务造成资金流失的,应当对流失的资金承担补充赔偿责任。”该类情形也不具有典型性,故《民法典》没有规定。《民法典》作为民事基本法,一般不会对民事诉讼的问题进行规定,因此,《担保法解释》中的不少有关民事诉讼程序的规定,如第 42 条第 1 款、第 106 条、第 124 条、第 126 条、第 127 条、第 128 条,自然不会被《民法典》吸收。此外,《担保法解释》还有 3 个针对《企业破产法》作出解释的条文,当然不会被《民法典》吸收。

《民法典担保制度解释》制定过程中,我们对标《民法典》,对《担保法解释》中的内容,凡是被《民法典》修改、吸收、删除的内容,新司法解释一律不予规定,当然也不会规定。对于符合《民法典》精神,与《民法典》规定一致,审判实践中裁判标准不一,需要统一裁判尺度的,《民法典担保制度解释》进行了规定。但是,对于审判实践中已形成共识,已为广大民商事法官掌握,《民法典》施行后本来还可以继续作为审判思路沿袭的部分条文,基于问题意识的起草原则,我们没有在《民法典担保制度解释》里规定。这也是简化《民法典担保制度解释》条文的需要,在《民法典》已经解决大部分问题的情况下,新司法解释的条文不能太多。《担保法解释》中的这类条文,我们经过梳理后,还有 41 条(部分条文仅其中的某一款或部分),如《担保法解释》第 42 条第 1 款。该款规定:“人民法院判决保证人承担保证责任或者赔偿责任的,应当在判决书主文中明确保证人享有担保法第三十一条规定的权利。判决书中未予明确追偿权的,保证人只能按照承担责任的事实,另行提起诉讼。”《民法典担保制度解释》中没有对此进行规定,不是因为其与《民法典》冲突,而是因为该款规定已经形成普遍共识,不存在争议。因此,对于《民法典》施行后的保证人追偿权问题,该款作为审判思路,可以继续沿袭。在法院判决主文已经明确追偿权的情况下,该追偿权可以在执行程序中直接申请执行，既可以避免保证人的诉累，也有利于节约司法资源。同样，提供物的担保的第三人承担了担保责任时，对于主债务人的追偿权及追偿权的行使程序与保证人并无实质不同。因此物上担保人的追偿权问题也可以在判决主文中直接明确。在主债务人已经参加诉讼的情形下，法院可以对担保法律关系中涉及的主合同关系、担保关系以及担保人与主债务人之间的法律关系一并予以审理并对担保人对主债务人的追偿权一并作出裁判，在判决书主文中明确担保人享有追偿权，担保人可依据该生效判决在执行程序中一并实现追偿权。

从上述分析来看，《担保法解释》没有被《民法典》吸收、没有在《民法典担保制度解释》中规定的部分条文，其原理如果与新的法律和司法解释不矛盾，对《民法典》施行后的担保行为引起的民事纠纷案件，审理时还可以沿袭原来的审判思路。

第三，如何判断没有被吸收、没有规定的条文，符合《民法典》和《民法典担保制度解释》的精神呢？这就要求我们吃透新法律和司法解释的精神。《民法典担保制度解释》的精神我们比较有把握。《民法典》的精神，我们则结合参与立法了解的情况，通过权威书籍，与全国人大常委会法工委民法室的同志沟通，与参加过立法的专家学者沟通，全面、准确了解有关条文的含义，并据此对《担保法解释》条文进行了梳理，形成了如下表格，提出了我们的倾向性意见，供大家参考。在梳理过程中，我们认真地将《担保法解释》的条文与《民法典》和《民法典担保制度解释》的相关条文逐条比对、反复研究、慎重判断。最高人民法院民二庭也专门召开了主审法官会议对此进行讨论。我们还专门征求了有关专家学者的意见。尽管如此，鉴于对《民法典》精神的把握还不一定准确，加之我们的水平有限，因此，我们提出的倾向性意见也不一定完全符合《民法典》的精神，仅供大家参考。实践中有什么具体问题，欢迎大家向我们反映，我们再作研究。

《担保法解释》条文	能否沿袭原来的审判思路	理由
一、关于总则部分的解释		
第一条 当事人对由民事关系产生的债权，在不违反法律、法规强制性规定的情况下，以担保法规定的方式设定担保的，可以认定为有效。	否	《担保法》已废止
第二条 反担保人可以是债务人，也可以是债务人之外的其他人。 反担保方式可以是债务人提供的抵押或者质押，也可以是其他人提供的保证、抵押或者质押。	是	已被《民法典》第689条、第387条第2款吸收，已成基本原理
第三条 国家机关和以公益为目的的事业单位、社会团体违反法律规定提供担保的，担保合同无效。因此给债权人造成损失的，应当根据担保法第五条第二款的规定处理。	否	已被《民法典》第683条和《民法典担保制度解释》第5条、第6条及第17条吸收
第四条 董事、经理违反《中华人民共和国公司法》第六十条的规定，以公司资产为本公司的股东或者其他个人债务提供担保的，担保合同无效。除债权人知道或者应当知道的外，债务人、担保人应当对债权人的损失承担连带赔偿责任。	否	未经决议程序对外提供担保的后果不再是合同无效，而是对公司不发生效力，故该条不再适用，转而参照适用《民法典担保制度解释》第7条之规定
第五条 以法律、法规禁止流通的财产或者不可转让的财产设定担保的，担保合同无效。 以法律、法规限制流通的财产设定担保的，在实现债权时，人民法院应当按照有关法律、法规的规定对该财产进行处理。	第1款部分是； 第2款是	部分与《民法典》精神一致 第1款以法律、法规禁止流通的财产设立担保的，可以根据《民法典》第153条规定认定担保合同无效。但是，以不可转让的财产设立担保的，根据区分原则，担保合同如无其他无效原因，应为有效 第2款已成基本原理

续表

《担保法解释》条文	能否沿袭原来的审判思路	理由
第六条 有下列情形之一的，对外担保合同无效： （一）未经国家有关主管部门批准或者登记对外担保的； （二）未经国家有关主管部门批准或者登记，为境外机构向境内债权人提供担保的； （三）为外商投资企业注册资本、外商投资企业中的外方投资部分的对外债务提供担保的； （四）无权经营外汇担保业务的金融机构、无外汇收入的非金融性质的企业法人提供外汇担保的； （五）主合同变更或者债权人将对外担保合同项下的权利转让，未经担保人同意和国家有关主管部门批准的，担保人不再承担担保责任。但法律、法规另有规定的除外。	否	对外担保的政策已经改变。《跨境担保外汇管理办法》（汇发〔2014〕29号）第29条明确规定："外汇局对跨境担保合同的核准、登记或备案情况以及本规定明确的其他管理事项与管理要求，不构成跨境担保合同的生效要件。"
第七条 主合同有效而担保合同无效，债权人无过错的，担保人与债务人对主合同债权人的经济损失，承担连带赔偿责任；债权人、担保人有过错的，担保人承担民事责任的部分，不应超过债务人不能清偿部分的二分之一。	否	已被《民法典担保制度解释》第17条修改
第八条 主合同无效而导致担保合同无效，担保人无过错的，担保人不承担民事责任；担保人有过错的，担保人承担民事责任的部分，不应超过债务人不能清偿部分的三分之一。	否	已被《民法典担保制度解释》第17条吸收

续表

《担保法解释》条文	能否沿袭原来的审判思路	理由
第九条 担保人因无效担保合同向债权人承担赔偿责任后，可以向债务人追偿，或者在承担赔偿责任的范围内，要求有过错的反担保人承担赔偿责任。 担保人可以根据承担赔偿责任的事实对债务人或者反担保人另行提起诉讼。	第1款否； 第2款是	第1款已被《民法典担保制度解释》第18条吸收、被第19条修改； 第2款符合《民法典》精神和《民事诉讼法》原理，已成基本原理
第十条 主合同解除后，担保人对债务人应当承担的民事责任仍应承担担保责任。但是，担保合同另有约定的除外。	否	已被《民法典》第566条第3款吸收
第十一条 法人或者其他组织的法定代表人、负责人超越权限订立的担保合同，除相对人知道或者应当知道其超越权限的以外，该代表行为有效。	否	已被《民法典》第504条和《民法典担保制度司法解释》第7至10条修改
第十二条 当事人约定的或者登记部门要求登记的担保期间，对担保物权的存续不具有法律约束力。 担保物权所担保的债权的诉讼时效结束后，担保权人在诉讼时效结束后的二年内行使担保物权的，人民法院应当予以支持。	否	第1款不符合《民法典》的精神； 第2款已被《民法典》第419条修改，被《民法典担保制度解释》第44条第1款细化
二、关于保证部分的解释		
第十三条 保证合同中约定保证人代为履行非金钱债务的，如果保证人不能实际代为履行，对债权人因此造成的损失，保证人应当承担赔偿责任。	否	已被《民法典》第681条吸收
第十四条 不具有完全代偿能力的法人、其他组织或者自然人，以保证人身份订立保证合同后，又以自己没有代偿能力要求免除保证责任的，人民法院不予支持。	否	《担保法》第7条已被《民法典》废止

续表

《担保法解释》条文	能否沿袭原来的审判思路	理由
第十五条 担保法第七条规定的其他组织主要包括： （一）依法登记领取营业执照的独资企业、合伙企业； （二）依法登记领取营业执照的联营企业； （三）依法登记领取营业执照的中外合作经营企业； （四）经民政部门核准登记的社会团体； （五）经核准登记领取营业执照的乡镇、街道、村办企业。	否	《担保法》第7条规定的“其他组织”已被《民法典》第一编第四章的“非法人组织”代替
第十六条 从事经营活动的事业单位、社会团体为保证人的，如无其他导致保证合同无效的情况，其所签定的保证合同应当认定为有效。	是	符合《民法典》精神
第十七条 企业法人的分支机构未经法人书面授权提供保证的，保证合同无效。因此给债权人造成损失的，应当根据担保法第五条第二款的规定处理。 企业法人的分支机构经法人书面授权提供保证的，如果法人的书面授权范围不明，法人的分支机构应当对保证合同约定的全部债务承担保证责任。 企业法人的分支机构经营管理的财产不足以承担保证责任的，由企业法人承担民事责任。 企业法人的分支机构提供的保证无效后应当承担赔偿责任的，由分支机构经营管理的财产承担。企业法人有过错的，按照担保法第二十九条的规定处理。	否	《担保法》关于分支机构的规定已被《民法典》第74条修改； 本条已被《民法典担保制度解释》第11条修改

续表

《担保法解释》条文	能否沿袭原来的审判思路	理由
第十八条　企业法人的职能部门提供保证的，保证合同无效。债权人知道或者应当知道保证人为企业法人的职能部门的，因此造成的损失由债权人自行承担。 债权人不知保证人为企业法人的职能部门，因此造成的损失，可以参照担保法第五条第二款的规定和第二十九条的规定处理。	否	企业法人的职能部门对外提供担保，应当参照适用《民法典》第170条有关职务代理的规定；且《担保法》第29条已被《民法典》第74条修改
第十九条　两个以上保证人对同一债务同时或者分别提供保证时，各保证人与债权人没有约定保证份额的，应当认定为连带共同保证。 连带共同保证的保证人以其相互之间约定各自承担的份额对抗债权人的，人民法院不予支持。	第1款否； 第2款是	第1款已被《民法典担保制度解释》第13条关于共同保证的规定修改；第2款符合合同相对性原理
第二十条　连带共同保证的债务人在主合同规定的债务履行期届满没有履行债务的，债权人可以要求债务人履行债务，也可以要求任何一个保证人承担全部保证责任。 连带共同保证的保证人承担保证责任后，向债务人不能追偿的部分，由各连带保证人按其内部约定的比例分担。没有约定的，平均分担。	否	第1款不符合《民法典》精神，没有区分是一般保证还是连带责任保证； 第2款已被《民法典担保制度解释》第13条规定
第二十一条　按份共同保证的保证人按照保证合同约定的保证份额承担保证责任后，在其履行保证责任的范围内对债务人行使追偿权。	否	已被《民法典》第700条取代
第二十二条　第三人单方以书面形式向债权人出具担保书，债权人接受且未提出异议的，保证合同成立。 主合同中虽然没有保证条款，但是，保证人在主合同上以保证人的身份签字或者盖章的，保证合同成立。	第1款否； 第2款是	第1款已被《民法典》第685条第2款吸收； 第2款符合《民法典》第685条第1款规定

续表

《担保法解释》条文	能否沿袭原来的审判思路	理由
第二十三条 最高额保证合同的不特定债权确定后，保证人应当对在最高债权额限度内就一定期间连续发生的债权余额承担保证责任。	是	符合《民法典》关于最高额保证合同的精神，已成基本原理
第二十四条 一般保证的保证人在主债权履行期间届满后，向债权人提供了债务人可供执行财产的真实情况的，债权人放弃或者怠于行使权利致使该财产不能被执行，保证人可以请求人民法院在其提供可供执行财产的实际价值范围内免除保证责任。	否	已被《民法典》第698条吸收
第二十五条 担保法第十七条第三款第（一）项规定的债权人要求债务人履行债务发生的重大困难情形，包括债务人下落不明、移居境外，且无财产可供执行。	否	已被《民法典》第687条吸收、修改
第二十六条 第三人向债权人保证监督支付专款专用的，在履行了监督支付专款专用的义务后，不再承担责任。未尽监督义务造成资金流失的，应当对流失的资金承担补充赔偿责任。	是	符合《民法典》精神
第二十七条 保证人对债务人的注册资金提供保证的，债务人的实际投资与注册资金不符，或者抽逃转移注册资金的，保证人在注册资金不足或者抽逃转移注册资金的范围内承担连带保证责任。	否	不符合《民法典》关于连带责任保证的精神，保证人是否承担连带责任保证，须根据当事人的意思表示进行确定。未作约定的，推定为一般保证

续表

《担保法解释》条文	能否沿袭原来的审判思路	理由
第二十八条 保证期间，债权人依法将主债权转让给第三人的，保证债权同时转让，保证人在原保证担保的范围内对受让人承担保证责任。但是保证人与债权人事先约定仅对特定的债权人承担保证责任或者禁止债权转让的，保证人不再承担保证责任。	否	已被《民法典》第696条吸收、修改
第二十九条 保证期间，债权人许可债务人转让部分债务未经保证人书面同意的，保证人对未经其同意转让部分的债务，不再承担保证责任。但是，保证人仍应当对未转让部分的债务承担保证责任。	否	已被《民法典》第697条吸收、修改
第三十条 保证期间，债权人与债务人对主合同数量、价款、币种、利率等内容作了变动，未经保证人同意的，如果减轻债务人的债务的，保证人仍应当对变更后的合同承担保证责任；如果加重债务人的债务的，保证人对加重的部分不承担保证责任。 债权人与债务人对主合同履行期限作了变动，未经保证人书面同意的，保证期间为原合同约定的或者法律规定的期间。 债权人与债务人协议变动主合同内容，但并未实际履行的，保证人仍应当承担保证责任。	否	已被《民法典》第695条吸收
第三十一条 保证期间不因任何事由发生中断、中止、延长的法律后果。	否	已被《民法典》第692条第1款吸收

续表

《担保法解释》条文	能否沿袭原来的审判思路	理由
第三十二条 保证合同约定的保证期间早于或者等于主债务履行期限的，视为没有约定，保证期间为主债务履行期届满之日起六个月。 保证合同约定保证人承担保证责任直至主债务本息还清时为止等类似内容的，视为约定不明，保证期间为主债务履行期届满之日起二年。	否	第1款已被《民法典》第692条吸收； 第2款已被《民法典担保制度解释》第32条修改
第三十三条 主合同对主债务履行期限没有约定或者约定不明的，保证期间自债权人要求债务人履行义务的宽限期届满之日起计算。	否	已被《民法典》第692条吸收
第三十四条 一般保证的债权人在保证期间届满前对债务人提起诉讼或者申请仲裁的，从判决或者仲裁裁决生效之日起，开始计算保证合同的诉讼时效。 连带责任保证的债权人在保证期间届满前要求保证人承担保证责任的，从债权人要求保证人承担保证责任之日起，开始计算保证合同的诉讼时效。	否	第1款已被《民法典》第694条第1款修改、被《民法典担保制度解释》第28条细化； 第2款已被《民法典》第694条吸收
第三十五条 保证人对已经超过诉讼时效期间的债务承担保证责任或者提供保证的，又以超过诉讼时效为由抗辩的，人民法院不予支持。	否	已被《民法典担保制度解释》第35条吸收、修改
第三十六条 一般保证中，主债务诉讼时效中断，保证债务诉讼时效中断；连带责任保证中，主债务诉讼时效中断，保证债务诉讼时效不中断。 一般保证和连带责任保证中，主债务诉讼时效中止的，保证债务的诉讼时效同时中止。	否	不符合《民法典》精神。诉讼时效制度与保证期间制度各自独立，主债务诉讼时效是否中断、中止，与保证债务诉讼时效无关

续表

《担保法解释》条文	能否沿袭原来的审判思路	理由
第三十七条 最高额保证合同对保证期间没有约定或者约定不明的，如最高额保证合同约定有保证人清偿债务期限的，保证期间为清偿期限届满之日起六个月。没有约定债务清偿期限的，保证期间自最高额保证终止之日或自债权人收到保证人终止保证合同的书面通知到达之日起六个月。	否	已被《民法典担保制度解释》第30条修改
第三十八条 同一债权既有保证又有第三人提供物的担保的，债权人可以请求保证人或者物的担保人承担担保责任。当事人对保证担保的范围或者物的担保的范围没有约定或者约定不明的，承担了担保责任的担保人，可以向债务人追偿，也可以要求其他担保人清偿其应当分担的份额。 同一债权既有保证又有物的担保的，物的担保合同被确认无效或者被撤销，或者担保物因不可抗力的原因灭失而没有代位物的，保证人仍应当按合同的约定或者法律的规定承担保证责任。 债权人在主合同履行期届满后怠于行使担保物权，致使担保物的价值减少或者毁损、灭失的，视为债权人放弃部分或者全部物的担保。保证人在债权人放弃权利的范围内减轻或者免除保证责任。	第1、3款否； 第2款是	第1款不符合《民法典》第392条及《民法典担保制度解释》第13条规定精神； 第2款符合《民法典》精神； 第3款只有在符合《民法典担保制度解释》第13条第1、2款规定的条件时才能适用，而不能一般性地适用
第三十九条 主合同当事人双方协议以新贷偿还旧贷，除保证人知道或者应当知道的外，保证人不承担民事责任。 新贷与旧贷系同一保证人，不适用前款的规定。	否	已被《民法典担保制度解释》第16条吸收、完善

续表

《担保法解释》条文	能否沿袭原来的审判思路	理由
第四十条 主合同债务人采取欺诈、胁迫等手段，使保证人在违背真实意思的情况下提供保证的，债权人知道或者应当知道欺诈、胁迫事实的，按照担保法第三十条的规定处理。	否	已被《民法典》第149条、第150条涵盖、修改
第四十一条 债务人与保证人共同欺骗债权人，订立主合同和保证合同的，债权人可以请求人民法院予以撤销。因此给债权人造成损失的，由保证人与债务人承担连带赔偿责任。	是	符合《民法典》第148条、第1168条规定精神
第四十二条 人民法院判决保证人承担保证责任或者赔偿责任的，应当在判决书主文中明确保证人享有担保法第三十一条规定的权利。判决书中未予明确追偿权的，保证人只能按照承担责任的事实，另行提起诉讼。 保证人对债务人行使追偿权的诉讼时效，自保证人向债权人承担责任之日起开始计算。	是	符合《民法典》精神和《民事诉讼法》原理，但第1款规定的《担保法》第31条已被《民法典》第700条所修改，说理时要予以注意
第四十三条 保证人自行履行保证责任时，其实际清偿额大于主债权范围的，保证人只能在主债权范围内对债务人行使追偿权。	否	已被《民法典担保制度解释》第3条第2款吸收
第四十四条 保证期间，人民法院受理债务人破产案件的，债权人既可以向人民法院申报债权，也可以向保证人主张权利。 债权人申报债权后在破产程序中未受清偿的部分，保证人仍应当承担保证责任。债权人要求保证人承担保证责任的，应当在破产程序终结后六个月内提出。	否	第1款符合《民法典》精神； 第2款已被《民法典担保制度解释》第23条吸收并修改

续表

《担保法解释》条文	能否沿袭原来的审判思路	理由
第四十五条 债权人知道或者应当知道债务人破产，既未申报债权也未通知保证人，致使保证人不能预先行使追偿权的，保证人在该债权在破产程序中可能受偿的范围内免除保证责任。	否	已被《民法典担保制度解释》第24条吸收并修改
第四十六条 人民法院受理债务人破产案件后，债权人未申报债权的，各连带共同保证的保证人应当作为一个主体申报债权，预先行使追偿权。	是	符合《企业破产法》精神
三、关于抵押部分的解释		
第四十七条 以依法获准尚未建造的或者正在建造中的房屋或者其他建筑物抵押的，当事人办理了抵押物登记，人民法院可以认定抵押有效。	否	已被《民法典》第402条吸收
第四十八条 以法定程序确认为违法、违章的建筑物抵押的，抵押无效。	否	已被《民法典担保制度解释》第49条吸收、修改
第四十九条 以尚未办理权属证书的财产抵押的，在第一审法庭辩论终结前能够提供权利证书或者补办登记手续的，可以认定抵押有效。 当事人未办理抵押物登记手续的，不得对抗第三人。	否	第1款与《民法典》有关区分抵押合同与抵押权设立的精神不符，与第402条、第403条规定不符。如果是不动产，未经登记抵押权不能设立；如果是动产，则基于人的编成主义，办理的并非抵押物登记，而是抵押登记。如果是动产抵押，不得对抗的是“善意第三人”

续表

《担保法解释》条文	能否沿袭原来的审判思路	理由
第五十条 以担保法第三十四条第一款所列财产一并抵押的，抵押财产的范围应当以登记的财产为准。抵押财产的价值在抵押权实现时予以确定。	否	《担保法》第34条第1款规定的抵押财产，既有不动产，也有动产，《民法典》已对其分别作出了规定，不能笼统地说是以约定还是登记为准来确定抵押财产的范围。具体来说：不动产，根据《民法典》第216条和《民法典担保制度解释》第47条之规定，以登记为准；动产，则以约定为准，此时该规定与《民法典》关于动产抵押的精神不符
第五十一条 抵押人所担保的债权超出其抵押物价值的，超出的部分不具有优先受偿的效力。	是	符合《民法典》关于抵押的规定精神，已成基本原理
第五十二条 当事人以农作物和与其尚未分离的土地使用权同时抵押的，土地使用权部分的抵押无效。	否	该条以土地承包经营权不能作为抵押财产为前提，但根据《民法典》及《农村土地承包法》有关农村土地的“三权分置”精神，土地经营权在一定条件下可以作为抵押财产，因而在一定条件下具有一并抵押的可能
第五十三条 学校、幼儿园、医院等以公益为目的的事业单位、社会团体，以其教育设施、医疗卫生设施和其他社会公益设施以外的财产为自身债务设定抵押的，人民法院可以认定抵押有效。	否	已被《民法典担保制度解释》第6条第1款第2项修改

续表

《担保法解释》条文	能否沿袭原来的审判思路	理由
第五十四条 按份共有人以其共有财产中享有的份额设定抵押的，抵押有效。 共同共有人以其共有财产设定抵押，未经其他共有人的同意，抵押无效。但是，其他共有人知道或者应当知道而未提出异议的视为同意，抵押有效。	第1款是； 第2款否	第1款符合《民法典》精神，已成基本原理； 第2款不符合《民法典》第301条、第311条规定
第五十五条 已经设定抵押的财产被采取查封、扣押等财产保全或者执行措施的，不影响抵押权的效力。	部分是	本条对不动产抵押适用，但不符合《民法典》关于未经登记的动产抵押的规定精神，且已被《民法典担保制度解释》第54条第3项修改
第五十六条 抵押合同对被担保的主债权种类、抵押财产没有约定或者约定不明，根据主合同和抵押合同不能补正或者无法推定的，抵押不成立。 法律规定登记生效的抵押合同签订后，抵押人违背诚实信用原则拒绝办理抵押登记致使债权人受到损失的，抵押人应当承担赔偿责任。	第1款是； 第2款否	第1款所谓的“抵押不成立”，应指抵押合同不成立而非抵押权不成立，该规定符合《民法典》精神。《民法典担保制度解释》第53条适用的对象是动产和权利担保，本条第1款是对抵押合同成立的一般要求。 第2款“法律规定登记生效的抵押合同”已不存在。就不动产抵押合同签订之后，未登记情形下的处理，《民法典担保制度解释》第46条已作规定

续表

《担保法解释》条文	能否沿袭原来的审判思路	理由
第五十七条 当事人在抵押合同中约定，债务履行期届满抵押权人未受清偿时，抵押物的所有权转移为债权人所有的内容无效。该内容的无效不影响抵押合同其他部分内容的效力。 债务履行期届满后抵押权人未受清偿时，抵押权人和抵押人可以协议以抵押物折价取得抵押物。但是，损害顺序在后的担保物权人和其他债权人利益的，人民法院可以适用合同法第七十四条、第七十五条的有关规定。	否	第1款已被《民法典》第401条吸收、修改；第2款适用的法律已经修改
第五十八条 当事人同一天在不同的法定登记部门办理抵押物登记的，视为顺序相同。 因登记部门的原因致使抵押物进行连续登记的，抵押物第一次登记的日期，视为抵押登记的日期，并依此确定抵押权的顺序。	否	随着统一的不动产登记、动产和权利登记制度的建立，此种情形不复存在，且已被《民法典》第414条修改
第五十九条 当事人办理抵押物登记手续时，因登记部门的原因致使其无法办理抵押物登记，抵押人向债权人交付权利凭证的，可以认定债权人对该财产有优先受偿权。但是，未办理抵押物登记的，不得对抗第三人。	否	不符合《民法典》精神，且已被《民法典担保制度解释》第48条修改
第六十条 以担保法第四十二条第（二）项规定的不动产抵押的，县级以上地方人民政府对登记部门未作规定，当事人在土地管理部门或者房产管理部门办理了抵押物登记手续，人民法院可以确认其登记的效力。	否	情形不存在
第六十一条 抵押物登记记载的内容与抵押合同约定的内容不一致的，以登记记载的内容为准。	否	已被《民法典》第216条和《民法典担保制度解释》第15条、第47条吸收、修改；且在抵押财产是动产时，不符合《民法典》精神

续表

《担保法解释》条文	能否沿袭原来的审判思路	理由
第六十二条 抵押物因附合、混合或者加工使抵押物的所有权为第三人所有的，抵押权的效力及于补偿金；抵押物所有人为附合物、混合物或者加工物的所有人的，抵押权的效力及于附合物、混合物或者加工物；第三人与抵押物所有人为附合物、混合物或者加工物的共有人的，抵押权的效力及于抵押人对共有物享有的份额。	否	已被《民法典担保制度解释》第 41 条吸收、修改
第六十三条 抵押权设定前为抵押物的从物的，抵押权的效力及于抵押物的从物。但是，抵押物与其从物为两个以上的人分别所有时，抵押权的效力不及于抵押物的从物。	否	已被《民法典担保制度解释》第 40 条吸收、修改
第六十四条 债务履行期届满，债务人不履行债务致使抵押物被人民法院依法扣押的，自扣押之日起抵押权人收取的由抵押物分离的天然孳息和法定孳息，按照下列顺序清偿： （一）收取孳息的费用； （二）主债权的利息； （三）主债权。	否	已被《民法典》第 412 条、第 561 条涵盖
第六十五条 抵押人将已出租的财产抵押的，抵押权实现后，租赁合同在有效期内对抵押物的受让人继续有效。	否	已被《民法典》第 405 条吸收、修改
第六十六条 抵押人将已抵押的财产出租的，抵押权实现后，租赁合同对受让人不具有约束力。 抵押人将已抵押的财产出租时，如果抵押人未书面告知承租人该财产已抵押的，抵押人对出租抵押物造成承租人的损失承担赔偿责任；如果抵押人已书面告知承租人该财产已抵押的，抵押权实现造成承租人的损失，由承租人自己承担。	否	没有区分动产抵押和不动产抵押，且已被《民法典担保制度解释》第 54 条第 2 项吸收、修改

续表

《担保法解释》条文	能否沿袭原来的审判思路	理由
第六十七条 抵押权存续期间，抵押人转让抵押物未通知抵押权人或者未告知受让人的，如果抵押物已经登记的，抵押权人仍可以行使抵押权；取得抵押物所有权的受让人，可以代替债务人清偿其全部债务，使抵押权消灭。受让人清偿债务后可以向抵押人追偿。 如果抵押物未经登记的，抵押权不得对抗受让人，因此给抵押权人造成损失的，由抵押人承担赔偿责任。	否	已被《民法典》第406条修改，被《民法典担保制度解释》第43条细化
第六十八条 抵押物依法被继承或者赠与的，抵押权不受影响。	否	已被《民法典》第406条有关抵押权具有追及力的规定精神涵盖
第六十九条 债务人有多个普通债权人的，在清偿债务时，债务人与其中一个债权人恶意串通，将其全部或者部分财产抵押给该债权人，因此丧失了履行其他债务的能力，损害了其他债权人的合法权益，受损害的其他债权人可以请求人民法院撤销该抵押行为。	否	已被《民法典》第539条涵盖、修改
第七十条 抵押人的行为足以使抵押物价值减少的，抵押权人请求抵押人恢复原状或提供担保遭到拒绝时，抵押权人可以请求债务人履行债务，也可以请求提前行使抵押权。	否	已被《民法典》第408条吸收、修改
第七十一条 主债权未受全部清偿的，抵押权人可以就抵押物的全部行使其抵押权。 抵押物被分割或者部分转让的，抵押权人可以就分割或者转让后的抵押物行使抵押权。	否	已被《民法典担保制度解释》第38条吸收、修改

续表

《担保法解释》条文	能否沿袭原来的审判思路	理由
第七十二条 主债权被分割或者部分转让的，各债权人可以就其享有的债权份额行使抵押权。 主债务被分割或者部分转让的，抵押人仍以其抵押物担保数个债务人履行债务。但是，第三人提供抵押的，债权人许可债务人转让债务未经抵押人书面同意的，抵押人对未经其同意转让的债务，不再承担担保责任。	否	已被《民法典担保制度解释》第 39 条吸收、修改
第七十三条 抵押物折价或者拍卖、变卖该抵押物的价款低于抵押权设定时约定价值的，应当按照抵押物实现的价值进行清偿。不足清偿的剩余部分，由债务人清偿。	否	已被《民法典》第 410 条、第 413 条吸收
第七十四条 抵押物折价或者拍卖、变卖所得的价款，当事人没有约定的，按下列顺序清偿： （一）实现抵押权的费用； （二）主债权的利息； （三）主债权。	否	已被《民法典》第 561 条涵盖
第七十五条 同一债权有两个以上抵押人的，债权人放弃债务人提供的抵押担保的，其他抵押人可以请求人民法院减轻或者免除其应当承担的担保责任。 同一债权有两个以上抵押人的，当事人对其提供的抵押财产所担保的债权份额或者顺序没有约定或者约定不明的，抵押权人可以就其中任一或者各个财产行使抵押权。 抵押人承担担保责任后，可以向债务人追偿，也可以要求其他抵押人清偿其应当承担的份额。	第 1、3 款否； 第 2 款是	第 1 款已被《民法典》第 409 条吸收； 第 2 款符合《民法典》精神； 第 3 款关于“也可以要求其他抵押人清偿其应当承担的份额”的规定不符合《民法典》关于共同保证的规定精神，且不符合《民法典担保制度解释》第 13 条规定

续表

《担保法解释》条文	能否沿袭原来的审判思路	理由
第七十六条 同一动产向两个以上债权人抵押的，当事人未办理抵押物登记，实现抵押权时，各抵押权人按照债权比例受偿。	否	已被《民法典》第414条吸收
第七十七条 同一财产向两个以上债权人抵押的，顺序在先的抵押权与该财产的所有权归属一人时，该财产的所有权人可以以其抵押权对抗顺序在后的抵押权。	是	符合《民法典》精神
第七十八条 同一财产向两个以上债权人抵押的，顺序在后的抵押权所担保的债权先到期的，抵押权人只能就抵押物价值超出顺序在先的抵押担保债权的部分受偿。 顺序在先的抵押权所担保的债权先到期的，抵押权实现后的剩余价款应予提存，留待清偿顺序在后的抵押担保债权。	是	符合《民法典》精神
第七十九条 同一财产法定登记的抵押权与质权并存时，抵押权人优先于质权人受偿。 同一财产抵押权与留置权并存时，留置权人优先于抵押权人受偿。	否	第1款已被《民法典》第415条修改； 第2款已被《民法典》第456条吸收
第八十条 在抵押物灭失、毁损或者被征用的情况下，抵押权人可以就该抵押物的保险金、赔偿金或者补偿金优先受偿。 抵押物灭失、毁损或者被征用的情况下，抵押权所担保的债权未届清偿期的，抵押权人可以请求人民法院对保险金、赔偿金或补偿金等采取保全措施。	否	已被《民法典》第390条吸收、修改

续表

《担保法解释》条文	能否沿袭原来的审判思路	理由
第八十一条 最高额抵押权所担保的债权范围，不包括抵押物因财产保全或者执行程序被查封后或债务人、抵押人破产后发生的债权。	否	已被《民法典》第423条第4、5项吸收、修改
第八十二条 当事人对最高额抵押合同的最高限额、最高额抵押期间进行变更，以其变更对抗顺序在后的抵押权人的，人民法院不予支持。	否	已被《民法典》第422条吸收
第八十三条 最高额抵押权所担保的不特定债权，在特定后，债权已届清偿期的，最高额抵押权人可以根据普通抵押权的规定行使其抵押权。 抵押权人实现最高额抵押权时，如果实际发生的债权余额高于最高限额的，以最高限额为限，超过部分不具有优先受偿的效力；如果实际发生的债权余额低于最高限额的，以实际发生的债权余额为限对抵押物优先受偿。	是	符合《民法典》第420条、第424条规定，已成基本原理
四、关于质押部分的解释 （一）动产质押		
第八十四条 出质人以其不具有所有权但合法占有的动产出质的，不知出质人无处分权的质权人行使质权后，因此给动产所有人造成损失的，由出质人承担赔偿责任。	否	已被《民法典》第311条涵盖
第八十五条 债务人或者第三人将其金钱以特户、封金、保证金等形式特定化后，移交债权人占有作为债权的担保，债务人不履行债务时，债权人可以以该金钱优先受偿。	否	该条规定的特户、保证金已被《民法典担保制度解释》第70条涵盖；封金质押在实践中几乎没有，且即便有，也可以用一般动产质押制度解决

续表

《担保法解释》条文	能否沿袭原来的审判思路	理由
第八十六条 债务人或者第三人未按质押合同约定的时间移交质物的，因此给质权人造成损失的，出质人应当根据其过错承担赔偿责任。	否	该条以交付质物作为质押合同的生效要件为前提，不符合《民法典》精神。出质人应承担违约责任，非缔约过失责任
第八十七条 出质人代质权人占有质物的，质押合同不生效；质权人将质物返还于出质人后，以其质权对抗第三人的，人民法院不予支持。 因不可归责于质权人的事由而丧失对质物的占有，质权人可以向不当占有人请求停止侵害、恢复原状、返还质物。	否	第1款前句的“质押合同不生效”不符合《民法典》精神，后句应为质权消灭，而非不得对抗第三人； 第2款已被《民法典》第462条涵盖
第八十八条 出质人以间接占有的财产出质的，质押合同自书面通知送达占有人时视为移交。占有人收到出质通知后，仍接受出质人的指示处分出质财产的，该行为无效。	否	该条既没有体现《民法典》规定的区分原则，也没有体现无权处分不影响合同效力的规则
第八十九条 质押合同中对质押的财产约定不明，或者约定的出质财产与实际移交的财产不一致的，以实际交付占有的财产为准。	是	符合《民法典》精神
第九十条 质物有隐蔽瑕疵造成质权人其他财产损害的，应由出质人承担赔偿责任。但是，质权人在质物移交时明知质物有瑕疵而予以接受的除外。	是	符合《民法典》有关物的瑕疵担保责任的规定精神，已成基本原理
第九十一条 动产质权的效力及于质物的从物。但是，从物未随同质物移交质权人占有的，质权的效力不及于从物。	是	符合《民法典》第320条规定精神，已成基本原理

续表

《担保法解释》条文	能否沿袭原来的审判思路	理由
第九十二条 按照担保法第六十九条的规定将质物提存的，质物提存费用由质权人负担；出质人提前清偿债权的，应当扣除未到期部分的利息。	是	符合《民法典》第573条有关提存制度的一般原理
第九十三条 质权人在质权存续期间，未经出质人同意，擅自使用、出租、处分质物，因此给出质人造成损失的，由质权人承担赔偿责任。	否	已被《民法典》第431条吸收
第九十四条 质权人在质权存续期间，为担保自己的债务，经出质人同意，以其所占有的质物为第三人设定质权的，应当在原质权所担保的债权范围之内，超过的部分不具有优先受偿的效力。转质权的效力优于原质权。 质权人在质权存续期间，未经出质人同意，为担保自己的债务，在其所占有的质物上为第三人设定质权的无效。质权人对因转质而发生的损害承担赔偿责任。	第1款是； 第2款否	第1款符合转质基本原理；第2款已被《民法典》第434条修改
第九十五条 债务履行期届满质权人未受清偿的，质权人可以继续留置质物，并以质物的全部行使权利。出质人清偿所担保的债权后，质权人应当返还质物。 债务履行期届满，出质人请求质权人及时行使权利，而质权人怠于行使权利致使质物价格下跌的，由此造成的损失，质权人应当承担赔偿责任。	否	已被《民法典》第425条、第437条吸收、修改
第九十六条 本解释第五十七条、第六十二条、第六十四条、第七十一条、第七十二条、第七十三条、第七十四条、第八十条之规定，适用于动产质押。	否	已被《民法典》吸收、修改

续表

《担保法解释》条文	能否沿袭原来的审判思路	理由
（二）权利质押		
第九十七条 以公路桥梁、公路隧道或者公路渡口等不动产收益权出质的，按照担保法第七十五条第（四）项的规定处理。	否	已被《民法典》第440条第6项和《民法典担保制度解释》第61条第4款吸收并完善
第九十八条 以汇票、支票、本票出质，出质人与质权人没有背书记载“质押”字样，以票据出质对抗善意第三人的，人民法院不予支持。	否	已被《民法典》第441条和《民法典担保制度解释》第58条吸收
第九十九条 以公司债券出质的，出质人与质权人没有背书记载“质押”字样，以债券出质对抗公司和第三人的，人民法院不予支持。	否	目前情况已发生变化，债券发行已经无纸化，没有权利凭证，应以登记作为成立要件
第一百条 以存款单出质的，签发银行核押后又受理挂失并造成存款流失的，应当承担民事责任。	是	符合《民法典》精神
第一百零一条 以票据、债券、存款单、仓单、提单出质的，质权人再转让或者质押的无效。	否	此类财产性权利，如果以给付作为公示方法的，该条规定不符合《民法典》第434条的精神；此类权利多数还可以登记作为公示方法，此时根据登记先后确定不同质权的优先顺序即可，不存在否定后顺位质权的效力问题
第一百零二条 以载明兑现或者提货日期的汇票、支票、本票、债券、存款单、仓单、提单出质的，其兑现或者提货日期后于债务履行期的，质权人只能在兑现或者提货日期届满时兑现款项或者提取货物。	否	已被《民法典》第442条修改

续表

《担保法解释》条文	能否沿袭原来的审判思路	理由
第一百零三条 以股份有限公司的股份出质的，适用《中华人民共和国公司法》有关股份转让的规定。 以上市公司的股份出质的，质押合同自股份出质向证券登记机构办理出质登记之日起生效。 以非上市公司的股份出质的，质押合同自股份出质记载于股东名册之日起生效。	第 1 款是； 第 2、3 款否	第 1 款符合商法与《民法典》的关系原理； 第 2、3 款不符合《民法典》规定的区分原则，且已被《民法典》第 443 条修改
第一百零四条 以依法可以转让的股份、股票出质的，质权的效力及于股份、股票的法定孳息。	否	已被《民法典》第 446 条、第 430 条吸收
第一百零五条 以依法可以转让的商标专用权，专利权、著作权中的财产权出质的，出质人未经质权人同意而转让或者许可他人使用已出质权利的，应当认定为无效。因此给质权人或者第三人造成损失的，由出质人承担民事责任。	否	同第 101 条
第一百零六条 质权人向出质人、出质债权的债务人行使质权时，出质人、出质债权的债务人拒绝的，质权人可以起诉出质人和出质债权的债务人，也可以单独起诉出质债权的债务人。	是	符合《民法典》精神和《民事诉讼法》原理
五、关于留置部分的解释		
第一百零七条 当事人在合同中约定排除留置权，债务履行期届满，债权人行使留置权的，人民法院不予支持。	否	已被《民法典》第 449 条吸收
第一百零八条 债权人合法占有债务人交付的动产时，不知债务人无处分该动产的权利，债权人可以按照担保法第八十二条的规定行使留置权。	否	已被《民法典》第 447 条吸收

续表

《担保法解释》条文	能否沿袭原来的审判思路	理由
第一百零九条 债权人的债权已届清偿期，债权人对动产的占有与其债权的发生有牵连关系，债权人可以留置其所占有的动产。	否	已被《民法典》第448条修改
第一百一十条 留置权人在债权未受全部清偿前，留置物为不可分物的，留置权人可以就其留置物的全部行使留置权。	是	符合《民法典》第450条规定精神
第一百一十一条 债权人行使留置权与其承担的义务或者合同的特殊约定相抵触的，人民法院不予支持。	是	符合《民法典》精神
第一百一十二条 债权人的债权未届清偿期，其交付占有标的物的义务已届履行期的，不能行使留置权。但是，债权人能够证明债务人无支付能力的除外。	第1句是； 第2句否	第1句符合《民法典》第447条规定精神； 第2句不符合《民法典》第447条规定精神。但书情形出现时，如果符合《民法典》第527规定的情形，债权人可以行使不安抗辩权，没有必要通过留置权的方式对债权人进行保护
第一百一十三条 债权人未按担保法第八十七条规定的期限通知债务人履行义务，直接变价处分留置物的，应当对此造成的损失承担赔偿责任。债权人与债务人按照担保法第八十七条的规定在合同中约定宽限期的，债权人可以不经通知，直接行使留置权。	否	《担保法》第87条已被《民法典》第453条修改
第一百一十四条 本解释第六十四条、第八十条、第八十七条、第九十一条、第九十三条的规定，适用于留置。	否	已被《民法典》吸收、修改

续表

《担保法解释》条文	能否沿袭原来的审判思路	理由
六、关于定金部分的解释		
第一百一十五条 当事人约定以交付定金作为订立主合同担保的，给付定金的一方拒绝订立主合同的，无权要求返还定金；收受定金的一方拒绝订立合同的，应当双倍返还定金。	是	《民法典》第586、第587条仅规定了违约定金，本条规定的是立约定金，根据意思自治原则，本条规定的立约定金应予肯定。但适用时应当注意“拒绝”的原因。如果非因当事人的原因，如因不可抗力不能订立主合同，则不应适用定金罚则
第一百一十六条 当事人约定以交付定金作为主合同成立或者生效要件的，给付定金的一方未支付定金，但主合同已经履行或者已经履行主要部分的，不影响主合同的成立或者生效。	是	符合《民法典》精神
第一百一十七条 定金交付后，交付定金的一方可以按照合同的约定以丧失定金为代价而解除主合同，收受定金的一方可以双倍返还定金为代价而解除主合同。对解除主合同后责任的处理，适用《中华人民共和国合同法》的规定。	是	符合《民法典》精神。适用时，其中的《合同法》应改为《民法典》
第一百一十八条 当事人交付留置金、担保金、保证金、订约金、押金或者订金等，但没有约定定金性质的，当事人主张定金权利的，人民法院不予支持。	是	符合《民法典》精神
第一百一十九条 实际交付的定金数额多于或者少于约定数额，视为变更定金合同；收受定金一方提出异议并拒绝接受定金的，定金合同不生效。	否	已被《民法典》第586条吸收、修改。“不生效”应为“不成立”

续表

《担保法解释》条文	能否沿袭原来的审判思路	理由
第一百二十条 因当事人一方迟延履行或者其他违约行为，致使合同目的不能实现，可以适用定金罚则。但法律另有规定或者当事人另有约定的除外。 当事人一方不完全履行合同的，应当按照未履行部分所占合同约定内容的比例，适用定金罚则。	否	第1款已被《民法典》第587条吸收； 第2款不符合《民法典》精神
第一百二十一条 当事人约定的定金数额超过主合同标的额百分之二十的，超过的部分，人民法院不予支持。	否	已被《民法典》第586条吸收
第一百二十二条 因不可抗力、意外事件致使主合同不能履行的，不适用定金罚则。因合同关系以外第三人的过错，致使主合同不能履行的，适用定金罚则。受定金处罚的一方当事人，可以依法向第三人追偿。	是	第1句符合《民法典》第587条规定精神；第2、3句符合《民法典》精神
七、关于其他问题的解释		
第一百二十三条 同一债权上数个担保物权并存时，债权人放弃债务人提供的物的担保的，其他担保人在其放弃权利的范围内减轻或者免除担保责任。	否	已被《民法典》第409条吸收
第一百二十四条 企业法人的分支机构为他人提供保证的，人民法院在审理保证纠纷案件中可以将该企业法人作为共同被告参加诉讼。但是商业银行、保险公司的分支机构提供保证的除外。	是	符合《民法典》精神和《民事诉讼法》原理

续表

《担保法解释》条文	能否沿袭原来的审判思路	理由
第一百二十五条 一般保证的债权人向债务人和保证人一并提起诉讼的，人民法院可以将债务人和保证人列为共同被告参加诉讼。但是，应当在判决书中明确在对债务人财产依法强制执行后仍不能履行债务时，由保证人承担保证责任。	否	已被《民法典担保制度解释》第26条吸收、修改
第一百二十六条 连带责任保证的债权人可以将债务人或者保证人作为被告提起诉讼，也可以将债务人和保证人作为共同被告提起诉讼。	是	符合《民法典》精神和《民事诉讼法》原理
第一百二十七条 债务人对债权人提起诉讼，债权人提起反诉的，保证人可以作为第三人参加诉讼。	是	符合《民法典》精神和《民事诉讼法》原理
第一百二十八条 债权人向人民法院请求行使担保物权时，债务人和担保人应当作为共同被告参加诉讼。 同一债权既有保证又有物的担保的，当事人发生纠纷提起诉讼的，债务人与保证人、抵押人或者出质人可以作为共同被告参加诉讼。	第1款否； 第2款是	第1款已被《民法典担保制度解释》第45条第3款吸收； 第2款符合《民法典》精神和《民事诉讼法》原理
第一百二十九条 主合同和担保合同发生纠纷提起诉讼的，应当根据主合同确定案件管辖。担保人承担连带责任的担保合同发生纠纷，债权人向担保人主张权利的，应当由担保人住所地的法院管辖。 主合同和担保合同选择管辖的法院不一致的，应当根据主合同确定案件管辖。	否	已被《民法典担保制度解释》第21条吸收
第一百三十条 在主合同纠纷案件中，对担保合同未经审判，人民法院不应当依据对主合同当事人所作出的判决或者裁定，直接执行担保人的财产。	否	符合《民法典》精神和《民事诉讼法》原理，已成共识

续表

《担保法解释》条文	能否沿袭原来的审判思路	理由
第一百三十一条 本解释所称“不能清偿”指对债务人的存款、现金、有价证券、成品、半成品、原材料、交通工具等可以执行的动产和其他方便执行的财产执行完毕后，债务仍未能得到清偿的状态。	否	已被《民法典》第687条吸收
第一百三十二条 在案件审理或者执行程序中，当事人提供财产担保的，人民法院应当对该财产的权属证书予以扣押，同时向有关部门发出协助执行通知书，要求其在规定的时间内不予办理担保财产的转移手续。	否	不符合《民法典》精神；执行中的财产担保，执行司法解释已有规定
第一百三十三条 担保法施行以前发生的担保行为，适用担保行为发生时的法律、法规和有关司法解释。 担保法施行以后因担保行为发生的纠纷案件，在本解释公布施行前已经终审，当事人申请再审或者按审判监督程序决定再审的，不适用本解释。 担保法施行以后因担保行为发生的纠纷案件，在本解释公布施行后尚在一审或二审阶段的，适用担保法和本解释。	否	该条只针对《担保法》
第一百三十四条 最高人民法院在担保法施行以前作出的有关担保问题的司法解释，与担保法和本解释相抵触的，不再适用。	否	该条只针对《担保法》

后 记

《最高人民法院关于适用〈中华人民共和国民法典〉有关担保制度的解释》（以下简称《解释》）已于2020年12月31日面向社会公开发布。《解释》的出台，首先要感谢刘贵祥专委！刘贵祥专委带领《解释》起草小组讨论20余次、共计100多个小时，很多次讨论都是利用节假日休息时间，可以说对每一个条文都进行了反复推敲，仔细权衡，精雕细琢。其次要感谢最高人民法院审判委员会各位委员对《解释》的严格把关！感谢全国人民代表大会常务委员会法制工作委员会对《解释》提出的宝贵修改意见！感谢中国人民银行、中国银行保险监督管理委员会、中国证券监督管理委员会等相关监管部门，以及最高人民法院有关部门、地方各级人民法院、中华全国律师协会、中国法学会民法学研究会、部分高校、研究机构以及对《解释》提出修改意见的社会各界人士，《解释》是你们心血的共同结晶！

本书由《解释》起草小组成员撰写，确保能原汁原味地呈现起草过程中的争议以及最终定稿的理由。全书在行文上力求"能简则简、当繁则繁"，尽可能简洁、准确、全面地诠释条文的精神以及司法实践面临的问题，做到方便、实用。

本书还增加了附录部分，供广大读者深入理解《解释》时参考。

本书撰写分工如下：

刘贵祥、林文学、杨永清、麻锦亮、吴光荣（第三部分重点条文解读）；

麻锦亮（第1~8条、第13~19条、第58~61条、第68~71条）；

杨永清（第9条、第12条、第25~35条、第66条、第71条）；

吴光荣（第10~11条、第22条、第24条、第37~45条、第52~57条、第62~65条）；

潘勇锋（第 20~21 条）；

郁琳（第 22~24 条）；

周伦军、雷震文（第 36 条、第 67 条）；

林文学（第 46~51 条）；

刘贵祥（《民法典》关于担保的几个重大问题）；

杨永清、吴光荣（《担保法解释》关于定金部分规定的审判思路能否沿袭）；

麻锦亮（《民法典担保制度解释》的时间效力）；

杨永清、麻锦亮（《担保法解释》没有被《民法典》及《民法典担保制度解释》采纳的条文对《民法典》施行后发生的担保纠纷案件能否沿袭原来的审判思路）。

本书由林文学、杨永清统稿，刘贵祥定稿。

尽管各位作者对本书的写作倾注了大量心血，但疏漏之处在所难免。欢迎社会各界多多批评指正，多提宝贵意见，以便我们下一步更好地开展民商事审判指导工作！

最高人民法院民事审判第二庭
2021 年 5 月 13 日